折页地图 土耳其示意图
伊斯坦布尔及土耳其西北部 p.22~23
土耳其中北部 p.27
土耳其东部 p.28~29
土耳其西南部 p.24~25
土耳其中部、南部 p.26
土耳其东部 p.28~29
保加利亚 BULGARIA
希腊 GREECE
格鲁吉亚 GEORGIA
亚美尼亚 ARMENIA
伊朗 IRAN
伊拉克 IRAQ
叙利亚 SYRIA
黎巴嫩 LEBANON
塞浦路斯 CYPRUS
黑 海
黑 海
爱 琴 海
地 中 海
伊斯坦布尔 İstanbul
安卡拉 Ankara
伊兹密尔 İzmir
卡帕多西亚 Kapadokya
埃迪尔内 Edirne
布尔萨 Bursa
恰纳卡莱 Çanakkale
特洛伊 Truva
贝尔加马 Bergama
以弗所 Efes
库萨达斯 Kuşadası
帕姆卡莱 Pamukkale
博德鲁姆 Bodrum
费特希耶 Fethiye
安塔利亚 Antalya
阿拉尼亚 Alanya
科尼亚 Konya
格雷梅 Göreme
开塞利 Kayseri
内夫谢希尔 Nevşehir
番红花城 Safranbolu
锡诺普 Sinop
萨姆松 Samsun
特拉布宗 Trabzon
埃尔祖鲁姆 Erzurum
卡尔斯 Kars
凡城 Van
马拉蒂亚 Malatya
迪亚巴克尔 Diyarbakır
尚勒乌尔法 Şanlı Urfa
马尔丁 Mardin
加济安泰普 Gazi Antep
阿达纳 Adana
梅尔辛 Mersin
安塔基亚 Antakya
尼科西亚 Lefkoşa
凡湖
图兹湖
世界遗产
海拔（m）
4000
3000
2000
1500
1000
500
200
100
0
-200
图例
国境线
主干公路
公路
航路
铁路
高速铁路
河流
国际机场
机场
盐水湖
湿地
盐湿地
0
300km
N
U0627868

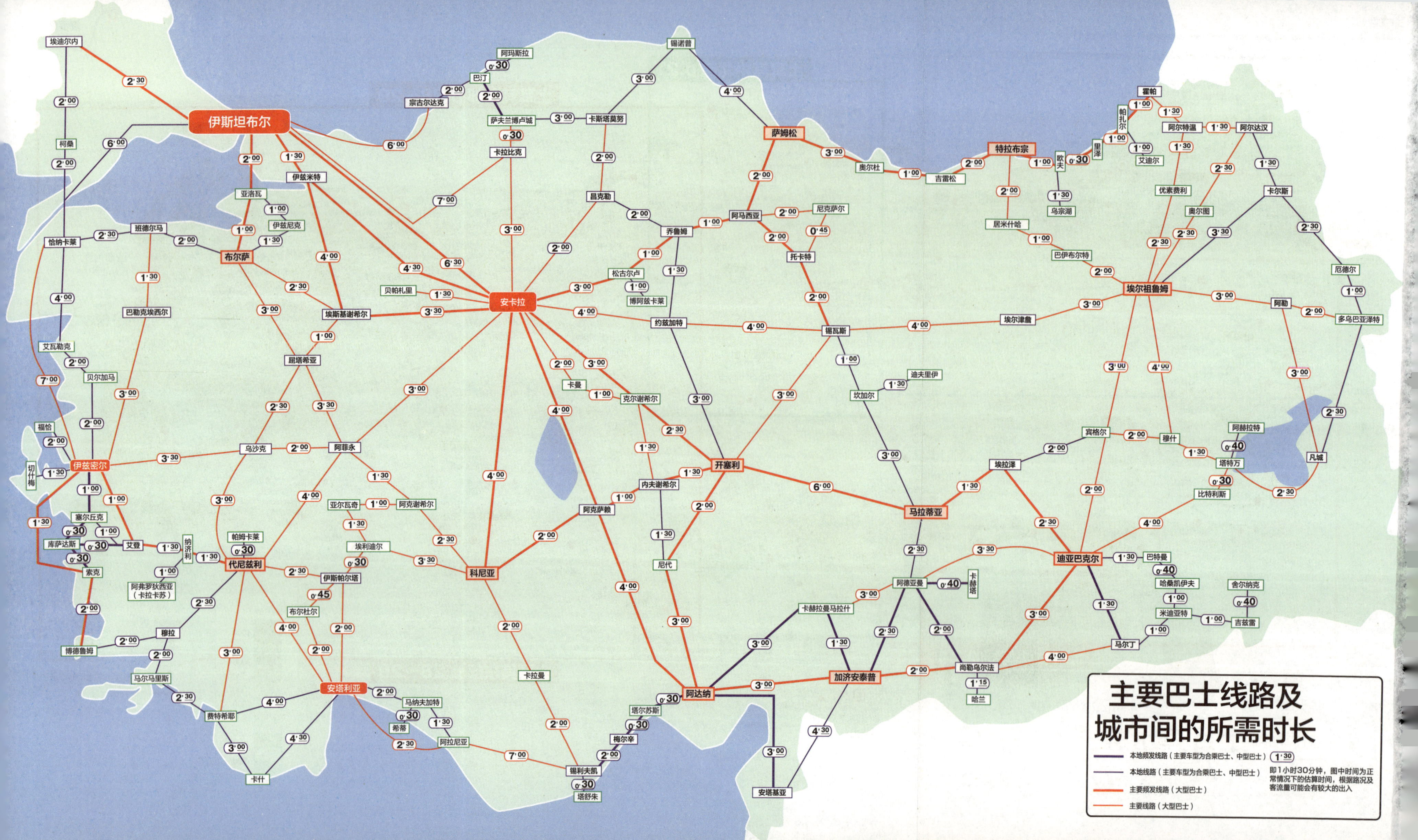
主要巴士线路及
城市间的所需时长
本地频发线路（主要车型为合乘巴士、中型巴士）
本地线路（主要车型为合乘巴士、中型巴士）
主要频发线路（大型巴士）
主要线路（大型巴士）
1'30
即1小时30分钟，图中时间为正常情况下的估算时间，根据路况及客流量可能会有较大的出入
伊斯坦布尔
安卡拉
伊兹密尔
安塔利亚
埃迪尔内
柯桑
恰纳卡莱
班德尔马
布尔萨
亚洛瓦
伊兹尼克
伊兹米特
宗古尔达克
巴汀
阿玛斯拉
萨夫兰博卢城
卡斯塔莫努
卡拉比克
锡诺普
萨姆松
奥尔杜
吉雷松
特拉布宗
里泽
霍帕
阿尔特温
阿尔达汉
艾迪尔
乌宗湖
居米什哈
巴伊布尔特
埃尔祖鲁姆
优素费利
奥尔图
卡尔斯
厄德尔
多乌巴亚泽特
阿勒
昌克勒
乔鲁姆
阿马西亚
尼克萨尔
托卡特
松古尔卢
博阿兹卡莱
约兹加特
锡瓦斯
埃尔津詹
迪夫里伊
坎加尔
贝帕札里
埃斯基谢希尔
巴勒克埃西尔
屈塔希亚
艾瓦勒克
贝尔加马
福恰
切什梅
乌沙克
阿菲永
卡曼
克尔谢希尔
开塞利
内夫谢希尔
阿克萨赖
尼代
马拉蒂亚
宾格尔
穆什
阿赫拉特
塔特万
凡城
比特利斯
埃拉泽
迪亚巴克尔
巴特曼
哈桑凯伊夫
米迪亚特
舍尔纳克
吉兹雷
马尔丁
尚勒乌尔法
哈兰
阿德亚曼
卡赫塔
卡赫拉曼马拉什
加济安泰普
阿达纳
安塔基亚
塔尔苏斯
梅尔辛
锡利夫凯
塔舒朱
卡拉曼
科尼亚
亚尔瓦奇
阿克谢希尔
埃利迪尔
伊斯帕尔塔
布尔杜尔
代尼兹利
帕姆卡莱
纳济利
艾登
塞尔丘克
库萨达斯
索克
阿弗罗狄西亚（卡拉卡苏）
穆拉
博德鲁姆
马尔马里斯
费特希耶
卡什
马纳夫加特
希蒂
阿拉尼亚

走遍全球 GLOBE-TROTTER TRAVEL GUIDEBOOK

土耳其和伊斯坦布尔

Turkey & Istanbul

日本《走遍全球》编辑室 编著

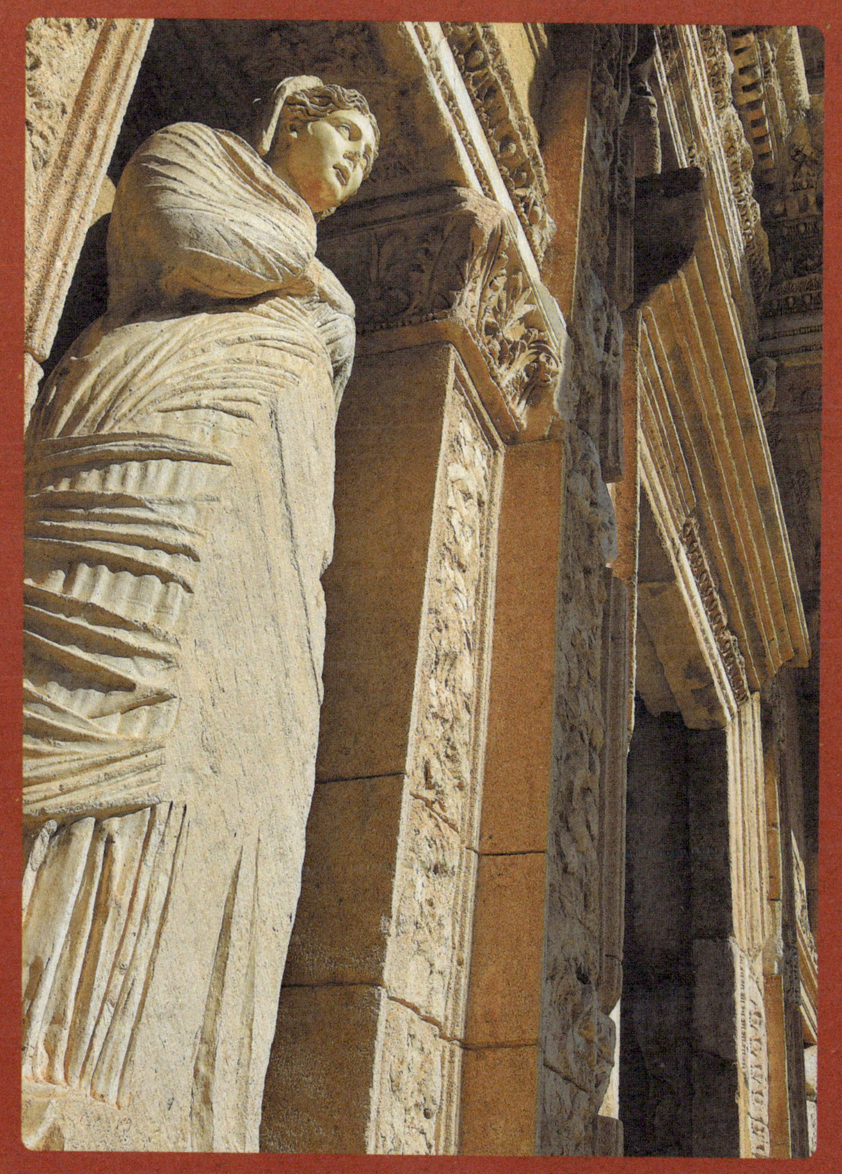

中国旅游出版社

使用本书之前

本书中所使用的主要图标

※ 下图是用来解释本书相关符号、标记的示范页

标记出所介绍地区的地理位置

介绍该地区的电话区号，人口数量，海拔高度

介绍该地区中被联合国教科文组织认定的世界遗产，非物质文化遗产（年份为正式认定并登记的时间）

Istanbul'un Çevresi

遗留有众多奥斯曼王朝建筑的土耳其边境城市

埃迪尔内 *Edirne*

市区区号 0284　人口 14 万 8474 人　海拔 42 米

世界遗产
塞利米耶清真寺
Selimiye Camii ve Külliyesi
2011 年

无形文化遗产
油脂摔跤（古雷斯）
Kırkpınar Yağlı Güreş
2010 年

塞利米耶清真寺的精致穹顶装饰

位于与希腊、保加利亚和土耳其相接壤的国境线上的城镇——埃迪尔内。据史料记载，古罗马皇帝哈德良建造了这座城市，这也是这里最初命名为哈德良堡的原因。

此后这里更名为阿德里安堡，1361 年被穆拉德一世征服后，将首都从布尔萨迁都至此。直到 1453 年奥斯曼王朝首都改为伊斯坦布尔之前，埃迪尔内曾有近 90 年的首都历史，其间建造的众多清真寺建筑都被很好地保留下来。特别是大建筑师米马尔·希南设计的塞利米耶清真寺还被列为世界遗产，雄伟气派。此外埃迪尔内也是非遗项目油脂摔跤 Yagli Güres 的举办地，吸引着世界各地游客慕名而来。

又名"时钟塔（Saat Kulesi）"的马凯多尼亚塔

162

位于尤丘·谢莱菲里清真寺对面的高塔名叫"马凯多尼亚塔 Makedonya Kulesi"，是一座保留着拜占庭时期"阿德里安堡"风格的珍贵古代建筑。

贴士信息

编辑部

读者投稿

Information

实用情报

知名美食

当地特色美味

History

历史专栏

历年读者的来信刊登

经常出现在书中与伊斯兰教相关的用语

- 伊斯兰教 = 信奉唯一主宰，真主安拉的宗教
- 古兰经 = 伊斯兰教的经典
- 迦米 Cami= 伊斯兰教清真寺
- 梅斯基特 Mescit= 伊斯兰教礼拜寺
- 敏拜尔 Minber= 伊斯兰教寺院的布教台
- 米哈拉布 Mihrap= 伊斯兰教寺院中指向圣地麦加方向的圣龛
- 米纳莱 Minare= 位于伊斯兰教寺院中的宣礼塔（宣礼塔）
- 梅德雷塞 Medrese= 伊斯兰学校
- 邱波 Türbe= 神殿庙宇、王侯贵族的墓地
- 库里耶 Külliye= 包含清真寺 Cami、伊斯兰学校 Medrese、神殿墓地等建筑在内的复合型建筑（Complex）
- 艾赞 Ezan= 召唤穆斯林做祷告的宣礼声
- 拉玛赞 Ramazan= 伊斯兰教教历中 9 月举行的斋月，在此期间不能进食

※ 下图是用来解释本书所使用图标的示范页

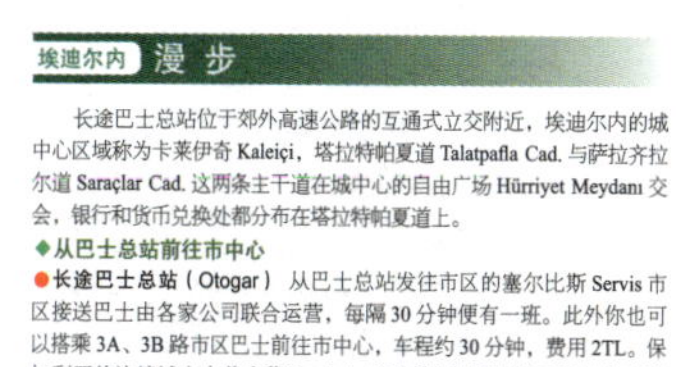

埃迪尔内 漫 步

长途巴士总站位于郊外高速公路的互通式立交附近，埃迪尔内的城中心区域称为卡莱伊奇 Kaleiçi，塔拉特帕夏道 Talatpafla Cad. 与萨拉齐拉尔道 Saraçlar Cad. 这两条主干道在城中心的自由广场 Hürriyet Meydanı 交会，银行和货币兑换处都分布在塔拉特帕夏道上。

◆从巴士总站前往市中心

●长途巴士总站（Otogar） 从巴士总站发往市区的塞尔比斯 Servis 市区接送巴士由各家公司联合运营，每隔 30 分钟便有一班。此外你也可以搭乘 3A、3B 路市区巴士前往市中心，车程约 30 分钟，费用 2TL。保加利亚的边境城市卡普库莱 Kapıkule 以及希腊的边境城市帕扎尔库莱 Pazarkule 也都设有前往埃迪尔内市中心的迷你巴士，十分便利。

埃迪尔内 主要景点

土耳其首屈一指的壮美建筑

塞利米耶清真寺

Map p.163B1

Selmiye Camii 塞利米耶 · 谢米

从 1569 年开始建造，直到 1575 年竣工的雄伟清真寺，设计师是建筑大师米马尔 · 希南。当时已经 80 岁高龄的希南接受了塞利姆二世的委托，歇尽全力地建造出了这座穹顶直径达到 31.5 米的塞利米耶清真寺。

据说希南将塞利米耶清真寺视为他毕生的最高杰作，支撑巨大穹顶的 8 根立柱、环抱 5 个半圆穹顶的 8 座小塔以及清真寺周围高达 70 米的宣礼塔共同组成了这座清真寺的雄伟景象。宣礼塔内部设立的 3 座螺旋台阶，分别通向不同高度的 3 处露台。阳光透过玻璃窗户射入穹顶之

伊斯坦布尔近郊 ● 埃迪尔内

■埃迪尔内的旅游咨询处

Map p.163A1

住 Hürriyet Meydanı No.17
TEL & FAX（0284）213 9208
URL edirne.ktb.gov.tr
开 8:30~12:00 13:00~17:30（周六 · 周日 9:00~18:00）
休 11 月 ~ 次年 4 月中旬的周六 · 周日

Information

萨莱浴场
Saray Hamamı

建于 1368 年，是奥斯曼王朝初期的浴场之一。2012 年修复后焕然一新，土耳其浴 30TL，包含搓澡及按摩的话共计 70TL。

Map p.163B1

住 Taşodalar Sok. No.1
TEL（0284）313 3377
开 7:00~24:00（男宾浴场）
8:00~21:00（女宾浴场）

■塞利米耶清真寺
开 8:00~18:00
休 无

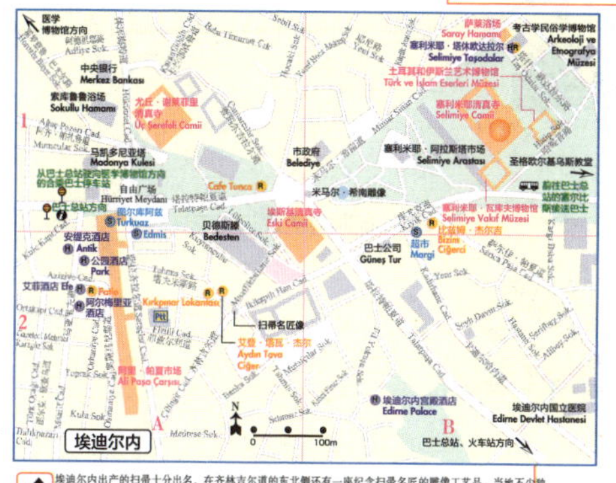

埃迪尔内出产的扫帚十分出名，在齐林吉尔道的东北侧还有一座纪念扫帚名匠的雕像工艺品。当地不少独具特色的伴手礼也都是以扫帚为原型进行设计的。

163

住 地址
TEL 电话号码
FAX 传真号码
Mail 邮件地址
URL 官网地址
（开头省略 http://）
开 开馆时间
休 休息日
费 入场费
是否可以拍照
是否可以使用闪光灯

景点在地图中的相关位置
※文中还有伊斯坦布尔折页广域地图、伊斯坦布尔地区折页地图、伊尔坦布尔交通图
※文中还有折页地图卡帕多西亚广域图、折页地图卡帕多西亚中心地图

景点的土耳其语写法和读法

地　图

旅游咨询处	国家铁路火车站（TCDD）
酒店	国际机场
餐馆	地方机场
商店、旅行社等	游船搭乘地、港口
邮局电信电话局	地铁站 数字为线路代号
卫生间	地上电车 数字为线路代号
土耳其航空的办公室、代售点	缆车、地下轨道车 数字为线路代号
巴士站	
巴士总站	步行街（不允许车辆通行的路段）

简　称

~Bul.= Bulvarı（大道）

~Cad.= Caddesi（道）

~Sok.= Sokağı（路）

~Çık.= Çıkmazı（死胡同）

~Yok.= Yokuşu（坡路）

~Mah.= Mahallesi（地区）

AVM= Alışveriş Merkezi（购物中心）

~Üniv.= Üniversitesi（大学）

使用本书之前

住 地址
TEL 电话号码
FREE 免费电话
FAX 传真号码
Mail 邮件地址
URL 官网地址
（开头省略 http://）
开 开馆时间
休 休息日

现金
TL 土耳其里拉
US$ 美元
€ 欧元
信用卡
A 美国运通卡
D 大来卡
J JCB 卡
M 万事达卡
V VISA 卡

●本书中经常出现的土耳其语

欧托伽尔 Otogar = 长途巴士总站（部分城镇也称其为特尔米纳尔 Terminal）
比莱特 Bilet = 车票
多尔姆休 Dolmuş = 合乘出租车、合乘迷你巴士
塞尔比斯 Servis = 连接市区和长途巴士总站或机场的免费接送巴士
哈马姆 Hamam = 土耳其风格公共浴场
欧特尔 Otel = 酒店
潘斯永 Pansyon = 简易旅店
罗坎塔 Lokanta = 餐馆
帕斯塔奈 Pastane = 点心店

RESTAURANT 餐馆

佳希塔·安提克餐馆
Casita Antik
面食 🍷 土耳其菜肴
Map p.240A1

◆博德鲁姆的“馒头 Manti”饺子相比于开塞利而说更加小巧，既可以煮着吃也可以炸着吃，名为“托里奥”的菜品是一道汇集三种不同风味饺子的人气菜品，此外这里的肉菜也很受好评。

住 Antik Tiyatro Karşısı
TEL（0252）313 2484
URL www.casita.com.tr
开 17:00~22:00
休 冬季
US $ € TL M V

提供酒精饮料的店家会额外标记出酒杯符号🍷，值得注意的是，斋月期间，这类餐馆大部分也会停止酒水的贩卖活动。

※ 上图是用来解释本书内容结构的示范页

SHOP 商店

亚普克莱迪·亚尤拉尔
Yapıkredi Yayınlar
书店
独立大道 Map p.64A3

◆位于独立大道的当地书店，暖色灯使得整个书店气氛温馨，主要出售年轻作家出版的文学作品以及艺术、历史、哲学、儿童等各类读物。

住 İstiklâl Cad.No.161
TEL（0212）252 4700
URL kitap.ykykultur.com.tr
开 9:00~21:00（周六 11:00~22:00，周日 13:00~21:00）
休 无
TL M V

※ 上图是用来解释本书内容结构的示范页

HOTEL 酒店

七山酒店
Seven Hills Hotel
高级 18 间
苏丹阿赫迈特 Map p.81 上 A1

◆铺有高级地板的客房中配饰也十分考究，提供的沐浴套装也很丰富，所有客房中只有 2 间没有浴缸设施。从露台眺望的景色在整片区域中都是数一数二，从酒店的高层餐厅中经常可以看到许多不是房客的客人在这里用餐。

住 Tevkifhane Sok. No.8/A
TEL（0212）516 9497
FAX（0212）517 1085
URL www.sevenhillshotel.com
A/C 100~319 €
US $ € TL
A M V
全馆免费 EV 有

※ 上图是用来解释本书内容结构的示范页

酒店内设有电梯的话会在这里标记 EV 的符号

可以连接无线网络的酒店会用 Wi-Fi 符号进行标记

客房种类·设备

DOM 宿舍房型 / 合住房型　单人房　大床房 or 双人房（费用以房间为单位进行结算）
※若所列酒店未设有面向自由行游客的房费标准，则以取材时的实际费用记载在本书里
提供风扇的客房　A/C 提供空调的客房　提供淋浴设施的客房　公共浴室
淋浴间设有浴池的客房　淋浴间未设有浴池的客房
设有卫生间的客房　公共卫生间　住宿费用中包含早餐　住宿费用中不包含早餐

■本书特色

本书以打算前往土耳其旅游的自由行读者为受众群体，介绍土耳其各城市的交通线路、观光看点、各色酒店及商铺餐馆信息，使得读者朋友可以更深度地体会土耳其旅游的乐趣。当然如果你是跟团旅行，本书中的丰富内容也会给你锦上添花。

■关于书中所记载的信息

编辑部尽量收集时下最新鲜正确的信息，但是随着时间的推移，一些政策、信息可能会发生改变。基于这些情况给你带来的损失本社不承担任何责任，请提前了解。另外也请你为了自身利益，根据自身情况与立场灵活运用书中的旅游信息及建议，做出最好的判断。

■当地资料的取材及资料调查时期

本书中的资料大体取材于2020年。虽然已经是近期的相关信息，但是随着时间流转，记载的信息也会有调整的情况，特别是酒店和餐馆的费用，很有可能与你真正在旅行中接触的价格会有出入。此外乘坐各类交通工具所需的时间可能也会根据路况的变化而有所调整。

因此书中的信息仅供参考，想要了解详细信息，最保险的手段还是在旅行目的地的旅游咨询处获取最新的旅游资讯。此外在伊斯兰的相关宗教节日（Bayramı）和斋月（开斋节）等时期，部分店家的休息日和营业时间也会有所变化，因此请以当地的实际情况为准。

■土耳其的货币

本书中将土耳其的通用货币——土耳其里拉（Türk Lirası）缩写为TL(发音为特拉)。

酒店费用中若出现US$（美元）、€（欧元）等其他币种计费的情况，将直接用相应的货币符号进行标识。对于巴士或者国际轮船等需要外币支付的情况，本书中也会按照实际的币种费用进行体现。

■博物馆事宜

博物院的展品有时会有出借或是因修复等情况而暂停对外展出，因此请做好展品发生变化的准备。

■建筑物层数计算方式

中国人认为的建筑物第二层，土耳其人则认为是第一层，本书中将以国人的层数计算方法进行表达，土耳其的楼层介绍请参照p.424的边栏信息。

走遍全球 GLOBE-TROTTER TRAVEL GUIDEBOOK

土耳其和伊斯坦布尔

——Turkey & Istanbul

TÜNEL

161

从城市出发来一场郊游

伊斯坦布尔近郊

181

欣赏遗址、大海及阳光明媚的宝地

爱琴海、地中海沿岸

281

探访高原地区的历史与自然区域

安纳托利亚中部

339

在秘境中寻找人们的笑脸

安纳托利亚东南部、东部

专栏

出发前请一定阅读！ 旅行中的突发问题及安全信息 p.4、100、140、433

国旗

红色旗面上绘有白色新月与星星的星月旗。土耳其语中称其为阿尔·拜拉克 Al Bayrak。有时也会称其为艾·尤尔杜兹 Ay Yıldız。

正式国名

土耳其共和国 Türkiye Cumhuriyeti
（特尔其·久姆弗里耶特）

国歌

《独立进行曲》İstiklâl Marşı
（伊斯缇克拉尔·马尔休）

面积

约 78.36 万平方公里

人口

约 8200 万

首都

安卡拉 Ankara
首都人口约 550 万

国家元首

现任总统 雷杰普·塔伊普·埃尔多安
Recep Tayyip Erdoğan

国家政体

议会共和制

民族构成

主要由土耳其人、库尔德人等组成

宗教

99% 的居民信奉伊斯兰教

语言

官方用语为土耳其语，在土耳其东南部地区，库尔德语也是日常生活中广泛应用的民族语言。在与叙利亚交壤的国境线地区，阿拉伯语也通常可以使用。

▶土耳其旅游用语→ p.436

货币与汇率

土耳其的货币单位为土耳其里拉（简称为 TL，全称为 Türk Lirası）。有时候还会见到用₺作为货币符号的情况。辅助的货币单位是库鲁 Kuruş（Kr），1TL=100Kr。1TL=0.7796 元（2020 年 11 月 9 日），100 元 =128.27TL。

目前流通的纸币分为 200TL、100TL、50TL、20TL、10TL、5TL，共 6 种面值。硬币分为 1TL、50Kr、25Kr、10Kr、5Kr、1Kr 等 6 种额度（1Kr 和 5Kr 的流通概率很低，很难在市面上看到）。

▶货币兑换→ p.419
▶旅行预算→ p.420

5 里拉

10 里拉

20 里拉

50 里拉

100 里拉

200 里拉

1 库鲁

5 库鲁

10 库鲁

25 库鲁

50 库鲁

1 里拉

拨打电话的方法

从中国往土耳其拨打电话的方法

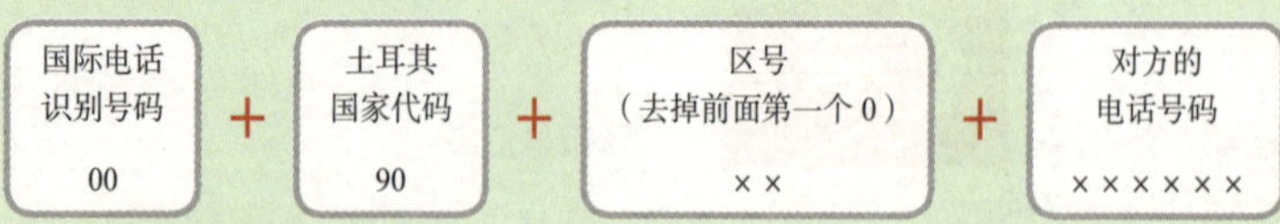

从土耳其往中国拨打电话的方法

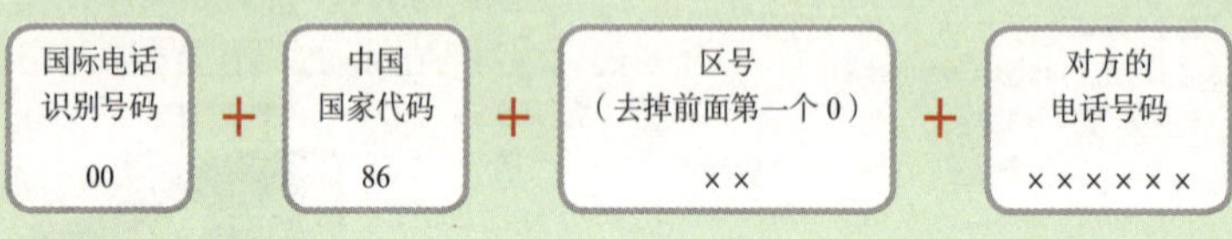

※ 手机中长按 0 便可以变为 + 号，之后陆续拨打国家号码、区号及电话即可。

▶通信事宜→ p.421

※ 上述为普通电话拨打方式，若从酒店客房拨打，还需在 00 前加拨酒店连接外线的号码。

同一座城市内通话无须加拨市区区号，拨打其他城市的电话则需要在号码前加拨市区区号。

①拿起通话器

②按照电话卡的插卡方向将电话卡插入公共电话机

③拨打对方号码

④电话卡的余额将在电话屏幕上显示，通话结束后挂断通话器，将电话卡从机器中取出

出入境

【签证】

根据 6458 号《外国人和国际保护法》第 7.1b 款规定，想入境土耳其的中国人必须持有护照和电子签证，土耳其的电子签证可以在土耳其共和国电子签证申请系统 https://www.evisa.gov.tr 中进行申请获取，十分便捷。

【护照】

护照的有效期必须超出电子签证所允许的“停留期”之外至少 60 天，必须要有 2 页未使用的空白页作为加盖出入境章的页面使用。

▶出入境手续→ p.414

从中国飞往土耳其所需时间

北京前往伊斯坦布尔的直飞航班通常需要 10 多个小时的航程时间，目前土耳其航空、南方航空以及中国国航都运营直飞伊斯坦布尔的相关航线，通常是凌晨起飞，在土耳其时间的 6:00 左右抵达。

气候

由于土耳其的地域辽阔，各地区的气候和降水量也有显著差别。通常夏季的雨水较少，比较干燥，临海地区则相对闷热。冬季期间阴天很多，降雨十分频繁。东部高原地区还会有积雪现象，路面也有结冰情况出现。内陆地区的早晚温差也很明显。

▶旅行的最佳季节→ p.34

伊斯坦布尔的气温及降水量

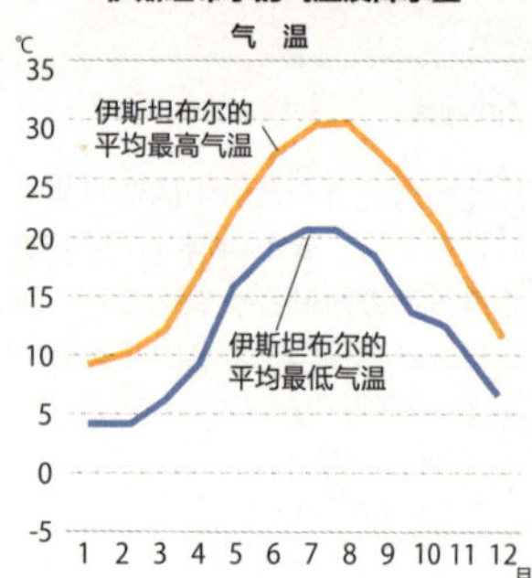

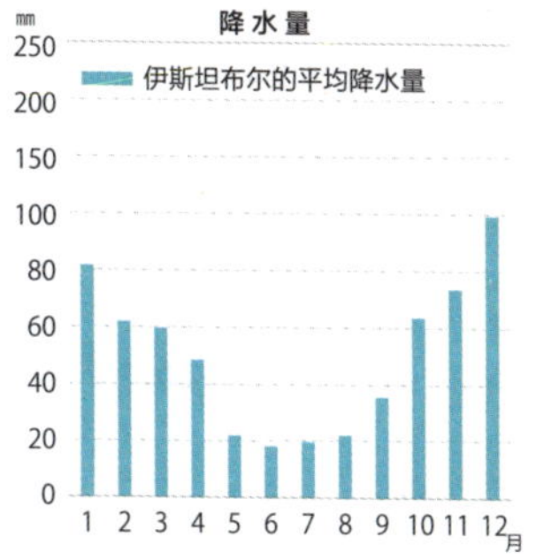

时差和夏令时

土耳其与中国的时差为 5 小时，即中国的凌晨 5:00 为土耳其当日的 0:00。

过去土耳其曾有夏令时与冬令时之分，自 2016 年起取消冬令时，自此与中国的时差固定为 5 小时。

▶日历和节假日→ p.423

营业时间

以下介绍的是正常情况下的工作时间，斋月期间通常都会在日落时段停止营业。

【银行】

工作日为 8:30~12:00，13:30~17:00，周六、周日及节假日通常不营业。

【商场和商店】

通常在 9:30~19:00 期间营业，22:00 以后根据法律规定不允许再出售酒水。

【餐馆】

通常在 9:00~23:00 营业，斋月期间不少餐馆都会暂停营业。

【博物馆】

工作日为 8:30~17:00，周一为闭馆日。

主要的节日

土耳其国内既有在西历中的节日也有伊斯兰历中的特有节日，其中伊斯兰历的特有节日在每年的具体举办时间都会有所变动（不固定日期的节日用 ※ 标记），著名的开斋节（Seker Bayramı 或斋月 Ramazan Bayramı）与古尔邦节（即宰牲节，Kurban Bayramı）通常都会持续至少 3 天的庆祝时间。

月	日期		节日
1 月	1/1		新年 Yılbaşı
4 月	4/23		国家主权和儿童节 Ulusal Egemenlik ve Çocuk Bayramı
5 月	5/1		劳动和团结日 Emek ve Dayanışma Günü
	5/19		国父纪念日，青年和运动节 Atatürk' ü Anma, Gençlik ve Spor Bayramı
	5/24~26（'20） 5/13~15（'21）	※	开斋节 Şeker Bayramı（斋月 Ramazan Bayramı）
7 月	7/15		民主和民族团结日 Demokrasi ve Birlik Günü
	7/31~8/4（'20） 7/20~23（'21）	※	古尔邦节（宰牲节）Kurban Bayramı
8 月	8/30		胜利日 Zafer Bayram
10 月	10/29		共和国日 Cumhuriyet Bayramı

▶生活习惯→ p.424

电压和插头

电压 220V，频率为 50Hz。插座以两眼圆孔插座（C 类型）为主，此外还有 B、B3、SE 等插座类型。插座类型与中国不同，需要带转换插座。

视频制式

土耳其国内的 DVD 制品与中国的 PAL 制式相同，因此在土耳其购买的 DVD 产品可以在国内的 DVD 机器或通过电脑的驱动进行播放。

蓝光碟片则会有区号限制，推荐购买无锁版的通用蓝光产品。

小费

土耳其国内传统意义上没有支付小费的习惯。部分餐馆的餐费中可能不会包含服务费，届时可以根据实际情况支付服务员一些小费作为心意（主要发生在伊斯坦布尔的高级餐馆中）。

如果你确实享受到了很棒的服务，或者给对方添了很大的麻烦，可以参照下文的小费惯例支付小费略表心意。对于高级酒店热情卖力的行李员以及尽职尽责的好导游等服务行业人员，支付小费也是很自然的事情。大型酒店中

对于服务费和 KDV（附加税）会额外要求房客进行支付，届时则省去了支付小费的烦恼。

【出租车】

将找回的零钱作为小费给予司机。

【餐馆】

街头餐馆通常无须支付小费，对于高档餐馆可以拿出餐费 10% 的金额作为小费，在用餐结束后留在桌子上略表心意。

【酒店】

对于行李员以及房间清洁员，通常支付 2~10TL 的金额作为小费。

【卫生间】

市内的公共卫生间以及伊斯兰教清真寺或是高速路上的卫生间通常都是需要付费才可以使用的，费用写在入口附近，通常在 2TL 左右。

【浴场】

对于刮痧或者是按摩的技师可以支付 2~5TL 的小费。

饮用水

即使是土耳其国内核心城市的自来水也不能直接饮用，游客最好还是购买矿泉水最为妥当，通常 500mL 的矿泉水售价在 1TL 左右。若是从超市购买还会更加划算，景点的饮用水售价则会略微偏高。包括埃里克里 Erikli、哈亚特 Hayat、普纳尔 Pınar 等品牌在内的矿泉水都是土耳其的驰名品牌，不妨在旅行期间都买来尝一尝，看看个人更喜欢哪个牌子的水质。

邮政

邮局在土耳其语中写作 PTT，读作“佩特特”，营业时间通常是周一 ~ 周五的 8:30~12:30，13:30~17:30。周末则是休息日暂停对外营业。大城市中的中央邮局通常是 24 小时营业（部分中央邮局会在 19:00 或是 21:00 下班）。

【邮寄费用】

寄往中国的信件费用在 4TL 左右，20g 以下的邮件费用在 5TL 左右，1kg 以下的包裹费用是 170TL 左右，2kg 以下的包裹费用是 240TL 左右。

▶通信事宜→ p.421

税金

土耳其的商品通常都会附加 8%~18% 的 KDV（附加税）。

对于附加税为 8% 的商品（衣服、皮制品等），购物超过 108TL 便可以免税；对于附加税为 18% 的贵金属、手表、电子制品等商品，购物超过 118TL 也可以进行免税。如果你达到了免税标准，购物结束后将会给你一张收据，在伊斯坦布尔机场等出境地点的海关提交此类收据后便可以进行退税手续。

退税率根据购物金额和件数的不同会有所差异，在酒店或是餐馆的附加税费通常无法返还。详情请见 URL www.global-blue.com

治安与纠纷

2018 年 1 月 22 日以来，外交部和中国驻土耳其使领馆根据土耳其安全局势状况已连续多次发布暂勿前往土耳其东南部地区的安全提醒，最近一次提醒有效期至 2019 年 12 月 31 日。根据当前安全形势，现将该安全提醒有效期延至 2020 年 3 月 31 日，具体如下：目前，土耳其东南部安全形势依然严峻。外交部和中国驻土耳其使领馆提醒中国公民近期暂勿前往土耳其东南部地区，如遇紧急情况，请及时报警并与驻土耳其使领馆联系寻求协助。

鉴于上述地区的特殊情况，如中国公民在暂勿前往提醒发布后仍坚持前往，有可能导致当事人面临极高的安全风险，并将严重影响其获得协助的实效，因协助产生的费用将由个人承担。

中国领事服务网

URL http://cs.mfa.gov.cn/

外交部全球领事保护与服务应急呼叫中心电话（24 小时）：+86-10-12308 或 +86-10-59913991

【机场】

经常会有假扮旅游咨询处的不法人员用中文或英文哄骗游客，随后带领听之任之的游客前往苏丹阿赫迈特地区的黑心旅行社、毛毯商店或是相关酒店，一定不要上当受骗。

【毛毯店的带路人】

不时会出现讲一口流利中文的土耳其人将中国人带往他认可的毛毯店，其实这些带路人都和商家有着很大程度上的利益关系，他们会借机向不知情的游客兜卖价格昂贵的毛毯商品。如果是女性游客上钩，还曾发生过将女性游客领入偏僻地区并强行猥亵的案件，单身女性一定要特别小心。

【安眠药作案】

把自己乔装成外国游客，在和真正的观光客熟络之后借机在饮品中投放安眠药，待游客昏睡后夺取贵重财物。

【假警察】

假冒警察借搜身的机会强行掠夺游客的随身财物。

中国驻土耳其大使馆

住 FERİT RECAİ ERTUĞRUL CAD. NO: 18 Oran, Ankara,Turkey

TEL（总机）：0090-312-4900660

FAX（总机）：0090-312-4464248

URL http://tr.china-embassy.org/chn/lxwm/

Mail chinaemb_tr@mfa.gov.cn

领事咨询专用 Mail consulate.tur@gmail.com

中国公民寻求领事保护与协助

TEL 0090-5388215530

中国驻伊斯坦布尔总领馆领事咨询

TEL 0090-212-2992188；2992634；2622721

FAX 2992633，领事保护协助 TEL 0090-5313389459

中国外交部全球领保与服务应急呼叫中心

TEL 0086-10-12308 或 0086-10-59913991

报警电话 155

消防电话 110

急救电话 112

▶旅途中的麻烦→ p.433~434

年龄限制

土耳其的法律规定不允许未满 18 岁的未成年人购买酒水或香烟商品。

度量衡

和中国一样，长度单位为米。标识百分比的时候，将 % 放在数字前面，“百分之”读作尤兹德，例如 %30 读作尤兹德欧图兹。

其他

【禁烟】

公共场合的室内空间、餐馆、酒店大堂以及公共交通工具中都是规定禁烟的。如果你希望在酒店中吸烟，请选择可吸烟的客房入住。如果在禁烟场所吸烟，被发现将面临着罚款。

土耳其的最新 NEWS
En Son Haberler

伊斯坦布尔机场的国际航线出发大厅

伊斯坦布尔新机场对外开放

机场航站楼

伊斯坦布尔的新机场于2018年10月29日对外开放运营，正式名称为伊斯坦布尔机场。在持续了半年的国内及国际航线试运营后，于2019年4月将此前负责主要航线责任的阿塔图尔克国际机场的全部航线承接过来，并已经计划了未来机场二期的扩张方案。2019年年中，除地铁外，从马尔马雷隧道也可以实现直接前往机场的可能。乘坐市内各地名为哈瓦伊斯特 Havaist 的机场巴士前往机场也同样十分便利。值得一提的是，位于伊斯坦布尔亚洲区的萨比哈·格克琴国际机场仍继续沿用，过去往返这座机场的航线没有发生变化。

国内再开直达伊斯坦布尔航线!

2019年5月29日，中国南方航空从武汉直飞伊斯坦布尔的航班成功首航，该航线每周一、周三、周五三班往返。这是继4月30日四川航空开通成都直飞伊斯坦布尔航班后，开通的第二条中国至土耳其的直通航线。

从中国出发，共有北京、上海、广州、香港、台北、成都、武汉7个地方开通了直飞土耳其的航线。从北京、上海、广州、台北出发的土耳其航空航班每天都设有班次，十分便利。

具体航班情况如下：

北京 → 伊斯坦布尔航线

（航空公司：中国南方航空，每周二、周四、周六；土耳其航空，每天）

具体航班信息：北京至伊斯坦布尔定期直飞航线，分别由南航和土耳其航空执飞。

南航每周3班，分别于每周二、周四、周六执行，采用空客330执飞。去程航班号为CZ679，北京时间00:40从北京起飞，土耳其当地时间06:10抵达伊斯坦布尔。单程空中飞行时间约10小时30分钟。

土耳其航空每天有航班执行，采用波音777执飞。去程航班号为TK021，北京时间00:10从北京起飞，土耳其当地时间05:25抵达伊斯坦布尔。单程空中飞行时间约10小时15分钟。

上海 → 伊斯坦布尔航线

（航空公司：土耳其航空，每天）

具体航班信息：上海至伊斯坦布尔定期直飞航线，由土耳其航空执飞，每天有固定航次，采用波音777执飞。去程航班号为TK027，北京时间22:25从上海起飞，土耳其当地时间05:15抵达伊斯坦布尔。单程空中飞行时间约11小时50分钟。

特洛伊博物馆 ➡p.186 才对外开放

海外归还的黄金装饰品

经过常年的计划与建设，位于特洛伊考古遗址入口处的特洛伊博物馆终于在2018年10月10日对公众开放。馆内的展品以特洛伊考古遗址出土的古董文物为主，1层是青铜器时代主题，2层是特洛伊战争年代到罗马时代的展品区，3层则展示从安纳托利亚半岛群雄割据时代到奥斯曼王朝时期的出土文物。过去曾在恰纳卡莱考古学博物馆展出的特洛伊文物现在也全部移到这座新建的特洛伊博物馆，使得展品的丰富度再度提升。针对恰纳卡莱考古学博物馆的未来用途，目前政府计划将其改作图书馆并在不久的将来对公众开放使用。

马尔马雷隧道延伸，土耳其新干线 YHT 即将驶入伊斯坦布尔城区

连接海峡两岸的马尔马雷隧道

2019年3月12日，马尔马雷隧道的延伸工程开始实施，东至伊斯坦布尔欧洲区的哈尔卡利，西至亚洲区的格贝兹，实现新的长度突破。马尔马雷隧道作为一条连接伊斯坦布尔东西两侧的铁路，位于博斯普鲁斯海峡之下，过去曾是土耳其的国家铁路路段，随着时代的发展而改建为一条贯通欧亚大陆的海底铁路隧道。2019年5月土耳其新干线 YHT 延伸驶往哈尔卡利，使得国民前往安卡拉或科尼亚等地变得更加便利。值得一提的是，铁路的始发站大多都是在亚洲区这边，索尤特留切什梅站为线路总站。

2019 年是“哥贝克力石阵 ➡p.351 纪念年”

经过修整已经俨然成为一处成功的观光景点

2018年登录在世界遗产名录中的哥贝克力石阵可以追溯到12000年前，这是一处在当时还没有人类定居迹象前提下出现的史前遗址。如今你在这里可以欣赏

到大规模的神殿遗址，考古学家正在推测哥贝克力石阵可能是世界上最古老的文明圣地。2019 年 3 月，哥贝克力石阵成立了游客观光中心，土耳其政府也把 2019 年定为“哥贝克力石阵 p.351 纪念年”，目前从市区便可以搭乘城市公交巴士前往遗址观光。

上：卡曼·卡莱霍裕克 2A 位置出土的狮子造型骨质装饰版画
左：根据地质层次的不同进行考古年代的相关推测

改变世界历史常识的卡曼·卡莱霍裕克 ➡p.322

科学家自 1985 年便开始对于卡曼·卡莱霍裕克的发掘工作，并在 2019 年迎来了第 34 次的调查考古活动。2017 年从该遗址内青铜器时代前期区域所出土的铁块被鉴定出与这片地区此前出土的铁块呈现不同成分结构的研究事实，被认为是经过人工加热后的产物。鉴于当时这片地区出土的铁件都没有这样的强度（即钢），可以认为是途经此地的古人在将铁件加热过后所遗留的产物。随着发掘工作的逐年进行，卡曼·卡莱霍裕克的神秘面纱正在被逐渐揭晓，人们一直认为最古老的钢出自赫梯王国时代，而此次在卡曼·卡莱霍裕克的考古发现将会给人类的冶金史带来不小的冲击。

土耳其起始的国际邮轮陆续启航

进入 2019 年后，连接土耳其～希腊的新航线出现在人们的视野之中，6 月 30 日开始运营的航线便是从伊兹密尔近郊的切什梅 Cesme 到雅典近郊的拉里昂 Lavrio，每周 4 班，航程大约需要 8 小时的时间，费用为 59~69 €。

此外未来每周也将有 3 班连接土耳其与希腊塞萨洛尼基港口的航线，晚上 20:00 从伊兹密尔发船，次日上午 10:00 抵达塞萨洛尼基。船费的价格目前还没有最终敲定。

切什梅～拉里昂航线时刻表

周二、周四、周六 22:00 切什梅启航— 周三、周五、周日 6:00 抵达拉里昂
周日 24:00 切什梅启航— 周一 8:00 抵达拉里昂
周二、周四、周六 22:00 拉里昂启航— 周三、周五、周日 6:00 抵达切什梅
周日 11:00 拉里昂启航— 19:00 抵达切什梅

安卡高铁开始运营

安卡拉站

2019 年 5 月 29 日，连接安卡拉与卡尔斯的安卡高铁开始正式运营，土耳其语名为图利斯提克·杜·艾克思佩雷斯，每周设有 3 班往返列车段。每周一、周三、周五从安卡拉出发的高铁列车在历经 31 小时后便可以抵达卡尔斯，反之每周三、周五、周日从卡尔斯出发的高铁列车则会在 29 小时 20 分钟后抵达安卡拉。安卡拉起始的高铁列车途经伊利奇 İliç、埃尔津詹 Erzincan、埃尔祖鲁姆（→ p.378）等站时会长时间停靠，另一方面从卡尔斯起始的列车则会在迪夫里伊（p.335）、波斯坦卡亚 Bostankaya 等站长时间停靠。停靠的时间之长甚至可以来得及下车参加一下当地的精华观光游（需要额外付费）。对于这种卧铺型高铁列车的收费标准，单人间的价格是 400TL，双人间的价格是 500TL。

前往阿塞拜疆、格鲁吉亚 从安卡高铁的终点站卡尔斯出发，可以搭乘 2019 年中旬开通的新线路前往格鲁吉亚的首都第比利斯以及阿塞拜疆的首都巴库，这趟线路最初在 2017 年开设，此前一直是货运路段，现在增加了客运路段，造福了不少当地人民。如果你打算继续前往土库曼斯坦，则可以从巴库选择驶往土库曼斯坦的土库曼巴希港口的游船乘坐。

开往伊朗的国际列车时隔三年再运营

大不里士站

从土耳其开往伊朗的列车自 2015 年停运之后，随着社会治安逐渐趋于稳定，加上铁线路整修工程的结束，在 2018 年再次对公众开放这段国际火车线路。过去运营的安卡拉到德黑兰线以及凡城到大不里士线，从 2019 年 6 月 24 日起合并为凡城～大不里士～德黑兰线，每周一班，安卡拉～德黑兰线也已经开通。

德黑兰～凡城时刻表

凡城始发 周二 21:00~ 抵达大不里士 次日 5:15~ 抵达德黑兰 18:20
德黑兰始发 周一 9:30~ 抵达大不里士 22:30~ 抵达凡城 次日 8:10

特辑①
世界遗产

土耳其的世界遗产

② 埃迪尔内省的塞利米耶清真寺
① 伊斯坦布尔历史区域
⑱ 萨夫兰博卢城
④ 特洛伊考古遗址
③ 布尔萨和库马利吉兹克：奥斯曼帝国诞生地
阿尼考古遗址 ⑰
⑫ 哈图沙什遗址
安卡拉
⑤ 贝尔加马及其多层次文化景观
⑬ 迪夫里伊大清真寺和医院
⑩ 格雷梅国家公园和卡帕多西亚
⑥ 以弗所遗址
⑦ 帕姆卡莱和希拉波利斯
⑪ 加泰土丘的新石器时代遗址
凡湖
阿弗罗狄西亚 ⑧
⑯ 迪亚巴克尔要塞和哈乌塞尔花园文化景观
⑭ 内姆鲁特山
⑨ 桑索斯和莱顿
⑮ 哥贝克力石阵

叠加多重文化蕴藏浓厚历史的文化遗产，
由多变地形与气候孕育而生的自然遗产，
直至 2019 年 5 月，土耳其共有 18 项被列入《世界遗产名录》的世界遗产。

苏丹阿赫迈特清真寺

① 伊斯坦布尔历史区域
İstanbul'un Tarihi Alanları

1985 年登录 文化遗产 详情 p.102 Map p.22B1

先后被拜占庭帝国和奥斯曼王朝设为首都的伊斯坦布尔，繁荣长达了将近 1600 年的漫长时光，至今你仍可以通过游览伊斯坦布尔历史区域中的古老建筑，领略旧时的辉煌岁月。奥斯曼王朝时期建造了众多留存于世的清真寺，其中的苏丹阿赫迈特清真寺➡p.108和苏莱曼清真寺➡p.121当数清真寺中的绝佳杰作。历代苏丹曾居住的托普卡帕宫➡p.104现在改建为托普卡帕宫博物馆，里面展出了从世界各地搜罗的珍贵宝物，十分有看点。

② 埃迪尔内省的塞利米耶清真寺
Edirne Selimiye Camii ve Külliyesi

2011 年登录 文化遗产 详情 p.163 Map p.163

米马尔·希南的毕生杰作

著名建筑大师米马尔·希南奉苏丹塞利姆二世之命建造，并于 1574 年竣工有代表性的伊斯兰清真寺。这座恢宏的穹顶结构的清真寺直径超过 30 米。

当你游览塞利米耶清真寺时，还可以看到伊斯兰教神学校（梅德莱瑟）以及作为清真寺财源的市集和公共浴场，正是这些围绕清真寺建立的社会性建筑群，使得希南的作品变得更加出色，并一同作为世界遗产登录在世界遗产名录之中。

③ 布尔萨和库马利吉兹克：奥斯曼帝国诞生地
Bursa ve Cumalıkızık: Osmanlı İmparatorluğunun Doğuşu

2014 年登录 文化遗产 详情 p.172 Map p.22B1

乌鲁清真寺的内部空间

1326 年，奥斯曼帝国的领袖奥斯曼一世，从拜占庭帝国的手中夺走了布尔萨的控制权，直到 1413 年迁都至埃迪尔内之前，布尔萨一直作为奥斯曼帝国的首座都城而享受了近百年的风光，包括乌鲁清真寺➡p.174及大型市场在内的奥斯曼王朝早期建筑都可以在这里得以一见。

库马利吉兹克➡p.178是一座由奥斯曼一世在布尔萨近郊建造的小型村落，至今仍保留有许多传统民宅可供游客参观。

4 特洛伊考古遗址 Troya Antik Kenti

1998 年登录 文化遗产 详情 p.186 Map p.22A2

古代城市遗址

古希腊长篇叙事史诗《伊利亚特》中描绘的特洛伊战争发生地。

这场公元前的经典战争随着岁月的流逝逐渐被人们认为是神话传说，直到坚信“特洛伊木马故事”的施里曼➡p.187通过不懈的坚持和努力，最终在 19 世纪将这片古遗址发掘出来，使得历史重见天日。目前这里已经整理出从公元前 3000 年到公元 500 年期间存在的第 1 城（公元前 3000~ 公元前 2500 年）到第 9 城（罗马时期）共 9 座考古遗址，遗址附近发掘的陪葬品也在 2018 年通过新建的博物馆对公众开放展出。

5 贝尔加马及其多层次文化景观 Bergama Çok Katmanlı Kültürel Peyzaj Alanı

2014 年登录 文化遗产 详情 p.189 Map p.22A2

卫城遗址

贝尔加马王国是在亚历山大逝世后，从位于叙利亚的塞琉古王朝中走出来的独立王国，在国王阿塔罗斯一世的领导下，通过在小亚细亚的多种贸易获取财源，贝尔加马国内陆续建造了卫城➡p.190、大型剧院、雄伟的神殿以及恢宏的图书馆等建筑。当时的辉煌程度据说可以与埃及的亚历山大相媲美。药神殿➡p.190作为古代的综合性医疗中心直到 4 世纪依旧发挥着极其重要的医疗功能。进入罗马时期后贝尔加马作为亚细亚地区的中心城市而继续蓬勃发展。

塞尔苏斯图书馆

6 以弗所遗址 Efes Antik Kenti

2015 年登录 文化遗产 详情 p.203 Map p.24A1

小亚细亚地区中有代表性的宏伟古代遗址，至今我们仍可以从这里的塞尔苏斯图书馆➡p.208、哈德良神殿➡p.209等建筑中领略到罗马时期的深厚文化。大剧场➡p.207的规模大到可以容纳 2.4 万人之多，到露台屋➡p.208转上一转，便可以通过依旧留存的镶嵌工艺精美图案感受到当时上流社会的奢华生活。

罗马时期曾是港湾城市的以弗所，随着岁月的洗礼，由上流流经至此的沙土不断堆积，使得港口遗址已经与现在的海岸线产生了 5 公里以上的距离，令人感叹光阴的流逝，大自然的无声变迁。

圣约翰教堂➡p.212据说是在约翰晚年住所位置搭建而成的，建筑时期应该是查士丁尼一世统治时期的 6 世纪。以弗所也曾经是圣保罗的传教地，拜占庭时期来此巡礼的教徒可谓络绎不绝。圣约翰教堂直到 1304 年纳入艾登君侯国的统治以前，一直都在作为教堂对公众开放使用，但此后便被荒废，目前针对教堂的发掘工作仍在有条不紊的进行之中。

夕阳下熠熠生辉的石灰华梯田

7 帕姆卡莱和希拉波利斯 Pamukkale-Hierapolis

1988 年登录 文化与自然混合遗产 详情 p.227 Map p.24B1

驱车途经代尼兹利的郊外，便会看到车窗外宛如积雪覆盖的一片奇妙地区，下车走近一看，才发现这其实是石灰岩构成的天然阶梯。当温泉水从山顶顺流而下时，沿途将土地中石灰质里的钙质渐渐沉淀，最终形成了这种举世罕见的石灰华梯田➡p.230。帕姆卡莱温泉➡p.230则是一处沿用希腊·罗马时期泉眼的珍贵温泉，游客可以用亲身泡汤这种独特的观光方式感受这里蕴藏的时代韵味。

同时这里还有一处名为希拉波利斯➡p.231的古代遗址，这是一座在公元前 2 世纪左右贝尔加马王国时期辉煌一时的古城遗址，目前遗留了包括可以容纳 1.5 万人的剧场➡p.232和北侧大浴场➡p.232等城市遗址。临近北门附近的古墓场 necropolis ➡p.232可谓土耳其国内的最大规模墓地，容纳的坟墓超过 1000 个之多，而且墓碑的年代也是层出不穷，你可以欣赏到从古希腊时代到拜占庭时代的各式墓碑。这片位于内陆地区深处的土地，直到塞尔柱王朝灭亡前一直十分繁荣昌盛。

8 阿弗罗狄西亚
Afrodisias

2017 年登录 文化遗产 详情 p.219 Map p.24B2

四重门

阿弗罗狄西亚是一座建于罗马时代，在公元前 1~5 世纪期间一度繁荣的古城。根据周边发掘出的采石场可以推断当时这里的雕像制造业曾兴旺一时。

古城中这座竞技场可谓全世界保存最完善的古代竞技场之一。竞技场➡p.219的空间可以容纳 3 万名观众，阿弗罗狄西亚名称的由来便是城内的阿弗洛狄忒神庙，目前仍可以看到神庙内高达 3 米的巨大阿弗洛狄忒女神像，神庙在后世一直被当作教堂而延续使用。

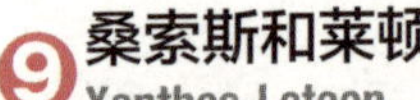

9 桑索斯和莱顿
Xanthos-Letoon

1988 年登录 文化遗产 详情 p.251 Map p.24B2

莱顿古剧场

桑索斯曾是古代利西亚的首都，莱顿则作为桑索斯的疗养地而得到了蓬勃发展。

现在我们只能通过荷马的作品单方面地了解利西亚➡p.253的历史，近年来在安塔利亚到费特希耶海岸沿线发现的形如木建民宅般的石棺遗址也被认为是利西亚的文化遗产。桑索斯和莱顿作为利西亚文化的中心地区，目前仍有许多尚未发掘的古老遗址，未来的考古工作十分值得期待。

10 格雷梅国家公园和卡帕多西亚
Göreme Milli Parkı ve Kapadokya

1985 年登录 文化与自然混合遗产 详情 p.282 Map p.26B1

帕夏贝的奇岩地区

古代这里的火山活动频繁，流淌的炙热岩浆久而久之化作坚固的熔岩石，四散的火山灰变成了细软的沙土，再经过雨水的岁月洗礼，这片土地上便出现了大大小小的河流，而坚硬的熔岩石很难被雨水腐蚀，逐渐形成了难得一见的熔岩山峰。

公元 3~4 世纪左右便有修道者为了过与世隔绝的生活而来到卡帕多西亚生活，现在我们从这里的洞窟修道院中可以观赏到公元 9 世纪后半叶以后的精美壁画，其中不少画作的颜色仍十分鲜艳。比较方便观赏的画作保存在格雷梅露天博物馆➡p.291和厄赫拉热峡谷➡p.294古老的教堂中。

地下城➡p.293据说可以容纳数万人在此生活，但目前仍不知道当初人们为什么修建这座深达数层的地下空间。至今在卡帕多西亚地区发现了多处规模庞大的地下城市，通气孔、排烟口、下水道、家畜圈，甚至是葡萄酒储藏库都一应俱全，可见当时人们曾在这里长期生活。

11 加泰土丘的新石器时代遗址
Çatalhöyük Neolitik Kenti

2012 年登录 文化遗产 详情 p.311 Map p.25D2

新石器时代的城市遗址

加泰土丘作为新石器时代的文明遗址，年代可以追溯到公元前 7000 年，这也是世界最古老的城市遗址之一。

目前考古学家推断这里曾出现 3000~8000 人居住生活，并且当时已经掌握了农耕和牧畜等高度文明。鳞次栉比的民居密度很大，每家民居之间几乎都没有任何距离，新家直接在老房的根基上搭建而成，最多发现了叠加 16 代的建造痕迹。民居中的墙壁上挂着描绘狩猎风景和牧牛羊的壁画，你可以在当地的博物馆中一睹壁画的复刻版本。

12 哈图沙什遗址
Hattuşa (Boğazköy) - Hitit Başkenti

1986 年登录 文化遗产 详情 p.328 Map p.27B2

阿拉加霍裕克的狮身人面像大门

通过高超的马术和精良的铁器将安纳托利亚土地纳为己有的赫梯王国➡p.332首都，位于安卡拉以东 200 公里的开阔地带。王门、狮子门和狮身人面像门组成了外城城门，通过设立紧急特殊通道使得这里拥有了战略防御能力。现在你可以登上古城遗址的山坡上俯瞰整座哈图沙什遗址的风貌。距离哈图沙什不远处的亚兹里卡亚是一片利用岩石打造的神殿遗址，你可以看到刻画着诸神和王侯的素朴石雕。

13 迪夫里伊大清真寺和医院
Divriği Ulu Camii ve Darüşşifası

1985 年登录 文化遗产 详情 p.335 Map p.28B1

西北侧的地标石门

13 世纪前半叶的伊斯兰教建筑杰作。高大的石门搭配精美的雕刻艺术，令游客叹为观止。拱形石门缝隙中刻画的植物花卉与星空图案，在整个安纳托利亚地区都是独一份的艺术珍宝。大清真寺内部有三分之一的空间建造了慈善用途的医院设施。

14 内姆鲁特山
Nemrut Dağı

1987 年登录 文化遗产 详情 p.340 Map p.28B2

身首分离的各色石雕

山顶上的各式石雕令内姆鲁特享有“第八大世界奇迹”的美称。

分散在山顶东西两侧的神像是公元前 1 世纪科马基尼王国 ➔p.340 的国王安提俄克斯一世统治时期修造的产物。这位国王为了彰显王权神授的理念，将自己的雕像也放在了山顶宙斯和阿波罗等诸神的身旁，虽然受地震影响这些古老的雕像已经身首分离，但是每逢日出日落之时，阳光照射在雕像之上的光景仍会令游客思绪万千。

15 哥贝克力石阵
Göbekli Tepe Arkeolojik Alanı

2018 年登录 文化遗产 详情 p.351 Map p.28B2

由巨石组成的神殿遗址

位于土耳其东南部尚勒乌尔法以东约 20 公里的石器时代遗址，建造时间可以追溯到 1 万年以前。

围成圆形的巨石遗址被认为是历史上最古老的神殿建筑，石柱上至今仍可以看到雕琢着小鸡、野牛等动物图案的图腾浮雕，目前考古人员仍不清楚当时的古人是如何搭建了这座在当时难以想象的巨石神殿，围绕着哥贝克力石阵仍存在着许多未解之谜。从 1996 年开始启动考古发掘工作后，虽然已经逐渐收集了部分线索，但是到能够详细解析石阵的全貌恐怕仍需要更长时间的工作与研究。

16 迪亚巴克尔要塞和哈乌塞尔花园文化景观
Diyarbakır Kalesi ve Hevsel Bahçeleri Kültürel Peyzaj Alanı

2015 年 文化遗产 详情 p.355 Map p.28B2

位于要塞南部的马尔丁门

位于底格里斯河上游的迪亚巴克尔要塞又被称为“阿米达”，自古以来便是著名的战略要地。全长 5.8 公里的城墙将整座小城包围其中，堪称古城之最。底格里斯河畔的哈乌塞尔花园主要种植桑树，过去这里的养蚕业曾红极一时。

17 阿尼考古遗址
Ani Arkeolojik Alanı

2016 年登录 文化遗产 详情 p.376 Map p.29D1

外观保存完整的大教堂建筑

你可能会发现位于土耳其东部城市卡尔斯近郊的阿尼考古遗址，距离土耳其与亚美尼亚的国境线也不是很远，其实阿尼古城最初就是亚马尼亚王国的古都。公元 971 年阿肖特三世将王都迁到阿尼，使得这里开始极速的蓬勃发展。公元 992 年，亚美尼亚的主教堂也迁移到这座古城，阿尼随即成为宗教的核心地带而变得更加繁荣。鼎盛时期的阿尼古城人口数量曾超过 10 万人，城中的教堂众多，享有“1001 座教堂之城”的美誉。但是随着 13 世纪蒙古人的入侵，加之 14 世纪的地震灾害，阿尼最终成了无人居住的荒废古城。

18 萨夫兰博卢城
Safranbolu Şehri

1994 年登录 文化遗产 详情 p.382 Map p.27A1

建在山坡上的传统建筑

从安纳托利亚中部一路蔓延到黑海海畔的萨夫兰博卢城曾是古时的著名驿站，通过现在城西的古城遗址、南面的驿站遗址以及市场的工坊都可以想象出旧时的繁华光景。

城内的传统老建筑大多都是 100~200 年前遗留下来的，当地政府修缮这些古建筑的理念是在不破坏建筑原貌的前提下进行修复，因而使得现在我们看到这些建筑仍旧风貌犹存。

特辑② 葡萄酒

土耳其居然是葡萄酒大国？！

土耳其的酒厂巡游

卡帕多西亚的葡萄种植园

色雷斯地区
伊斯坦布尔
安卡拉
爱琴海地区
伊兹密尔
卡帕多西亚

米迪亚特（p.361）的葡萄酒商店

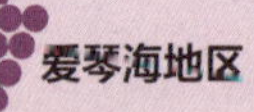

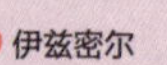

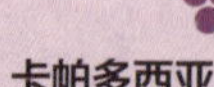

在土耳其各地的考古学博物馆纪念品商店游览时，经常可以看到葡萄酒杯这类商品，其实大多数人可能不知道，土耳其的葡萄酒历史足有5000年之久，可谓名副其实的葡萄酒大国。土耳其全国的葡萄总产量也是世界第6名（2017年，联合国粮食与农业组织）。目前，土耳其国内的葡萄酒厂大多分布在欧洲一侧以及爱琴海到地中海的沿岸地区。而安纳托利亚中部的卡帕多西亚酒厂，自古以来便受到定居于此的众多基督教徒的好评与认可。此外在东南部的马尔丁和米迪亚特等地生活的基督教徒也是人数颇多，当地流行自家酿造葡萄酒的古老传统。

卡帕多西亚 这里作为第一次世界大战以前众多基督教徒的居住地使得当地的葡萄酒产业一直都在蓬勃发展。非常适合酿造白葡萄酒的埃米尔葡萄Emir便是卡帕多西亚的特产品种。现在广为人知的卡帕多西亚葡萄酒品牌当数朵珊和库克柏，酒厂的位置十分方便前往，推荐你在旅途当中寻访一下。

恰纳卡莱近郊格克切岛的特产红酒

爱琴海 爱琴海沿岸的葡萄酒产业也十分兴旺，由于当地出产的葡萄十分适合用来酿酒，所以沿岸不少商家都做起了葡萄酒生意。希林杰山村还有利用葡萄以外的原料酿酒的产品，十分新奇。

色雷斯地区 位于伊斯坦布尔以西欧洲一侧的区域称为色雷斯地区，当地的酒厂也是屡见不鲜。特别是从泰基尔达～加里波利半岛区域内的穆莱夫特小镇周边便有数十家葡萄酒厂。伊斯坦布尔～沙尔柯伊～霍斯柯伊，伊斯坦布尔～恰纳卡莱区间的巴士班次很多（由伊斯坦布尔塞亚哈特旅游公司运营），乘坐体验舒适，对于巡游酒厂非常方便。

卡帕多西亚
KAPADOKYA ŞARAPLARI

以奇岩形酒瓶而远近闻名

朵珊 *Turasan*

➡ p.286

乌奇希萨尔

酒厂坐落在于尔居普的郊外不远处

可以参加酒厂的讲解游

在土耳其旅游期间经常可以看到以卡帕多西亚奇岩造型的独特葡萄酒瓶，这些都是出自朵珊葡萄酒厂。你可以在酒厂试饮各式各样口味的本地葡萄酒并购买心仪的酒品馈赠亲友。冬季这里还有温热的特别葡萄酒可供品鉴，对酿酒工艺感兴趣的客人还可以参加这里的酒厂讲解游。

DATA Map p.279 上 A

从于尔居普的长途巴士总站出发沿着特夫菲克·菲克莱特路 Tevfik Fikret Cad. 直行，步行 10~15 分钟便可以抵达。

住 Tevfik Fikret Cad. No.6/A-B, Ürgüp, Nevşehir

TEL (0384) 341 4961　URL www.turasan.com.tr

开 9:00~17:00

曾获得嘉奖的

库克柏 *Kocabağ*

➡ p.286

于尔居普

你可以体验多种酒品的试饮活动，种类多样，令人乐不思蜀

在卡帕多西亚地区游览期间，不时便会看到写有 Kocabağ 字样的葡萄酒，这家曾经在大赛中获赏的品牌其实只是由一家家族形式的小酒厂生产酿造的，酒厂总部位于乌奇希萨尔，拥有自家的果树园，栽种有土耳其知名的赤霞珠和埃米尔款葡萄。

DATA Map p.279 右下

位于乌奇希萨尔城内正对鸽子谷的位置，从要塞步行前往大约需要 5 分钟的时间。

住 Adnan Menderes Cad.No.40, Güvercinlik Vadisi, Uçhisar, Nevşehir

TEL (0384) 341 4961

URL www.kocabag.com

开 8:00~20:00

土耳其的主要葡萄品种

苏丹尼耶 Sultaniye

在爱琴海南部内陆地区广泛栽培的白葡萄品种，与埃米尔共同成为土耳其白葡萄酒的顶梁品种。

埃米尔 Emir

主要栽种在卡帕多西亚地区，葡萄成色为微微呈现黄绿色的明亮品种。

娜琳希 Narince

栽种在黑海南部山地地区的白葡萄品种，主要以托卡特为中心，一般都是高级白葡萄酒的酿造首选。

凯莱克·卡莱斯 Kalecik Karası

以安卡拉和克尔谢希尔为此款葡萄的主要栽培地，本来已经是濒临灭绝的葡萄品种，后被选自成为高级红酒的用料而起死回生。

奥古斯阁主 Öküzgözü

主要在拉特亚、埃拉泽等地栽培的红葡萄品种，酿造的红酒口感与土耳其烤肉的味道很搭。

宝佳斯科 Boğazkere

自古至今便在底格里斯—幼发拉底河流域种植的知名葡萄品种。

帕帕卡拉斯 Papazkarası

主要栽种在色雷斯地区的葡萄品种，口感清香。

爱琴海
EGE ŞARAPLARI

土耳其知名的葡萄酒品牌塞韦林 Sevilen Wines 的独家酒店

伊萨贝·巴艾维 *İsabey Bağevi*

伊兹密尔

在绿意盎然的环境中品味红酒与美食的绝妙搭配

位于伊兹密尔中心地带的老牌葡萄酒厂，受观光业影响与时俱进，在开业时便在果树园中建造了特色餐厅，你可以在游览酒厂过后在郁郁葱葱的果树园中搭配自己青睐的美酒品味甄选时令鲜蔬烹制的美味佳肴。

DATA Map p.194 左上

从阿尔桑卡克站搭乘城铁 IZBAN 前往特佩柯伊方向的列车，在朱马奥瓦瑟 Cumaovası 站下车后沿左手边（东向）步行几分钟便可以看到位于右侧的这家老酒厂。

住 İstasyon Mevkii 901 Sok.No.38, Menderes, İzmir

TEL (0232) 782 4959

URL sevilengroup.com

开 12:00~21:30　休 无

爱琴海 EGE ŞARAPLARI

博兹贾阿达岛 BOZCAADA

博兹贾阿达岛是土耳其国内葡萄酒的盛产地之一，选用本地的瓦希拉奇 Vasilaki 白葡萄酿造高品质的白葡萄酒。如果你对葡萄酒的酿造过程感兴趣，还可以前往博兹贾阿达岛的历史博物馆中欣赏早期酿酒的相关制作工具。

并设有商店的特色餐厅

塔拉伊餐厅 *Talay Şarapçılık*

博兹贾阿达岛

在吧台可以试饮各式本地葡萄酒

旧城区中知名酒厂旗下的餐厅，可以在用餐品酒的同时购买心仪对口的本地葡萄酒。

这家酒厂的葡萄园位于博兹贾阿达岛西面的小山坡上，如果你打算在这边停泊一晚，还可以住宿葡萄园旁并设的度假酒店 Talay Bağları Konuk Evi，相信你一定可以在这里度过一晚美妙的悠闲时光，10 月 ~ 次年 5 月停业。

DATA Map 参照左图

餐厅距离港口大约有 5 分钟的脚程，当地没有公共交通可以前往酒店，但是通常都可以在预约客房的时候拜托酒店提供接送服务。

住 Lale Sok.No.5，Bozcaada

TEL（0286）697 8080 URL talay1948.com

酒店一晚的费用 单人 450TL 双人 550TL

开 9:00~22:00

休 冬季需要提前确认

在这里可以试饮“查姆里柏 Çamlıbağ”葡萄酒

藤尼狄恩酒吧 *Tenedion Winehouse*

博兹贾阿达岛

酒吧空间不大但是十分温馨明亮

以“查姆里柏”葡萄酒打响品牌的本地酒商，在街道两面分别开设了旗下的酒吧和直销商店，由于是旗下的直营酒吧，因此酒水价格十分划算，还可以以 10TL 的超值价格购买 10 款葡萄酒的试饮套餐。酒吧内并无葡萄酒商品销售，如果你品尝到了心仪的酒款，可以前往对面的尤娜奇拉尔葡萄酒商店进行购买。阿亚佩特罗 Ayapetro 品牌的葡萄酒是店里的抢手货，可以留心一下。

DATA Map 参照上图

从港口步行前往大约需要 5 分钟的时间。

住 Atatürk Cad.，Bozcaada

TEL（0286）697 8055

开 9:00~22:00

休 冬季

以出产上等葡萄酒而备受认可

苏弗拉 *Suvla Şaraphanesi*

埃杰阿巴德

玻璃酿酒房中的橡木酒桶

苏弗拉的酒厂位于恰纳卡莱对岸的埃杰阿巴德，酒厂中的酿酒房是一间玻璃房，你可以在品尝美酒的同时参观葡萄酒的制作过程。

DATA

Map 参照右图

从恰纳卡莱搭乘游船前往大约需要 30 分钟的时间，如果你是从伊斯坦布尔或泰基尔达而来，可以搭乘目的地为埃杰阿巴德的巴士在埃杰阿巴德港下车，随后步行 15 分钟即可。

住 Çınarlıdere No.11，OPET Benzin İstasyon Yanı，Eceabat，Çanakkale

TEL（0286）814 1000

URL www.suvla.com

开 10:00~20:00 休 无

色雷斯地区的葡萄酒之旅 TRAKYA ŞARAP YOLU

穆莱夫特 MÜREFTE

在盛产葡萄酒的色雷斯地区中，酒厂密度最集中的当数这座穆莱夫特小镇。

土耳其的首家葡萄酒博物馆

库特曼葡萄酒博物馆
Kutman Şarap Müzesi

穆莱夫特

参观过后一定会对穆莱夫特的酿酒业有所了解

土耳其国内的第一家葡萄酒博物馆便是这里了，库特曼家族从19世纪末开始便一直从事葡萄酒的酿造事业，保留了许多宝贵的古老资料。如果你对这里的葡萄酒感兴趣，可以前往博物馆内部的试饮间进行品尝，喜欢的话还可以购买相应的酒品。

穆莱夫特小镇除了盛产葡萄酒外，出产的橄榄油也很出名，博物馆内也有针对橄榄油的相关介绍，感兴趣的游客请不要错过。

DATA Map 参照左图
距离穆莱夫特的长途车站步行大约10分钟的时间。
住 Yalı Cad.No.19, Mürefte, Şarköy, Tekirdağ
电 0544 667 9558 URL www.kutmansaraplari.com
开 9:00~16:00 休 冬季

由家族经营的小型酒厂

阿克尔柏艾薇酒厂
Aker Bağ Evi

穆莱夫特

展示旧时酿造葡萄酒所使用的工具

这是一家20世纪前半叶从希腊塞萨洛尼基移居到这里的希腊人开办的小型家族酒厂。

酒厂内设有一间展示室，展示了从前使用过的酿酒工具。对于想购买葡萄酒的游客来说，你可以挑选这里出售的色雷斯地区特产葡萄酒，另外店家首次选用7个新品种葡萄所酿造的全新口味葡萄酒也不容错过。值得一提的是，在这里还可以购买橄榄油产品。

DATA Map 参照上图
距离穆莱夫特的长途车站步行大约10分钟的时间。
住 Cumhuriyet Sok.No.13, Mürefte, Şarköy, Tekirdağ
TEL (0282) 528 7151
开 10:00~18:00
休 无

提供搭配红酒的美食与现场音乐演奏

乌穆尔贝酒厂
Umurbey Wine House

泰基尔达

1993年开业的高档葡萄酒厂，虽然业界的资历尚浅，但是深受市场的认可。你可以在这里购买旗下出品的2款白葡萄酒、5款红葡萄酒以及特色的玫瑰口味红酒，作为直营店，价格比较划算，夜晚还会有现场的音乐演出，令你更加沉醉于美妙的红酒滋味之中。

DATA Map 参照下图
距离穆莱夫特的长途车站步行大约10分钟的时间。
住 Atatürk Bul.No.2/1, Süleymanpaşa, Tekirdağ
TEL (0282) 260 1379 URL www.umurbeyvineyards.com
开 15:00~24:00 休 无

搭配红酒的美食也十分考究

长途车站
乌穆尔贝酒厂
埃杰阿巴德、沙尔柯伊方向

特辑③

价位多样，令你满载而归

礼品目录

物美价廉 送礼佳品

蓝眼睛 Nazar Boncuğu

各种造型的蓝眼睛饰品

拥有辟邪能力的土耳其特色护身符（邪眼），在土耳其旅行途中经常可以看到汽车或是建筑外墙悬挂的蓝眼睛物件，土耳其人把它作为最有效的辟邪灵物。商店中可以购买包括蓝眼睛挂坠、蓝眼睛手链、钥匙链等各式相关周边用品，如果在市集上购买的话，买的多还可以讨价还价，很划算，非常适合馈赠同事和朋友。

陶器、花砖 Seramik, Çini

绘有郁金香和玫瑰等几何花卉图案的传统工艺花砖非常适合作为锅垫和杯垫。各式陶器品也很精美，但由于是易碎品，因此购买后请一定用心包装。

五颜六色的陶器可谓精致的旅行纪念品

茶杯套装

月亮造型的点心盒

特色模型 Miniatür

以卡帕多西亚的蘑菇岩、萨夫兰博卢城的传统民宅、特洛伊木马等世界遗产为创作元素的特色旅行纪念品。

特洛伊木马

蘑菇岩中的洞窟民居

萨夫兰博卢城的传统民宅冰箱贴

水晶蘑菇岩

热气球毛绒玩具

非物质文化遗产的梅夫拉维旋转舞人偶

肚皮舞的特色舞裙

特色服饰
El-İş Sanatlar

土耳其的围巾和手工编织的袜子是最受欢迎的商品，使用毛毡制作的物件也很有人气。

卡帕多西亚的老奶奶手工编织的袜子和手套

价格各异　绝美礼品

绒毯、基里姆地毯
Halı, Kilim

根据材料、编织方法以及产地的不同价格也有所差异，但也方便客人选择最符合自己心理价位的心仪地毯。享誉美名的基里姆地毯异域风格十足，选用基里姆毯子用料制作的提包和鞋子也很有特色。

正在辛勤工作的绒毯工坊女工

物美价廉　送礼佳品

零食、调味料
Tatlı, Gıda

可以从超市或者杂货铺轻松入手的调味料及零食也是很好的送礼佳品。孜然、芫荽等辛辣佐料是烹制咖喱时的绝佳配料，土耳其的知名 Lokum 软糖可谓经典礼物，保质期也不是很短，方便保存。

土耳其特色软糖

苏特拉奇（大米布丁）和东杜尔玛（冰激凌）半成品粉末

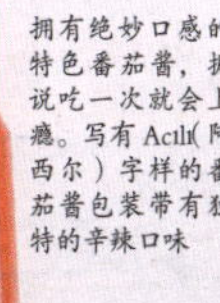

拥有绝妙口感的特色番茄酱，据说吃一次就会上瘾。写有 Acılı（阿西尔）字样的番茄酱包装带有独特的辛辣口味

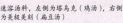

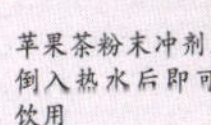
苹果茶粉末冲剂，倒入热水后即可饮用

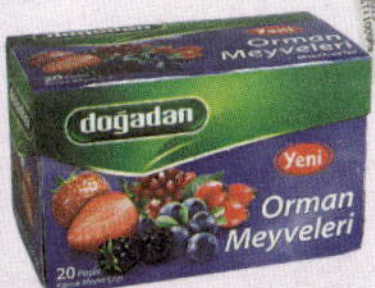

加入多种莓果的水果茶饮品

速溶汤料，左侧为塔乌克（鸡汤），右侧为美极美刻（扁豆汤）

如果按照比说明上略短的时间烹饪土耳其方便面，面的口感会更加有嚼劲

路过这些餐馆不要错过，既美味又便宜！

土耳其的连锁美食店

来土耳其旅游肯定少不了品尝当地的美食，但是应该去哪里下馆子呢？不用担心，下文我们便会为你介绍在土耳其各地都可以找到的连锁美食店，能开连锁肯定是受到了土耳其本地人的认可，味道地道，敬请放心！在机场、长途巴士的服务站以及商场中都可以看到这些连锁店，方便你更有效地安排美妙的土耳其观光计划。

经典土耳其菜肴

A

土耳其风格的汉堡肉饼

柯夫特肉饼 Köfte

选用牛羊肉馅烤制的汉堡肉饼，上图为常见的椭圆造型。

酸奶酱料是味觉的关键

伊斯坎德尔烤肉 İskender Kebabı

选用特制酸奶酱搭配土耳其烤肉的特色菜肴，令烤肉的味道回味无穷！

最经典的土耳其本土快餐

C

土耳其烤肉 Döner Kebap

添加各式佐料和酸奶为鸡牛肉调味的土耳其经典土耳其烤肉

A 柯夫特·拉米兹汉堡肉饼店 Köfteci Ramiz

由马其顿人拉米兹开创的汉堡肉饼店，目前全国开有 140 家分店。

URL www.kofteciramiz.com

恰阿奥卢分店 Map p.60B2

住 Bab-ı Ali Cad. Himaye-i Ekfal Sok. No.17

TEL（0212）527 1340

开 9:00~21:00 休 无

锡尔凯吉分店 Map p.60B1

住 Hamidiye Cad. No.10/A

TEL（0212）514 8334

开 7:00~21:00 休 无

加拉塔萨雷分店 Map p.64A4

住 İstiklâl Cad. No.215/B

TEL（0212）292 5812

开 9:00~23:00 休 无

B HD 伊斯坎德尔烤肉店 HD iskender

起源于安卡拉的伊斯坎德尔烤肉店，添加茄子作为配菜的套餐很受欢迎。

URL www.hdiskender.com

卡德柯伊分店 Map p.83A2

住 Rıhtım Cad. No.50

TEL（0216）338 0233

开 11:00~22:00 休 无

梅苏提耶路分店 Map p.315

住 Meşrutiyet Cad. No.7/8-9-10，Ankara

TEL（0312）419 3950

开 11:00~22:00 休 无

萨卡里亚分店 Map p.315

住 Selanik Cad. No.7/A, Ankara

TEL（0312）431 2900

开 11:00~22:00 休 无

C 卡萨普土耳其烤肉店 Kasap Döner

由于斯屈达尔的一家肉店开创的连锁店，在伊斯坦布尔市内经常可以看到。

URL www.kasapdoner.com

独立大道分店 Map p.64A4

住 İstiklâl Cad. No.131

TEL（0212）293 4070

开 12:00~22:00 休 无

于斯屈达尔分店 Map p.82A1

住 Mimar Sinan Mah.

TEL（0216）695 1111

开 9:00~23:00 休 无

卡德柯伊分店 Map p.83A1

住 Yasa Cad. No.30

TEL（0216）345 2003

开 12:00~22:00 休 无

味道辛辣，但营养健康

D 柯夫特肉丸店
Çiğ Köfte

用肉馅和面粉制作的特色辣味肉丸，有时候也有利用同种工艺制作的素菜丸子

E

土耳其的内脏烧烤

烤羊肠
Kokoreç

以土耳其旋转烤肉的方式烤制羊肠，添加各式佐料后作为肉夹馍的馅料出现在食客的面前。

将烤羊肠剁碎后放入面饼中夹着吃

在肉丸中加入石榴酱会更好吃哟！

E

超便宜！贻贝与大米的绝妙搭配

蚌壳塞饭
Midye Dolması

将添加多种调味料的杂菜饭塞入贻贝中的特色街头美食，挤一点柠檬汁会让口感更加清香。

越吃越上瘾的

F 肉肝
Ciğer

土耳其人十分喜欢吃肝，埃迪尔内的炸肉肝（读作塔夫杰尔）是当地的特色小吃

D 柯夫特肉丸店 ÇiğköfteM

非常亲民的一家土耳其肉丸店，添加生菜后裹制的卷饼也很受欢迎。

URL www.cigkoftem.com

贝西克塔什分店 Map p.68B3

住 Yıldız Mahi., Asariye Cad. No5/A

TEL（0212）325 5555

开 9:00~20:30 休 无

哈尔比耶分店 Map p.66A3

住 Cumhuriyet Cad. No.185

TEL（0212）343 9190

开 11:00~23:00 休 无

卡德柯伊分店 Map p.83A3

住 Moda Cad. No.95

TEL（0216）414 5544

开 9:00~23:00 休 无

E 香皮恩羊肠店 Şampiyon Kokoreç

1926 年开业的羊肠专卖店，这里的蚌壳塞饭同样十分美味。

URL www.sampiyonkokorec.com.tr

贝乌鲁分店 Map p.64A3

住 Balıkpazarı Salıne Sok. No.13

TEL（0212）251 6170

开 7:00~次日 3:00 休 无

贝西克塔什分店 Map p.68B4

住 Dolmabahçe Cad. No.25

TEL（0212）258 6006

开 6:00~次日 4:00 休 无

贝勒贝伊分店 Map p.82B1

住 Beylerbeyi Mah. Yaliboyu

TEL（0216）318 6555

开 9:00~次日 5:00 休 无

F 柯尔克皮纳尔 Kırkpınar Lokantası

在这家小餐馆可以品尝到埃迪尔内的特色小吃炸肉肝。

莱文特分店

住 Gonca Sok. Emlak Kredi Çarşı No.16

TEL（0212）278 9558

开 9:00~22:00

休 无

阿尔桑卡克分店（伊兹密尔）

Map p.194B1

住 1443 Sok. No.18, Alsancak, İzmir

TEL（0232）522 6236

开 12:00~22:00

休 无

大众美食！芝麻丰富

芝麻面包 Simit

以芝麻作为辅料的多纳圈形状面包，是非常好的早餐选择或佐餐小吃！

哈西欧鲁比萨店的人气比萨

A 奶酪比萨 Paymacun

与土耳其比萨是相同的面饼，只添加奶酪烘烤而成，奶香四溢

A

热气喷香，香脆可口

土耳其卷饼比萨 Lahmacun

土耳其的特色薄饼比萨，用餐方式与西方的比萨不太一样，可以一下买两张，中间夹着蔬菜吃，也可以直接卷起来当作卷饼吃。

伊斯坦布尔的新特色

B 湿汉堡 Islak Hamburger

将浸泡在番茄酱汁中的面饼蒸熟的制作方法，味道浓香，非常开胃

A 哈西欧鲁比萨店 Hacıoğlu

1965年创业的土耳其比萨专卖店，连锁店主要以伊斯坦布尔为中心四散开来。

URL www.hacioglu.com.tr

卡德柯伊分店 Map p.83A2

住 Rıhtım Cad.No.48/B

TEL (0216) 330 4301

开 9:00~22:00 休 无

于斯屈达尔分店 Map p.82A2

住 Hakimiyeti Milliye Cad. No.120

TEL (0216) 391 3101

开 9:00~21:00 休 无

法提赫分店 Map p.70A1

住 Fevzipaşa Cad. No.26

TEL (0212) 534 9029

开 9:00~22:00 休 无

B 斑比咖啡馆 Bambi Cafe

除了烤土豆和烤羊肠等特色小吃外，也经营各式土耳其传统小吃，湿汉堡和土耳其烤肉肉夹馍的味道也很受好评。

URL www.bambicafe.com.tr

塔克希姆分店 Map p.65C3

住 Sıraselviler Cad. No.2

TEL (0212) 293 2121

开 24小时 休 无

卡德柯伊分店 Map p.83B2

住 Caferağa Mah., Yasa Cad. No.1

TEL (0216) 450 5858

开 8:30~24:00 休 无

C 萨拉伊芝麻面包店 Simit Sarayı

出售刚出炉的现烤芝麻面包，其他口味的面包同样很受欢迎。

URL www.simitsarayi.com

锡尔凯吉分店 Map p.61C1

住 Ankara Cad. No.215

TEL (0212) 526 6327

开 7:00~22:00 休 无

独立大道分店 Map p.65C2

住 İstiklâl Cad. No.3

TEL (0212) 244 3039

开 7:00~24:00 休 无

卡德柯伊分店 Map p.83A2

住 Rıhtım Cad. No.58/A

TEL (0212) 330 4232

开 6:00~24:00 休 无

当数土耳其的民间面包 No.1

D 酥皮面包
Poğaça

将酸奶添加到面粉中进而制作独特的口感，外表金黄香酥，夹裹的馅料十分多样，最传统的当数奶酪口味

F
可以拉伸的独特冰激凌

土耳其冰激凌
Dondurma

加入兰茎粉（兰科植物的根茎粉末）后的特色冰激凌，黏性很强，可以像年糕一样拉伸。

E
登录在非物质文化遗产名录之中

土耳其咖啡
Türk Kahvesi

与日常煮咖啡时滤掉咖啡豆的残渣不同，土耳其咖啡会将粉末留在杯底，令咖啡的风味更加浓郁。近年来也有加入鲜奶的其他调配口味。

在地铁和电车站口也设有外卖打包窗口哦！

土耳其冰激凌可以拉伸的秘诀就在于加入了兰茎粉。
MADO

D 卡拉弗伦面包房
Karafırın

以大自然和少女心作为经营主题的面包房，小巧可爱的各式面包令人垂涎欲滴。

URL www.karafirin.com.tr

贝亚兹特分店 Map p.71C3
住 Ordu Cad. No.31/1
TEL（0212）517 1751
开 6:30~次日 1:00 休 无

尼桑塔什分店 Map p.66B2
住 Vali Konağı No.117
TEL（0212）231 3015
开 7:00~22:00 休 无

马斯拉克分店 Map p.76A2
住 Eski Büyükdere Cad. No.43
TEL（0212）276 3328
开 7:00~20:30 休 周日

E 丢雅斯咖啡馆
Kahve Dünyası

土耳其当地的休闲咖啡连锁品牌，你在这里还可以品尝到添加兰茎粉的特色咖啡。

URL www.kahvedunyasi.com

卡巴塔什分店 Map p.65D3
住 Meclis Mebusan Cad. No.85
TEL（0212）293 1206
开 7:00~23:00 休 无

恰阿奥卢分店 Map p.60B2
住 Nuruosmaniye Cad. No.79
TEL（0212）527 3282
开 7:00~23:00 休 无

尼桑塔什分店 Map p.67C2
住 Güzelbahçe Sok. Gül Apt. No.21
TEL（0212）219 2848
开 7:00~22:00（周日 9:00~19:00） 休 无

F 玛多冰激凌店
MADO

土耳其最著名的特色冰激凌连锁店，冰激凌以外还有许多甜品可供一同品鉴。

URL www.mado.com.tr

苏丹阿赫迈特分店 Map p.61C3
住 Divanyolu Cad. No.24
TEL（0212）522 6236
开 8:00~次日 1:00 休 无

独立大道分店 Map p.64A4
住 İstiklâl Cad. No.121
TEL（0212）245 4631
开 7:00~次日 2:00 休 无

尼桑塔什 Map p.66B2
住 Vali Konağı No.79/1
TEL（0212）234 9142
开 7:00~24:00 休 无

哈尔曼利
Harmanlı
Hamzabeyli
Lalapaşa
Kofçaz
Aziziye
Sırpsındığı
Süloğlu
保加利亚
Bulgaria
Bulgaristan
Kapıkule
Edirne
埃迪尔内
Pazarkule
世界遗产
克尔克拉雷利
Kırklaleli
Limanköy
依奈阿达
İğneada
Demirköy
珀纳尔希萨尔
Pınarhisar
Kıyıköy
Havsa
Babaeski
Vize
Saray
佩夫里凡柯伊
Pehlivanköy
吕莱布尔加兹
Lüleburgaz
Yalıköy
Çerkezköy
博斯普鲁斯海峡
希腊
Greece
Yunanistan
乌尊克普吕
Uzunköprü
马里查
Meriç
Hayrabolu
Muratlı
İbriktepe
Şahin
Banarlı
Çorlu
Çatalca
İstanbul
伊斯坦布尔
Kilyos
Baykoz
ΑΛΕΞΑΝΔΡΟΥΠΟΛΗ
亚历山德鲁波利斯
Dedeağaç
伊普萨拉
İpsara
Malkara
泰基尔达
Tekirdağ
Silivri
Büyükçekmece
Küçükçekmece
Ümraniye
柯桑
Keşan
Orhaniye
Enez
霍斯柯伊
Hoşköy
马尔马拉海
Marmara Denizi
Kartal
Pendik
Evreşe
Yerlisu
萨尔柯伊
Şarköy
穆莱夫特
Mürefte
马尔马拉岛
亚洛瓦
Yalova
加里波利
Gelibolu
Bolayır
Çınarcık
Termal
格克切岛
Gökçeada
Küçükanafarta
拉普塞基
Lapseki
Karabiga
Erdek
班德尔马
Bandırma
Armutlu
Gemlik Körfezi
Gemlik
p.182
恰纳卡莱
Çanakkale
Kabatepe
Eceabat
埃杰阿巴德
Bakacak
比加
Biga
Edincik
Bayramdere
穆达尼亚
Mudanya
库休湖
戈尔亚兹村
Gölyazı
布尔萨
Bursa
Karacabey
Kirazlı
Çan
Gönen
Tütüncü
乌尔阿巴特湖
特洛伊（特洛瓦）
Troy
Kumburun
Truva
Etili
Yenice
M.Kemalpaşa
乌鲁山
2,543米
Geyikli
Yiğitler
Ezine
Bayramiç
Hamdibey
Ilca
Ömerköy
Susurluk
Çaltılıbük
Keleş
博兹贾阿达岛
Bozcaada
Evciler
Kalkım
Balya
Devecikonağı
Orhaneli
艾瓦哲克
Ayvacık
Gülpınar
埃德雷米特
Edremit
Durak
Büyükorhan
Assos
阿索斯
Akçay
İvrindi
Kepsut
Kavacık
Harmancık
Havran
巴勒克埃西尔
Balıkesir
Dursunbey
阿丽贝岛
Burhaniye
Gömeç
Kayapa
Kireç
Gökçedağ
艾瓦勒克
Ayvalık
Savaştepe
Bigadiç
Yağcılar
莱斯沃斯岛
Altınova
Turanlı
Gölcük
Dağardı
Kozak
Göçbeyli
Emet
Asklepion
Akropol
Soma
Düvertepe
Hisarcık
Dikili
贝尔加马
Bergama
Kınık
Gelembe
Sındırgı
Naşa
Kırkağaç
Çandarlı
Yuntdağ
Palamut
Gördes
Simav
格迪兹
Gediz
Demirci
Yenifoça
阿利亚加
Aliağa
Akhisar
Pazarlar
福恰
Foça
Üçpınar
Borlu
Karaburun
Muradiye
Saruhanlı
Sidas
Abide
Selendi
Muratdağı
梅内门
Menemen
马尼萨
Manisa
Köprübaşı
Gölmarmara
Küçükbahçe
Balıklıova
萨利赫利
Salihli
Gure
Kula
伊兹密尔
İzmir
Turgutlu
乌沙克
Uşak
Ilca
Ahmetli
切什梅
Çeşme
Urla
Kemalpaşa
萨尔特
Sart
阿拉谢希尔
Alaşehir
Eşme
Balçova
Seferihisar
Bayındır
厄代米什
Ödemiş
Yeşilyurt
Ulubey
Sığacık
Doğanbey
托尔巴里
Torbalı
Kiraz
Sarıgör
Güney
Bekilli
Gümüldür
Tire
Ovakent
Beydağ
塞尔丘克
Selçuk
希林杰
Şirince
以弗所
Efes
Germencik
Buldan
Çal
帕姆卡莱
Pamukkale
Pamukören
Buharkent
A
B
1
2
N
0
50Km

土耳其西北部
p.22~23
p.27
p.28~29
p.24~25
p.26
海拔
4000
3000
2000
1500
1000
500
200
100
0
-200
图例
国境线
主干公路
公路
铁路
航线
河流
湖泊
湿地
盐湿地
国际机场
机场
首都
省政府所在地
所在城市、主要城市
其他市区村落
遗址・旧址
滑雪场
国家公园
温泉
C
D
宗古尔达克
Zonguldak
Kozlu
Hisarönü
阿玛斯拉
Amasra
巴尔滕
Bartın
Gökçebey
Devrek
耶尼杰
Yenice
卡拉比克
Karabük
Eyerci
埃雷利
Ereğli
Alaplı
阿克恰科贾
Akçakoca
Konuralp
Yığılca
Mengen
希莱
Şile
Polonezköy
Teke
Ağva
Kerpe
Kandıra
Kefken
Kaynarca
Karasu
Ferizli
Kocaali
Söğütlü
Gebze
Hereke
伊兹米特
İzmit
伊兹米特湾
Körfez
阿达帕扎勒
Adapazarı
Cumaova
迪兹杰
Düzce
博卢
Bolu
Yeniçağa
盖雷代
Gerede
Karamürsel
Gölcük
Akyazı
Karapürcek
Pamukova
Abant Gölu
Dukurcun
Çavuşdere
Dörtdivan
Güvem
伊兹尼克湖
伊兹尼克
İznik
Taraklı
Mudurnu
Şeben
Çamlıdere
Yenişehir
Osmaneli
Göynük
Kabaca
Kıbrıscık
克孜勒贾哈马姆
Kızılcahamam
Gölpazarı
Çalıçalan
Karaşar
比莱吉克
Bilecik
Kuyubaşı
Himmetoğlu
Çeltikci
伊内格尔
İnegöl
Yenipazarı
纳勒汉
Nallıhan
朱里奥波利斯
Juliopolis
Uruş
Güdül
Söğüt
İnhisar
Sarıcakaya
Baraj Tesisleri
贝伊帕扎勒
Beypazarı
Oylat
Pazaryeri
索尤特
Mihargazi
Sakar
达乌特奥兰野生鸟类保护区
Davutoğlan Kuş Cenneti
Kırbaşı
Yenikent
Bozüyük
埃斯基谢希尔
Eskişehir
Ayaş
Domaniç
Dodurga
İnönü
Alpu
Miharççık
辛詹
Sincan
Tunçbilek
塔维桑里
Tavşanlı
Ilıca
Yukarığdeağacı
Yunusemre
Sabuncu
Hamidiye
Beylikova
郭鲁帝奥思
Gordion
Temelli
Köprüören
Kaymaz
屈塔希亚
Kütahya
Alayurt
赛伊特加济
Seyitgazi
Mahmudiye
Han
Sivrihisar
波拉特勒
Polatlı
Örencik
Çifteler
Günyüzü
Yenimehmetli
Haymana
查布达尔希萨尔
Çavdarhisar
Aslanapa
Kırka
迈达斯纪念碑
Yazılıkaya
Umraniye
Balıhisar
艾扎诺伊
Aizanoi
Aslankaya
Kümbet
Yenice
Baltalın
Altıntaş
Aslantaş
Döğer
Ayazin
Gömü
Çal
Bayat
Dumlupınar
İhsaniye
Emirdağ
Çeltik
Kelhasan
Gazlıgöl
Davulga
İscehisar
Sincanlı
Yunak
Sülüklü
Yeniceoba
Banaz
Çobanlar
Koçyazı
Bolvadin
Hocalar
阿菲永
Afyon
Sivaslı
Şuhut
Turgut
Kaplıca
Sandıklı
Çay
阿克谢希尔湖
Karahallı
Sultandağı
Tuzlukçu
Çivril
Kızılören
亚尔瓦奇
Yalvaç
p.221
Haydarlı
Dombayova
Argıthanı
阿克谢希尔
Akşehir
Sarayönü
Senirkent
湖泊地区
Reis
Ilgın
Kadınhanı
Evciler
Dinar
Baklan
Uluborlu
Gelendost
Şarkîkaraağaç

Gülpınar
艾瓦哲克
Ayvacık
Assos
阿索斯
Akçay
埃德雷米特
Edremit
İvrindi
Havran
Burhaniye
阿丽贝岛
Gömeç
艾瓦勒克
Ayvalık
Kayapa
Durak
Kepsut
Büyükorhan
Kavacık
Harmancık
巴勒克埃西尔
Balıkesir
Dursunbey
Kireç
Gökçedağ
Savaştepe
Bigadiç
Yağcılar
Dağardı
莱斯沃斯岛
Turanlı
世界遗产
Göçbeyli
Gölcük
Emet
Altınova
Kozak
Akropol
Soma
Düvertepe
Hisarcık
Asklepion
Gelembe
Sındırgı
Naşa
Dikili
贝尔加马
Bergama
Kınık
Çandarlı
Kırkağaç
Yuntdağ
Simav
Palamut
Gördes
Demirci
Yenifoça
阿利亚加
Aliağa
Akhisar
Pazarlar
福恰
Foça
Üçpınar
Borlu
Abide
Karaburun
Muradiye
Saruhanlı
Köprübaşı
Sidas
Selendi
梅内门
Menemen
马尼萨
Manisa
Küçükbahçe
Gölmarmara
Balıklıova
Gure
Ilıca
伊兹密尔
İzmir
Turgutlu
萨利赫利
Salihli
Kula
切什梅
Çeşme
Urla
Ahmetli
Kemalpaşa
萨尔特
Sart
阿拉谢希尔
Alaşehir
Eşme
Balçova
Seferihisar
Sığacık
Bayındır
厄代米什
Ödemiş
Yeşilyurt
Ulubey
Doğanbey
托尔巴里
Torbalı
Kiraz
Sarıgör
Güney
Gümüldür
Tire
Ovakent
塞尔丘克
Selçuk
希林杰
Şirince
Beydağ
世界遗产
Buldan
Çal
世界遗产
以弗所
Efes
Pamukören
帕姆卡莱
Pamukkale
萨摩斯岛
库萨达斯
Kuşadası
Germencik
Buharkent
İncirliova
纳济利
Nazilli
Kuyucak
Sarayköy
普里埃内
Priene
索克
Söke
Koçarlı
艾登
Aydın
卡拉卡苏
Karacasu
Babadağ
代尼兹利
Denizli
卡克力克
Kaklık
1
米利都
Milet
阿弗罗狄西亚
Afrodisias
(Geyre)
Çamlık
Karpuzlu
Çine
世界遗产
Tavas
2
迪迪姆
Didim
p.213
Serinhisar
Turgut
Göktepe
Kıyıkışlacık
米拉斯
Milas
Kavaklıdere
Kale
Yatağan
Acıpayam
p.239
Yalıkavak
穆拉
Muğla
Beyağaç
博德鲁姆
Bodrum
Gümüşlük
Ören
Ula
Gölhisar
克伊杰伊兹
Köyceğiz
科斯岛
马尔马里斯
Marmaris
Çameli
Körmen
卡诺斯
Kaunos
达里昂
Dalyan
达特恰
Datça
尼多斯
Knidos
Hisarönü
奥尔塔恰
Ortaca
p.243
Üzümlü
Söğüt
达拉曼
Dalaman
Kemer
费特希耶
Fethiye
厄吕代尼兹
Ölüdeniz
萨克利肯特
Saklıkent
Letoon
莱顿
p.22~23
p.27
p.28~29
罗得岛
桑索斯
Xanthos
Kınık
世界遗产
帕塔拉
Patara
p.24~25
p.26
卡尔坎
Kalkan
p.251
土耳其西南部
p.255
N
0
50Km
A
B
24

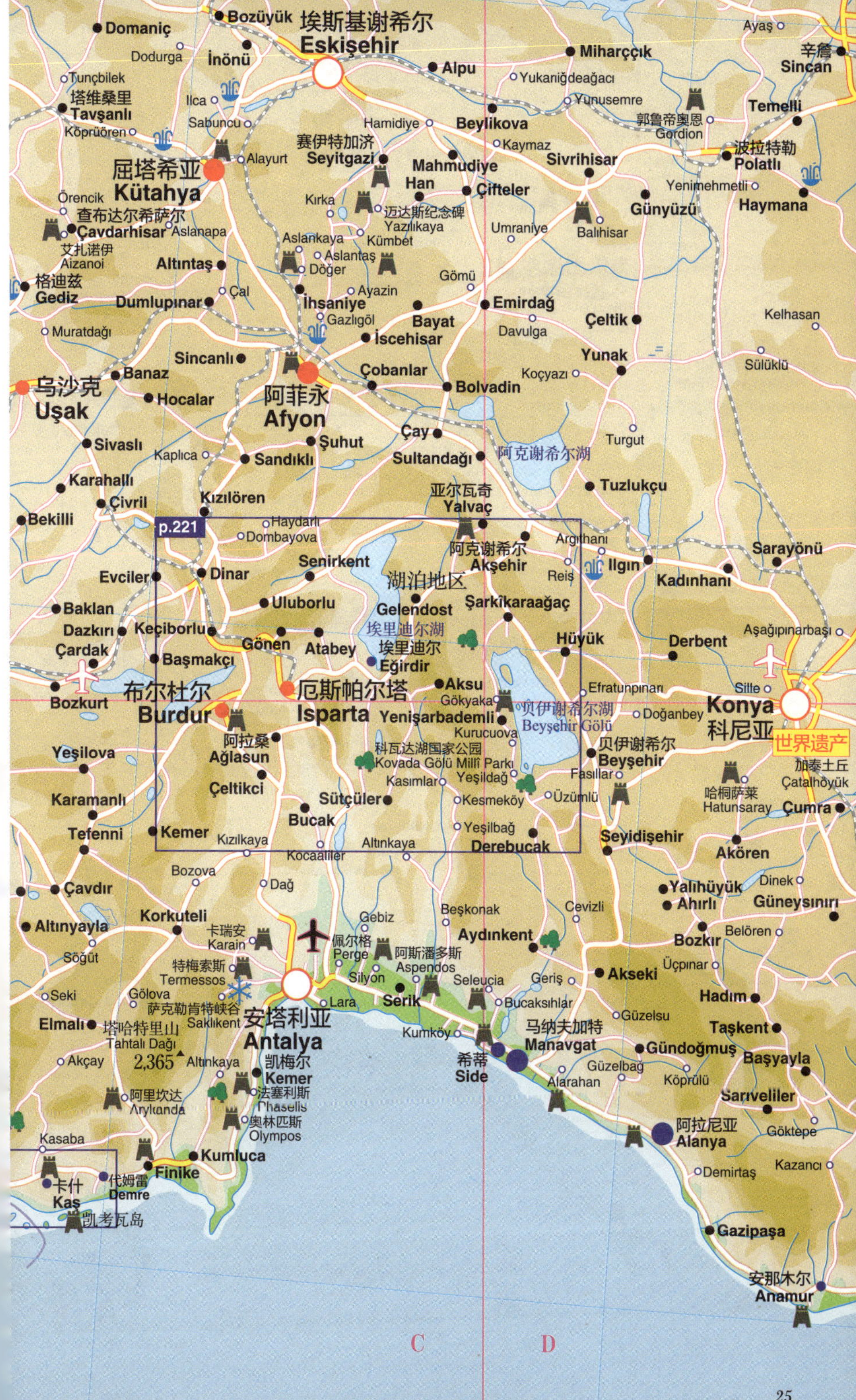
埃斯基谢希尔
Eskişehir
屈塔希亚
Kütahya
阿菲永
Afyon
乌沙克
Uşak
布尔杜尔
Burdur
厄斯帕尔塔
Isparta
Konya
科尼亚
世界遗产
安塔利亚
Antalya
阿拉尼亚
Alanya
马纳夫加特
Manavgat
希蒂
Side
湖泊地区
埃里迪尔湖
贝伊谢希尔湖
Beyşehir Gölü
阿克谢希尔湖
p.221
C
D

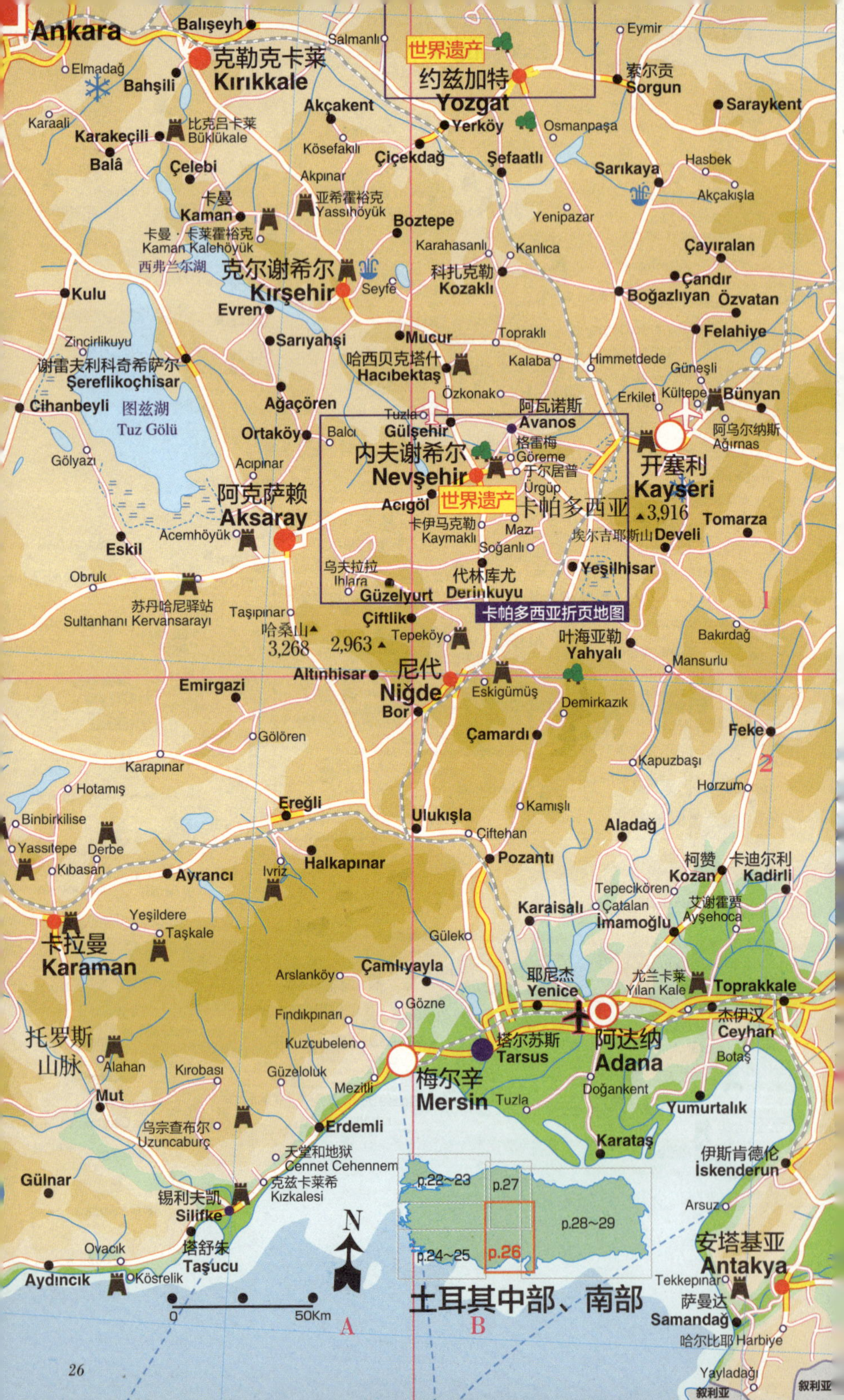

土耳其中部、南部
Ankara
Balışeyh
克勒克卡莱
Kırıkkale
Elmadağ
Bahşili
Salmanlı
世界遗产
约兹加特
Yozgat
Eymir
索尔贡
Sorgun
Saraykent
Akçakent
Karaali
Karakeçili
比克吕卡莱
Büklükale
Balâ
Çelebi
Kösefakılı
Çiçekdağ
Yerköy
Osmanpaşa
Şefaatli
Sarıkaya
Hasbek
Akçakışla
Akpınar
卡曼
Kaman
亚希霍裕克
Yassıhöyük
Boztepe
Yenipazar
卡曼·卡莱霍裕克
Kaman Kalehöyük
西弗兰尔湖
克尔谢希尔
Kırşehir
Seyfe
Karahasanlı
Kanlıca
科扎克勒
Kozaklı
Çayıralan
Çandır
Boğazlıyan
Özvatan
Kulu
Evren
Zincirlikuyu
Sarıyahşi
Mucur
Topraklı
Felahiye
谢雷夫利科奇希萨尔
Şereflikoçhisar
哈西贝克塔什
Hacıbektaş
Kalaba
Himmetdede
Güneşli
Cihanbeyli
图兹湖
Tuz Gölü
Ağaçören
Özkonak
Erkilet
Kültepe
Bünyan
Ortaköy
Tuzla
Gülşehir
阿瓦诺斯
Avanos
Balcı
格雷梅
Göreme
阿乌尔纳斯
Ağırnas
Gölyazı
Acıpınar
内夫谢希尔
Nevşehir
于尔居普
Ürgüp
开塞利
Kayseri
阿克萨赖
Aksaray
Acıgöl
世界遗产
卡帕多西亚
3,916
Tomarza
卡伊马克勒
Kaymaklı
Mazı
埃尔吉耶斯山
Develi
Acemhöyük
Eskil
Soğanlı
Obruk
乌夫拉拉
Ihlara
代林库尤
Derinkuyu
Yeşilhisar
Güzelyurt
苏丹哈尼驿站
Sultanhanı Kervansarayı
Taşpınar
卡帕多西亚折页地图
Çiftlik
哈桑山
3,268
2,963
Tepeköy
叶海亚勒
Yahyalı
Bakırdağ
Mansurlu
Altınhisar
尼代
Niğde
Emirgazi
Bor
Eskigümüş
Demirkazık
Gölören
Çamardı
Feke
Karapınar
Kapuzbaşı
Hotamış
Horzum
Binbirkilise
Ereğli
Kamışlı
Ulukışla
Çiftehan
Aladağ
Yassıtepe
Derbe
Kıbasan
Ayrancı
Ivriz
Halkapınar
Pozantı
柯赞
Kozan
卡迪尔利
Kadirli
Tepecikören
Çatalan
Karaisalı
İmamoğlu
艾谢霍贾
Ayşehoca
Yeşildere
Taşkale
卡拉曼
Karaman
Güleko
Arslanköy
Çamlıyayla
耶尼杰
Yenice
尤兰卡莱
Yılan Kale
Toprakkale
Gözne
Fındıkpınarı
杰伊汉
Ceyhan
托罗斯山脉
Kuzcubelen
塔尔苏斯
Tarsus
阿达纳
Adana
Alahan
Kırobası
Güzeloluk
Botaş
Mezitli
梅尔辛
Mersin
Tuzla
Doğankent
Mut
Yumurtalık
乌宗查布尔
Uzuncaburç
Erdemli
Karataş
天堂和地狱
Cennet Cehennem
伊斯肯德伦
İskenderun
Gülnar
克兹卡莱希
Kızkalesi
p.22~23
p.27
锡利夫凯
Silifke
p.28~29
Arsuz
N
塔舒朱
Taşucu
安塔基亚
Antakya
Ovacık
p.24~25
p.26
Aydıncık
Kösrelik
Tekkepınar
萨曼达
Samandağ
0
50Km
A
B
哈尔比耶 Harbiye
Yayladağı
叙利亚
叙利亚
1
2

土耳其中北部
A
B
1
2
N
0
50Km
p.22~23
p.27
p.28~29
p.24~25
p.26
Doğanyurt
İnebolu
Abana
Çatalzeytin
哈姆西罗斯
Hamsilos
锡诺普
Sinop
Cide
Küre
Türkeli
Ayancık
Kurucaşile
Şenpazar
Ağlı
Bozkurt
Kurugöl
Erfelek
Gerze
皮纳尔巴希
Pınarbaşı
Seydiler
Ulus
Azdavay
Devrekâni
Hanönü
Dikmen
Ovacuma
Daday
Taşköprü
Guzfındık
Yakakent
Bafra
世界遗产
Akpınar
Kasabaköy
卡斯塔莫努
Kastamonu
Boyabat
Durağan
Alaçam
萨夫兰博卢城
Safranbolu
Akkaya
Saraydüzü
尤鲁克
Yörük
İğdir
Araç
İhsangazi
Mezraa
Kargı
Vezirköprü
Çakıralan
Ovacık
Boyalı
Kamil
Beşpınar
Bayramören
托斯亚
Tosya
Köprübaşı
Atktaracalar
Ilgaz
Osmancık
Havza
Kurşunlu
Belören
Gümüşhacıköy
Çerkeş
Korgun
Merzifon
Güvem
Yapraklı
Maden
Lâçin
昌克勒
Çankırı
İskilip
Dodurga
Alıcık
Suluova
Orta
İkizören
Bayat
p.328
Oğuzlar
Sarıbuğday
Doğantepe
乔鲁姆
Çorum
Eldivan
Seydim
Mecitözü
Karagöl
Şabanözü
Kızılırmak
Uğurludağ
Gediksaray
Pazar
Göynücek
Hasayaz
Çubuk
Sulakyurt
阿拉加霍裕克
Alacahöyük
Ortaköy
Sirkeli
Akyurt
松古尔卢
Sungurlu
Alaca
Aydıncık
Kalecik
亚兹里卡亚
Yazlıkaya
Çekerek
安卡拉
Ankara
Balışeyh
Delice
哈图沙什
Hattuşaş
博阿兹卡莱
Boğazkale
Kadışehri
Eymir
Salmanlı
世界遗产
克勒克卡莱
Kırıkkale
Elmadağ
约兹加特
Yozgat
索尔贡
Sorgun
格尔巴舍
Gölbaşı
Bahşili
Akçakent
Saraykent
Karaali
Karakeçili
比克吕卡莱
Büklükale
Yerköy
Osmanpaşa
Ahilboz
Kösefakılı
Balâ
Çelebi
Çiçekdağ
Şefaatlı
Sarıkaya
Hasbek
Akpınar
亚希霍裕克
Yassıhöyük
Akçakışla
卡曼
Kaman
Yenipazar
卡曼·卡莱霍裕克
Kaman Kalehöyük
Boztepe
Karahasanlı
Çayıralan
西弗兰尔湖
Kanlıca
克尔谢希尔
Kırşehir
科扎克勒
Kozaklı
Kozanlı
Kulu
Seyfe
Çandır
Boğazlıyan
Özvatan
Evren
Zincirlikuyu
Sarıyahşi
Mucur
Topraklı
Felahiye
谢雷夫利科奇希萨尔
Şereflikoçhisar
哈西贝克塔什
Hacıbektaş
Kalaba
Himmetdede
Güneşli
图兹湖
Tuz Gölü
Ağaçören
Özkonak
阿瓦诺斯
Avanos
Erkilet
Kültepe
Bünyan
Cihanbeyli
Tuzla
Ortaköy
Balcı
Gülşehir
格雷梅
Göreme
阿乌尔纳斯
Ağırnas
Gölyazı
内夫谢希尔
Nevşehir
于尔居普
Ürgüp
开塞利
Kayseri
Acıpınar
Acıgöl
世界遗产

A B

黑 海

Yakakent İkiztepe
Bafra
Alaçam
Ondokuzmayıs
Kolay
萨姆松
Samsun
Çakıralan
Terme
Vezirköprü Kavak Çarşamba
Havza
Ünye
Perşembe
奥尔杜
Ordu
Salıpazarı
Lâdik Asarcık
İkizce
Fatsa
Bolaman
Şeyhli
Ayvacık
Gülyalı Tirebolu
Görele
Vakıfkebir
Çarşıbaşı
特拉布宗
Trabzon
İyidere
Yomra Of
Eynesil
Akçaabat
Suluova
Destek
Kumru
Korgan
Çamaş
Ulubey
Piraziz
Espiye
Maçka
Araklı
Merzifon
Karayaka
Akkuş
Aybastı
吉雷松
Giresun
Güce
Şalpazar
Taşova
阿马西亚
Amasya
Erbaa
Doğanyurt
Gölköy
Kürtün
Sümera
苏梅拉修道院
Dernekpazarı
Çaykara
尼克萨尔
Niksar
Başçiftlik
Torul
乌宗湖
Uzungöl
Gediksaray
Reşadiye
Mesudiye
Göynücek
Turhal
Gökdere
Almus
居米什哈内
Gümüşhane
Aydıntepe
Pazar
Koyulhisar
Sebinkarahisar
Boztepe
Zile
托卡特
Tokat
Alucra
Uğurlu
Maden
Çekerek
Doğanşar
Suşehri
Çamoluk
Köse
Şiran
巴伊布尔特
Bayburt
Sulusaray
巴利加洞穴
Çırçır
Akıncılar
Gölova
Kelkit
Kadışehri
Yeşilyurt
Yıldızeli
Karaçayır
Zara
İmranlı
Çatalçam
Oltukbeli
Hafik
Refahiye
Tercan
Dilekli
锡瓦斯
Sivas
Gümüşakar
埃尔津詹
Erzincan
Üzümlü
Çayırlı
Hasbek
Akdağmadeni
Karacaören
Kuruçay
Akçakışla
Bedirli
Kayadibi
Celâlli
Bozoğlak
Kemah
Ortaköy
Ulaş
巴里克利·卡皮查
Balıklı Kaplıca
Oğuz
Pülümür
Yedisu
Çayıralan
Altınyayla
İliç
Yeşilyazı
Ovacık
Balpayam
Çandır
Şarkışla
Deliktaş
Kavak
迪夫里伊
Divriği
Kemaliye
Karaoğlan
Kığı
Özvatan
Gemerek
坎加尔
Kangal
Başpınar
通杰利
Tunceli
Adaklı
Mursal
世界遗产
Hozat
Yayladere
Felahiye
Dutluca
宾格尔
Akkışla
Örenşehir
Yoncalı
Arapgir
Çemişgezek
Bingöl
Bünyan
Kuluncak
Hekimhan
Ağın
Mazgirt
阿乌尔纳斯
Ağırnas
Pınarbaşı
Keban
Pertek
Karakoçan
Pazarören
Harput
开塞利
Kayseri
Gürün
Arguvan
Kovancılar
Kurşunlu
Aydınlar
Poyraz
埃拉泽
Elazığ
Palu
达伦德
Darende
Yazıhan
Tomarza
Sarız
Baskil
巴塔尔加济
Battalgazi
Alacakaya
Arıcak
Develi
Toklar
Alemdar
Balaban
Sivrice
Maden
Dicle
p.342
马拉蒂亚
Malatya
Doğanyol
Hani
埃尔比斯坦
Elbistan
Afşin
Ergani
Tufanbeyli
Gücük
Çüngüş
Kocaköy
Mansurlu
Göksun
Doğanşehir
Yeşilyurt
Çayönü
Saimbeyli
Sürgü
Pütürge
Taraksu
Çermik
世界遗产
Mermer
Çardak
Ekinözü
Nurhak
Çelikhan
世界遗产
Gerger
迪亚巴克尔
Diyarbakır
Koçali
内姆鲁特山
Feke
Gölbaşı
内姆鲁特山2,150
Dagbaşı
Çokak
卡赫塔
Kâhta
Horzum
卡夫拉曼马拉什
Çağlayancerit
Tut
Bucak
锡韦雷克
Siverek
Kahraman Maraş
Besni
阿德亚曼
Adıyaman
Çınar
Çaylarbaşı
Karacadağ
Kozan
Andırın
Kozludere
Çakırhöyük
Hilvan
Şekerli
Mazıdağı
Türkoğlu
Araban
幼发拉底河
Demirci
İmamoğlu
Kadirli
Narlı
Pazarcık
Bozova
Anavarza
Yavuzeli
Halfeti
Karakeçi
Derik
Toprakkale
Hasanbeyli
Nurdağı
尚勒乌尔法
Şanlı Urfa
哥贝克力石阵
Göbekli Tepe
p.362
İslahiye
加济安泰普
Zeugma
维兰谢希尔
Kızıltepe
Ceyhan
奥斯曼尼耶
Osmaniye
Gazi Antep
Nizip
Aligör
世界遗产
Viranşehir
Birecik
Paymalı
Polateli
Burç
Doğanpınar
Suruç
Dörtyol
Hassa
Karkamış
哈兰
Harran
Ceylanpınar
Yumurtalık
伊斯肯德伦
Meydan Ekbes
基利斯
Kilis
Elbeyli
Akçakale
İskenderun
Azaz
Tel Abyad
Belen
Kırıkhan
叙利亚
安塔基亚
Antakya
Kumlu
Syria
Reyhanlı
Suriye
Bab Al-Hawa

A B

格鲁吉亚
Gerogia
Gürcüstan
土耳其东部
阿塞拜疆
Azerbaijan
亚美尼亚
Armenia
Ermenistan
伊朗
Iran
İran
伊拉克
Iraq
Irak
Nakhitchevan
纳西切万
阿塞拜疆领土
p.22~23
p.27
p.28~29
p.24~25
p.26
C
D
1
2
Akhaltsikhe
Posof
Sarpi
霍帕
Hopa
Arhavi
Borçka
Camili
Fındıklı
Pazar
Şavşat
Hanak
阿尔特温
Artvin
Ardanuç
阿尔达汉
Ardahan
Çıldır
Doğruyol
Çamlıhemin
里泽
Rize
Öğdem
İşhan
Olur
Susuz
Kömürlü
Göle
Arpaçay
Akyaka
艾迪尔
Ayder
İkizdere
优素费利
Yusufeli
Çamlıyamaç
Çamlıkaya
Kılıçkaya
Bağbaşı
奥尔图
Oltu
Şenkaya
卡尔斯
Kars
阿尼
Ani
Selim
İspir
Şenyurt
Uzundere
萨勒卡默什
Sarıkamış
世界遗产
Digor
Pazaryolu
Tortum
Narman
Kötek
Karakurt
Pasinler
Köprüköy
霍拉桑
Horasan
Kağızman
Gaziler
Aşkale
Ilıca
Kandilli
埃尔祖鲁姆
Erzurum
Cumaçay
Tuzluca
厄德尔
Iğdır
Aralık
Çiftlik
帕兰朵肯山
阿勒
Ağrı
Karayazı
Bubidağ
多乌巴亚泽特
Doğubayazıt
阿勒山（亚拉拉特山）
5,137
Diluçu
Tekman
Çat
Tutak
Göksu
Gökoğlan
Hınıs
Aktuzla
迪亚汀
Diyadin
库尔布拉克
Gürbulak
Karaçoban
Nurettin
p.373
Ortadirek
Maku
Karlıova
Varto
Halilçavuş
帕特诺斯
Patnos
Çaldıran
Göynük
Kalaköy
Malazgirt
Deliçay
穆拉迪耶瀑布
Muradiye Şelalesi
Mercimekkale
Bulanık
Sarısu
埃尔吉仕
Erciş
Solhan
Erentepe
Karahasan
穆拉迪耶
Muradiye
Yenisu
穆什
Muş
Korkut
休普汉山
4,058
Timar
Ovakışla
Göldüzü
Doruta y
Genç
Ahlat
Adilcevaz
Özalp
Hasköy
2,935
内姆鲁特山
内姆鲁特湖
Saray
Kulp
Güroymak
Kavakbaşı
塔特万
Tatvan
凡湖
凡城
Van
Erçek
Lice
Hamzalı
Geyikpınar
Reşadiye
Güzelsu(Hoşap)
Harzo
Sason
比特利斯
Bitlis
Tuzlagözü
Silvan
Kozluk
Hizan
Gevaş
p.367
Çatakköprü
Cevizlik
Albayrak
Baykan
Şirvan
Akşar
Bahçesaray
Başkale
Kurtalan
Aydınlar
Çatak
巴特曼
Batman
Beşiri
锡尔特
Siirt
Bismil
Oğuz
Tepe
Doğanca
Pervari
Narlı
Yalınca
Raman
哈桑凯伊夫
Hasankeyf
Sürgücü
Savur
舍尔纳克
Şırnak
Beytüşşbap
Esendere
Sero
Yeşilli
Ömerli
Gercüş
Dargeçit
Uludere
哈卡里
Hakkari
于克塞科瓦
Yüksekova
米迪亚特
Midyat
İdil
吉兹雷
Cizre
马尔丁
Mardin
Ortabağ
Çığlı
Dağlıca
Şemdinli
努赛宾
Nusaybin
Oyalı
Silopi
Çıkırca
Girmeli
Zakhü
Al Qamishli
N
0
100Km

本系列已出版丛书
涵盖世界70个国家和地区

看了便会有收获

土耳其旅行指南

土耳其常识

土耳其交通

土耳其饮食

各地都有什么好玩的？

土耳其的面积辽阔，整片安纳托利亚大地上散落着许多壮美的遗迹，你可以通过这里古老的建筑物领略土耳其悠久的历史与文化。
下文首先为你分区域介绍土耳其各地的主要看点。

世界遗产 p.59

伊斯坦布尔的旧城区看点令人目不暇接

埃迪尔内
伊斯坦布尔
马尔马拉海 p.59~160
伊斯坦布尔近郊 p.161~180
萨夫兰博卢城
安卡拉
安纳托利亚中部 p.281~338
以弗所
帕姆卡莱
卡帕多西亚
爱琴海
爱琴海、地中海沿岸 p.181~277
安塔利亚
地中海

伊斯坦布尔及周边
İstanbul ve Çevreleri

伊斯坦布尔 ➡p.59 是土耳其国内最大的城市，城内的“伊斯坦布尔历史区域”是著名的世界遗产，蓝色清真寺和托普卡帕宫都绝对不容错过。

伊斯坦布尔近郊同样看点十足，除了“埃迪尔内省的塞利米耶清真寺 ➡p.162”这个世界遗产之外，以温泉地而远近闻名的布尔萨 ➡p.172，惬意的湖畔小镇伊兹尼克 ➡p.168 等城镇都别具魅力。

推荐的特色活动

博斯普鲁斯海峡出行

→p.134

世界遗产 p.203

爱琴海以碧蓝的大海和湛蓝的天空俘获了无数游客的心。坐落在沿岸地区的以弗所遗址历史悠久，错过恐怕会后悔哟

爱琴海、地中海沿岸
Ege Denizi ve Akdeniz

爱琴海和地中海一向是欧洲度假游客的心头好，博德鲁姆 ➡p.238、马尔马里斯 ➡p.243 以及费特希耶 ➡p.247 等地的户外活动都十分丰富多彩。

世界遗产以弗所 ➡p.203 和阿弗罗狄西亚 ➡p.219，特洛伊考古遗址 ➡p.186 以及帕姆卡莱 ➡p.227 等历史浓厚、风光出奇的景区一定会给你留下美妙的旅行回忆。

世界遗产

推荐的特色活动

帕姆卡莱的遗迹温泉泡汤体验

→p.230

保留着传统民居的萨夫兰博卢旧城区

黑海
黑海沿岸
p.381~408
特拉布宗
大阿勒山
（亚拉拉特山）
安纳托利亚东南部、东部
p.339~380
凡湖
内姆鲁特山

黑海沿岸
Karadeniz

黑海沿岸是土耳其国内的多雨地区，因此许多茶叶园和烟草园都设在这里，整体给人一种郁郁葱葱的大自然氛围。这片区域中最知名的观光地当数萨夫兰博卢城 ➡p.382了，位置正巧也坐落在安卡拉～伊斯坦布尔之间，方便前往各大著名目的地，令旅程更加顺畅。

在户外扩展运动的宝地艾迪尔 ➡p.405，可以体验激流勇进的优素费利 ➡p.407 等自然环境出类拔萃的山川大河所在地，在这里你可以尽情沉浸在大自然的无限魅力之中。

推荐的购物点

萨夫兰博卢城内的手工工艺品

大自然母亲蕴育的奇特岩石以及早期基督教徒在土耳其遗留下来的特色观光地

世界遗产
p.340

王侯神明的各式石像四散分布在这座获得世界遗产名号的内姆鲁特山顶之上

安纳托利亚中部
İç Anadolu

位于土耳其内陆地区的中部安纳托利亚是一片气候干燥的高原地带，观光的重中之重当数世界遗产卡帕多西亚 ➡p.282。搭乘热气球俯瞰这里的奇岩风光、俯下身子探索古老的地下城市、畅游厄赫拉热峡谷的自然风光、亲手体验阿瓦诺斯的陶艺制作，行程充实度无与伦比。此外首都安卡拉 ➡p.314、塞尔柱王朝的古都科尼亚 ➡p.307、赫梯王国的故地博阿兹卡莱 ➡p.327 等历史文化古城也都不要错过哟。

推荐的住宿方式

卡帕多西亚的洞窟酒店

→p.295～297

安纳托利亚东南部、南部
Güneydoğu ve Doğu Anadolu

安纳托利亚东南部地区可谓历史事件的多发之地，洋溢着浓厚中世纪氛围的马尔丁 ➡p.359、伊斯兰教先知易卜拉欣的诞生地尚勒乌尔法 ➡p.348、宝贵的世界遗产迪亚巴克尔 ➡p.355 等各时代的历史建筑都可以在这里一一探寻。土耳其比萨、酥皮面包、土耳其烤羊肉等独具风味的地方佳肴更会令你对这片土地流连忘返。

推荐的特色美食

土耳其烤羊肉（埃尔祖鲁姆）

→p.379

旅行的最佳季节

地区＼月份	12 / 1 / 2 / 3	4 / 5
伊斯坦布尔及近郊	**气候**：降雨比较频繁，平日的天气以阴天为主，虽然没有低于0℃以下的情况，但是体感还是非常寒冷的。1~2月有时会有降雪的现象。 **服装**：最好穿着有防水功能的外衣，由于土耳其的路况不是很好，下雨后水坑屡见不鲜，所以鞋款请选择防滑且可以淌水的款式，令步行不再捉襟见肘。针织帽子和手套等保暖用具也很适合这个季节。 **观光建议**：乌鲁达山（布尔萨近郊）是土耳其国内的滑雪胜地，街头商贩兜卖的烤栗子（Chestnut · kabab）也是这个季节的特色小吃。 	**气候**：4月不时还会有体感较凉的时候，进入5月后冷空气便会消失殆尽，逐渐开启夏日的节奏。 **服装**：逐渐可以开始穿着短袖出街，但是为了避免降温着凉，还是最好准备一件穿脱方便的长袖衣服御寒。 **观光建议**：会切换到夏令时，请额外注意。
爱琴海、地中海	**气候**：相比同时期的伊斯坦布尔地区，温度没有那么寒冷，不过雨水很多，海浪也比较汹涌。 **服装**：由于降雨频率较多，所以防水的服饰与雨伞必不可少。防寒的抓绒卫衣是这个时期的必穿服装。 **观光建议**：知名观光地以及大型城镇以外的沿海度假区酒店或住宿设施可能会停业休息。	**气候**：4月还有几天冷风嗖嗖的日子，进入5月后炎热的天气会逐渐增多。 **服装**：可以带一件长袖衣服和防风薄夹克出行。 **观光建议**：5月下旬开始便是实至名归的旅游旺季，游船出海游和遗迹观光游都会如火如荼地开展起来。
安纳托利亚中部	 **气候**：严寒季节，会有刺骨的感觉，积雪情况也会出现。平均气温为1~2℃。 **服装**：冬季大衣和手套等防寒服饰一定要武装全面。如果打算参加卡帕多西亚的观光游，请准备好防滑鞋款。 **观光建议**：部分洞窟特色酒店的客房是没有暖风空调的，届时入住会非常寒冷，请在挑选酒店时一定要多加注意。	**气候**：白天春风和煦，日落后气温会有明显下降，平均气温为10~15℃。 **服装**：白天可以穿着短袖，早晚气温较低时最好穿一件外套防寒。 **观光建议**：参加卡帕多西亚的热气球观光游时，高空的温度比较寒冷，一定要做好防寒工作。
安纳托利亚东南部、东部	**气候**：东部高原地区的最低气温通常是0℃以下，积雪地区也比较常见。安纳托利亚南部相对东部高原来说，平均气温略微上升一些。 **服装**：如果前往东部高原地区请穿着最厚的防寒羽绒服，南部地区也至少穿着冬季防寒大衣出行。 **观光建议**：内姆鲁特山处于封山时期，景区观光游尚未开始。 	**气候**：东南部不时会有类似夏天的高温天气，东部则处于初春的时节，寒冷的日子仍然不少。 **服装**：东南部白天会有较热的天气，可以穿着单衣，在东部高原地区仍需要穿着夹克等外套防寒保温。 **观光建议**：内姆鲁特山从4月中旬左右解除封山，可以一睹世界遗产的独特风光。
黑海	 **气候**：气温不是很冷但是雨水较多，平均气温在8~10℃，山间地带可能会有积雪情况。 **服装**：可以参考伊斯坦布尔同时期的出行服装。 **观光建议**：苏美拉修道院可能会因积雪而暂停对外开放。	**气候**：降雨不再频繁，白天气温在10~15℃。 **服装**：进入5月后便有穿着短袖出街的机会，保险起见还是准备一件长袖单衣和薄外套放在旅行箱里以备不时之需。 **观光建议**：这时候在黑海享受海水浴还是为时尚早，借着这股春风踏青出游可谓再好不过。

机票费用（期间最低费用）

元：16000 / 13000 / 9800 / 6500

元旦　春节前后　黄金周

斋月期间（2020年4月24日~5月23日）
开斋节（2020年5月24~26日）

月份	12	1	2	3	4	5
日出	8:21	8:27	7:59	7:16	6:25	5:46
日落	17:36	18:00	18:37	19:10	19:43	20:14

土耳其东西跨度很大、海拔差明显，各地区的气候截然不同。
你可以根据你的出行目的选择旅行时间，也可以根据出游时间选择此次旅行的目的地。
下文将为你介绍各区域的季节特色，以便你挑选最适合自身目的的出游季节。

6	7	8	9	10	11

气候：夏天不时会有气温超过 30℃的炎热天气，总体来说伊斯坦布尔等沿海地区夏季都是比较闷热的。
服装：度假区域穿着短袖或者无袖服饰肯定没有毛病（清真寺等宗教场所不允许入内），不过乘坐巴士时可能会有体感较凉的情况出现，为了保险起见，可以多带一件长袖外衣。
观光建议：埃迪尔内的油脂摔跤在 6 月下旬 ~7 月上旬期间举行。

气候：一场秋雨一场寒，气温逐渐降低，阴雨天逐渐增多。
服装：长袖上衣、抓绒卫衣、外套夹克等服饰请准备齐全。
观光建议：入冬后博物馆以及遗迹景区的入场时间将会进行调整，观光时间较之前缩短，请多加注意。

气候：进入 6 月后逐渐会出现超过 30℃的高温日子，8 月甚至会出现 40℃以上的酷暑温度，整个沿海地区都是闷热难耐。
服装：这时候不穿度假短裤短袖和泳衣，更待何时？
观光建议：各式观光游和出海游行程充斥着当地的旅游市场，夜生活也更加丰富。

气候：海风开始变冷，雨天逐渐增多，可以称得上是比较地道的秋天味道。
服装：长袖上衣或薄外套是基本的出行装备，雨具必不可少。
观光建议：度假区的酒店可能会有关闭的情况，时值旅游淡季，酒店费用比较划算。

气候：白天比较炎热，日落后会变得凉爽，空气十分干燥。
服装：短袖完全 OK，可以备一件长袖上衣以防万一。如果你打算参加卡帕多西亚的观光行程，便于步行的舒适鞋款必不可少。
观光建议：观光地以外的不少餐馆都会因斋月原因而暂停营业。

气候：晴朗的白天阳光可能比较温暖，但基本上体感较冷，不过积雪现象尚未开始出现。
服装：卫衣夹克以及防寒大衣是日常装备。
观光建议：卡帕多西亚的观光酒店在旅游淡季期间会有相应的房费折扣。

气候：东南部经常会持续 40℃以上的炽热高温，这里可谓是土耳其全国最热的地区。东部高原地带的气温则比较凉爽，非常宜人。
服装：东南部地区一件 T 恤便 OK 了，东部地区在日落后气温会显著降低，届时需要多加一件长袖外套。
观光建议：斋月期间，不少餐馆可能都会暂停营业。

气候：东南部地区度过了炎热的酷暑，气候宜人。东部高原地区则比较寒冷，11 月便会出现积雪现象。
服装：在东南部穿一件长袖上衣外面搭一个外套便足够了，东部地区则需要开始穿着防寒大衣。
观光建议：内姆鲁特山的观光游虽然营业到 11 月中旬，但是可能也会因为下雪天气而暂停开放。

气候：气温虽然不会飙高，但是沿海地区普遍比较闷热，此外不时便会有降雨的可能。
服装：短袖即可，如果打算前往山间远足，建议多准备一件长袖上衣。
观光建议：如果你受不了夏季的闷热天气，住宿请选择带有冷风空调的酒店客房。

气候：进入了全年降雨最频繁的季节，白天的平均气温在 15℃左右。
服装：长袖上衣和薄夹克是日常服饰，雨具必不可少。
观光建议：乌宗湖畔的山间地区将迎来分外动人的红叶季节，美不胜收。

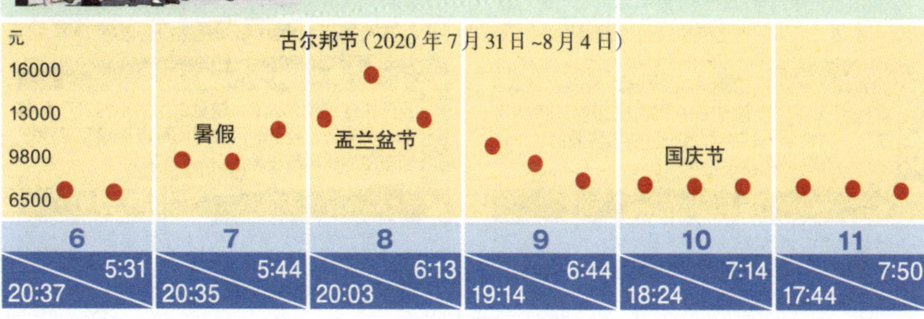

常见的旅行方式 经典行程

土耳其地域辽阔，魅力十足，如果想在有限的时间内尽可能多的观光游览，行前计划必不可少。你可以对下文的经典行程进行改造，计划出最适合你品位的土耳其之旅。如果途中通过巴士作为区间移动的情况较多，请多预备几班备选巴士，以便中间行程出现问题后依然可以根据备选交通进行旅行。

1 经典土耳其 8 日游

预算 1 万 ~1.5 万元
可替换行程：3 天

最经典的土耳其代表行程，虽然比较舟车劳顿，但是所幸可以将知名景点全数游览，其间交通主要以旅游大巴为主，车程经常会在 5~6 小时，对于坐车比较头疼的游客请慎重考虑。以伊斯坦布尔作为起点，先后前往恰纳卡莱或安卡拉的周游线路。

伊斯坦布尔
萨夫兰博卢城
恰纳卡莱
安卡拉
以弗所
卡帕多西亚
帕姆卡莱
科尼亚
安塔利亚

行程要点（参团时不用考虑以下细节）

- 中国 ~ 伊斯坦布尔的往返航班
- 城市间的往返巴士（当天购票也可以上车）
- 各城市的住宿酒店（有当天现找房入住的可能，推荐提前预约）
- 卡帕多西亚的当地游行程（直接在当地参团即可）

第1天 中国→伊斯坦布尔

乘坐直飞或者经停航班从国内机场前往伊斯坦布尔，抵达后入住伊斯坦布尔的市内酒店。（落宿伊斯坦布尔）

第2天 伊斯坦布尔→恰纳卡莱

乘坐巴士前往恰纳卡莱，当天参观世界遗产特洛伊考古遗址。（落宿恰纳卡莱）

第3天 恰纳卡莱→以弗所→帕姆卡莱

清晨搭乘巴士途经伊兹密尔后前往世界遗产所在地以弗所，下午参观以弗所遗址后在傍晚抵达当天的第二个世界遗产目的地——帕姆卡莱。当晚住宿当地的温泉特色酒店。（落宿卡拉哈耶特）

第4天 帕姆卡莱→科尼亚

清早乘车前往科尼亚，下午参观当地的梅乌拉那博物馆。（落宿科尼亚）

第5天 科尼亚→卡帕多西亚

一大早便搭乘巴士前往卡帕多西亚，途中顺路参观古代驿站和地下城市遗迹。午餐后乘车前往格雷梅露天博物馆、奇岩景观地以及乌奇希萨尔等地参观游览。（落宿卡帕多西亚）

第6天 卡帕多西亚→伊斯坦布尔

上午参加热气球体验活动后前往内夫谢希尔卡帕多西亚机场，搭乘飞机返回伊斯坦布尔，下午开始伊斯坦布尔历史区域的观光活动。（落宿伊斯坦布尔）

第7·8天 在伊斯坦布尔市内参观蓝色清真寺

苏丹王旧居托普卡帕宫等著名景点，对于大海感兴趣的客人还可以参加博斯普鲁斯海峡的出海行，傍晚前往机场，凌晨搭乘飞机返回中国，并在第 8 天抵达国内。（落宿机内）

2 伊斯坦布尔一地 5 日游

预算 1 万 ~1.3 万元
可替换行程：2 天

行程要点：中国 ~ 伊斯坦布尔往返航班　3 晚伊斯坦布尔市内酒店

利用小长假也可以领略土耳其精彩的精简行程，其间，你可以大方地用 1 天半 ~2 天的时间慢慢品味伊斯坦布尔历史区域的古老魅力。位于近郊埃迪尔内的世界遗产同样可以一同游览，使行程更加多姿多彩。

第1天 中国→伊斯坦布尔

乘坐直飞或者经停航班从国内机场前往伊斯坦布尔，抵达后入住伊斯坦布尔的市内酒店。（落宿伊斯坦布尔）

第2天 历史区域观光

游览包括蓝色清真寺、托普卡帕宫在内的伊斯坦布尔历史区域著名景点，下午可以参加博斯普鲁斯海峡的出海行。（落宿伊斯坦布尔）

第3天 埃迪尔内一日游

当天往返埃迪尔内省，游览那里的世界遗产塞利米耶清真寺，剩下的闲余时间可以继续领略伊斯坦布尔的民风与当地生活。（落宿伊斯坦布尔）

第4·5天 伊斯坦布尔→中国

上午可以在伊斯坦布尔的大巴扎集市尽情地购物，午餐后可以动身前往机场，凌晨搭乘飞机返回中国，并在第 5 天抵达国内。（落宿机内）

3 精华 7 日游

预算 1.3 万 ~1.5 万元
可替换行程：4 天

行程要点

- 中国 ~ 伊斯坦布尔的往返航班
- 伊斯坦布尔 ~ 卡帕多西亚的往返巴士（当天购票也可以上车）
- 伊斯坦布尔的 2 晚酒店（第 1 天，第 5 天）
- 卡帕多西亚的 1 晚酒店
- 卡帕多西亚的当地游行程（直接当地参团即可）

行程时间虽然不长，但是涉及了洞窟酒店的特色住宿以及热气球的体验活动，把钱花在刀刃上，夜晚住宿在夜行巴士中，不但节省一晚酒店的住宿费用，还令行程效率翻倍。

第1天 中国→伊斯坦布尔

乘坐直飞或者经停航班从国内机场前往伊斯坦布尔，抵达后入住伊斯坦布尔市内酒店。（落宿伊斯坦布尔）

第2天 伊斯坦布尔 ~ 卡帕多西亚

白天在伊斯坦布尔市内尽情观光，晚上搭乘夜行巴士前往卡帕多西亚。（落宿夜行巴士）

第3天 卡帕多西亚（首日）

抵达卡帕多西亚后先入住酒店，随后在当地参加一日游行程（可以直接当场报名），推荐你参加游览格雷梅周边以及阿瓦诺斯的经典红色行程。（落宿卡帕多西亚）

第4天 卡帕多西亚（次日）

早起参加热气球的特色体验活动，随后参报当地游览地下城市遗迹以及厄赫拉热峡谷的经典绿色行程，傍晚搭乘夜行巴士驱车返回伊斯坦布尔。（落宿夜行巴士）

第5天 伊斯坦布尔

上午抵达伊斯坦布尔后参加博斯普鲁斯海峡的出海行。下午游览伊斯坦布尔的新城区风光，晚餐欣赏当地的精彩肚皮舞表演。（落宿伊斯坦布尔）

第6·7天 伊斯坦布尔

上午可以在伊斯坦布尔的大巴扎集市尽情地购物，午餐后可以动身前往机场，凌晨搭乘飞机返回中国，并在第 7 天抵达国内。（落宿机内）

4 世界遗产 12 天全景巡游

预算 1.8 万 ~2.2 万元
可替换行程：4 天

行程要点

- 中国 ~ 伊斯坦布尔的往返航班
- 达拉曼 ~ 伊斯坦布尔的单程航班
- 城市间的往返巴士（当天购票也可以上车）
- 各城市的住宿酒店（有当天现找房入住的可能，推荐提前预约）

很有效率地游览土耳其世界遗产的特色行程，中途不但可以领略卡帕多西亚的大自然风光，还可以一睹帕姆卡拉温泉以及地中海度假地的多彩魅力。

第1天 中国→伊斯坦布尔

乘坐直飞或者经停航班从国内机场前往伊斯坦布尔，抵达后入住伊斯坦布尔市内酒店。（落宿伊斯坦布尔）

第2天 伊斯坦布尔 ~ 萨夫兰博卢城

白天在伊斯坦布尔市内尽情观光，晚上搭乘夜行巴士前往萨夫兰博卢城。（落宿夜行巴士）

第3天 萨夫兰博卢城

游览萨夫兰博卢城和近郊的尤鲁克等地。（落宿萨夫兰博卢城）

第4天 前往卡帕多西亚（全天巴士移动）

乘车途经土耳其首都安卡拉后抵达卡帕多西亚（落宿卡帕多西亚）

第5天 卡帕多西亚（首日）

在当地参加游览格雷梅以及阿瓦诺斯等地的经典红色一日游行程。（落宿卡帕多西亚）

第6天 卡帕多西亚（次日）

早起参加热气球的特色体验活动，随后参报卡帕多西亚南部的观光游行程，傍晚搭乘夜行巴士驱车前往帕姆卡莱。（落宿夜行巴士）

第7天 帕姆卡莱

清晨抵达代尼兹利后参观著名的棉花堡以及希拉波利斯古迹。（落宿卡拉哈耶特）

第8天 费特希耶

乘坐大巴前往费特希耶，随后从这里搭乘合乘巴士或者出租车前往桑索斯等地观光。（落宿费特希耶）

第9天 费特希耶→伊斯坦布尔

从费特希耶前往达拉曼机场，乘坐飞机返回伊斯坦布尔。（落宿伊斯坦布尔）

第10天 埃迪尔内

当天往返埃迪尔内省，游览那里的世界遗产塞利米耶清真寺，剩下的闲余时间可以继续领略伊斯坦布尔的民风与当地生活。（落宿伊斯坦布尔）

第11·12天 伊斯坦布尔

上午可以在伊斯坦布尔的大巴扎集市尽情地购物，午餐后可以动身前往机场，凌晨搭乘飞机返回中国，并在第 12 天抵达国内。（落宿机内）

土耳其自由行的 关键词

土耳其自由行离不开“交通”“饮食”“住宿”“购物”“发音”“对话”六个关键词，下文将为你逐一进行图文介绍。

提前了解了这些知识，将会为你的土耳其之旅锦上添花。

交通

土耳其的长途交通➡ p.45
国内交通➡ p.425

比莱特 Bilet

土耳其语意为车票，发车时间、站台号码、座位号码等信息都会写在车票上面。如果你不知道即将搭乘哪辆大巴，仔细观察车票信息便会得出结果。

欧托伽尔 Otogar

长途巴士总站，大城市中的长途巴士购票口（读作亚兹哈奈 Yazıhane）通常会根据目的地划分出许多柜台，不用过分紧张，将你的目的地告知工作人员后便会带你前往所对应的目的地购票窗口，服务很好！

欧托巴士 Otobüs

土耳其的广阔土地内编织着复杂的巴士交通网络，许多新型大巴的乘坐体验都很舒适，配套服务业很完善！

多尔姆休 Dolmuş

直到满员（土耳其语多尔姆休）才会发车的合乘迷你巴士，可谓从城市前往近郊的最佳交通方式，搭乘地点通常位于长途巴士总站附近或者市区要地周边。

伊基·阿尔图·比尔 2+1

2+1 排合计 3 排的大型面包车，许多巴士公司都引入了这种车型。

塞尔比斯 Servis

连接巴士总站到城中心巴士服务站的免费接送巴士，在城中心的巴士服务站购买车票后，便可以免费搭乘这种塞尔比斯接送巴士前往巴士总站。

塞希尔·梅尔克兹 Şehir Merkezi

土耳其语中意为城中心。根据城市的大小也会称为“查尔休”“森图尔穆”等说法。前往市中心的交通方式参照 p.428

塔库希 Taksi

搭乘地点通常设在广场、主干路、长途巴士站附近。如果资金充裕可以包车进行私人一日游行程，非常舒适。

饮食

土耳其的饮食
➡ p.46

罗坎塔 Lokanta

土耳其语中意为大众食堂之意，只要你记得这个单词不愁找不到吃饭的去处。通常这种用餐地点都会将做好的美食摆在橱窗之中，如果你不知道菜品的内容，可以向服务员指出本书菜品特辑（p.46~57）中的相关图片间接点餐。

帕凯特 Paket

土耳其语的打包说法，如果你在罗坎塔中说一句“帕凯特”，店家便会将你点选的菜品打包进塑料盒或者锡纸容器之中。如果你想在酒店用餐或者买来作为盒饭在外用餐，都可以在餐馆中说出“帕凯特”打包这句话。通常，商家都会为你免费提供塑料勺子和叉子等餐具。

亚尔姆 Yarım

半份餐食的意思，可以边说这个单词边将右手横切在左手手掌之上，连说带比画肯定没问题。

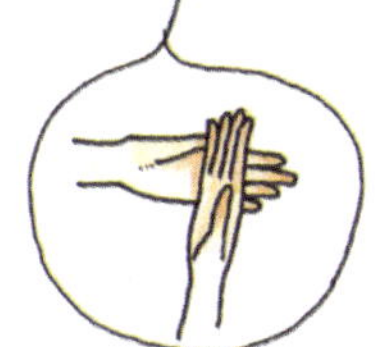

鲅鱼三明治 Balık Ekmek

深受亚洲人喜爱的艾米诺努本地美食，特别调制的咸味鲅鱼与香软面包完美融合，令人食欲大增。

茶 Çay

土耳其人每天都要喝上几杯红茶，街边设有不少红茶专卖店，随时随地都可以来上惬意的一杯，如果你偏爱甜口，还可以自行添加砂糖。

土耳其烤肉 Döner Kebap

将旋转的烤肉切成薄片夹在馍饼中进食的土耳其特色肉夹馍，堪称土耳其的经典快餐。如果将烤肉卷在薄饼中用餐，这种卷饼菜品则称为杜鲁姆 Dürüm。

西米特 Simit

非常适合作为零食小吃的芝麻圆环面包。

斯 Su

饮用水。罗坎塔中的饮用水按量计费，比较良心。

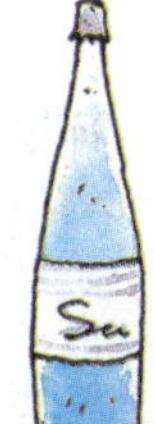

艾克美克 Ekmek

土耳其最常见的长条面包，其美味声名远扬，此外还有圆形以及薄饼型的面食，造型多样，罗坎塔中通常都把这种面包置于餐桌之上，食客可以免费食用。

住宿

住宿事宜浅谈
➡ p.431

欧达 Oda

土耳其语意为客房之意，单人房读作特克西力克·欧达 Tek Kişilik Oda，大床房或者双人房读作依奇克西力克·欧达 İki Kişilik Oda 或查夫特克西力克·欧达 Çift Kişilik Oda。

托瓦莱特 Tuvalet

斑窑 Banyo

欧特尔 Otel

想找酒店的时候说这个单词就可以。各家酒店的特色以及等级都不尽相同，附带淋浴设施、卫生间、电视和早餐的客房费用一般每晚在 50TL 左右。非热门地区的酒店费用则在 40TL 左右。

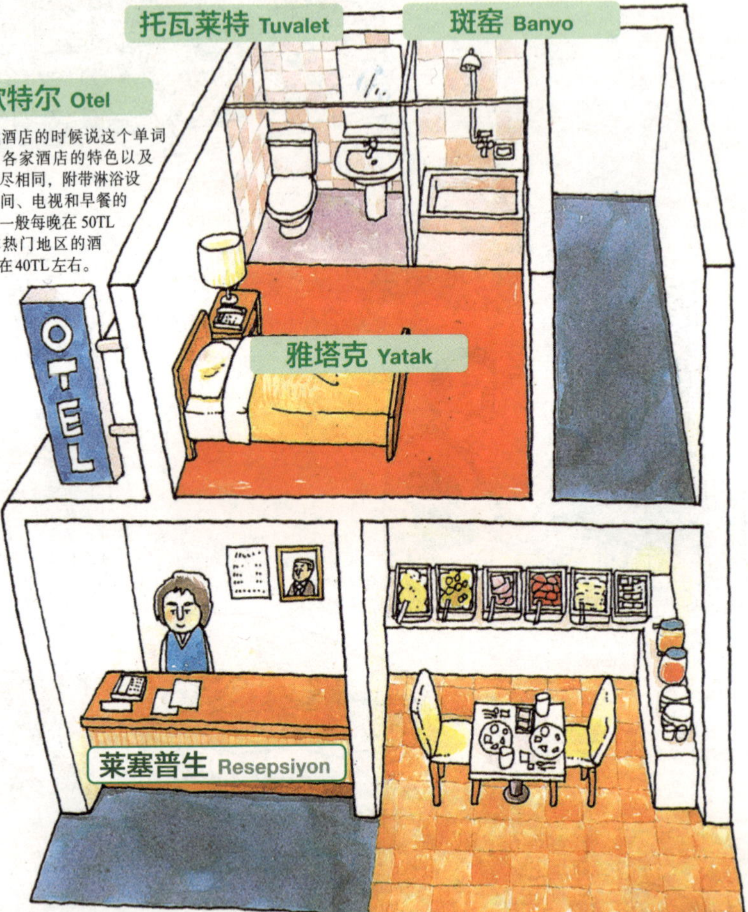

OTEL

雅塔克 Yatak

莱塞普生 Resepsiyon

卡夫巴尔图 Kahvaltı

早餐之意。经济酒店通常为房客提供涂抹果酱、黄油或奶酪的面包主食，搭配橄榄、西红柿、黄瓜等蔬菜组成简单的土式早餐。有时候还会附带一个煮鸡蛋，令早餐更有营养。中级以上酒店则通常是以自助早餐形式，度假酒店中的用餐区一般位于中庭或泳池旁，营造出最好的用餐氛围，开启你在土耳其美好的一天。

阿纳夫塔尔 Anahtar

外出时可以将房间钥匙寄存在酒店前台，经济型～中级酒店的房间钥匙可能不太好使，有时候需要拽着门把手额外施力再转动锁孔即可开门。不少高级酒店仍采用钥匙而非房卡开门，仍十分传统。

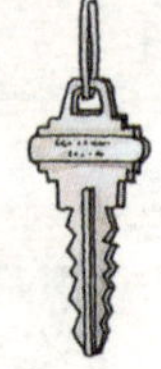

购物

货币兑换➡ p.419
汇率➡ p.1

景区可能可以直接兑换当地货币

除了伊斯坦布尔之外，卡帕多西亚和帕姆卡莱等知名景区中通常设有带有银联标志的 ATM，只要你携带着银联储蓄卡，便可以直接提现土耳其本地货币。

地方城市也认可欧元或美元

如果你打算游览著名观光地以外的土耳其小城，可以随身带些欧元或美元现金，很多商家都认可这些货币，不过最好是些“碎银子”，大额纸币不太好找钱。

信用卡

去土耳其旅行时一定不能忘记随身带一张信用卡，认可信用卡支付的杂货店以及大众食堂数量比你想象的要多得多，用信用卡结账非常方便。

部分带有银联标志的 ATM 也认可游客通过信用卡直接提现土耳其本地货币。所以信用卡既能直接刷卡消费又能提现兑换当地货币，可谓旅行神器。

布 尤 伦
Buyurun
欢迎！
布 奈 卡 达 尔
Bu ne kadar?
这个多少钱？

土耳其语的数字读法

数字	读法	数字	读法	数字	读法
1	比尔 bir	11	恩比尔 onbir	30	欧图兹 otuz
2	依奇 iki	12	欧尼奇 oniki	40	库尔克 kırık
3	尤奇 üç	13	欧纽奇 onüç	50	艾力 elli
4	多尔特 dört	14	恩多尔特 ondört	60	阿尔图姆斯 altmış
5	贝西 beş	15	恩贝西 onbeş	70	耶图米西 yetmiş
6	阿尔图 altı	16	欧纳尔图 onaltı	80	塞克森 seksen
7	耶迪 yedi	17	恩耶迪 onyedi	90	多柯桑 doksan
8	塞克兹 sekiz	18	恩塞克兹 onsekiz	100	尤兹 yüz
9	多库兹 dokuz	19	恩多库兹 ondokuz	1000	宾 bin
10	恩 on	20	伊尔米 yirmi	100万	比尔 米尔永 bir milyon

发音　土耳其语的诵读关键字母

土耳其语在第一次世界大战前的“旧土耳其语”中依旧以阿拉伯字母作为语言的枝干，第一次世界大战之后，国父凯末尔·阿塔图尔克发动语言改革，用拉丁字母代替了阿拉伯字母组成了现在我们听到的土耳其语。虽然现在的土耳其语看起来和英语差不多，但是部分字母的发音与英语不尽相同，下文将用现实中的招牌或者包装上的土耳其语为你进一步进行解释。

土耳其烤肉店的店招牌

告知大家周日（Pazar Günü）也照常营业的招牌

入场费介绍，成人（TAM）收费 2TL，学生票则是 1TL

乌

虽然看起来和英语的大写I一样，但是发音为乌，土耳其语中另外有一个字母İ，这个字母发音为依

哈尤尔
（NO 的土耳其语）

YENİ RAKI

耶尼拉克
（土耳其狮子奶酒品）

巴鲁克（鱼）

KREDİ KARTI

克莱蒂·卡尔图
（信用卡）

街边的水果摊都可以用信用卡结账，信用卡在土耳其的普及程度超乎想象

谢

西西柯夫特
（烤肉串）

哈瓦休
（机场接送巴士）

穆思尔·查尔休斯
（埃及市场）

达努休马（指南站）

萨图休·诺库塔什（售票处）

尔

发音时舌头尽量往后缩

KÖPRÜ

柯普留（桥）

德比兹（兑换处）

格雷梅（卡帕多西亚城镇）

兑换处的店铺招牌，部分店铺也经营贵金属的买卖生意

尤

发音可以略微拉长一些

TÜRKİYE

特尤鲁奇耶
（土耳其）

格尤留欧鲁
（一家发祥地在加济安泰普的知名甜品店）

尤久莱缇（费用）

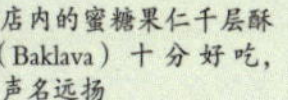

店内的蜜糖果仁千层酥（Baklava）十分好吃，声名远扬

对话

土耳其旅游用语
➜ p.436

土耳其国内著名观光地以外的其他地区，讲英语几乎是行不通的。但是土耳其语的语法和发音并不困难，如果你记住一些基本的问候用语以及简单措辞，旅行会变得更加得心应手。通过旅行中不断与当地的土耳其人交流，相信你的土耳其语会越来越熟练。

钦 丹 盖 鲁 丁
Cin dan geldim
我从中国来

美庐哈巴
你好（白天用语）

格尤奈东
早上好

格瑶鲁休留兹
再会，道别时的用语

依依 阿酷夏木拉鲁
傍晚～夜间的问好用语，分别时也可以使用

依依 盖杰莱鲁
晚安

特谢克尤鲁 艾德里姆
谢谢（单说特谢克尤鲁也可以表达感谢之意）

萨欧伦
多谢（更自然随意的表达方式）

比谢依 迪鲁
不客气

塔玛姆
OK

奈莱德
在哪里?

～伊斯缇瑶鲁姆
（我）想要～

卡其帕拉
多少钱?（指着问价）

留土凡
拜托要那个（指着目标物）

身体语言

热情好客的土耳其人招待外国游客时，为了了解你的用意会很有耐心地跟你交流，这时候如果嘴上说不溜，用手语表达自己的想法也很不错，来看看右边的几个简单手势吧。

Bitti 比缇

结束了（以类似掸土的样子上下摆手）

Beraber 贝拉贝尔

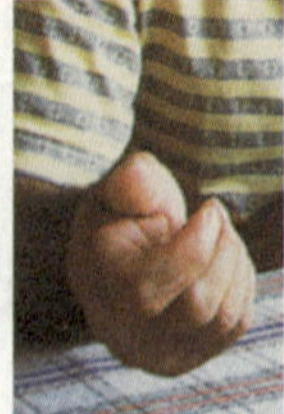

和朋友一起（两只手的食指前后并拢在一起）

Para 帕拉

钱!（世界通用手势，大拇指和食指轻轻摩搓）

Güzel 格尤泽鲁

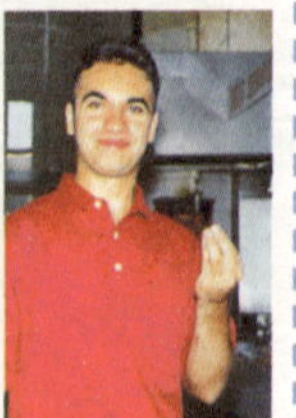

很好，很可爱!（五指捏在一起）

土耳其的长途交通

土耳其的国土面积比青海省略大，东西相距约有1550公里，南北约670公里，为了方便你在土耳其国内顺畅观光，灵活运用当地的交通工具必不可少，下文将为你逐一进行介绍。

拥有土耳其国内最密集航线的航空公司当数土耳其航空，近年来也有本地的廉价航空争抢市场配额的情况出现，各家航空公司间的价格战越来越激烈。不过除了伊斯坦布尔、安卡拉、伊兹密尔、安塔利亚等重点城市外的相关航线外，往来其他地方城镇的航线仍比较贫乏。

时刻表 & 机票

土耳其航空等大型航空公司的官网可以直接进行机票的搜索和预订服务。规模较小的中小型航空公司则通常只开放土耳其居住者的购票权。当然如果你对网络不太在行，也可以通过市内的旅行社进行机票的预订和购买。

机场

各城市前往机场的交通工具不尽相同，大型航空公司可能会提供搭配相应航班的机场接送大巴，但是有时也得游客自行搭乘交通工具前往机场。伊斯坦布尔市内分为坐落在欧洲区的伊斯坦布尔机场以及位于亚洲区萨比哈·格克琴机场，请提前确认好登机的机场名称，不要弄混。

各航空公司网站

航空公司	网址	航空公司	网址
土耳其航空 Turkish Airlines	URL www.turkishairlines.com	太阳快运航空 SunExpress	URL www.sunexpress.com
阿纳德鲁航空 AnadoluJet	URL www.anadolujet.com	阿特拉斯航空 atlasjet	URL www.atlasglb.com
奥努尔航空 Onur Air	URL www.onurair.com.tr	佩格萨斯航空 Pegasus Airlines	URL www.flypgs.com

土耳其国内的火车班次较少，车程相比巴士也会花费更长的时间，部分车次的发车时间也有所出入。不过随着YHT高铁的开通以及新型列车的投入运营，火车旅行的便利性和舒适性都有很大程度的好转，可以躺下来休息的卧铺列车也令长途旅行更加轻松。如果你对乘坐火车旅行情有独钟，另外拥有更加宽裕的观光时间，乘坐火车出行不失为一种交通选择。

时刻表

土耳其国家铁路的官网（URL www.tcdd.gov.tr）上登载着详细的列车时刻表，但是可能会因为浏览器等原因无法流畅地浏览。不过不用担心，直接前往火车站便可以亲眼阅览张贴的主要列车时刻表，部分车段的时刻表可能比较古老，具体的列车时间可以与工作人员再次核对确认，确保旅程万无一失。

车票

土耳其国家铁路的官网虽然可以直接进行购票，但是目前只针对本国的居住者开放网络购票权，你可以直接在火车站购票，不少工作人员可能会不懂英语，请提前做好用土耳其语沟通的准备。

土耳其是世界首屈一指的巴士交通大国，即使是小型城镇或乡村，巴士公交线也几乎全部覆盖，可谓长途出行的首选交通工具。同时土耳其国内的巴士——数量也如繁星之多，不尽其数，大城市中的欧托伽尔（Otogar长途巴士总站）设施规模足以和机场相媲美，车型的更新换代频率也很高，最近不少长途巴士都增添了无线Wi-Fi功能，令乘客上网更加便利。

时刻表

本书所列的时刻表以及巴士公司的官网都可以进行车辆时刻的相关核查，当你在官网看到Seferler（imiz）、Tarifeler、Güzelgahlar（ımız）、Saatler等单词的时候，通常点击即可进入时刻表界面。

车票

如果你读不懂土耳其语，网上购票可能比较困难，可以直接前往代理点或者巴士总站进行购票。

土耳其的饮食浅谈

土耳其美食与中国菜、法国菜并称为世界三大菜系，同时土耳其的外出用餐产业链，其发达程度在整个中东区域中都是首屈一指，下文便简单地为你介绍在土耳其国内的各色用餐地点，点哪些食物吃得最舒服。

何地 Nerede 有何 neleri 美食？ yenilir?

家常菜馆 Lokanta

便宜好吃

城市中的家常菜馆，都会在招牌上写着〇〇 Lokantası（罗坎塔斯）的字样，这种菜馆通常分为经营炖菜→p.50、经营烤肉→p.51~52以及既经营炖菜也经营烤肉的三种风格。烤肉餐馆则还会在招牌上标注〇〇 Kebapçısı（凯巴布丘斯）的字样。

酒馆 Meyhane

各色酒水和下酒菜都很丰盛

类似居酒屋的店铺，不仅梅泽（前菜）p.49 的种类很多，菜品也是丰富多样。伊斯坦布尔历史区域的库姆卡普 Map p.71C4 和独立大道周边的内维扎德路 Map p.64A3、阿斯玛尔·梅斯基特 Map p.62B1 等地都是酒馆分布比较集中的区域。

甜品店 Pastane

面包和蛋糕

土耳其国内专门出售各式甜品的店铺写为 Pastane。蜜糖果仁千层酥（巴克拉瓦）→p.54 83、饼干以及酥皮面包→p.53 81等土耳其特色甜品都可以在这里一网打尽。规模类似咖啡馆的店铺还会提供简餐。夏季甜品店还增设出售土耳其冰激凌→p.54 82的档口。

餐摊 Seyyar Tezgâh

轻便小食

以芝麻作为辅料的多纳圈形状芝麻面包 p.53 80、夏天专供的烤玉米 p.56 109、冬天特色的烤栗子 p.56 110等都是令人驻足停留的街头美味。伊斯坦布尔市内的餐摊主要分布在艾米诺努码头周边，周末的居尔哈内公园 Map p.61C2 也是各色餐摊的云集之地。

	景区餐馆	家常菜馆	酒馆	甜品店
土耳其烤肉 →p.51 48	× 很少提供	▲ 有的餐馆内会放有醒目的土耳其烤肉架	× 大部分不会提供	▲ 伊斯坦布尔的大型甜品店中可能可以找到
烤肉串 →p.51 47	◎ 经典烤串大多可以品尝	◎ 可谓专营烤肉的店铺专长	○ 烤鸡翅和烤羊排等配酒美味	▲ 伊斯坦布尔的大型甜品店中可能可以找到
炖菜 →p.50	▲ 种类较少但是可以品尝到代表性炖菜	◎ 会摆在橱窗中吸引路人目光	× 大部分不会提供	× 大部分不会提供
前菜（梅泽） →p.49	○ 可能会有前菜拼盘，种类并不多样	▲ 会有沙拉	◎ 可以在大型餐盘中任意搭配挑选，种类丰富	× 大部分不会提供
酒水 →p.55	○ 根据景点性质会有区别，总体来说还是出售酒品的餐馆更多一些	× 原则上不出售酒水	◎ 红酒、啤酒、拉客酒（狮子奶）等土耳其国酒一应俱全	× 大部分不会提供，反之咖啡和茶水的种类则有很多
甜品 →p.54	○ 种类不多，有的餐馆会提供欧式甜品	○ 会有1~2种当家甜品	▲ 可能会有搭配狮子奶的水果	◎ 除了土耳其的特色糕点，还有出售欧风蛋糕和面包的店铺

土耳其美食大全

土耳其旅行的乐趣之一便是可以随时随地享受当地的特色美食，下文便为你罗列介绍在土耳其国内不得不尝的经典菜品。

汤品

乔鲁巴拉尔

Çorbalar

汤在土耳其语中读作乔鲁巴，通常是在等待肉菜等主菜的间隙品尝，餐桌上的各式调味料都可以加入到汤品之中，不过假如学着土耳其人放了太多，味道会一下变得难以接受，建议你刚开始先从微量的作料开始调味。

从清早便营业的家常菜馆在早餐时段会烹饪汤品和面包供应食客，如果你头一晚是宿醉状态，晨间汤品对肠胃会很有帮助。天冷的日子，一碗靓汤也会让人从心底暖到全身。

扁豆汤

Mercimek Çorbası

经典中的经典——扁豆汤，早餐中的绝配，悉心用滤网过滤后的味道绝对令你齿颊留香。

新娘汤

Ezogelin Çorbası

名字便抓人眼球，其实是加入西红柿调味的改良版扁豆汤。

羊肚汤

İşkembe Çorbası

选用羊肚炖煮而成，土耳其人习惯在喝酒后来上一碗，滋味浓厚，可以根据个人爱好添加蒜蓉。

番茄汤

Domates Çorbası

使用番茄酱悉心熬煮，西红柿的酸度恰到好处。

鸡汤

Tavuk Suyu

经典高汤，有时还会在碗底看到些许意大利面。

羊蹄汤

Kelle Paça

以羊蹄为主料的浓厚汤头，是土耳其东南部和东部地区的特色料理。

薄荷酸奶浓汤

Yayla Çorbası

薄荷风味的酸奶浓汤，经常会在汤里加入大米。

塔尔哈纳汤

Tarhana Çorbası

由西红柿、各式香料以及酸奶混合发酵并烘干后制作的汤头底料。

菠菜奶油汤

Ispanak Çorbası

加入大量菠菜的香浓奶油汤。

西葫芦酸奶浓汤

Ayran Aşı Çorbası

在酸奶汤底中加入小麦和西葫芦等蔬菜的特色汤品。

面包
艾克美克莱尔
Ekmekler

在土耳其几乎随时随地都能品尝到美味可口的喷香面包，餐馆中摆放在餐桌上的小面包基本上都是可以免费品尝，不够是可以再续的！

土耳其法棍 Ekmek

外皮焦香，内囊松软，是最常见的经典面包。

圆饼面包

Pide Ekmek

圆形面包，是土耳其中部和东部地区的主流面包。

土耳其薄饼

Yufka

用小麦粉制作而成的薄饼，裹上土耳其烤肉就是著名的卷饼 Dürüm 美食。

鲜花面包

Çiçek Ekmeği

并非是鲜花馅料而是造型宛如花朵一般的面包，通常是掰开来一块一块分着吃。

特拉布宗面包

Trabzon Ekmeği

大小和脸差不多，分量不小，是黑海地区特拉布宗的知名面包，外皮焦脆，分外诱人。

饭类
匹劳拉尔
Pilavlar

Pilav 指土耳其国内加入松仁煮熟的黄油风味米饭，土耳其人经常用它搭配土耳其烤肉食用。如果额外付费，还可在米饭上添加其他佐餐美食。

松仁米饭 Sade Pilav

加入松仁的风味米饭。

番茄抓饭

Bulgur Pilavı

主料是磨碎的小麦米，与番茄浓汤一起熬煮后出锅，小麦米充分吸收番茄汤汁，滋味十足，口感弹牙，是土耳其烤肉的绝配。

沙拉

沙拉塔拉尔
Salatalar

土耳其国产的蔬菜通常分量不小，菜香浓郁，常用来制作沙拉。除了基础调料，还可加入柠檬汁或海盐调味。

什锦沙拉 Çoban Salatası

由多样蔬菜混合而成的经典沙拉。

土豆沙拉

Rus Salatası

蛋黄酱十足的土豆沙拉，通常还会加入青豆和胡萝卜丁来丰富营养。

红辣沙拉

Ezme Salatası

由剁碎的西红柿、洋葱以及灯笼椒末制作而成的辣口味沙拉。

博斯塔纳沙拉

Bostana Salatası

用捣碎的番茄、青椒、洋葱烹制而成的凉汤风格沙拉。

匹亚兹

Piyaz

加入熟鸡蛋碎和橄榄的白扁豆沙拉，有趣的是 Piyaz 在波斯语中意为“洋葱”。

前菜（梅泽）
梅泽莱尔
Mezeler

读作梅泽的前菜是在主菜上桌前的小盘装佐餐佳肴，分为冷热两种风格。

杂烩前菜　土耳其菜品中最知名的前菜当数名为Dolma的杂烩前菜了，Dolma由土耳其语的动词Dolmak演变而来，意为“填满，装满”。这道菜便充分表达了这个词意，蔬菜、米饭以及肉食一应俱全，不仅是在土耳其本国，在阿拉伯多国以及希腊甚至东欧国家，都是很流行的一道经典前菜，菜量十足，深受当地食客喜爱。

点菜　沙拉、辣番茄泥、杂烩前菜等平价菜肴都是可以在家常菜馆里点到的，比较高级的餐馆则会提供更丰盛多样的前菜开胃菜，如果你一次便想品尝多种口味，可以点选在餐盘中加入多种不同风味前菜的什锦前菜 Karşık Meze（前菜拼盘），看看其中你最爱哪一款吧。

青椒裹肉
Biber Dolması
将青椒掏空后在里面填充米饭和肉类的前菜，通常是番茄口味。

葡萄叶卷饭
Yaprak Dolması
用新鲜的葡萄叶子卷裹米饭和肉末等多种馅料煮制而成的美味佳肴，也读作亚普拉克·萨尔马斯。

番茄肉丸
Domates Dolması
将馅料填充进挖空的番茄之中，如果吃了两个就可以当作品尝了一道主菜。

卷心菜卷
Lahana Dolması
裹有米饭和肉末的土耳其风味卷心菜卷，入口便可以品尝到卷心菜的甘甜。

茄子囊肉
Patlıcan Dolması
茄子分为厚片状与一分为二宛如小船般的两种造型，将馅料填入茄子中制作而成。

牡蛎松子饭
Midye Dolması
在牡蛎中添加松子饭的特色搭配。挤一点柠檬汁会让口感更加清香。

辣番茄泥
Acılı Ezme
味道辛辣的西红柿泥，是面包的绝佳搭配！

茄泥
Patlıcan Ezme
将茄子炭烤之后与大蒜捣拌而成的经典凉菜，口味清淡，滋味回香。

鹰嘴豆泥
Humus
大蒜风味浓郁的传统豆泥，非常适合涂抹在面包上食用。

什锦前菜　推荐
Karşık Meze
可以一次品尝多样风味前菜的划算佳肴，分量足够2个人吃，可谓物美价廉。

番茄芸豆
Fasulye Pilaki
芸豆的甘甜与番茄的酸香完美融合，是一道口感清新的特色凉菜。

生羊肉泥
Çiğ Köfte
加入小麦粉制作的生羊肉泥，当地人用生菜叶卷裹着食用，味道较辣，请提前做好准备。

炖菜
斯鲁 Sulu 耶美克莱尔 Yemekler

土耳其的炖菜读作斯鲁·耶美克莱尔 Sulu Yemek，家常菜馆中的菜品展柜中经常可以看到众多品种供食客自由挑选。炖菜的价格通常比烤肉要便宜一些，而且从展柜中取出便可以食用，无须等待，可谓一进店便可以享用的平价美味。

点菜 如果不清楚菜品的名称，直接将手指指到想吃的菜品即可，土耳其炖菜大多是番茄汤底，加入肉类的炖菜价格会比平均价格贵一些，如果你说"阿兹·奥尔森"，店员便会给你少盛一些，菜量要是减少了，价格会更便宜。

炖菜盖饭味道绝伦 在松仁米饭上浇上炖菜或鸡肉（需要另外付费），便可以呼噜呼噜来一顿美味的盖饭。

伊兹密尔·柯夫特
İzmir Köfte
将柯夫特肉肠与土豆一起炖煮而成，是土耳其炖菜的人气第一名。

茄汁炖肉
Musakka
将茄子和肉类与蔬菜一起炖煮的菜品，在希腊十分出名，起源之地便是土耳其。

西红柿炖青豆
Taze Fasulye
西红柿炖豆子，家常菜中的经典，土耳其母亲们的拿手菜，在家常菜馆中经常可以看到。

炖芸豆
Kuru Fasulye
将这种炖芸豆与松仁米饭拌在一起，非常下饭。

番茄炖蘑菇
Mantar Sote
很多菜馆都会在这道菜中加入鸡肉来增添肉香。

西红柿炖鸡肉
Tavuk Sote
将鸡肉与西红柿精心炖煮而成，大块的炖菜与软烂的鸡肉形成完美的搭配。

土耳其烤茄子
İmam Bayıldı
菜品名称意为"伊玛目（伊斯兰教导师）晕倒了"，可见这个菜的好吃程度。

酿馅茄子
Karnıyarık
在茄子中加入肉馅后通过烤箱烘烤而成，菜品选料类似于杂烩前菜 Dolma。

烩茄子囊肉
İslim Kebabı
用茄子包裹着羊肉等馅料在烤箱中烤到表皮焦香后放入汤头中继续炖煮。

奥尔曼炖肉
Orman Kebabı
由羊肉、土豆、豌豆一起炖煮的美味佳肴。

塔司炖肉
Tas Kebabı
与奥尔曼炖肉相似，不过原料仅有羊肉和土豆，肉块和土豆块都切得大块，吃起来特过瘾。

番茄炖柯夫特肉丸
Sarçalı Köfte
用番茄浓汤（Sarçali）炖煮柯夫特肉丸，令肉丸的滋味更加繁复。

烤肉

凯巴普拉尔

Kebaplar

土耳其最知名的菜肴当数土耳其烤肉了，不过烤肉的种类和烹饪手法十分多样，许多地区也有当地的特色烤肉菜肴，用料大多选择羊肉或鸡肉，有时候也可以看到以牛肉作为烤肉的主角出现。

土耳其烤串 Şiş Kebabı

广为告知！烤肉中不可忽视的王者菜式，有时候店家会将烤好的肉串撸下来单独盛盘。

土耳其烤肉 Döner Kebap

餐摊中的定海神针，土耳其人喜欢用烤饼夹裹烤肉与蔬菜一同食用。

土耳其的肉质不一般 土耳其的羊肉品质很高，事先都会腌制很久，膻味很小，吃起来也不塞牙，平时适应不了羊肉味道的朋友也可以大胆一试。

炭火烤制 西西 Şiş 意为烤串，乌兹嘎啦 Izgara 则是烧烤的意思，而最美味的烧烤方式自然要数炭火烤制（柯姆尔德 · 乌兹嘎啦 Kömürde Izgara）了，焦香四溢，齿颊留香。如果你看到餐馆的招牌上写着欧查克巴什 Ocakbaşı 的字样，那这家店便是炭炉烧烤店无疑了。

铁板烧 通过炙热铁板烤制而成的铁板烧也是别具风味，浓厚的番茄酱汁与蔬菜香味，令烤肉的味道更加具有层次感。

鸡肉串 Tavuk Şiş

除羊肉外，优质的土耳其国产鸡肉也是土耳其烤串的主角，蔬菜与鸡肉混合烧烤，有荤有素，营养均衡。

茄子肉丸串 Patlıcanlı Kebap

茄子与肉丸搭配，味道拔群。

番茄烤肉串 Domatesli Kebap

西红柿的清香与烤肉的醇厚完美调和！仔细品尝会发现烤肉中也浸入了酸香的西红柿汁水。

烤柯夫特肉饼 Izgara Köfte

小型肉饼（肉丸），地区或店铺不同，做法也有区别。

阿达纳烤肉 Adana Kebabı

加入辣椒的辣味烤肉，土耳其人吃这道烤肉的时候还会额外再撒一些辣椒粉。

乌尔法烤肉 Urfa Kebabı

将肉馅制作的肉饼穿串烤制而成，这个完全不辣。

伊斯坎德尔烤肉 İskender Kebabı

选用特制酸奶酱搭配土耳其烤肉的特色菜肴，风味独特，面包则埋在烤肉的下面。

烤羊排 Pirzola

羊排里肉汁丰腴，是绝好的啤酒搭配。

什锦烤肉 Karşık Izgara

将烤羊排、烤肉串、烤鸡肉等肉品一网打尽的烤肉拼盘，一道菜便可以尽享多种美味。

肉串夹馍
Çöp Şiş
将肉串连签带肉放入面饼中的组合方式，吃的时候将签子直接拔出即可享受土耳其的特色肉夹馍。

酸辣汤烤肉
Kiremit Kebabı
用西红柿和灯笼辣椒等蔬菜熬煮的汤汁进一步为烤肉提味增香。

铁板羊肉
Saç Tava
将大小和骰子类似的羊肉粒与灯笼椒和西红柿一起在铁板上烤制而成。

瓦罐焗烤
Güveç
将各式食材一起放入瓦罐中焗烤而成的特色菜品，由于点菜之后还得等待，太饿的时候请慎重考虑。

土耳其肉包
İçli Köfte
用小麦面包裹肉馅油炸出锅的金黄面点，也可以当作前菜食用。

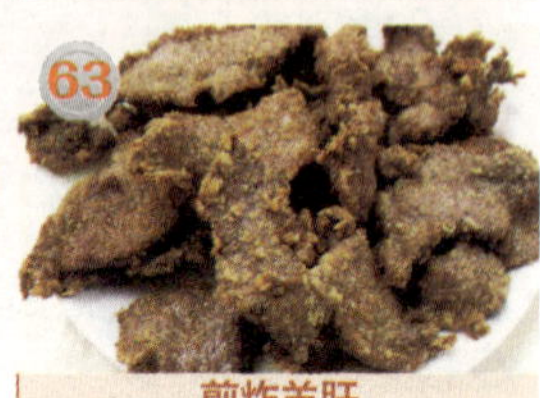

煎炸羊肝
Yaprak Ciğeri
在酒馆中（Meyhane）很常见的下酒菜。

海鲜
德 尼 兹
Deniz
尤 林 莱 利
Ürünleri

土耳其人早先是与大海无缘的游牧民族，选用海鲜烹制的菜肴并不多见，Midye（贻贝）、Kalamar（鱿鱼）、Kalides（虾）等海鲜名词都是从希腊语中借鉴而来的。

鲅鱼三明治
Balık Ekmek
简单方便又管饱，在伊斯坦布尔的加拉塔大桥边和艾米诺努的市井餐摊中最为常见，走过路过不要错过。

食材及烹饪方法　最常见的海鲜食材当数鳟鱼（Alabalik）和沙丁鱼（Hamsi）等，烧烤（乌兹嘎啦 Izgara）和油炸（塔瓦 Tava）则是最常用的烹调手法。

点菜　在海鲜餐馆点菜时，通常是直接在水箱中挑选心仪的海鲜，随后选择烹饪方法即可。大部分餐馆都是用 kg 为单位称重海鲜的分量。

油炸鳟鱼
Alabalık Tava
堪称土耳其内陆最常见的海鲜菜品。

炸沙丁鱼
Hamsi Tava
选用分布在黑海沿岸的沙丁鱼作为食材，是秋冬两季的限时美味。

炸鱿鱼圈
Kalamar Tava
除了鱿鱼圈的造型外，还有鱿鱼须，可以搭配味道浓郁的魮鲃酱一同食用。

炸竹荚鱼
İstavrit Tava
选用从博斯普鲁斯海峡和马尔马拉海中捕捞的竹荚鱼作为原材料。

烤鱼串
Balık Şiş
将鱼肉搭配西红柿与其他蔬菜一同烤制的串烧料理。

使用小麦粉烹制的美味佳肴

哈姆尔 伊西雷利
Hamur İşleri

土耳其比萨 土耳其风格的比萨也叫作Pide，伊斯坦布尔本地的比萨面饼较厚，像是一叶扁舟，将馅料夹裹其中，科尼亚的比萨则饼皮较薄，口感与Lahmacun类似。首都安卡拉的比萨风格则介乎于上面的两者之间。黑海沿岸的大馅比萨（Karadeniz Pide）则是当地的人气主食。

凯马尔·佩妮尔利比萨
Kıymalı Peynirli Pide
选用肉馅和奶酪作为主要原料，是比萨店的人气第一名。

丝绸之路菜肴 土耳其有一道发音叫作“Manti”的菜品，音调便是来自中国的馒头，但其实这道菜品是有馅的，类似于饺子。

家常面包 酥皮面包和芝麻面包是最常见的佐餐小食，酥皮面包的馅料以奶酪口味最为传统，馅料众多，选择多样。名为Corek的油酥点心在土耳其也十分出名，有机会的话不妨买来尝一尝。

凯马尔·尤穆尔塔里比萨
Kıymalı Yumurtalı Pide
使用肉馅和鸡蛋制作而成，造型则是伊斯坦布尔的小船外形。

斯久库尔·尤穆尔塔里比萨
Sucuklu Yumurtalı Pide
由香肠和鸡蛋作为主料的比萨，其实任何比萨都可以通过额外加钱的方式在配料中加入鸡蛋等食材。

库什巴秀尔比萨
Kuşbaşılı Pide
以烤制的羊肉块作为主料的纯肉比萨，羊肉吃起来可能口感稍硬。

薄饼比萨
Etli Ekmek
科尼亚风格的薄饼比萨，焦脆可口。

卷饼比萨
Lahmacun
馅料位于比萨中心，可以挤一点柠檬汁调味，通常是左右一折卷起来吃。

土耳其煎饼
Gözleme
以奶酪和肉馅作为主要馅料，在观光景区经常可以看到当地的土耳其大妈吆喝售卖。

土耳其馅饼
Börek
以菠菜和肉馅作为馅料的土耳其风格馅饼。馅料通常有多种选择。

土耳其春卷
Sigara Böreği
Sigara意为香烟之意，即细长条的形状，是土耳其家庭中经常出现的春卷主食，馅料为白奶酪。

馒头
Mantı
读音是馒头其实却是浇有酸奶酱的土耳其风格饺子，食客可以根据个人喜好加入薄荷和大蒜。

芝麻面包
Simit
街头巷尾随处可见的撒满芝麻粒的多纳圈形状面包，刚出炉的口感松软有嚼劲。

酥皮面包
Poğaça
以奶酪为馅料的酥皮面包，是早餐和零食的主角。

甜品

塔图尔拉尔

Tatlılar

土耳其甜品主要分为牛奶类和水果类两大种，初来土耳其的游客可以先从牛奶类甜品开始品尝。如果上来就吃水果类甜品，甜度之重可能一下子无法适应，适合酷爱甜味的食客选择。

土耳其冰激凌
Dondurma
土耳其名产，可以拉伸的冰激凌，手艺人的冰激凌拉伸秀也很值得一看。

蜜糖果仁千层酥
Baklava
适合嗜糖如命的食客，外层浇有蜂蜜，土耳其人通常按 kg 为单位购买。

甜品店 部分餐馆和家常菜馆中也会出售甜品，不过专门经营甜品的店铺称为 Pastane。

土耳其冰激凌 和土耳其烤肉齐名的特色冰激凌，通过加入兰茎粉使得冰激凌的拉伸度得到指数倍提高，街头的冰激凌拉伸表演也是游览中不能错过的特色场面。

糖浆细丝
Tel Kadayıf
将糖浆浇在焦香酥脆的卡达耶夫细丝之上。

坚果脆卷
Burma Kadayıf
以金黄色的卡达耶夫细丝为原料卷成筒状，并在中间加入坚果馅料。

托伦巴
Tulumba
用糖浆包裹油炸面团的知名甜品。

克尤奈菲
Künefe
在松脆的卡法耶夫细丝中加入奶酪，上面再放一个土耳其冰激凌会更加好吃。

烤大米布丁
Fırın Sütlaç
用烤箱（Firin）烘焙的大米布丁，也有未经烘烤直接食用的品种。

牛奶布丁
Kazandibi
口感弹牙的软嫩牛奶布丁，Kazandibi 意为“锅底”之意，十分有趣。

八宝粥
Aşure
加入多种干果的特色八宝粥，数百年来长盛不衰，据说是诺亚方舟的传说美味。

粗粒小麦粉蛋糕
İrmik Helvası
由粗粒小麦粉制作而成的简单蛋糕，味道不是很甜，比较顺口。

法式巧克力蛋糕
Profiterol
法式风格，巧克力酱浓厚。

牛奶玫瑰霜
Güllaç
由牛奶和玫瑰水调制而成，是斋月期间的独特佳品。

饮品
梅休鲁巴特
Meşrubat

土耳其的咖啡虽然出名，但是当地人还是更爱喝茶，在大街小巷中经常可以看到茶屋（读作恰久），有的店铺还有外卖服务。

茶 Çay
有的土耳其人一天能喝 10 杯以上。

苹果汁
Elma Çayı
温热的苹果汁本是通过苹果干冲泡而来的。但市面上有售可冲泡的苹果粉末，适合馈赠亲友。

土耳其咖啡
Türk Kahvesi
土耳其咖啡会将粉末留在杯底，喝完后可请咖啡占卜师根据残渣形状帮忙占卜。

艾兰酸奶
Ayran
味道并不甜的酸奶，倒在杯子里的酸奶称作阿丘克 Acuk，带盖的酸奶瓶则叫卡帕尔 Kapali。

波扎
Boza
用小麦或玉米渣发酵而成的酸甜口味冬季饮品，是餐摊的抢手货。

酒水
阿尔克留
Alkollü
依切杰克莱尔
İçecekler

土耳其虽然是伊斯兰国家，但是酒水却很容易买到，不过法律规定 22:00 以后店铺禁止出售酒品，请格外注意。

拉客酒 Rakı
加入清水后便会变白变浊，适合搭配西瓜、哈密瓜等水果以及坚果一同品味。

白色浊酒　土耳其的国酒当数别名狮子奶的拉客酒，这种透明的酒品在加入清水后会一下变白变浊。茴香的气味可能令人一时无法接受，但是回甜的口感绝对会勾你再来一杯。

土耳其葡萄酒　近年来土耳其的葡萄酒风潮开始兴起，各地都开始酿造本地的特色品牌，特定年份的优质佳酿也很抢手，通常在葡萄酒商店中都可以找到你心仪的品种。

啤酒品牌　土耳其语将啤酒读作"比拉"，国内最火的啤酒品牌当数以弗所·皮尔森 Efes Pilsen 了。

贝亚兹·夏拉普
Beyaz Şarap
白葡萄酒，品牌多样。

库鲁姆兹·夏拉普
Kılmız Şarap
红葡萄酒，适合与肉菜搭配。

以弗所·皮尔森
Efes Pilsen
最出名的以弗所啤酒，右侧为原浆瓶。

以弗所黑啤
Efes Dark
以弗所·皮尔森品牌的黑啤系列。

古斯塔啤酒
Gusta
当地的啤酒品牌。

佩拉啤酒
Pera
商标是电车的特色啤酒。

街头小吃

塞亚尔
Seyyar
特兹格亚夫拉尔
Tezgâhlar

城镇中的广场、主干路以及长途巴士总站（欧托伽尔 Otogar）等人口密度比较大的地方也是街头餐摊的聚集地，土耳其烤肉→ p.51 48、芝麻面包→ p.53 80这两样是打满全年的经典美食，夏天则会出现售卖土耳其冰激凌→ p.54 82的摊位，而斋月（断食之月）的傍晚时段以及古尔邦节（即宰牲节）期间，路边可以看到比平时更多的街头小吃，气氛像是逛庙会一样，十分热闹，充满烟火气息。

烤羊肠 Kokoreç

加入许多佐料炭烤而成的土耳其特色内脏烧烤，土耳其人通常把新鲜出炉的羊肠作为三明治的馅料之一。

土耳其烤土豆
Kumpir

滋味满点的土耳其风格烤土豆，你可以自由选择配料放在烤土豆之上，产生 1+1＞2 的绝妙美味。

鲜榨果汁
Meyve Suyu

除了经典橙汁以外，还有应急的水果佳饮。

烤玉米
Mısır

烤玉米是土耳其街头餐摊不容错过的美味，除了烤到焦黄的老玉米外还有煮玉米的品种。

烤栗子
Kestane Kebabı

烤栗子，栗子个头不大，甘甜可口，是土耳其冬季的人气美食。

干果

菲斯特克拉尔
Fıstıklar

土耳其人日常最爱吃的小零食便是各式干果了，在露天市集中便可以找到专门出售干果的专卖店，种类也很丰富。可能你之前对干果并不感冒，但是在土耳其玩了一圈后便会发现这可是绝佳的佐酒美食以及日常生活中的美味零食。

购买 干果专卖店以分量为单位出售，你可以挑选自己喜爱的品种称重即可。超市中的干果商品大多以袋装出售，定价已经确定，每袋的重量大概 100g。Tadım 品牌的干果是小卖铺的人气商品。

什锦干果 Karışık Çelez

可以一次品尝多种土耳其特色坚果的全家福品种。

榛子
Funduk

土耳其的榛子产量名列世界第一位，香脆可口还可以提供饱腹感。

开心果
Antep Fıstığı

加济安泰普的开心果品质最高，可以买来馈赠亲朋好友。

瓜子
Çekirdek

和国内的瓜子吃法没有太大区别，用大门牙磕开后吃里面的瓜子仁即可。

炒玉米粒
Baharatlı Mısır

油炒玉米粒，加入调味料调味，风味独特。

伊斯坦布尔最常见的新品 VS 经典街头美食

适合国人口味!!

土耳其国内的街头滋味既有流传多年的多纳圈形状的芝麻面包，也有并非传统造型的特色三明治，土耳其人的美食创意日新月异，品尝这里层出不穷的特色美食也是在这个国家旅行的乐趣之一。

NEW 湿汉堡 Islak Hamburger

将汉堡面饼像蒸馒头那样蒸熟的特色汉堡，馅料是比萨的口味，个头不大，肚子开始叫的时候来一个很解饿。

喝完酒后很好的垫肚小食，每晚顾客都会排起长队购买
KIZILKAYALAR

一口气吃3个才过瘾!

番茄酱浸透汉堡面饼，滋味十足

经典 鲭鱼三明治 Balık Ekmek

将艾米诺努港口停泊的船只改造为别具特色的海上档口，出售以香烤鲭鱼、西红柿片以及洋葱圈作为馅料，夹裹在法棍面包中的地道鲭鱼三明治。你可以根据个人的口味加入食盐和柠檬汁调味。如果你在卡拉柯伊地区游览，则可以在大街小巷看到出售这类三明治的街头餐摊。

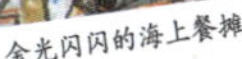

金光闪闪的海上餐摊

玉米小吃摊的摆件也很有新意

金黄的玉米粒粒齿颊留香

NEW 玉米杯 Bardakta Mısır

可以通过杯子的大小选择大中小三个规格，玉米粒温热不烫嘴，加入黄油和食盐等调味。有的地方还会制作更多想象不到的奇特口味。

经典 烤/煮老玉米 Közde Mısır / Süt Mısır

曾经是只在夏天才会出现在街头的季节美味，现在几乎全年都可以品尝得到，滋味清香，原汁原味。

本系列已出版丛书
涵盖世界70个国家和地区

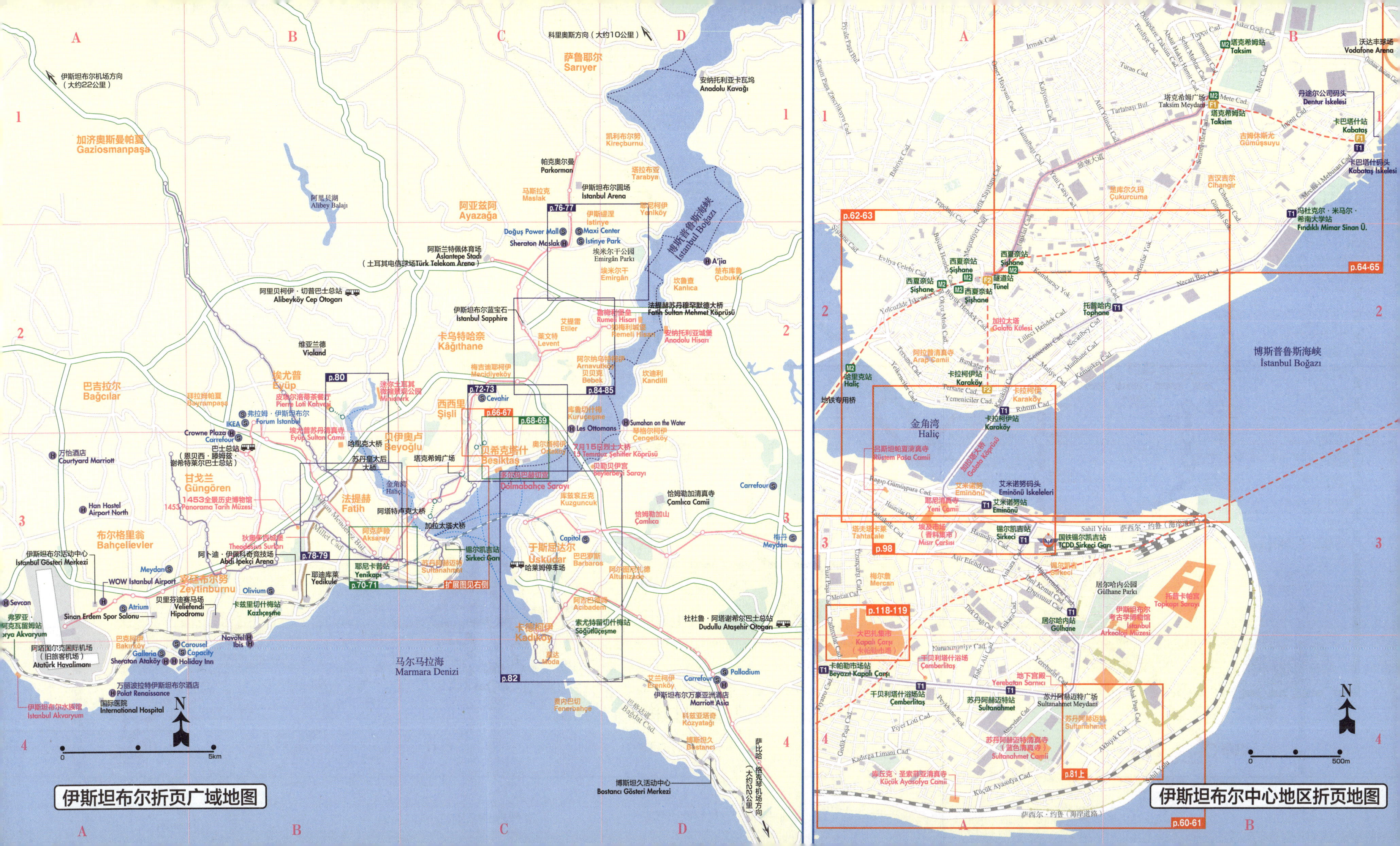
伊斯坦布尔折页广域地图
伊斯坦布尔中心地区折页地图

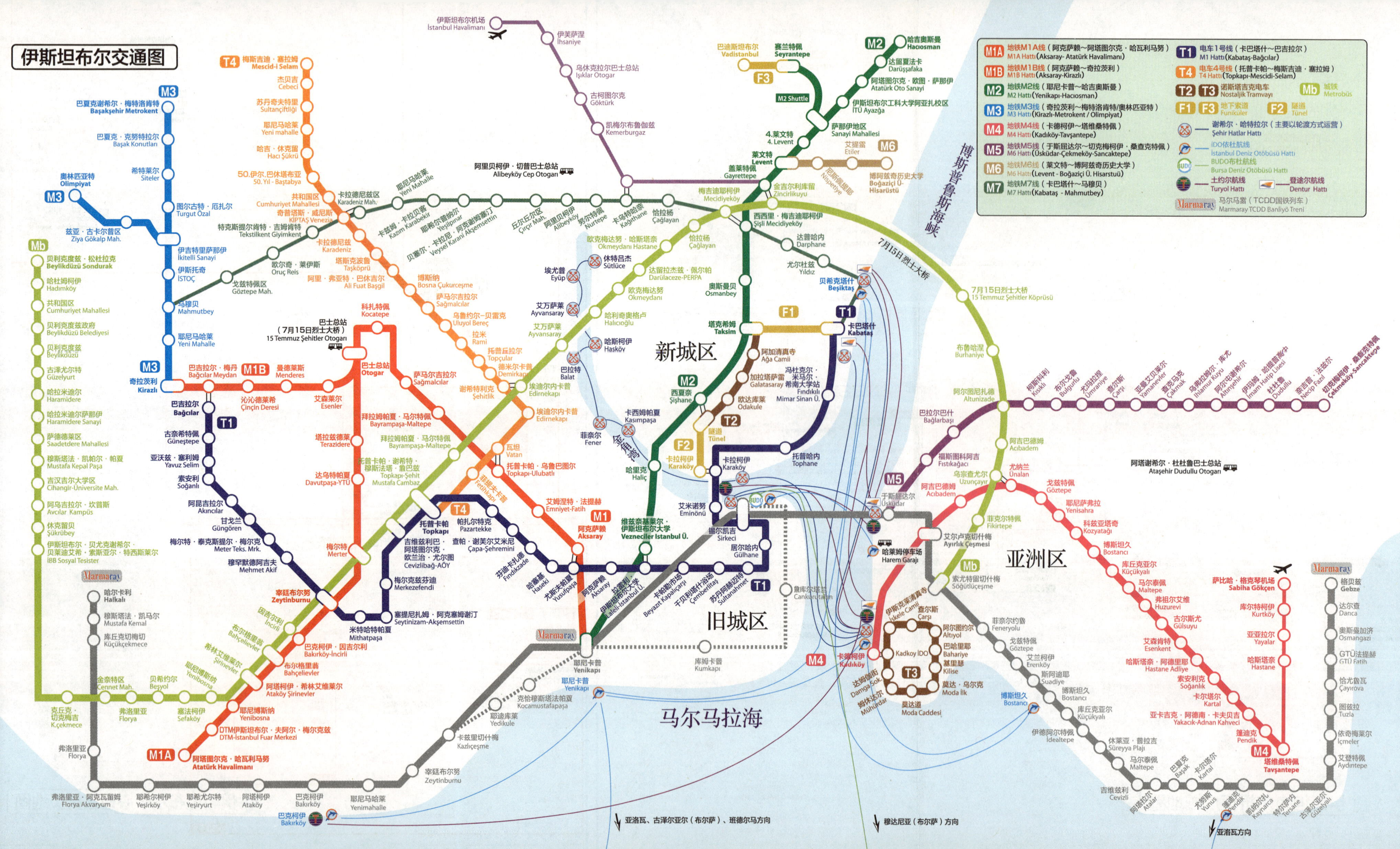

伊斯坦布尔交通图
M1A 地铁M1A线（阿克萨赖～阿塔图尔克·哈瓦利马努）
M1A Hattı(Aksaray- Atatürk Havalimanı)
M1B 地铁M1B线（阿克萨赖～奇拉茨利）
M1B Hattı(Aksaray-Kirazlı)
M2 地铁M2线（耶尼卡普～哈吉奥斯曼）
M2 Hattı(Yenikapı-Hacıosman)
M3 地铁M3线（奇拉茨利～梅特洛肯特/奥林匹亚特）
M3 Hattı(Kirazlı-Metrokent / Olimpiyat)
M4 地铁M4线（卡德柯伊～塔维桑特佩）
M4 Hattı(Kadıköy-Tavşantepe)
M5 地铁M5线（于斯屈达尔～切克梅柯伊·桑查克特佩）
M6 Hattı(Üsküdar-Çekmeköy-Sancaktepe)
M6 地铁M6线（莱文特～博阿兹奇历史大学）
M6 Hattı(Levent - Boğaziçi Ü. Hisarstüü)
M7 地铁M7线（卡巴塔什～马穆贝）
M7 Hattı(Kabataş - Mahmutbey)
T1 电车1号线（卡巴塔什～巴吉拉尔）
M1 Hattı(Kabataş-Bağcılar)
T4 电车4号线（托普卡帕～梅斯吉迪·塞拉姆）
T4 Hattı(Topkapı-Mescidi-Selam)
T2 T3 诺斯塔吉克电车
Nostaljik Tramvayı
Mb 城铁
Metrobüs
F1 F3 地下索道
Funiküler
F2 隧道
Tünel
谢希尔·哈特拉尔（主要以轮渡方式运营）
Şehir Hatları Hattı
IDO依杜航线
İstanbul Deniz Otobüsü Hattı
BUDO布杜航线
Bursa Deniz Otobüsü Hattı
土约尔航线
Turyol Hattı
登途尔航线
Dentur Hattı
Marmaray 马尔马雷（TCDD国铁列车）
Marmaray TCDD Banliyö Treni
新城区
旧城区
亚洲区
马尔马拉海
博斯普鲁斯海峡
金角湾
7月15日烈士大桥
伊斯坦布尔机场
İstanbul Havalimanı
伊芙萨涅
İhsaniye
乌休克拉尔巴士总站
Işıklar Otogar
古柯图尔克
Göktürk
凯梅尔布鲁伽兹
Kemerburgaz
阿里贝柯伊·切普巴士总站
Alibeyköy Cep Otogarı
巴迪斯坦布尔
Vadistanbul
赛兰特佩
Seyrantepe
哈吉奥斯曼
Hacıosman
达留夏法卡
Darüşşafaka
阿塔图尔克·欧图·萨那伊
Atatürk Oto Sanayi
伊斯坦布尔工科大学阿亚扎格区
İTÜ Ayazğa
萨那伊地区
Sanayi Mahallesi
4.莱文特
4. Levent
莱文特
Levent
盖莱特佩
Gayrettepe
艾提雷
Etiler
博阿兹奇历史大学
Boğaziçi Ü-Hisarüstü
梅吉迪耶柯伊
Mecidiyeköy
金吉尔利库留
Zincirlikuyu
西西里·梅吉迪耶柯伊
Şişli Mecidiyeköy
达普哈内
Darphane
尤尔杜兹
Yıldız
贝希克塔什
Beşiktaş
7月15日烈士大桥
15 Temmuz Şehitler Köprüsü
塔克希姆
Taksim
卡巴塔什
Kabataş
阿加清真寺
Ağa Camii
加拉塔萨雷
Galatasaray
冯杜克里·米马尔·希南大学站
Fındıklı Mimar Sinan Ü.
欧达库莱
Odakule
西夏奈
Şişhane
隧道
Tünel
卡拉柯伊
Karaköy
托普哈内
Tophane
布鲁哈涅
Burhaniye
阿尔图尼扎德
Altunizade
巴格拉巴西
Bağlarbaşı
阿吉巴德姆
Acıbadem
于斯屈达尔
Üsküdar
哈莱姆停车场
Harem Garajı
艾尤卢克切什梅
Ayrılık Çeşmesi
索古特留切什梅
Söğütlüçeşme
卡德柯伊
Kadıköy
阿塔谢希尔·杜杜鲁巴士总站
Ataşehir Dudullu Otogarı
尤纳兰
Ünalan
戈兹特佩
Göztepe
耶尼萨赫拉
Yenisahra
科兹亚塔奇
Kozyatağı
博斯坦久
Bostancı
库丘克亚里
Küçükyalı
马尔泰佩
Maltepe
弗雷尔艾维
Huzurevi
古尔苏尤
Gülsuyu
艾森柯伊
Esenkent
哈斯塔奈·阿德里耶
Hastane Adliye
索安利克
Soğanlık
卡尔塔尔
Kartal
亚卡吉克·阿德南·卡夫贝吉
Yakacık-Adnan Kahveci
潘迪克
Pendik
塔维桑特佩
Tavşantepe
萨比哈·格克琴机场
Sabiha Gökçen
库尔特柯伊
Kurtköy
亚亚拉尔
Yayalar
哈斯塔奈
Hastane
格布兹
Gebze
达尔查
Darıca
GTÜ法提赫
GTÜ Fatih
恰尤鲁瓦
Çayırova
图兹拉
Tuzla
艾登特佩
Aydıntepe
巴夏克谢希尔·梅特洛肯特
Başakşehir Metrokent
巴夏克·克努特拉尔
Başak Konutları
希特莱尔
Siteler
奥林匹亚特
Olimpiyat
图尔古特·厄扎尔
Turgut Özal
兹亚·古卡尔普区
Ziya Gökalp Mah.
伊吉特里萨那伊
İkitelli Sanayi
伊斯托奇
İSTOÇ
马穆贝
Mahmutbey
耶尼马哈莱
Yeni Mahalle
奇拉茨利
Kirazlı
巴吉拉尔·梅丹
Bağcılar Meydan
曼德莱斯
Menderes
沁沁德莱希
Çinçin Deresi
艾森莱尔
Esenler
巴士总站
Otogar
巴吉拉尔
Bağcılar
古奈希特佩
Güneştepe
亚沃兹·塞利姆
Yavuz Selim
索安利
Soğanlı
阿昆吉拉尔
Akıncılar
贡戈伦
Güngören
梅尔特·泰克斯提尔·梅尔克
Meter Teks. Mrk.
穆罕默德阿吉夫
Mehmet Akif
米特哈特帕夏
Mithatpaşa
塞提尼扎姆·阿克谢姆塞汀
Seytinizam-Akşemsettin
梅尔克兹芬迪
Merkezefendi
托普卡帕
Topkapı
帕扎尔特克
Pazartekke
查帕·谢赫雷米尼
Çapa-Şehremini
阿克萨赖
Aksaray
锡尔凯吉
Sirkeci
居尔哈内
Gülhane
艾米诺努
Eminönü
耶尼卡普
Yenikapı
库姆卡普
Kumkapı
卡兹里切什梅
Kazlıçeşme
宰廷布尔努
Zeytinburnu
巴克柯伊
Bakırköy
阿塔图尔克·哈瓦利马努
Atatürk Havalimanı
哈尔卡利
Halkalı
库丘克切梅切
Küçükçekmece
弗洛里亚
Florya
耶希尔柯伊
Yeşilköy
耶希尔尤特
Yeşilyurt
阿塔柯伊
Ataköy
耶尼马哈莱
Yenimahalle
梅斯吉迪·塞拉姆
Mescid-i Selam
杰贝吉
Cebeci
苏丹奇夫特里
Sultançiftliği
耶尼马哈莱
Yeni mahalle
哈吉·休克留
Hacı Şükrü
50.伊尔·巴休塔布亚
50. Yıl - Baştabya
卡拉德尼兹区
Karadeniz Mah.
特克斯提尔肯特·吉耶姆肯特
Tekstilkent Giyimkent
欧尔奇·莱伊斯
Oruç Reis
戈兹特佩区
Göztepe Mah.
伊斯坦布尔·贝立克谢希尔·贝莱迪艾希·索斯亚尔·特西斯莱尔
İBB Sosyal Tesisler
贝利克度兹·松杜拉克
Beylikdüzü Sondurak
哈杜姆柯伊
Hadımköy
共和国区
Cumhuriyet Mahallesi
贝利克度兹政府
Beylikdüzü Belediyesi
贝利克度兹
Beylikdüzü
古泽尔尤尔特
Güzelyurt
哈拉米德雷
Haramidere
哈拉米德尔萨那伊
Haramidere Sanayi
萨德德莱区
Saadetdere Mahallesi
穆斯塔法·凯帕尔·帕夏
Mustafa Kepal Paşa
吉汉吉尔大学区
Cihangir-Üniversite Mah.
阿乌吉拉尔·坎普斯
Avcılar Kampüs
休克留贝
Şükrübey
杰奈特区
Cennet Mah.
弗洛里亚
Florya
贝希奥尔
Beşyol
塞法柯伊
Sefaköy
克丘克·切克梅吉
K.çekmece
亚洛瓦、古泽尔亚尔（布尔萨）、班德尔马方向
穆达尼亚（布尔萨）方向
亚洛瓦方向

4 座副礼拜堂将主礼拜堂环抱其中

欧洲与亚洲的桥梁

伊斯坦布尔

İstanbul

伊斯坦布尔的气候信息

月份	1月	2月	3月	4月	5月	6月	7月	8月	9月	10月	11月	12月
平均最高气温（℃）	9.2	9.8	12.0	17.1	22.2	27.0	29.4	29.2	25.6	20.4	15.5	11.4
平均最低气温（℃）	4.0	4.0	5.4	9.2	13.6	18.0	20.4	20.5	17.4	13.6	9.5	6.3
平均降水量（mm）	83.4	65.5	60.2	53.3	29.3	25.8	20.9	24.5	35.8	67.9	74	99.1
推荐旅行服装												

A
B
1
2
3
4
苏莱曼浴场
Süleymaniye Hamamı
埃及市场
Mısır Çarşısı
p.62
Hafız Mustafa
Legacy Ottoman
Hamidiye Cad.
哈米迪艾道
Kemalettin Cad.
Köfteci Ramiz
Venue
Büyük Postane Cad.
比允克·珀斯塔涅道
Sultan Hamamı Cad.
苏丹浴场道
Marpuççular Cad.
马尔普齐拉尔道
Çiçek Pazarı Sok.
齐切克·帕扎尔路
Tahtakale Cad.
Tomruk Sok.
伊斯梅提耶路
İsmetiye Sok.
曼伽尔吉路
Mangalcı Sok.
阿缇克·伊伯拉赫姆帕夏清真寺
Atik İbrahimpaşa Camii
Vasıf Çınar Cad.
瓦斯夫齐纳尔道
Havancı Sok.
哈万吉路
Nargileci Sok.
Nasuhiye Sok.
纳斯希耶路
萨玛尼·维拉尼清真寺
Samani Virani Camii
阿卡尔斯
Akarsu
霍比亚尔清真寺
Hobyar Camii
PTT KARGO
小型行李寄存处
Aşır Efendi Cad.
Şehzade
Hocapaşa Pidecisi
霍佳·卡斯姆·古尼纳尼清真寺
Hoca Kasım Günani Camii
留斯特姆帕夏神学校
Rüstem Paşa Medresesi
克尤留克丘·汉
Kürükçü Han
Çakmakçılar Yok.
Semaver Sok.
Çöklek Sok.
Mercan Cad.
梅尔倩道
Fuat Paşa Cad.
Şeker Ahmetpaşa Cad.
Örücüler Kapısı Sok.
Mahmut Paşa Yok.
Sultan Mektep Sok.
p.118-119
马赫穆特帕夏浴场
Mahmut Paşa Hamamı
Bezciler Sok.
贝兹吉莱尔路
Ferdi Gökçay Sok.
菲尔迪·格克恰路
伊斯坦布尔高中
İstanbul Erkek Lisesi
伊朗总领事馆
İran Başkonsolosluğu
马赫穆特帕夏清真寺
Mahmut Paşa Camii
Tasvir Sok.
Çadırcılar Cad.
Yorgancılar Sok.
大巴扎集市
Kapalı Çarşı
（卡帕勒市场）
老书街
Sahaflar Çarşısı
Şubaşı
努鲁奥斯玛尼耶清真寺
Nuruosmaniye Camii
Nuruosmaniye Cad.
Şeref Efendi Sok.
Kahve Dünyası
Caribou Coffee
Kalpakçılar Başı Sok.
Gazi Sinan Paşa Sok.
Türbedar Sok.
Köfteci Ramiz
市内巴士总站
Tavuk Pazarı Sok.
塔乌克·帕扎尔路
杰罗鲁·安纳托利亚高中
Cağaloğlu Anadolu Lisesi
Erenler Nargile ve Çay Bahçesi
白天交通管制
卡帕勒市场站
Beyazıt Kapalı Çarşı
迪万约鲁路
马卡尔纳·萨拉尤 Makarna Sarayı
千贝利塔什
Çemberlitaş
千贝利塔什浴场
Çemberlitaş Hamamı
Arife Sultan
İstiklâl
Divanyolu Cad.
米马尔·海莱丁清真寺
Mimar Hayreddin Camii
贝利塔什站
Çemberlitaş
Köprülü Mehmet Paşa Medresesi
Derviş 2
Pirrre Loti
柯兹餐吧
Cozy
Sedef
Baran Ottoman Kitchen
Asma Kandil Sok.
President
Pehlivan Sok.
佩夫里万路
p.71
千贝利塔什女子高中
Çemberlitaş Kız Lisesi
Gedik Paşa Camii Sok.
Şevki Bey Sok.
Balli Paşa Yokuşu Sok.
Emin Sinan Hamamı Sok.
艾敏·希楠浴场路
Gedik Paşa Camii Sok.
盖迪克帕夏清真寺路
格迪克帕夏浴场
Gedik Paşa Hamamı
Piyer Loti Cad.
皮埃尔·洛蒂道
Deluxe Golden Horn
法院
Adliye
Paris
阿卡迪亚蓝色酒店
Arcadia Blue
土耳其伊斯兰美术博物馆
Türk İslam Eserleri Müzesi
Semih Sok.
Müsellim Sok.
博物馆路
Tiyatro Cad.
Cephaneci Sok.
Tığcı Sok.
特戈久路
迪兹达利耶清真寺
Dizdariye Camii
Grand Yavuz
Dağhan Sok.
Doğramacı Emin Sok.
Terzihane Sok.
特尔兹哈奈路
İbrahim Paşa
蛇之柱
Yılanlı Sütun
长城饭店
Fehmibey
Alzer
Kadırga Hamamı Cad.
卡杜尔伽浴场道
卡杜尔伽浴场
Kadırga Hamamı
Ottoman Park
Kadırga Limanı Cad.
卡杜尔伽·里马努道
Özbekler Sok.
欧兹贝克莱尔路
Daphne
欧兹西餐馆
Ozi
Üçler Sok.
索库鲁鲁·穆罕默德帕夏清真寺
Sokullu M.Paşa Camii
碎石纪念碑
Örme Dikilitaş
博斯坦·阿里清真寺
Bostan Ali Camii
卡杜尔伽文化中心
Kadırga Kültür Merkezi
Dara
Nakkaş
阿莱纳酒店
Arena
Doy Doy
贝赫拉姆·查休清真寺
Behram Çavuş Camii
卡杜尔伽工业高中
Kadırga Endüstri Meslek Lisesi
卡杜尔伽初中
Kadırga İ.Ö.O.
Sokullu Paşa
卡萨普·奥斯曼路
Kasap Osman Sok.
Sarnıç
Nakılbent Sok.
纳库本特路
亚美尼亚教堂
Ermen Kilisesi
Kaleci Sok.
卡莱西路
Eresin Crown
Işık Sok.
Şair Sermet Sok.
萨鲁汉酒店
Saruhan
Cinci Meydanı Sok.
Tarihi Çeşme
白天交通管制
Küçük Ayasofya Cad.
夏弗斯瓦尔贝清真寺
Şahsuvarbey Camii
p.70-71
库丘克·圣索菲亚路
库丘克·圣索菲亚清真寺
Küçük Ayasofya Camii
Mustafapaşa Sok.
穆斯塔法帕夏路
Çayıroğlu Sok.
查约鲁路
Aksakal Sok.
A
B

苏丹阿赫迈特周边
Sahil Yolu
萨西尔·约鲁（海岸道路）
Sirkeci İstasyon Cad.
国铁锡尔凯吉站（停运中）
TCDD Sirkeci Garı
马尔马雷铁路检票口
İstasyon Arkası Sok.
Konyalı
Esmer Chef
Ankara Cad.
安卡拉道
Emirler Sok.
锡尔凯吉站
Sirkeci
Simit Sarayı
Hafız Mustafa
Fasuligar
菲利布阿夫特肉丸
Filibe Köftecisi
霍贾帕莎文化中心
Hodjapasha Culture Center
Mr. Bird
Grand Hürriyet
阿克彻纳尔酒店
Akçınar
Balkan
Turvan
Marmara Deluxe
Q Inn
Yeni
Nöbethane Cad.
Tayahatun
马尔马雷铁路·锡尔凯吉站入口（残障人士用）
金角湾酒店
Golden Horn
Orient Express
Harmony
Sirkeci Park
Erboy
Second Home
苏德考纳克酒店
Sude Konak
伊斯坦布尔政府
İstanbul Valiliği
亚斯马克苏丹酒店
Yaşmak Sultan
Olimpiyat
Osmanlı Zadeler
居尔哈内站
Gülhane
马尔马雷铁路·锡尔凯吉站佳洛乌尔入口
伊斯兰科学技术历史博物馆
İslam Bilim Ve Teknoloji Tarihi Müzesi
Ebussuud Cad.
居尔哈内公园
Gülhane Parkı
古代东方博物馆
Eski Şark Eserleri Müzesi
伊斯坦布尔考古学博物馆
İstanbul Arkeoloji Müzesi
花砖博物馆
Çinili Köşkü
托普卡帕宫
Topkapı Sarayı
İstasyon Arkası Sok.
Alemdar Cad.
阿来达达道
Hükümet Konağı Cad.
Gümüşhaneli Sok.
伊斯坦布尔家庭法院
İstanbul Çocuk Mahkemesi
杰罗鲁浴场
Cağaloğlu Hamamı
阿登城市酒店
Arden City
Prof. Kazım İsmail Gürkan Cad.
Green Supermarket
Cheers
Celal Sultan
Dosso Dossi
白天交通管制
White House
Kybele
Sura
Ayasofya Coşkun House
泽奈普·苏丹清真寺
Zeynep Sultan Camii
Merih2
萨法清真寺
Safa Camii
圣伊琳娜博物馆
Aya İrini Müzesi
杰菲尔亚神学校
Caferağa Medresesi
地下宫殿出口
Matbah
Ottoman Hotel Imperial
Soğukçeşme Sok.
索乌克切什梅路
Yerebatan Cad.
Nomade
苏丹阿赫迈特站
Sultanahmet
MADO
地下宫殿
Yerebatan Sarnıcı
观光警局
Fuego
Saint Sophia
皇帝之门
Bâb-ı Hümâyûn
绒毯博物馆
Halı Müzesi
白天交通管制
İncili Çavuş Sok.
Millyon Taşı
达布印第安菜
Dubb Indian
Sultanahmet Halk Köftecisi
塞利姆·乌斯塔
Selim Usta
阿赫迈特三世之泉
3. Ahmet Çeşmesi
İshak Paşa Cad.
伊萨克·帕夏道
菲尔兹阿清真寺
Firuzağa Camii
户外剧场
Açıkhava Amfi Sahane
Ptt
苏丹阿赫迈特广场
Sultanahmet Meydanı
Kabasakal Cad.
休莱姆·苏丹浴场
Hürrem Sultan Hamamı
德国之泉
Alman Çeşmesi
Atmeydanı Cad.
Dalbasti Sok.
苏丹阿赫迈特一世陵庙
1. Sultanahmet Türbesi
赛马场
At Meydanı
Megara Palace
Four Seasons
Tevkifhane Sok.
Empress Zoe
Seven Hills
Handcrafts Center
Side
Orient
Marmara
Tulip
狄奥多西一世纪念碑
1. Theodosius Dikilitaş
阿拉斯塔集市
白天交通管制
苏丹阿赫迈特清真寺（蓝色清真寺）
Sultanahmet Camii
Blue House
伊斯塔斯永·阿尔卡斯路
İstasyon Arkası Sok.
詹库尔塔兰站
Cankurutaran
（停运中）
Osman Han
Mehmet Çetinkaya Gallery
Arasta
Ararat
Sultanahmet Sarayı
Mimar Mehmetağa Cad.
Akbıyık Cad.
Bayram Fırın Sok.
Cankurtaran Cad.
Sadırvan Sok.
清真寺入口
Armada
Armada Teras
白天交通管制
根据路口情况白天不定期交通管制
塔玛拉餐馆
Tamara
Sultan Köşesi
大皇宫马赛克镶嵌画博物馆
Büyük Saray Mozaik Müzesi
Avicenna
Amiral Tafdil Sok.
白天交通管制
Yeniğün Sok.
Dersaadet
Tash Konak
Emine Sultan
Oğlu Sok.
阿库布尤克·迪卢梅尼路
Akbıyık Değirmeni Sok.
Keresteci Hakkı Sok.
Ahırkapı Sok.
阿芙卡普路
苏丹阿赫迈特地区酒店街
放大图详见p.81上
Sur
Akbıyık Camii Sok.
阿库布尤克清真寺路
Oyuncu Sok.
欧云久路
布科利昂宫遗址
Bukoleon Sarayı Kalıntıları
萨西尔·约鲁（海岸道路）
Sahil Yolu
76-77
74-75
80
72-73
66-67
64-65
68-69
62-63
78-79
60-61
70-71
82
C
D
1
2
3
4
N
0
100m

A
B
1
2
3
4
Pera Palace
马尔马拉·佩拉酒店
Marmara Pera
Arya
Pera Rose
Canım Ciğerim
Birol
Kasap Döner
Köfteci Ramiz
Parole
Mado
卡斯姆帕夏高中
Kasımpaşa Lisesi
Dr. Tevfik Sağlam I.Ö.Ö.
Ayşe Ege Anadolu Kız Meslek Lisesi
伊斯坦布尔现代美术馆
İstanbul Modern Sanat Müzesi
Refik
巴比伦
Babylon
Pera Tulip
Asmalı Shot House
Espressolab
kitabevi
莱比·德尔亚
Leb-i Derya
艾尼·阿里巴巴·特克清真寺
Ayni Alibaba Tekke Camii
贝德莱汀清真寺
Bedrettin Camii
Ansen Suites
Cremeria Milano
Konak
Solyalı 9
p.64-65
西夏奈站
Şişhane
隧道站
Tünel
Tunnel Stop
贝伊奥卢区政府
Beyoğlu Belediyesi
贝伊奥卢税务局
Beyoğlu Vergi Dailesi
加拉塔·梅夫拉纳博物馆
Galata Mevlana Müzesi
皮包塔
Tower Leather Bag
德国人高中
Özel Alman Lisesi
水疗之家
Home Spa
World House
奈巴·谢罗姆·希纳格古
Neva Shalom Sinagogu
犹太人博物馆
500. Yıl Vakfı Türk Musevileri Müzesi
葡萄牙总领馆
Portekiz Başkonsolosluğu
阿切尔穆清真寺
Okçu Musa Camii
Firuzende
Anemon
加拉太塔
Galata Kulesi
哈尔斯 HARS
德伽艺术
Dega Art
阿塔图尔克桥
Atatürk Köprüsü
贝伊奥卢眼科医院
Beyoğlu Göz Hastanesi
桑·皮埃尔教堂
San Pierre Kilisesi
Galata Evi
阿拉普清真寺
Arap Camii
詹科特·盖欧尔克·奥地利女子高中
Skt. George Avustrya Kız Lisesi
哈里克站
Haliç
地铁专用桥
neolokal
卡蒙德阶梯
Kamondo Merdivenleri
贝莱科特扎德清真寺
Bereketzade Camii
卡拉柯伊站
Karaköy
Tarihi Karaköy Balıkçısı
耶尔阿尔图清真寺
Yeraltı Camii
p.70-71
马克布鲁·伊伯拉赫姆帕夏清真寺
Makbul İbrahimpaşa Camii
鱼市场
土约尔码头
TURYOL İskelesi
p.71
加拉塔大桥
Galata Köprüsü
伊斯坦布尔商科大学
İstanbul Ticaret Üniv.
市内巴士总站
贾姆尔码头（卡德柯伊方向）
Camlı İskelesi
博斯普鲁斯海峡方向码头（博斯普鲁斯游船）
Bosphorus Cruises Pier
扎尔芬·阿赫迈特·切莱比码头（于斯屈达尔方向）
Hezarfen Ahmet Çelebi İskelesi
布杜·艾米诺努码头（布尔萨方向）
Evliya Çelebi İskelesi
吕斯坦帕夏清真寺
Rüstem Paşa Camii
p.60
耶尼清真寺
Yeni Cami
艾米诺努站
Eminönü
卡缇普·切莱比码头（书店、画廊）
Kâtip Çelebi İskelesi
Hamdi
Namlı Pastırmacı
埃及市场
Mısır Çarşısı

艾米诺努～卡拉柯伊周边
p.64
p.65
p.61
法国宫殿
Fransız Sarayı
荷兰总领馆
Hollanda
Başkonsolosluğu
托姆托姆・卡普坦清真寺
Tomtom Kaptan Camii
Tomtom Suites
菲鲁兹亚浴场
Firuzağa Hmamı
菲尔兹阿清真寺
Firuz Ağa Camii
卡迪尔莱尔・特克清真寺
Kadirler Tekke Camii
意大利总领馆
İtalya Başkonsolosluğu
Cafe Smyrna
切莱比・依鲁亚斯・
艾芬迪清真寺
Çelebi İlyas Efendi Camii
威特伊斯坦布尔酒店
Witt İstanbul
波斯塔尼奇清真寺
Bostaniçi Camii
意大利医院
İtalyan Hastanesi
德芙特达尔清真寺
Defterdar Camii
哈吉・幂幂清真寺
Hacı Mimi Camii
克里米亚天主教堂
Kırım Katolik Kilisesi
米马尔・希南大学文化中心
Mimar Sinan Üniv. Kültür Merkezi
卡拉巴什・穆斯塔法清真寺
Karabaş Mustafaağa Camii
托普哈内・努斯莱缇耶
清真寺
Tophane Nusretiye
Camii
托普哈内站
Tophane
T1
库尔奇・阿里帕夏之泉
Kılıç Ali Paşa Çeşmesi
库尔奇・
阿里帕夏
清真寺
Kılıç Ali Paşa
Camii
库尔奇・
阿里帕夏浴场
Kılıç Ali Paşa
Hamamı
Fasuli
阿里・霍佳清真寺
Ali Hoca Camii
Novotel
阿雅尼克拉教堂
Aya Nikola Kilisesi
Karaköy
Lokantası
Karaköy Güllüoğlu
Namlı Gurme
Levent Börekçilik
马莱酒吧
Mare Bistoro
卡拉穆斯塔法帕夏・凯曼克什清真寺
Karamustafapaşa Kemankeş Camii
卡拉柯伊上船地（渡轮等交通工具）
依杜・锡尔凯吉码头İDO Sirkeci İskelesi
（哈莱姆停车场方向）
76-77
74-75
80
72-73
66-67
64-65
68-69
62-63
78-79
60-61
70-71
82
N
0
100m
C
D
1
2
3
4

A
B
1
2
3
4
76-77
74-75
80
72-73
66-67
64-65
68-69
62-63
78-79
60-61
70-71
82
Turnık Sok.
Kuyucu Kerim Sok.
Kasap Hurşit Sok.
雷伊索夫路
Leylesor Sok.
Alağlar Cad.
阿鲁阿拉尔大道
Marşık Cad.
马尔斯克道
Mirmiran Sok.
米尔米兰路
Yenişehir Dereboyu Cad.
Elmadağ Cad.
Küçük Bayrı Sok.
Akkarga Sok.
Üftade Sok.
Yeni Nalbant Sok.
Cimen Sok.
The White Orient
埃尔马达道
Yedi Kuyular Cad.
耶迪·库尤拉尔道
Çavdar Sok.
查布达尔路
Güllüce Sok.
Hacı Bey Sok.
哈吉·贝路
Yaman Ali Sok.
古尔莱吉路
Fitil Sok.
菲缇尔路
卡特梅鲁丽路
Katmerli Sok.
Küçük Şişhane Sok.
库丘克·西夏奈路
Irmak Cad.
库丘克·穆姆巴奈路
Küçük Mumhane Sok.
塔乌桑路
Tavşan Sok.
查鲁克路
Çarık Sok.
库兹库拉克路
Kuzukulağı Sok.
Nazmiye Cad.
纳兹米耶道
Dolapdere Taksim Cad.
Titanic City
Feronya
Kervansaray
Avrupa
Lares Park
SV Buisiness
凯莱斯特吉路
Keresteci Sok.
Yeni Bostan Sok.
Büyük Şişhane Sok.
马德雷加路
Madrega Sok.
Çalgıcı Sok.
查鲁吉路
Uygur Sok.
Yeni Kafa Sok.
耶尼·卡法路
Çavlak Sok.
查乌拉克路
Ferdiye Cad.
Kurtuluş Sok.
Serdar Ömer Paşa Cad.
塞尔达·欧梅尔·帕夏道
Kavanoz Sok.
卡瓦久路
Karpuz Sok.
卡普兹路
卡斯卡瓦尔路
Kaşkaval Sok.
Çarık Sok.
Duvarcı Adem Sok.
Görbaşı Sok.
格尔巴什路
Şehit İlyas Sok.
Cambazoğlu Sok.
尚巴兹欧鲁路
Küçük Odalar Sok.
Şirket Sok.
Yaşakkapısı Sok.
阿达姆·米兹克比奇博物馆
Adam Mickiewicz Müzesi
Talil Bedem Sok.
Solak Sok.
Kadıcık Sok.
Dereotu Sok.
Leman Sok.
Zabita Sok.
Turan Cad.
Taksim Çeşmesi Sok.
Aşıklar Sok.
Vişneci Sok.
Atıf Yılmaz Cad.
库鲁图尔路
Kurtuldu Sok.
Mermer Sok.
Granit Sok.
古拉尼特路
卡潘恰路
图兰道
Kapanca Sok.
Turan Cad.
Farabi Sok.
Çorbacı Sok.
Camdalı Sok.
Taksim Cad.
塔克希姆道
Tevfik Efendi Sok.
特弗克·艾芬迪路
Esleğen Sok.
杜恩路
Düğün Sok.
Kamer Bostan Sok.
东正教堂
Rum Kilisesi
Fıstı Sok.
Zerdali Sok.
Karakurum Sok.
卡拉库鲁姆路
Kurdela Sok.
库鲁德拉路
Karanlık Bakkal Sok.
Paşa Bakkal Sok.
Karaca Sok.
卡拉恰路
Hüseyin Ağa Kireçhanesi Sok.
Eski Çeşmesi Sok.
Doğramacı Sok.
Taksim Fırını Sok.
塔克希姆·弗尔努路
Yoğurtçu Faik Sok.
南侧
Ömer Hayyam Cad.
欧梅尔·海亚姆道
Kirman Sok.
Ak Kiraz Sok.
Geniş Yokuşu Sok.
卡尔永久道
Tek Kuyulu Sok.
Hacı Bekir Sok.
Tavla Sok.
塔乌拉路
Taksim Yağanesi Sok.
阿尔屯·巴卡尔路
Altın Bakkal Sok.
塔尔拉巴什大道
Lale İşkembeci
希米奇路
Simitçi Sok.
Narçil Sok.
圣母玛利亚教堂
Meryamana Kilisesi
Eski Çeşme Sok.
埃斯基·切什梅路
日本文化情报中心
Ana Çeşmesi Sok.
Demircibaşı Sok.
Peşkirci Sok.
Fiçici Abdi Sok.
菲奇基·阿布迪路
U2伊斯坦布尔爱尔兰酒吧
U2 Istanbul Irish Pub
法国领事馆
Fransa Başkonsolosluğu
Maymun Sok.
Kalyoncu Cad.
Tarlabaşı Bul.
央卡酒店
Yonca
Kurabiye Sok.
库拉比耶路
Bekar Sok.
贝卡尔路
Zambak Sok.
Hatay Medeniyetler
Kömürcü Zeynel Sok.
克姆留吉·泽奈尔路
Tarlabaşı Bul.
Kilir Sok.
Halas Sok.
哈列斯路
Büyük Bayram Sok.
Süslü Saksı Sok.
休斯留·萨克苏路
Nane Sok.
纳内路
Oğüt Sok.
欧尤特路
伊玛目·阿德南路
Imam Adnan Sok.
Mis Sok.
特里亚达公寓酒店
Triada Residence
Centro
Meşelik Sok.
巴鲁克路
Balık Sok.
托普恰肯莱尔路
Topçekenler Sok.
独立大道
Hacı Abdullah
快乐小丑巴兰
Jolly Joker Balans
Bubble
Yeşilçam Sok.
耶希尔恰姆路
休森·阿清真寺
Hüseyn Ağa Camii
拉德莱斯·德·帕尔凡
L'Adresse des Parfums
Galip Sok.
Nizam
K. Parmakkapı Sok.
依佩克路
İpek Sok.
阿卜杜勒路
Abdullah Sok.
维拉
Vera
Kameriye Sok.
Nevizade Sok.
内维扎德路
马达姆·塔索·伊斯坦布尔
Madame Tussauds Istanbul
Demirören İstiklal
哈马尔巴什道
Hamalbaşı Cad.
Petek Turuşları
奇切克·帕萨吉
Çiçek Pasajı
巴罗路
Balo Sok.
Sahne Sok.
萨赫内路
Ada İstiklal
Sadri Alışık Sok.
Anadolu Sok.
Tel Sok.
曼兹尔咖啡酒吧
Munzur
Billurcu Sok.
毕鲁吉路
英国总领馆
İngiltere Başkonsolosluğu
因桑·吉塔普
Insan Kitap
鱼市场
Balık Çarşısı
Şampiyon Kokoreç
卡尔塔尔路
Kartal Sok.
图鲁纳吉巴什道
Turnacıbaşı Cad.
Gazeteci Erol Dernek Sok.
Ayhan Işık Sok.
文汉·乌休克路
Koca Ağa Sok.
Hoca Zade Sok.
霍佳·扎德路
Sirkeci Mescit Sok.
Maç Sok.
梅休尔伊耶特道
Meşrutiyet Cad.
阿兹纳沃尔·帕萨吉
Aznavur Pasajı
亚普莱迪·亚尤拉尔 Yapıkredi Yayınlar
依佩克 İpek
Ptt
Ara Cafe
Turnacıbaşı Cad.
阿浴场
Ağa Hamamı
塔克希姆急救医院
Taksim İlk Yardım Hastanesi
里巴路
Liva Sok.
特莱特
TRT
Acar Sok.
梅克图普 Mektup
Fıccın
Kallavi Sok.
卡拉维路
360 İstanbul
TÜRVAK
Yeni Çarşı Cad.
加拉塔萨拉伊浴场
Galatasaray Hamamı
意大利人高中
Özel İtalyan Lisesi
Ağa Kullah Sok.
Sakasalim Çık.
İstiklal Cad.
加拉塔萨拉伊高中
Galatasaray Lisesi
Altıpallar Sok.
佩拉博物馆
Pera Müzesi
Eski Çiçekçi Sok.
爱斯基·齐切克奇路
Solera Winery
海丽耶道
Hayriye Cad.
Çapanoğlu Sok.
法依克·帕夏路
Faik Paşa Sok.
楚库尔久玛清真寺
Çukurcuma Camii
楚库尔久玛浴场
Çukurcuma Hmami
Ağa Hamamı Sok.
阿浴场路
Bakraç Sok.
Meşrutiyet Cad.
欧达库莱
Odakule
Nuri Ziya Sok.
努里·兹亚路
Deva Çık.
潘特尔·库尔塔希耶
Panter Kırtasiye
Café de Noix
Cezayir Sok.
杰扎伊尔路
Tataki Yok.
菲尔兹阿清真寺
Firuz Ağa Camii
Korsan Çık.
德尼兹莱尔·齐塔贝比
Denizler Kitapevi
法国宫殿
Fransız Sarayı
Gül Baba Sok.
Bostancı Sok.
Çukurcuma Sok.
Çukur Camii Sok.
Yeni Yuva Sok.
Pera Arya
Balyoz Sok.
Peremeci Sok.
Ravouna
荷兰总领馆
Hollanda Başkonsolosluğu
Baba Ocağı Sok.
托姆托姆·卡普坦清真寺
Tomtom Kaptan Camii
清纯博物馆
Masumiyet Müzesi
菲鲁兹阿浴场
Firuzağa Hmami
Akarsu Yok.
阿卡尔斯路
Kasap Döner
Köfteci Ramiz
Parole
Tomtom Suites
Postacılar Sok.
珀斯塔吉拉尔路
Tomtom Kaptan Sok.
Dalgıç Sok.
Anahtar Sok.
阿纳夫塔尔路
Cafe Smyrna
Gönül Sok.
MADO
俄罗斯总领馆
Rusya Başkonsolosluğu
西班牙总领馆
İspanya Başkonsolosluğu
卡迪尔莱尔·特克清真寺
Kadirler Tekke Camii
Türkgücü Cad.
Defterdar Yok.
Asmalımescit Cad.
p.62
意大利总领馆
İtalya Başkonsolosluğu
Tombaz Sok.
托姆巴兹路
Altın Bilezik Sok.
Coşkun Sok.
科斯昆路
Poyraz Sok.
珀伊拉兹路
波斯塔尼奇清真寺
Bostaniçi Camii
Witt İstanbul
Batarya Sok.
巴塔尔亚路
Leb-i Derya

独立大道周边
Bunk
Konak
苏尔塔纳斯
Sultana's
塔休库休拉站
Taşkışla Dur.
（缆车）
p.66
p.66-67
马琪卡公园
Maçka Parkı
G-Mall
亚美尼亚医院（整修中）
Surp Agop Ermeni Hastanesi
市区巴士站
迪万酒店 Divan
圆味餐厅
哈瓦伊斯特·哈瓦比斯巴士站
伊斯坦布尔凯悦大酒店
Grand Hyatt
伊斯坦布尔工科大学
建筑学部
İstanbul Teknik Üniv.
Mimarlık Fak.
Point
Nippon
优墨也餐厅
格兰奥兹坦酒店
Grand Öztanık
Cafe Italiano
M2 塔克希姆站
卡塔尔航空
伊斯坦布尔洲际酒店
InterContinental
伊斯坦布尔丽思·卡尔顿酒店
Ritz Carlton
黄金年代酒店
Golden Age
格米尔帕拉斯酒店
Germir Palas
Gezi
地下巴士站入口
北侧
盖兹依公园
Gezi Parkı
M2 塔克希姆站
F1 Taksim
塔克希姆站
Taksim
古姆休斯尤陆军医院
Gümüşsuyu Asker Hastannesi
伊斯坦布尔工科大学
古姆休斯尤校区
İstanbul Teknik Üniv.
Gümüşsuyu Kampüsü
塔克希姆广场
Taksim Meydanı
塔克希姆山顶酒店
Taxim Hill
麦当劳
Simit Sarayı
Taksim Square
Bambi Cafe
DHL
塔克希姆巴士终点站
地下缆车
Fnikuler
奥尔塔柯伊方向合乘巴士站
于斯屈达尔、卡德柯伊、普林希兹群岛方向码头（登途尔公司航线）
Dentur İskelesi
Innpera
马尔马拉塔克希姆酒店
The Marmara Taksim
拉希维奇方向合乘巴士站
Taksim Sütiş
贝希克塔什方向合乘巴士站
德国领事馆
Almanya Başkonsolosluğu
卡巴塔什站
Kabataş
阿亚·托里阿达教堂
Aya Triada Kilisesi
Grand Star
埃尔吉门德·卡鲁姆克博物馆
Ercümend Kalmık Müzesi
欧梅尔·阿沃尼清真寺
Ömer Avni Camii
塞利姆·哈桐清真寺
Selime Hatun Camii
休利亚尼天主教堂
Katolik Süryani Kilisesi
卡巴塔什码头
Kabataş İskelesi
p.92
瓦德宫酒店
Vardar Palace
Cihangir
德国医院
Alman Hastanesi
Kahve Dünyası
纳姆克·凯玛尔初中
Namık Kemal İ.Ö.O.
冯杜克尔公园
Fındıklı Parkı
5. Kat
挪威领事馆
Norveç Başkonsolosluğu
冯杜克尔·莫拉·切莱比清真寺
Fındıklı Molla Çelebi Camii
吉汉吉尔公园
Cihangir Parkı
T1 冯杜克尔·米马尔·希南大学站
Fındıklı Mimar Sinan Ü.
p.62-63
吉汉吉尔清真寺
Cihangir Camii
切莱比·依鲁亚斯·艾芬迪清真寺
Çelebi İlyas Efendi Camii
米马尔·希南大学美术学院
Mimar Sinan Univ. Güzel Sanatlar Akademisi
p.63
0 100m

阿塔图尔克博物馆
Atatürk Müzesi
奥斯曼贝站
Osmanbey
法国人墓地
Fransız Mezarlığı
哈米迪耶清真寺
Hamidiye Camii
安纳托利亚高中
Anadolu Lisesi
Peros
Karafırın
Migros
STEFANEL
Yargıcı
MUDO
City's
Backhaus
MADO
Ramada Plaza
Paşabahçe
索法酒店
Sofa
Silk & Cashmere
Rolex
IWC
Chopard
Patek Philippe
Delicatessen
Hünkâr
Beymen
Louis Vitton
Tod's
Sütte
Prada
Bentley
贝希克塔什方向合乘巴士站
博物馆入口
法国医院
Fransız Hastanesi
军事博物馆
Askeri Müzesi
杰玛尔·莱希特·雷音乐厅
Cemal Reşit Rey Konser Salonu
留特菲·库尔达尔国际会展中心
Lütfi Kırdar Uluslararası Kongre ve Sergi Sarayı
瑞阿休兰斯市场
Reasürans Çarşısı
Brandroom
ÇiğKöfteM
捷克共和国总领馆
Çek Cumhuriyeti Başkonsolosluğu
哈尔比耶·姆夫辛·埃尔图鲁尔剧场
Harbiye Muhsin Ertuğrul Sahnesi
杰米尔·托普兹鲁户外剧院
Cemil Topuzlu Açık Hava Tiyatrosu
诺特尔达姆·德·希恩·法国人高中
Notredam de Sion Fransız Lisesi
TRT广播台
TRT Radyosu
伊斯坦布尔希尔顿酒店
Hilton İstanbul
缆车
Teleferik
塔休库休拉站
Taşkışla
克尔万萨雷
Kervansaray
班克旅馆
Bunk
p.65
p.64-65
马琪卡公园
Maçka Parkı
G-Mall
Sultana's
Konak

尼桑塔什周边
伊斯坦布尔外科医院
İstanbul Cerrahi Hastanesi
阿吉巴德姆医院
Acıbaadem Hastanesi
古泽尔巴赫切医院
Güzelbahçe Hastanesi
美国医院
Amerikan Hastanesi
Kahve Dünyası
哈克·耶滕足球场
Hakkı Yeten Futbol Sahası
安纳托利亚神学校
Anadolu İmam Hatip Lisesi
阿塞拜疆友好公园
Azerbaycan Dostluk Parkı
乌夫拉穆尔博物馆
Ihlamur Köşkü
乌夫拉穆尔城
Ihlamur Kasrı
世界和平公园
Dünya Barış Parkı
Migros
立体停车场
（乌夫拉穆尔的周六时段）
Katlı Otoparkı
Ihlamur Pazar yeri
特希维克耶清真寺
Teşivikiye Camii
The House Cafe Corner
塔克希姆方向
合乘巴士站
叙利亚总领馆
Suriye Başkonsolosluğu
穆拉迪耶清真寺
Muradiye Camii
伊斯坦布尔工科大学图书馆
İTÜ Kütüphanesi
伊斯坦布尔工科大学
经营学部
İTÜ İşletme Fakültesi
马琪卡站（缆车）
Maçka
马琪卡墓地
Maçka Mezarlığı
ÇiğkÜfteM
Vogue
p.72
p.68
Ahçılar Sok.
Öğr. Haşim Çeken Cad. 欧莱特曼·哈希姆·切肯道
Sakız Ağacı Sok. 萨克兹·阿哈奇路
Esenler Sok.
Elhan Sok. 艾尔汉路
Vali Konağı Cad. 巴里·柯纳乌道
Gül Sok. 古鲁路
Sinoplu Şehit Cemal Sok.
Ferah Sok. 费拉夫路
Sezai Selek Sok. 塞扎依·塞莱克路
Güzelbahçe Sok. 古泽尔巴赫切路
Büyük Çiftlik Sok. 布尤克·奇夫托里克路
Cevdet Paşa Sok. 杰布德特路
Poyracık Sok. 珀拉吉克路
Hakkı Yeten Cad.
Söğüt Sok.
Barış Sok.
Nişantaşı Ihlamur Sok. 尼桑塔什·乌夫拉穆尔路
Emin Efendi Sok.
Ihlamur Teşvikiye Sok.
Şakayık Sok. 夏卡尤克路
Ihlamur Teşvikiye Yolu 乌夫拉姆·特希维克耶路
Nüzhetiye Cad.
Muradiye Deresi Sok.
Deryadil Sok. 德尔亚迪丽路
Göknar Sok. 格克纳尔路
Muradiye Bostanı Sok.
Ömer Rüştü Paşa Cad. 奥梅尔·留休特尤·帕夏道
Kemal Türel Sok.
Ahmet Fetgeri Sok. 阿赫迈特·菲特伽里路
Muradiye Bayrı Sok. 穆拉迪耶·拜鲁路
Odalar Sok. 欧达拉尔路
Mısırlı Bahçe Sok. 姆斯尔鲁·巴赫切路
Gazi Refik Sok. 伽兹·莱菲克路
Ihlamur Deresi Cad. 乌夫拉穆尔·德莱希道
Türkali Köprüsü Sok.
Uzuncaova Cad.
Hüsrev Gerede Cad.
Kalpıçı Sok. 卡尔普丘路
Şair Nazım Sok. 夏伊尔·纳兹姆路
Silahhane Cad. 休斯莱芙·格莱德道
Şehit Mehmet Sok. 谢希特·穆罕默德路
Dizi Sok. 迪兹路
Meddah İsmet Sok.
Bahçet Necatigil Sok.
Maçka Cad.
Okul Yolu 欧库鲁路
Mısırlı Sok. 姆斯尔鲁路
Davut Efendi Sok.
Lehvacı Sok. 拉夫巴基路
Haremağası Sok. 哈莱姆阿斯路
Yeniyol Sok. 耶尼约鲁路
Mim Kemal Öke Cad. 米姆·凯马尔·欧克道
Maçka Talim Yeri Sok.
Adil Sok. 阿迪尔路
Nüzhetiye Karakol Sok.
Mescit Ali Sok.
Imamzade Sok.
Mısırlı Bahçe Sok.
Nüzhetiye Cad.
Şenlikdede Dere Sok.
Hattat Tahsin Sok.
Salhane Sok. 萨尔哈内路
Armağan Sok. 阿尔曼路
Spor Cad. 斯珀尔道
Asl Sok.
Refik Osman Taş Sok.
Şair Nedim Cad. 夏伊尔·奈迪姆道
Altıntaş Sok.
Bakkal Bilal Sok. 巴卡尔·比拉尔路
Dibekçi Sok.
Saray Veysi Sok.
Süleyman Seba Cad. 苏莱曼·塞巴道
Çeşme Meydan Sok.
Bayıldım Cad. 巴尤尔杜姆道
Acısu Sok. 阿吉斯路
Latif Sok.
Arabacı Sok.
Çavdarcı Sok.
Aceyla Sok. 阿切依拉路
100m
N
C
D
1
2
3
4
76-77
74-75
80
72-73
66-67
64-65
68-69
62-63
78-79
60-61
70-71
82

A
B
1
2
3
4
Öğretmen Haşim Çeken Cad.
Akkirman Sok.
Elhan Sok.
Esenler Sok.
Sakız Ağacı Sok.
Prof. Dr. Bülent Tarcan Sok.
Tolunn Sok.
Aynalı Sok.
埃米尔汗道
Emirhan Cad.
Aşık Kerem Sok.
伊斯坦布尔医院
İstanbul Cerrahi Hastanesi
Ferah Sok.
Gül Sok.
巴里・柯纳克道 Vali Konağı Cad.
古泽尔巴赫切医院
Güzelbahçe Hastanesi
安纳托利亚高中
Anadolu Lisesi
Kahve Dünyası
美国医院
Amerikan Hastanesi
Sezai Selek Sok.
Güzelbahçe Sok.
古泽尔巴赫切路
Büyük Çiftlik Sok.
Setüstü Sok.
Dikilitaş Sok.
Hakkı Yeten Cad.
哈克・耶滕道
Manolya Sok.
Söğüt Sok. 索戈特路
乌夫拉穆尔・德莱希道
巴鲁什路
Barış Sok.
Fulya Deresi Sok.
Emin Efendi Sok.
艾敏・艾芬迪路
Dr. Orhan Serek Sok.
道克特尔・奥尔汗・塞莱克路
波伊拉吉克路
尼桑塔什・乌夫拉穆尔路
Nişantaşı Ihlamur Sok.
Poyracık Sok.
Şakayık Sok.
Akkavak Sok.
Teşvikiye Bostancı Sok.
夏卡尤克路
Ihlamur Teşvikiye Yolu
Ihlamur Teşvikiye Sok.
乌夫拉穆尔城
Ihlamur Kasrı
Nüzhetiye Cad.
贝希克塔什区立婚礼举办地
Beşiktaş Evlendirme Dairesi
立体停车场（乌夫拉穆尔的周六时段）
Ihlamur Cumartesi Pazarı
Migros
Ihlamur Yıldız Cad.
Candarma Kışlası Sok.
Ahmet Fetgeri Sok.
特希维克耶清真寺
Teşvikiye Camii
Şütte
The House Cafe Corner
塔克希姆方向合乘巴士站
叙利亚总领馆
Suriye Başkonsolosluğu
瑞阿休兰斯市场
Reasürans Çarşısı
Deryadil Sok. 德尔亚迪尔路
Muradiye Deresi Sok.
Gökner Sok.
格克纳尔路
Muradiye Bostanı Sok.
凯马尔・特尤莱尔路
Kemal Türel Sok.
Muradiye Bayırı Sok.
阿赫迈特・菲特伽里路
Ömer Rüştü Paşa Cad.
奥梅尔・留休特尤・帕夏道
穆拉迪耶・拜鲁路
Odalar Sok. 欧达拉尔路
Mısırlı Bahçe Sok.
Gazi Refik Sok.
伽兹・莱菲克路
姆斯尔尔・巴赫切路
Ihlamur Deresi Cad.
Uzuncaova Cad.
乌宗佳欧巴道
Bostan Üstü Sok.
Ayvaz Kahya Sok.
Kalkan Sok.
Hüsrev Gerede Cad. 休斯莱芙・格莱德道
Maçka Cad.
马琪卡道
Kalpıçı Sok. 卡尔普丘路
纽兹海提耶道
Serencebey Sok.
Gazino Sok.
Rebap Sok.
Kasap Kamil Sok.
Kamil Sok.
Muhtar Molla Sok.
伊斯坦布尔工科大学图书馆
İTÜ Kütüphanesi
Şehit Mehmet Sok.
Silahhane Cad.
希拉夫哈内道
Dizi Sok. 迪兹路
Dizi Sok.
Meddah İsmet Sok.
Bahçet Necatigil Sok.
Şehit Asım Cad.
Türk Çeşme Sok.
伊斯坦布尔工科大学经营学部
İTÜ İşletme Fakültesi
Okul Yolu
拉夫巴基路
Lehvacı Sok.
Mısırlı Sok.
ÇiğköfteM
Haremağası Sok.
Yeniyol Sok.
欧库路
Maçka Talim Yeri Sok.
马琪卡站（缆车）
Maçka
Adil Sok.
阿迪尔路
Nüzhetiye Karakol Sok.
Mısırlı Bahçe Sok.
Mescit Ali Sok.
İmamizade Sok.
Şenlikdede Dere Sok.
Hattat Tahsin Sok.
萨哈内路
Şahane Sok.
Kasımbaşı Sok.
阿尔曼路
Armağan Sok.
Şair Nedim Cad.
Ortabahçe Cad.
Altıntaş Sok.
Yenilik Sok.
Spor Cad.
斯珀尔道
缆车
Teleferik
Bakkal Bilal Sok.
Aslı Sok.
Hacı Halit Bey Sok.
Arsa Sok.
Afacan Sok.
Şaor Veysi Sok.
Posta Kutusu Sok.
Alaybey Sok.
鱼市场
Balık Pazarı
Masukiye Sok.
苏莱曼・塞巴道
马琪卡墓地
Maçka Mezarlığı
Çekirdek Sok.
Refik Osman Tanı Sok.
Çelebioğlu Sok.
Köyiçi Cad.
p.64-65
G-Mall
Bayıldım Cad.
Arabacı Latif Sok.
Çaydanlık Sok.
Süleyman Seba Cad.
Enis Akaygen Sok.
Sinan Paşa Köprüsü Sok.
贝希克塔什市场
Beşiktaş Çarşı
Ortabahçe Cad.
奥尔塔巴赫切道
Açeyla Sok.
p.66-67
p.65
伊诺纽公园
İnönü Parkı
巴尤尔杜姆道
Vişnezade Tekne Sok.
苏莱曼・塞巴道
比休奈扎德清真寺
Vişnecade Camii
Şampiyon Kokoreç
米马尔・希南大学附属雕刻绘画馆
Mimar Sinan Univ. Resim ve Heykeli Müzesi
香格里拉博斯普鲁斯海峡酒店
Shangri-La
Kadırgalar Cad.
Acısu Sok.
Baba Efendi Sok.
Dolmabahçe Cad. 多尔玛巴切道
博斯普鲁斯瑞士酒店
Swissotel The Bosphorus
米马尔・希南大学国家音乐院
Mimar Sinan Univ. Devlet Konservatuarı
卡杜尔伽拉尔道
多尔玛巴赫切宫
Dolmabahçe Sarayı
沃达丰球场
Vodafone Arena
Dolmabahçe Cad.
国家宫廷文书馆
Milli Saraylar İhtisas Kütüphanesi

p.73
D100 Bağlantı Yolu
Palanga Cad.
帕兰伽道
尤尔杜兹宫
Yıldız Sarayı
齐特城
Çit Kasrı
卡斯卡特博物馆
Kaskat Köşkü
马耳他博物馆
Malta Köşkü
萨克普·萨班吉·安纳托利亚高中
Sakıp Sabancı Anadolu Lisesi
Yıldız Cad.
尤尔杜兹道
尤尔杜兹·哈米迪耶清真寺
Yıldız Hamidiye Camii
亚夫亚·凯马尔·贝阿尔图公园
Yahya Kemal Beyaltı Parkı
康拉德伊斯坦布尔
博斯普鲁斯海峡酒店
Conrad
阿塔图尔克·安纳托利亚高中
Atatürk Anadolu Lisesi
尤尔杜兹公园
Yıldız Parkı
恰杜尔博物馆
Çadır Köşkü
阿巴斯阿公园
Abbasağa Parkı
尤尔杜兹公园入口
亚夫亚·艾芬迪
清真寺
Yahya Efendi
Camii
埃尔图鲁尔·特克清真寺
Ertuğrul Tekke Camii
制药工厂
İlaç Fablikası
公安警察贝希克塔什分局
Beşiktaş İlçe Emniyet Müdürlüğü
阿巴斯阿清真寺
Abbasağa Camii
阿萨里耶清真寺
Asariye Camii
贝希克塔什区政府
Beşiktaş Belediye Binası
Tuğra
塞拉宫凯宾斯基酒店
Çırağan Palace
Çırağan Cad.
奇特兰比克路
贝希克塔什高中
Beşiktaş Lisesi
东正教堂
Rum Ortodoks Kilisesi
丘兰道
贝希克塔什女子高中
Beşiktaş Kız Lisesi
希南帕夏清真寺
Sinanpaşa Camii
法院
Mahkeme
Dürümce
Four Seasons Istanbul
At The Bosphorus
巴巴罗斯·海莱汀·帕夏陵庙
Barbaros Hayrettin Paşa Türbesi
海事博物馆
Deniz Müzesi
İskele Cad. 伊斯凯莱道
贝希克塔什码头
Beşiktaş İskelesi
哈斯·弗伦道
Has Fırın Cad.
Barbaros Bul.
巴巴罗斯大道
Beşiktaş Cad.
Serencebey Yokuşu
Eski Konak Sok.
Asariye Cad.
Mehmet Ali Bey Sok.
Hasırcı Velibey Sok.
Döngel Sok.
Salçıklar Sok.
Sinan Paşa Mescidi Sok.
Mazhar Paşa Sok.
Çitlenbik Sok.
Sadıkoğlu Sok.
Eski Yıldız Cad.
Yıldız Cad.
Saray Cad.
Eğriçınar Sok.
Müvezzi Cad.
Hamam Sok.
Bekçi Sok.
Faruk Cantez Sok.
Dörtyüzlü Çeşme Sok.
Yıldız Posta Cad.
Fırın Sok.
Akdoğan Sok.
Bostancı Veli Sok.
Ressam Hamdi Bey Sok.
Yenidoğan Sok.
Cedidiye Sok.
Nurtanesi Sok.
Nardenk Sok.
Üzgeni Sok.
Setaltı Sok.
Karanfil Sok.
Zambak Sok.
Mine Sok.
Ceylan Sok.
Eren Sok.
Yeni doğan Sok.
Manolya Sok.
Leylak Sok.
Hora Sok.
Filiz Sok.
Gelincik Sok.
Emirhan Cad.
Çiğdem Sok.
Yalı Sok.
0
200m
N
76-77
74-75
72-73
80
66-67
64-65
68-69
62-63
78-79
60-61
70-71
82
C
D
1
2
3
4

贝希克塔什周边

阿克萨赖周边
p.79
法提赫清真寺
Fatih Camii
法提赫陵庙
Fatih Sultan Türbesi
泽伊雷克清真寺
Zeyrek Camii
花砖浴场
Çinili Hamamı
Şeref Buryan
土耳其建筑艺术博物馆
Türk İnşaat ve Sanat Eserleri Müzesi
消防博物馆
İtfaiye Müzesi
赖夏特·努丽剧院
Reşat Nuri Sahnesi
瓦伦斯水道桥
Valens Su Kemerleri
医学公园医院
Medical Park Hastanesi
布尔玛鲁·梅斯基特清真寺
Burmalı Mescit Camii
巴法高中
Vefa Lisesi
谢夫扎德巴什清真寺
Şehzadebaşı Camii
伊斯坦布尔市政府
İstanbul Büyükşehir Belediye Başkanlığı
色雷斯大学土耳其学中心
Trakya Üniv. Türkiye Araştırma Enstitüsü
达马特·伊伯拉赫姆帕夏清真寺
Damat İbrahim Paşa Camii
阿吉欧鲁浴场
Acemoğlu Hamamı
阿克萨赖站
Aksaray
霍尔霍尔浴场
Horhor Hamamı
地下通道
Alt Geçidi
凯马尔帕夏清真寺
Kemalpaşa Camii
苏丹皇太后浴场
Valide Sultan Camii
穆拉德帕夏清真寺
Murat Paşa Camii
拉莱利清真寺
Laleli Camii
尤斯法帕夏站
Yusufpaşa
伊斯坦布尔水道局
İstanbul Su ve Kanalizasyon İdaresi
拉戈普帕夏图书馆
Ragıp Paşa Kütüphanesi
Mesih Paşa Camii
麦当劳
阿克萨赖警察局
Aksaray Polis Merkezi
Simit Sarayı
Grand Madrid
艾特杜丽教堂
Aytodori Kilisesi
阿乌鲁帕·帕札鲁
Avrupa Pazarı
（前往东欧、中东、高加索等地的国际巴士站）
艾姆聂特停车场
Emniyet Garajı
（前往东欧、中东、高加索等地的国际巴士站）
马尔马雷铁路，地铁M1、M2线
耶尼卡普站
Yenikapı
卡提普·卡斯姆清真寺
Kâtip Kasım Camii
耶尼卡普站
Yenikapı
（停运中）

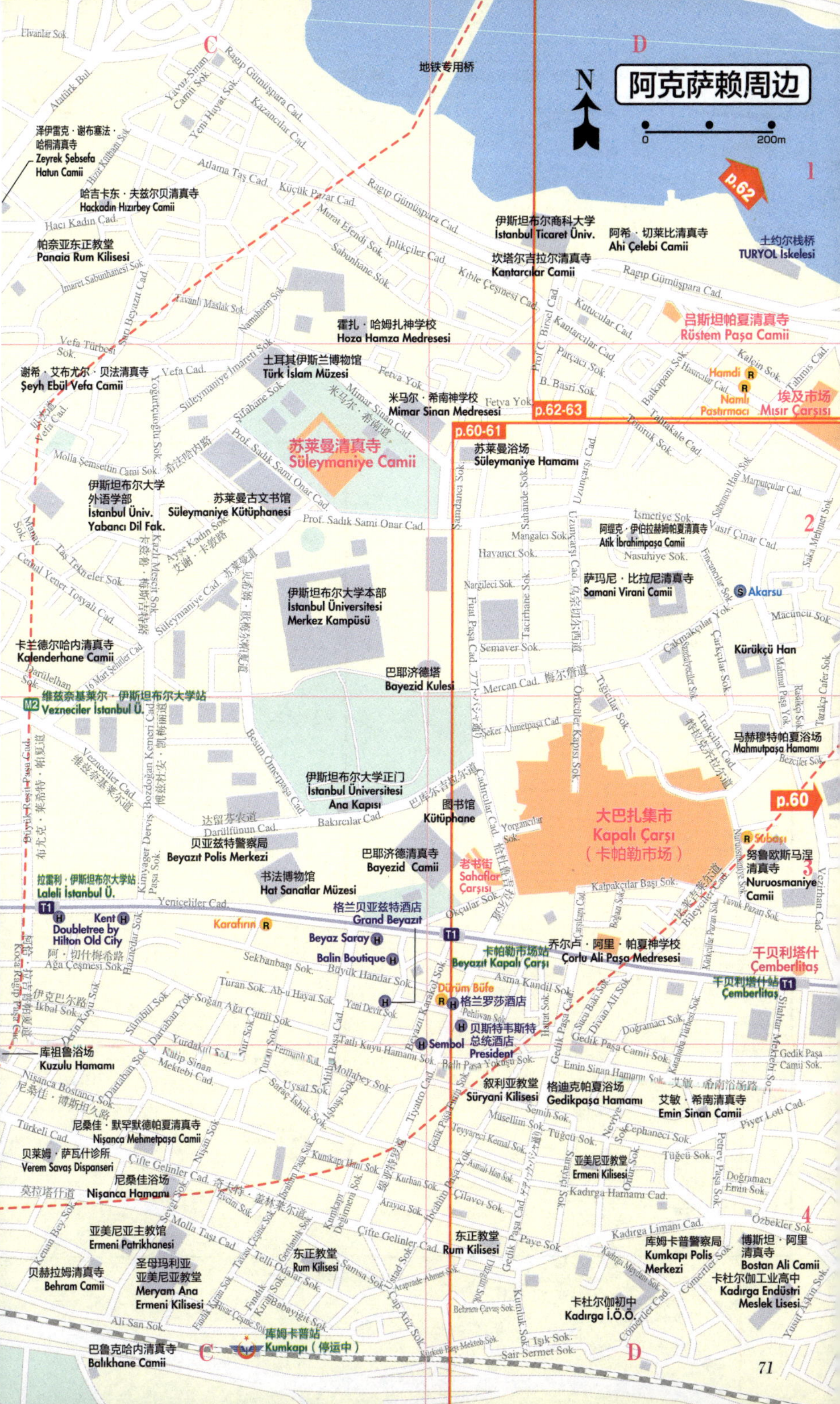

阿克萨赖周边
N
0
200m
地铁专用桥
p.62
p.62-63
p.60-61
p.60
C
D
1
2
3
4
泽伊雷克·谢布塞法·哈桐清真寺
Zeyrek Şebsefa Hatun Camii
哈吉卡东·夫兹尔贝清真寺
Hackadın Hızırbey Camii
帕奈亚东正教堂
Panaia Rum Kilisesi
谢希·艾布尤尔·贝法清真寺
Şeyh Ebül Vefa Camii
伊斯坦布尔商科大学
İstanbul Ticaret Üniv.
阿希·切莱比清真寺
Ahi Çelebi Camii
土约尔栈桥
TURYOL İskelesi
坎塔尔吉拉尔清真寺
Kantarcılar Camii
吕斯坦帕夏清真寺
Rüstem Paşa Camii
霍扎·哈姆扎神学校
Hoza Hamza Medresesi
土耳其伊斯兰博物馆
Türk İslam Müzesi
米马尔·希南神学校
Mimar Sinan Medresesi
Hamdi
Namlı Pastırmacı
埃及市场
Mısır Çarşısı
苏莱曼清真寺
Süleymaniye Camii
苏莱曼浴场
Süleymaniye Hamamı
伊斯坦布尔大学外语学部
İstanbul Üniv. Yabancı Dil Fak.
苏莱曼古文书馆
Süleymaniye Kütüphanesi
阿缇克·伊伯拉赫姆帕夏清真寺
Atik İbrahimpaşa Camii
萨玛尼·比拉尼清真寺
Samani Virani Camii
Akarsu
伊斯坦布尔大学本部
İstanbul Üniversitesi Merkez Kampüsü
卡兰德尔哈内清真寺
Kalenderhane Camii
巴耶济德塔
Bayezid Kulesi
Kürükçü Han
维兹奈基莱尔·伊斯坦布尔大学站
Vezneciler İstanbul Ü.
马赫穆特帕夏浴场
Mahmutpaşa Hamamı
伊斯坦布尔大学正门
İstanbul Üniversitesi Ana Kapısı
图书馆
Kütüphane
大巴扎集市
Kapalı Çarşı
（卡帕勒市场）
贝亚兹特警察局
Beyazıt Polis Merkezi
巴耶济德清真寺
Bayezid Camii
老书街
Sahaflar Çarşısı
Subaşı
努鲁欧斯马涅清真寺
Nuruosmaniye Camii
拉雷利·伊斯坦布尔大学站
Laleli İstanbul Ü.
书法博物馆
Hat Sanatlar Müzesi
格兰贝亚兹特酒店
Grand Beyazıt
Kent
Doubletree by Hilton Old City
Karafırın
Beyaz Saray
Balin Boutique
卡帕勒市场站
Beyazıt Kapalı Çarşı
乔尔卢·阿里·帕夏神学校
Çorlu Ali Paşa Medresesi
千贝利塔什
Çemberlitaş
千贝利塔什站
Çemberlitaş
Dürüm Büfe
格兰罗莎酒店
贝斯特韦斯特总统酒店
President
Sembol
库祖鲁浴场
Kuzulu Hamamı
叙利亚教堂
Süryani Kilisesi
格迪克帕夏浴场
Gedikpaşa Hamamı
艾敏·希南清真寺
Emin Sinan Camii
尼桑佳·默罕默德帕夏清真寺
Nişanca Mehmetpaşa Camii
贝莱姆·萨瓦什诊所
Verem Savaş Dispanseri
尼桑佳浴场
Nişanca Hamamı
亚美尼亚教堂
Ermeni Kilisesi
亚美尼亚主教堂
Ermeni Patrikhanesi
东正教堂
Rum Kilisesi
库姆卡普警察局
Kumkapı Polis Merkezi
博斯坦·阿里清真寺
Bostan Ali Camii
贝赫拉姆清真寺
Behram Camii
圣母玛利亚亚美尼亚教堂
Meryam Ana Ermeni Kilisesi
卡杜尔伽工业高中
Kadırga Endüstri Meslek Lisesi
卡杜尔伽初中
Kadırga İ.Ö.O.
库姆卡普站
Kumkapı（停运中）
巴鲁克哈内清真寺
Balıkhane Camii
Ragıp Gümüşpala Cad.
Atatürk Bul.
Atlama Taş Cad.
Küçük Pazar Cad.
Kıble Çeşmesi Cad.
Vefa Cad.
Fetva Yok.
Prof. Sıddık Sami Onar Cad.
Süleymaniye Cad.
Uzunçarşı Cad.
Mercan Cad.
Yeniçeriler Cad.
Büyük Reşit Paşa Cad.
Vezneciler Cad.
Darülfünun Cad.
Bakırcılar Cad.
Kadırga Limanı Cad.
Çifte Gelinler Cad.
Piyer Loti Cad.
Gedik Paşa Cad.

Uğur Center
梅吉迪耶柯伊车站
Mecidiyeköy
西西里·梅吉迪耶柯伊站
Şişli Mecidiyeköy
莱文特、奥尔塔柯伊、马斯拉克方向市区巴士
TeknoSA
麦当劳
亚洲区方向
巴士总站
Simit Sarayı
Carrefour Express
卡纳尔·图尔克
Kanal Türk
杰巴希尔
Cevahir
马尔马拉西西里酒店 Marmara Şişli
西西里·梅吉迪耶柯伊站
Şişli Mecidiyeköy
穆罕默德奇克清真寺
Mehmetçik Camii
奈钦盖尔欧洲医院
Avrupa Florence Nightingale Hastanesi
警察训练中心
Polis Eğitim Merkezi
汉堡王
Divan City İstanbul
Sürmeli İstanbul
Migros
Dedeman İstanbul
p.84
p.74-75
ATV/
萨巴夫报纸
ATV / Sabah
TV8电视台
TV 8
Carrefour
Polat Residence
伊斯坦布尔
外科医院
İstanbul
Cerrahi
Hastanesi
阿基巴德姆医院
Acıbadem Hastanesi
Real（超市）
Medya Market
（家电制品）
古泽尔巴赫切医院
Güzelbahçe
Hastanesi
美国医院
Amerikan
Hastanesi
City's
艾布贝奇尔清真寺
Ebubekir Camii
造币局
Darphane
特希维克耶清真寺
Teşvikiye Camii
瑞阿休兰斯市场
Reasürans Çarşısı
伊斯坦布尔工科大学
经营学部
İTÜ İşletme Fakültesi
马琪卡站
Maçka
缆车
Teleferik
尤尔杜兹·哈米迪耶清真寺
Yıldız Hamidye Camii
亚夫亚·凯马尔·贝阿尔图公园
Yahya Kemal Beyaltı Parkı
Conrad
阿巴斯阿公园
Abbasağa Parkı
贝希克塔什市场
Beşiktaş Çarşı
法院
Mahkeme
Four Seasons Hotel İstanbul at the Bosphorus
G-Mall
p.64-65
p.65
p.66-67
Vogue
Park SA Hilton
Swissotel The Bosphorus
Ritz Carlton
海事博物馆
Deniz Müzesi
Shangri-La
贝希克塔什码头
Beşiktaş İskelesi
沃达丰球场
Vodafone Arena
多尔玛巴赫切宫
Dolmabahçe Sarayı
国立宫殿专业图书馆
Milli Saraylar
İhtisas Kütüphanesi
钟塔
Saat Kulesi
多尔玛巴赫切清真寺
Dolmabahçe Camii
卡巴塔什站方向
Kabataş
卡巴塔什码头（登途尔社）
Dentur İskelesi

梅吉迪耶柯伊～奥尔塔柯伊周边
金吉尔利库留车站
Zincirlikuyu
梅芙学园
MEF Okulları
乌鲁斯公园
Ulus Parkı
Sunset Grill
Ulus Cafe
奥尔塔柯伊墓地
Ortaköy Mezarlığı
乌夫克学园
Ufuk Okulları
TRT乌鲁斯局
TRT Ulus
奈依莱苏丹公园
Naile Sultan Korusu
奥尔塔柯伊・德莱波尤清真寺
Ortaköy Dereboyu Camii
奥尔塔柯伊・犹太人墓地
Ortaköy Musevi Mezarlığı
亚美尼亚教堂
Ermeni Kilisesi
安贝尔・帕夏公园
Enver Paşa Korusu
艾敏・巴菲公园
Emin Vafi Korusu
尤尔杜兹宫
Yıldız Sarayı
尤尔杜兹公园
Yıldız Parkı
Ortaköy Princess
Radisson Blu Bosphorus
苏丹皇太后之亚鲁
Hatice Sultan Yalısı
7月15日烈士大桥
15 Temmuz Şehitler Köprüsü
奥尔塔柯伊码头
Ortaköy İskelesi
奥尔塔柯伊・梅吉迪耶清真寺
Ortaköy Mecidiye Camii
卡巴塔什高中
Kabataş Erkek Lisesi
加拉塔萨雷大学
Garatasaray Üniv.
Tuğra
Çırağan Palace
贝希克塔什区政府
Beşiktaş Belediye Binası
p.73
p.81下
p.68-69
500m

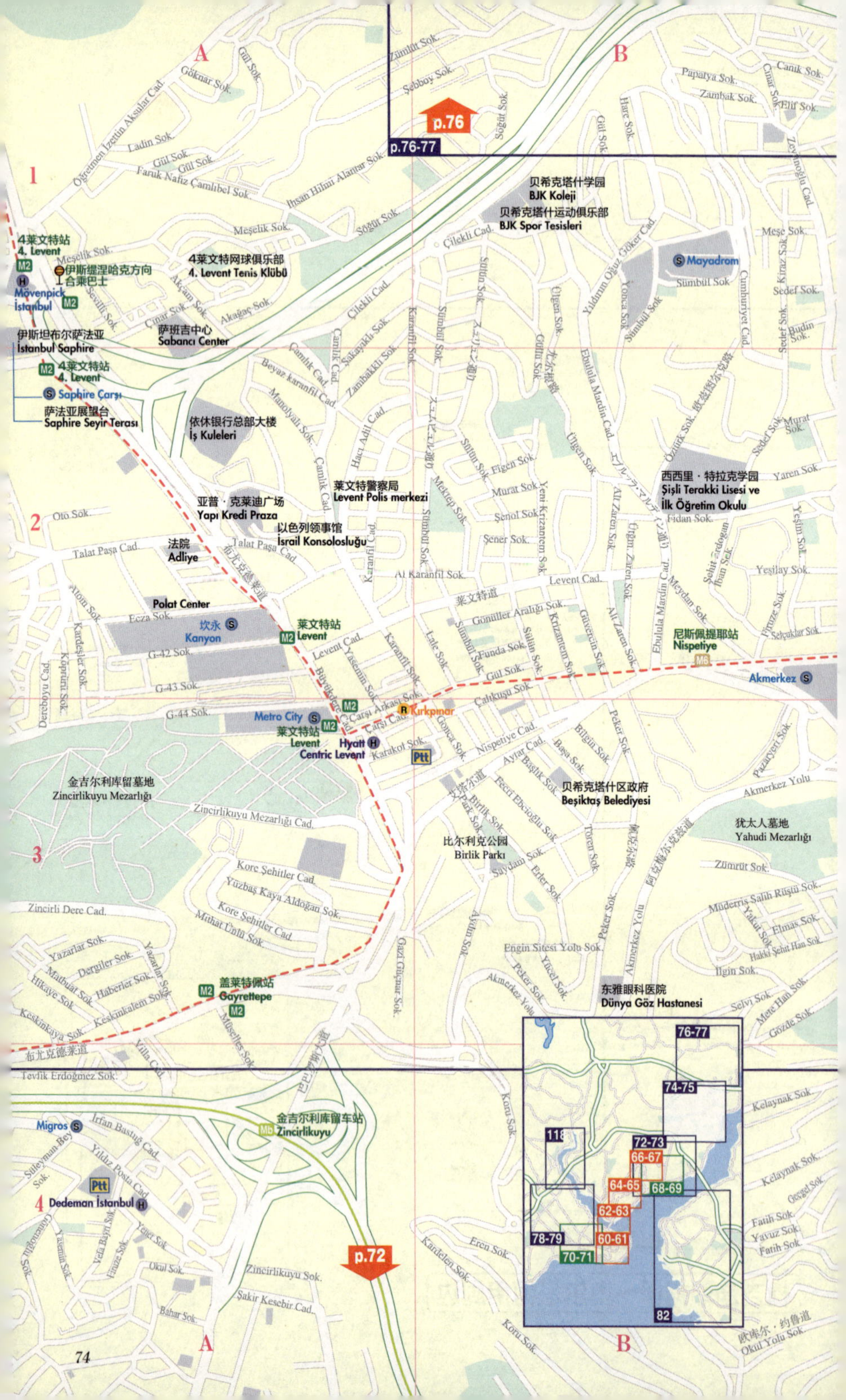

A
B
1
2
3
4
p.76
p.76-77
p.72
4莱文特站
4. Levent
伊斯缇涅哈克方向
合乘巴士
Mövenpick
İstanbul
伊斯坦布尔萨法亚
İstanbul Saphire
4莱文特站
4. Levent
Saphire Çarşı
萨法亚展望台
Saphire Seyir Terası
4莱文特网球俱乐部
4. Levent Tenis Klübü
萨班吉中心
Sabancı Center
依休银行总部大楼
İş Kuleleri
亚普 · 克莱迪广场
Yapı Kredi Praza
以色列领事馆
İsrail Konsolosluğu
莱文特警察局
Levent Polis merkezi
法院
Adliye
Polat Center
坎永
Kanyon
莱文特站
Levent
Metro City
莱文特站
Levent
Kırkpınar
Hyatt
Centric Levent
Ptt
贝希克塔什学园
BJK Koleji
贝希克塔什运动俱乐部
BJK Spor Tesisleri
Mayadrom
西西里 · 特拉克学园
Şişli Terakki Lisesi ve
İlk Öğretim Okulu
尼斯佩提耶站
Nispetiye
Akmerkez
贝希克塔什区政府
Beşiktaş Belediyesi
比尔利克公园
Birlik Parkı
犹太人墓地
Yahudi Mezarlığı
金吉尔利库留墓地
Zincirlikuyu Mezarlığı
盖莱特佩站
Gayrettepe
东雅眼科医院
Dünya Göz Hastanesi
金吉尔利库留车站
Zincirlikuyu
Migros
Ptt
Dedeman İstanbul
莱文特道
布尤克德莱道
艾塔尔道
阿克梅尔克兹道
欧库尔 · 约鲁道
Gül Sok.
Göknar Sok.
Öğretmen İzzettin Aksular Cad.
Ladin Sok.
Gül Sok.
Faruk Nafiz Çamlıbel Sok.
İhsan Hilmi Alantar Sok.
Meşelik Sok.
Söğüt Sok.
Zümrüt Sok.
Şebboy Sok.
Söğüt Sok.
Çilekli Cad.
Akağaç Sok.
Çınar Sok.
Sevilli Sok.
Çamlık Cad.
Sakayıklı Sok.
Zambaklı Sok.
Karanfil Sok.
Sümbül Sok.
Sütlün Sok.
Beyaz Karanfil Cad.
Manolyalı Sok.
Hacı Adil Cad.
Mektep Sok.
Figen Sok.
Murat Sok.
Şenol Sok.
Şener Sok.
Yeni Krizantem Sok.
Ebulula Mardin Cad.
Üligen Sok.
Ali Zaren Sok.
Papatya Sok.
Zambak Sok.
Canık Sok.
Cinar Sok.
Elif Sok.
Harc Sok.
Zeytinoğlu Cad.
Meşe Sok.
Kiraz Sok.
Sedef Sok.
Budin Sok.
Sümbül Sok.
Cumhuriyet Cad.
Yıldırım Oğuz Göker Cad.
Yonca Sok.
Öztürk Sok.
Murat Sok.
Yaren Sok.
Fidan Sok.
Yeşim Sok.
Yeşilay Sok.
Şehit Erdoğan İlhan Sok.
Meydan Sok.
Firuze Sok.
Selçuklar Sok.
Oto Sok.
Talat Paşa Cad.
Al Karanfil Sok.
Levent Cad.
Gönüller Aralığı Sok.
Krizantem Sok.
Güvercin Sok.
Ali Zaren Sok.
Atom Sok.
Ecza Sok.
Kardeşler Sok.
Köprülü Sok.
Dereboyu Cad.
G-42 Sok.
G-43 Sok.
G-44 Sok.
Levent Cad.
Yasemin Sok.
Büyükdere Cad.
Çarşı Arkası Sok.
Çarşı Cad.
Karakol Sok.
Lale Sok.
Funda Sok.
Gül Sok.
Çalıkuşu Sok.
Gonca Sok.
Nispetiye Cad.
Aytar Cad.
Bilgin Sok.
Başa Sok.
Başlık Sok.
Peker Sok.
Pazaryeri Sok.
Akmerkez Yolu
Park Sok.
Birlik Sok.
Fecri Ebcioğlu Sok.
Tören Sok.
Saydam Sok.
Erler Sok.
Zümrüt Sok.
Müderris Salih Rüştü Sok.
Yakut Sok.
Elmas Sok.
Hakkı Şehit Han Sok.
İlgin Sok.
Selvi Sok.
Mete Han Sok.
Gözde Sok.
Zincirlikuyu Mezarlığı Cad.
Korc Şehitler Cad.
Yüzbaşı Kaya Aldoğan Sok.
Kore Şehitler Cad.
Mithat Ünlü Sok.
Zincirli Dere Cad.
Aydın Sok.
Gazi Güçnar Sok.
Engin Sitesi Yolu Sok.
Peker Sok.
Yüncel Sok.
Akmerkez Yolu
Yazarlar Sok.
Dergiler Sok.
Matbuat Sok.
Haberler Sok.
Hikaye Sok.
Keskinkalem Sok.
Keskinkaya Sok.
Yazarlar Sok.
Villa Cad.
Münselles Sok.
Tevfik Erdoğmez Sok.
İrfan Baştuğ Cad.
Yıldız Posta Cad.
Süleyman Bey Sok.
Gonenoğlu Sok.
Yasemin Sok.
Vefa Bayırı Sok.
Yenar Sok.
Okul Sok.
Zincirlikuyu Sok.
Şakir Kesebir Cad.
Bahar Sok.
Koru Sok.
Eren Sok.
Kardelen Sok.
Koru Sok.
Kelaynak Sok.
Kelaynak Sok.
Gecgel Sok.
Fatih Sok.
Yavuz Sok.
Fatih Sok.
Okul Yolu Sok.
76-77
74-75
118
72-73
66-67
64-65
68-69
62-63
78-79
60-61
70-71
82

莱文特周边
500m
Kenan Evren Cad.
凯南·艾弗兰道
Fatih Sultan Mehmet Köprüsü
O2 Balatlimanı Bağlantı Yolu
p.115
p.72-73
p.73
历史公园
Hisarüstü Parkı
博阿兹奇大学体育场
Boğaziçi Üniv. Spor Tesisi
鲁梅利堡垒方向
（大约1公里）
博阿兹奇大学
Boğaziçi Üniversitesi
Cengiz Topel Cad. 詹吉斯·托佩尔道
Nispetiye Cad. 尼斯佩提耶道
艾提雷站
Etiler
阿卡特文化中心
Akat Kültür Merkezi
鲁梅利堡垒方向
（大约1.2公里）
贝贝克派出所
Bebek Polis Amirliği
贝贝克码头
Bebek İskelesi
卡拉兰波斯·东正教堂
Karalanbos Rum Kilisesi
天主教堂
Katolik Kilisesi
贝贝克公园
Bebek Parkı
艾提雷高中
Etiler Lisesi
Arnavutköy Yolu 阿尔纳乌特柯伊路
塞克班拉尔路
埃及总领馆
Mısır Konsolosluğu
道克特尔·艾克特·巴尔卡公园
Dr. Aykut Barka Parkı
普罗菲缇斯·依鲁亚斯·东正教堂
Profitis İlias Rum Kilisesi
阿亚兹马·希腊人墓地
Ayazma Rum Mezarlığı
恰姆尔巴赫切·梅斯吉迪
Çamlıbahçe Mescidi
犹太人墓地
Yahudi Mezarlığı
犹太人小学
Musevi İlk Öğretim Okulu
阿达尔·菲塔夫路
Adalı Fettah Sok.
罗伯特高中操场
Robert Koleji Sahası
希纳格古
Sinagog
海鲜餐馆分布较多
东正教堂
Rum Kilisesi
特希维克耶清真寺
Teşvikiye Camii
阿尔纳夫特柯伊码头
Arnavutköy İskelesi
罗伯特高中
Robert Koleji
Adnan Saygun Cad. 阿德南·赛贡道
Sunset Grill
Ulus Cafe
乌鲁斯公园
Ulus Parkı
库鲁切什梅墓地
Kuruçeşme Mezarlığı
哈奇·耶莱布曼·亚美尼亚教堂
Haç Yerevman Ermeni Kilisesi
艾欧斯·迪米特洛斯
东正教堂
Aios Dimitros Rum Kilisesi
特斯凯莱吉清真寺
Teskereci Camii
Kuruçeşme Cad. 库鲁切什梅道
Arnavutköy Bebek Cad.
Bebek Rumeli Cad.
Cevdet Paşa Cad.
Ptt
M6
C
D
1
2
3
4

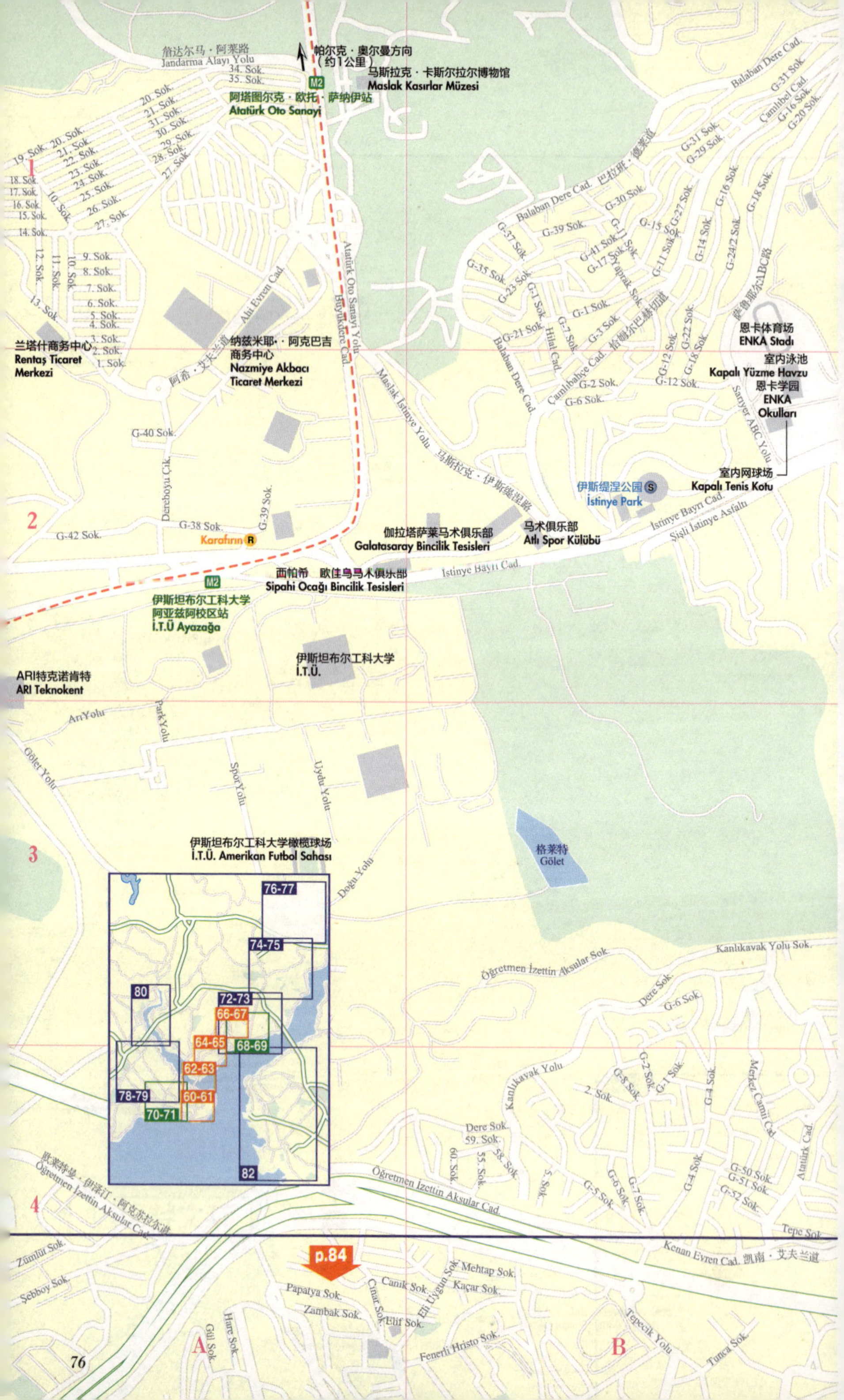

詹达尔马·阿莱路
Jandarma Alayı Yolu
帕尔克·奥尔曼方向
（约1公里）
马斯拉克·卡斯尔拉尔博物馆
Maslak Kasırlar Müzesi
阿塔图尔克·欧托·萨纳伊站
Atatürk Oto Sanayi
兰塔什商务中心
Rentaş Ticaret Merkezi
纳兹米耶·阿克巴吉商务中心
Nazmiye Akbacı Ticaret Merkezi
阿希·艾夫兰道
Ahi Evren Cad.
Atatürk Oto Sanayi Yolu
Büyükdere Cad.
巴拉班·德莱道
Balaban Dere Cad.
恰姆尔巴赫切道
Çamlıbahçe Cad.
萨鲁耶尔ABC路
Sarıyer ABC Yolu
恩卡体育场
ENKA Stadı
室内泳池
Kapalı Yüzme Havzu
恩卡学园
ENKA Okulları
室内网球场
Kapalı Tenis Kotu
伊斯缇涅公园
İstinye Park
马斯拉克·伊斯缇涅路
Maslak İstinye Yolu
马术俱乐部
Atlı Spor Kulübü
伽拉塔萨莱马术俱乐部
Galatasaray Bincilik Tesisleri
西帕希 欧佳乌马术俱乐部
Sipahi Ocağı Bincilik Tesisleri
Karafırın
İstinye Bayrı Cad.
Şişli İstinye Asfaltı
伊斯坦布尔工科大学阿亚兹阿校区站
İ.T.Ü Ayazağa
伊斯坦布尔工科大学
İ.T.Ü.
ARI特克诺肯特
ARI Teknokent
ArıYolu
Park Yolu
Gölet Yolu
Spor Yolu
Uydu Yolu
Doğu Yolu
伊斯坦布尔工科大学橄榄球场
İ.T.Ü. Amerikan Futbol Sahası
格莱特
Gölet
76-77
74-75
80
72-73
66-67
64-65
68-69
62-63
78-79
60-61
70-71
82
Öğretmen İzettin Aksular Sok.
Kanlıkavak Yolu Sok.
Kanlıkavak Yolu
Merkez Camii Cad.
Atatürk Cad.
欧莱特曼·伊泽汀·阿克苏拉尔道
Öğretmen İzettin Aksular Cad.
凯南·艾夫兰道
Kenan Evren Cad.
Tepe Sok.
Zümlüt Sok.
Şebboy Sok.
Papatya Sok.
Zambak Sok.
Çınar Sok.
Canik Sok.
Elif Sok.
Eli Uygun Sok.
Mehtap Sok.
Kaçar Sok.
Fenerli Hristo Sok.
Gül Sok.
Hare Sok.
Tepecik Yolu
Tunca Sok.

p.84

伊斯缇涅～埃米尔干周边
美国总领馆
ABD Konsolosluğu
伊斯坦布尔网球俱乐部
İstanbul Tenis Külübü
珀里珑公园
Poligon Parkı
Carrefour
Migros
伊斯缇涅墓地
İstinye Mezarlığı
耶尼柯伊墓地
Yeniköy Mezarlığı
阿赫迈特·恰夫休清真寺
Ahmet Çavuş Camii
伊斯缇涅消防局
İstinye İtfaiyesi
Ptt
萨鲁耶尔公安警署
Sarıyer İlçe Emniyet Müdürlüğü
伊斯坦布尔证券交易市场
İstanbul Menkul Kıymetler Borsası
盆贝·柯休克
Pembe Köşk
贝亚兹·柯休克
Beyaz Köşk
萨鲁·柯休克
Sarı Köşk
埃米尔干公园
Emirgân Korusu
萨库普·萨班吉博物馆
Sakıp Sabancı Müzesi
莱希特帕夏墓地
Reşitpaşa Mezarlığı
希腊人墓地
Rum Mezarlığı
埃米尔干清真寺
Emirgân Camii
谢里夫·阿卜杜勒之亚鲁
Şerif Abdullah Yalısı
埃米尔干东正教堂
Emirgân RumOrtadoks Kilisesi
警察法规研修中心
Polis Moral Eğitim Merkezi
塞拉哈汀·斯莱曼阿清真寺
Selahattin Süleymanağa Camii
希萨尔教育财团
罗伯特高中
自然保护公园
Hisarı Eğitim Vakfı
Robert Koleji
Doğayı Koruma Parkı
库丘克阿尔穆特鲁清真寺
Küçükarmutlu Camii
法提赫苏丹穆罕默德大桥
Fatih Sultan Mehmet Köprüsü
鲁梅利堡垒方向（大约800米）
亚美尼亚人墓地
Ermeni Mezarlığı
Sarıyer ABC Yolu
Balaban Dere Sok.
Havuzlu Bostan Cad.
İstinye Değirmen Sok.
Komik Nasit Sok.
Havuzlu Bostan Sok.
Şehit Halil İbrahim Cad.
İstinye Çayrı Sok.
İstinye Cad.
Kabiller Sok.
Camialtı Sok.
Zafer Cad.
Güvercin Cad.
Aydınlar Cad.
Dere Sok.
Poligon Cad.
Gül Sok.
Mis Sok.
Kapılcalar Çık.
İşbilir Sok.
Lale Sok.
Tepe Üstü Sok.
Akıncılar Sok.
Toprak Sok.
Sezgin Sok.
Eser Sok.
Erden Sok.
Sevim Sok.
Girne Cad.
Koru Cad.
Tepe Üstü Sok.
伊斯缇涅·巴尤尔道
Şehit Ali kerem Mergen Cad.
Boğaziçi Cad.
波阿兹奇道
Çamlık Sok.
Bosten Üstü Sok.
İstinye Bayırı Cad.
Yiğit Sok.
Tuncay Artun Cad.
Yapıt Sok.
Aykan Sok.
Barlas Cad.
Emirgân Koru Sok.
Osman Barlas Cad.
Doğan Cad.
Cengiz Topel Cad.
Kubilay Cad.
Çam Sok.
Çiçek Sok.
Bahar Sok.
Bostan Sok.
Palmiye Sok.
Bayram Sok.
Hakim Tahsin Sok.
Emirgân Çeşmesi Sok.
Emirgân Korusu Cad.
Doğru Muvakkithane Sok.
Emirgân Mektebi Sok.
Yunus Ağa Sok.
Zergerden Sok.
Ataman Sok.
Hekim Ata Cad.
Safsaf Sok.
Boyacıköy Emirgân Cad.
Hacı Sok.
Kutlu Sok.
Kıbrıs Cad.
Gülsel Sok.
Mareşal Cad.
Kumoğlu Cad.
Salihbey Sok.
Sezai Bey Sok.
Şirin Sok.
Posta Yolu Cad.
Reşitpaşa Sok.
Tan Sok.
Adem Yavuz Sok.
Aslan Sok.
Yıldırım Sok.
Fıstıklıbağlar Sok.
Kanlıkavak Yolu
Tedbil Eskisi Sok.
Sezai Bey Cad.
Çam Fıstığı Sok.
Muhtar Sok.
Karanfil Sok.
Kanlıkavakderesi Sok.
Akasya Sok.
Doğansar Sok.
Okul Sok.
Boyacıköy Fırın Sok.
Bostan Sok.
Kanlıkavak Yolu Sok.
G-36 Sok.
G-37 Sok.
G-38 Sok.
G-35 Sok.
G-25 Sok.
Kanlıkavak Cad.
卡伦咯瓦克道
G-44 Sok.
Ferhat Sok.
G-24 Sok.
Şehit Yılmaz Öner Sok.
Şehit Hasan Uzun Sok.
G-32 Sok.
G-27 Sok.
G-28 Sok.
G-29 Sok.
Kenan Evren Sok.
G-21 Sok.
G-20 Sok.
Küçük Camii Sok.
Şehit Sırrı Kareli Sok.
Kenan Evren Cad.
Balatlimanı Hisarüstü Cad.
Rumeli Hisarı Balatlimanı Cad.
Kuştil Çık.
Karaca Çık.
Küçükdere Sok.
Leylak Sok.
Fatih Sultan Mehmet Köprüsü
O2 Balatlimanı Bağlantı Yolu
N
0
500m
1
2
3
4
C
D

p.74-75
p.85

p.80
A
B
1
2
3
4
拜拉姆帕夏站
Bayrampaşa
谢希特利奇站
Şehitlik
埃迪尔内卡普车站
Edirnekapı
埃迪尔内卡普墓地
Edirnekapı Mezarlığı
切莱比哈什道
Çelebibaşı Cad.
穆思尔·塔鲁拉斯墓地
Mısır Tarlası Mezarlığı
特克福尔萨拉尤
Tekfur Sarayı
埃迪尔内卡普·希腊人墓地
Edirnekapı Rum Mezarlığı
卡里耶博物馆
Kariye Müzesi
Kariye
Asitane
埃迪尔内卡普
Edirnekapı
埃迪尔内卡普站
Edirnekapı
艾欧斯·瑶尔吉欧斯东正教堂
Aiyos Yeorgios Rum Kilisesi
巴奈亚东正教堂
Banaiya Rum Kilisesi
米赫里玛苏丹清真寺
Mihrimah Sultan Camii
米赫里玛苏丹浴场
Mihrimah Sultan Hamamı
市营巴士停车场
İ.E.T.T. Otobus Garajı
卡拉古姆留克体育场
Karagümrük Stadı
İGDAŞ
瓦坦站
Vatan
托普卡帕·乌鲁巴图尔站
Topkapı - Ulubatlı
米马尔·希南体育场
Mimar Sinan Stadı
托普卡帕墓地
Topkapı Mezarlığı
Akgün
法提赫区政府
Fatih Belediyesi
菲提夫卡普站
Fetihkapı
伽兹·阿赫迈特帕夏清真寺
Gazi Ahmetpaşa Camii
Yavuz
托普卡帕站
Topkapı
托普卡帕站方向
Topkapı
Barcelo Eresin Topkapı
1453全景历史博物馆方向
Panorama 1453 Tarih Müzesi
Holiday Inn İstanbul City
帕扎尔特克站
Pazartekke
伊斯坦布尔公安警署
İstanbul Emniyet Müdürlüğü
耶尼·瓦克夫·古莱巴医院
Yeni Vakıf Gureba Hastanesi
市立医院
Büyükşehir Hastanesi
贝兹米·阿莱姆·瓦克夫·古莱巴医院
Bezmi Alem Vakıf Gureba Hastanesi
艾姆涅特站
Emniyet
伊斯坦布尔财务局
İstanbul Defterdarlığı
谢夫莱米尼警署
Şehremini Polis Merkezi
查帕·谢夫莱米尼站
Çapa - Şehremini
留特菲帕夏清真寺
Lütfipaşa Camii
梅布拉纳卡普
Mevlanakapı
米马尔·阿杰姆清真寺
Mimar Acem Camii
哈吉·艾布里亚清真寺
Hacı Evliya Camii
市立医院
Büyükşehir Hastanesi
Grand Anka
哈里克大学
Haliç Üniversitesi
芬迪卡扎德站
Fındıkzade
塞伊特·欧梅尔清真寺
Seyit Ömer Camii
斯里巴里卡普
Silivrikapı
斯里巴里卡普警署
巴里·苏莱曼阿清真寺
Bali Süleymanağa Camii
谢布凯特·杜库尔清真寺
Şevket Dokur Camii
斯里巴里卡普公安警署
贝奇尔帕夏清真寺
Bekirpaşa camii
圣母玛利亚教堂
Meryam Ana Ortodoks Kilisesi
海克姆欧鲁·阿里帕夏清真寺
Hekimoğlu Alipaşa Camii
达乌特帕夏清真寺
Davut Paşa camii
克恰穆斯塔法帕夏浴场方向（大约300米）
Kocamustafapaşa Hamamı
Demirkapı Cad.
Topkapı Cad.
Millet Cad.
Adnan Menderes Bul.
Fevzi Paşa Cad.
Silivrikapı Cad.
Hekimoğlu Ali Paşa Cad.
Cerrah Paşa Cad.
Kaleboyu Cad.
Keçeciler Cad.
Mevlanakapı Cad.
Ahmet Vefik Paşa Cad.
Cevdet Paşa Cad.

托普卡帕～阿克萨赖周边
0
500m
N
p.80
p.70-71
p.70
巴拉特码头
Balat İskelesi
尤斯夫·苏加丁·安巴鲁清真寺
Yusuf Sucaaddin Ambarı Camii
阿芙里达·希纳格古
Ahrida Sinagogu
帕夏浴场
Paşa Hamamı
斯贝缇·斯特凡·保加利亚教堂
Sveti Stefan Bulgar Kilisesi
梅特洛罗吉教堂
Metroloji Kilisesi
菲奈尔码头
Fener İskelesi
东正教君士坦丁堡普世大牧首府
Rum Patrikhane
菲缇耶清真寺
Fethiye Camii
菲奈尔希腊人高中
Fener Rum Lisesi
杰菲尔亚清真寺
Caferağa Camii
阿亚约尔吉·东正教堂
Ayayorgi Rum Kilisesi
伊斯迈尔阿清真寺
İsmailağa Camii
穆罕默德阿加浴场
Mehmetağa Hamamı
苏丹·塞利姆清真寺
Sultan Selim Camii
阿亚·尼克拉东正教堂
Aya Nikora Rum Kilisesi
古尔清真寺
Gül Camii
莫拉·休斯莱清真寺
Molla Hüsrev Camii
尼桑佳·穆罕默德帕夏清真寺
Nişanca Mehmetpaşa Camii
达留夏法卡高中
Darüşşafaka Lisesi
兹丹·阿尔卡斯墓地
Zindan Arkası Mezarlığı
塞夫里克兹清真寺
Seferikoz Camii
法提赫清真寺
Fatih Camii
泽伊雷克清真寺
Zeyrek Camii
瓦伦斯水道桥
Valens Su Kemerleri
谢夫扎德巴什清真寺
Şehzadebaşı Camii
伊斯坦布尔市政厅
İstanbul Büyükşehir Belediye Başkanlığı
阿克萨赖站
Aksaray
地下通道
哈塞基站
Haseki
哈塞基医院
Haseki Hastanesi
尤斯夫帕夏站
Yusufpaşa
阿克萨赖站
Aksaray
拉莱利清真寺
Laleli Camii
拉雷利·伊斯坦布尔大学站
Laleli İstanbul Ü.
阿乌鲁帕·帕扎鲁
Avrupa Pazarı
艾姆尼耶特停车场
Emniyet Garajı
马尔马雷铁路、地铁M1、M2线
耶尼卡普站
Yenikapı
Fevzi Paşa Cad.
Yavuz Selim Cad.
Sultan Selim Cad.
Darüşşafaka Cad.
Atatürk Bul.
Adnan Menderes Bul.
Millet Cad.
Haseki Cad.
Cerrahpaşa Cad.
Ordu Cad.
İnkılap Cad.
Macar Kardeşler Cad.
Şehzadebaşı Cad.
Mürsel Paşa Cad.
Abdülezelpaşa Cad.
Üsküplü Cad.
Salih Paşa Cad.
Ayvansaray Cad.
Vodina Cad.
Draman Cad.
Fethiye Cad.
Fatih Nişanca Cad.
Kızılelma Cad.
Hırka-i Şerif Cad.
Islambol Cad.
Dolap Cad.
Mustafa Kemal Cad.
Küçük Langa Cad.
Langa Bostanları Sok.
Hayriye Tüccarı Cad.
Mesih Paşa Cad.
Nişanca Bostanı Sok.
Türkeli Cad.
Molla Taşı Cad.
Atlama Taş Cad.
Hacı Kadın Cad.
Zeyrek Cad.
Kâtip Çelebi Cad.
Vefa Cad.
Cemal Yener Tosyalı Cad.
Fethi Bey Cad.
Koska Cad.
Gençtürk Cad.
Fevziye Cad.
Süleymaniye Cad.
Bozdoğan Kemeri Cad.
C
D
1
2
3
4

金角湾～埃尤普
金角湾
Haliç
桑特拉尔・伊斯坦布尔
Santral İstanbul
德尔内公园
Derne Parkı
埃尤普・休特吕杰公园
Eyüp Sütlüce Parkı
公园管理局
Park ve Bahçeler Müd.
迷你土耳其微缩景观公园
Mlniaturk
Turquhouse
Aziyade
皮埃尔・洛蒂茶餐厅
Pierre Loti Kahvesi
夏苏丹清真寺
Şah Sultan Camii
埃尤普・苏丹墓地
Eyüp Sultan Mezarlığı
埃尤普高中
Eyüp Lisesi
缆车
Teleferik
休特吕杰文化中心
Sütlüce Kültür Merkezi
巴德姆里克墓地
Bademlik Mezarlığı
亚美尼亚人墓地
Ermeni Mezarlığı
犹太人墓地
Musevi Mezarlığı
哈尔吉欧鲁车站
Halıcıoğul
休特吕杰码头
Sütlüce İskelesi
埃尤普苏丹清真寺
Eyüp Sultan Camii
卡普坦帕夏清真寺
Kaptanpaşa Camii
埃尤普码头
Eyüp İskelesi
塞克兹・马尤斯公园
Sekiz Mayıs Parkı
库姆巴尔哈内清真寺
Kumbarhane Camii
阿卜杜勒赛拉姆清真寺
Abdülselam Camii
途尔休吉・休塞因清真寺
Turşucu Hüseyn Camii
菲斯哈内
Feshane
哈里克桥
Haliç Köprüsü
匹里帕夏公园
Piripaşa Parkı
柯奇博物馆
Koç Müzesi
Cafe du Levant
艾布・斯德清真寺
Ebu Suud Camii
艾万萨莱码头
Ayvansaray İskelesi
哈里克公园
Haliç Parkı
哈斯柯伊码头
Hasköy İskelesi
恰比尔清真寺
Hz. Cabir Camii
巴拉特医院
Balat Hastanesi
皇太后苏丹桥
Valide Sultan Köprüsü
艾万萨莱・埃尤普车站
Ayvansaray-Eyüp
达乌特阿墓地
Davutağa Mezarlığı
p.78
0
500m
N
A
B
1
2
3
4
76-77
74-75
80
72-73
66-67
64-65
68-69
62-63
78-79
60-61
70-71
82
Gazi Muhtar Paşa Cad. 姆赫塔尔・帕夏道
Silahtarağa Cad.
Kâzım Karabekir Cad.
Halit Paşa Cad. 哈利特帕夏道
Karadeniz Cad.
Türbe Cad. 图尔贝道
Sütlüce Cad.
İmrahor Cad.
Beyoğlu Haliçoğlu Yolu
Bahariye Cad.
İdris Köşkü Cad.
Kalenderhane Cad.
Feshane Cad.
Yeni Sahil Yolu
Defterdar Cad.
Yavedut Cad. 亚贝杜特道
Kumbarhane Cad. 库姆巴尔哈内道
Hasköy Cad.
Ordu Cad.
Eğrikapı Cad.
Ayvansaray Cad.
Başmakçıçayır Cad. 巴休马克丘恰尤尔道

苏丹阿赫迈特地区酒店街放大图

周边地图p.60-61

市内观光巴士发抵站

阿赫迈特三世之泉
3. Ahmet Çeşmesi

穆拉德三世墓室
3. Murat Türbesi

塞利姆二世墓室
2. Selim Türbesi

托普卡帕宫方向

国立教科书印刷局
Milli Eğitim Basımevi

许蕾姆苏丹浴场
Hürrem Sultan Hamamı

Ptt

Bab-ı Hümayün Cad.
巴布·休马云道

伊斯哈克·帕夏道
İshak Paşa Cad.

Kabasakal Cad.

1

苏丹阿赫迈特广场
Sultanahmet Meydanı

Valide Sultan

卡巴萨卡尔道

特乌奇夫哈内路
Tevkifhane Sok.

苏丹阿赫迈特四季酒店
Four Seasons

Megara Palace

苏丹阿赫迈特清真寺方向

长城饭店2

伊萨克帕夏清真寺
İshakpaşa Camii

Med Cezir

七山酒店 Seven Hills

Kutlugün Sok.
库特卢根路

Adliye Sok.
阿德里耶路

Empress Zoe

Handcrafts Center

Uyan

乌田伽奇路

Side

阿克布尤克道

Orient

哈内丹酒店
Hanedan

Spina

Utangaç Sok.

Seyit Hasan Sok.

郁金香旅舍 Tulip

达尔巴斯路

Metropolis

苏丹旅舍
Sultan

马尔马拉旅舍 Marmara

Albura

Terbıyık Sok.

Metropolis

阿拉斯塔巴扎尔

Meşale

白天交通管制

玛格纳乌拉餐馆
Magnaura

旧詹库尔塔兰站
Cankurtaran
（停运中）

Dalbastı Sok.

Akbıyık Cad.

Blue House

Byzantium

Çetinkaya Sok.

首尔餐馆

Zeugma

米马尔·穆罕默德阿加道
Mimar Mehmetağa Cad.

Big Apple

奥斯曼·汉酒店
Osman Han

Yeni Saraçhane Çık.

Ararat

Bahaus

Şadırvan Çık.

Şadırvan Sok.

阿戈拉青年旅舍
Agora

夏杜尔万路

2

Torun Sok.

Bayram Fırın Sok.
拜拉姆·弗伦路

詹库尔塔兰道

托伦路

Nobel

Seyit Hakan Sok.

Ahırkapı Sok.

Sultanahmet Sarayı

Akbıyık Cad.

Hippodrome

Cankurtaran Cad.

Keresteci Hakkı Sok.

Angels Home

Giritli

Armada Teras

Apex

Avicenna

Armada

Ferman Old City

白天交通管制

根据路况不定期进行交通管制

Amiral Tafdil Sok.
阿米拉尔·塔夫迪尔路

Keresteci Hakkı Sok.

白天交通管制

0　100m

A

耶尼良路
Yenigün Sok.

B

奥尔塔柯伊

周边地图p.72-73

A

Örtaköy Kültür Merkezi

B

Ortaköy Princess

法伊扎制药
Pfizer İlaç

Eskibahçe Sok.
埃斯基巴赫切路

亚贝尔路

Taş Basamak Sok.

Yaver Sok.

Muvakkit Sok.

德莱波尤道

1

Aktar Sok.
阿卡塔尔路

布尤克·谢凯尔吉路
Büyük Şekerci Sok.

姆瓦奇特路

恰尔休·阿斯路
Çarşı Ağası Sok.

切比尔梅吉道
Çeviremci Cad.

Dereboyu Cad.

Fevzi Sok.

Tayyareci

帕兰伽道

Besteciniğar Sok.
贝斯特吉尼加尔路

Kaimer Sok.

奥尔塔柯伊浴场
Ortaköy Hamamı

Muallim Naci Cad.

Muvakkit Sok.

Yalı Çık. 亚鲁道

Değirmenci Sok.

常设餐摊

啤酒、
华夫饼、
土耳其煎饼、
油炸贝肉

姆阿里姆·纳吉道

东正教堂

Kutmer Sok.
卡梅特尔路

Osmanzade Sok.
奥斯曼扎德路

凯玛克哥路
Kaymakçı Sok.

Cantener Sok.
菲菲奈尔路

梅吉迪耶桥桥路
Mecidiye Köprüsü Sok.

卡巴塔什高中巴士站
Kabataş Lisesi Durağı

瓦普鲁·伊斯凯莱斯路
Vapur İskelesi Sok.

Sağlık Sok.

Ptt

Değirmen Sok.
迪尔曼路

贝希克塔什方向

2

Çırağan Cad. 丘兰道

奥尔塔柯伊路
Ortaköy

萨尔哈内西路
Salhanesi Sok.

Cami Sok.

哈泽内路
Hazine Sok.

Radisson Blu Bosphorus

Manti Evi

The House Cafe

Çınar Altı

MADO

咖啡馆众多

奥尔塔柯伊·梅吉迪耶清真寺
Ortaköy Mecidiye Camii

0　100m

于斯屈达尔码头
艾米诺努码头→Map p.98
卡巴塔什码头→Map P.92
土约尔Turyol
卡拉柯伊、艾米诺努方向
登途尔Dentur
卡巴塔什、贝希克塔什方向
塞姆希・帕夏清真寺
Şemsi Paşa Camii Camii
谢希尔・哈特拉尔Şehir Hatları
艾米诺努方向
米赫里玛苏丹清真寺
Mihrimah Sultan Camii
途经哈莱姆，目的地为隆迪克的市内巴士16A
途经哈莱姆，目的地为阿塔谢希尔的合乘巴士
卡德柯伊方向的合乘巴士
切什梅（泉水）
Çeşme
Kasap Döner
马尔马雷铁路・于斯屈达尔站（地下）
哈莱姆、卡德柯伊方向
苏丹皇太后清真寺
Vâlide Sultan Camii
鱼市场
Balık Pazarı
Derya
7月15日烈士大桥
15 Temmuz Şehitler Köprüsü
Şampiyon Kokoreç
贝勒贝伊宫
Beylerbeyi Sarayı
收费站
Gişeler
15滕姆兹・谢希特莱尔・寇普留斯车站
15 Temmuz Şehitler Köprüsü
库兹袞丘克码头
Kuzguncuk İskelesi
扩大图p.132
库兹袞丘克
Kuzguncuk
游船搭乘点
Üsküdar Gezi Motor İskelesi
菲特希・帕夏公园
Fethi Paşa Korusu
伊夏迪耶
Icadiye
犹太人墓地
Musevi Mezarlığı
亚美尼亚人墓地
Ermeni Mezarlığı
梅吉特贝博物馆
Mecit Bey Köşkü
布尔海耶
Burhaiye
于斯屈达尔码头
Üsküdar İskelesi
扩大图上
米赫里玛苏丹清真寺
Mihrimah Sultan Camii
塞拉米・阿里清真寺
Selami Ali Camii
Kanaat Lokantası
苏罗・哈奇・亚美尼亚教堂
Suro Haç Ermeni Kilisesi
苏丹皇太后清真寺
Vâlide Sultan Camii
美国人高中
Amerikan Lisesi
Hacıoğlu
于斯屈达尔区政府
Üsküdar Belediyesi
于斯屈达尔
Üsküdar
花砖浴场
Çinili Hamamı
花砖清真寺
Çinili Camii
希腊人墓地
Rum Mezarlığı
Capitol
萨拉查克码头
Salacak İskelesi
（前往少女之塔）
少女之塔
Kız Kulesi
皇太后阿缇克清真寺
Valide Atik Camii
伊姆拉霍尔・萨拉查克
İmrahor Salacak
伊芙萨涅清真寺
İslahiye Camii
艾布里斯坦
Ebristan
国立于斯屈达尔医院
Üsküdar Devlet Hastanesi
Zeynep Kâmil Kadın ve Çocuk Hastanesi
巴巴罗斯
Barbaros
伊芙萨涅
İhsaniye
阿尔图尼扎德
Altunizade
哈莱姆码头
Harem İskelesi
巴巴罗斯清真寺
Barbaros Camii
布尔汗・费莱客体育馆
Burhan Felek Spor Salonu
哈莱姆停车场
Harem Garajı
卡拉查赫梅特墓地
Karacaahmet Mezarlığı
塞利米耶兵营
Selimiye Kışlası
扩大图p.83
马尔马拉大学海达尔帕夏校区
Marmara Üniv. Haydarpaşa Kampusü
阿吉巴德姆站
Acıbadem
英国人墓地
İngiliz Mezarlığı
艾尔卢克切什梅站
Ayrılıkçeşme
Carrefour
阿吉巴德姆
Acıbadem
0 500m
亚洲区
海达尔帕夏码头
Haydarpaşa İskelesi
旧海达尔帕夏站
Haydarpaşa Garı
（废站）
迷你巴士站
卡德柯伊码头
Kadıköy İskelesi
市内巴士总站
卡德柯伊区政府
Kadıköy Belediyesi
卡德柯伊站
Kadıköy
索尤特留切什梅站
Söğütlüçeşme
交通博物馆
İ.E.T.T. Müzesi
卡德柯伊区立婚礼举办地
Kadıköy Evlendirme Dairesi
卡德柯伊公园
Kadıköy Parkı
卡德柯伊
Kadıköy
休克留・萨拉乔鲁体育馆
Şükrü Saraçoğlu Stadı
菲奈尔约鲁
Feneryolu
库兹尔特普拉克
Kızıltoprak
（停运中）
莫达
Moda
卡拉姆什公园
Kalamış Parkı
76-77
74-75
80
72-73
66-67
64-65
68-69
62-63
78-79
60-61
70-71
82

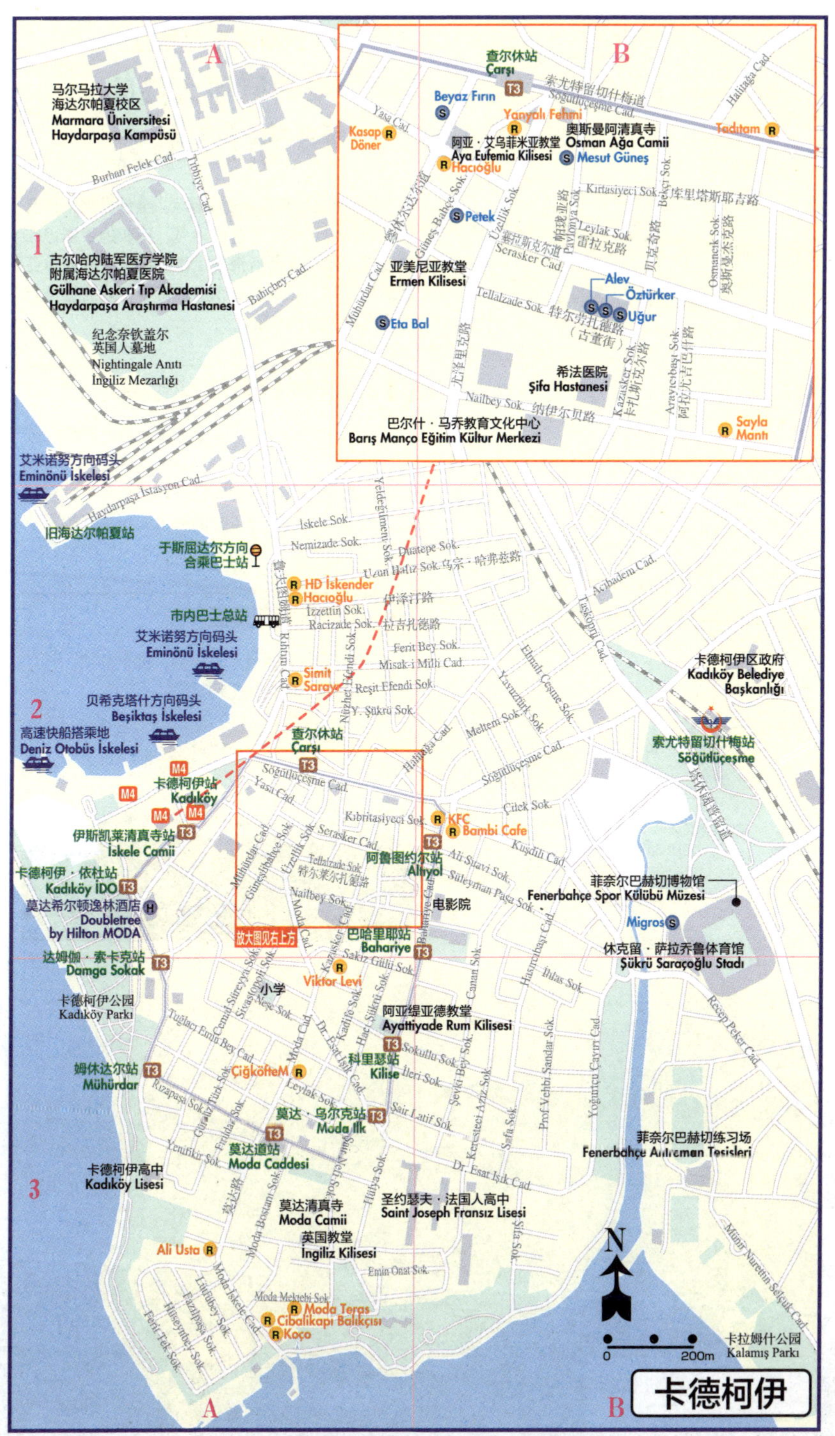
卡德柯伊
马尔马拉大学
海达尔帕夏校区
Marmara Üniversitesi
Haydarpaşa Kampüsü
古尔哈内陆军医疗学院
附属海达尔帕夏医院
Gülhane Askeri Tıp Akademisi
Haydarpaşa Araştırma Hastanesi
纪念奈钦盖尔
英国人墓地
Nightingale Anıtı
İngiliz Mezarlığı
艾米诺努方向码头
Eminönü İskelesi
旧海达尔帕夏站
于斯屈达尔方向
合乘巴士站
市内巴士总站
贝希克塔什方向码头
Beşiktaş İskelesi
高速快船搭乘地
Deniz Otobüs İskelesi
卡德柯伊站
Kadıköy
伊斯凯莱清真寺站
İskele Camii
卡德柯伊·依杜站
Kadıköy İDO
莫达希尔顿逸林酒店
Doubletree by Hilton MODA
达姆伽·索卡克站
Damga Sokak
卡德柯伊公园
Kadıköy Parkı
姆休达尔站
Mühürdar
卡德柯伊高中
Kadıköy Lisesi
Ali Usta
查尔休站
Çarşı
索尤特留切什梅道
Söğütlüçeşme Cad.
Beyaz Fırın
Yanyalı Fehmi
Kasap Döner
奥斯曼阿清真寺
Osman Ağa Camii
阿亚·艾乌菲米亚教堂
Aya Eufemia Kilisesi
Mesut Güneş
Hacıoğlu
Tadıtam
Petek
亚美尼亚教堂
Ermen Kilisesi
Alev
Öztürker
Uğur
Eta Bal
希法医院
Şifa Hastanesi
巴尔什·马乔教育文化中心
Barış Manço Eğitim Kültür Merkezi
Sayla Mantı
HD İskender
Hacıoğlu
Simit Sarayı
KFC
Bambi Cafe
阿鲁图约尔站
Altıyol
电影院
巴哈里耶站
Bahariye
放大图见右上方
Viktor Levi
小学
阿亚缇亚德教堂
Ayatiyade Rum Kilisesi
科里瑟站
Kilise
ÇiğköfteM
莫达·乌尔克站
Moda İlk
莫达道站
Moda Caddesi
莫达清真寺
Moda Camii
英国教堂
İngiliz Kilisesi
圣约瑟夫·法国人高中
Saint Joseph Fransız Lisesi
Moda Teras
Cibalikapı Balıkçısı
Koço
卡德柯伊区政府
Kadıköy Belediye Başkanlığı
索尤特留切什梅站
Söğütlüçeşme
菲奈尔巴赫切博物馆
Fenerbahçe Spor Külübü Müzesi
Migros
休克留·萨拉乔鲁体育馆
Şükrü Saraçoğlu Stadı
菲奈尔巴赫切练习场
Fenerbahçe Antreman Tesisleri
卡拉姆什公园
Kalamış Parkı
N
0
200m
Burhan Felek Cad.
Tıbbiye Cad.
Bahçıbey Cad.
Haydarpaşa İstasyon Cad.
Yasa Cad.
Güneşlibahçe Sok.
Mühürdar Cad.
Uzeltilik Sok.
Serasker Cad.
塞拉斯克尔道
Kırtasiyeci Sok.
库里塔斯耶吉路
Leylak Sok.
雷拉克路
Tellalzade Sok.
特尔劳扎德路
（古董街）
Nailbey Sok.
纳伊尔贝路
Kazasker Sok.
Halitağa Cad.
İskele Sok.
Nemizade Sok.
Duatepe Sok.
Uzun Hafız Sok.
乌宗·哈弗兹路
İzzettin Sok.
伊泽汀路
Racizade Sok.
拉吉扎德路
Ferit Bey Sok.
Misak-ı Milli Cad.
Reşit Efendi Sok.
Y. Şükrü Sok.
Yeldeğirmeni Sok.
Kırıtlım Cad.
Nüzhet Efendi Sok.
Acıbadem Cad.
Taşköprü Cad.
Elmalı Çeşme Sok.
Yavuztürk Sok.
Meltem Sok.
Söğütlüçeşme Cad.
Çilek Sok.
Kuşdili Cad.
Ali Suavi Sok.
Süleyman Paşa Sok.
Bahariye Cad.
Moda Cad.
Sakız Gülü Sok.
Kadife Sok.
Hacı Şükrü Sok.
Dr. Esat Işık Cad.
Sokullu Sok.
İleri Sok.
Şair Latif Sok.
Cemal Süreyya Sok.
Sivastopol Sok.
Neşe Sok.
Tuğlacı Emin Bey Cad.
Rızapaşa Sok.
Güneşli Türk Sok.
Fırıldak Sok.
Yenifıkir Sok.
Leylak Sok.
Şevki Bey Sok.
Canan Sok.
Kerestecı Aziz Sok.
Sifa Sok.
Hasırcıbaşı Cad.
İhlas Sok.
Prof Vehbi Sandar Sok.
Yoğurtçu Çayırı Cad.
Recep Peker Cad.
Hülya Sok.
Moda Bostanı Sok.
Emin Onat Sok.
Moda Mektebi Sok.
Moda İskele Cad.
Lütfübey Sok.
Fazılpaşa Sok.
Hüseyinbey Sok.
Ferit Tek Sok.
Münir Nurettin Selçuk Cad.
莫达路
A
B
1
2
3

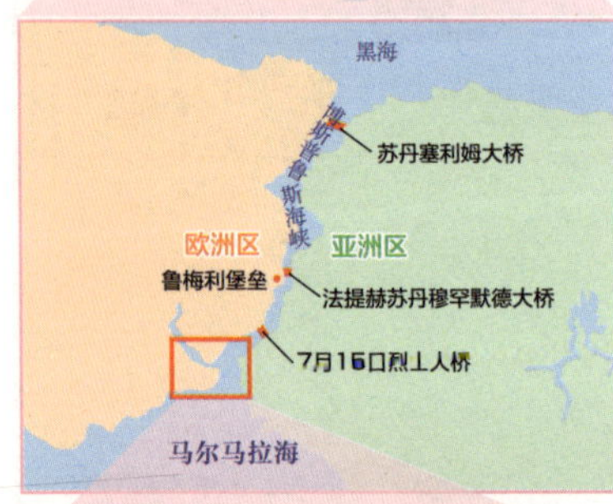

伊斯坦布尔概览

横跨欧亚大陆的

伊斯坦布尔

“横跨欧洲与亚洲的桥梁”，全世界恐怕只有伊斯坦布尔可以享有这个称号，狭长的伊斯坦布尔海峡（博斯普鲁斯海峡）Boğaziçi 令欧洲与亚洲隔海相望，伊斯坦布尔夹裹其中，成为连接东西方文化的坚实桥梁。

1 城市中的博斯普鲁斯海峡

全长约 30 公里的博斯普鲁斯海峡将欧洲大陆与亚洲大陆分离开来，海峡的最短距离仅有 700 余米，当你登上鲁梅利堡垒后，俯瞰这片一望无垠的湛蓝海峡，便会了解到这里无可取代的军事意义。

2 旧城区和新城区

旧城区位于欧洲大陆一侧，被金角湾、马尔马拉海以及狄奥多西城所包围。

位于苏丹阿赫迈特地区南部的马尔马拉海

从加拉太塔俯瞰旧城区和新城区的风景

对于游客来说，旧城区云集了托普卡帕宫和蓝色清真寺等众多重要的历史建筑，吸引着来自世界各地的游客慕名而来，此外这片区域中也有不少适合年轻人住宿的平价酒店或旅馆，出门便是景点，令观光更加方便。

③ 位于郊外的交通要地

伊斯坦布尔是土耳其国内最大的城市，伊斯坦布尔机场以及恩贝西·滕姆兹·谢希特莱尔巴士总站（伊斯坦布尔市内最大的大型长途巴士总站）这两个交通要地都坐落在欧洲区一侧的郊外地区。

亚洲区的交通要地则是主要运营国内航线的萨比哈·格克琴国际机场以及 2014 年开通运营的 YHT 高铁始发站——索尤特留切什梅站等。

近年来随着亚洲区人口的增长，住宅区也在不断扩建，即使是郊区，也可以找到不少商场和地铁线路。

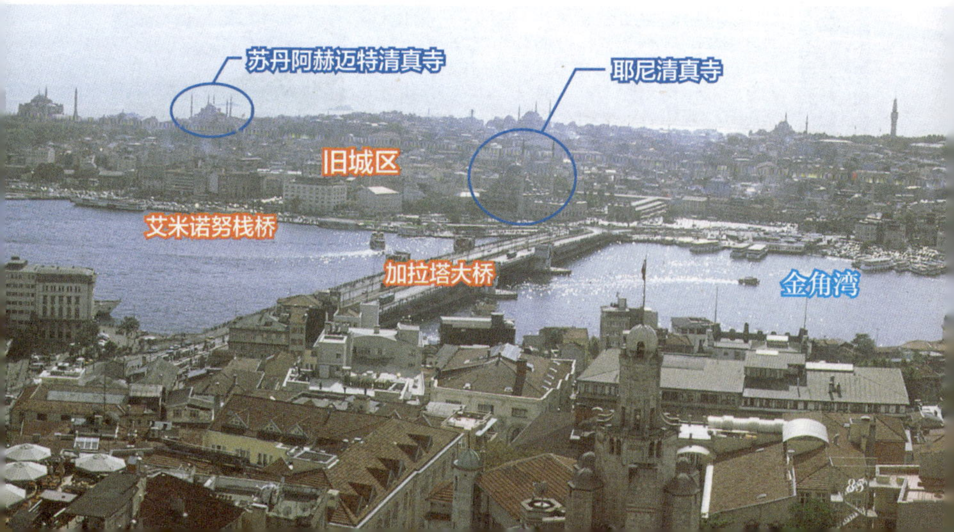

观光线路研究

自由的组合方式！巡游各个地区

推荐的经典线路

伊斯坦布尔的看点众多，老实说待个一周以上那真是再好不过了，但是对于周游土耳其各地的游客来说实施起来还是比较困难的。为了在有限的时间里更加有效地进行游览，推荐你以街区为单位陆续观光，结合实际的停留时间，根据下文介绍的碎片化行程组合出最适合你的伊斯坦布尔之旅。

8:00 | 9:00 | 10:00 | 11:00 | 12:00 | 13:00

旧城区1日游 A行程

托普卡帕宫（p.104）→ **午餐**

托普卡帕宫是奥斯曼王朝历代苏丹的居城，旅游旺季期间，这里的售票口经常会排起长队，建议你提早前往。后宫的参观门票则需要在宫殿内部另行购买。

托普卡帕宫的入口

苏丹阿赫迈特地区坐落着众多面向游客的餐馆，价格偏高，赶时间的话可以来一顿快餐，随后参照下页最上方的大巴扎集市半日游的B行程进行游览。若是时间充裕则可以坐下来细细品味土耳其肉饼的独特风味，随后悠闲地开展下午的观光之旅。

新城区1日游 C行程

多尔玛巴赫切宫（p.127）→ **独立大道**（p.124）

原则上实行预约制的参观形式，但是提前一天打电话也是可以预订成功的。如果打算当天购票前往，建议尽早前往售票口排队。

返回卡巴塔什后搭乘缆车便可以前往塔克希姆广场，漫步独立大道的同时顺便在这里享用午餐。

8:00 | 10:00 | 12:00 | 14:00 | 16:00 | 18:00

博斯普鲁斯海峡游船观光 D行程

艾米诺努出发  **抵达安纳托利亚·卡瓦坞**  **安纳托利亚·卡瓦坞出发**  **抵达艾米诺努**

从海上远观伊斯坦布尔的风光，恐怕也会变为你这次旅行的宝贵回忆吧。定期游船（具体时刻表参见p.134）通常以艾米诺努为起始地，驶向黑海的入口——安纳托利亚·卡瓦坞，往返航路大约需要半天的时光。如果你时间比较紧张，可以参报只需要1~1.5小时便巡游结束的迷你航路，实现海上观光的可能。

从船上领略鲁梅利堡垒的迷人风光

埃迪尔内一日游 E行程

巴士总站出发  **埃迪尔内**（p.162）**市内观光（午餐）**  **抵达巴士总站**

塞利米耶清真寺

坐落着世界遗产——塞利米耶清真寺的埃迪尔内，距离伊斯坦布尔只有2~4小时的车程，你可以清早从伊斯坦布尔乘坐大巴出发，抵达埃迪尔内后率先游览著名的塞利米耶清真寺，随后在市集为亲朋挑选旅游纪念品，午饭后乘车返回伊斯坦布尔。

埃迪尔内的名菜——油炸肉肝

涉及博斯普鲁斯海峡的伊斯坦布尔马拉松赛，除了传统的全马以外，还有8公里、15公里等多个行程线路。

12:00	13:00	14:00	15:00	16:00	17:00

大巴扎集市半日游 B行程

大巴扎集市（p.117）

大巴扎集市的占地面积极为广阔

在即将回国的最后一天，前往大巴扎集市为亲朋好友挑选各式旅游纪念品是再好不过的行程安排，如果买的量很大，完全可以放心砍价，不要不好意思。

苏莱曼清真寺（p.121）

前往苏莱曼清真寺的观光游客并不是很多，届时你可以静心品味伊斯兰寺庙建筑的精致魅力。沿途的小商品商业街同样乐趣十足。

埃及市场（p.123）

云集了各式出售香辛料与干货的食材调味料店铺，品种众多的多样坚果令人眼花缭乱。

丰富多彩的香辛料

14:00	15:00	16:00	17:00	18:00	19:00

地下宫殿（p.112）

地下宫殿的内部湿度很高，给人一种凉飕飕的感觉，打算小憩的朋友可以在这里的咖啡馆小坐一下。

苏丹阿赫迈特清真寺（p.108）

从清早到夜晚一直对外开放参观，除了礼拜时间外均可以自由游览。

晚餐

想要节俭一点可以前往艾米诺努的饮食街用餐，部分高档餐厅则可以观赏精彩的肚皮舞表演（p.151），希望你可以在旅途之中陶冶一次自己的情操。

军事博物馆（p.126）

乘坐地铁M2线在奥斯曼贝站下车即可，15:00开始的军乐队表演十分值得一看（请注意并非每天都有），希望你不要错过。

尼桑塔什的咖啡馆

尼桑塔什（p.154）

尼桑塔什地区坐落着众多时尚的咖啡馆与高品位餐馆，流连于一家又一家精品时装店的间隙喝杯茶小憩一下，才是旅行最棒的打开方式。

加拉太塔（p.125）

加拉太塔一直开放到夜晚的20:30，最好的观光时间当数夕阳西下之时到访这里，届时可以欣赏到将金角湾染黄的迷人落日以及旧城区的老建筑剪影。

8:00	9:00	10:00	11:00	12:00	13:00

金角湾周边半日游 F行程

卡里耶博物馆（p.130） → 埃尤普 → 午餐 → 艾米诺努

留存着众多贵重马赛克壁画的卡里耶博物馆

卡里耶博物馆位于旧城区的西侧狄奥多西城的邻近。从这里前往位于金角湾深处埃尤普地区的皮埃尔洛蒂茶餐厅也很方便，届时你可以从高处一睹金角湾的自然美景。打车连接这条行程会更加省心，用大概3小时便可以结束游览。

皮埃尔洛蒂茶餐厅

19:00	20:00	21:00	22:00	23:00	24:00

新城区的酒馆夜宵 G行程

内维扎德路

小酒馆鳞次栉比的内维扎德路（Map p.64A3）是一条与独立大道平行的小路，由于与鱼市的距离也很近，食材都很新鲜，大部分餐馆都是从白天开始营业。

民谣酒馆

即使不懂土耳其语，也能享受音乐的美妙。

汤馆

喝完小酒后学着土耳其人喝一碗羊肚汤解酒，这绝对是最地道的夜生活方式。推荐你前往知名的羊肚汤店Lale Iskembeci。

市区区号
0212（欧洲区）
0216（亚洲区）
人口 1371 万 512 人

■伊斯坦布尔机场
Map p.22B1
TEL 444 1442
URL www.igairport.com

设在抵达大厅的货币兑换处

■哈瓦伊斯特
URL www.hava.ist

哈瓦伊斯特的大巴车

Information
酒店的接送服务
以苏丹阿赫迈特等地为主的游客首选落宿所在地，大多数酒店都会提供有偿（价格不一）的机场接送服务。你可以事先发送邮件告知酒店所搭乘航班的抵达时间、航班号等信息方便酒店安排接送机服务。有时候酒店的工作人员可能会偶尔遗忘接送机业务，为保险起见，最好在出发的前一天再次与酒店进行落实。

前往伊斯坦布尔的方式

伊斯坦布尔的旧城区，苏丹阿赫迈特地区汇集着市内最多的精彩景点，步行游览这片区域是没有任何问题的。如果打算深度体验整座伊斯坦布尔的城市魅力，还是推荐你通过搭乘合乘巴士或是城市大巴进行目的地之间的快速连接。

从机场前往城中心

伊斯坦布尔的机场分为坐落在城市西北部，于 2018 年 10 月刚刚投入运营（2019 年 4 月正式运营）的伊斯坦布尔机场（IST）İstanbul Havalimanı 以及亚洲区的萨比哈•格克琴机场（SAW）Sabiha Gökçen Havaalanı。

◆伊斯坦布尔机场

中国以及欧洲等地飞往伊斯坦布尔的国际航班大多数都是在伊斯坦布尔机场着陆。上层的航站楼为国际航线的出发层，下层则是国际航线的抵达层。哈瓦伊斯特等公司的机场大巴车站位于航站楼的地下空间，搭乘电梯前往即可。出租车的等待区则直通航站楼的上层区域，顺着路标便可以轻松抵达。

国际航线的出发大厅

●**机场的货币兑换**　机场设有 24 小时营业的银行和货币兑换处，方便你随时进行货币兑换，24 小时不间断工作的 ATM 也令游客更加踏实。

●**机场的酒店**　机场的酒店叫作 Yotel（约特尔），下飞机通过护照审查处后便可以直接前往。

◆从伊斯坦布尔机场前往伊斯坦布尔市中心

机场坐落在黑海沿岸地区，距离旧城区大约有 50 公里的车程，搭乘巴士或出租车通常需要 1.5 小时左右的时间。

●**哈瓦伊斯特 Havaist（机场巴士）**　巴士线路覆盖伊斯坦布尔市内主要地区和重点巴士总站，运营包括苏丹阿赫迈特方向的 ist-1S 线到塔克希姆广场方向的 ist-19 等近 20 条行车线路，主要行车线路都是 24 小时不间断运营，根据线路的安排不同，每班车的间距在 30 分钟到 1 小时左右不等。

在机场会用到的现金金额一览表	
●伊斯坦布尔机场到市内的交通费	
哈瓦伊斯特　塔克希姆及苏丹阿赫迈特方向	18TL
出租车　机场～苏丹阿赫迈特地区 机场～塔克希姆广场方向	185~200TL 185TL
●1 晚的住宿费用（有可能可以通过信用卡进行支付）	
宿舍型廉价旅店	30~45TL
说得过去的单人房	150~300TL
中档酒店的单人房	300~400TL
●1 顿饭的饭费	
快餐店的套餐	30~40TL
家常菜馆的烤肉配汤品	50~80TL

设在巴士站的自动贩卖机

乘坐机场大巴的费用需要通过伊斯坦布尔公交卡（p.93）支付，公交卡的工本费是6TL，请提前准备好零钱。此外你也可以购买5次搭乘券（17TL）或10次搭乘券（32TL），根据自己的需求进行选择即可。机场差不多设有20几台自动贩卖机，不过只可以用土耳其当地现金支付购买，请多加注意。

●**打车前往市内**　从机场到塔克希姆广场大约需要40分钟，打车费185TL，前往锡尔凯吉站的车程也在40分钟，费用为185~200TL。考虑到堵车等情况会额外加收费用，建议多准备些现金再着手打车。

●**地铁站**　目前连接机场到市内M2线盖莱特佩站Gayrettepe的地铁M11线正在施工建设，建成后会令机场与城市间的往来更加便利。

出租车搭乘地

黑色商务面包车也是出租车的一种，收费标准较高

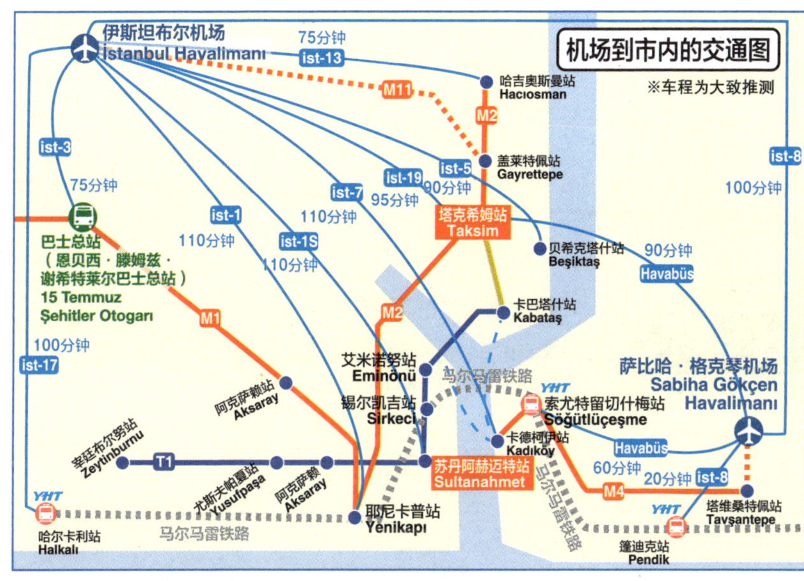

哈瓦伊斯特

URL www.hava.ist

● ist-1（Yenikapı）
车程约110分钟，费用18TL（6次可搭乘券）

● ist-1S（Sultanahmet-Eminönü 苏丹阿赫迈特·艾米诺努）
车程约110分钟，费用18TL（6次可搭乘券）

● ist-3（Otogar 巴士总站）
车程约75分钟，费用16TL（5次可搭乘券）

● ist-5（Beşiktaş 贝希克塔什）
车程约110分钟，费用18TL（6次可搭乘券）

● ist-7（Kadıköy 卡德柯伊）
车程约110分钟，费用25TL（10次可搭乘券）

● ist-17（Halkalı 哈尔卡利）
车程约100分钟，费用16TL（5次可搭乘券）

● ist-19（Taksim 塔克希姆）
车程约95分钟，费用18TL（6次可搭乘券）

——地铁

6:00~24:00 时间段运营，费用2.60TL

M1线的耶尼卡普站到巴士总站站大约20分钟。M2线的耶尼卡普站到塔克希姆站大约8分钟。

M4线的萨比哈·格克琴机场站~塔维桑特佩站Tavsantepe区间于2019年开通，M11线的伊斯坦布尔机场~盖莱特佩站Gayrettepe区间于2020年内开通运营。

——城市电车（T1线）

6:00~24:00 区间每10分钟一班，费用2.60TL，从苏丹阿赫迈特站~卡巴塔什站约需要16分钟。

……马尔马雷铁路（土耳其国铁近郊列车）

6:00~24:00 区间每5~20分钟一班，费用2.60~5.70TL，从耶尼卡普站~索尤特留切什梅站约需要12分钟。

——缆车（地下缆车F1线）

6:00~24:00 区间每5~8分钟一班，费用2.60TL，前往塔克希姆大约5分钟。

●**从伊斯坦布尔机场到长途巴士总站**　从机场搭乘 ist-3 机场大巴前往伊斯坦布尔的主巴士总站（始发站），车程大约 75 分钟。

●**从市内前往机场的注意事项**　塔克希姆广场北侧的 Taksim Point Hotel 发车站，设有前往伊斯坦布尔机场（IST）的哈瓦伊斯特 Havaist 大巴搭乘点以及前往萨比哈・格克琴机场（SAW）的哈瓦 Havabüs 大巴搭乘点共 2 个站台，由于目的地不同，请一定仔细核查后再上大巴，避免误机。

◆萨比哈・格克琴机场

位于亚洲大陆一侧篷迪克地区 Pendik 的机场，运营包括土耳其国内航线以及部分欧洲和中东航线的城市副机场，航站楼分为国内线和国际线，毗邻坐落在一起，两个航站楼间的往返十分便利。

◆从萨比哈・格克琴机场前往伊斯坦布尔市中心

哈瓦巴士 Havabüs 的机场大巴运营时间为 3:30~23:00，设有包括卡德柯伊、塔克希姆等多个目的地的众多线路。从机场到卡德柯伊的费用为 14TL，前往塔克希姆的费用为 18TL。此外这里还有直接前往布尔萨的城市大巴。

同时你也可以搭乘伊斯坦布尔的市区巴士前往亚洲区的交通中心——卡德柯伊，线路为 E11 线，车程大约是 1 小时。在每天 5:40~22:00 这个时间段内，都有从机场前往卡德柯伊的机场大巴。如果你打算前往欧洲大陆一侧，可以在抵达卡德柯伊后从卡德柯伊码头乘坐渡轮即可抵达欧洲区的艾米诺努 Eminönü、卡巴塔什 Kabataş 以及贝希克塔什 Beşiktaş 等地。如果目的地是 M2 线地铁，则可以从机场搭乘 E3 线市区巴士前往地铁 M2 线的 4. 莱文特 4.Levent 站。

从巴士总站前往伊斯坦布尔市中心

伊斯坦布尔市内设有多处长途巴士总站 Otogar，最核心的当数位于欧洲区艾森莱尔 Esenler 的恩贝西・滕姆兹・谢希特莱尔巴士总站

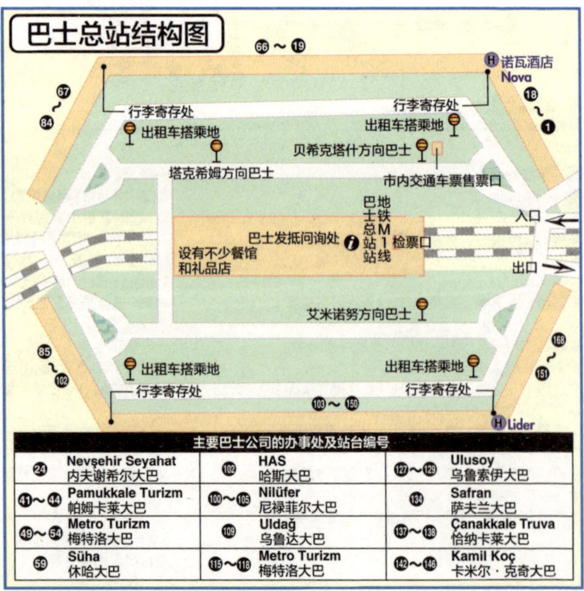

主要巴士公司的办事处及站台编号

24	Nevşehir Seyahat 内夫谢希尔大巴	102	HAS 哈斯大巴	127～129	Ulusoy 乌鲁索伊大巴
41～44	Pamukkale Turizm 帕姆卡莱大巴	100～105	Nilüfer 尼禄菲尔大巴	134	Safran 萨夫兰大巴
49～54	Metro Turizm 梅特洛大巴	109	Uldağ 乌鲁达大巴	137～138	Çanakkale Truva 恰纳卡莱大巴
59	Süha 休哈大巴	115～118	Metro Turizm 梅特洛大巴	142～146	Kamil Koç 卡米尔・克奇大巴

Information

酒店的接送服务

你可以通过酒店或网络预订机场大巴，许多旅行社也都会提供机场接送服务。届时司机会将大巴停到酒店门口，方便携带沉重行李的游客前往机场。车程在 40 分钟 ~1 小时不等，车费 15 €左右。

● Istanbul Airport Shuttle

2:40~21:00 期间共设有 9 班，费用随乘车人数递增，每人的车费 15 € ~。无论前往伊斯坦布尔机场还是萨比哈・格克琴机场，费用都是 15 € ~。

URL www.istanbulairportshuttle.com

■萨比哈・格克琴机场

Map p.85

TEL（0216）588 8888

FAX（0216）585 5114

URL www.sgairport.com

■哈瓦巴士

TEL 444 2656

URL www.havabus.com

萨比哈・格克琴机场

■市内巴士 E3

（萨比哈・格克琴机场 ~4. 莱文特站）

运营：7:40~ 次日 1:40，每 1~2 小时一班，4:15 准时一班

车程：大约 1 小时

哈瓦巴士的售票口

在巴士总站可以看到往返土耳其各地乃至周边多国的各式长途巴士

15Temmuz Şehitler Otogarı Map p.91。如果在伊斯坦布尔市内问路时单说 Otogar，土耳其人便会认为你说的是这个车站。有时候这里也会成为艾森莱尔巴士总站。

◆从巴士总站前往伊斯坦布尔市中心 巴士总站地下也设有地铁，即地铁 M1 线的巴士总站，从这里坐到终点的阿克萨赖站大约需要 25 分钟。地铁的检票口设在巴士总站大厅的中心位置。

◆其他巴士总站概览

●阿里贝柯伊・切普巴士总站 Alibeyköy Cep Otogarı

位于伊斯坦布尔市的北部，政府计划在几年后将现在恩贝西・滕姆兹・谢希特莱尔巴士总站的全部线路都转移到这里，届时在 M7 地铁通车后交通也会更加便利。目前你可以搭乘地铁 M2 线在哈吉奥斯曼站下车，随后换乘 47L 路市内巴士即可抵达。目前，这座巴士总站运营着免费往返塔克希姆和贝希克塔什等地的接送巴士（塞尔比斯 Servis）。

●阿塔谢希尔・杜杜鲁巴士总站 Ataşehir Dudullu Otogarı

位于亚洲区的主要巴士站，从于斯屈达尔的卡匹特尔购物中心 Capitol 搭乘 54 路巴士大约需要 1 小时的时间便可以抵达。从巴士总站设有往返于斯屈达尔的免费接送巴士（塞尔比斯 Servis）。

●哈莱姆停车场 Harem Garajı

过去这里曾是亚洲区的主要巴士总站之一，从毗邻的码头便可以搭船前往艾米诺努 Eminönü，对于打算前往旧城区的游客来说十分便利。目前这里发抵的巴士班数较少，许多巴士也不会特意经停这里，如有需要，你可以从阿塔谢希尔・杜杜鲁巴士总站搭乘免费接送巴士（塞尔比斯 Servis）前往这里。

Information

老车站海达尔帕夏

1908 年竣工的海达尔帕夏站曾是亚洲区的出入关口，众多特急列车与卧铺车都以这里作为始发车站。21 世纪初，土耳其 YHT 高铁与马尔马雷铁路开始崭露头角，这座海达尔帕夏车站便结束了自己长达近一个世纪的客运使命。2010 年车站还曾经发生火灾，外观遭到严重焚毁，修复工作直到眼下的 2019 年才终于进入收尾工作。

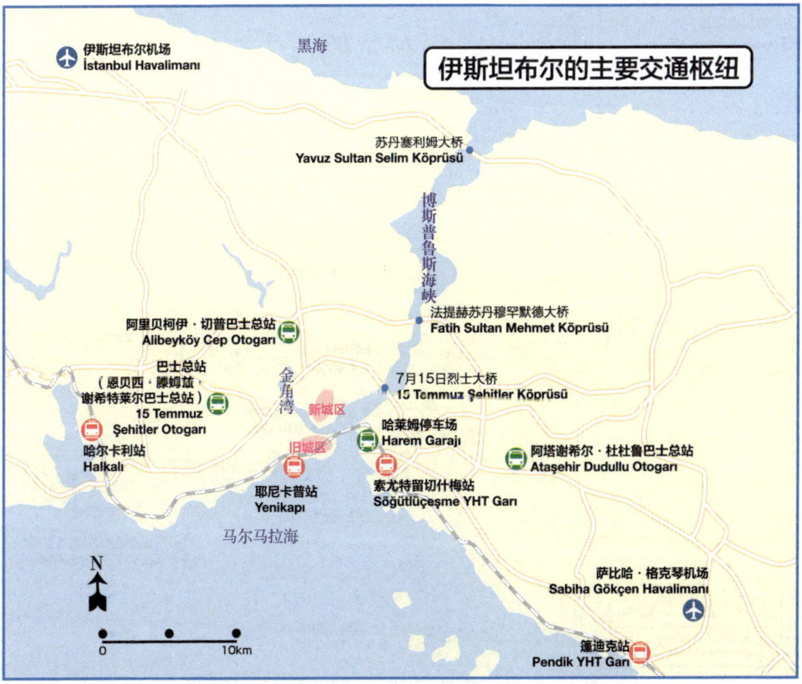

伊斯坦布尔的主要交通枢纽

伊斯坦布尔机场
İstanbul Havalimanı
黑海
苏丹塞利姆大桥
Yavuz Sultan Selim Köprüsü
博斯普鲁斯海峡
法提赫苏丹穆罕默德大桥
Fatih Sultan Mehmet Köprüsü
阿里贝柯伊・切普巴士总站
Alibeyköy Cep Otogarı
巴士总站
（恩贝西・滕姆兹・谢希特莱尔巴士总站）
15 Temmuz Şehitler Otogarı
金角湾
7月15日烈士大桥
15 Temmuz Şehitler Köprüsü
新城区
旧城区
哈尔卡利站
Halkalı
哈莱姆停车场
Harem Garajı
阿塔谢希尔・杜杜鲁巴士总站
Ataşehir Dudullu Otogarı
耶尼卡普站
Yenikapı
索尤特留切什梅站
Söğütlüçeşme YHT Garı
马尔马拉海
N
0
10km
萨比哈・格克琴机场
Sabiha Gökçen Havalimanı
潘迪克站
Pendik YHT Garı

从火车站前往伊斯坦布尔市中心

◆欧洲区 欧洲驶向土耳其的国际列车会停靠在市内东部的哈尔卡利 Halkalı 站，下车后换乘当地的马尔马雷铁路，大约 30 分钟便可以抵达锡尔凯吉站。

◆亚洲区 索尤特留切什梅站 Söğütlüçeşme 便是土耳其 YHT 高铁的始发站 Map p.83.B2，虽然地处亚洲大陆一侧，但是搭乘马尔马雷铁路，只需途经三站便可以抵达锡尔凯吉站，车程不会超过 20 分钟。每天也有多班从索尤特留切什梅前往欧洲大陆一侧的巴克尔柯伊和哈尔卡利的直达列车，乘坐同样十分便捷。

从港口前往伊斯坦布尔市中心

◆耶尼卡普 从亚洛瓦、布尔萨、班德尔马等地驶来的高速快船通常会把终点设在耶尼卡普 Yenikapı。下船后前往码头北侧的马尔马雷铁路耶尼卡普站需要过一条主干路，步行无法穿越，建议搭乘 MR5 巴士（6:20~23:15）更为有效。

如果是从港口前往伊斯坦布尔机场，选择哈瓦伊斯特 Havaist 的机场大巴最为合适，沿途停靠车站依次是耶尼卡普码头—耶尼卡普站（马尔马雷铁路）—阿克萨赖站—乌鲁巴图尔站—伊斯坦布尔机场。

◆艾米诺努 从布尔萨驶来的高速快船通常是停靠在电车 T1 线的艾米诺努 Eminönü 站附近的码头，艾米诺努码头除了是伊斯坦布尔高速快船与渡轮的停靠地外，博斯普鲁斯海峡的观光游船也是将这里设为发抵地。

◆博斯坦久 位于亚洲区的港口，从亚洛瓦驶来的高速快船在这里停靠。从港口可以搭乘市内巴士和合乘巴士前往卡德柯伊等市区位置。

伊斯坦布尔的市内交通

伊斯坦布尔三面环海，山地起伏很大，城市中有各式各样的交通工具为市民代步，即使是同一种交通工具，使用不同的支付手段，产生的费用也不尽相同。

◉ 次数券 大部分交通工具都认可这种支付手段，由于是电子卡形式，

■锡尔凯吉站
Map p.61C1

■邮轮停靠港口
从欧洲驶来的大型邮轮通常会在加拉塔大桥旁的卡拉柯伊 Karaköy（Map p.63C3）港口停靠。

马尔马雷铁路的建成使得城区与郊区的距离更近、速度更快

■哈瓦伊斯特
URL www.hava.ist

■海达尔帕夏港
从土耳其开往乌克兰的渡轮出发地便是海达尔帕夏港。这里的火车站于 2012 年结束客运功能，但由于地理位置绝佳，便在 2017 年建成了现在我们看到的海达尔帕夏港口，目前承担土耳其到乌克兰敖德萨近郊切尔诺莫斯克 Chernomorsk 港口的黑海航线。此外海达尔帕夏港也是艾米诺努～卡德柯伊区间航路的停靠点，你可以顺道搭乘该航路的游船前往伊斯坦布尔市内。
URL www.sealines.com.tr

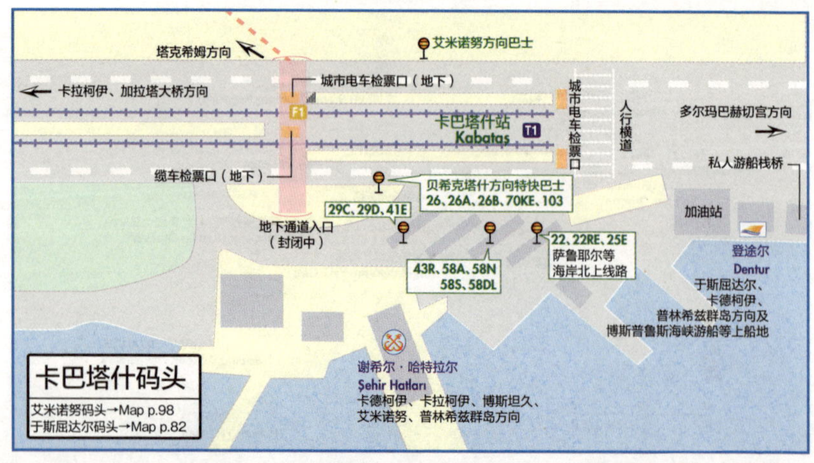

伊斯坦布尔与保加利亚的布尔加斯 Burgas 往返的区间高速快船航线正在整备之中，正式开通航路后，原先陆路需要 6 小时的车程将大大缩短到 3~4 小时。

购卡后便无法更改次数类型，部分长途巴士由于路程较远，有时候需要一次性支付 2 张以上的可能。

◉ **交通币** 硬币式设计，可以在地铁和电车等交通工具使用，不同乘具的硬币大小可能会有所差别，各具特色。

◉ **伊斯坦布尔公交卡** 大部分交通工具都认可这种支付手段，余额不够时可以用现金充值，费用相比次数券和交通币更加低廉经济，可谓伊斯坦布尔长期旅居的必备佳品。

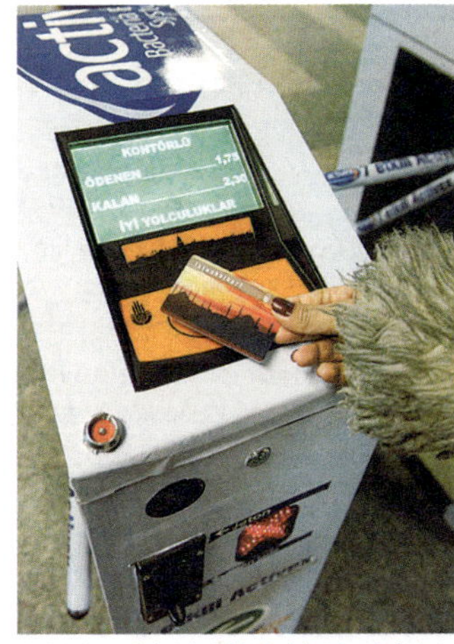

地铁检票口。将交通卡放在橙色读卡区即可扣费进站

■伊斯坦布尔市交通局
URL www.iett.gov.tr
URL www.istanbul-ulasim.com.tr

■使用伊斯坦布尔交通卡进行换乘时的费用
第一次换乘：1.85TL
第二次换乘：1.25TL
第三～五次换乘：0.85TL

使用公交卡时，单次的乘车费用是 2.60TL，但是从第一次刷卡后的 2 小时内换乘其他交通工具，换乘后的费用将会略微降低，具体如上所示。不过梅特洛大巴、马尔马雷铁路以及部分渡轮航线则不适用于这个规则。

市区交通支付手段

	次数券 Sınırlı Kullanımlı Elektronik Kart 斯努鲁鲁·库拉努姆鲁·艾莱克托罗尼克·卡尔图	交通币 Jeton 杰通	伊斯坦布尔公交卡 İstanbulkart 伊斯坦布尔卡尔图
	 单次券 双次券		
费用	单次券 5TL 双次券 8TL 三次券 11TL 五次券 17TL 十次券 32TL	5TL 不同交通工具的硬币大小会有差异，不要用混	购买公交卡需要额外支付 6TL 的工本费 此后乘坐交通工具基本上单次收费 2.60TL，而且可以多人共用一张公交卡
购买地点	巴士站的售票口及售卖商店。自动贩卖机不售卖这类票券。伊斯坦布尔机场的巴士站中设有次数券的售卖商店	车站旁的自动贩卖机或者邻近站台的售卖商店	巴士站的售票口及售卖商店。伊斯坦布尔机场地下的哈瓦伊斯特巴士搭乘地附近的自动贩卖机也在售卖这类公交卡
可以支付的交通工具	地铁 巴士 电车 迷你巴士 隧道列车 合乘巴士 缆车 梅特洛大巴 马尔马雷火车 渡轮	地铁 电车 缆车	地铁 巴士 电车 迷你巴士 隧道列车 合乘巴士 缆车 梅特洛大巴 马尔马雷火车 渡轮
使用方法	将次数券的卡片放在检票口的读卡器上即可划消卡内次数进站	将硬币投入检票口即可通过乘车。	将公交卡放在检票机的感应读取处

伊斯坦布尔公交卡的充值方式

你可以通过市内主要的巴士总站及地铁站内设置的充值机进行操作。机器接受的纸币金额是 5、10、20、50TL 等四种币种。随着这类公交卡的普及，2015 年起曾普及民众的旧式纽扣电池公交卡已经被更新换代无法应用在时下的公交工具中。

充值机设在市内主要的巴士总站之中

机器左边的橙色方框便是读卡区

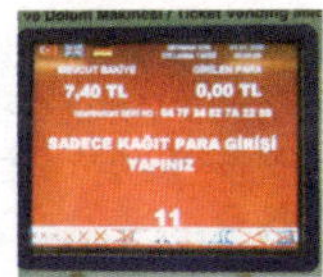

随后卡内的余额便会显示在机器的屏幕之上，插入纸币即可充值

屏幕上对你插入的纸币金额进行确认，本次的充值金额为 5TL

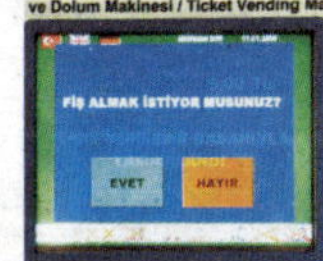

充值成功后收据将会从机器里吐出来，随后按"EVET"键即可完成充值操作

可以使用的支付手段

地铁 Metro（地下铁）

穿梭于新城区中的地铁 M2 线

连接巴士总站与旧城区的地铁 M1 线

●线路　从耶尼卡普始发的地铁 M1 线穿梭于旧城区之中，在抵达巴士总站站后地铁线一分为二，分别形成目的地为阿塔图尔克·哈瓦利马努 Atatürk Havalimanı 的 M1A 线以及目的地为奇拉茨利 Kirazlı 的 M1B 线。

从哈吉奥斯曼出发，途经塔克希姆后横渡金角湾，最终抵达耶尼卡普的地铁线是 M2 线。M3 线将巴士总站与奇拉茨利相串联。连接亚洲区内卡德柯伊与塔维桑特佩 Tavşantepe 的线路为 M4 线。从于斯屈达尔到切克梅柯伊 Çekmeköy 的线路则是 M5 线。M4 线延伸到萨比哈·格克琴机场，这为市民的出行带来了更多的交通便利。

●最适用的移动区间

前往交通总站时（搭乘 M1 线在巴士总站 Otogar 站下车）

塔克希姆→尼桑塔什（搭乘 M2 线在奥斯曼贝 Osmanbey 站下车）

可以使用的支付手段

城市电车 Tramvay（路面电车）

可欣赏沿途街景，游客最爱的交通工具

途中还会横跨加拉塔大桥

●线路　连接旧城区巴吉拉尔与新城区卡巴塔什的 T1 电车线可谓最受观光客追捧的交通线路。相反，从托普卡帕一路向北延伸的 T4 电车线恐怕则是被游客鲜少问津。

●乘坐方式　通过站台的检票口后即可乘车，车站的入口为吉利希 Giriş，出口则为丘克休 Çıkış。乘坐时请注意目的地方向，不要乘坐反方向的电车。

●最适用的移动区间

旧城区↔新城区间的往返移动

可以使用的支付手段

复古电车 Nostaljik Tramvayı

曾是伊斯坦布尔市内最为常见的交通工具

●线路　途经新城区中最著名的独立大道的便是 T5 线复古电车。车节只有 1~2 段，将塔克希姆广场与加拉太塔附近的隧道 Tunel 地区相连接。此外穿行于亚洲区卡德柯伊的 T3 线路也很有特色。

●最适用的移动区间

独立大道↔塔克希姆广场

可以使用的支付手段

隧道列车 Tünel

据说这种交通工具曾是巴黎地铁的早期实验品

●线路　于 1875 年建造面世，是欧洲最古老的地铁线路之一。从加拉塔大桥附近的卡拉柯伊搭乘这种隧道列车，只需要 3 分钟便可以抵达陆地电车的终点站——隧道站。运营时间为 7:00~22:45。

●最适用的移动区间

独立大道↔加拉塔大桥

可以使用的支付手段

缆车 Funiküler（地下缆车）

●线路　设在新城区卡巴塔什的缆车站与塔克希姆广场相贯连，乘坐地下缆车仅需 1 分钟便可以到达，平均 5~10 分钟一班，抵达塔克希姆站后可以直接从这里换乘地铁。你从卡巴塔什电车站的西侧出口（靠近车尾）顺台阶往下走便可以出站，随即便可以看到写有“TÜNEL”字样的缆车售票口和站台。

地下缆车卡巴塔什站

可以使用的支付手段

马尔马雷铁路 Marmaray（近郊列车）

URL www.marmaray.gov.tr

●线路　穿梭于横贯博斯普鲁斯海峡的海底隧道，方便欧洲区与亚洲区的市民互相往来的近郊铁路。线路区间为哈尔卡利 Halkalı 站 ~ 格贝兹 Gebze 站，其中还会途经土耳其 YHT 高铁始发站的索尤特留切什梅站 Söğütlüçeşme，下车即可换乘。

●最适用的移动区间

耶尼卡普站→于斯屈达尔站

YHT 高铁索尤特留切什梅站→旧城区

●费用　单次券 5TL，伊斯坦布尔交通公交卡 2.60~5.70TL

与土耳其 YHT 高铁相贯通，换乘便利

可以使用的支付手段

市区巴士 Otobüs

●巴士公司　İETT（市交通局）和 Özel Halk Otobüsü（民营巴士）管理的两类巴士组成了市内的巴士公交系统。新城区的巴士总站主要位于塔克希姆 Taksim，旧城区的巴士总站则坐落在艾米诺努 Eminönü。

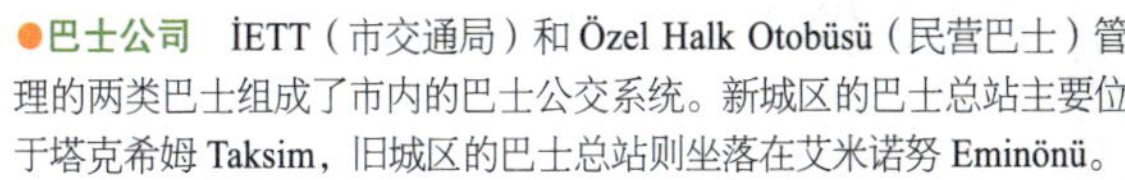

●搭乘方式

从前门上车，出示乘车票，下车时提前按下下车按钮，从中间或者后面的门下车即可。巴士车不接受现金交易，必须提前购买车票，请一定注意。

İETT 巴士

●最适用的移动区间

卡巴塔什→奥尔塔柯伊（线路众多，在奥尔塔柯伊站下车即可）

艾米诺努→卡里耶博物馆（乘坐 37E 线在埃迪尔内卡普 Edirnekapı 站下车即可）

艾米诺努→耶迪库莱（乘坐 BN1 线在耶迪库莱・萨希尔 Yedikule Sahil 站下车即可）

民营巴士车体

可以使用的支付手段

梅特洛大巴 Metrobüs

●线路　车型和市区巴士类似，但是行车时有专一车道，通常是在 Çevre Yolu 环路上运行。以土耳其 YHT 高铁始发站的索尤特留切什梅站 Söğütlüçeşme 作为大巴起点，途经 7 月 15 日烈士大桥后陆续前往新城区的金吉尔利库留车站 Zincirlikuyu、金角湾以及宰廷布尔努后，最终抵达贝利克度兹 Beylikdüzü，全程用时约 90 分钟。

●费用　单次券 5TL，伊斯坦布尔公交卡 1.95~3.85TL

下车后将公交卡放到读卡器上即可完成扣费工作。

梅特洛大巴的宰廷布尔努车站

只接受现金

除了部分地区例外，出租车基本都是黄色车身

计程表融入后视镜之中，更加简洁

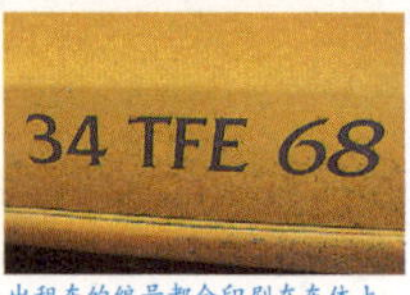

出租车的编号都会印刷在车体上

出租车 Taksi

●费用 起步价为 6TL（可能发生改变），价格相比国内也相对低廉，随后的涨幅很快，不过如果是 2~3 人同时搭乘，费用可能反而比乘坐公共交通还要便宜。需要注意的是司机手头的零钱经常不多，为了避免出现无法找零的情况，最好随身多带些零钱。

●注意事项

有的司机看到乘客是外国游客，便可能会故意继续用上一位客人的计程表（不重新打表计费），绕路甚至索要小费。因为游客朋友确实不熟悉当地交通，绕路虽然无法反驳，但是请一定要确认上车后计程表是清零状态。尤其需要当心在景区趴活的出租车。

●后视镜款计程表

将计程表设计在后视镜之中的新出租车车型日益增多，这种可是正规出租车哦，不要误会了。

●最适用的移动区间

深夜抵达机场等情况
游览金角湾和城堡周边等景点时

换乘指南

	前往伊斯坦布尔机场	前往巴士总站	前往苏丹阿赫迈特
从伊斯坦布尔机场出发	距离伊斯坦布尔机场最近的车站搭乘哈瓦伊斯特 ist-9 线机场巴士大约 75 分钟，在哈吉奥斯曼（地铁 M2 线）下车	搭乘哈瓦伊斯特 ist-3 线机场巴士大约 75 分钟	搭乘哈瓦伊斯特 ist-1S 线机场巴士大约 110 分钟
从巴士总站（长途巴士总站）出发	搭乘哈瓦伊斯特 ist-3 线机场巴士大约 75 分钟	**距离巴士总站最近的车站** **Otogar** （地铁 M1 线）	搭乘地铁从 Otogar 站前往 Yenikapı 站，大约 17 分钟，随后换乘马尔马雷铁路，在 Sirkeci 站下车即可，大约 10 分钟
从苏丹阿赫迈特出发	搭乘哈瓦伊斯特 ist-1S 线机场巴士大约 110 分钟	从 Sultanahmet 站搭乘电车前往 Yusufpaşa 站，车程大约 10 分钟，随后从 Aksaray 站换乘地铁，在 Otogar 站下车即可，车程大约 15 分钟	**距离苏丹阿赫迈特最近的车站** Sultanahmet（电车 T1 线），Sirkeci（马尔马雷铁路）
从大巴扎集市出发	从 Beyazıt-Kapalıçarşı 站搭乘电车大约 5 分钟抵达 Sultanahmet 站，随后搭乘哈瓦伊斯特 ist-1S 线机场巴士大约 110 分钟	从 Beyazıt-Kapalıçarşı 站搭乘电车前往 Yusufpaşa 站，车程大约 6 分钟，随后从 Aksaray 站换乘地铁 M1A 线，在 Otogar 站下车即可，车程大约 15 分钟	从 Beyazıt-Kapalıçarşı 站搭乘电车大约 3 分钟抵达 Sultanahmet 站，步行大约 15 分钟
从艾米诺努出发	搭乘哈瓦伊斯特 ist-1S 线机场巴士大约 110 分钟	先从 Eminönü 站前往 Sirkeci 站，车程大约 2 分钟时间，徒步 5 分钟后换乘马尔马雷铁路，前往 Yenikapı 站，车程约 5 分钟，最后搭乘 M1 线在 Otogar 站下车即可，车程约 17 分钟	从 Eminönü 站搭乘电车大约 6 分钟抵达 Sultanahmet 站，步行大约 20 分钟
从塔克希姆广场出发	从 Taksim Point Hotel 旁的巴士站搭乘哈瓦伊斯特 ist-19 线机场巴士大约 95 分钟	乘坐 830 路公交大约 1 小时便可以抵达，每小时大约有 3 班	从 Taksim 站搭乘缆车前往 Kabataş 站，大约 1 分钟的时间，随后搭乘电车前往 Sultanahmet 站，车程大约 16 分钟
从卡德柯伊出发	搭乘哈瓦伊斯特 ist-7 线机场巴士大约 90 分钟	乘坐 M4 线前往 Ayrılık Çeşmesi 站，随后换成马尔马雷铁路，前往 Yenikapı 站，最后搭乘 M1A 线在 Otogar 站下车即可，车程共计约 45 分钟	乘坐 M4 线前往 Ayrılık Çeşmesi 站，随后换成马尔马雷铁路，前往 Sirkeci 站，车程共计约 15 分钟

如果你选择搭乘哈瓦伊斯特 Havaist 机场巴士前往机场，需要额外考虑行李托运及出关时间，最好在航班起飞 4~5 小时前便坐上机场大巴最为安心。

只接受现金

合乘巴士、迷你巴士 Dolmuş, Minibüs

亚洲区以及居民区等地，合乘巴士可谓市民的代步工具

合乘巴士

●合乘巴士指的是
由面包车改造而成，目的地和行车线路提前设好，凑齐乘车人数后便会出发，车门通常是自动开关。

●线路 线路多种多样，阿克萨赖与塔克希姆发抵的线路最为便捷。营业车体通常是黄色车身，请多加注意。亚洲区的合乘巴士颜色并不单一，水蓝色最为常见。此外托普卡帕设有一个迷你巴士停车场（合乘巴士的集散地），游客经常从这里搭乘合乘巴士出发前往郊区。

●搭乘方式 乘车途中，除了禁止停车的地点外均可以随时下车。不过发车需要凑够人数才会启动，并不是上车就能马上开路。通常目的地会写在前挡风玻璃上，方便辨别。

●费用 每条线路的车费是固定的，通常可以参照车内的价格表，童叟无欺，向司机直接付费即可。

●最适用的移动区间

贝希克塔什 ~ 塔克希姆广场线路

于斯屈达尔 ~ 卡德柯伊线路

前往大巴扎集市	前往艾米诺努	前往塔克希姆广场	前往卡德柯伊
搭乘哈瓦伊斯特 ist-1S 线机场巴士前往终点苏丹阿赫迈特，车程大约 110 分钟。随后从 Sultanahmet 站搭乘电车前往 Beyazıt-Kapalıçarşı 大约 5 分钟即可抵达	搭乘哈瓦伊斯特 ist-1S 线机场巴士大约 110 分钟	搭乘哈瓦伊斯特 ist-19 线机场巴士大约 95 分钟	搭乘哈瓦伊斯特 ist-7 线机场巴士大约 90 分钟
从 Otogar 站搭乘地铁前往 Aksaray 站，车程大约 15 分钟，随后在 Yusufpaşa 站换乘电车前往 Beyazıt-Kapalıçarşı，车程大约 6 分钟	从 Otogar 站乘坐地铁前往 Yenikapı 站，车程约 17 分钟，随后换乘马尔马雷铁路，前往 Serkeci 站，车程约 10 分钟	乘坐 830 路巴士大约 1 小时，每小时大约 3 班	乘坐地铁 M1A 线前往 Yenikapı 站，随后换乘马尔马雷铁路前往 Ayrılık Çeşmesi 站，最后换乘 M4 线前往卡德柯伊，全程共计约 45 分钟
从 Sultanahmet 站搭乘电车前往 Beyazıt-Kapalıçarşı 站，车程约 3 分钟。步行大约 15 分钟	从 Sultanahmet 站搭乘电车前往 Eminönü 站，车程大约 7 分钟，步行前往大约需要 20 分钟的时间	从 Sultanahmet 站搭乘电车前往 Kabataş 站，车程约 16 分钟，随后换乘缆车前往 Taksim 站，用时约 1 分钟	乘坐马尔马雷铁路从 Sirkeci 站前往 Ayrılık Çeşmesi 站，随后换乘 M4 线前往卡德柯伊，全程大约 15 分钟
距离大巴扎集市最近的车站 Beyazıt-Kapalıçarşı 站 （电车 T1 站）	从 Beyazıt-Kapalıçarşı 站搭乘电车前往 Eminönü 站，车程大约 9 分钟时间，步行情况下是 35 分钟左右	从 Beyazıt-Kapalıçarşı 站搭乘电车前往 Kabataş 大约 19 分钟，随后换乘缆车前往 Taksim 站，用时约 1 分钟	从 Beyazıt-Kapalıçarşı 站搭乘电车前往 Eminönü 站，车程大约 9 分钟时间，随后搭乘渡轮前往 Kadıköy，时长大约 20 分钟
从 Eminönü 站搭乘电车前往 Beyazıt-Kapalıçarşı 站大约 9 分钟，徒步前往大约 35 分钟	**距离艾米诺努最近的车站** Eminönü （电车 T1 线）	从 Eminönü 站搭乘电车前往 Kabataş 大约 19 分钟，随后换乘缆车前往 Taksim 站，用时约 1 分钟	乘坐渡轮前往 Kadıköy，时长大约 20 分钟
从 Taksim 站乘坐缆车前往 Kabataş 站大约 1 分钟，随后换乘电车前往 Beyazıt-Kapalıçarşı 站，车程约 19 分钟	从 Taksim 站搭乘缆车前往 Kabataş 站，车程约 1 分钟，随后乘坐电车前往 Eminönü 站，车程大约 10 分钟。乘坐市区巴士 46Ç 路也可抵达	**距离塔克希姆广场最近的车站** Taksim （缆车 F1 线，地铁 M2 线）	先搭乘缆车前往 Kabataş 站，车程 1 分钟，随后换乘渡轮前往 Kadıköy，时长大约 30 分钟
搭乘渡轮前往 Eminönü 大约 20 分钟，随后换乘电车前往 Beyazıt-Kapalıçarşı 站，车程约 9 分钟	搭乘渡轮前往 Eminönü 大约 20 分钟	乘坐渡轮或合乘船前往卡巴塔什，随后换乘缆车前往即可	**距离卡德柯伊最近的栈桥** Kadıköy （渡轮）

连接艾米诺努与塔克希姆广场的 46C 市区巴士（CAGLAYAN-EMİNÖNÜ）的营业时间是 6:10~22:00（周日 6:15~22:05），平价每 20~30 分钟一班，不过途中经常会遇到堵车情况，可能会耽误不少时间。

运营公司

渡轮 Vapur（大型客运船）

艾米诺努港口

卡德柯伊港口

●**主要码头**　由旧城区的艾米诺努 Eminönü 码头，新城区的贝希克塔什 Beşiktaş 码头、卡巴塔什 Kabataş 码头，亚洲区的于斯屈达尔 Üsküdar 码头、卡德柯伊 Kadıköy 码头等组成。

●**费用**

次数券、交通币均可支付，乘坐非博斯普鲁斯海峡观光游船时，也可以使用伊斯坦尔公交卡进行支付。

●**运营公司**

谢希尔 · 哈特拉尔

URL www.sehirhatlari.com.tr

伊斯坦布尔高速快船 İstanbul Deniz Otobüsleri（İDO）

URL www.ido.com.tr

●**最适用的移动区间**

博斯普鲁斯海峡巡游

亚洲区～欧洲区两地的往来

艾米诺努周边的交通机构介绍图

渡轮

谢希尔 · 哈特拉尔（市内渡轮）Şehir Hatları

高速快船

伊斯坦布尔高速快船 İDO

布尔萨高速快船 BUDO

合乘船

土约尔 Turyol

登途尔 Dentur

卡巴塔什码头→Map p.92
于斯屈达尔码头→Map p.82

卡拉柯伊站（隧道）F2 Karaköy

土耳其海运 Türkiye Denizcilik İşletmesi

卡拉柯伊站 Karaköy T1

地下通道

土约尔栈桥Turyol İskelesi（于斯屈达尔、卡德柯伊方向）

卡拉柯伊栈桥 Karaköy İskelesi（卡德柯伊、埃尤普方向）

N

0　100m

加拉塔大桥 Galata Köprüsü

金角湾 Haliç

土约尔栈桥 Turyol İskelesi（于斯屈达尔、卡德柯伊方向，博斯普鲁斯海峡巡游）

鲅鱼三明治餐点 R Balık Ekmek Tekneleri

市区巴士总站

地下通道

前往博斯普鲁斯海峡方向的栈桥搭乘点（博斯普鲁斯海峡巡游）Bosphorus Cruises Pier

海札尔芬 · 阿赫梅特 · 切莱比栈桥（于斯屈达尔方向）Hezarfen Ahmet Çelebi İskelesi

查姆里栈桥（卡德柯伊方向）Camlı İskelesi

地下通道

布杜 · 艾米诺努栈桥（布尔萨方向）BUDO Eminonü İskelesi

吕斯坦帕夏清真寺 Rüstem Paşa Camii

艾米诺努站 Eminönü T1

卡缇普 · 切莱比栈桥 Kâtip Çelebi İskelesi（书店、画廊）

耶尼清真寺广场 Yeni Cami Meydanı

依杜 · 锡尔凯吉栈桥 İDO Sirkeci İskelesi（哈莱姆停车场方向）

Pandeli R

Hamdi R

Hasırcılar Cad.

耶尼清真寺 Yeni Cami

人行横道

过街天桥

埃及市场 Mısır Çarşısı

Yalı Köşkü Cad.

Çiçek Pazarı Sok.

Legacy Ottoman H

Hamidiye Cad. 哈米迪耶道

Mimar Kemalettin Cad.

Hacı Bekir S

大巴扎集市方向

S Göksel Bijuteri

锡尔凯吉站 Sirkeci T1

R Orient Express

Büyük Postane Cad.

国铁锡尔凯吉站 TCDD Sirkeci Garı（马尔马雷铁路）

运营公司

高速快船 Deniz Otobüsü（速度快）

IDO 公司的码头

●**主要码头** 船身更小，速度更快，可以更早抵达你的目的地。码头主要分为旧城区南岸的耶尼卡普 Yenikapı 和卡巴塔什、巴克尔柯伊 Bakırköy、艾米诺努 Eminönü 等。

●**费用** 用现金、伊斯坦布尔公交卡、信用卡均可以进行支付

●**运营公司**

伊斯坦布尔高速快船（İDO） URL www.ido.com.tr

布尔萨高速快船（BUDO） URL budo.burulas.com.tr

运营公司

合乘船 Motor（凑齐人数发船）

土约尔公司船体

●**主要码头** 由土约尔 Turyol，登途尔 Dentur 等公司进行运营，速度相对渡轮更加快速。

●**主要线路** 艾米诺努～卡拉柯伊～于斯屈达尔，艾米诺努～卡德柯伊（5TL）等，此外也有涉及博斯普鲁斯海峡巡游的特别线路。

●**费用** 用现金支付，乘坐非博斯普鲁斯海峡观光游船时，也可以使用伊斯坦布尔公交卡进行支付。

●**运营单位**

土约尔 Turyol URL www.turyol.com

登途尔 Dentur URL www.denturavrasya.com

伊斯坦布尔的主要航路

随着时间推移可能发生改变

艾米诺努～于斯屈达尔

航班 周一～周六 6:50~23:50 期间，每 20~30 分钟 1 班
周日 · 节假日 7:30~23:50 期间，每 20~30 分钟 1 班

所需时间 15 分钟 **费用** 2.70TL（次数券划销 1 次）

海札尔芬 · 阿赫梅特 · 切莱比栈桥发船

卡拉柯伊～埃尤普（金角湾线路）

航班 周一～周六 7:45~21:00 期间，每小时 1 班左右
周日 10:45~20:00 期间，每小时 1 班左右

所需时间 35 分钟 **费用** 2.60TL（次数券划销 1 次）

于斯屈达尔出发，途经卡拉柯伊后抵达金角湾的埃尤普，途经多个站点。如果你打算前往迷你土耳其微缩景观公园游览，在休特吕杰 Sütlüce 下船即可（航程大约 30 分钟），从卡拉柯伊到埃尤普的航程大约 40 分钟。

贝希克塔什～卡德柯伊

航班 7:15（周六 7:45，周日 8:15）~23:45 期间，每小时 2 班左右

所需时间 20 分钟 **费用** 2.95TL（次数券划销 1 次）

艾米诺努～萨鲁耶尔

航班 周一～周五 11:00~20:00 期间，每 45 分钟 ~1 小时 1 班周六 · 周日停运

所需时间 1 小时 20 分钟 **费用** 2.60TL（次数券划销 1 次）

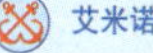

艾米诺努～卡德柯伊

航班 周一～周五 7:35（周六 7:45）~次日 0:50 期间，每 20~30 分钟 1 班周日 7:45~ 次日 1:05 期间，每 20~30 分钟 1 班

所需时间 30 分钟 **费用** 费用 3TL（次数券划销 1 次）

从艾维丽亚 · 切莱比栈桥发船，早晚高峰时期人流量较大。

锡尔凯吉～哈莱姆

航班 周一～周六 5:30~23:00 期间随时发船
周日 · 节假日 7:00~22:00 期间随时发船

所需时间 20 分钟 **费用** 2.60TL（次数券划销 1 次）

从依杜 • 哈莱姆栈桥发船，汽车也可以进行托运，下船后就会看到哈莱姆的长途巴士总站。

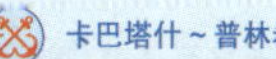

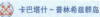

卡巴塔什～普林希兹群岛

航班 7:30~24:00 区间，每 30 分钟 ~2 小时 1 班

所需时间 2 小时

费用 5.20TL（次数券划消 3 次）

从电车卡巴塔什站前的码头出发，途经艾米诺努、卡德柯伊后前往马尔马拉海上的众多岛屿巡游（大多数是从艾米诺努码头始发）。沿途依次停靠库纳尔岛 Kınalada、布尔伽兹岛 Burgaz Adası、黑贝利岛 Heybeliada、毕尤克岛 Büyükada 等，前往库纳尔岛大约需要 50 分钟的航程，前往毕尤克库岛大约需要 1 小时 50 分钟的航程。此外博斯坦久 Bostancı 也有前往普林希兹群岛的高速快船。

巡游博斯普鲁斯海峡时会途经耶尼柯伊栈桥，这里的餐馆早在 1949 年便建成营业，现在是欣赏日落余晖的当地著名人气餐馆。

■人民币汇兑

直接用人民币兑汇的可能性不高，但是你可以出示银联卡，在伊斯坦布尔市内的 Garanti Bank 银行（绿色四叶草标志）兑换当地的土耳其里拉。该银行的 ATM 同样提供银联卡提现（土耳其里拉）功能。

■苏丹阿赫迈特的 ⓘ

Map p.61C3

住 Divan Yolu Cad.No.5

TEL（0212）518 1802

开 夏季 9:30~18:00
冬季 9:00~17:30

休 无休

■锡尔凯吉站的 ⓘ

Map p.61C1

住 Sirkeci Gari

TEL（0212）511 5888

开 夏季 9:30~18:00
冬季 9:00~17:30

休 无休

■塔克希姆广场附近的 ⓘ

Map p.65 C2

住 Mete Cad. No.6

TEL（0212）233 0592

开 9:30~16:30

休 周日

■M.T.I.Travel

住 Merkez Mah., Seçkin Sok. Dap Vadisi Z Ofis No.2-4A K:3 D:273, Kağıthane

TEL（0212）327 2393

FAX（0212）327 2387

URL www.cityofsultans.com

总社位于卡帕多西亚的于尔居普，经营线路多样，选择众多。

◆兑汇·邮政·电话

●**兑汇**　苏丹阿赫迈特、大巴扎集市、锡尔凯吉站周边以及独立大道等著名景区附近经常能看到四叶草标志的土耳其担保银行 Garanti Bank，你可以在这里通过银联借记卡进行土耳其里拉货币的提现，单笔限额大多为 1000 里拉，请多注意。土耳其银行 IS Bank 以及德尼兹银行 Deniz Bank 也都可以进行类似的提现功能，拥有一张银联标志的借记卡在当地汇兑还是比较方便的。

位于机场的当地银行

●**ATM**　银行门口或是观光景区附近通常可以找到 ATM，伊斯坦布尔市内的 ATM 数量很多，你可以在接受银联标志的银行旗下的 ATM，24 小时进行提现服务。

●**邮政**　写有 PTT 字样的招牌便是邮局的所在地，伊斯坦布尔市内的中央邮局位于锡尔凯吉，虽然 24 小时对外营业，但是在工作日 8:00~12:00，12:30~16:00 以外的时间段，邮局受理的业务种类极度受限，所以还是推荐你在工作时间前往办理相应业务。在独立大道的加拉塔萨雷高中旁的广场也都设有邮局的办事柜台。

游客经常去到的锡尔凯吉中央邮局内部

●**电话**　PTT 邮局兼营电话业务，你可以在邮局购买电话卡，最推荐你购买收费较低的公共电话亭专用国际电话卡，虽然市内的公共电话亭数量日趋减少，但是所有的公共电话都是可以拨打国际长途的，请你放心。

●**网络**　大多数酒店都设有无线 Wi-Fi 功能，在咖啡馆和餐馆通常也都可以免费登录无线网络。希望上网的客人可以直接向店内的服务员询问 Wi-Fi 密码（土耳其语读作希弗莱 Sifre）。

◆旅行情报收集

●**旅游咨询处**　苏丹阿赫迈特等地的旅游咨询处可谓是旅游信息最佳的收集地，你可以从这里获取包括市区地图，土耳其各地的宣传册等各式旅行指南。如果你还没有想好入住哪家酒店，看一圈下来可能就会有打算了，不过你无法通过旅游咨询处进行酒店的预约，可以先通过与这里的员工攀谈进行酒店的大体了解。

提防苏丹阿赫迈特地区的搭讪者

电车苏丹阿赫迈特站、苏丹阿赫迈特清真寺等景区周边，经常会有说着中英文过来搭讪的土耳其人，一定要对他们多加小心。

“你住的这家酒店已经满房了，我带你去一家同等级的其他酒店吧”，或“要不要为了中土友好下个菜馆干上一杯”等是这些搭讪者最常用的花言巧语，在他们满脸微笑的热情背后，则是意图哄骗你参报昂贵行程或拉你进暴利地毯店的牟利目的。

当然这些搭讪者的水平也分高低等级，手法巧妙的会先用“我就是想带你转转伊斯坦布尔，放心，一分钱不收”的话语与游客拉近距离，但是真正接触下来你落不到一点好处，反而会踩进他见缝插针设下的陷阱之中。

有的土耳其人本身是懂中文的，但是刚开始却故意用英文和你交流，得知你是中国人后，他也开始说起中文，制造一种“真是缘分”的感觉，请注意，他们也绝非善类，熟络之后绝对会从你身上牟利，所以遇到貌似热情的搭讪者，一定要严词拒绝，不给他们留一丝机会。

◆伊斯坦布尔始发的行程

●价格虚高的旅游团费用 伊斯坦布尔可以说是来自世界各地游客初到土耳其的首选目的地，当地许多不法旅馆便借着外国人尚不了解土耳其旅行市价肆意抬高旅行费用，一旦发现游客进店咨询，为了不让客人比价，使劲浑身解数诱骗客人直接在店内下单，不放过已经进嘴的每一块肥肉。特别是苏丹阿赫迈特等地，经常会有以“讲不来英语的话在土耳其肯定是寸步难行。巴士满员、酒店满房，不报团游览你今晚可能都没地方落榻”等话语煽动游客心中的不安心理，借此令游客将橄榄枝伸向他们的魔爪。而本书在这里可以负责任地向你承诺，以土耳其国内如此发达的交通网络，找到巴士总站的工作人员告知你即将前往的目的地，100% 是可以成功上对车的。即使你是打算在景点较为分散的卡帕多西亚观光游览，也无须选择旅行社为你安排的伊斯坦布尔起始行程，自行乘坐飞机于清早抵达格雷梅或于尔居普后，参加当地的一日游行程即可。

苏丹阿赫迈特的 ⓘ

另外假如你参加了伊斯坦布尔起始的卡帕多西亚观光游，虽然无须为沿途的交通和住宿问题而发愁，但是酒店的质量可能会令你大跌眼镜，打着洞窟酒店的旗号，实际上却是景区周围的廉价酒店，这种情况可谓屡见不鲜。

当然，伊斯坦布尔也有一些经营着很棒跟团游的旅行社，但你肯定需要抱着货比三家的态度才能遇到这样的宝藏旅馆，千万不要怕浪费时间便草草决断，跟团游的价格通常不低，对于这种大额花销还是要再三考虑为妙。

大巴士之旅的市区观光巴士

Information

拜托旅行社安排卡帕多西亚之旅的大体费用

从伊斯坦布尔出发的旅游团并非是国内传统意义的跟团游方式，当地旅行社大多会以自由行的方式为游客安排行程，包括①伊斯坦布尔→卡帕多西亚的巴士，②抵达卡帕多西亚的 1 晚住宿，③第二天卡帕多西亚的游览行程这三个主要方面，如果出现和你需求一致的客人，则可能会有同车同酒店的团友错觉，实际上每个个体都是独立而非集体形式。此外巴士车票与热气球体验也可以通过旅行社为你安排，服务十分周到。

①伊斯坦布尔→卡帕多西亚的巴士 约 25 €

②住宿费（格雷梅的民宿等级别） 1 晚 25~35 €

③卡帕多西亚的一日游（包含导游的当地旅游团） 1 天 30~45 €

根据酒店级别的不同，价格最多可能会相差 100 €左右。

伊斯坦布尔市内的观光巴士

伊斯坦布尔市交通局面向游客的巴士线路 URL www.iett.gov.tr

出发场所：苏丹阿赫迈特广场 费 24 小时券 30 €（24 小时内可以自由换乘）

TB1（9:00~19:00 每 2 小时一班）

苏丹阿赫迈特广场→艾米诺努码头→多尔玛巴赫切宫→埃尤普→迷你土耳其微缩景观公园→托普哈内→艾米诺努→苏丹阿赫迈特广场

TB2（9:00~17:00 的每个整点，19:00、19:30、20:00、20:30）

苏丹阿赫迈特广场→艾米诺努码头→多尔玛巴赫切宫→贝希克塔什→7 月 15 日烈士大桥→恰姆勒加山→7 月 15 日烈士大桥→特佩巴什→艾米诺努→苏丹阿赫迈特广场

大巴士之旅 Big Bus Tours TEL（0212）283 1396 URL www.bigbustours.com

设有途经 7 月 15 日烈士大桥后在贝勒贝伊宫折返的红色线路以及沿金角湾巡游的蓝色线路两类。

出发场所：苏丹阿赫迈特广场 费 24 小时券 50 €（24 小时内可以自由换乘）

红色线路（4~9 月的 9:00~18:30，每 20 分钟一班，3 · 10 月的 9:00~18:00，每 30 分钟一班，11 月 ~ 次年 2 月的 9:00~17:00，每 30 分钟一班）

苏丹阿赫迈特广场→艾米诺努码头→托普哈内→多尔玛巴赫切宫→7 月 15 日烈士大桥→贝勒贝伊宫→塔克希姆广场→阿塔图尔克桥→埃及市场→海岸路→苏丹阿赫迈特广场

蓝色线路（4~9 月的 9:15~18:30，每 30 分钟一班，3 · 10 月的 9:00~17:45，每 30 分钟一班，11 月 ~ 次年 2 月的 9:00~16:15，1 小时一班）

苏丹阿赫迈特广场→艾米诺努码头→君士坦丁堡普世大牧首府→埃尤普→迷你土耳其微缩景观公园→柯奇博物馆→埃及市场→海岸路→苏丹阿赫迈特广场

为了纪念 2016 年 7 月 15 日土耳其军事政变事件中的无辜伤亡人士，政府将博斯普鲁斯大桥和市区总公交总站改为 7 月 15 日烈士（恩贝西 · 滕姆兹 · 谢希特莱尔）的名称。

各区域的

伊斯坦布尔 看点导览

在长达 1600 年的漫长岁月中，这里先后作为东罗马帝国、奥斯曼帝国以及土耳其的前首都，拥有着数不胜数的历史看点。本书按照区域划分，更加简单明了地为游客介绍伊斯坦布尔的观光资源，你可以根据各区域的游览时间，自行制订适合自己的游览方案。

金角湾周边

p.128~129

狭长的金角湾将旧城区和新城区一水相隔，旧城区视野最好的观景点当数**皮埃尔 · 洛蒂茶餐厅**p.128，当地的**埃尤普苏丹清真寺**p.128也是人气十足的知名景点。新城区的沿岸地带则坐落着**柯奇博物馆**p.129以及**迷你土耳其微缩景观公园**p.129。乘坐渡轮或市区巴士都可以到达沿岸地区，但是班次不多，相比而言还是打车更加方便。

皮埃尔洛蒂茶餐厅

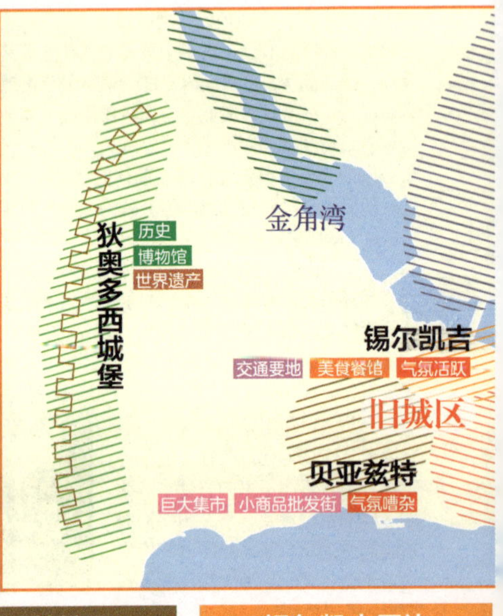

狄奥多西城堡周边

p.130~131

狄奥多西城堡是一座从金角湾一路蔓延到**耶迪库莱**p.130，长达5.7公里，将旧城区包围其中的坚固城墙。**埃迪尔内卡普**与**托普卡帕**等城门留存至今，城堡内的不少场所也得到了很好的修复，非常值得一看。邻近城堡的**卡里耶博物馆**p.130中的壁画艺术价值很高，可以一看。市内的观光巴士p.101也有沿城堡行驶的特色线路。

卡里耶博物馆内的精美马赛克壁画

贝亚兹特地区

p.117~121

贝亚兹特坐落在苏丹阿赫迈特西侧，区域范围大体有电车 T1 线 1~3 站的距离，从苏丹阿赫迈特出发，步行也可以完成整个地区的游览行程。这里最知名的景点当数**大巴扎集市**p.117，从市集周边一直延伸到艾米诺努的小商品批发街以及建筑大师希南的杰作**苏莱曼清真寺**p.121也都不容错过。

大巴扎集市中的灯具店铺

锡尔凯吉周边

p.122~123

土耳其高铁站的所在地便是锡尔凯吉。连接新城区与旧城区的**加拉塔大桥**p.122也坐落在这里，由于临近船只的发抵地艾米诺努码头，气氛热闹。锡尔凯吉位于苏丹阿赫迈特的北部，你可以搭乘 T1 电车前往，时间充裕的话徒步也可以。途中还可以去售卖干果与香料的**埃及市场**p.123转一转。

加拉塔大桥下的餐饮街

新城区 p.124~127

加拉塔大桥以北的广阔区域都属于伊斯坦布尔的新城区范围。你可以搭乘地铁 M2 线以及电车 T1 线前往这里，也可以选择市区巴士以及合乘巴士等交通方式更自由地在陆地上穿梭游览。可以纵览旧城区与博斯普鲁斯海峡美景的**加拉太塔** p.125、装潢豪华的**多尔玛巴赫切宫** p.127、以军乐队的演奏而声名远扬的**军事博物馆** p.126 等都是新城区的特色看点。

如果你想购物或是单纯散步，**那独立大道** p.124 和地铁 M2 线奥斯曼贝站附近的**特希维克耶·尼桑塔什** p.154 等地则是你的目的地首选，众多精品商铺与雅致咖啡馆都分布在这些地区，品位高雅。

独立大道

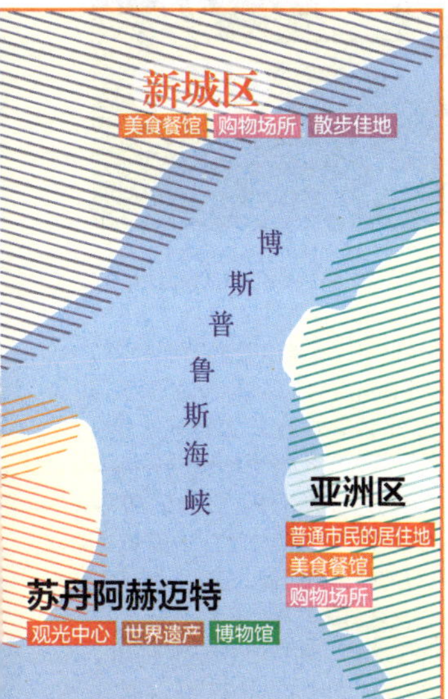

博斯普鲁斯海峡周边 p.134~137

博斯普鲁斯海峡将马尔马拉海与黑海相连通，游客可以通过搭乘海峡巡游船 p.134 的方式游览这片将欧洲大陆与亚洲大陆分离开来的狭长海域。途中你可以欣赏到连接欧亚大陆的**7 月 15 日烈士大桥** p.135，从海上远眺**奥尔塔柯伊·梅吉迪耶清真寺** p.126，在海水衬托下的清真寺风景也更加别具风情。陆地上同样也有观赏海峡的最佳地点，这便非**鲁梅利堡垒** p.136 莫属。从码头出发，前往分散在马尔马拉海的**普林希兹群岛** p.137，岛上的东正教教堂古朴庄严，在群岛中巡游，时光如隙，不经意间便已到了日落时分。

法提赫苏丹穆罕默德大桥

博斯普鲁斯海峡巡游

苏丹阿赫迈特地区 p.104~116

苏丹阿赫迈特便是旧城区中历史区域的中心所在地。伊斯坦布尔观光中最为知名的景点，**苏丹阿赫迈特清真寺** p.108（也叫蓝色清真寺），**托普卡帕宫** p.104，**地下宫殿** p.111 等都云集在这片区域之中，如果你想深度领略伊斯坦布尔的迷人魅力，建议你最少在这里转上一天的时间。这些景点之间距离较近，步行游览最为合适。观光时注意提防主动和你搭话的搭讪者，拒绝是与他们最好的沟通方式。值得一提的是，托普卡帕宫每周二闭馆，设计观光行程时请多加留心。

托普卡普宫大门

苏丹阿赫迈特清真寺

亚洲区 p.132~133

亚洲区中也有别具特色的精彩景点，你可以搭乘渡轮或马尔马雷铁路前往亚洲大陆一侧。**于斯屈达尔** p.132 地区依然留存着众多古老民宅，喜欢古老街区的游客来这里肯定没错。**卡德柯伊** p.132 则云集着众多古董商店与老字号餐厅，是整个伊斯坦布尔屈指可数的繁华商区。**库兹衮丘克** p.132 也是很适合静下心来慢慢品味的散步地区。随着城市的不断发展壮大，郊外的大型购物中心也是屡见不鲜。

卡德柯伊的码头风光

Information

博物馆通行证

凭通行证可以游览包括托普卡帕宫（包含后宫与圣伊琳娜博物馆）、伊斯坦布尔考古学博物馆、土耳其伊斯兰美术博物馆、大宫殿马赛克博物馆、加拉塔梅夫拉那博物馆、卡里耶博物馆在内的多家博物馆每馆一次。通行证可以直接从上述的博物馆中直接购买，凭通行证游览少女之塔和部分浴场也会有相应折扣。

URL muze.gov.tr/museumpass

费 185TL（5 天有效）

位于宫殿入口的售票窗口，各设施的开馆时间也都张贴在旁边的一览表中

■托普卡帕宫

TEL（0212）512 0480

URL www.topkapisarayi.gov.tr

开 夏季 9:00~18:45

冬季 9:00~16:45

（后宫对外开放到 16:00）

休 周二

费 60TL　后宫 35TL

每台语音导游器收费 20TL，租借的时候需要将护照等身份证明扣留在服务台。

※ 后宫的门票需要进入托普卡帕宫后再另行购买

不可以在藏宝馆内拍照

室内不得使用闪光灯

1728 年建造的穆罕默德三世喷泉位于帝王之门的正前方

使用语音向导游览可以获取更多景点信息

将称霸欧亚非三大陆的奥斯曼王朝繁荣光景延续至今

托普卡帕宫

Map p.61D1~D2

Topkapı Sarayı 托普卡帕 · 萨拉尤

托普卡帕宫是奥斯曼王朝最高统治者苏丹的居所，在长达 400 年的历史长流中一直作为奥斯曼王朝的政治与文化中心，宫内遗留下来的藏宝不尽其数。

托普卡帕宫坐落在马尔马拉海海畔的一个小山丘上，可以眺望到博斯普鲁斯海峡的迷人景色。从 15 世纪中叶 ~20 世纪初期，这里一直作为奥斯曼王朝最高统治者苏丹的居城。

安检过后就可以看到托普卡帕宫的全景模型，大体掌握整座宫殿的结构布局

如果你隔着金角湾从新城区远看托普卡帕宫，便会明白整座皇宫的地理位置设计得极为巧妙，可谓易守难攻。

皇宫所在的山丘三面环海，从宫殿中便可以直接俯瞰到亚洲大陆与欧洲大陆即东西方交易的要地——博斯普鲁斯海峡。以前宫内的碉堡中曾放置大炮，托普其实就是大炮的意思，卡帕意为人门，所以托普卡帕宫翻译过来就是大炮之门的意思。

1453 年，苏丹穆罕默德二世征服了拜占庭帝国，并于 15 世纪 60 年代下令建造初代托普卡帕宫，此后多位继位的苏丹在初代宫殿的基础上进行改造与扩建，最后形成了目前我们眼前的这座托普卡帕宫。整座宫殿占地广达约 70 万平方米，自身便是一座城镇的规模。直到 1856 年多尔玛巴赫切宫完工之前，从邻近的维也纳到黑海、阿拉伯半岛乃至北非，都被这座奥斯曼王朝的政治中心所牢牢统治，当时这里的繁荣光景真是难以言表。宫内的看点除了议会室、苏丹居所外，位于皇宫一侧的后宫也同样不容错过。

皇帝之门与中庭（托普卡帕宫）

Map p.61D2~D3

Bâb-ı Hümâyûn/Avlular 巴布 · 休马云 / 阿乌鲁拉尔

托普卡帕宫的入口的大门建于 1478 年，据说过去这座城门曾是双层结构，比现在看起来更加雄伟气派。穿过皇帝之门，你便会来到第一庭

威风凛凛的皇帝之门

院，目前第一庭院中仍保留着拜占庭时期的古老教堂——圣伊琳娜教堂，现在教堂改建为博物馆对公众开放。此后深入庭院，右手边便会出现售票处，继续前行，眼前便是左右两侧更设有一座八角形尖塔的崇敬门，仔细观察的话，还可以在门上发现一段古兰经的雕文。

穿过崇敬门，便会来到第二庭院，这里鸟语花香宛如一座小型公园，背向入口的左手边深处便是后宫的所在地，右手边则是御膳房，目前御膳房区被改建为陶瓷器展示馆，里面的藏品来自亚洲各地。

后宫（托普卡帕宫） Map p.106

Harem 哈莱姆

Harem 由阿拉伯语中读作哈拉姆的单词（意为圣域）与哈腊姆的单词（禁止）演变而来，作为托普卡帕宫最大的看点之一，本身就是一座独立的博物馆区域。

进入后宫区域后，首先看到的便是宦官居所，当时从埃及努比亚地区挑选而来的黑人宦官，其任务便是对后宫的警备工作，据说宦官长过去还曾为苏丹挑选女子入宫。但是根据伊斯兰的教例规定，女子不得随意露面，即使是送饭工作，也是宦官把饭菜放到房间的里屋外面，待用餐结束后再从这里拿走，期间完全见不到身处里屋的苏丹妃妾。这种里外屋结构的后宫房间，至今仍可以进行参观。

苏丹女眷所居住的后宫，主要分为苏丹母亲（苏丹皇太后 Valide Sultan）的居所以及第一到第四王妃（根据为苏丹率先生下男婴的顺序）的四处居所。每位王妃都有自己的贴身仆从，保证其优雅的生活品质。

后宫中除了上文所提到的女眷居所，收藏着精美中国陶器的皇帝之宫、被鲜艳精美的伊兹尼克彩砖装饰的穆拉德三世之宫以及绘有花朵与水果壁画的穆罕默德三世餐厅等区域也都十分值得一看。

此外，建于后宫前面的四方形塔楼被称为正义之塔，过去这里曾起到对市区的监视与瞭望外敌的重要作用。

托普卡帕宫的入口——皇帝之门

■圣伊琳娜教堂（博物馆）

建于公元 6 世纪查士丁尼一世时期的古老教堂，2014 年起作为博物馆开始对公众开放，虽然教堂中的精美壁画都已损毁而无法一见，但是其独特的造型具有超乎想象的聚音效果，不少音乐会为了追求极致的收音奇效，经常会挑在这里举办。不过托普卡帕宫的门票其实是不包含这个景点的，如果你打算参观这里，需要额外付费。

URL www.topkapisarayi.gov.tr
开 夏季 9:00~19:00
冬季 8:00~17:00 休 周二
费 20TL 室内不得使用闪光灯

■陶瓷展示馆

馆内收藏的中国陶瓷器多达 1 万余件，在重新装修后，对展品进行精挑细选，目前你看到的可谓是浓缩中的精华。

■后宫

夏季参观后宫的游客可能会在购票处排起长队，如果打算参观的话，推荐在一开馆时或上午游览，凭借博物馆通行证（p.104 边栏）也可以直接入内参观。

Information

伊斯坦布尔的历史

伊斯坦布尔的历史悠久，见证了罗马帝国、拜占庭帝国以及奥斯曼帝国共 122 名君主长达 1600 年间的政权交替。

330 年 5 月 11 日，罗马帝国的君士坦丁大帝将都城从罗马迁到拜占庭，拜占庭即是现在的伊斯坦布尔，当时称作“新罗马”，也是东罗马帝国的首都，后世的历史学家也将东罗马帝国称作拜占庭帝国。

当时的“新罗马”也是人们俗称的君士坦丁堡，曾与唐朝的长安、阿拉伯帝国的巴格达共称为世界最大的古代城市。同时君士坦丁堡也是基督教的中心地和丝绸之路的终点，繁荣至极。

当然，任何人对于这座繁荣之都都垂涎欲滴，在各方势力围攻之下，终于在 1204 年 4 月 6 日，沦陷于第四次十字军东征的战火下，虽然东罗马帝国在 60 年后成功复国，但是王朝的实力已经大不如前，1453 年 5 月 29 日，被奥斯曼王朝苏丹穆罕默德二世所率领的军队吞并，进入了奥斯曼王朝的统治时期。

奥斯曼王朝依旧将君士坦丁堡（现伊斯坦布尔）作为帝国的首都，凭借其强大的势力令这座城市重新恢复了昔日的繁荣盛况，今日当你游览托普卡帕宫时便可以领略到当时的辉煌光景。

当然，世界上没有不会衰败的封建王朝，奥斯曼帝国也像拜占庭帝国一样，势力日渐衰退。第一次世界大战中崭露头角的民族英雄穆斯塔法·凯末尔在战后的大国民会议中，宣布结束奥斯曼帝国的封建统治，成立土耳其共和国，并将首都从伊斯坦布尔迁到安卡拉。至此，伊斯坦布尔作为首都的历史终于画上句号。但是这座城市的历史篇章清晰地印刻在史书之中，其不容磨灭的历史价值值得我们每一个人亲自到访并细细品味。

伊斯坦布尔这个名字虽然自古以来便早已出现，但是正式确定下来，还是在土耳其共和国建国后的1923年。这之前，大多数人都将这里称为君士坦丁堡。

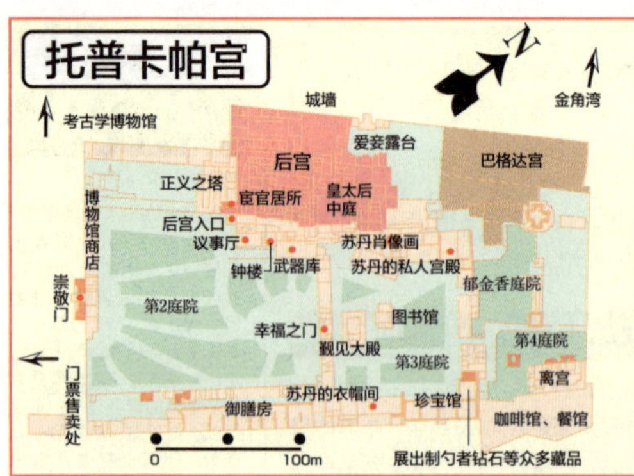

后宫入口

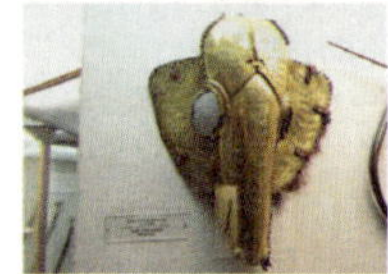
后宫的入口附近便是武器库

■托普卡帕宫内的修复工作

在托普卡帕宫内的全体珍宝馆以及部分后宫进行过整修工程，具体开馆时间尚未确定，想前往，请提前查好信息。

苏丹的私人宫殿（托普卡帕宫） Map p.106

Has Oda 哈斯 · 欧达

位于第 3 庭院的北侧，由 4 个房间所组成，土耳其最负盛名的伊兹尼克彩砖遍布整面墙壁。塞利姆一世作为伊斯兰教的领袖，两圣地［麦加以及麦地那（现沙特阿拉伯）］的仆人，从 1517 年开始直至 19 世纪末，名正言顺地将伊斯兰教相关的宝物放在这里进行展示。

主要展品包括先知穆罕默德的剑和胡子等宗教圣物、麦加圣殿的钥匙、保护黑石的金属神龛等。奥斯曼王朝的统治者苏丹，同样也是伊斯兰教的最高权威，因此这里的宗教藏品都十分宝贵，这也使得托普卡帕宫内的这座私人宫殿成为众多穆斯林的朝圣之地。

觐见大殿（托普卡帕宫） Map p.106

Arz Odası 阿尔兹 · 欧达斯

从第 3 庭院的后宫出口出来后便会来到这座觐见大殿，位于幸福之门的正前方。奥斯曼王朝早期，每周里有 4 天苏丹都会在这座觐见大殿会见朝内的高官将领。但苏丹真正抛头露面也仅是奥斯曼王朝前期的一

苏丹穆罕默德三世的餐厅绘有众多水果图案，十分别致

位于后宫中的皇帝之宫

这里的后宫其实和中国古代的后宫意义没有太多区别，奥斯曼帝国统治者苏丹的女眷都居住在这片区域，历史上包括许蕾姆苏丹在内的众多人物都曾在这里生活。可以说这里与奥斯曼王朝的变迁有着密不可分的紧密联系。

小段时间，此后苏丹通过一扇名为“王之眼”的小窗聆听朝臣的声音。

雄伟的觐见大殿

现在觐见大殿也作为绒毯的展馆对外开放

珍宝馆（托普卡帕宫）

Map p.106

Hâzine Odası 哈兹内 · 欧达斯

第 3 庭院的南侧便是收藏众多瑰宝与服饰的珍宝馆所在地，2001 年经过改装之后，目前根据不同的主题分为 4 个房间，共展出 190 件宝贵藏品。除了第四个房间的著名珍宝外，其他房间的展品都会不定期进行更换。伊斯坦布尔从奥斯曼帝国成立之后，便从未经历过任何国家的入侵或掠夺，所以这里的藏品之多其实远远超乎你的想象。

第 4 间房内展出的制勺者钻石以 86 克拉大小在全世界都名列前茅，目前被 49 颗小钻石精心装点成泪珠的造型。传说旧时一名渔夫在海边捡到了这枚钻石的原石，完全不知道它的价值，随后便在市集上用它交换了 3 只木勺，所以才有了现在这个“制勺者钻石”的别称。

镶嵌着三颗绿宝石和钟盘的托普卡帕短剑曾在电影《土京盗宝记》中，作为玛丽娜 • 墨蔻莉所饰演的盗贼偷窃的目标而被世人知晓。重达 3 千克，也是世界上最大的绿宝石，梦幻夺目。在伊斯兰世界中，绿宝石是最有宗教意义的，因此历代苏丹都在极力搜集全世界的绿宝石资源，这也是你能在这里看到世界上最大的绿宝石的原因。

面向第 3 庭院的珍宝馆共分为四个房间作为展品的展室

巴格达宫（托普卡帕宫）

Map p.106

Bağdat Köşkü 巴格达 · 蔻休库

穿过第 3 庭院以及郁金香园，便可以来到位于托普卡帕宫最深处的巴格达宫，宫殿内墙上装点的伊兹尼克彩砖精美绝伦。位于宫殿露台上的金色屋顶建筑名为开斋亭，斋月期间，苏丹在日落后便会在这座亭子内用餐。现在这里已经变成游客可以随意到访的区域，从这里可以眺望到金角湾以及对岸新城区的绝佳景色。

设在托普卡帕宫内的特色餐厅，在品尝传统土耳其菜肴的同时可以欣赏马尔马拉海的美丽景色，主菜的价格相对市区餐厅要更贵一些

巴格达宫的开斋亭视野非常不错

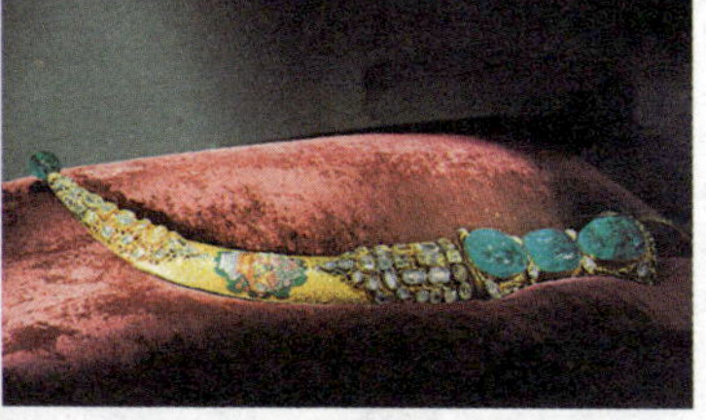

托普卡帕短剑

久负盛名的制勺者钻石

豪华的头冠装饰

珍宝馆内的展品更迭十分频繁，即使是托普卡帕短剑等著名展品也有被其他展品替换的可能。

■苏丹阿赫迈特清真寺（蓝色清真寺）

☐ 0545 577 1899

开 不定期（每天5次礼拜时间段都会临时控制入场人流）。虽然可以参观的时间表会张贴出来，但是由于礼拜时间会不定期发生变化（参照下表），因此还是推荐游客在上午8:00~9:00进行参观。需要注意的是周五上午清真寺不对游客开放。

休 无休　费 自愿捐赠

礼拜时段不得照相

室内不得使用闪光灯

苏丹阿赫迈特地区　预计参观所需时间 30 分钟

因蓝色清真寺的别称而名扬海外

苏丹阿赫迈特清真寺

Map p.61C3~C4

Sultanahmet Camii 苏丹阿赫迈特·迦米

拥有巨大穹顶建筑与六座笔直宣礼塔的土耳其代表性清真寺。至今仍是当地穆斯林日常礼拜的重要场所，信徒云集，极为神圣。

苏丹阿赫迈特地区名称的由来便出自这座气派的蓝色清真寺，这里作为伊斯坦布尔旧城区的观光中心，其雄伟而又华丽的外观，也是整座伊斯坦布尔的城市象征。

在土耳其的清真寺中，穹顶礼拜堂和笔直的宣礼塔是最为重要的组成部分，苏丹阿赫迈特清真寺也不例外，作为伊斯兰清真寺中罕见拥有六座宣礼塔的清真寺建筑，环绕大殿的六座宣礼塔塔高43米，而大殿的穹顶直径也足有23.5米，此外还有4个附属穹顶及30个点缀穹顶。

这座清真寺是苏丹阿赫迈特一世命令米玛·希南的徒弟——迈赫迈特·阿加 Mehmet Ağa 设计的，从1609年开始建造，历时7年半的时间才最终面世。在此之前，伊斯兰教中只有麦加的大清真寺才坐拥有6座宣礼塔，由于建筑师误解了苏丹阿赫

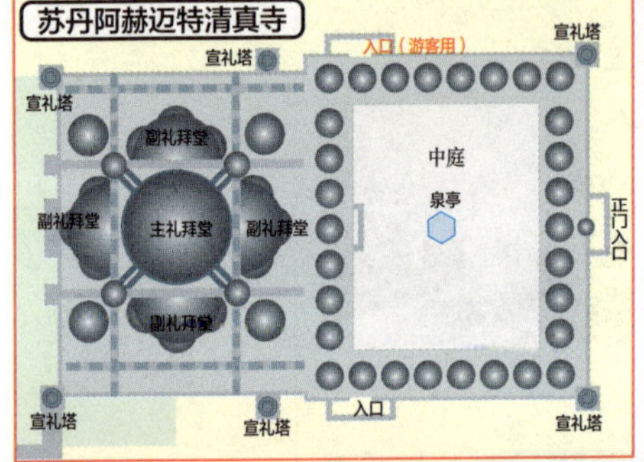

礼拜开始时间一览表		上午	中午	下午	日落	夜晚
1月	1日	5:55	12:18	14:39	16:57	18:30
	15日	5:54	12:24	14:52	17:11	18:43
2月	1日	5:45	12:28	15:09	17:32	19:00
	15日	5:31	12:28	15:23	17:49	19:16
3月	1日	5:12	12:27	15:35	18:05	19:31
	15日	4:49	12:23	15:44	18:21	19:48
4月	1日	5:17	13:18	16:53	19:39	21:08
	15日	4:50	13:14	16:58	19:54	21:27
5月	1日	4:19	13:11	17:03	20:11	21:51
	15日	3:54	13:11	17:07	20:26	22:13
6月	1日	3:30	13:12	17:12	20:41	22:36
	15日	3:22	13:15	17:16	20:49	22:48
7月	1日	3:27	13:18	17:19	20:51	22:49
	15日	3:44	13:20	17:19	20:45	22:38
8月	1日	4:09	13:21	17:16	20:31	22:15
	15日	4:32	13:19	17:09	20:13	21:51
9月	1日	4:57	13:14	16:55	19:47	21:18
	15日	5:15	13:09	16:40	19:24	20:51
10月	1日	5:33	13:04	16:22	18:56	20:22
	15日	5:49	13:00	16:05	18:34	20:00
11月	1日	5:06	11:58	14:46	17:10	18:38
	15日	5:21	11:59	14:35	16:56	18:26
12月	1日	5:36	12:03	14:28	16:47	18:19
	15日	5:47	12:09	14:29	16:47	18:21

伊斯坦布尔的当地时间，在礼拜开始前的20~30分钟便将不允许游客入内参观

4座副礼拜堂将主礼拜堂环抱其中

仰头仰到脖子发酸也看不完穹顶的精美装饰

夜晚华灯初上的蓝色清真寺

称为敏拜尔 Minber 的布教台被施以精致的雕刻，台阶的制高点是先知穆罕默德所在的位置，布教者只能在台阶的中间区域为信徒布教

迈特一世的指令，使得这座蓝色清真寺也出现了 6 座宣礼塔，但苏丹阿赫迈特一世不舍得拆掉这里的任何一座，最终决定额外再为大清真寺添一座宣礼塔扩建至 7 座，才得以平复当时伊斯兰世界的轩然大波。

现在当你仰头欣赏主殿精美穹顶时，还会发现有许多扇窗户镶嵌其中，这 260 扇用彩色玻璃装点的天窗使得整个礼拜堂中的光线更加柔和舒适。

多达 2 万余枚装饰在礼拜堂墙壁上的伊兹尼克蓝色彩砖美轮美奂，极为协调，一片一片拼接起来，最终形成了我们眼中所看到的这座别具特色的蓝色清真寺。从 2017 年 7 月开始开展的修复工程预计在 2021 年完工。

清真寺建筑前坐落着一个广阔的庭院，绿意盎然、鸟语花香，既是当地市民的休憩之所，也是游客拍摄旅行纪念照的绝佳地点。

苏丹阿赫迈特地区　　预计参观所需时间 **10 分钟**

苏丹阿赫迈特一世陵庙

Map p.61C3

Sultanahmet Türbesi 比林吉 · 苏丹阿赫迈特 · 特尤贝希

位于苏丹阿赫迈特清真寺前面的公园还有一座喷泉

坐落在苏丹阿赫迈特清真寺北侧的建筑便是苏丹阿赫迈特的遗体安放地，于 1619 年竣工，苏丹在蓝色清真寺竣工的次年去世，自此之后整个苏丹家族便都安放在这座淡彩色玻璃装点的陵庙之中。

苏丹阿赫迈特一世的寿棺

■苏丹阿赫迈特一世陵庙

开 8:30~19:00

休 周一

费 免费

室内不得使用闪光灯

正在进行修复工作的苏丹阿赫迈特一世陵庙

面向苏丹阿赫迈特一世陵庙的喷泉名为德国喷泉 Alman Çeşmesi，是为了纪念德国皇帝威廉二世第二次到访伊斯坦布尔修建而成的。

本系列已出版丛书
涵盖世界70个国家和地区

 预计参观所需时间 **30 分钟**

地下宫殿

Map p.61C3

Yerebatan Sarnıcı 耶莱巴坦 · 萨尔努吉

伊斯坦布尔旧城区的地下空间设有多处蓄水池，而其中作为景点对外开放的便是这处建于公元 4 世纪到 6 世纪，君斯坦丁大帝到查士丁尼大帝时期的古老地下空间。土耳其语的 Yere 耶莱意为“土地”，batan 巴坦意为“下沉”，组合起来就用来形容这处位于地下的大型蓄水池。从拜占庭时代到奥斯曼时代，这里一直是周边区域的水资源主要存放处。水流从搭建在阿塔图尔克大道 Atatürk Bul. 的瓦伦斯水道桥引流而来，旧时苏丹们的水源都是出自这里。整个地下空间长 140 米，宽 70 米，高约 8 米，内部由科林斯式立柱进行支撑。起初这里的立柱有 12 列，每列 28 根，共计 336 根。19 世纪末位于西南侧的立柱被进行改造，一下消失了 90 根宝贵的历史文物。

至今当你到访地宫之时，仍可以看到这里的水池，在未开掘这片地下空间之前，住在这上面的土耳其市民将地板打孔，从家里便能钓上鱼来。位于地宫最深处的区域中还有 2 座倒着摆放的美杜莎头雕。1984 年在一次大改修的工程中，这两个埋在 2 米深泥里的头雕才被发掘出来。

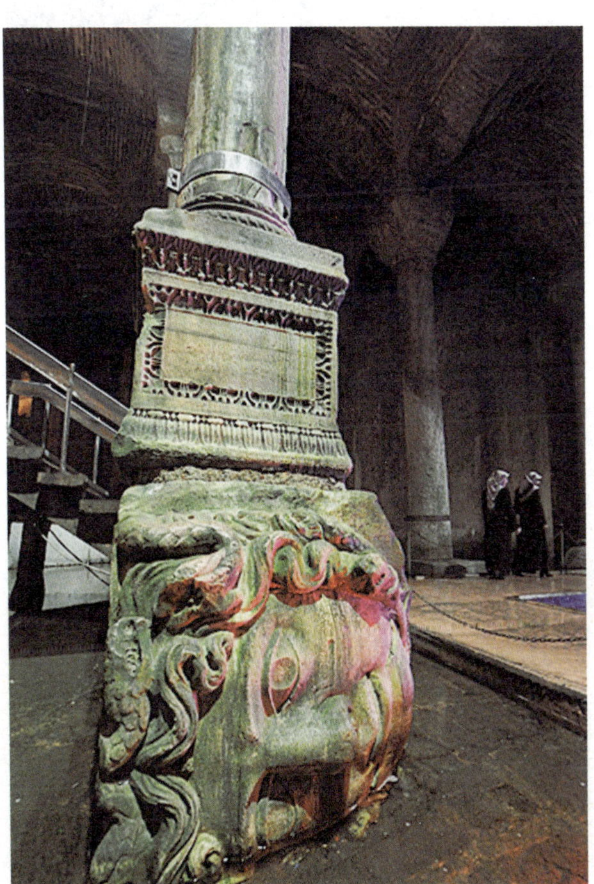

2 座倒着摆放的美杜莎头雕

Information

绒毯博物馆

过去曾在苏丹阿赫迈特清真寺旁博物馆展出的展品，从 2013 年开始转移到附近的教堂对外展示，包括伊斯坦布尔市内的苏莱曼清真寺（p.121）、埃迪尔内的塞利米耶清真寺（p.163）、迪夫里伊大清真寺（p.335）等曾装点土耳其世界遗产建筑的各式绒毯都汇集在这里对外展出。

Map p.61D3

TEL （0212）512 6993

开 9:00~18:00（冬季 ~16:30）

休 周一

费 10TL

室内不得使用闪光灯

■地下宫殿

住 Yerebatan Cad.No.1/3

TEL （0212）522 1259

FAX （0212）522 8166

URL www.yerebatan.com

开 9:00~18:30（冬季 ~17:30）

休 无

费 20TL

室内不得使用闪光灯

拱形长廊营造出一种难以言表的神秘氛围

Information

欣赏户外剧场的演奏

位于赛马场旁边的户外剧场（Map p.61C3），每周日的下午16:00开始都会有军乐队在这里进行表演，届时无须付费即可随意入场欣赏，如果时间方便的话十分推荐一去。具体的举办时间可能会略有调整，请在临行前到旅游咨询处做最终确认。

狄奥多西一世方尖碑

苏丹阿赫迈特地区　预计参观所需时间 **30分钟**

赛马场

Map p.60B4~61C3

At Meydanı 阿图·梅达努

这处位于苏丹阿赫迈特清真寺西侧的大型罗马竞技场遗迹，过去曾是一座长达500米，宽117米的U形竞技场，古时曾是战车竞技的举办地。现在人们称这里为"阿图·梅达努（赛马场）"，节假日还会在这里不时举办各种精彩的活动。

君士坦丁七世的方尖碑

目前广场中留有3座不同材质的纪念碑，最北面高达25.6米的雕文石柱被称为狄奥多西一世方尖碑。这座刻有象形文字，由古埃及法老——图特摩斯三世建设在卢克索地区卡尔纳克神庙中的方尖碑，是罗马皇帝特意从埃及不远万里运到土耳其的。

德国喷泉

位于广场中央，高达8米中间弯曲的青铜蛇之柱，是公元前5世纪希腊为了纪念波希战争胜利而建造的立柱，君士坦丁大帝时期从希腊德尔菲的阿波罗神殿中搬移过来。最南侧的碎石方尖碑建于君士坦丁七世时期，坐落在不远处的八角形建筑称为德国喷泉，是德国皇帝威廉二世的馈赠之礼。

苏丹阿赫迈特地区　预计参观所需时间 **1小时**

土耳其伊斯兰美术博物馆

Map p.60B3

Türk Islam Eserleri Müzesi 图尔克·伊斯拉姆·艾瑟尔莱利·缪泽希

由面向赛马场16世纪建筑改建而成的博物馆，在经历了长期的修整工程后，终于在2014年再次开馆对外营业。

馆内展出包含苏丹诏令（Ferman）、迷你缩微模型、古兰经拓本、绒毯等19世纪（含）以前的土耳其及伊斯兰宗教界传统美术工艺品，很有艺术价值。

■土耳其伊斯兰美术博物馆

TEL（0212）518 1806

开 9:00~18:30（冬季~16:30）

休 冬季的周一

费 35TL

室内不得使用闪光灯

苏丹阿赫迈特地区 预计参观所需时间 **30 分钟**

大皇宫马赛克镶嵌画博物馆

Map p.61C4

Büyük Saray Mozaik Müzesi 毕尤克 · 萨莱伊 · 马赛克 · 缪泽希

位于苏丹阿赫迈特清真寺东南方向，这座博物馆在十字军第四次东征以前曾是拜占庭帝国的皇宫建筑，虽然皇宫建筑的架构已经所剩无几，但是藏于皇宫的众多马赛克镶嵌画都得到了较好的保存，在经过修复后对外展出。壁画中不乏运用绿色和黄色等鲜艳彩砖制作的精美镶嵌作品，主题以动物和大自然的故事居多。

色彩艳丽的马赛克壁画

苏丹阿赫迈特地区 预计参观所需时间 **15 分钟**

库丘克 · 圣索菲亚清真寺

Map p.60B4

Küçük Ayasofya Camii 库丘克 · 阿雅索菲亚 · 迦米

建筑原型是公元 6 世纪查士丁尼大帝建造的圣塞尔吉斯 & 圣巴卡斯教堂，在君士坦丁堡沦陷之后，16 世纪被 Hüseyin Ağa 改建为清真寺建筑，是伊斯坦布尔市内现存最古老的拜占庭风格建筑。并设的神学校改建为手工艺中心，你可以在这里参观螺贝工艺品及彩砖的绘画工艺。

指向圣地麦加方向的圣龛位于教堂的后半区之中

■大皇宫马赛克镶嵌画博物馆

开 9:00~18:30（冬季 ~16:30）
休 冬季的周一
费 20TL
室内不得使用闪光灯

■库丘克 · 圣索菲亚清真寺

开 9:30~20:30（周五 14:30~）
休 无
费 免费
礼拜期间不得拍照

虽然是一座伊斯兰清真寺，但是却隐隐约约有种西方教堂的影子

外观别致的伊斯坦布尔考古学博物馆

■伊斯坦布尔考古学博物馆
住 Osman Hamdi Bey Yokuşu
TEL（0212）520 7740
URL www.istanbularkeoloji.gov.tr
开 9:00~19:00（冬季~17:00）
休 周一
费 30TL
室内不得使用闪光灯
凭票还可以进入古代东方博物馆与花砖博物馆参观。
语音导游器 15TL（需要将护照寄存在服务台）

苏丹阿赫迈特地区　预计参观所需时间 **2~3 小时**

伊斯坦布尔考古学博物馆

Map p.61D2

İstanbul Arkeoloji Müzesi 伊斯坦布尔 · 阿尔凯罗吉 · 缪泽希

从托普卡帕宫第 1 庭院的北部，沿石质台阶下行便可以抵达。奥斯曼王朝时期，英国、法国、德国三国的考古队将土耳其遗迹大肆挖掘，一多半的文物都被他们带回到各自的国家博物馆中进行展出。1881 年以后出土的大部分文物则安放在这座考古学博物馆中对公众开放展览。亚历山大大帝的石棺、希腊 · 罗马时代的各式文物都很具有历史价值。博物馆分为旧馆和新馆，2019 年 5 月仍都处于闭馆的修复工程之中，仅对外展出最知名的部分展品。新馆的 1 层展出拜占庭时期的雕刻工艺品与伊斯坦布尔周边城市出土的文物与雕刻工艺品，2 层则集中展示从伊斯坦布尔发掘出的雕刻工艺品。3 层展示特洛伊的出土文物与旧石器～弗里吉亚时代的出土文物。4 层的展品包括塞浦路斯、叙利亚、黎巴嫩的土器与石像。

吕基亚石棺

Likya Lahiti 吕基亚 · 拉希缇

制作于公元前 5 世纪末吕基亚时代的石棺，表面的图案在当时堪称划时代的设计，弧形棺盖上雕有凤凰的图案，下方的棺砵则刻有半人马的图案。

2019 年 5 月曾处于未开放状态

发掘于西顿、塞浦路斯的雕刻文物

Heykeller 海凯莱尔

于黎巴嫩西顿发掘的公元前 1 世纪到罗马时代的雕像文物，以及从塞浦路斯发掘的雕刻文物都在博物馆的 3 层中央区域进行展出。

亚历山大大帝石棺

İskender Lahiti 亚历山大 · 拉希缇

2019 年 5 月曾处于未开放状态

1887 年，从黎巴嫩西顿的古弗里吉亚王室墓中发掘出来的这尊石棺被证实打造于公元前 305 年左右，根据石棺上刻画的亚历山大大帝图像而命名，实际上仍尚未断定这尊石棺是否是亚历山大大帝的棺椁。

哀伤女子石棺

Ağlayan Kadınlar Lahiti 阿拉洋 · 卡顿拉尔 · 拉希缇

西顿王室墓中发现的另一尊石棺，据推测打造于公元前 3 世纪时期，石棺侧面刻画着 18 名神态各异的妙龄女子，棺盖上刻画的则是男性与骏马的精美浮雕。

2019 年 5 月曾处于未开放状态

旧馆 Eski Binası
花砖博物馆 Çinili Köşkü
新馆 Yeni Binası
古代东方博物馆 Eski Şark Eserleri Müzesi
旧馆
中庭
花砖博物馆

除部分区域外，2019 年 5 月都仍处于博物馆的修复工程之中，该展品尚不对外展出，出发前，请查询最新信息。

建于 1881 年的伊斯坦布尔考古学博物馆由于建筑腐朽老化，开展抗震加工工程，包含亚历山大大帝石棺在内的众多藏品，在 2019 年 5 月仍处于博物馆的修复工程之中，尚不对外展出。出发前，请查询最新信息。

狮子像

该展品曾在 2019 年 5 月的博物馆修复工程中

Aslan Heykeli 阿斯兰·海凯利

出土于公元前 400 年左右曾繁荣一时的古卡里亚王国的首都，哈利卡纳苏斯（现土耳其博德鲁姆的古名）遗迹。当时的安纳托利亚正处于波斯帝国的统治之下，所以这些发掘的雕刻工艺品都有一些独特的东方文化韵味。

亚历山大大帝立像

Büyük İskender Heykeli
布尤克·伊斯坎德尔·海凯利

这尊公元前 3 世纪的立像，与配套的碑文一同从马尼萨（伊兹密尔近郊城镇）出土，是世界上现存保存最完好的亚历山大大帝雕像之一。展馆中围绕着这尊立像同时还可以看到不少其他造型的亚历山大大帝雕像。

2019 年 5 月仍处于博物馆的修复工程之中，该展品尚不对外展出

海神像

Okyanus Heykeli
欧克亚努斯·海凯利

Okyanus 便是希腊神话中“海神”的意思，这尊公元前 2 世纪罗马时代的艺术品，是从塞尔丘克近郊的以弗所发掘而出的。

2019 年 5 月曾处于未开放状态

幸福女神像

Tykhe Heykeli 缇凯·海凯利

Tykhe 是“幸福女神”的意思，你可以从这尊公元前 2 世纪的雕像中感受到当时人们定义幸福的方式。头部及孩童手提的篮子上都仍有些许色彩停留。

2019 年 5 月曾处于未开放状态

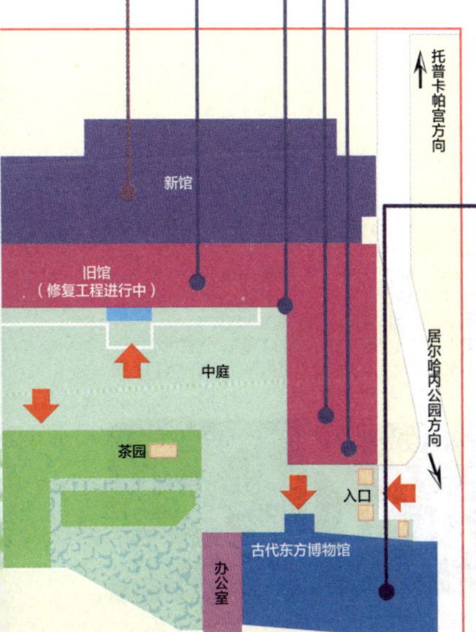

古代东方博物馆

Eski Şark Eserleri Müzesi 艾斯基·沙尔克·埃塞尔莱利·缪泽希

位于伊斯坦布尔考古学博物馆南侧的分馆，展出包括土耳其乃至中东各地多达 2 万件的出土品和古代文物。著名的巴比伦伊斯塔尔门上的彩色浮雕、狮子像与公牛像极具吸引力，哈图沙的凤凰浮雕也很精美。赫梯古国与古埃及缔结的世界最古老的和平条约（卡迭石条约）也不容错过。

花砖博物馆

Çinili Köşkü 齐尼利·括休克

由穆罕默德二世在 1472 年修建而成，是现存的奥斯曼王朝最古老的非宗教类建筑。这片区域从前曾是托普卡帕宫第 1 庭院中用来进行马球竞技的场所，当初建造这栋建筑也是为了方便大家观赏比赛，因此它并非是一栋伊斯兰教建筑。博物馆的外观和内壁都由彩砖拼接而成，馆内的伊兹尼克与恰纳卡莱陶器也很有观赏价值。

苏丹阿赫迈特地区

预计参观所需时间 **15 分钟**

索库鲁鲁·穆罕默德帕夏清真寺

Map p.60B4

Sokullu Mehmetpaşa Camii 索库鲁鲁·穆罕默德帕夏·迦米

1571 年，在原先拜占庭时代建造的阿雅阿纳斯塔西亚教堂所在坡道上建造的清真寺。由大建筑师米马尔·希南设计建造，是他最受好评的建筑作品之一。索库鲁鲁·穆罕默德帕夏是一位从苏莱曼大帝时期开始，便辅佐 3 代苏丹的奥斯曼王朝著名宰相。过去清真寺配套的神学校现在作为古兰经学校对外使用。

建筑师米马尔·希南的代表作

苏丹阿赫迈特地区

预计参观所需时间 **30 分钟**

杰菲尔亚神学校

Map p.61C2

Caferağa Medresesi 杰菲尔亚·梅德莱瑟希

由米马尔·希南在 1559 年设计建造的伊斯兰神学校，从 1989 年起受到土耳其国家基金资助，开始在这里开展土耳其传统手工艺品的生产、售卖以及宣传普及等活动，现在这里开设有教授 Ebru（水拓画）、伊斯兰书法以及各式传统音乐的文化教室，你可以挑选一门感兴趣的课程，在这里度过一天的文化体验时光，相信肯定会留下难忘的回忆。中庭区域有一家咖啡馆，环境十分安静，适合希望小憩一下的游客。附近的杰菲里耶·特凯希 Caferiye Tekkesi 中设有一间画廊，出售艺术家的精美作品。

■索库鲁鲁·穆罕默德帕夏清真寺

住 Kadırga Mah., Su terazisi Sok.

开 6:00 左右～日落

礼拜期间禁止入内

休 无

费 免费

◘ 室内不得照相

如果遇到清真寺关门的情况，可以找一下旁边的古兰经学校帮忙开门。

■杰菲尔亚神学校

住 Caferiye Sok. Soğukkuyu Çıkmazı No.5

TEL（0212）513 3601

开 9:30~19:00

URL www.tkhv.org

Mail caferagamedrese@tkhv.org

休 周一

费 免费

手工工坊的餐馆费用为 100TL~（需要提前用邮件进行沟通预约）

神学校的禅房现在转变为艺术家的工作室区域

Information

在锡尔凯吉的霍贾帕莎文化中心观看梅夫拉维祭拜仪式（旋转舞）

锡尔凯吉地区的霍贾帕莎文化中心 Hodjapasha Culture Center 是旋转舞的公演场地。这座由 15 世纪建造而成的霍贾帕莎浴场改建而来的表演场地，直到 1988 年仍然作为浴场对公众开放。

现在旋转舞的舞台便位于浴场穹顶的正下方，错落有致的观众席围绕着整个舞台，表演大约有 1 小时的时长，起初的 30 分钟是悠扬的古典音乐，随后便会上演精彩的土耳其旋转舞表演。周二·周四·周六三天，文化中心内还会有土耳其各地的民俗舞蹈与现代肚皮舞的表演，十分精彩。

演出门票可以直接在文化中心购买，不过在夏天的旅游旺季期间，开演 30 分钟前便可能会有满员无座的情况，建议你最好早些前往购票。事先通过旅行社以及各家酒店的前台也可能成功订票。

■霍贾帕莎文化中心 Map p.61C1

住 Hocapaşahamamı Sok.No.3-B

TEL（0212）511 4626

FAX（0212）511 4686

URL www.hodjapasha.com

开 每天 19:00~（旋转舞）

周二·周四·周六 21:00~（各类舞蹈表演）

费 旋转舞：110TL 学生·青年 80TL

各类舞蹈表演：140TL 学生·青年 95TL

具体的演出时间可能会有临时调整，通过电话也可以进行演出的预约，到场支付费用即可。同时官网上也可以进行预约。

霍贾帕莎文化中心

精彩的旋转舞表演

著名宰相索库鲁鲁·穆罕默德帕夏的故乡是波斯尼亚和黑塞哥维那，在波斯尼亚的维谢格拉德地区，便留有一座由建筑师米马尔·希南奉这位宰相之命建造的古老桥梁，现在已经登录在世界遗产名录之中。

贝亚兹特地区　预计参观所需时间 2 小时

汇集东西方各式货物的大棚市集

大巴扎集市　Map p.60A2

Kapalı Çarşı 卡帕鲁 · 查尔希

数不胜数的特色店铺云集在这座中近东区域独一无二的集市之中，知名程度令其现在已经成为伊斯坦布尔的重要景点之一，气氛热闹，商品繁多！

购买馈赠亲友礼物的好去处

土耳其语称大巴扎集市为 Kapalı Çarşı，意为带有顶棚的市集。这座堪称中东地区最大规模的室内集市，其本身的存在价值早已不能用商品交易市场来形容。

由于集市的面积很大，第一次到访的话，出入口几乎不可能会是同一个，多达 4400 余家商铺汇集其中，同类型商品通常都是分布在同一个区域，打算购买的话可以货比三家。初来乍到，可以先找到宝石商扎堆的库尤姆吉拉尔道 Kuyumcular Cad.，以这里作为逛集的根据地，通常便不会迷路。万一迷路的话，也可以根据大巴扎集市的 21 座大门进行位置的确认，重新找到方向感。

大巴扎集市的前身是 15 世纪中叶由穆罕默德二世建造的依奇 · 贝德斯滕 İç Bedesten 和桑达尔 · 贝德斯特尼 Sandal Bedesteni 这两座市集。自古以来依奇 · 贝德斯滕集市便是出售金、银、宝石等贵金属商铺的据点，至今这个传统也延续到了大巴扎集市之中，在逛集期间，不时便会看到一些出售手表、首饰等各式古董的特色商铺。

桑达尔 · 贝德斯特尼集市则以出售纺织品为主，随着两座集市的规模不断发展壮大，最终成了我们现在眼前的大巴扎集市。

漫步在大巴扎集市之中，耳畔不时还会传来中文的吆喝声，土耳其人为了拉拢生意特意学习汉语，不由得让人忍俊不禁。

■大巴扎集市
开 8:30~19:00
休 周日 · 节假日
费 入场免费

大巴扎集市东侧的努鲁欧斯马涅门

大巴扎集市中最古老的咖啡馆——夏尔克咖啡馆

读者投稿　**大巴扎集市旅游感慨**

逛集的时候如果能和店铺老板说几句土耳其语，他们会特别开心，有的时候还会额外附赠些小礼物。土耳其人真的很喜欢和人聊天。

贝亚兹特地区　预计参观所需时间 30 分钟

老书街　Map p.60A2

Sahaflar Çarşısı　萨哈夫拉尔 · 查鲁休斯

位于大巴扎集市西侧，介于伊斯坦布尔大学之间的区域便是书店 & 二手书店的聚集地。土耳其和伊斯坦布尔相关的美术书籍，插图精美的导游工具书，土耳其语、中文的双语口袋字典都可以在这里淘到。大学校门口附近不时还会举办跳蚤市场。

■老书街
开 9:00~18:00
休 无

各种图书都可以在这里淘到

读者投稿　**老书街**

以九折的价格买到了奥尔罕 · 帕慕克的新书。

大巴扎集市
0
50m
N
欧留丘莱尔门 14
Örücüler Kapısı
库丘克·萨夫兰·汉
Küçük Safran Hanı
约尔格琴·汉
Yolgeçen Hanı
阿斯塔尔基·汉
Astarcı Hanı
萨夫兰·汉
Safran Hanı
丘库尔·汉
Çukur Hanı
梅尔詹·汉
Mercan Hanı
萨尔努丘鲁·汉
Sarnıçlı Han
依奇·杰贝希·汉
İç Cebeci Han
杰贝希·汉门 13
Cebeci Han Kapısı
杰贝希·汉
Cebeci Han
佩尔达夫丘·汉
Perdahçı Hanı
亚卢克丘拉尔道（毛线玩具一条街）Yağlıkçılar Cad.
Perdahçılar Sok.
帕尔恰吉拉尔路
Parçacılar Sok.
留特夫拉·艾芬迪路
Lütfullah Efendi Sok
阿加·汉
Ağa Hanı
萨拉夫·汉
Sarraf Hanı
哈提普·艾敏·汉
Hatip Emin Hanı
特鲁拉奇莱尔路（草鞋店路）
留特夫拉门 12
Lütfullah Kapısı
Yorgancılar Cad.
卡巴夫拉尔路（日常鞋店路）
Yüncü Hasan Sok.
云吉·哈桑路
Parçacılar Sok.
帕尔查吉拉尔路
留特夫拉·艾芬迪路
Lütfullah Efendi Sok
哈吉·梅米希路
Hacı Memiş Sok
耶希尔迪莱克路
Yeşilderek Sok
艾布利亚·汉
Evliya Hanı
哈吉·哈桑路
Hacı Hasan Sok.
哈鲁吉拉尔路（绒毯店路）
约尔干吉拉尔道（被子店道）
约尔干吉拉尔门 11
Yorgancılar Kapısı
Havuzlu R
Gani Çelebi Sok.
伽尼·切莱比路
Şark Kahvesi R
老咖啡馆
Ptt
亚鲁姆·塔什·哈努路
Yarım Taş Hanı Sok.
Yorgancılar Cad.
查德吉拉尔道（帐篷商店道）
Çadırcılar Cad.
阿里·帕夏·汉
Ali Paşa Hanı
阿莱姆夏路
Alemşah Sok.
埃米尔夏路
Emirşah Sok.
哈兹尔·艾尔比塞吉莱尔路
Hazır Elbiseciler Sok.
普尤斯库尔吉莱尔路
Püskülcüler Sok.
西帕希道（骑兵队道）Sipahi Cad.
画师模型师路
Ressam Basmacılar Sok.
Orta Kazazcılar Sok.
奥尔塔·卡扎吉拉尔路
卡扎吉拉尔路（纺织品手艺人路）
Kazazcılar Sok.
博德鲁姆·汉
Bodrum Han
博德鲁姆·汉门 10
Bodrum Han Kapısı
萨哈夫拉尔·查鲁休斯
（老书街）
Sahaflar Çarşısı
Orient Iznik S
花砖&陶器
Tuğcular Sok.
图吉拉尔路
卡夫贝哈内路（茶店路）
Kahvehane Sok.
Kazazlar Sok. 卡扎兹拉尔路
Fesçiler Sok.
菲斯奇拉尔路
（土耳其帽子店路）
菲斯奇莱尔门 9
Fesçiler Kapısı
塞尔普斯丘拉尔路
Serpuşçular Sok.
哈吉·休斯纽路
Hacı Hüsnü Sok
哈吉·休斯纽门 8
Hacı Hüsnü Kapısı
Kalpakçılar Cad.
卡尔帕克丘拉尔道（毛皮帽屋道）
索鲁古丘尔·汉
Soruçulu Han
4
贝亚兹特门 7
Beyazıt Kapısı
6
约尔格琴汉门
Yolgeçenhan Kapısı
查尔休门 5
Çarşı Kapısı
约尔格琴·汉
Yolgeçen Hanı
电车站方向
塞佩奇·汉
Sepetçi Hanı

设在杰贝吉·汉的金属加工品工坊

大巴扎集市的屋顶也是电影的知名拍摄地

大巴扎集市确实像是个迷宫，让人很容易迷路，如果一下转晕了头，随便走到任意一个大门的出口，根据门牌号即可再次定位自己的位置。

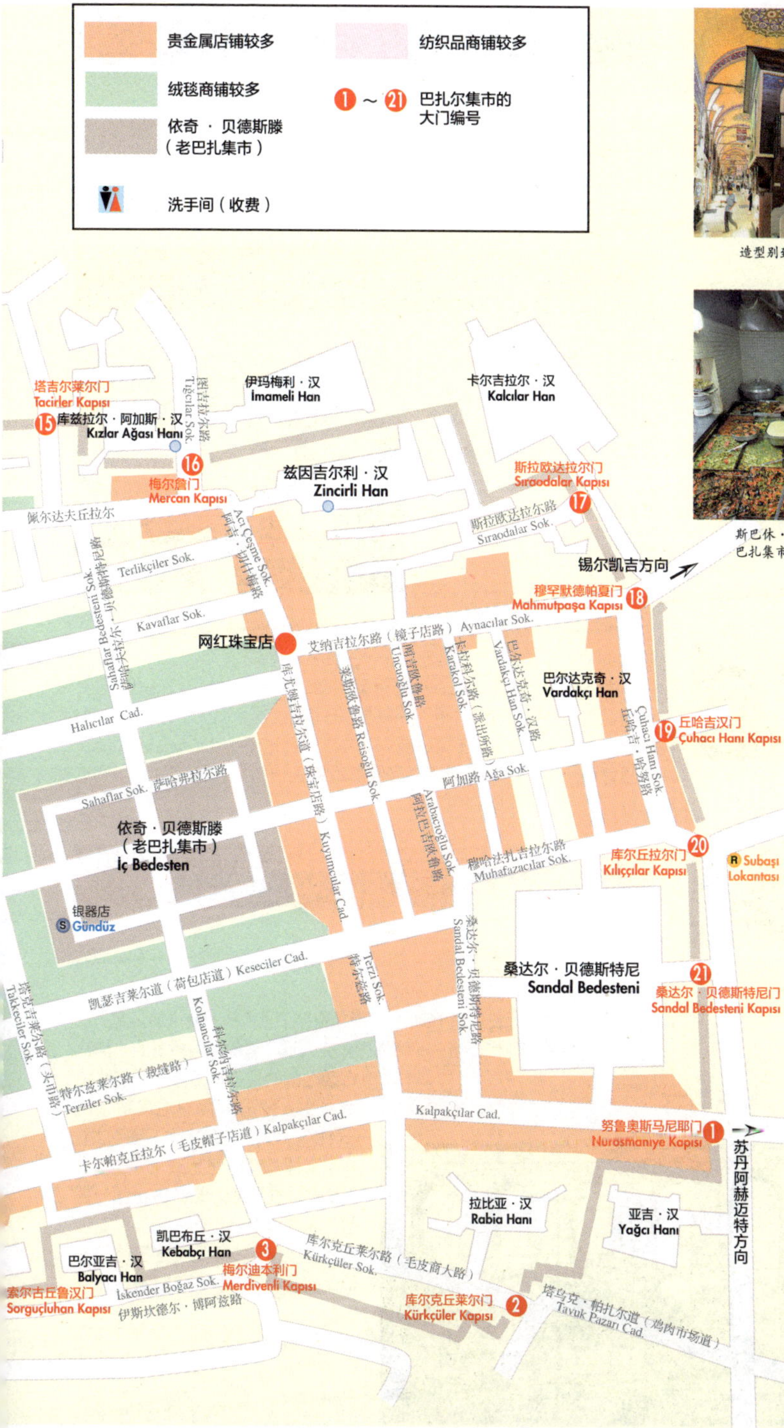

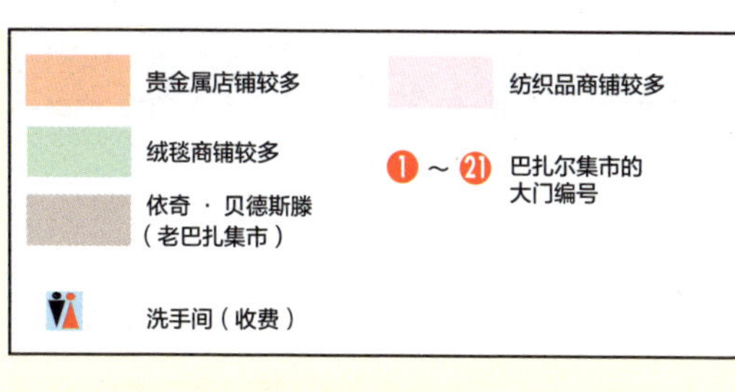

造型别致的网红珠宝店

斯巴休·罗坎塔斯是大巴扎集市的员工食堂

塔吉尔莱尔门 Tacirler Kapısı
15 库兹拉尔·阿加斯·汉 Kızlar Ağası Hanı
图吉拉尔路 Tığcılar Sok.
伊玛梅利·汉 İmameli Han
卡尔吉拉尔·汉 Kalcılar Han
16 梅尔詹门 Mercan Kapısı
兹因吉尔利·汉 Zincirli Han
斯拉欧达拉尔门 Sıraodalar Kapısı 17
斯拉欧达拉尔路 Sıraodalar Sok.
佩尔达夫丘拉尔
阿吉·切什梅路 Acı Çeşme Sok.
Terlikçiler Sok.
Kavaflar Sok.
萨哈弗拉尔·贝德斯滕尼路 Sahaflar Bedesteni Sok.
锡尔凯吉方向
穆罕默德帕夏门 Mahmutpaşa Kapısı 18
网红珠宝店
艾纳吉拉尔路（镜子店路）Aynacılar Sok.
库尤姆吉拉尔道（珠宝店路）Kuyumcular Cad.
莱斯欧鲁路 Reisoğlu Sok.
温吉欧鲁路 Uncuoğlu Sok.
卡拉科尔路（派出所路）Karakol Sok.
巴尔达克奇·汉路 Vardakçı Han Sok.
巴尔达克奇·汉 Vardakçı Han
丘哈吉·哈努路 Çuhacı Hanı Sok.
19 丘哈吉汉门 Çuhacı Hanı Kapısı
Halıcılar Cad.
阿加路 Ağa Sok.
萨哈弗拉尔路 Sahaflar Sok.
依奇·贝德斯滕（老巴扎集市）İç Bedesten
阿拉巴吉欧鲁路 Arabacıoğlu Sok.
穆哈法扎吉拉尔路 Muhafazacılar Sok.
库尔丘拉尔门 Kılıççılar Kapısı 20
R Subaşı Lokantası
银器店 S Gündüz
凯瑟吉莱尔道（荷包店道）Keseciler Cad.
特尔兹路 Terzi Sok.
桑达尔·贝德斯特尼路 Sandal Bedesteni Sok.
桑达尔·贝德斯特尼 Sandal Bedesteni
21 桑达尔·贝德斯特尼门 Sandal Bedesteni Kapısı
塔克吉莱尔路（头巾路）Takkeciler Sok.
科尔纳吉拉尔路 Kolnancılar Sok.
特尔兹莱尔路（裁缝路）Terziler Sok.
卡尔帕克丘拉尔（毛皮帽子店道）Kalpakçılar Cad.
Kalpakçılar Cad.
努鲁奥斯马尼耶门 Nurosmaniye Kapısı 1
苏丹阿赫迈特方向
拉比亚·汉 Rabia Hanı
亚吉·汉 Yağcı Hanı
凯巴布丘·汉 Kebabçı Han
巴尔亚吉·汉 Balyacı Han
3 梅尔迪本利门 Merdivenli Kapısı
库尔克丘莱尔路（毛皮商人路）Kürkçüler Sok.
索尔古丘鲁汉门 Sorguçluhan Kapısı
İskender Boğaz Sok. 伊斯坎德尔·博阿兹路
库尔克丘莱尔门 Kürkçüler Kapısı 2
塔乌克·帕扎尔道（鸡肉市场道）Tavuk Pazarı Cad.

坐落在大巴扎集市旁边的努鲁奥斯马尼耶清真寺是杰出的亚美尼亚建筑家族 Balyan Family 建造的巴洛克风格清真寺，在历经了常年的修复工程后重新以优美的姿态回归到世人眼前。

历经数年的修复工作终于恢复了它本来的模样

■泽伊雷克清真寺

从泽伊雷克地下通道 Zeyrek Yeraltı Geçidi 旁边的坡道上行，看到写有 Zeyrekhane 的告示牌后右转即可抵达。在礼拜结束后跟清真寺管理人员沟通，通常都会让你进入寺内参观，下午的开放概率更高。

礼拜时间一览 p.108

开 13:00~16:00

休 无

费 自愿捐赠

室内不得使用闪光灯

清真寺内部经过修复，已经恢复了往日的精致模样

瓦伦斯水道桥的西侧设有不少经营土耳其东南部菜式的特色餐厅

贝亚兹特地区　预计参观所需时间 **10 分钟**

千贝利塔什

Map p.60B3

Çemberlitaş 千贝利塔什

坐落在电车千贝利塔什站旁边的古塔建筑，最初是由君士坦丁一世为了纪念拜占庭帝国落都君士坦丁堡而设计建造的，堪称伊斯坦布尔市内最古老的纪念建筑，建成时塔高 57 米，经过大火及岁月的侵蚀后只保留了目前 34 米的古塔遗迹。

贝亚兹特地区　预计参观所需时间 **15 分钟**

泽伊雷克清真寺

Map p.70B1

Zeyrek Camii 泽伊雷克 · 迦米

位于阿塔图尔克大道西面的山丘之上，清真寺的前身是建于 12 世纪上半叶的圣潘克拉图尔修道院，虽然现在作为清真寺对公众开放，但是它自身作为现存拜占庭时代最古老的修道院而登录在世界遗产名录之中。由供奉圣母玛利亚与大天使长米伽勒等 3 个教堂所组成，据说当时曾有 700 余名修道僧在此居住生活。

从中庭欣赏泽伊雷克清真寺的全景

君士坦丁堡陷落之后，这座修道院曾作为伊斯兰神学校使用，清真寺的名字便是取自神学校的初任校长——莫拉 · 泽伊雷克 · 艾芬迪 Molla Zeyrek Efendi。18 世纪期间，火灾与地震都对这座建筑造成了巨大的毁灭性打击，20 世纪 60 年代开始了漫长的修复工作，包括地板上的马赛克镶嵌画都逐渐被发掘保护起来。

贝亚兹特地区　预计参观所需时间 **10 分钟**

瓦伦斯水道桥

Map p.70B2

Valens Su Kemerleri 瓦伦斯 · 苏 · 凯梅尔雷利

从罗马帝国的君士坦丁大帝时代开始建造，直到瓦伦斯大帝时期的 378 年才竣工。

以前这座大桥长达约 1000 米，现在留存下了大约 800 米的长度。古老的水道桥横跨现代公路——阿塔图尔克大道。据说当时桥下的水流从市区北部的贝尔格莱德之森一路流淌并注入罗马时代的地宫蓄水池（p.112）之中。奥斯曼王朝时期，穆罕默德二世还曾经派人对这座水道桥进行过修复，直至 18 世纪一直都在伊斯坦布尔市内使用。现在水道桥已经作为一个历史建筑被妥善地保存下来，禁止任何人攀登上桥。

在古老的瓦伦斯水道桥下方修建的公路，交通量十分可观，途经此处，给人一种穿越时空的奇妙错觉

泽伊雷克清真寺的中庭露台上设有一处名为伊斯坦布尔 · 奇塔普丘斯 İstanbul Kitapçısı 的书店咖啡馆，你可以在这里选购感兴趣的书籍或旅行纪念品。

贝亚兹特地区　预计参观所需时间 30 分钟

苏莱曼清真寺

Map p.71C2

Süleymaniye Camii 苏莱曼·迦米

由奥斯曼帝国最昌盛的苏莱曼王朝君主——苏莱曼大帝修造的伊斯兰清真寺。建筑建于可以俯瞰金角湾的高台之上，于 1557 年竣工，是土耳其顶级建筑师——米马尔·希南的杰作。当时他采用最顶级的建造技术，在 59 米 × 58 米的主殿上搭建了直径 26.5 米，高达 53 米的巨大穹顶。除了雄伟气派的外观，清真寺内部的装饰也是精致至极。阳光透过制作于 16 世纪的精美彩色玻璃，营造出无与伦比的室内光影氛围。指向圣地麦加方向的圣龛旁边，是由玻璃大师伊布拉希姆打造的绒毯风格彩色玻璃，十分精致。寺内的手写古兰经章节，出自书法大家——阿赫迈特·卡拉希萨尔之手。围绕清真寺建造的 4 座宣礼塔，象征着苏莱曼大帝作为君士坦丁大帝后第四位苏丹的重要地位。

在清真寺的后院中，还有一座同样由建筑家希南设计建造的苏莱曼大帝与他妻子合葬的陵庙建筑，紧邻这座陵庙不远，便是生平设计多达 400 座建筑的希南大建筑家自己的陵庙。距离这里不远处还有一处精美的浴场可供游客参观。

阳光与灯光共同烘托出穹顶的精美设计

■苏莱曼清真寺
开 9:00~19:00
休 无
费 自愿捐赠
礼拜期间不允许拍照
室内不能使用闪光灯

由于坐落在山丘之上，地势很高，可以俯瞰伊斯坦布尔的四面八方

苏莱曼大帝的棺椁，在他远征途中去世之后，由他的儿子塞利姆二世为其修建。除了苏莱曼大帝的家族以外，苏莱曼二世与阿赫迈特二世的棺椁也放置于此

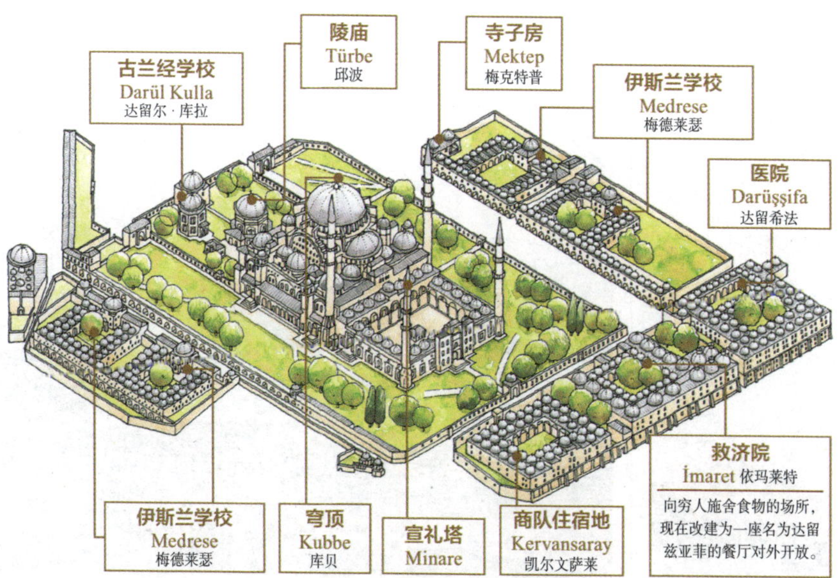

位于瓦伦斯水道桥下的伊特法耶道上开设着包括经营熏烤仔羊 Buryan Kebabi 和铁板羊肉 Sac Tava 等土耳其东南部风味的餐馆与食材店。当地人也称这里为小库尔德斯坦 Little Kurdistan。

加拉塔大桥的钓鱼者也是伊斯坦布尔独特的一景

出售特色小吃鲅鱼三明治的餐厅船，便分散在加拉塔大桥的艾米诺努码头附近

卡拉柯伊栈桥附近的鱼市场

锡尔凯吉周边 预计参观所需时间 30 分钟

加拉塔大桥

Map p.62B3~B4

Galata Köprüsü 加拉塔 · 柯普留斯

位于桥下的餐饮街

连接艾米诺努栈桥与卡拉柯伊栈桥，横跨金角湾的著名大桥。1845 年建造的初代大桥是木质结构，直到 1912 年修建的第四代加拉塔大桥，改建为双层结构，一举成为当时的标志性建筑。1992 年由于建筑老化外加火灾损坏等众多原因，结束了它将近一个世纪的交通使命，随后重建的第五代加拉塔大桥至今已经有了 20 余年的使用历史，现在你可以在桥上看到悠闲垂钓的老大爷、出售鲅鱼三明治的土耳其少年，很有当地的生活气息。从桥上远眺城区中的清真寺与船来船往的博斯普鲁斯海峡，会有一种岁月静好的奇妙感觉。

锡尔凯吉周边 预计参观所需时间 30 分钟

耶尼清真寺

Map p.62B4

Yeni Cami 耶尼 · 迦米

坐落在加拉塔桥的旁边，这里最早是犹太人聚集生活的区域，1598 年穆拉德三世的妻子——萨菲埃苏丹开始建造这座清真寺，在此期间历经了包括火灾在内的天灾人祸，工程曾一度中断，直到在 1663 年穆罕默德四世时代才最终竣工。建筑师是达乌德 · 阿加，他设计的大型穹顶和环绕穹顶的附属小穹顶都十分精致。

从新城区可以眺望到这座清真寺与苏莱曼清真寺的美妙轮廓，形成了伊斯坦布尔中不得不看的美丽风景线。

■耶尼清真寺

开 9:00~18:00

休 无

费 自愿捐赠

☑ 室内不允许使用闪光灯

※2019 年 5 月仍处于大规模的修复工程之中

耶尼清真寺外观

艾米诺努可谓市区巴士、渡轮、城市电车等各式交通工具云集的交通要地

艾米诺努的特色小吃——鲅鱼三明治中的鲅鱼可能比想象中量要略少一些，但是味道确实不错。

锡尔凯吉周边　　预计参观所需时间 **30 分钟**

吕斯坦帕夏清真寺

Map p.62A4

Rüstem Paşa Camii 吕斯坦帕夏 · 迦米

位于埃及市场西北方向 200 米的地方，路上会途经不少小商品批发商店，清真寺的小入口很不起眼，需要上个台阶才能进入。虽然清真寺周遭十分嘈杂，但是当你进入之后，世界便会马上安静下来。

用伊兹尼克彩砖精心装点的清真寺内部空间

这座清真寺是米马尔 · 希南为宰相吕斯坦 · 帕夏于 1561 年设计建造的。清真寺的外墙与内壁都运用了伊兹尼克彩砖进行装饰，到访这里的游客不是很多，可以令你悠闲地游览。

当你亲眼欣赏布满彩砖的建筑内部，一定会叹为观止，据说其中用到的红色伊兹尼克花砖，是只存在于 16 世纪的后半叶时期，十分稀少，即使是现在的高科技时代，也无法重现当时的那种红色色彩。此外寺内的郁金香图案花砖也十分值得一看。

吊灯的灯光与从穹顶洒下来的阳光营造出绝妙的光影效果

锡尔凯吉周边　　预计参观所需时间 **1 小时**

埃及市场

Map p.98B1　Map p.62A4

Mısır Çarşısı 穆苏尔 · 查尔休斯

位于邻近加拉塔大桥的耶尼清真寺西南方向的广阔市场。市场当初是作为经营管理耶尼清真寺的一环，由瓦库夫（类似财团一样的机构）在建造设立的。旧时从埃及运来的贡品都集中放在这个地方，久而久之便有了埃及市场这个名称（土耳其语读作穆苏尔 · 查尔休斯 Mısır Çarşısı）。曾经有多达近 90 家的香辛调味料店在这里买卖交易，因此还有一个香料市场的别名。现在这里的香料店数量虽然已经大不如前，但种类依旧是琳琅满目颜色众多，买一些调料馈赠亲友也是很不错的选择。鱼子干与蜂蜜也都可以从这里入手。

市场周围还有食品店与日用品店，可以进一步丰富你的购物之旅。

五颜六色的各式香料

■吕斯坦帕夏清真寺

2019 年 5 月仍处于修复施工期间，尚不对外开放。

清真寺本身也不是很起眼，找寻可能需要些许时间

清真寺入口附近热闹的贸易街区

■埃及市场

开 8:00~19:00

休 斋月期间等部分节假日（每年的时间都会有所变化）

费 入场免费

集市内从早到晚都很热闹，不时还会碰到吆喝着中文的土耳其商贩

埃及市场设在艾米诺努栈桥方向的入口

新城区 预计参观所需时间 1 小时

独立大道

Map p.64A4~p.65C2

İstiklâl Caddesi 伊斯缇克拉尔 · 加德希

从位于新城区高台的塔克希姆广场 Taksim Meydanı 一路朝向西南方向的下坡道便是独立大道了。独立大道所在的贝伊奥卢 Beyoglu 地区，也是伊斯坦布尔市内最高档的区域之一，复古电车穿梭其中，独具韵味。需要搭乘地铁的游客可以从塔克希姆广场一路向下走，便可以来到地铁入口，由于是下坡路段，非常轻松。累了的话，在沿途的咖啡馆小憩一下，观察来往这里的各色行人，反而会更加充实和有趣，由于机动车禁止驶入这条步行街，因此你可以静静地享受那份少有的安逸与悠闲。

伊斯坦布尔的代表性大道

独立大道的小巷中设有不少咖啡馆和家常菜馆

新城区 预计参观所需时间 30 分钟

鱼市场

Map p.64A3

Balık Çarşısı 巴鲁克 · 查尔休斯

从独立大道上 PTT 北侧的路口向西走，便可以来到这个以出售海鲜为主，兼具销售蔬菜、杂货、肉类、干果、香料以及零食的当地鱼市场。高级鱼籽也可以从这里入手，品质绝不会令你失望。位于独立大道方向的鱼市场入口右侧还有一条经营各式海鲜，名为奇切克 · 帕萨吉的餐饮街，熙熙攘攘，非常热闹。

鱼市场内还有出售香炸贝肉的店家

■鱼市场

开 清晨~傍晚

休 无

费 入场免费

新城区 预计参观所需时间 10 分钟

杰札伊尔路

Map p.64A4

Cezayir Sokağı 杰札伊尔 · 索卡乌

位于加拉塔萨雷高中南侧的道路杰札伊尔意为阿尔及利亚，从前这条道路曾叫作法国路（弗兰斯兹 · 索卡乌）。道路两旁开有许多咖啡馆和酒馆，充满着烟火气息。

奇切克 · 帕萨吉餐饮街

夜晚的杰札伊尔路洋溢着浪漫气息

新城区 预计参观所需时间 30 分钟

清纯博物馆

Map p.64B4

Masumiyet Müzesi 马斯米耶特 · 缪泽希

馆内展示着包括怀旧生活用品与许多新奇百怪的特色收藏品，看点十足

名字取自诺贝尔文学奖获得者奥尔罕 · 帕慕克的小说《清纯博物馆》。馆内展示帕慕克自己收集的 20 世纪后半叶的伊斯坦布尔居民的日用品，当然这里也有许多和小说相关的彩蛋，即使你没读过小说，也可以体会这里的丰富乐趣。

■清纯博物馆

住 Çukurcuma Cad.Dalgiç Çıkmazı No.2

TEL （0212）252 9738

URL www.masumiyetmuzesi.org

开 10:00~18:00（周四 ~21:00）

休 周一

费 40TL 学生 30TL

新城区　预计参观所需时间 1 小时

加拉太塔

Map p.62B2

Galata Kulesi 加拉塔 · 库莱希

高耸于市井街区的加拉太塔，新增的铁质塔尖毫无违和感

新城区的地标建筑，塔高 67 米，在公元 6 世纪初期曾作为灯塔使用，14 世纪时期，居住在周边的热那亚人曾将这座高塔改建为监视拜占庭帝国动向的塔楼，此后又曾作为监狱以及天文台等设施使用。

奥斯曼王朝的 1632 年，有一名叫作 Hezârfen Ahmet Çelebi 的男子，身着自制的飞行服，从这座高塔上一跃而下，一路飞到了亚洲区的于斯屈达尔。这段真实的故事还被改编成了电影，进一步增加了加拉太塔的知名度。

现在我们看到的这座塔楼是在 14 世纪遭遇火灾后重建的，铁质塔顶是近年来新增的部件，乘坐电梯前往最高层后，继续沿着螺旋楼梯上行，便可以来到 53 米的高度，有一个足以环视整个城镇的大型露台，此外由于塔楼本身便是建在高地之上，登塔后的高度要比实际更高一些，希望用餐的游客可以前往位于最上层的特色餐厅体验一番。

新城区　预计参观所需时间 30 分钟

加拉塔 · 梅夫拉纳博物馆

Map p.62B1

Galata Mevlana Müzesi 加拉塔 · 梅夫拉纳 · 缪泽希

这里曾是创立于 1491 年的梅夫拉维教团修行场地，馆内中央设有旋转舞活动的特别舞台，笛子与太鼓等乐器与服饰也都在馆内进行展出，现在每周可以在这里欣赏 2 次左右的梅夫拉维教团旋转舞的特色表演。

新城区　预计参观所需时间 1 小时

佩拉博物馆

Map p.64A4

Pera Müzesi 佩拉 · 缪泽希

邻近佩拉 · 帕拉斯酒店的博物馆，这座建筑本身就是酒店的一部分，现在除了展出国内外画家所绘的土耳其作品外，安纳托利亚的古老美术品以及屈塔希亚的陶器也是展品的一部分。其中最为知名的当数著名画家奥斯曼 · 哈米特的作品集，他的《陆龟训练师》(*Kaplumbağa Terbiyecisi*) 最为出名。

白色的建筑外观十分显眼

■加拉太塔

TEL (0212) 293 8180

开 9:00~20:30

休 无

费 25TL

塔顶的餐馆营业到 23:00，没有酒水提供，请额外注意。

读者来信　犹太人博物馆 500.Yıl Vakfı Türk Musevileri Müzesi

展出奥斯曼时期居住在伊斯坦布尔的犹太人历史与风俗等相关内容。当时居住在这里的犹太人大多是中世纪时期从西班牙移民而来，你可以通过馆内的耳机聆听他们用拉地诺语演唱的歌谣，馆内的犹太会堂也值得一看。

Map p.62B2

住 Büyük Hendek Cad.No.39

TEL (0212) 292 6333

URL www.muze500.com

开 10:00~17:00 (周五 ~13:00)

※ 闭馆前 30 分钟停止入场

休 周六 · 节假日

费 免费

■加拉塔 · 梅夫拉纳博物馆

住 Galip Dede Cad. No.15

TEL (0212) 245 4141

URL www.galatamevlevihane-simuzesi.gov.tr

开 夏季 9:00~19:30

冬季 8:00~16:30

休 周一

费 10TL

每周日 17:00 都有旋转舞表演，费用 100TL

室内不可使用闪关灯

从入口可以了解接下来的公演时间表

■佩拉博物馆

住 Meşrutiyet Cad.No.65

TEL (0212) 334 9900

FAX (0212) 245 9511

URL www.peramuzesi.org.tr

开 10:00~19:00 (周日 12:00~18:00)

休 周一，部分节假日

费 25TL 学生及 60 岁以上老人收费为 10TL，12 岁以下儿童收费 10TL

室内不可使用闪关灯

■伊斯坦布尔现代美术馆
住 Meşrutiyet Cad.No.99
TEL (0212) 334 7300
URL www.istanbulmodern.org
开 周二 · 周三 · 周五 · 周六 10:00~18:00
周四 10:00~20:00
周日 11:00~18:00
休 周一 费 60TL
学生 · 60 岁以上老人收费为 40TL
室内不可使用闪光灯

■军事博物馆
TEL (0212) 233 2720
URL www.askerimuze.tsk.tr
开 9:00~16:30
休 周一 · 周二
费 10TL
室内不可使用闪光灯
携带照相机入馆门票费用为 20TL
携带摄像机入馆门票费用为 40TL
军乐队演奏时间 15:00~15:40

虽然原则上是每天都有军乐队的演奏表演，但是有时候军乐队去国外巡演，可能一整个月馆里都没有类似的活动，所以如果你打算聆听军乐队的演奏，最好在出发前打电话或从官网实际确认一下。

领队在发完"海迪，雅拉"的号令后，军乐队的演奏便会开始

■尤尔杜兹宫
TEL (0212) 258 3080
URL www.millisaraylar.govtr
出发前请查询最新信息
■尤尔杜兹公园
从贝希克塔什的下一站丘兰站 Çırağan 下车，找到派出所后往里走便可以到达公园入口的大门
■奥尔塔柯伊 · 梅吉迪耶清真寺
从塔克希姆搭乘 42T 公交，或从艾米诺努搭乘前往贝贝克方向的 30D 公交即可

新城区　预计参观所需时间 **1 小时**

伊斯坦布尔现代美术馆

Map p.62B1

İstanbul Mordern Sanat Müzesi 伊斯坦布尔 · 摩登 · 萨纳特 · 缪泽希

从加拉太塔步行 10 分钟便可以到达这座美术馆，各层展出土耳其现代绘画作品、艺术作品等各式艺术品。观赏流程是从最上层开始逐渐向下游览，最上层的企划展览每半年都会更新一次。

新城区　预计参观所需时间 **2 小时**

军事博物馆

Map p.66A3

Askeri Müzesi 阿斯凯利 · 缪泽希

规模在全世界都屈指可数的军事博物馆，从大约 5 万件的珍贵展品中精挑细选出 9000 件，分别放在 22 间展厅中对外展示。展厅以弓、箭、剑、军装等种类进行分类，其中最宝贵的展品当数位于入口附近的奥尔汗 · 加济的盔甲。

每天 15:00~16:00 期间，在里侧大堂会有 2 次陆军军乐队的特别演出（夏季改在庭院中的卡农大厅进行表演）。这种军乐队的架构是从奥斯曼王朝时代发展起来的，通过音乐鼓舞士兵的士气，其作用不容小觑，此后各国都纷纷借鉴，在军队中加入军乐队的体系。每次演奏时间持续 15~20 分钟，在经过 15 分钟的休息后，开始第二次音乐演奏，曲目与第一次有所不同。

新城区　预计参观所需时间 **1 小时**

尤尔杜兹宫与尤尔杜兹公园

Map p.69D2~D3

Yıldız Sarayı ve Yıldız Parkı 尤尔杜兹 · 萨拉尤 · 贝 · 尤尔杜兹 · 帕克

尤尔杜兹宫所在的位置原先曾是苏丹专用的狩猎场，1850 年，当时的苏丹阿卜杜勒 · 哈米德二世下令建造这座宫殿，此后在这里度过了 33 年的光景。现在你不但可以在宫中看到浴场、图书馆等场所，位于尤尔杜兹宫东南方还有一座面积宽阔的尤尔杜兹公园。公园中的凉亭现在改建为餐馆对外开放。

众多世界名人都曾到访的豪华大厅

新城区　预计参观所需时间 **1 小时**

奥尔塔柯伊 · 梅吉迪耶清真寺

Map p.73D3

Ortaköy Mecidiye Camii 奥尔塔柯伊 · 梅吉迪耶 · 迦米

海峡边仍引人注目的华丽建筑

面向博斯普鲁斯海峡而建的巴洛克风格清真寺建筑，优美的外观令人印象深刻。博斯普鲁斯海峡的灿烂阳光透过大型彩色玻璃照射进清真寺内部，形成美妙的光影韵律。起初这里有一座建于 1721 年的古旧清真寺，19 世纪中叶，时任苏丹的阿卜杜勒 · 迈吉德一世决定修缮此前已经荒废已久的破旧寺院，改建后变成了现在我们看到的模样。

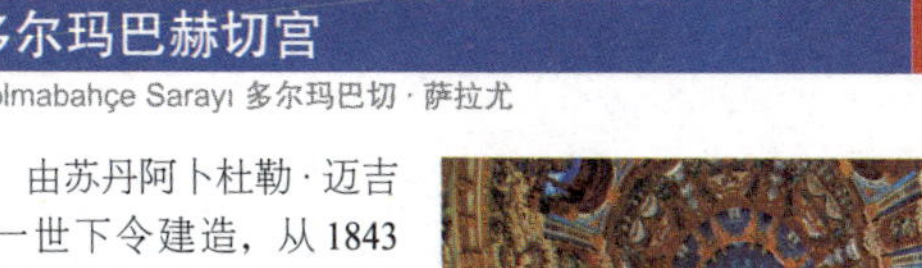

新城区 预计参观所需时间 1~1.5 小时

多尔玛巴赫切宫

Map p.68B4

Dolmabahçe Sarayı 多尔玛巴切 · 萨拉尤

由苏丹阿卜杜勒·迈吉德一世下令建造，从 1843 年起历经十余年的岁月终于竣工的巴洛克与奥斯曼混合风格的壮美宫殿。

宫殿内部装点着众多从欧洲进贡的精美艺术品，室内的豪华装饰也绝对会令你印象深刻。宫殿面积广达约 1.5 万平方米，房间数多达 285 间，大厅 43 间，各具特色，耐人寻味。此外宫中还有只限男士入内的塞拉穆尔克区 Selamlık 与男子禁止入内的后宫区 Harem，十分有意思。

用“豪华绚丽”来形容仪式之屋在贴切不过

参观时从 1 层的入口开始，途经厚重华丽的螺旋台阶后便可以来到 2 层。楼上分别设有苏丹的寝室以及妻妾的房间、浴室等，届时你可以看到旧时奥斯曼王朝的日常光景。此外阿塔图尔克的办公室也可以在这里得以一见。在参观的末尾，便会来到压轴景点——仪式之屋。房间很宽敞，在高达 36 米的房顶上还有一尊英国维多利亚女王赠送的特制水晶吊灯，据说可以同时承载 750 根蜡烛，重量超过 4.5 吨。

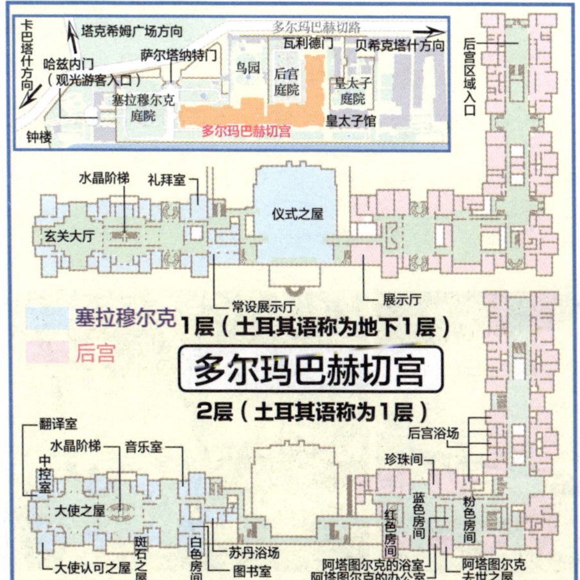

■多尔玛巴赫切宫

🚃 从 T1 电车终点站卡巴塔什下车后，步行 5~10 分钟即可抵达

TEL（0212）327-2126

开 9:00~16:00

无论是个人还是团体参观原则上都需要提前预约，你可以通过上方的电话提前（至少 1 天）与官方联系，如果没有预约的话，到了现场需要排队，但是每天只允许入场 5000~6000 人，可能有无法入场的可能。

有英语 · 土耳其语的导游讲解（此外还有包含 17 种语言的语音向导）

休 周一 · 周四　1/1，斋月首日

费 60TL（塞拉穆尔克 45 分钟观光）
40TL（后宫 45 分钟观光）
90TL（塞拉穆尔克 45 分钟 + 后宫 45 分钟观光）

📷 室内不允许使用闪光灯

●宫殿内部的咖啡馆

开 8:00~23:00

临时集结的宫内旅游团将从塞拉穆尔克区的入口处进行观光

位于塞拉穆尔克区中央位置的豪华水晶阶梯

阿塔图尔克去世的房间床上铺着一面土耳其国旗，一旁的钟指针固定在了他去世时的 9:05 上

从加拉塔萨雷到 T1 线托普哈内站之间有一条名为耶尼 · 查尔休的坡度很陡的下坡道，请多加注意。加拉太塔周边开有不少时尚的店铺，非常值得一转。

■埃尤普苏丹清真寺

🚌 陆路：从艾米诺努（金角湾方向的搭乘地）搭乘 99 路巴士在埃尤普下车即可。

⛴ 水路：从艾米诺努码头（金角湾方向的搭乘地）乘坐前往哈里克 Halic 的渡轮在埃尤普 Eyup 站下船。

开 5:00~21:00

休 无

费 自愿捐赠

室内不得使用闪光灯

清真寺门前的小广场

写有古兰经中感恩节的镶板

金角湾周边　预计参观所需时间 30 分钟

埃尤普苏丹清真寺

Map p.80A3

Eyüp Sultan Camii 埃尤普 · 苏丹 · 迦米

据说每一位新苏丹即位时都要在这里进行圣剑的交接仪式。这座清真寺最初是为了祭奠殒命于 674~678 年期间圣战的先知穆罕默德弟子埃尤普 · 阿尔 · 安萨里（简称埃尤普）。埃尤普的墓室，直到他去世的 8 个世纪之后，征服君士坦丁堡的穆罕默德二世时代才被发掘出来，随后穆罕默德二世便在 1459 年建造了这座清真寺建筑。清真寺周边还留有不少奥斯曼王朝时期的著名宰相坟墓，这片区域对穆斯林来说都是重要的圣地。清真寺门前的商业街上设有不少出售伊斯兰宗教风情物品（古兰经、念珠等）的各式商贩，可以顺路一转。

美轮美奂的清真寺穹顶

■皮埃尔 · 洛蒂茶餐厅

从埃尤普搭乘缆车前往最为便利。

TEL (0212) 581 2696

开 8:00~23:00（冬季营业时间将会缩短）

休 无

金角湾周边　预计参观所需时间 30 分钟

皮埃尔 · 洛蒂茶餐厅

Map p.80A2

Pierre Loti Kahvesi 皮埃尔 · 洛蒂 · 卡夫贝希

19 世纪末，活跃文坛的法国作家皮埃尔 · 洛蒂（1850~1923）曾在生前巡游过世界各国，其中尤其对伊斯坦布尔情有独钟。皮埃尔 · 洛蒂的本名叫作路易 · 玛丽 · 朱利安 · 维奥，皮埃尔 · 洛蒂这个笔名是他在塔希提岛旅居时想到的名称。

当他来到这座名为“拉比亚 · 卡东 · 卡夫贝希 Rabia Kadın Kahvesi”的茶餐厅时，被这里迷人的风景所吸引，并将其写到自己的小说之中，时光飞逝，不知不觉这家茶餐厅便被人们称为“皮埃尔 · 洛蒂茶餐厅”。

而那本描写这里景色的小说便是皮埃尔洛蒂的第一部小说《阿齐亚德》，充分彰显了他的个人写作风格。

乘坐缆车前往茶餐厅

在附近的餐馆品味土耳其正餐

可以俯瞰金角湾的露天席位

皮埃尔洛蒂茶餐厅旁边还有一家名为阿齐亚德 Aziyade 的餐馆与图尔克豪斯 Turquhouse 的高档酒店。周日经常会有当地家庭来餐馆享用美味的早午餐。

金角湾周边　预计参观所需时间 **10 分钟**

东正教君士坦丁堡普世大牧首府

Map p.79C1~D1

Rum Patrikhane 鲁姆 · 帕特里克哈内

东正教在奥斯曼王朝征服君士坦丁堡后历经迁移，最终于 1601 年迁往这里，起初将一座毗邻的菲奈尔希腊人高中进行改建，而现在我们看到的这座建筑是在 1941 年建造而成的。当你参观过卡里耶博物馆后到访这里，会更加深刻地体会到古今绘画的不同技法。

金角湾周边　预计参观所需时间 **10 分钟**

柯奇博物馆

Map p.80B4

Koç Müzesi 柯奇 · 缪泽希

坐落在金角湾沿岸，由柯奇财团运营管理的一家博物馆。以交通、产业、通信为展品主题，你在这里可以看到包括 1866 年苏丹曾乘坐的御用火车和蒸汽汽车以及早期的潜水艇等珍贵展品。馆内并设的餐馆也很知名，你可以在品尝法餐的同时欣赏美丽的金角湾风光。

老爷车展厅

金角湾周边　预计参观所需时间 **1 小时**

迷你土耳其微缩景观公园

Map p.80B2

Miniaturk 迷你阿图尔克

迷你阿图尔克是一座将土耳其各地的景点与历史建筑全部进行微缩处理的主题公园。你在这里可以看到伊斯坦布尔的加拉太塔、卡帕多西亚的蘑菇岩、多乌巴亚泽特的伊萨克 · 帕夏宫等土耳其耳熟能详的景点，以及包括耶路撒冷的岩石清真寺在内的邻近诸国的著名景点。当你到访每个微缩景观后，将门票放到读取区，耳边便会响起相关的语音向导介绍。

微缩景观公园

■东正教君士坦丁堡普世大牧首府

🚌 从艾米诺努（金角湾方向的搭乘地）搭乘 99 路巴士在菲奈尔下车，随后穿过马路向左手边前行，沿着干净的石板路步行便可以抵达。

开 8:00~17:00（周日 ~16:30）

休 无

费 自愿捐赠

室内不得使用闪光灯

普世大牧首府中的高中，此前这座建筑曾作为普世大牧的首府使用

■柯奇博物馆

🚌 从艾米诺努搭乘 47 路，从塔克希姆广场搭乘 36T 路即可。

住 Hasköy Cad.No.5

TEL（0212）369 6600

URL www.rmk-museum.org.tr

开 9:30~17:00

夏季的周六 · 周日 · 节假日 9:30~19:00

冬季的周六 · 周日 · 节假日 9:30~18:00

休 周一、部分节假日

费 18TL

潜水艇参观需要额外缴纳 9TL。

室内不得使用闪光灯

■迷你土耳其微缩景观公园

🚌 从西西里搭乘 54HS 路或从塔克希姆搭乘 54HT 路，艾米诺努搭乘 47 路巴士即可。

TEL（0212）222 2882

FAX（0212）222 2106

URL www.miniaturk.com.tr

开 9:00~19:00

休 无

费 15TL

微缩的耶路撒冷岩石清真寺

土耳其东南部的城镇——马尔丁的微缩景观也很精致

精美的苏美拉修道院微缩景观

迷你土耳其微缩景观公园中还并设着一座伊斯坦布尔水晶博物馆，通过将射线打到水晶上进而浮现出伊斯坦布尔市内有代表性的 16 座立体建筑造影。

狄奥多西城堡周边

预计参观所需时间 **30 分钟**

狄奥多西城堡

伊斯坦布尔折页广域地图 B3

Theodosius Surları 狄奥多西 · 斯尔拉鲁

坐落在伊斯坦布尔旧城区西侧的雄伟城墙内，便是这座狄奥多西城堡。这里在罗马拜占庭时期堪称防御系统的铜墙铁壁，即使是穆罕默德二世攻克伊斯坦布尔之时，这里也是因为忘记关上了拜占庭一侧的城门才得以让奥斯曼军队趁虚而入。虽然城堡历经岁月的洗礼出现了不同程度的损坏，但包括罗马努斯门及埃迪尔内卡普周边都进行了妥善的修复。

■狄奥多西城堡

城堡周边的治安不是很好，即使是白天也不要单人造访。

保存状态与埃迪尔内卡普、耶迪库莱齐名的古代堡垒

Information

耶迪库莱

耶迪库莱 Yedikule 意指坐拥 7 座塔楼的 7 塔要塞。位于狄奥多西城堡的南侧，这里曾作为狄奥多西大帝时期名为“黄金门”的一面凯旋门，到了奥斯曼王朝时期作为俘虏收纳所使用。

伊斯坦布尔折页广域地图 B3

🚌 从艾米诺努搭乘 BN1，BN2 等市区巴士前往即可。
※ 出发前注意查询最新信息

狄奥多西城堡周边

预计参观所需时间 **1 小时**

卡里耶博物馆

Map p.78B1

Kariye Müzesi 卡里耶 · 缪泽希

卡里耶博物馆的前身是 5 世纪初期建造的科拉修道院教堂，此后在奥斯曼王朝时期曾改建为伊斯兰清真寺，曾经于 13~14 世纪打造的精美马赛克壁画都被穆斯林用石膏遮挡，直到 20 世纪中叶美国拜占庭研究所的调查员到访，才被再次发现，经过精善的修复后让世人又重新可以欣赏这些佳作的原貌。

描绘着亚当与夏娃救济的画面

虽然目前馆内暂时没有圣母玛利亚与耶稣，耶稣诞生等经典主题作品，但多达 50 余幅的各式马赛克壁画足以令你眼花缭乱，描绘耶稣生涯与圣母沉睡的天顶画及壁画也令人叹为观止。此外位于入口右手边礼拜堂最深处的湿壁画，有一幅刻画耶稣伸出双手意图拯救亚当与夏娃的画面，这幅拜占庭风格的艺术作品得到广泛好评。在经历了漫长的修复工作之后，现在已经可以亲眼目睹。

■卡里耶博物馆

🚌 搭乘 T4 线在埃迪尔内卡普站下车。
住 Kariye Sok. No.26
TEL (0212) 631 9241
URL www.choramuseum.com
开 9:00~16:30
休 无
费 45TL
室内不得使用闪光灯

清真寺时期的宣礼塔仍旧被保留下来

描绘了围绕着耶稣的 24 名使徒

以马赛克镶嵌画的形式精致描绘了耶稣的神态，堪称传世杰作之一

奥斯曼时代期间曾作为俘虏收纳所的耶迪库莱，在 17 世纪的耶尼切利反叛事件中去世的苏丹奥斯曼二世便是殒命于此。

狄奥多西城堡周边　预计参观所需时间 10 分钟

米赫里玛苏丹清真寺

Map p.78B1

Mihrimah Sultan Camii 米赫里玛苏丹 · 迦米

由米马尔 · 希南在 1565 年设计竣工的清真寺建筑。米赫里玛苏丹是苏莱曼大帝与希莱姆苏丹王妃所生的女儿，据说苏莱曼十分疼爱这个女儿，甚至带她一起上战场。传言大建筑师希南也是暗恋这位王女，这座清真寺就是为了献给她才特别建造的。

经过 11 年的漫长修复终于对公众开放参观

狄奥多西城堡周边　预计参观所需时间 30 分钟

1453 全景历史博物馆

伊斯坦布尔折页广域地图 B3

Panorama 1453 Tarih Müzesi 帕诺拉玛 1453 塔里希 · 缪泽希

位于托普卡帕站南侧，以 1453 年君士坦丁堡陷落为主题的博物馆，最知名的当数重现君士坦丁堡被攻克时画面的全景巨幕。从博物馆中央的台阶往下走便可以来到这个设有 360° 环形巨幕的平台，届时集结在城墙周围正在攻城的奥斯曼士兵搭配着振奋人心的军乐曲，一定会令你有一种穿越时空的奇妙错觉。馆内电子屏中介绍君士坦丁堡陷落历史经过与背景的解说词只有土耳其语模式，语音向导则有多种语言可供选择。

马尔马拉海周边　预计参观所需时间 2 小时

伊斯坦布尔水族馆

伊斯坦布尔折页广域地图 A4

Istanbul Akvaryum 伊斯坦布尔 · 阿克瓦留姆

土耳其国内第一家正式水族馆便是位于弗罗亚地区的购物中心之中。你在这里可以观赏到包括黑海、爱琴海等土耳其及周边中东海域，乃至太平洋、大西洋等世界海洋共 16 个主题的 1500 余种丰富的海洋生物。宛如海底隧道般的游览结构以及海底沉船等特色场景，都令人印象深刻。

巴拿马运河展区

■米赫里玛苏丹清真寺
开 8:00~21:00
※ 做礼拜时不可以入场
休 无
费 自愿捐赠

■1453 全景历史博物馆
🚆 乘坐 T1 线在托普卡帕站下车即可。
TEL (0212) 415 1453
URL panoramikmuze.com
开 8:00~17:00
休 无
费 15TL　语音向导租赁费 5TL
室内不得使用闪光灯

在门口迎接游客的穆罕默德二世蜡像

360° 无死角的全景巨幕

■伊斯坦布尔水族馆
🚆 乘坐马尔马雷铁路在弗罗亚 · 阿克瓦留姆站 Forya Akvaryum 下车即可，距离锡尔凯吉大约有 20 分钟的车程。
TEL (0212) 574 2135
URL www.istanbulakvaryum.com
开 10:00~20:00
休 无
费 99TL

红海主题区中可以看到闻名世界的小丑鱼

重现博斯普鲁斯海峡原貌的特别展区

你在伊斯坦布尔水族馆中还可以体验潜水进入鲨鱼巡游区等特别项目。潜水前会有专人进行培训，每人的费用是 550TL，必须提前预约（至少提前 2 天）。潜水需要的泳衣、毛巾、拖鞋都需要你自行准备。

■于斯屈达尔

🚆 乘坐马尔马雷铁路在于斯屈达尔站下车即可。

⛴ 从艾米诺努、贝希克塔什、卡巴塔什、卡拉柯伊等众多码头都可以搭乘渡轮前往于斯屈达尔。

马尔马雷铁路在于斯屈达尔站

亚洲区　预计参观所需时间 **2 小时**

于斯屈达尔

Map p.82A2

Üsküdar 于斯屈达尔

2 层的古典土耳其风格飘窗耐人寻味

亚洲区的核心地区便是于斯屈达尔，古希腊的移民城市 Crisopolis 是这里的前身，在拜占庭时代还曾名为斯库塔里。

每天都可以看到这里的码头船来船往，充满生机，邻近码头的市场出售新鲜的蔬菜与海鲜，鲜味十足。2013 年马尔马雷铁路开通之后，这里的交通变得更加便利。街区中依旧保存着奥斯曼王朝时代土耳其风格的古老木质民宅，木板外壁与二层的飘窗都洋溢着浓厚的复古味道。

■库兹衮丘克

🚌 从于斯屈达尔搭乘 15 路、15S 路、15C 路、15Y 路等 15 路系列巴士都可以前往库兹衮丘克。

亚洲区　预计参观所需时间 **30 分钟**

库兹衮丘克

Map p.132

Kuzguncuk 库兹衮丘克

享有“博斯普鲁斯海峡明珠”美称的库兹衮丘克，整个地区就像一座公园似的，绿意盎然，古老的土耳其民宅与教堂、清真寺等宗教建筑都被很好地保留下来，漫步于复古的街道之中，闲暇之余再进到一家咖啡馆或餐馆小憩，绝对是这里最正确的打开方式。

拜占庭时期，曾被称作柯西尼查的库兹衮丘克，过去曾是伊斯坦布尔市中有代表性的犹太人社区，其间的亚美尼亚教堂与犹太人会堂数量足以和清真寺所匹敌，可以说是伊斯坦布尔的缩影。

■卡德柯伊

⛴ 从艾米诺努等多个码头都可以搭船前往这里。

港口旁的灯塔建筑

亚洲区　预计参观所需时间 **30 分钟**

卡德柯伊

Map p.82A4~B4

Kadıköy 卡德柯伊

卡德柯伊地区的历史比伊斯坦布尔还要久远，这里原名叫查尔西顿，公元 451 年探讨基督教一性论的查尔西顿宗教会议便是在这里举办，当时的教堂依旧被保留下来，至今也可以进入参观，海岸周边区域则改建为购物区，十分热闹。码头前的公交总站，作为亚洲区的交通起点，运营着前往各地的市区巴士。与餐馆商店林立的主干路相连的特尔莱尔扎德路 Tellalzade Sok. 便是这里知名的古董一条街，沿路还有许多留存至今的古老民宅。

知名的古董街——特尔莱尔扎德路

卡德柯伊的商店——埃塔·巴尔（Map p.83A1）出售土耳其东部、黑海沿岸地区养蜂场出产的出色蜂蜜罐装瓶。将蜂蜜与酸奶混合起来味道好的没话说。

亚洲区

恰姆勒加山

预计参观所需时间 **30 分钟**

伊斯坦布尔折页广域地图 D3

Çamlıca 恰姆勒加

可以眺望到 7 月 15 日烈士大桥美景的市区山丘。作为伊斯坦布尔市内的制高点电视塔也设立于此。山顶是一座公园，里面开有咖啡餐馆和茶园，是绝佳的休憩之所。许多伴侣都会在婚礼结束后来这里拍摄纪念照，空气中洋溢着幸福的味道。你在这里可以俯瞰欧洲区以及 7 月 15 日烈士大桥的全景风光。

从恰姆勒加山眺望 7 月 15 日烈士大桥美景

■恰姆勒加山

🚌 从图利斯提克·恰姆勒加·特希斯站 Turistik Çamlıca Tesis 下车后步行大约 15 分钟便可以抵达

从于斯屈达尔搭乘 9ÜD，11ÜS 路，从卡德柯伊搭乘 14 路均可以到达

从苏丹阿赫迈特广场搭乘 TB2 线观光巴士也可以抵达

亚洲区

贝勒贝伊宫

预计参观所需时间 **1 小时**

Map p.82B1

Beylerbeyi Sarayı 贝勒贝伊 · 萨拉尤

坐落在 7 月 15 日烈士大桥旁边的苏丹夏宫。由苏丹阿卜杜勒·阿齐兹下令建造，由亚美尼亚建筑师巴尔洋设计并在 1865 年竣工。这座夏宫与多尔玛巴赫切宫一样都是巴洛克与奥斯曼相融合的建筑风格，看点主要以 2 层（土耳其语中为 1 层）男性玄关中的精美吊灯和女性居住的后宫区，以及苏丹的办公室和浴室等。天花板的木雕装饰美轮美奂，大厅的装饰性时钟和多尔玛巴赫切宫相同（p.127），指针都停留在阿塔图尔克逝世的 9:05 这个时间上。

精美的天花板装饰

■贝勒贝伊宫

🚌 从于斯屈达尔搭乘 15 路公交或合乘巴士，10 分钟左右便可以到达。宫殿就坐落在 7 月 15 日烈士大桥的旁边。

TEL（0216）236 9000

开 9:00~17:00

休 周一 · 周四

费 40TL

📷 室内不得使用闪光灯

指针停留在了 9:05

从博斯普鲁斯海峡眺望这座夏宫

豪华绚丽的 2 层（土耳其语中为 1 层）沙龙

此外贝勒贝伊宫仍发挥着接待外国贵宾的住宿作用，奥地利帝国和匈牙利帝国的皇帝弗朗茨·约瑟夫一世，恺加王朝的纳赛尔丁·沙国王都曾在这里住过。

博斯普鲁斯海峡周边 预计参观所需时间 2小时～半天

博斯普鲁斯海峡巡游之旅

Boğaz Turu 博阿兹 · 途尔

天气晴朗的日子来一次博斯普鲁斯海峡巡游之旅可谓再好不过。行程分为从艾米诺努码头出发，前往位于黑海入口处的安纳托利亚 · 卡瓦坞的长线，以及途经法提赫苏丹穆罕默德大桥便折返的短线共两种选择。船内提供的欢迎饮品需要额外付费，请多加注意。

基利奥斯 Kilyos

黑海

苏丹塞利姆大桥 Yavuz Sultan Selim Köprüsü

从安纳托利亚 · 卡瓦坞远眺黑海的美景

↑12:00 ↓15:10 鲁梅利 · 卡瓦坞 Rumeli Kavağı

放大图参照右下方

安纳托利亚卡瓦坞 Anadolu Kavağı 12:10抵达 15:00出发

鲁梅利堡垒

萨鲁耶尔 Sarıyer ↑11:50 ↓15:20

出售坎鲁查特色酸奶的小贩会在停船时上前兜售

耶尼柯伊 Yeniköy

7月15日烈士大桥

埃米尔干公园 Emirgân Parkı

坎鲁查 Kanlıca ↑11:20 ↓15:40

法提赫苏丹穆罕默德大桥 Fatih Sultan Mehmet Köprüsü

鲁梅利堡垒 Rumeli Hisarı

安纳托利亚城堡 Anadolu Hisarı

库丘克斯离宫 Küçüksu Krsrı

↑10:50 ↓16:10 贝希克塔什 Beşiktaş

多尔玛巴赫切宫 Dolmabahçe Sarayı

贝勒贝伊宫 Beylerbeyi Sarayı

7月15日烈士大桥 15 Temmuz Şehitler Köprüsü

卡巴塔什 Kabataş

于斯屈达尔 Üsküdar

恰姆勒加山 Çamlıca

少女之塔 Kız Kulesi

艾米诺努 Eminönü 10:35出发 16:25抵达

马尔马拉海

优美的贝勒贝伊宫

博斯坦久 Bostancı

博斯普鲁斯海峡

→ 长线（去程）

← 长线（回程）

※时间为正常航程下的大体推算

↔ 短线

※通常短线都是由谢希尔 · 哈特拉尔公司进行运营

克纳乐岛 Kınalıada

布尔伽兹岛 Burgaz Adası

海贝利岛 Heybeliada

毕尤克岛 Büyükada

普林希兹群岛

0 10km

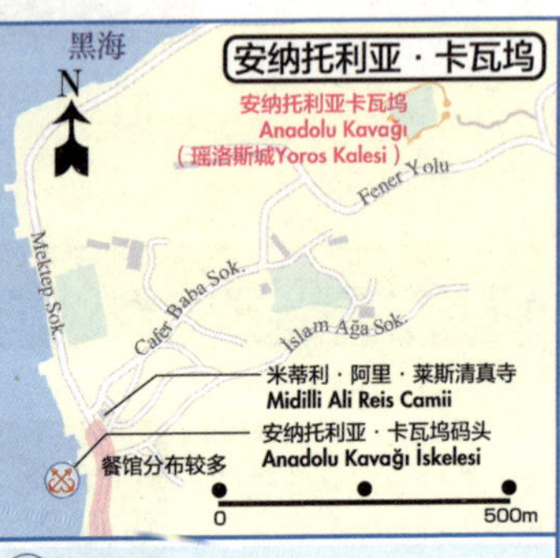

长线 Uzun Boğaz Turu

线路 艾米诺努始发：全年10:35，夏季额外增加13:35　安纳托利亚 · 卡瓦坞始发：全年15:00，夏季额外增加17:00

航程 单程1小时45分钟　**船费** 25TL（单程15TL）

短线 Kısa Boğaz Turu

线路 艾米诺努始发14:30，奥尔塔柯伊始发14:50

航程 2小时　**船费** 12TL

夏季每天发船，淡季只在周末运营。夏季傍晚还有特色的夜游行程（20TL）。

土约尔公司短线

线路 10:00~20:00 期间每小时1班

航程 1小时30分钟　**船费** 20TL

从艾米诺努的土约尔栈桥（Map p.98）始航，中途不得下船。

登途尔公司长线

线路 卡巴塔什始发11:15，贝希克塔什始发11:30，安纳托利亚 · 卡瓦坞始发15:30

航程 5小时30分钟（往返）**船费** 20TL（往返）

中途在安纳托利亚 · 卡瓦坞靠港停留3小时

登途尔公司游艇线

线路 卡巴塔什出发11:45~15:45 期间每小时1班　贝希克塔什出发11:55~15:55 期间每小时1班

船费 20TL

沿途可以在多尔玛巴赫切宫（卡巴塔什码头）、库丘克斯离宫、贝勒贝伊宫等地自由下船游览，船票当日有效，可以反复乘坐。

登途尔公司运营的游艇航线途经奥斯曼王朝苏丹，阿卜杜勒 · 迈吉德下令建造的库丘克斯离宫，附近还有著名的安纳托利亚城堡可供观赏（p.136）。

博斯普鲁斯海峡周边　预计参观所需时间 **1 小时**

少女之塔

Map p.82A2

Kız Kulesi 库兹 · 库莱希

坐落在博斯普鲁斯海峡入口亚洲区的一座小岛之上，过去曾作为灯塔使用。

少女之塔的名称来源于一段悲伤的传说。从前有一位占卜师对国王说，他的女儿会在18岁生日时被一条毒蛇咬死，信以为真的国王便建造了这座高塔并将公主关入其中，以免毒蛇进入。在塔中长大的公主等来了她的18岁生日，国王非常高兴，以为魔咒已经失效，便准备了一个大果篮为女儿庆生，没想到一条毒蛇从果篮中钻出，最后还是咬死了公主，因此这里便有了少女之塔的名字。直到1999年末期，这个高塔才结束了改造工程，现在作为一家餐馆对外开放，这里的早午餐好评如潮。

从于斯屈达尔码头眺望远处的少女之塔

■少女之塔

TEL（0216）342 4747

URL www.kizkulesi.com.tr

开 9:00~18:45，从19:45起，餐馆和酒吧开始营业。

从于斯屈达尔南面的萨拉查克 Salacak 搭乘小型渡船（20TL）即可抵达。卡巴塔什起始的船只在10:00~18:00期间，每小时1班（20TL），从少女之塔返回卡巴塔什的船只在10:45~18:45期间，每小时的45分钟发船。入夜后只有上岛上用餐的乘客可以搭船，卡巴塔什出发的时间分别是20:00，20:45，21:30，少女之塔的返航时间分别是23:00，23:45，0:30。萨拉查克出发的渡船在20:00~次日0:30期间不定期出发。实际时刻表可能会有所变化，请在出发前再次确定。

夜色下华灯初上的少女之塔

博斯普鲁斯海峡周边　预计参观所需时间 **30 分钟**

7月15日烈士大桥

Map p.73D3　Map82B1

15 Temmuz Şehitler Köprüsü 恩贝西 · 滕姆兹 · 谢希特莱尔 · 克普留休

将亚洲与欧洲分割开来的博斯普鲁斯海峡全长大约30公里，整段海峡中最窄的距离大约700米。而这座全长1.5公里，连接亚欧大陆的大桥便是为了纪念土耳其建国50周年于1973年开通运营的。以前的名字叫作博斯普鲁斯大桥，在2016年的军事政变事件发生后，改名为7月15日烈士大桥。

大桥边上便是奥尔塔柯伊 · 梅吉迪耶清真寺

■7月15日烈士大桥

伊斯坦布尔折页广域地图 C3

从上空航拍的法提赫苏丹穆罕默德大桥

2016年军事政变事件发生之时，许多军人都为了保卫国家参与到城内的巷战之中，英勇奋战甚至牺牲生命，至今从大桥上仍可以看到当时激战后留下的弹孔。

■鲁梅利堡垒

🚌 从卡巴塔什搭乘萨鲁耶尔（海岸沿线行程）线路，在鲁梅利堡垒站下车即可。

TEL（0212）263 5305

开 夏季 9:00~19:00

冬季 8:00~17:00

休 周三

费 15TL

博斯普鲁斯海峡周边　预计参观所需时间 **1 小时**

鲁梅利堡垒

伊斯坦布尔折页广域地图 D2

Rumeli Hisarı 鲁梅利 · 希萨鲁

鲁梅利堡垒是由穆罕默德二世在1452年建造的堡垒要塞，南北全长约250米，1453年为了备战君士坦丁堡之战，只用了4个月的时间便建造完成。现在堡垒已经修复完善，变成了一处绝佳的散步场所，夜晚的亮灯仪式也十分惊艳。

从城内的高塔上可以俯瞰海峡上的船来船往

气派的别墅建筑坐落在海峡两岸

博斯普鲁斯海峡周边　预计参观所需时间 **30 分钟**

安纳托利亚城堡

伊斯坦布尔折页广域地图 D2

Anadolu Hisarı 安纳托利亚 · 希萨鲁

位于欧洲大陆鲁梅利堡垒对岸亚洲大陆上的奥斯曼王朝城堡遗迹。14世纪90年代，当时的苏丹巴耶济德一世下令修建这座城堡，经过历史岁月的洗礼，现在这里只剩下一座塔楼以及部分城堡区域的断壁残垣，这里被改建为市民公园，氛围独特。从安纳托利亚城堡到对岸欧洲大陆之间的海峡距离便是整段博斯普鲁斯海峡的最窄处，仅有700余米。

只留下了部分断壁残垣的安纳托利亚城堡

博斯普鲁斯海峡周边 预计参观所需时间 **1 小时**

基利奥斯 Map p.134-1

Kilyos 基里奥斯

从萨鲁耶尔搭乘沿博斯普鲁斯海峡北上的巴士大约1小时，便可以抵达黑海沿岸的著名海滩——基里奥斯。基里奥斯的沙滩是伊斯坦布尔近郊沙滩中最干净，海水最清澈的。你在这里的索拉尔海滩 Solar Beach 还可以体验喷气快艇以及香蕉船等各式海上游乐项目，夏季的户外音乐节也十分出名，来自海内外的众多艺术家都会到访进行现场演出。

基利奥斯的绝佳海滩

■基利奥斯

🚌 先搭乘巴士前往萨鲁耶尔，随后换乘前往基利奥斯的大巴，车程大约1小时，从塔克希姆也可以搭车前往。

在地铁 M2 线哈吉奥斯曼站下车后换乘151路巴士，大约45分钟即可抵达。

■索拉尔海滩

TEL（0216）201 2086

URL www.solarbeach.com.tr

博斯普鲁斯海峡周边 预计参观所需时间**半天**

普林希兹群岛 Map p.134-3

Kızıl Adalar 库兹尔 · 阿达拉尔

普林希兹群岛（也称为阿达拉尔 Adalar）共由9座岛屿组成，目前克纳乐岛、布尔伽兹岛、海贝利岛和毕尤克岛四座岛屿之间设有专用渡轮进行连通，自拜占庭时期以来，这里曾是王公贵族被流放和囚禁的地方，所以才有了王子岛的别名。克纳乐岛的亚美尼亚人社区、布尔伽兹岛的希腊人社区、毕尤克岛的犹太人社区都各具特色，岛内的犹太人会堂、基督教堂等各式建筑也很有看点。夏季众多游客都会上岛在海滩度过悠闲的假期，由于各个岛屿原则上都禁止机动车上岛，所以你可以体验原汁原味的岛屿风情。

克纳乐岛码头旁边便是优美的海滩

■普林希兹群岛

⛴ 从卡巴塔什搭船前往

详见 p.99。

群岛中最大岛屿——毕尤克岛码头旁的热闹市集

往返群岛中各个岛屿的专用渡轮

伊斯坦布尔的酒店

酒店分布区域及选择指南

伊斯坦布尔市内有几个酒店比较集中的区域，除了对于观光非常便利的苏丹阿赫迈特地区外，根据旅行目的的不同，你可以在下文推荐的各个区域中挑选最合适你的住宿地点。

伊斯坦布尔机场方向
哈里克大桥
苏丹皇太后大桥
金角湾
Haliç
阿塔图尔克大桥
托普卡帕
阿克萨赖
宰廷布尔努
阿塔图尔克·哈瓦利马努
（旧民用机场）

	苏丹阿赫迈特 对于旧城区的观光确实十分便利，但是交通管制以及破旧道路可能会给你添堵 →p.141～142	锡尔凯吉 交通四通八达，适合打算前往多个地点的深度旅行者 →p.142～143
酒店数量·种类 	★★★★ 包含平价旅店到高级酒店等各种等级住宿设施，**不过白天这个地区中可能会有交通限行**，届时出租车将无法进入。许多巷子里的石板路也都年久失修，**自己搬运行李可能会有所不便**。	★★★★ **如果你计划在伊斯坦布尔待上一周，则建议你在锡尔凯吉地区入住**。这里的酒店大多是3~4星的中等级别，价格比较划算。
观光 & 交通  	★★★★ 位于旧城区的中心，出了酒店就可以步行游览，大巴扎集市以及埃及市场都可以走路前往。	★★★★★ 步行便可以前往登录在世界遗产名录中的伊斯坦布尔历史区域，地处交通要地，交通方式众多，距离渡轮停泊的码头也很近，搭乘艾米诺努发抵的市区巴士十分方便。
餐馆	★★★★ 由于地处观光景区附近，因此收费都比日常略高，部分咖啡馆也会提供西餐，大多数餐馆的菜品几乎没有太大区别。	★★★ 街头餐馆较多，价位亲民，不少老字号餐馆也坐落在这里。快餐店分布不少，但多是土耳其本土品牌，外商连锁不太常见。
前往机场 	★★ 乘坐哈瓦伊斯特机场大巴，车程大约需要1小时50分钟，白天交通管制时打车比较困难，街巷的坑洼路段很多，拉行李步行也十分不便。	★★★ 乘坐哈瓦伊斯特机场大巴，车程大约需要1小时10分钟，也可以在搭乘马尔马雷铁路后在耶尼卡普站下车随后前往机场。
治安 	★★★ 小偷和强盗的偷抢事件并不多见，治安较好。但是经常会有不法商贩蒙骗游客进店购物，造成较大的经济损失。	★★★ 过去这里的治安不是很好，近年来已经得到了很大程度的改善，不过夜晚还是尽量避免在人迹罕至的区域单人步行。

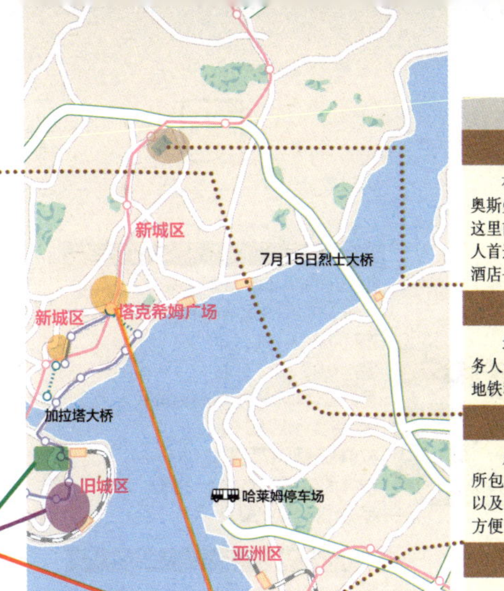

其他酒店区域

博斯普鲁斯海峡周边

在奥尔塔柯伊周边、7 月 15 日烈士大桥附近经常可以看到由奥斯曼王朝时期高官的别墅或宫殿改造而成的豪华酒店。虽然从这里前往景区的交通方式不是十分便利，但是治安极好，作为名人首选的度假住宿地，这里的高级餐馆以及配有 SPA 水疗设施的酒店一定会令你体验高品质的出行享受。

新城区北部

地铁 M2 线西西里 · 梅吉迪耶柯伊站周边分布着许多面向商务人士的大型酒店，购物便利，步行便可以前往尼桑塔什区域。地铁和巴士线路都有覆盖，观光出行也很便利。

芬杜克扎德～托普卡帕

从电车 T1 线芬杜克扎德站到托普卡帕站区间被地铁和电车所包围的区域，分布着不少 3~4 星酒店，通过搭乘地铁 M1 线以及电车 T1 线等 2 条公交线路，前往伊斯坦布尔市内各地都很方便。

卡德柯伊（亚洲区）

卡德柯伊码头附近主要以中级酒店为主，这里距离分布各式餐馆的亚洲区最大商业街——巴格达道也很近，随着马尔马雷铁路的开通，前往新城区与旧城区都更加便利。

美食 & 购物 城市生活派 →p.143~144 **塔克希姆广场周边**	酒店数量很多，但是一定要注意人身安全 →p.143 **阿克萨赖**

精品网红酒店以及适合长期居住的公寓型酒店数量正在逐渐增多，外资型连锁酒店大多集中在广场的北侧。	分布着 2~4 星等各个等级的诸多酒店以及接待团体游客的大型酒店，时尚精致的网红酒店很难在这里找到。

搭缆车（地下缆车）并换乘城市电车后即可抵达旧城区，车程 30~40 分钟。	搭乘地铁 M1 线、M2 线，马尔马雷铁路以及电车 T1 线均可以实现旧城区与新城区间的便捷移动。前往大巴扎市集的话步行即可。
★★★★★	
许多视野极佳的餐馆以及知名快餐品牌和居酒屋都可以在这里找到。餐馆的菜系各具特色，全球各国菜品几乎都能找到与其相对的好评餐馆。	平价餐馆以及快餐连锁居多，不用担心找不到餐馆吃饭。海鲜餐馆以及居酒屋等大多分布在阿克萨赖南部的库姆卡普附近。
★★★★	
前往伊斯坦布尔机场的哈瓦伊斯特机场大巴班次较多，车程大约需要 1 小时 45 分钟。此外，从这里前往萨比哈 · 格克琴机场的交通方式也很方便。	下了飞机搭乘耶尼卡普方向的哈瓦伊斯特机场大巴，车程大约为 1 小时 50 分钟，随后换乘地铁 M1 线只要 1 站即可抵达。
★★★	
作为堪称伊斯坦布尔市内首屈一指的繁华商业街，治安还是说的过去的。但是深夜还是请不要前往小巷或偏僻区域。	夜店以及妓院的数量众多，是伊斯坦布尔市内臭名昭著的危险区域，酒店中都曾发生盗窃事件。

酒店
Hotel

宿舍型旅店、青年旅舍

阿戈拉青年旅舍
Agora Guesthouse & Hostel

经济型 10 间

◆房型虽然是 4~10 人宿舍的形式，但是床下配有上锁的收纳柜，便于整理随身财物。公共浴室也十分整洁，配套的小型换衣间也很人性化。早餐是选择多样的自助模式，你可以自由使用这里的微波炉，赠予房客的周边地图十分暖心。

苏丹阿赫迈特　Map p.81 上 A2

住 Cankurtaran Mah., Akbıyık Cad., Amiral Tafdil Sok. No.6
TEL (0212) 458 5547
FAX (0212) 458 5548
URL www.agoraguesthouse.com
DOM A/C 10~21 €
/ A/C 30~90 €
US $ € JPY TL　M V
全馆免费　EV 无

干杯旅舍
Hostel Cheers İstanbul

经济型 20 间

◆这是一家经常在网红旅社中排名中数一数二的超人气旅舍。顶层的阁楼房型独具特色，女性宿舍房型室内便配有沐浴设施，部分客房没有空调，夏季住宿请提前注意。

苏丹阿赫迈特　Map p.61C2

住 Zeynep Sultan Camii Sok.No.21
TEL (0212) 526 0200
FAX (0212) 526 0201
URL www.cheershostel.com
DOM A/C 17~20 €
A/C 60~70 €
A/C 56~90 €
US $ € TL　不可
全馆免费　EV 无

苏丹旅舍
Sultan Hostel and Guesthouse

经济型 34 间

◆1 层的酒吧 & 餐馆直到深夜都很热闹，设有专门面向女性的宿舍房型，提供许多贴心的服务。周边也有不少餐馆，可以丰富你的用餐选择。

苏丹阿赫迈特　Map p.81 上 B2

住 Terbıyık Sok. No.3
TEL (0212) 516 9260
URL www.sultanhostel.com
DOM A/C 19~26 €
A/C 33~40 €
US $ € TL　M V
全馆免费　EV 有

班克旅馆
Bunk Taksim

经济型 45 间

◆由一座历史感浓厚的建筑改建而成，客房的现代装饰深受年轻人的欢迎。宿舍房型按照男女性别分类，每个房间的床铺数量为 4~8 张不等。最上层餐吧提供的菜品每天更换，令房客充满新鲜感。

塔克希姆　Map p.66A4

住 Papa Roncalli Sok. No.34
TEL (0212) 343 0095
URL www.bunkhostels.com
DOM A/C 15~18 €
/ A/C 60~70 €
US $ € TL　M V
全馆免费　EV 有

提防酒店介绍的相关旅行社

在伊斯坦布尔市内，特别是苏丹阿赫迈特地区中真的有不少蒙骗初来乍到游客的不法旅行社。刚刚来到土耳其的游客有很多都不知道当地的收费标准，于是这些旅行社便看好这个信息不对等的漏洞，利用花言巧语为不知情的游客安排出昂贵离谱的卡帕多西亚等地旅游行程，出了问题后他们便将旅行社名字一改，遁地无形，很难受到法律的制裁。

有些黑心旅行社甚至还是酒店的子公司，如果你认为酒店可靠至极，那真是大错特错，有时候牵桥搭线的酒店可能才是幕后黑手，一定要长个心眼儿多加小心。

如果航班是清晨时段起飞，一大早就要赶往机场，推荐搭乘途经苏丹阿赫迈特及锡尔凯吉地区多家酒店的机场快线，提前一天即可进行预约，便利省心。

苏丹阿赫迈特地区酒店

马尔马拉旅舍
Marmara Guesthouse 经济型 14 间

◆由经营康亚公寓这家人气民宿的母女俩开办的小型旅舍，入住会有一种家庭的温馨感，客房铺有地板，内饰讨喜，配备的保险箱也令人更加安心。从顶层客房可以一览马尔马拉海美景，冬季住宿还有额外的折扣。

苏丹阿赫迈特 Map p.81 上 B2
住 Terbıyık Sok.No.15
TEL（0212）638 3638
FAX（0212）638 3639
URL www.marmaraguesthouse.com
单 A/C 63 €～
双 A/C 68 €～
US $ € JPY TL M V
全馆免费 EV 无

郁金香旅舍
Tulip Guesthouse 经济型 9 间

◆由当地家庭经营的小型旅馆，各个房间的布置都很有当地氛围，从供应早餐的露台可以欣赏马尔马拉海的景色，冬天关上玻璃窗，依旧可以在这个露台享用美味早餐。

苏丹阿赫迈特 Map p.81 上 B2
住 Terbıyık Sok. No.19
TEL（0212）517 6509
FAX（0212）516 0254
URL www.tulipguesthouse.com
单 A/C 55 €～
双 A/C 56 €～116 €
US $ € JPY TL M V
全馆免费 EV 有

哈内丹酒店
Hanedan Hotel 经济型 10 间

◆客房内设有保险箱，即使是单人房，床铺也很大，身体可以完全伸展。夏天可以在屋顶享用早餐，家庭房价格是 85~105 €，另外笔记本电脑也可以出借给房客，十分贴心。

苏丹阿赫迈特 Map p.81 上 B1~2
住 Adliye Sok.NO.3
TEL（0212）516 4869
FAX（0212）458 2248
URL www.hanedanhotel.com
单 A/C 40 €～
双 A/C 55 €～
US $ € TL M V
全馆免费 EV 有

奥斯曼 · 汉酒店
Osman Han Hotel 中级 7 间

◆在酒店订房网站的好评很高，卫生间十分整洁，在享用早餐的屋顶露台可以欣赏到马尔马拉海的美丽风光。如果你用现金支付房费，还会再打九五折（只限提前用电话或邮件预约订房的客人）。酒店环境静谧，令人心情平静。

苏丹阿赫迈特 Map p.81 上 A2
住 Çetinkaya Sok.No.1
TEL（0212）458 7702
FAX（0212）458 7684
URL www.osmanhanhotel.com
单 A/C 70 €～
双 A/C 75 €～
US $ € JPY TL
J M V
全馆免费 EV 有

萨尔尼克酒店
Sarnıç Hotel 中级 21 间

◆由奥斯曼土朝时代建筑改建而成的高品质酒店，客房中包含有机肥皂在内的洗浴套装非常丰富，选择多样。Sarnic Premier 新馆比主楼的等级还要更高一点，1 层设有酒吧。

苏丹阿赫迈特 Map p.61C4
住 Küçük Ayasofya Cad.No.26
TEL（0212）518 2323
FAX（0212）518 2414
URL www.sarnichotel.com
单/双 A/C 50 €～
US $ € TL
A M V
全馆免费 EV 有（仅限新馆）

在距离马尔马拉旅社的不远处，还有一家隶属于相同经营者的萨鲁汉酒店 Saruhan Hotel（Map p.60A4），如果马尔马拉的客房满房，可能会被介绍安排到这里（URL www.saruhanhotel.com）。

阿莱纳酒店
Arena Hotel　　中级 40 间

◆半数左右的客房都设有浴缸，即使是最普通的标间也可以欣赏到海景。酒店内还设有浴场（入场 25 €），需要搓澡和按摩可以额外支付 40 €。早餐是自助餐形式。

苏丹阿赫迈特　Map p.60B4

住 Şehit Mehmet Paşa Yok., Üçler Hamam Sok. No. 13-15
TEL（0212）458 0364
FAX（0212）458 0366
URL www.arenahotel.com
单人 A/C 59~149 €
双人 A/C 79~169 €
US $ € JPY TL　信用卡 A D J M V
全馆免费　EV 有

阿登城市酒店
Arden City　　高级 38 间

◆距离苏丹阿赫迈特站走路 4 分钟可以到达。由于地处繁华路段，打车也非常方便，客房色调沉稳大气，屋顶露台的视野也十分出色。此外酒店还可以为你提供洗衣和租车服务。

苏丹阿赫迈特　Map p.61C2

住 Prof. Kâzum İsmail Gürkan Cad. No.2
TEL（0212）528 9393
URL www.hotelarden.com
单人 A/C 90 € ~
双人 A/C 110 € ~
US $ € TL
信用卡 A M V
全馆免费　EV 有

七山酒店
Seven Hills Hotel　　高级 18 间

◆铺有高级地板的客房中配饰也十分考究，提供的沐浴套装也很丰富，所有客房中只有 2 间没有浴缸设施。从露台眺望的景色在整片区域中都是数一数二，从酒店的高层餐厅中经常可以看到许多不是房客的客人在这里用餐。

苏丹阿赫迈特　Map p.81 上 A1

住 Tevkifhane Sok. No.8/A
TEL（0212）516 9497
FAX（0212）517 1085
URL www.sevenhillshotel.com
单人/双人 A/C 100~319 €
US $ € TL
信用卡 A M V
全馆免费　EV 有

苏丹阿赫迈特四季酒店
Four Seasons İstanbul at Sultanahmet　　顶级 65 间

◆将建于 20 世纪初期，在 1970 年前一直作为监狱的古老建筑改建而成的顶级酒店。包围中庭的几座监视塔楼在监狱时代都发挥着瞭望作用。大部分客房都是套房模式，十分奢华，浴室中的沐浴间、化妆台、卫生间、浴缸池各自独立，非常宽敞。早餐为定食模式，有酒店为你安排菜品，价格大约 35 €。

苏丹阿赫迈特　Map p.81 上 A1

住 Tevkifhane Sok. No.1
TEL（0212）402 3000
FAX（0212）402 3010
URL www.fourseasons.com
单人/双人 A/C 530 € ~
费 需要额外支付 8% 的附加税
US $ € JPY TL
信用卡 A D J M V
全馆免费（提速需要额外收费）
EV 有

锡尔凯吉地区酒店

阿克彻纳尔酒店
Hotel Akçinar　　经济型 50 间

◆2011 年装修一新的客房美观整洁，每间客房窗外的景色都很不一样，可以多转几间后再挑选心仪的房型，最棒的景色肯定要数朝向锡尔凯吉车站以及马尔马拉海方向的客房。房间面积虽然不大，但是配有电视和迷你冰箱，麻雀虽小五脏俱全。

锡尔凯吉　Map p.61C1

住 Nöbethane Cad., Serdar Sok. No.12
TEL（0212）513 3273
FAX（0212）527 9188
URL www.hotelakcinar.com
单人 A/C 35~50 €
双人 A/C 55~75 €
US $ € TL　信用卡 M V
全馆免费　EV 有

多尔玛巴赫切宫的附近便坐落着这家博斯普鲁斯海峡四季酒店（Four Seasons Hotel Istanbul at the Bosphorus），这是由 19 世纪的阿缇克帕夏宅邸改建而成的，十分气派。

苏德考纳克酒店
Sude Konak Hotel

中级 42 间

◆客房内饰虽然没有给人眼前一亮的感觉，但是休闲时尚，令人心情轻松。配备的大型浴缸非常到位，享用早餐的屋顶露台视野很好，酒店内并设有餐馆和酒吧。

居尔哈内 Map p.61C2
住 Ebussuud Cad. No.16
TEL (0212) 513 2100
FAX (0212) 513 2003
URL www.sudekonak.com
单 A/C 55~70 €
双 A/C 75~100 €
US $ € TL　A D M V
全馆免费　EV 有

亚斯马克苏丹酒店
Hotel Yaşmak Sultan

中级 79 间

◆1965 年开业的老牌酒店，时尚的内饰中融合了奥斯曼王朝的特色浮雕。提供睡袍、拖鞋等多种配套用品，浴场和桑拿设备也一应俱全（额外收费）。房客可以免费使用酒店内的泳池和健身房。

居尔哈内 Map p.61C2
住 Ebussuud Cad. No.12
TEL (0212) 528 1343
FAX (0212) 528 1348
URL www.hotelyasmaksultan.com
单 A/C 65~140 €
双 A/C 85~160 €
US $ € JPY TL　M V
全馆免费　EV 有

旧城区等地（长途巴士站内、阿克萨赖等地）

诺瓦酒店
Nova Otel

经济型 48 间

◆位于长途巴士总站 4 层区域的东南位置，出行换乘十分便利。装饰一新的客房内饰令人赏心悦目，前台还设有一张台球桌子可供房客娱乐，客房数量很多，即使是晚上也可能可以在这里找到空房。

长途巴士总站内 Map p.90
住 Otogar A1 Kulesi Üstü
TEL (0212) 658 3780
FAX (0212) 658 3790
单 A/C 120TL
双 A/C 170TL
US $ € TL
M V
全馆免费　EV 有

格兰罗莎酒店
Grand Rosa Hotel

中级 29 间

◆步行前往电车贝亚兹特站只有 2 分钟的距离，从顶层的餐馆可以欣赏到金角湾的迷人景色，自助早餐也饱受好评。

贝亚兹特 Map p.71D3
住 Tiyatro Cad. No.10
TEL (0212) 518 5585
URL www.grandrosahotel.com
单 A/C 65 €~
双 A/C 85 €~
US $ € TL　M V
全馆免费　EV 有

新城区

央卡酒店
Hotel Yonca

经济型 48 间

◆虽然坐落在独立大道周边，但是闹中取静，十分安逸。物有所值的客房可能略微窄小，但是配有卫星功能的薄屏电视还是让人非常满足。未配有空调的房型价格还会更便宜一些。

塔克希姆 Map p.64B3
住 Toprak Lüle Sok. No.5
TEL (0212) 293 9391
FAX (0212) 249 7477
URL www.hotelyonca.com
单 A/C 110TL
双 A/C 160TL
US $ € TL　J M V
全馆免费　EV 有

新城区从卡拉柯伊到隧道的坡道坡度很陡，如果携带大件行李会很吃力。对自己体力没有太多自信的客人可以提前了解下前往酒店的脚程大约有多远，做好心理准备。

瓦德宫酒店
Hotel Varder Palace

中级 40 间

◆位于 Siraselviler 道下方右手边的古老建筑。建筑建于 1901 年，随后被改建为酒店，招牌很小，不容易被发现，酒店内部与历史感浓厚的外观截然相反，现代商务气息十足。

塔克希姆　Map p.65C3

住 Sıraselviler Cad.No.16
TEL（0212）252 2888
FAX（0212）252 1527
URL www.vardarhotel.com
单人 A/C 240~300TL
双人 A/C 420~480TL
US $ € TL
A M V
全馆免费　EV 有

格米尔帕拉斯酒店
Germir Palas Hotel

中级 49 间

◆位于连通着塔克希姆广场的步行街区域一角，酒店内的装饰风格兼容了巴洛克与奥斯曼时代特色，从优美的露台可以眺望到博斯普鲁斯海峡的美丽风光。

塔克希姆　Map p.65C2

住 Cumhuriyet Cad. No.7
TEL（0212）361 1110
FAX（0212）361 1070
URL www.germirpalas.com
单人 A/C 60~80 €
双人 A/C 75~100 €
US $ € TL　A D J M V
全馆免费　EV 有

特里亚达公寓酒店
Triada Residence

中级 21 间

◆公寓形式的酒店，在 2011 年全面翻新后增设了附带阳台和按摩浴池的房型。起居室和卧室分别独立，大气敞亮。附带按摩浴池的套房价格 140~180 €。

塔克希姆　Map p.64B3

住 İştiklâl Cad.，Meşelik Sok. No.4
TEL（0212）251 0101
FAX（0212）292 6263
URL www.triada.com.tr
单人/双人 A/C 80~120 €
单人/双人 A/C 110~140 €
US $ € TL　A M V
全馆免费　EV 有

威特伊斯坦布尔酒店
Witt İstanbul Hotel

高级 18 间

◆位于从电车托普哈内站出站后到吉汉吉尔、塔克希姆方向的陡坡路途中。客房宽敞到感觉可以直接开个派对，装饰十分考究。

吉汉吉尔　Map p.63D1

住 Defterdar Yok.No.26
TEL（0212）293 1500
FAX（0212）310 2494
URL www.wittistanbul.com
单人/双人 A/C 110~450 €
US $ € TL
A D M V
全馆免费　EV 有

迪万酒店
Divan Hotel

高级 191 间

◆在长期改建工程结束后，化身为现代风格的优质酒店。客房中虽然没有浴缸，但是设有最新型的沐浴玻璃房，体验高端。配套餐厅中包含日本料理，此外还有一家名为迪迈的酒吧以及名为帕斯塔奈的餐饮店。

哈尔比耶　Map p.65C1

住 Asker Ocaği Cad. No.1
TEL（0212）315 5500
FAX（0212）315 5515
URL www.divan.com.tr
单人/双人 A/C 195 € ~
费 需要额外支付税费
US $ € JPY TL
A M V
全馆免费　EV 有

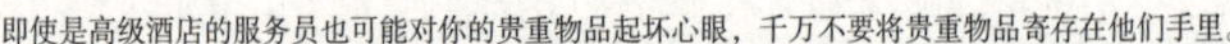
即使是高级酒店的服务员也可能对你的贵重物品起坏心眼，千万不要将贵重物品寄存在他们手里。

索法酒店

Sofa Hotel 高级 82 间

◆位于尼桑塔什的精品酒店，无论地理位置还是酒店服务都是顶级好评。客房中还有附带迷你厨房，总面积超过 40 平方米的公寓房型，以及适合长期居住的商务房型，种类众多。早餐需要额外支付 15 €（税费另收）享用，套房价格 350 € ~。

尼桑塔西 Map p.66B2

住 Tesvikiye Cad.No.41-41/A
TEL（0212）368 1818
FAX（0212）291 9117
URL www.thesofahotel.com
单人 A/C 130 € ~
双人 A/C 145 € ~
费 需要额外支付 8% 的税费
US $ € JPY TL ▭ A D J M V
全馆免费 EV 有

伊斯坦布尔的大型酒店

格兰贝亚兹特酒店

Grand Beyazit Hotel 67 间

◆步行 4 分钟便可以到达大巴扎集市，地理位置方便。奥斯曼王朝风格的大堂美轮美奂，酒店中设有配套的浴场和桑拿室。

阿克萨赖 Map p.71C3

住 Mimar Kemalettin Mah., Abu Hayat Sok.
TEL（0212）638 4641
URL www.hotelbeyazid.com
费 单人 50 € ~ 双人 70 € ~
全馆免费 EV 有

贝斯特韦斯特总统酒店

Best Western President Hotel 201 间

◆从露台餐厅以及海景房都可以欣赏到别致的马尔马拉海风光，视野很好。

贝亚兹特 Map p.71D3

住 Tiyatro Cad.No.25
TEL（0212）516 6980
FAX（0212）516 6998
URL www.thepresidenthotel.com
费 单人 100 € ~ 双人 110 € ~
全馆免费 EV 有

阿卡迪亚蓝色酒店

Hotel Arcadia Blue 54 间

◆位于法院背后的山丘之上，是一座十分起眼的高层建筑，露台餐厅的视野很棒。

苏丹阿赫迈特 Map p.60B3

住 Dr.İmran Öktem Cad.
TEL（0212）516 9696
FAX（0212）516 6118
URL www.hotelarcadiablue.com
费 单人 120 € ~ 双人 140 € ~
全馆免费 EV 有

金角湾酒店

Golden Horn Hotel 73 间

◆步行距离居尔哈内电车站只有 2 分钟的路程，位置优越。顶层餐厅的视野极佳，可以看到托普卡帕宫。

锡尔凯吉 Map p.61C1

住 Ebussuud Cad.No.44
TEL（0212）519 7474
URL www.thegoldenhorn.com
费 单人 120 € ~ 双人 160 € ~
全馆免费
EV 有

马尔马拉·佩拉酒店

Marmara Pera 205 间

◆非常显眼的高层酒店，紫色与白色作为客房主基调，时尚气息十足。

锡尔凯吉 Map p.62B1

住 Meşrutiyet Cad.
TEL（0212）334 0300
FAX（0212）249 8033
URL www.themarmarahotels.com
费 单人/双人 110 € ~
全馆免费 EV 有

香格里拉酒店中的广东餐馆——香宫（Shang Palace）备受好评，点心自助套餐十分过瘾。

格兰奥兹坦酒店
Grand Öztank Hotel 193 间

◆客房色调令人舒适自在，配有浴场、泳池以及酒吧等设施。

塔克希姆 Map p.65C1

住 Topçu Cad.No.9-11
TEL（0212）361 6090
FAX（0212）361 6078
URL www.grandoztanik.com
费 单 90 €～ 双 110 €～
全馆免费 EV 有

塔克希姆山顶酒店
Taxim Hill 60 间

◆为 120 年前的古建筑施以现代风格全新装饰的四星酒店，正对塔克希姆广场，位置绝佳。

塔克希姆 Map p.65C2

住 Sıraselviler Cad.No.5
TEL（0212）334 8500
FAX（0212）334 8598
URL www.taximhill.com
费 单 100 €～ 双 120 €～
全馆免费 EV 有

泰坦尼克城市酒店
Titanic City Taksim 183 间

◆坐落在大型酒店街之中，附带浴缸的客房大约有 30 间。浴场和 SPA 水疗设施都很完备。

塔克希姆 Map p.65C2

住 Lamartin Cad.No.47
TEL（0212）238 9090
FAX（0212）235 4747
URL www.titanic.com.tr
费 100 €～130 €～
全馆免费 EV 有

黄金年代酒店
Golden Age 181 间

◆坐落在塔克希姆广场北侧酒店街中治安相对较好的区域，配有经营安纳托利亚菜品的餐馆以及屋顶泳池等设施。

塔克希姆 Map p.65C1

住 Topçu Cad.No.10
TEL（0212）254 4906
URL www.goidenagehotel.com
费 单 120 €～双 140 €～
全馆免费 EV 有

马尔马拉塔克希姆酒店
The Marmara Taksim 208 间

◆面向广场的地标建筑，位于顶层的酒吧可以眺望到博斯普鲁斯海峡的美妙风光。

塔克希姆 Map p.65C2

住 Osmanlı Sok.No.1/B
TEL（0212）334 8300
FAX（0212）244 0509
URL www.themarmarahotels.com
费 单/双 123 €～
全馆免费 EV 有

马尔马拉西西里酒店
Marmara Şişli 98 间

◆邻近地铁 M2 线的西西里站，房间不大但是价格公道。

西西里 Map p.72A1

住 Ortaklar Cad.No.30
TEL（0212）370 9400
FAX（0212）292 3315
URL www.themarmarahotels.com
费 单/双 75 €～
全馆免费 EV 有

康拉德伊斯坦布尔博斯普鲁斯海峡酒店
Conrad Istanbul Bosphorus 553 间

◆坐落在可以眺望到博斯普鲁斯海峡的高地之上，最上层餐馆的视野更加出类拔萃。

贝希克塔什 Map p.69C2

住 Cihannuma Mah.，Saray Cad. No.5
TEL（0212）310 2525
FAX（0212）259 6667
URL conradhotels3.hilton.com
费 单 220 €～ 双 238 €～
全馆免费 EV 有

锡尔凯吉站台北侧设有一家铁路博物馆，虽然面积不大，但是馆内展出东方快车中曾使用的各式餐具，别有乐趣。需要注意的是在周日和斋月期间闭馆停业。

香格里拉博斯普鲁斯海峡酒店
Shangri-La Bosphorus 186 间

◆于 2013 年开业，面向海峡的高级酒店，距离码头和多尔玛巴赫切宫的距离都很近。

贝希克塔什 Map p.68B4

住 Hayrettin İskelesi Sok.No.1
TEL（0212）275 8888
FAX（0212）275 8889
URL www.shangri-la.com
费 🚹/🚹🚹400 €～
📶 全馆免费 EV 有

塞拉宫凯宾斯基酒店
Kempinski Çırağan Palace 313 间

◆坐落在博斯普鲁斯海峡旁的酒店，由 1867 年建造的宫殿翻建而成，庄严华丽，气派十足。

贝希克塔什 Map p.69D3

住 Çırağan Cad.No.32
TEL（0212）326 4646
FAX（0212）259 6687
URL www.kempinski.com
费 🚹/🚹🚹300 €～
📶 全馆免费 EV 有

伊斯坦布尔丽思 · 卡尔顿酒店
The Ritz Carlton Istanbul 243 间

◆即使是最普通的标间客房，浴缸和淋浴设施也都是各自独立，酒店中的酒吧视野很好。

古姆休斯尤 Map p.65D1~D2

住 Asker Ocaği Cad.No.6
TEL（0212）334 4444
FAX（0212）334 4455
URL www.ritzcarlton.com
费 🚹/🚹🚹215 €～
📶 全馆免费 EV 有

伊斯坦布尔希尔顿酒店
Hilton Istanbul Bosphorus 500 间

◆夏季的室外泳池也会对房客开放，此外酒店内还设有一个小型室内泳池，健身房和浴场等设施。

哈尔比耶 Map p.66A~B4

住 Cumhuriyet Cad.
TEL（0212）315 6000
FAX（0212）240 4165
URL www.hilton.com
费 🚹/🚹🚹90 €～
📶 全馆免费 EV 有

伊斯坦布尔洲际酒店
İnterContinental İstanbul 390 间

◆顶层可以欣赏博斯普鲁斯海峡美景的酒廊很有人气，自助早餐也很丰盛。

塔克希姆 Map p.65C2

住 Asker Ocaği Cad. No.1
TEL（0212）368 4444
FAX（0212）368 4499
URL Istanbul.intercontinental.com
费 🚹/🚹🚹170 €～
📶 全馆免费 EV 有

伊斯坦布尔凯悦大酒店
Grand Hyatt istanbul 360 间

◆粉色的低层酒店建筑。中庭的泳池和酒吧都很有度假风情。

巴尔比耶 Map p.65C1

住 Taşkişla Cad. No.1
TEL（0212）368 1234
FAX（0212）368 1000
URL İstanbul.grand.hyatt.com
费 🚹/🚹🚹105 €～
📶 全馆免费 EV 有

博斯普鲁斯瑞士酒店
Swissotel The Bosphorus 497 间

◆建设在多尔玛巴赫切宫所在的山坡之上，从这里可以领略优美的海峡风光。从顶层的餐馆也可以俯瞰整座城市。

贝希克塔什 Map p.68A4

住 Acisu Sok. No.19
TEL（0212）326 1100
FAX（0212）326 1122
URL www.swissotel.com
费 🚹/🚹🚹250 €～
📶 全馆免费（提速需要额外收费）
EV 有

从博斯普鲁斯瑞士酒店的顶层餐馆可以看到整座城市的风景。

伊斯坦布尔万豪亚洲酒店

Istanbul Marriott Hotel Asia

238 间

◆邻近地铁 M4 线的科兹亚塔奇 Kozyatağı 站，并设的地中海菜品餐馆好评如潮，健康中心的体验也很不错。

亚洲区　伊斯坦布尔折页广域地图 D4

住 Kayısdağı Cad. No.3

TEL（0212）570 0000

FAX（0212）469 9999

URL www.marriott.com

费 单/双 97 €～

全馆免费　EV 有

莫达希尔顿逸林酒店

Doubletree by Hilton MODA

245 间

◆从许多客房都可以看到海景，距离卡德柯伊港也比较近，出海方便。

亚洲区　Map p.83A2

住 Caferağa Mah., Albay Faik Sözdener Cad. No.31, Kadiköy

TEL（0212）542 4344

FAX（0212）542 4300

URL www.hilton.com

费 单 87 €～　双 128 €～

全馆免费　EV 有

约特尔酒店（机场内）

Yotel

277 间

◆坐落在伊斯坦布尔机场的国际线地区，距离出入境关口很近，方便登机。

伊斯坦布尔机场　无地图

住 İstanbul Havalimani, Tayakadın İhsaniye Yolu

TEL（0212）942 6666

URL www.yotel.com

费 单 167 €～　双 172 €～

全馆免费　EV 有

万丽波拉特伊斯坦布尔酒店

Renaissance Polat Istanbul

414 间

◆商务客人的首选，泳池和健身房等设施一应俱全，往返伊斯坦布尔机场的接送服务也很到位。

耶希尔柯伊　伊斯坦布尔折页广域地图 A4

住 Sahilyolu Cad.No.2

TEL（0212）414 1800

FAX（0212）414 1970

URL www.marriot.com

费 单/双 104 €～

全馆免费　EV 有

万怡酒店

Courtyard Marriott

264 间

◆位于马尔马雷铁路始发站哈尔卡利站以西 3.5 公里的位置。

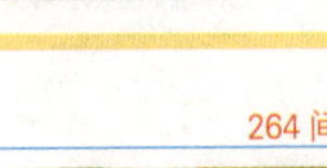

哈尔卡利　伊斯坦布尔折页广域地图 A3

住 Fatih Cad., Dereboyu Sok. No.2, Halkalı

TEL（0212）692 0000

FAX（0212）692 0001

URL www.marriott.com

费 单/双 65 €～

全馆免费　EV 有

伊斯坦布尔的餐馆

Restaurant

苏丹阿赫迈特地区　餐馆大多分布在城市电车的沿线以及苏丹阿赫迈特车站的北侧区域，由于地处观光胜地，菜品的价格要比市区中的其他餐馆略高。即使是乍看比较普通的菜馆，餐品也普遍会比想象的要更贵一些。众多酒店云集的阿克布尤克道周边坐落着不少时尚高雅的咖啡馆，但菜品大多比较类似。

锡尔凯吉周边　家常菜馆、简餐厅、高档餐馆等各式用餐场所都可以在这里找到，想吃炖菜料理的朋友可以前往伊布尼·凯马尔道 İbni Kemal Cad. 或直接在锡尔凯吉站周边的家常菜馆品尝即可。

贝亚兹特·阿克萨赖周边　贝亚兹特地区除了大道沿路的诸

市民经常光顾的家常菜馆中，作为主菜的炖菜菜品通常都直接摆放在橱窗之中，食客可以自行选择

伊斯坦布尔洲际酒店的客房落地窗从天花板延伸到地板，视野极佳，较高的楼层甚至让人还有点眩晕感。

多餐馆外，与大道南侧贯通的多条小路中也开有不少家常菜馆和小酒馆，价格亲民，阿克萨赖地区的餐馆大多集中在穆斯塔法·凯马尔道 Mustafa Kemal Cad.，麦当劳等国际连锁快餐厅也可以在这里找到。

新城区 从价格低廉的家常菜馆到高级餐馆，乃至休闲的咖啡馆都可以很轻松地在独立大道找到，市民日常光顾的平价菜馆以及土耳其烤肉档口则大多分布在隧道周边以及从塔克希姆广场南延的斯拉塞尔比莱尔道 Siraselviler Cad. 上。

亚洲区 卡德柯伊的渡轮搭乘点到城市电车的东部沿线附近都是餐馆比较集中的区域，另外在巴赫里耶道 Bahriye Cad. 周边也分布着比较多的家常菜馆，价格划算。

在独立大道旁的街巷和鱼市周边都可以找到许多快餐店和小酒馆

塞利姆·乌斯塔

Tarihi Sultanahmet Köftecisi Selim Usta 柯夫特肉饼专卖店

◆1920 年开业的餐饮老店，虽然外观和内饰都进行了翻修，但是味道依旧美味如初，被当地人所深深热爱。单人份柯夫特肉饼 22TL，7TL 的粗粒小麦粉蛋糕 Irmik Helvası 也是这里的必尝甜品。

苏丹阿赫迈特 Map p.61C3

住 Divanyolu Cad.No.12
TEL (0212) 513 6468
FAX (0212) 513 7454
URL www.sultanahmetkoftesi.com
开 夏季 11:00~22:30
冬季 10:30~22:30
休 无
US $ € TL 不可

塔玛拉餐馆

Tamara Restaurant 土耳其菜肴

◆坐落在苏丹阿赫迈特清真寺的附近，弗伦贝缇 Fırın Beyti（32TL）等肉菜 18~45TL，知名的凡城早餐（凡·卡夫巴尔图 Van Kahvaltı—p.367）以自助餐的形式提供给食客，每人 25TL。

苏丹阿赫迈特 Map p.61C4

住 Küçük Ayasofya Cad.No.14
TEL (0212) 518 4666
FAX (0212) 518 4000
URL www.tamararestaurant.com
开 8:00~22:30
休 无
US $ € TL
M V

玛格纳乌拉餐馆

Magnaura Café Restaurant 土耳其菜肴 咖啡

◆位于苏丹阿赫迈特清真寺东侧酒店街上的人气餐馆，3 层的建筑结构，顶层可以眺望到优美海景。人气牛排菜品 54TL，如果你从猫途鹰进行预约，还可能享受到优惠。

苏丹阿赫迈特 Map p.81 上 B2

住 Akbıyık Cad. No.27
TEL (0212) 518 7622
URL www.magnaurarestaurant.com
开 10:00~ 次日 2:00
休 无
US $ € TL
A M V

马卡尔纳 萨拉尤

Makarna Sarayı 土耳其风味意面

◆邻近千贝利塔什电车站，店如其名（Makarna Sarayi 意为土耳其风味意面），招牌的三合一意面 7TL，此外这里的土耳其烤肉、炖菜、鹰嘴豆炸饼、炸素丸子 fallafel 等都很受欢迎。

千贝利塔什 Map p.60B3

住 Vezirhan Cad. No.18
TEL (0212) 511 2683
开 10:00~23:00
休 无
US $ € TL
M V

苏丹阿赫迈特的柯夫特肉饼专卖店除了城市电车沿线最著名的 2 家以外，不时便可以在街巷中找到一家，由于可以进行打包，每家都买一点，对比品尝也十分有趣。

柯兹餐吧

Cozy Pub & Teras 海鲜菜品酒馆

◆1~3 层为酒吧空间，4~6 层则是餐馆，最上层的用餐视野十分出色，每天店家都会准备 3~4 种不同的新鲜鱼类作为食材，菜品包含着各式土耳其传统美食以及海鲜菜品，种类丰盛，香烤鲈鱼是这里的特色主菜，50TL。

苏丹阿赫迈特 Map p.60B3

住 Divanyolu Cad.No.60
TEL (0212) 520 0990
FAX (0212) 520 0993
开 9:00~24:00
休 无
US $ € TL
A M V

欧兹西餐馆

Ozi pizza & Pasta 意大利菜肴

◆邻近苏丹阿赫迈特清真寺的意大利餐馆，比萨种类多达 22 种，根据尺寸不同，费用在 30~50TL 不等。各式意面 35TL，酱料共有 3 种。

苏丹阿赫迈特 Map p.60B4

住 Su Terazisi Sok.No.9
TEL (0212) 516 4447
开 12:00~24:00
休 无
US $ € TL
M V

达布印第安菜

Dubb Indian 印度菜肴

◆主厨自己就是印度人，甄选印度本土调味料和大米烹制地道的印度菜品。香辣鸡肉咖喱和黄油浓香咖喱都是这里的特色菜，套餐价格分别是 75TL 和 84TL。

苏丹阿赫迈特 Map p.61C3

住 İncili Çavuş Sok. No.10
TEL (0212) 513 7308
FAX (0212) 513 8890
URL www.dubbindian.com
开 12:00~23:00
休 无
US $ € TL A M V

长城饭店 2

Chang Cheng 2 中餐

◆中餐长城饭店的 2 号分店，门脸不大，给人感觉只有 1 层，其实整栋建筑都属于这家餐馆的用餐区，顶层的露台视野很好，可以在这里用餐。菜品有我们耳熟能详的麻婆豆腐、虾仁炒饭和焖面等。

苏丹阿赫迈特 Map p.81 上 B1

住 Kutlugün Sok.No.23
TEL (0212) 517 2130
FAX (0212) 517 2132
开 10:30~22:00
休 无
US $ € TL
A M V

首尔餐馆

Seoul Restaurant 韩国菜肴

◆位于阿克布尤克道的韩国料理餐店，韩国的团队游客经常在这里用餐，4 人份的首尔特色套餐 290TL，大酱汤 45TL，韩式烤肉 65TL，泡菜猪肉豆腐 55TL。泡菜作为小菜免费提供给食客享用。

苏丹阿赫迈特 Map p.81 上 A2

住 Akbıyık Cad.No.23
TEL (0212) 458 0621
FAX (0212) 458 0624
开 12:00~22:00
休 无
US $ € TL
M V

菲利布柯夫特店

Meşhur Filibe Köftecisi 柯夫特肉饼店

◆1893 年开业的巴尔干半岛风格柯夫特老牌肉饼店，这里的传统味道持续了 40 余年仍未有任何改变，价格虽然不是很便宜，但是常年累积的食客仍络绎不绝，人均用餐价格 18TL 左右。

锡尔凯吉 Map p.61C1

住 Hoca Paşa Sok.No.3
TEL (0212))519 3976
URL www.meshurfilibekoftecisi.com
开 11:00 ~19:30
休 周日
不可

菲利布柯夫特中的菲利布便是现在保加利亚的普罗夫迪夫。其实圆形的柯夫特肉饼在巴尔干半岛的塞尔维亚及黑山等国也都十分常见。

伊斯坦布尔 viva! 美妙夜生活!

伊斯坦布尔的夜生活非常丰富，除了游客最为期待的肚皮舞表演之外，在当地的小酒馆听听民谣歌曲，喝上几杯小酒，再借着酒劲儿舞上几曲，真正地放松下来也很不错。不过可能会有打歪心眼的客人，不能掉以轻心。

酒馆

Meyhane 即是土耳其语酒馆的意思，在伊斯坦布尔新城区、独立大道周边的街巷，特别是鱼市附近的**内维扎德路 Nevizade Sok（Map p.64A3）**都是酒馆比较集中的区域。

肚皮舞

肚皮舞表演是土耳其旅行的经典项目

肚皮舞又名东方舞 Oriental Dance，在提供肚皮舞表演的餐馆，通常餐费中便包含了欣赏演出的表演费。除了肚皮舞之外，土耳其各地的民俗舞蹈也大多会纷纷亮相。

如果你住在旧城区以及新城区塔克希姆广场周边的酒店，通常只要你提前预约，都会免费为你提供接送服务。由于当天预约安排起来可能会比较困难，所以希望免费接送的客人最好提前进行预约。其他区域的酒店也可以提供接送服务，具体如何收费请向工作人员详细询问。

民谣酒吧

土耳其语中将民谣酒吧读作图尔克·艾贝或图尔克·咖啡，与游客云集的肚皮舞表演场所不同，这里是普通市民日常喝酒聊天的首选地，通常都有音乐学院的学生或是音乐家在现场演出，最知名的酒吧街当数邻近独立大道的**哈斯农·伽里普路 Hasnun Galip Sok.（Map p.64B3）**，选择众多。

Live House

想看 Live House 的，去新城区的**快乐小丑巴兰 Jolly Joker Balans（Map p.64A3）和巴比伦 Babylon（Map p.62B1）**一般不会有错。

门票除了在各个 Live House 购买之外，还可以通过网站（URL www.biletix.com）等渠道购买。不过这里的表演通常较晚，零点才开始也完全不稀奇，请做好准备。

注意事项

夜生活结束后返回酒店时可能已经没有了各式交通工具，所以最好把酒店选在步行可以抵达的范围内。新城区以及塔克希姆广场周边都有很多价格划算的旅店。此外，千万不要相信为你介绍夜生活场所的不良用心之人，过去就曾发生过在酒吧中不知不觉间便喝下了对方下好安眠药的酒水，随身财物丢失的事件。

另一件必须注意的便是土耳其女性没有单独前往酒馆的情况，如果没有任何人陪伴，单人在夜生活场所出没，会十分异样奇怪。

音乐家轮番上阵演奏的欢快民谣酒吧，是年轻人的最爱

在民谣酒吧中经常可以看到载歌载舞的欢乐场面

伊斯坦布尔的夜生活

Night Spot

克尔万萨雷

Kervansaray

表演餐馆

◆坐落在希尔顿酒店的附近，最知名的肚皮舞演员阿瑟纳（有时候会长期停演）便在这里进行表演。这家餐馆因此声名远扬。除了肚皮舞外，你还可以欣赏到多种土耳其民族舞蹈表演，演出时间通常从 20:30 左右开始，菜品包含前菜到饭后甜点的众多选择，如果你住在了新城区的酒店，店家还会为你提供免费的接送服务。具体的演出时间每天都不尽一致，请在当天与商家进行确认。

哈尔比耶 Map p.66A4

住 Cumhuriyet Cad. No.52/A, Harbiye

TEL（0212）247 1630

URL www.kevansarayistanbul.com

开 19:30 左右～23:00 左右

休 周日

费 餐费＋饮品＋演出费＝95 €

饮品＋演出费＝75 €

US $ € JPY TL

A M V

苏尔塔纳斯

Sultana's

表演餐馆

◆位于希尔顿酒店与塔克希姆广场之间的位置，步行到塔克希姆广场大约 5 分钟。餐馆大堂可以容纳 235 人同时用餐，用餐期间还会有各式演出，其中将古时后宫生活生动表演的特色节目很值得一看。餐馆的接送服务根据与其合作的酒店不同，用餐人数等各个方面会有所调整，请直接咨询。

哈尔比耶 Map p.65C1

住 Cumhuriyet Cad. No.40/D, Elmadağ

TEL（0212）219 3904

FAX（0212）230 6305

URL www.sultanas-nights.com

开 20:45~23:00 休 无

费 餐费＋酒水＋演出费＝70TL

餐费＋软饮＋演出费＝60TL

US $ € JPY TL

A M V

Information

博斯普鲁斯海峡夜色游船

将博斯普鲁斯海峡巡游与舞蹈表演合二为一的夜色游船，堪称伊斯坦布尔的独家体验。在用餐的同时既可以近距离地欣赏演出，也可以远眺华灯初上的美丽宫殿与海峡大桥。

游船在 20:45 左右，从卡巴塔什的私人巡游码头发船，如果提前预约的话，船家还会特意去酒店接你。巡游结束之后通常较晚，也可以拜托船家将你送回酒店（额外付费）。

发船后，你可以一边吹着海风，一边悠闲地欣赏岸上的雄伟宫殿以及奥尔塔柯伊地区的美丽夜景，没过一会儿，精彩的演出便要上演了。除了土耳其最知名的旋转舞外，各地区的民俗舞蹈、肚皮舞也会接连演出，令人应接不暇。在演出告一段落后，游船正好驶到了灯光华丽的鲁梅利堡垒，是绝佳的拍照良机。

途经夜色迷人的海峡大桥

船上精彩的肚皮舞表演

休息结束后即刻开启又一轮的演出，最后客人也可以上台共舞，令全长 3 小时的巡游之旅的气氛达到最高潮。

■东方博斯普鲁斯海峡巡游

TEL（0212）517 6163 FAX（0212）517 7563

URL www.orienthouseistanbul.com

费 60 €～（包含餐食和饮品）

回港时间大约 23:45，需要接送的客人请提前预约。

如果你住在机场周边或是新城区塔克希姆广场以外的酒店，可以拜托旅行社为你安排较远程的接送服务。

维拉
Vera
酒吧鱼肉菜肴

◆位于酒吧一条街的内维扎德路 Nevizade Sok. 上，这里的鱼肉菜肴十分拔群，很多人都会点一瓶啤酒边吃边喝。周末夜晚经常客满，建议早些前往。

内维扎德路 Map p.64A3
住 Sahne Sok.No.40
TEL （0212）244 2733
开 9:00~ 次日 3:00
休 无
US $ € TL　M V

泡沫酒吧
Bubble Pub
酒吧

◆位于内维扎德路尽头（与鱼市方向相反）的人气酒吧，每晚一过 22:00 气氛就会非常火热，大部分人可能都是在这里喝啤酒，其实这家店鸡尾酒的种类也很丰富，单是莫吉托的种类就有好几种，绝对会有适合你的一款。酒保颜值很高，令人赏心悦目。

内维扎德路 Map p.64A3
住 Neviazade Sok. No.18/B
TEL （0212）249 4318
开 12:00~ 次日 4:00
休 无
US $ € TL
A M V

U2 伊斯坦布尔爱尔兰酒吧
U2 Istanbul Irish Pub
酒吧

◆深受欧洲游客热爱的酒吧，除了地道的黑啤酒之外，店内的大电视经常进行足球比赛的直播，乐趣横生。老板雷欧的历史和文化知识也很丰富，很会聊天。

塔克希姆 Map p.64B2
住 Bekar Sok. No.21
TEL （0212）243 4045
URL www.u2istanbulirishpub.com
开 16:00~ 次日 2:00
休 周一　TL　M V

莱比 · 德尔亚
Leb-i Derya
酒馆

◆位于可以远眺博斯普鲁斯海峡的绝佳地势，海鲜菜品十分美味，但是也可以只在这里喝些酒水。夜色正浓时，会用蜡烛作为照明工具，是这里情侣经常到访的热门酒馆。

隧道 Map p.62B1
住 Kumbaracı Yok.No.57
0541 366 84 80
URL www.lebiderya.com
开 16:00~ 次日 2:00
休 无　TL　M V

阿斯玛鲁 · 肖特酒屋
Asmalı Shot House
酒吧

◆酒吧不时会有现场演出，届时英语、西班牙语和土耳其语都会轮番上阵。鸡尾酒的种类众多，可以满足各个年龄层的不同喜好。值得一提的是，每位顾客到访都会免费享受一杯欢迎特饮。

隧道 Map p.62B1
住 Sofyali Sok.No.14
0530 517 8399
Mail asmalishothouse@hotmail.com
开 11:00~ 次日 4:00
休 无
US $ € TL　A M V

曼兹尔咖啡酒吧
Munzur Cafe Bar
民谣酒吧

◆坐落在民谣酒吧街上，以土耳其东部地区的通杰利 Tunceli 民谣为中心，到访的客人也大多是通杰利人，想在这里回味故乡的音乐。因为通常比较火爆，请做好拼桌的可能性。不会额外收取 Table Charge 费用。

加拉塔萨雷 Map p.64B3
住 Hasnun Galip Sok. No.17/A, Beyoğlu
TEL （0212）245 4669
URL www.munzurcafebar.com
开 13:00 左右 ~ 次日 4:00
休 斋月期间
US $ € TL
A M V

马莱酒吧
Mare Bistoro
酒吧

◆紧邻卡拉柯伊的码头，顶层可以领略到优美的金角湾风光，除了丰盛的酒品以外，还有奶酪拼盘和黄油大虾等特色菜品。

卡拉柯伊 Map p.63C3
住 Rıhtım-Cad.No.23
TEL （0212）243 2943
开 10:00~ 次日 2:00
休 无
TL　M V

伊斯坦布尔的商店
Shop

推荐的购物场所

奥尔塔柯伊
Ortaköy

◆奥尔塔柯伊位于7月15日烈士大桥的桥头，邻近气派的奥尔塔柯伊·梅吉迪耶清真寺，每周日都会有众多的露天商摊云集于此，热闹非凡。这里既有闲情雅致一边看海一边喝着咖啡的年轻情侣，也有大口品味土耳其烤土豆Kumpir美味的各国游客，生活感十足，码头不时还会有巡游海峡的迷你游船发抵，观光便利。桥北侧的库鲁切什梅也是伊斯坦布尔市内著名的夜生活地区。

街头漫步乐趣横生

Map p.73D3　Map p.81 下

🚌 从塔克希姆搭乘42T或在艾米诺努搭乘30D路前往贝贝克方向的巴士即可抵达。

海峡游船的发抵地之一

土耳其名小吃——烤土豆

特希维克耶·尼桑塔什
Teşvikiye Nişantaşı

◆19世纪中叶，由苏丹阿卜杜勒·迈吉德一世因建造特希维克耶清真寺而开发的全新区域。现在时尚品牌已经在这里纷纷落户扎根，每年还有1~2次折扣季，届时可以享受立减35%~70%的优惠。此外售卖熟肉、干酪等进口食材的食品店与面包房也都可以在这片区域中见到，象征着这里的高品质层次。这里的酒吧迪厅以及俱乐部等夜生活场所也很出名，选择很多。

在莱亚休兰斯市场中可以看看许多间风格迥异的咖啡馆

一层为进口食品商店，二层为咖啡馆的KANTIN商铺

Map p.66~67

🚇 Tesvikiye/Nişantaşi

🚇 在地铁M2线奥斯曼贝站下车，从塔克希姆广场附近搭乘前往特希维克耶的电车在终点下车即可。

位于尼桑塔什的奢侈品店铺

空间宽敞，天顶很高的一家咖啡馆

巴格达道
Bağdat Cad.

◆巴格达道的名称取自奥斯曼王朝苏丹——穆拉德四世的巴格达远征事迹。相比于欧洲区特希维克耶中有辆车开进去后走路便会不通畅的狭窄地区，亚洲区的巴格达道则十分宽敞，在商店街的散步体验，令人十分畅快。随着近年来巴格达道的知名度日益增大，越来越多的知名品牌都选择在这里开设店铺。

打折店铺不要错过

巴格达道

伊斯坦布尔折页广域地图 D4

🚌 从卡德柯伊搭乘电车在艾兰柯伊下车即可。

出售牛仔服饰的mavi品牌商店

土耳其本地休闲品牌Yargici

沿途的时尚餐馆随处可见

大型购物中心

弗拉姆·伊斯坦布尔
Forum İstanbul

◆欧洲区最大级别的购物中心，附近便坐落着大型电器商店以及宜家家居。逛完整座购物中心可能需要一整天的时间。电影院和水族馆等设施也都可以在这里找到。

伊斯坦布尔折页广域地图 B2

URL www.forumistanbul.com.tr

🚇 与地铁M1线卡尔塔尔特佩·科扎特佩 Kartartepe Kocatepe 站贯通

开 10:00~22:00

休 无

迪米洛兰独立大道
Demirören İstiklal

Map p.64B3

◆位于独立大道中，也是贝伊奥卢地区唯一的购物中心。丝芙兰 SEPHORA 化妆品以及 GAP 等服装品牌都可以在这里找到，Media Maekt 电器店也在这里开设分店。在 Vakko 等高端品牌店购买围巾或领带馈赠亲友也很合适。

URL www.demirorenistiklal.com
🚃 在地铁 M2 线或缆车的塔克希姆站下车即可
开 10:00~22:00
休 无

梅丹
Meydan

伊斯坦布尔折页广域地图 D3

◆位于亚洲区乌姆拉涅的复合型购物中心，大多数商铺都是土耳其国内的知名品牌，运动品牌占比较多。冬季期间这里的溜冰场也会开放。购物中心旁边便是著名的北欧家具品牌——宜家家居。

URL www.meydanistanbulavm.com
🚃 从地铁 M2 线的西西里站换乘前往 Tepeustu 方向的市区巴士 122C 路，在 IKEA 下车即可
车程 20 分钟
开 10:00~22:00 休 无

杰巴希尔
Cevahir

Map p.72A1

◆堪称欧洲最大级别的超大商场，除了 280 家各色店铺外，还有一座包含 12 张银幕以及 3DIMAX 巨幕的电影院、室内游乐园、保龄球馆、DIY 家装中心等各式设施。

URL www.istanbulcevahir.com
🚃 从塔克希姆广场搭乘地铁 M2 线，在西西里 Şişili 下车后便是这家商场
开 10:00~22:00（电影院营业到深夜）
休 无

伊斯缇涅公园
İstinye Park

Map p.76B2

◆位于近年来快速发展的伊斯缇涅地区，在多达近 300 家的各式店铺中，有不少品牌都是第一次在土耳其开设分店，无论是休闲品牌还是高雅奢侈品可谓一应俱全。此外，出售厨房杂货的 MUDO 店以及意大利和北欧的生活设计品牌 Esse 等商铺也十分值得一转。

URL www.istinyepark.com
🚃 从地铁 M2 线 4. 莱文特 4.Levent 站乘坐电车大约 15 分钟即可抵达。距离地铁 M2 线的 İTÜ Ayazağa 站步行大约 12 分钟
开 10:00~22:00
休 无

坎永
Kanyon

Map p.74A2

◆以峡谷为设计理念的流线型商场建筑。英国高端百货品牌哈维 · 尼克斯 Harvey Nichols 也在这里开店。比利时的面包店 Le Pain Quotidien 以及 WAGAMAMA 日式面馆等国际餐饮品牌也会在购物之余为你提供美妙的用餐体验。

URL www.kanyon.com.tr
🚃 与地铁 M2 线的莱文特站贯通
开 10:00~22:00（电影院营业到深夜）
休 无

伊斯坦布尔的各色商铺

伊斯坦布尔市内的购物区域虽然五花八门，但是大多数优质商铺还是云集在独立大道和尼桑塔什地区的交界处，下文介绍的大部分商铺基本都是位于独立大道和加拉太塔区域的人气必去商店。

依佩克
İpek

围巾领带

独立大道 Map p.64A3

◆拥有 60 年悠久历史的老字号围巾店。以奥斯曼王朝时代特有花纹装点的丝绸围巾和羊毛披肩十分热卖，无论是颜色还是种类都很丰富。此外男性领带与披巾也很不错，适合馈赠亲友。

住 İstiklâl Cad.No.120
TEL（0212）249 8207
FAX（0212）249 7787
开 9:00~20:00
休 周日 · 节假日
💱 US $ € JPY TL 💳 M V

潘特尔·库尔塔希耶

Panter Kırtasiye 文具特产

◆面向独立大道的礼品商店，橱窗中罗列的色彩各异的羽毛笔很有异域风情。蜡质印章也是这里的热卖品，价格在 100~300TL 不等。

独立大道 Map p.64A4

住 İstiklâl Cad.No.185/D

TEL（0212）244 3869

URL www.panterstore.com

开 9:00~21:00

休 周日

💱 TL

💳 M V

亚普克莱迪·亚尤拉尔

Yapıkredi Yayınlar 书店

◆位于独立大道的当地书店，暖色灯使得整个书店气氛温馨，主要出售年轻作家出版的文学作品以及艺术、历史、哲学、儿童等各类读物。

独立大道 Map p.64A3

住 İstiklâl Cad.No.161

TEL（0212）252 4700

URL kitap.ykykultur.com.tr

开 9:00~21:00（周六 11:00~22:00，周日 13:00~21:00）

休 无

💱 TL 💳 M V

因桑·吉塔普

insan Kitap 书店

◆正对加拉塔萨雷高中的复合型书店，除了读物之外，还出售文具及冰箱贴等，非常适合馈赠亲友。书店 2 层是咖啡馆区域，十分惬意。

独立大道 Map p.64A3

住 İstiklâl Cad.No.96

TEL（0212）249 5555

URL www.insankitap.com

开 9:00~22:00

休 无

💱 TL

💳 M V

德尼兹莱尔·齐塔贝比

Denizler Kitabevi 书店杂货

◆开业 20 余年的杂货书屋，出售各国语言图书、二手书、铜版画、海图、雕塑、明信片等众多商品，琳琅满目，特别是压在铜版画书籍上的老物件也十分有意思。

独立大道 Map p.64A4

住 İstiklâl Cad.No.199/A

TEL（0212）249 8893

URL www.denizlerkitabevi.com

开 10:00~19:30

休 无

💱 US $ € TL

💳 M V

水疗之家

Home Spa 沐浴用品

◆邻近梅夫拉纳博物馆，店铺面积虽然不大，但是土耳其浴场用品以及原创沐浴用品可谓一应俱全，橄榄油香皂的种类也是会超出你的想象。土耳其香水 KOLONYA 和 Peshtemal 浴巾的销量也很不错。

隧道 Map p.62B2

住 Galipdede Sok. No.61

TEL（0212）293 7244

开 10:00~22:00

休 无

💱 US $ € TL

💳 M V

梅克图普

Mektup 文具杂货

◆位于加拉塔萨雷高中背后街巷之中于 1992 年开业的文具店。琳琅满目的商品充斥着店内的每一个角落，除了图书、文具外，还有素描专用的绘画用具，品种丰富。

加拉塔萨雷 Map p.64A3

住 Yeniçarşı Cad.No.10/A

TEL（0212）244 1833

开 11:00~22:00（周日 15:00~20:00）

休 无

💱 TL

💳 不可

德伽艺术

Dega Art

画廊

◆2018年从卡德柯伊迁移至此的艺术画廊，店内的艺术品全都出自老板娘之手，可谓世间独一无二的艺术佳品，作为礼物很有档次。

加拉太塔周边 Map p.62B2

住 Camekan Sok.No.1/C

TEL (0212) 249 0555

开 10:00~19:30（周日 ~18:30）

休 无

US $ € TL

M V

哈尔斯

HARS

陶瓷器

◆位于加拉太塔下的茶杯专卖店，距今已有将近15年的历史，出售大小各异、样式百变的众多茶具，其中具有土耳其风情的茶杯或玻璃杯都是很好的馈赠佳礼。

加拉太塔周边 Map p.62B2

住 Camekan Sok. No.2

TEL (0212) 243 7574

URL www.harsshop.com

开 9:30~19:30

休 无

US $ € TL JPY

D J M V

皮包塔

Tower Leather Bag

皮制品

◆步行距离隧道站只有5分钟的脚程，店内除了独具个性的皮包外，还有皮质钱包和收纳包，不过不能使用信用卡支付，请多加注意。

加拉太塔周边 Map p.62B2

住 Galipdede Cad. No.27/B

0533 391 2613

开 10:00~22:00

休 无

US $ € TL

不可

拉德莱斯·德·帕尔凡

L'Adresse des Parfums

香水

◆在东欧乃至中东都开设分店的知名香水商店，销售的香水数量多达400余种，100cc剂量的价格为20TL~，十分亲民。如果不知道选什么味道才好，可以向店员问询拜托他们挑选。

独立大道 Map p.64B3

住 İstiklâl Cad. No.46

TEL (0212) 244 0081

URL www.dpperfumum.com.tr

开 9:00~24:00

休 无

TL

M V

阿卡尔斯

Akarsu

围巾手工艺杂货

◆位于大巴扎集市与埃及市场连接道路上的围巾专卖店。周围的零售商有时候也会在这里进货。除了精致的各色围巾外，还有各式土耳其蕾丝制品，用蕾丝修饰围巾的土耳其特色围巾最为抢手。

艾米诺努 Map p.60A1

住 Çakmakçılar Yok.No.83/C

TEL (0212) 527 7102

开 8:30~18:00

休 周日

US $ € TL

A M V

佩特克

Petek Turşulari

腌菜

◆穿过加拉塔萨雷的鱼市即可抵达，除了经典的腌黄瓜、腌萝卜等蔬菜腌渍品外，还有一些很稀有的土耳其美味腌菜，是了解土耳其腌菜文化的宝藏店铺。

加拉塔萨雷 Map p.64A3

住 Dudu Odaları Sok.No.1/D

TEL (0212) 249 1324

开 9:00~20:00（冬季 11:00~19:00）

休 无

US $ € TL

M V

独立大道上加拉塔萨雷高中背后的区域，有一家名为楚库尔久玛 Çukurcuma 专门出售古董和老家具的特色店铺，很有意思，值得一转。

公共浴场中的土耳其特色按摩

许蕾姆苏丹浴场（p.159）

历史感浓厚的千贝利塔什浴场（p.159）

土耳其人将汗蒸浴场称为“哈马姆 Hamam”，在穆斯林根深蒂固的教条中“身体的清洁是信仰的一部分”，使得他们经常要清洗身体以表虔诚，这便是众多浴场设立的原因之一。你在浴场还可以享受到土耳其独有的搓澡服务，一定会印象深刻。伊斯坦布尔市内专门有几家特别对游客开放的公共浴场，届时你可以体验一番土耳其的特色按摩。许多古老浴场现在已经作为景点对公众开放，历史感十足，值得一去。

1 进店～更衣

进入浴场入口后便会有领班为你指路，费用与服务内容通常都会罗列得非常清晰，在确认无误后付款即可。随后领班便会带你来到更衣室，脱掉衣服后围着毛巾（女性最好里面穿一件分体泳衣）便可以出来。脱掉的衣服放在柜子里后千万别忘了上锁。更衣间通常是 4~6 人使用，但是在人不多时，1 个人也可以占一个屋子。

2 在浴场汗蒸

接下来你便可以来到浴场了，室内完全不像桑拿房那样燥热，通过躺在温火加热的大理石板上起到慢慢出汗的目的，如果你希望享受搓澡和按摩服务，则要躺在正中央的大理石板，等汗出够了技师便会为你服务。

3 重头戏搓澡

搓澡结束后便是用肥皂浴净身

许蕾姆苏丹浴场的女性技师

土耳其浴场搓澡的技师根据性别划分，男性客人对应男性技师，女性客人则是女性技师为你服务。不过酒店的浴场中，由于专业女技师的人数较少，所以有可能女性客人也会由男性技师为你服务。搓澡时用到的搓澡巾可能略硬，技师用力操作后皮肤可能变红变疼，但只有这样才可以彻底把身上的泥都搓下来。随后便会用肥皂浴为你清洗头部和整个身体，希望按摩的客人便是在这个阶段为你按摩。

4 出浴

结束体验从浴室出来后，工作人员便会为你递上毛巾，将之前已经湿透了的旧毛巾替换下来。用新毛巾从头到脚都包裹起来后便可以返回更衣室，既可以马上穿回日常服饰，也可以躺在更衣室中稍微休息片刻。土耳其人在浴场出浴后喜欢来一杯茶水或果汁，你也照猫画虎地体验一下吧。

趁着热气还没散失殆尽，赶紧用毛巾将头和身体包裹起来，迅速赶往更衣室吧

出浴后来杯美味的茶水令幸福感翻倍吧

土耳其浴场专用的毛巾称为 Peshtemal，除了从水疗之家 Home Spa（p.156）购买外，在阿拉斯塔集市（Map p.61C3~4）的沐浴品商铺也可以买到。

伊斯坦布尔的浴场

许蕾姆苏丹浴场

Hürrem Sultan Hamamı 高级浴场按摩

◆由苏莱曼大帝的妻子许蕾姆苏丹在16世纪令建筑大师米马尔·希南建造设计的古老浴场。受中东各地播放的土耳其古装戏的影响，许多阿拉伯乃至俄罗斯的游客都对这座浴场抱有浓厚的兴趣。浴场中提供的洗发水、护发素、沐浴乳等洗浴用品都是选自许蕾姆苏丹皇后代表性的紫荆花（Erguvan）香料，气味独具一格。客人所用的浴巾也是Peshtemal丝绸特款，质感轻柔。浴场体验共分为5种套餐，包含搓澡以及按摩的45分钟项目收费€80，搓澡以及芳香精油疗法的60分钟项目收费€100。值得一提的是，浴场内还并设有餐馆，方便肚子饿了的客人美餐一顿。

苏丹阿赫迈特 Map p.81 上 A1

住 Ayasofya Meydanı No.2
TEL（0212）517 3535
URL www.ayasofyahamami.com
开 8:00~22:00
休 无
US $ € TL　A M V

杰罗鲁浴场

Cağaloğlu Hamamı 面向游客

◆从地下宫殿入口所在的道路向西北方向步行，便可以在右手边看到这座浴场。浴场在1741年由穆罕默德一世下令建造而成，是伊斯坦布尔市内最大的浴场设施，入场参观+搓澡服务合计50€，入场参观+搓澡服务+按摩合计65€。

苏丹阿赫迈特 Map p.61C2

住 Prof.Kâzım İsmail Gürkan Cad. No.24
TEL（0212）522 2424
FAX（0212）512 8553
URL www.cagalogluhamami.com.tr
开 9:00~22:00
休 无
US $ € TL　无

千贝利塔什浴场

Çemberlitaş Hamamı 面向游客

◆紧邻千贝利塔什车站，浴场的入口不大，但进入后十分宽敞。由米马尔·希南在1584建造而成，作为现在保存下来的古老浴场非常具有历史意义。入场参观+搓澡服务合计255TL，入场参观+搓澡服务+按摩合计415TL~。

千贝利塔什 Map p.60B3

住 Vezirhan Cad. No.8
TEL（0212）522 7974
URL www.cemberlitashamami.com
开 6:00~24:00（男宾浴场）
7:30~24:00（女宾浴场）
休 无　US $ € TL　A M V

库尔奇·阿里帕夏浴场

Kılıç Ali Paşa Hamamı 面向游客

◆这座浴场堪称建筑大师米马尔·希南建筑生涯中的最后一个作品，这里并未设有男女两个浴场，而是将男女宾客安排在不同时间在同一处浴场享受土耳其浴服务。女性客人直到16:00都可以使用浴场，此后从16:30起转变为男性客人专场。入场参观+搓澡服务+按摩合计220~480TL，如果你对土耳其浴场的文化感兴趣，还可以在配套设立的商店中购买各式土耳其浴用具。

托普哈内 Map p.63C2

住 Hamam Sok.No.1，Tophane
TEL（0212）393 8010
FAX（0212）393 8001
URL kilicalipasahamami.com
开 16:30~23:30（男宾浴场）
8:30~16:00（女宾浴场）
休 无
US $ € TL
A M V

克恰穆斯塔法帕夏浴场

Kocamustafapaşa Hamamı 面向游客

◆距离克恰穆斯塔法帕夏巴士站步行大约3分钟，由6世纪建造的教堂改建而成，是15世纪改建的克恰穆斯塔法帕夏清真寺的附属浴场设施。与千贝利塔什属于同一种经营模式。入场参观+搓澡服务+按摩合计50TL。

克恰穆斯塔法帕夏 Map p.78A4 外

住 Kocamustafapaşa Cad.No.183
TEL（0212）586 5557
URL www.kocamustafapasahamami.com
开 6:00~23:00（男宾浴场）
8:00~22:00（女宾浴场）
休 无　TL　不可

许蕾姆苏丹浴场的老板对于这座浴场的改建装修煞费苦心，由于精益求精地不断修缮，甚至耽误了开业日期。浴场里重中之重的大理石如果变冷便会出现裂纹，据说在开业之前也一直处于加热升温的妥善照料之中。

本系列已出版丛书
涵盖世界70个国家和地区

伊兹尼克的清真寺

从城市出发来一场郊游

伊斯坦布尔近郊

İstanbul'un Çevresi

埃迪尔内的气候信息

月份	1月	2月	3月	4月	5月	6月	7月	8月	9月	10月	11月	12月
平均最高气温（℃）	6.5	9.2	13.3	19.2	24.7	29.2	31.7	31.6	27.2	20.5	14.1	8.3
平均最低气温（℃）	−0.8	0.2	2.8	7.1	11.5	15.3	17.3	17.1	13.3	9.1	5	1.2
平均降水量（mm）	83.4	65.5	60.2	53.3	29.3	25.8	20.9	24.5	35.8	67.9	74	99.1
推荐旅行服装												

遗留有众多奥斯曼王朝建筑的土耳其边境城市

埃迪尔内 *Edirne*

市区区号 0284　人口 14 万 8474 人　海拔 42 米

世界遗产

塞利米耶清真寺
Selimiye Camii ve Külliyesi
2011 年

无形文化遗产

油脂摔跤（古雷斯）
Kırkpınar Yağlı Güreş
2010 年

塞利米耶清真寺的精致穹顶装饰

法提赫大桥 Fatih Köprüsü
油脂摔跤会场 Kırkpınar Sahası
萨莱大桥 Saray Köprüsü
医学博物馆 Sağlık Müzesi
巴耶济德二世清真寺 2. Bayezid Camii
萨拉齐哈内大桥 Saraçhane Köprüsü
巴耶济德大桥 Bayezid Köprüsü
亚尔努兹古兹大桥 Yalnızgöz Köprüsü
Mimar Sinan Cad.
距离卡普库莱（保加利亚国境线）方向约16.5公里
塞利米耶清真寺 Selimiye Camii
塔拉特帕夏道 Talatpaşa Cad.
伽兹米哈尔大桥 Gazimihal Köprüsü
Hükümet Cad.
Talatpaşa Cad.
放大图p.163
距离长途巴士总站约5.5公里
通贾河
周一集市 Pazartesi Pazarı
Tunca Nehri
通贾大桥 Tunca Köprüsü
0　500m
距离火车站大约1.7公里
梅利齐河 Meriç Nehri
梅利齐大桥 Meriç Köprüsü
埃迪尔内
距离帕扎尔库来（希腊国境线）方向约5.5公里

位于与希腊、保加利亚和土耳其相接壤的国境线上的城镇——埃迪尔内。据史料记载，古罗马皇帝哈德良建造了这座城市，这也是这里最初命名为哈德良堡的原因。

此后这里更名为阿德里安堡，1361 年被穆拉德一世征服后，将首都从布尔萨迁都至此。直到 1453 年奥斯曼王朝首都改为伊斯坦布尔之前，埃迪尔内曾有近 90 年的首都历史，其间建造的众多清真寺建筑都被很好地保留下来。特别是大建筑师米马尔 · 希南设计的塞利米耶清真寺还被列为世界遗产，雄伟气派。此外埃迪尔内也是非遗项目油脂摔跤 Yagli Güres 的举办地，吸引着世界各地游客慕名而来。

又名“时钟塔（Saat Kulesi）”的马凯多尼亚塔

位于尤丘 · 谢莱菲里清真寺对面的高塔名叫“马凯多尼亚塔 Makedonya Kulesi”，是一座保留着拜占庭时期“阿德里安堡”风格的珍贵古代建筑。

埃迪尔内 漫 步

长途巴士总站位于郊外高速公路的互通式立交附近，埃迪尔内的城中心区域称为卡莱伊奇 Kaleiçi，塔拉特帕夏道 Talatpafla Cad. 与萨拉齐拉尔道 Saraçlar Cad. 这两条主干道在城中心的自由广场 Hürriyet Meydanı 交会，银行和货币兑换处都分布在塔拉特帕夏道上。

◆从巴士总站前往市中心

●**长途巴士总站（Otogar）** 从巴士总站发往市区的塞尔比斯 Servis 市区接送巴士由各家公司联合运营，每隔 30 分钟便有一班。此外你也可以搭乘 3A、3B 路市区巴士前往市中心，车程约 30 分钟，费用 2TL。保加利亚的边境城市卡普库莱 Kapıkule 以及希腊的边境城市帕扎尔库莱 Pazarkule 也都设有前往埃迪尔内市中心的迷你巴士，十分便利。

■埃迪尔内的旅游咨询处 i
Map p.163A1
住 Hürriyet Meydanı No.17
TEL & FAX（0284）213 9208
URL edirne.ktb.gov.tr
开 8:30~12:00 13:00~17:30（周六 · 周日 9:00~18:00）
休 11 月 ~ 次年 4 月中旬的周六 · 周日

Information

萨莱浴场
Saray Hamamı

建于 1368 年，是奥斯曼王朝初期的浴场之一。2012 年修复后焕然一新，土耳其浴 30TL，包含搓澡及按摩的话共计 70TL。
Map p.163B1
住 Taşodalar Sok. No.1
TEL（0284）313 3377
开 7:00~24:00（男宾浴场）
8:00~21:00（女宾浴场）

埃迪尔内 主要景点

土耳其首屈一指的壮美建筑

塞利米耶清真寺

Map p.163B1

Selimiye Camii 塞利米耶 · 迦米

从 1569 年开始建造，直到 1575 年竣工的雄伟清真寺，设计师是建筑大师米马尔 · 希南。当时已经 80 岁高龄的希南接受了塞利姆二世的委托，歇尽全力地建造出了这座穹顶直径达到 31.5 米的塞利米耶清真寺。

据说希南将塞利米耶清真寺视为他毕生的最高杰作，支撑巨大穹顶的 8 根立柱、环抱 5 个半圆穹顶的 8 座小塔以及清真寺周围高达 70 米的宣礼塔共同组成了这座清真寺的雄伟景象。宣礼塔内部设立的 3 座螺旋台阶，分别通向不同高度的 3 处露台。阳光透过玻璃窗户射入穹顶之

■塞利米耶清真寺
开 8:00~18:00
休 无

埃迪尔内出产的扫帚十分出名，在齐林吉尔道的东北侧还有一座纪念扫帚名匠的雕像工艺品。当地不少独具特色的伴手礼也都是以扫帚为原型进行设计的。

■塞利米耶·瓦库夫博物馆
Map p.163B1
开 9:00~17:00
休 无
费 免费
室内不得使用闪光灯

直通塞利米耶清真寺地下通道的是一条叫作塞利米耶·阿拉斯塔市场的商业街

■尤丘·谢莱菲里清真寺
开 8:00~18:00
休 无

埃迪尔内名点心

巴德姆·克拉比艾希 Badem Klaviesi

月牙造型的坚果饼干，最初是希腊卡瓦拉的特色甜点，后来在埃迪尔内发扬光大，最知名的品牌当数克切吉扎德 Keçecizade 和阿斯兰扎德 Aslanzade 这两个品牌了。

中，阳光在折射下显得更加明亮。寺内的伊斯兰教寺院的布教台 Minber 以及指向圣地麦加方向的圣龛 Mihrap 各由一整块大理石打造而成，十分精致。

构造匀称的塞利米耶清真寺

清真寺寺院之中还设有一座塞利米耶·瓦库夫博物馆 Selimiye Vakıf Müzesi，这座建筑在奥斯曼王朝时期曾是一处名为达留尔·库拉 Darül Kurra 的古兰经研究院。现在馆内利用人形雕塑重现了奥斯曼时期的授课景象，此外馆内展出的古兰经、念珠以及花砖等各式展品也很值得一看。

坐拥弯曲宣礼塔的独特清真寺

尤丘·谢莱菲里清真寺

Map p.163A1

Üç Şerefeli Camii 尤丘·谢莱菲里·迦米

1447 年，在穆拉德二世统治时期建造完成，设计师是米马尔·希南的老师——缪斯里希丁·阿加。作为初期奥斯曼王朝的建筑杰作，整个清真寺共配有 4 座宣礼塔，其中一座宣礼塔呈现出一种弯曲蜡烛的形状，很有意思。位于西南侧的宣礼塔拥有 3 处不同高度的露台，所以这座清真寺才得名 Üç Şerefeli（土耳其语中的 Üç 意为三，而 Şerefeli 则是阳台露台的意思）。在直径 24 米的大穹顶周围还有几座小穹顶附属环抱。

尤丘·谢莱菲里清真寺

Information

雕刻在石柱上的郁金香图案

塞利米耶清真寺内部包围宣礼者的拱廊区域内，石柱上刻画的图案其实是逆向生长的郁金香（特尔斯·拉莱 Ters Lale）。为什么是郁金香而且还是逆向的图案呢？原来，塞利米耶清真寺所处的这片区域，原先其实是一片种植郁金香的田野，当时的地主对于购买土地的提案比较抵抗，最终以要在清真寺内描绘带有郁金香图案的元素才同意征收方案。建筑师希南不愿意让地主如愿以偿，外加讽刺这个地主，于是将刻画的郁金香元素以倒立的形式呈现出来。此外郁金香（Laleh）与神灵（Allah）在阿拉伯语中使用的文字是相同的，郁金香自古以来便有着神圣之花的说法，不过也有希南的孙女为了追念塞利米耶清真寺修建期间因病去世的 Fatma 而雕刻郁金香图案的传说。据说清真寺内部一共有 101 个郁金香图案，大小、颜色、形状完全不同，感兴趣的游客可以去仔细找一找看一看。

仔细观察石柱就会有意外的发现

逆向的郁金香图案

于 1414 年竣工的埃迪尔内最古老的清真寺

埃斯基清真寺

Map p.163A1~B2

Eski Camii 埃斯基 · 迦米

1403 年由巴耶济德一世的王子苏莱曼 · 切莱比下令建造的清真寺建筑，但是由于突发政变，施工曾一度停滞，直到穆罕默德一世统治时期的 1414 年才终于竣工。寺如其名（Eski 在土耳其语中意为古老之意），埃斯基清真寺是埃迪尔内市内最古老的清真寺建筑。紧邻清真寺的贝德斯滕市场 Bedesten 与修建埃斯基清真寺是在同一个时期修建的，作为清真寺的附属建筑，现在作为日用商品的市场，熙熙攘攘，十分热闹。

■埃斯基清真寺
开 8:00~18:00
休 无

埃斯基清真寺

拱廊般的市集

阿里 · 帕夏市场

Map p.163A2

Ali Paşa Çarşısı 阿里 · 帕夏 · 查尔休斯

■阿里 · 帕夏市场
开 8:00~19:00
（周日 9:30~18:00）
休 无

1561 年，米马尔 · 希南奉宰相塞米兹 · 阿里 · 帕夏之命设计建造的市集建筑。南北全长约 300 米的细长形市场上方，由红白相间的条纹拱廊覆盖而成。现在这里近 130 余家的商铺，在奥斯曼王朝时代，大多都是出售贵金属制品，进入现代社会后许多商家都改行卖起了旅游纪念品。1992 年一场大火曾将这里焚烧殆尽，5 年后重建成我们现在看到的阿里 · 帕夏市场。

许多游客都会特意到访这座市场

Information

联合国教科文组织认定的非物质文化遗产——古雷斯（油脂摔跤）

土耳其知名的传统运动当数油脂摔跤 Güreş 了。现在世间遗留的公元前匈奴人（有说法称土耳其人的祖先便是匈奴人）画像，他们的着装很像相扑选手，这也是现在中亚地区仍旧流行相扑这项运动的原因之一。

当土耳其人从中亚地区进入安纳托利亚后，将当地遗留下来的希腊 · 罗马时代传统运动摔跤与本民族的竞技文化相融合，创造出了油脂（Yağlı）摔跤（Güreş）的运动。借着油脂涂满身体，令竞技双方很难一下抓到对手的身体，更是考验摔跤技艺。

竞技时选手赤裸上身，涂满油脂，伴随着草地上鼓笛和鸣的乐曲奋勇而战。不涂油的摔跤称为亚斯兹（无油），主要是儿童间的摔跤称呼。随着现代社会节奏越来越快，人们对于过于冗长的比赛逐渐失去了兴趣，油脂摔跤也结合职业摔跤的规则进行改良，将原先必须把对手推倒并双手按压肩膀不让对方起地才算胜利的规则改为在限定时间内记点得分，分高者即获胜。

油脂摔跤的全年大赛，通常都是从每年 6 月的最后一周开始延续到 7 月上旬期间，比赛地点位于埃迪尔内北侧的库尔克普纳尔 Kırkpınar。第一次油脂摔跤大赛还要追溯到 1357 年，那时正处于拜占庭帝国与奥斯曼王朝针尖对麦芒的紧要关头。时光一晃，2011 年已经到了大赛的第 650 个年头，十分具有纪念意义。摔跤大会在 2010 年登录到联合国教科文组织认定的非物质文化遗产中，随之也获得了全世界的关注，如果你打算在土耳其旅游期间前往观赛，建议提前预订酒店避免到时一房难求。

比赛中获得冠军的人将会在接下来的一年中都被冠以最光荣的称呼“巴休佩弗利安 Başpehlivan”首席摔跤手。

在户外草地上竞技的摔跤选手

从柯桑前往埃迪尔内的途中会经过一个名叫乌尊克普吕 Uzunköprü 的边境城镇，Uzunköprü 在土耳其语中意为长桥，现在镇里还留有一座建于 15 世纪的石质大桥，而且现在仍被当地的居民所使用。

■土耳其和伊斯兰艺术博物馆
TEL (0284) 225 1625
开 9:00~18:30
※ 18:00 停止入场
休 周一 费 6TL
室内不得拍照

与烹饪相关的展示

■医学博物馆
从 i 附近的车站搭乘合乘巴士前往，车程约 5 分钟
TEL (0284) 224 0922
开 8:30~17:30
※ 17:00 停止入场
休 无 费 5TL

模型人物再现了当时的音乐疗法场景

精致的雕刻，美轮美奂的彩砖花纹

土耳其和伊斯兰艺术博物馆

Map p.163B1

Türk ve İslam Eserleri Müzesi 图尔克 · 贝 · 伊斯兰 · 艾塞尔莱利 · 缪泽希

位于塞利米耶清真寺一角的博物馆，各个展室依次展出了花砖、陶器、古兰经写本、建筑碑文以及女性服装首饰等各个题材，你在这里还可以观赏到介绍建筑家米马尔 · 希南的 15 分钟短片，片中还有对他设计建造的塞利米耶清真寺、谢夫扎德清真寺、苏莱曼清真寺等建筑的讲解，很有科普意义。虽然影片的语言是土耳其语，但是通过画面还是可以学到很多东西。

奥斯曼王朝时期的医学结晶

医学博物馆

Map p.162A

Saglık Müzesi 萨鲁克 · 缪泽希

由城镇北面巴耶济德二世时期复合建筑（1488 年建成）中的医学院改建而成的博物馆。面向中庭的房间对外展出医学史相关的介绍和当时的医疗用具。

被称为西法哈内 Şifahane 的里侧穹顶区域，用人偶具现化地表现出奥斯曼王朝时期的医学治疗场景，其中的诊疗室和音乐疗法场面都耐人寻味。

酒店
Hotel

城中心主要分布着中级酒店和平价旅店，旅游咨询处 i 和阿里 · 帕夏市场区间的马阿里弗道 Maarif Cad. 上也有不少住宿设施，地理位置优越，出行便利。

从中国给酒店打电话 国际电话识别号码 + 00 + 土耳其的国家代码 90 + 去除首数字 0 的市区区号 + 对方电话号码

阿尔梅里亚酒店
Almeria

经济型 12 间

Map p.163A2

◆位于阿里 · 帕夏市场的中央入口旁边，由一栋古老民宅改建而成，每间客房的设施都可谓迥然不同，单人客房的设施最为简陋。

住 Alipaşa Ortakapı Cad.No.8
TEL (0284) 212 6035
单 A/C 50TL
双 A/C 120TL
US $ € TL
M V
全馆免费 EV 无

公园酒店
Park Hotel

中级 60 间

Map p.163A2

◆在平价旅店居多的阿齐兹耶道上，这家酒店无论是规模还是设施都相对完善，浴室的功能性很强，自助早餐非常丰盛，地理位置也很方便观光出行。

住 Aziziye Cad.No.6
TEL (0284) 225 46 10
URL www.edirneparkotel.com
单 A/C 150TL
双 A/C 200TL TL
M V 全馆免费 EV 有

艾菲酒店
Efe Hotel

中级 22 间

Map p.163A2

◆精心布置的 2 星酒店，装修后的客房整洁舒适，早餐为自助形式，房客可以免费使用大堂的按摩椅，酒店并设的餐馆 Patio 也很别致，推荐一尝。

住 Maarif Cad.No.13
TEL (0284) 213 6166
FAX (0284) 213 6080
URL www.efehotel.com
单 A/C 135TL
双 A/C 250TL US $ € TL
M V 全馆免费 EV 有

埃迪尔内市内的酒吧以及供应酒水的餐馆大多分布在阿里 · 帕夏市场附近的萨拉特拉尔路南侧区域。

安缇克酒店

Antik Hotel 中级 11 间

◆由大约在 130 年前建造的希腊人宅邸改建而成的别致小酒店。据说这座建筑以前还曾作为希腊和保加利亚的领事馆使用，现在当你入住这里的时候，可能依旧可以感受到使馆遗留下来的些许痕迹。兼做早餐场所的咖啡馆设计也很讨喜。

Map p.163A2

住 Maarif Cad.No.6
TEL（0284）225 1555
FAX（0284）225 1556
单人 A/C 100TL
双人 A/C 200TL
US $ € TL　信用卡 A M V
全馆免费　EV 无

埃迪尔内宫殿酒店

Edirne Palace Hotel 中级 35 间

◆2012 年开业的酒店，在埃迪尔内市内经常可以看到这家酒店的广告，绝对可以找到这里的位置。奢华房间配有按摩浴缸，早餐的食材甄选当地食材，种类多样，以自助餐提供给房客。

Map p.163B2

住 Vavlı Camii Sok.No.4
TEL（0284）214 7474　FAX（0284）212 9000
URL www.hoteledirnepalace.com
单人 A/C 50 €～
双人 A/C 70 €～　US $ € TL
信用卡 M V　全馆免费　EV 无

塞利米耶 · 塔休欧达拉尔

Selimiye Taşodalar 高级 12 间

◆有一座坐落在塞利米耶清真寺北部的 15 世纪宅邸改建而成的精致酒店。大量选用木材元素进行装修，十分用心。有史料记载，1432 年穆罕默德二世便是在这座宅邸出生的。

Map p.163B1

住 Taş Odalar Sok.No.3
TEL（0284）212 3529　FAX（0284）212 3530
URL www.tasodalar.com
单人 A/C 50~125 €
双人 A/C 80~215 €　US $ € TL
信用卡 A M V　全馆免费　EV 无

餐馆&商店

Restaurant & Shop

埃迪尔内的特色菜一定少不了油炸肉肝和圆形柯夫特肉饼。阿里 · 帕夏市场西侧以及埃斯基清真寺周围都设有许多经营这两种特色菜的餐饮店。

比兹姆 · 杰尔吉

Bizim Ciğerci 柯夫特肉饼店

◆邻近塞利米耶清真寺的餐馆，埃迪尔内的特色菜，柯夫特肉饼和油炸肉肝都可以在这里吃到。餐馆是一座 3 层的木质建筑，味道很受当地人认可，经常可以看到一大家子在这里聚餐。土耳其特色汤品价格 9TL，分量非常足，早餐共有 12 种选择，中餐和晚餐的选择也很丰富。

Map p.163B1

住 Yediyol Ağzi Sok.No.2
TEL（0284）225 0743
开 7:00~23:00
休 无
US $ € TL
信用卡 M V

艾登 · 塔瓦 · 杰尔

Aydın Tava Ciğer 柯夫特肉饼店地方特色菜

◆一家因美味的油炸肉肝而令食客络绎不绝甚至排起长队的人气餐馆。你在这里可以品尝到口感弹牙的鲜肉肝滋味。值得一提的是，这家餐馆旁边还有一家同名的餐馆，但那个完全是山寨，进错了可就吃不到这个味了。油炸肉肝 25TL。

Map 163A2

住 Tahmis Çarşısı Sok. No.8
TEL（0284）214 1046
URL www.aydintavaciger.com
开 10:00~22:00
休 无　TL
信用卡 A D J M V

图尔库阿兹

Turkuaz 室内杂货

◆埃迪尔内特产梅贝 · 萨布努（水果肥皂）的直营店，这种水果肥皂最初是放置在婚礼道具的收纳箱中，作为芳香剂和防虫剂使用，逐渐变为香皂商品。带有芳香的价格在 2~5TL，附近还有一家名为 Edmis 的分店也可以购买同类商品。

Map p.163A1

住 Ali Paşa Çarşısı No.125
TEL（0284）214 1171
URL www.meyvesabunu.com
开 9:00~19:00
（周日 10:00~19:00）
休 无　US $ € TL　信用卡 M V

经营油炸肉肝的餐馆大多位于留斯特姆帕夏 · 克尔万萨雷前的广场以及横切阿里 · 帕夏市场道路的西面，油炸肉肝都是现吃现炸，口感大多都不会令你失望。

被拜占庭时期城墙所包围的湖畔城市

伊兹尼克 *İznik*

市区区号 0224　人口 2 万 2507 人　海拔 85 米

水平如镜的伊兹尼克湖畔

伊兹尼克历史悠久，公元前 316 年这里被亚历山大大帝的将军利西马科斯所征服，并以他的妻子的名字尼西亚为这里命名。此后这里还陆续成了尼科梅地亚王国和比提尼亚王国的首都，公元前 74 年，比提尼亚王国归属于罗马共和国的比提尼亚行省，借着罗马共和国的雄伟财力，修复了此前被损毁的城墙、神殿、剧院、公众浴场等各式设施。但是新的城墙也并没有保护好这座城市，依旧遭受了哥特人与波斯人的洗劫与侵略。

325 年，君士坦丁大帝在这里召开了基督教的第一次大会公议，史称第一次尼西亚会议。在第四次十字军东征夺取君士坦丁堡后，拜占庭帝国四分五裂，尼西亚成了新兴王国尼西亚帝国的首都，在拜占庭时代后期发挥着举足轻重的关键作用。进入奥斯曼王朝后，这里作为精美花砖的生产地而一跃成名，奥斯曼帝国内的诸多清真寺墙壁都是运用了伊兹尼克彩砖，现在土耳其国内各地的博物馆中都或多或少地展示了这类颜色鲜艳花样繁多的精致花砖。此后花砖的生产地虽然大多转移到了屈塔希亚，但是在进入 21 世纪后，伊兹尼克当地再次涌现了不少陶器工坊，而位于城市西侧宽阔的伊兹尼克湖则是当地市民的游泳与钓鱼胜地。

伊兹尼克　漫 步

罗马～拜占庭时代建造的城墙内侧属于伊兹尼克的旧城区，长宽 1 公里见方的旧城区是绝佳的步行游览佳地。如果你是从亚洛瓦前往伊兹尼克，首先抵达的便是伊斯坦布尔门 İstanbul Kapı，穿过大门后沿着南北向的阿塔图尔克道 Atatürk Cad. 向南走，便可以来到这条大道与东西向延伸的库尔奇阿斯兰道 Kılıçaslan Cad. 的交界处，也是城内很热闹的地区之一。

●看点大多位于城墙内部　从索菲亚沿着库尔奇阿斯兰道向东直行，便可以看到左手边的耶希尔清真寺。如果反向沿着库尔奇阿斯兰道向西直

■从伊斯坦布尔搭乘高速快船后换乘迷你巴士前往伊兹尼克

从伊斯坦布尔直达伊兹尼克的巴士只有卡米尔·克奇公司在运营，每天一班（15:00 从巴士总站发车），班数非常少。如果你比较赶时间，可以先乘坐高速快船前往亚洛瓦，随后换乘迷你巴士前往伊兹尼克。迷你巴士的发车站位于亚洛瓦港口前的迷你巴士总站，沿着巴士总站前的主干路前行便会抵达伊兹尼克。

●亚洛瓦～伊兹尼克区间
6:00~20:00 每小时 1 班

●伊兹尼克～亚洛瓦区间
7:35~21:15 每小时 1 班

亚洛瓦港口
栈桥 İDO İskelesi（耶尼卡普方向）
亚洛瓦港 Yalova Limanı
0　100m
伊斯坦布尔高速快船 İstanbul Deniz Otobüsleri
迷你巴士总站
巴尔休·曼乔户外剧场
警察局
亚洛瓦市内、亚洛瓦温泉方向
市场
巴士总站、伊兹尼克、布尔萨方向

■伊兹尼克的旅游咨询处

Map p.169A2

住 Atatürk Cad. Ayasofya Camii Önü
开 8:00~12:00 13:00~17:00
休 周六·周日·节假日

位于库尔奇阿斯兰道东侧的莱夫凯门

2014 年在伊兹尼克湖内发现了沉没已久的巴西利卡建筑遗迹，据考古调查显示，该建筑建于公元 4 世纪左右，在 8 世纪发生的地震灾难后沉入湖中。至今尚未确定何时可以进行参观。

行则会来到伊兹尼克湖 İznik Gölü。伊兹尼克巴士总站位于城墙内部的东南方向。

城内阿塔图尔克道与库尔奇阿斯兰道的交叉点

伊兹尼克 主要景点

好看的绿色宣礼塔

耶希尔清真寺

Map p.169B1

Yeşil Camii 耶希尔 · 迦米

为了纪念奥斯曼王朝宰相琴达尔鲁 · 卡拉 · 哈里尔 · 海莱丁 · 帕夏（1305~1387 年）而在 1387 年建造的清真寺，整座建筑的内部和外观都是用大理石打造而成，铺设着绿色（土耳其语耶希尔）彩砖的宣礼塔十分罕见，令人心旷神怡。据说宣礼塔最初使用的是伊兹尼克出产的彩砖，随后改用了屈塔希亚的彩砖。

独树一帜的绿色宣礼塔

Information

穆拉德二世浴场
2.Murat Hamamı

15 世纪前半叶奥斯曼王朝时期建造的古老浴场，历史悠久，入场费用 18TL，搓澡服务 11TL，按摩服务 11TL，在浴场东侧还留有一处过去曾烧制伊兹尼克瓷器的窑子遗址。

Map p.169A2

📱 0505 744 3259
开 6:00~24:00
女性可以在周一 · 周四的 13:00~17:00 进入参观
休 无

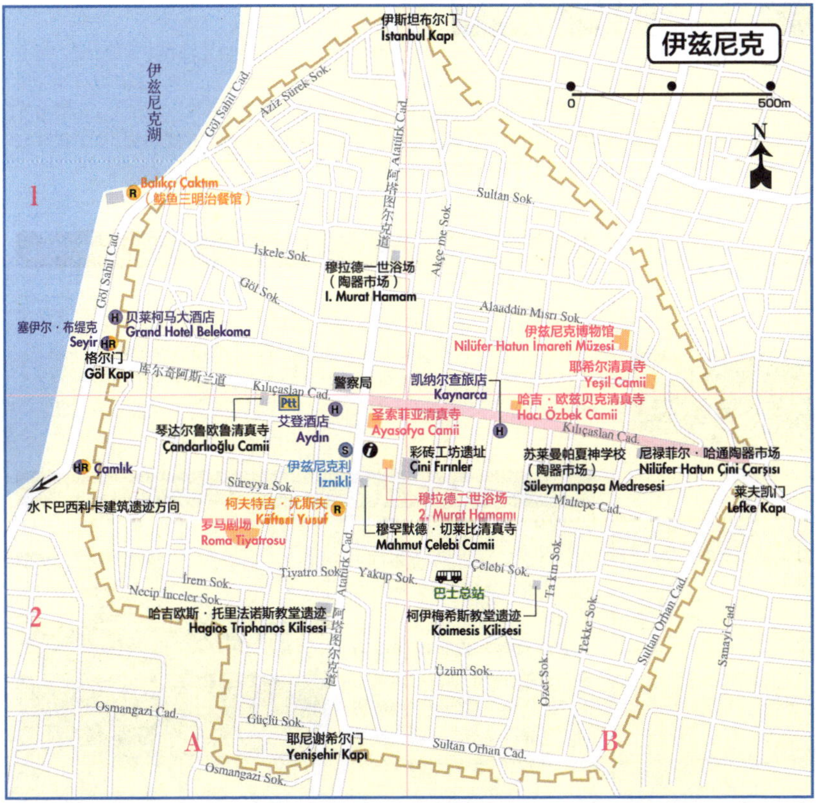

伊兹尼克

0 500m
N
1
2
A
B
伊兹尼克湖
伊斯坦布尔门
İstanbul Kapı
Göl Sahil Cad.
Aziz Sürek Sok.
Atatürk Cad.
阿塔图尔克道
Sultan Sok.
Balıkçı Çaktım
（鲅鱼三明治餐馆）
İskele Sok.
Akçe me Sok.
穆拉德一世浴场
（陶器市场）
I. Murat Hamam
Göl Sok.
Alaaddin Mısrı Sok.
贝莱柯马大酒店
Grand Hotel Belekoma
塞伊尔 · 布缇克
Seyir
伊兹尼克博物馆
Nilüfer Hatun İmareti Müzesi
格尔门
Göl Kapı
库尔奇阿斯兰道
Kılıçaslan Cad.
警察局
凯纳尔查旅店
Kaynarca
耶希尔清真寺
Yeşil Camii
Ptt
艾登酒店
Aydın
圣索菲亚清真寺
Ayasofya Camii
哈吉 · 欧兹贝克清真寺
Hacı Özbek Camii
琴达尔鲁欧鲁清真寺
Çandarlıoğlu Camii
彩砖工坊遗址
Çini Fırınler
苏莱曼帕夏神学校
（陶器市场）
Süleymanpaşa Medresesi
尼禄菲尔 · 哈通陶器市场
Nilüfer Hatun Çini Çarşısı
Çamlık
伊兹尼克利
İznikli
Süreyya Sok.
水下巴西利卡建筑遗迹方向
柯夫特吉 · 尤斯夫
Köfteci Yusuf
穆拉德二世浴场
2. Murat Hamamı
莱夫凯门
Lefke Kapı
Maltepe Cad.
罗马剧场
Roma Tiyatrosu
穆罕默德 · 切莱比清真寺
Mahmut Çelebi Camii
Tiyatro Sok.
Yakup Sok.
Çelebi Sok.
İrem Sok.
Necip İnceler Sok.
巴士总站
Taşkın Sok.
哈吉欧斯 · 托里法诺斯教堂遗迹
Hagios Triphanos Kilisesi
柯伊梅希斯教堂遗迹
Koimesis Kilisesi
Tekke Sok.
Sultan Orhan Cad.
Sanayi Cad.
Üzüm Sok.
Özer Sok.
Osmangazi Cad.
Güçlü Sok.
耶尼谢希尔门
Yenişehir Kapı
Sultan Orhan Cad.
Osmangazi Sok.

787 年在伊兹尼克召开了第七次大公会议，此会议主要讨论圣像崇拜问题，现今的一些基督教会教义，是当时会议的结果。

■伊兹尼克博物馆
※2019年4月正处于修复工程之中，尚不对外开放

由奥斯曼王朝时代救济院改建而成的博物馆建筑

博物馆建筑曾是救济穷人食物的设施

伊兹尼克博物馆

Map p.169B1

İznik Müzesi 伊兹尼克·缪泽希

1388年在奥斯曼王朝时代，由穆拉德一世建造的一家向穷人施舍食物的依马莱特救济院。以他的母亲为这座救济院命名为“尼禄菲尔·哈通的依马莱特”。这也是现存奥斯曼王朝苏丹建造的最古老的依马莱特救济院之一。1960年起，这里作为博物馆对公众开放，馆内除了展出发掘出来的古代文物、塞尔柱王朝与奥斯曼王朝的壁画雕刻外，还有伊兹尼克彩砖等精美陶器。目前博物馆正处于修复工程之中，待展出内容更新后便会再次对公众开放。

■圣索菲亚清真寺
开 9:00~17:00
休 无
费 免费

遗留有拜占庭时代的马赛克壁画

圣索菲亚清真寺

Map p.169A2

Ayasofya Camii 阿亚索菲亚·迦米

曾作为基督教大公会议举办地的古老教堂

位于伊兹尼克中心的古老建筑。这里最初是4世纪建造的一座巴西利卡风格教堂，787年的第七次大公会议便是在这里举办，奥斯曼王朝1331年奉奥尔汗·伽兹之命，这座教堂被改建为清真寺建筑，随后在大建筑师米马尔·希南的改良期间，为这座清真寺加入了一个由伊兹尼克彩砖装饰的指向圣地麦加方向的圣龛，现在建筑内部依旧可以看到些许旧时遗留下来马赛克壁画与湿壁画。

20世纪60年代起，这座清真寺曾被改建为博物馆对公众开放参观，但是随着近年来的修复工程结束，2011年开始这里又恢复重启了清真寺的功能，不过由于修复工程中大量使用了混凝土等现代工程材料，改变了清真寺的本来面貌，此举一度遭受了大众媒体与本地市民的严重批判。

■罗马剧场
开 8:00~17:00
休 无
费 免费

荒废已久的罗马剧场

曾经的罗马城市印记

罗马剧场

Map p.169A2

Roma Tiyatrosu 罗马·缇亚特罗斯

在罗马皇帝图拉真时代建造的大型剧场，据说可以同时容纳1.5万人之多，随着后世不断建造新型建筑的需要，这座剧场的石料被大肆挪移，没有被很好地保护起来。现在政府已经开启了对于这座剧场的保护工作，考古调查也在紧锣密鼓地进行之中。

■哈吉·欧兹贝克清真寺
开 礼拜结束之后
休 无

可以了解到奥斯曼王朝初期的清真寺设计方式

哈吉·欧兹贝克清真寺

Map p.169B2

Haci Özbek Camii　哈吉·欧兹贝克·迦米

1332年，伊兹尼克最早建造的清真寺建筑，也被称为查尔休清真寺或丘库尔清真寺。这座清真寺不仅是现存奥斯曼王朝最古老的清真寺建筑之一，也是首个被加上穹顶装饰的清真寺。在清真寺旁边便是哈吉·欧兹贝克永眠的墓塔。

清真寺周围是市民的休憩之所

伊兹尼克作为知名的陶器特产城市，你可以在伊斯坦布尔门附近的Çini Atölyesi（彩砖工坊）体验彩砖的制作体验。成品会在2~3天后寄到你在土耳其的住处。

酒店&餐馆
Hotel & Restaurant

价格公道的住宿设施大多位于库尔奇阿斯兰道以及旁边的一条小路上。湖畔边上开有几家选用从湖里捕获的鲜鱼作为食材的海鲜餐馆。馈赠亲友的礼物除了可以选择伊兹尼克陶器制品外，这里的橄榄油制品也很有人气。

凯纳尔查旅店
Kaynarca Hotel ve Pensiyon　经济型 12 间

Map p.169B2

◆背包客的人气旅店，房客可以自由使用这里的厨房。旅店 1 层为网咖区，宿舍房型共有 2 间，每间里面都是 3 张床铺。旅店老板对于伊兹尼克湖畔以及郊外的远足行程非常熟悉。

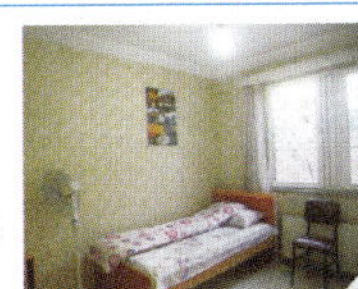

住 Mehmet Gündem Sok.No.1
TEL (0224) 757 1753　FAX (0224) 757 1723
URL www.kaynarcahotel.com
DOM 35TL
单人 A/C 60TL
双人 A/C 120TL　US $ € TL
信用卡 不可　Wi-Fi 全馆免费　EV 无

艾登酒店
Hotel Aydın　中级 18 间

Map p.169A2

◆坐落在城中心的酒店，客房简洁，但是各项设施都很完备，住宿体验舒适。6 间客房配有阳台，设有浴缸的客房则只有 1 间。1 层的酒馆很受当地人欢迎，十分热闹。

住 Kılıçaslan Cad.No.64
TEL (0224) 757 7650　FAX (0224) 757 7652
URL www.iznikhotelaydin.com
单人 A/C 90TL~
双人 A/C 260TL~　US $ € TL
信用卡 D M V　Wi-Fi 全馆免费　EV 无

贝莱柯马大酒店
Grand Hotel Belekoma　中级 49 间

Map p.169A1

◆面向伊兹尼克湖畔的沿岸道路，设有室外泳池和餐馆，设施完善。双床房无法看到湖景，但是大床房（20 间）可以看到。

住 Göl Sahil Yolu No.8
TEL (0224) 757 1407
FAX (0224) 757 1417
单人 A/C 140TL
双人 A/C 260TL
US $ € TL　信用卡 M V
Wi-Fi 全馆免费　EV 无

塞伊尔 · 布缇克
Seyir Butik　土耳其菜肴咖啡

Map p.169A1

◆位于伊兹尼克湖畔同名酒店中 1 层并设的餐馆，曼塔尔鲁 · 塔乌克（香菇鸡肉）24TL，这家酒店供应的早餐也是这里提供，为土耳其风味，客房每晚 160TL~。

住 Kılıçaslan Cad. No.5
手机 0538 827 3947
URL seyirbutik.com
开 8:00~22:00
休 无　TL　信用卡 M V

柯夫特吉 · 尤斯夫
Köfteci Yusuf　柯夫特肉饼

Map p.169A2

◆餐馆风格类似快餐店，1 层深处为精肉店，原则上都是以 kg（75TL）为单位下单，但是如果在店内用餐可以从 200g 开始选择。另外店家特色的土耳其香肠也是早餐的绝佳伴侣，可以买几根尝一尝。

住 Atatürk Cad.No.73
TEL (0224) 444 6162
URL www.kofteciyusuf.com
开 8:30~ 次日 0:30
休 无
US $ € TL　信用卡 M V

伊兹尼克利
İznikli　橄榄

Map p.169A2

◆伊兹尼克自古便是橄榄的名产地，这家店铺出售的商品都是用伊兹尼克橄榄制作而成的，你可以一边品尝这里的橄榄油一边挑选最适合你的那一款商品。

住 Atatürk Cad.No.75
TEL (0224) 757 1570
开 9:00~20:00
休 无　TL
信用卡 A D J M V

以按千克出售柯夫特肉饼的名餐馆，柯夫特吉 · 尤斯夫随着食客络绎不绝，逐渐增加了餐馆的面积和座位，因此成了现在我们看到的餐馆的模样。但是即使如此，在斋月期间还是会排起长队，布尔萨也开有分店。

历史遗产丰富，绿意盎然的温泉镇

布尔萨 *Bursa*

市区区号 0224　人口 198 万 3880 人　海拔 155 米

世界遗产

布尔萨和库马利吉兹克：奥斯曼帝国诞生地 Bursa ve Cumalıkızık: Osmanlı İmparatorluğunun Doğuşu
2014 年

无形文化遗产

卡拉戈兹（皮影戏）
Karagöz
2009 年

非物质文化遗产土耳其皮影戏的发源地——布尔萨

位于海拔 2543 米的乌鲁山 Uludağ 山脚下的大自然城镇。土耳其人还会将这里爱称为耶希尔（绿色）布尔萨，1326 年势力逐渐扩大的奥斯曼王朝从塞尔柱王朝手里夺取了布尔萨，并将这里设为第一代首都。自古便商贸兴盛的布尔萨城，到了现代社会，一直作为盛产纺织布料的名产地。此外除了这里的清真寺与陵庙建筑外，温泉以及冬季的乌鲁山滑雪场也都吸引着无数游客慕名而来。

当地名菜

伊斯坎德尔烤肉
İskender Kebabı

19 世纪后半叶由伊斯坎德尔·艾芬迪（1948~1934 年）发明的一种将非常薄的土耳其烤肉放到面包上并搭配黄油和酸奶一起食用的特色美食，并以此开店，最初的名字非常直白，叫作“伊斯坎德尔·艾芬迪的特制烤肉”，此后他的二儿子继承了这家餐馆的总店，大儿子和三儿子的家庭则开办了现在阿塔图尔克道上的分店。有时还可以看到这种菜品的另一种英文翻译——亚历山大烤肉，但是其实这个烤肉确实和亚历山大大帝一点关系也没有。

布尔萨 漫步

你可以先沿着城中心东西向的阿塔图尔克道 Atatürk Cad. 开始步行游览，乌鲁清真寺便坐落在道路的北部。广场北侧是布尔萨的巴扎市集，继续北行，便可以来到城市电车 T3 线的吉姆夫利耶特道。从乌鲁清真

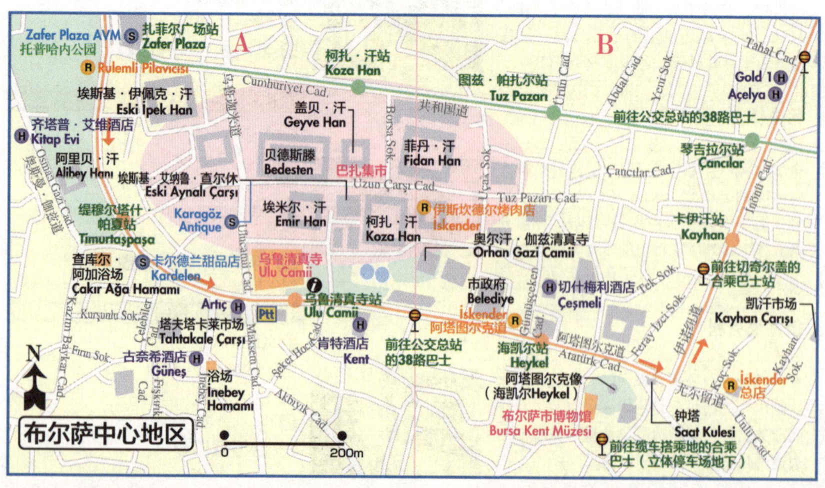

从伊斯坦布尔的萨比哈·格克琴机场可以搭乘 Burulaş 公司运营的直达布尔萨的巴士。

寺出发向西步行 5 分钟左右，沿左侧的坡路上行，便可以来到建有奥斯曼陵庙与奥尔汗陵庙的托普哈内公园 Tophane Parki。反之，沿着阿塔图尔克道向东走，便会来到称为海凯尔的布尔萨城中心地区。继续向东走，跨过小河后转向东北方前行，不一会儿便可以来到耶希尔清真寺。从背后的坡道下行便可以来到 T3 电车所途经的因吉尔利道 İncirli Cad.，从这里搭乘城市电车便可以返回巴扎集市。

前往城市中心地区

◆从巴士总站前往市中心 巴士总站 Otogar 也称为公交总站 Terminal，与布尔萨大约有 10 公里的距离，从这里没有连接市区和长途巴士总站的塞尔比斯区间大巴，只能搭乘途经肯特·梅达努 Kent Meydanı，海凯尔与巴士总站的循环城市巴士前往市区。打车前往肯特·梅达努大约需要 33TL 的费用。

◆从港口前往市中心 从耶尼卡普搭乘高速快船抵达古泽尔亚尔港口后，搭乘市区巴士以及布尔萨地铁便可以前往市中心。从艾米诺努出发的高速快船会将乘客安放在穆达尼亚港口，从港口搭乘 F3 路市区巴士，途经切奇尔盖后便可以陆续抵达乌鲁清真寺和布尔萨市中心的海凯尔地区，车程大约 45 分钟。

市区交通

◆布尔萨地铁 Buesaray 将郊区与城中心贯通的东西向地铁，运行时间为 6:30~24:00，谢夫莱库斯图 Şehreküstü 或德米尔塔什帕夏 Demirtaspaşa 都是距离城中心很近的车站。

◆布尔萨城市电车 Burtram 城中心的 T1 环线一圈用时大约 30 分钟，需要注意的是这条线路是逆时针单向运营，不能反向乘坐。从奥斯曼伽兹站可以直接换乘布尔萨地铁。

从巴扎市集向东延伸的便是复古电车 T3 线，倩吉拉尔 Çancılar 站与 T1 线的凯汉站距离很近。

◆合乘巴士及市区巴士 城市电车 T1 线凯汉站旁边出发驶向切奇尔盖的合乘巴士（车费 2.50TL）非常容易搭乘，而在肯特·梅达努、乌鲁清真寺、海凯尔这三站搭乘市区巴士对于市区移动也非常便利。

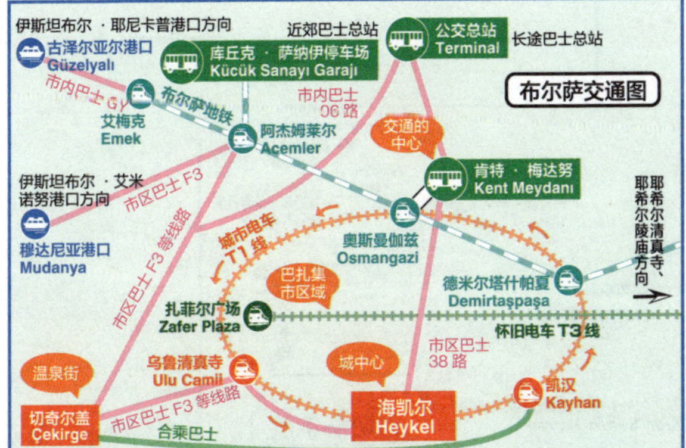

从伊斯坦布尔的旧城区前往布尔萨，不用特意前往艾森莱尔的巴士总站，从艾米诺努乘船，在穆达尼亚港口下船后换乘巴士也可以到达布尔萨市内，而且还可以当天往返。

■布尔萨的旅游咨询处 i（阿塔图尔克道）
Map p.172A
住 Atatürk Cad., İş Bankası Karşısı, Ulu Camii Yanı
TEL & FAX（0224）220 1848
URL www.bursakultur.gov.tr
开 8:00~12:00 13:00~17:00（周六 9:00~12:30 13:30~18:00）
休 周日

■布尔萨的旅游咨询处 i（省文化观光局）
Map p.175C2
住 Osmangazi Cad.No.18/1, Tophane
TEL（0224）220 7019
URL www.bursakultur.gov.tr
开 8:00~12:00 13:00~17:00
休 周六·周日

■布尔萨的交通票
布尔萨卡尔特 Bursakart
URL www.burulas.com.tr

布尔萨市内有一种名为布尔萨卡尔特 Bursakart 的交通一票通，可以乘坐巴士、地铁与城市电车。具体分为短途的单次券库萨 Kisa（5TL）与全线路通用的特尤姆 Tüm（6TL）。双次库萨券价格为 8TL，可以充值的 Bursakart 收费为 6TL。

城市电车 T1 线

Information
卡拉巴什·贝利修道场
Karabaş-i Veli Dergâhı

1550 年建造的修道场，现在也担任着布尔萨市内的文化中心功能。通常这里在 20:00 以后会有免费的梅夫拉维旋转舞表演，许多外国游客都会慕名而来。
Map p.175C2
住 İbrahimpaşa Mah. Çardak Sok. No.2
TEL（0224）222 0385
URL www.mevlana.org.tr

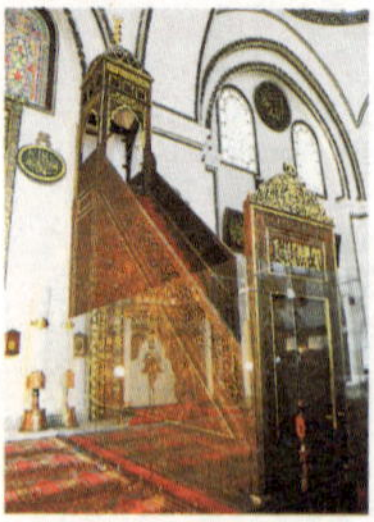

乌鲁清真寺中雕刻精美的布教坛

■乌鲁清真寺
开 夏季清晨～日落后礼拜之前
冬季 5:30~19:00
休 无
费 自愿捐赠

布尔萨 主要景点

木质布教坛做工精美

乌鲁清真寺

Map p.172A

Ulu Camii 乌鲁 · 迦米

拥有20处圆形天井的塞尔柱风格建筑，从1421年开始施工建造，直至完工一共经历了40年的漫长时间，期间当权者也从穆拉德一世变为巴耶济德一世，最后换为穆罕默德一世。清真寺中的小型喷泉以及用胡桃木打造的精美布教坛都值得仔细品味，装点清真寺内部的伊斯兰书法作品也很出色，其中尤以只用阿拉伯语的字母و（类似9）放大书写的书法最为出名。

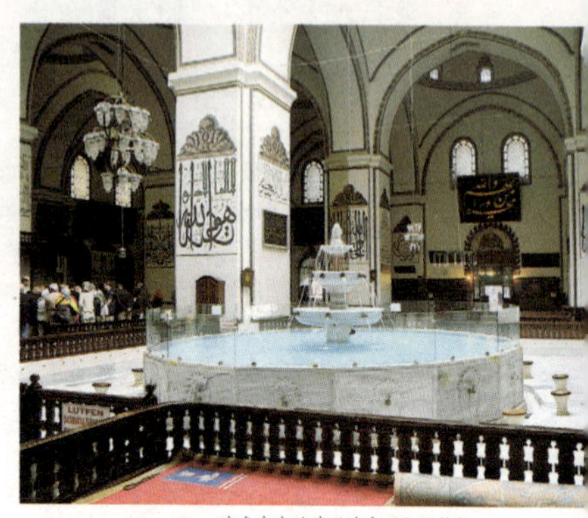

清真寺中的清澈喷泉（切什梅）

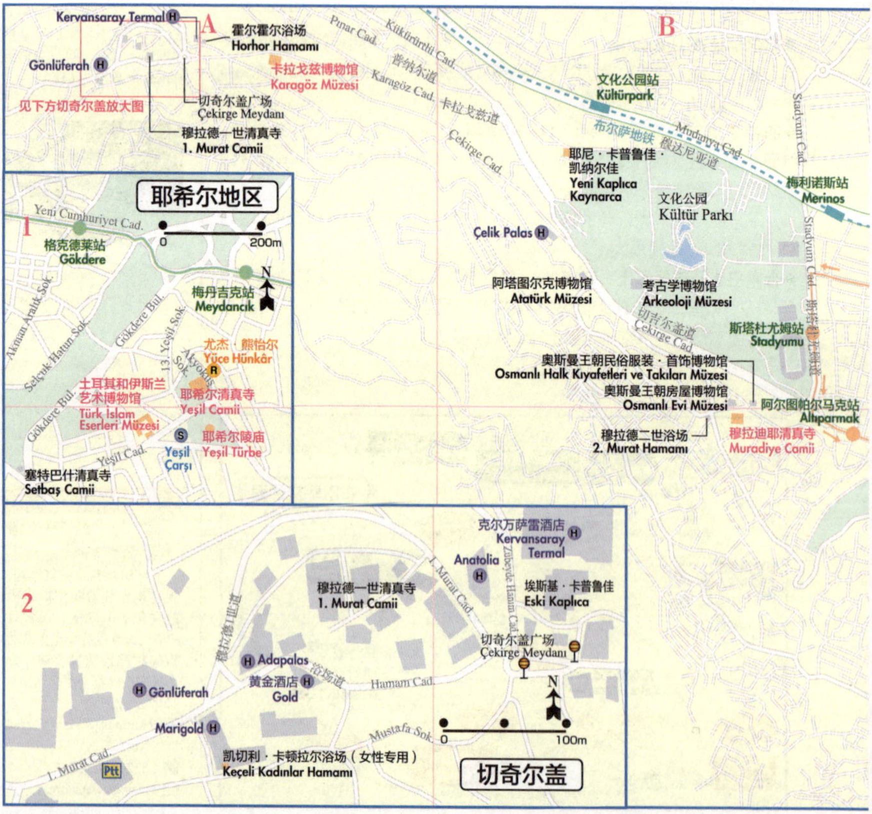

A
B
1
2
Kervansaray Termal
Gönlüferah
霍尔霍尔浴场
Horhor Hamamı
卡拉戈兹博物馆
Karagöz Müzesi
见下方切奇尔盖放大图
切奇尔盖广场
Çekirge Meydanı
穆拉德一世清真寺
1. Murat Camii
Pınar Cad.
Kükürtlü Cad.
普纳尔道
Karagöz Cad.
卡拉戈兹道
Çekirge Cad.
文化公园站
Kültürpark
布尔萨地铁
Mudanya Cad.
穆达尼亚道
Stadyum Cad.
耶尼·卡普鲁佳·凯纳尔佳
Yeni Kaplıca Kaynarca
文化公园
Kültür Parkı
梅利诺斯站
Merinos
耶希尔地区
Yeni Cumhuriyet Cad.
格克德莱站
Gökdere
0
200m
N
梅丹吉克站
Meydancık
Akman Aralık Sok.
Selçuk Hatun Sok.
Gökdere Bul.
13. Yeşil Sok.
Akyokuş Sok.
尤杰·熊恰尔
Yüce Hünkâr
土耳其和伊斯兰艺术博物馆
Türk İslam Eserleri Müzesi
耶希尔清真寺
Yeşil Camii
耶希尔陵庙
Yeşil Türbe
Yeşil Çarşı
Yeşil Cad.
塞特巴什清真寺
Setbaş Camii
Çelik Palas
阿塔图尔克博物馆
Atatürk Müzesi
考古学博物馆
Arkeoloji Müzesi
切吉尔盖道
Çekirge Cad.
斯塔杜尤姆站
Stadyumu
斯塔杜姆道
奥斯曼王朝民俗服装·首饰博物馆
Osmanlı Halk Kıyafetleri ve Takıları Müzesi
奥斯曼王朝房屋博物馆
Osmanlı Evi Müzesi
阿尔图帕尔马克站
Altıparmak
穆拉德二世浴场
2. Murat Hamamı
穆拉迪耶清真寺
Muradiye Camii
克尔万萨雷酒店
Kervansaray Termal
Anatolia
Zübeyde Hanım Cad.
I. Murat Cad.
埃斯基·卡普鲁佳
Eski Kaplıca
穆拉德一世清真寺
1. Murat Camii
穆拉德Ⅰ世道
切奇尔盖广场
Çekirge Meydanı
Adapalas
浴场道
黄金酒店
Gold
Hamam Cad.
Gönlüferah
Marigold
Mustafa Sok.
0
100m
N
I. Murat Cad.
Ptt
凯切利·卡顿拉尔浴场（女性专用）
Keçeli Kadınlar Hamamı
切奇尔盖

以前在肯特·梅达努购物中心的所在地有一个公交总站，现在规模降为埃斯基停车场，也叫作桑特拉尔停车场，你仍可以从这里搭乘众多市区巴士和合乘巴士的多样线路。

布尔萨代表性的绿色彩砖清真寺

耶希尔清真寺 Map p.174A1

Yeşil Camii 耶希尔 · 迦米

1424 年由穆罕默德一世下令建造，是奥斯曼王朝初期的寺院建筑杰作。清真寺内部用淡绿色的彩砖进行装饰，享有“布尔萨之绿（土耳其语中读作耶希尔）”的美称。当你来到这里看到整座清真寺都是一水的绿色后一定会叹为观止，寺内指向圣地麦加方向，用彩砖精心打造的精致圣龛不得不看。

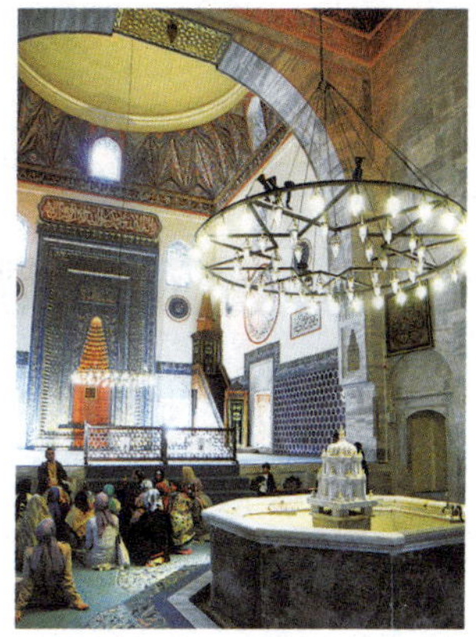

指向圣地麦加方向，用彩砖精心打造的精致圣龛

附属于耶希尔清真寺的伊斯兰学校被改建为土耳其和伊斯兰艺术博物馆 Türk İslam Eserleri Müzesi，除了展出塞尔柱时代以及伊兹尼克和屈塔希亚出产的陶瓷器外，还有非物质文化遗产的皮影戏人偶及民族服饰和生活用具等。

■耶希尔清真寺

开 8:30~ 日落后的礼拜前

休 无

费 免费

■土耳其和伊斯兰艺术博物馆

Map p.174A2

TEL（0224）327 7679

现在的土耳其和伊斯兰艺术博物馆过去曾是一座伊斯兰学校的建筑

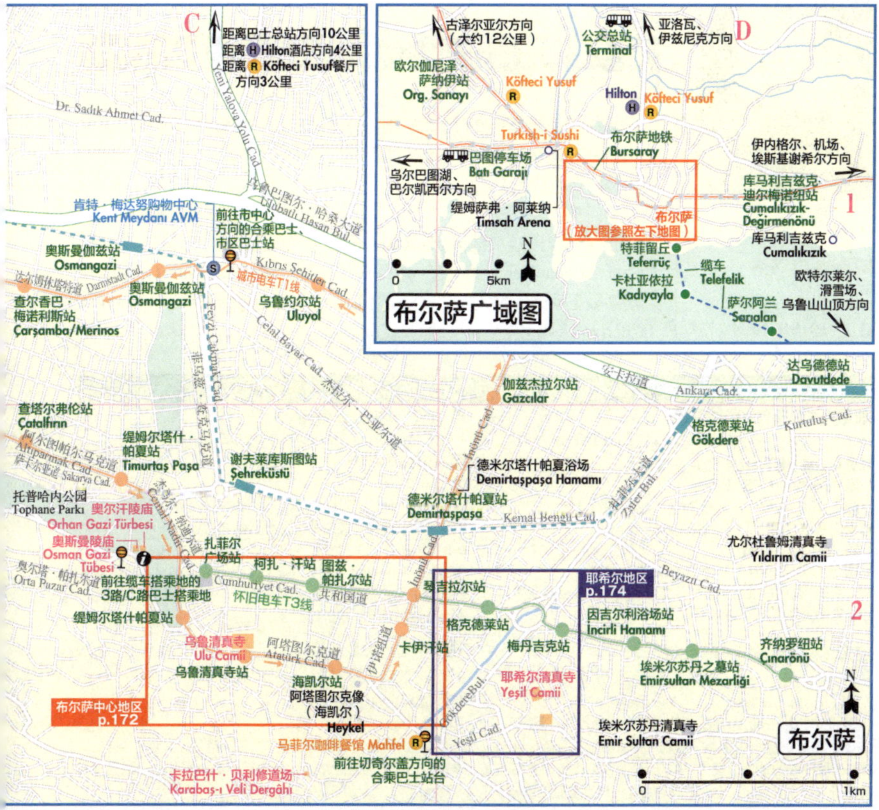

布尔萨广域图

古泽尔亚尔方向（大约12公里）
公交总站 Terminal
亚洛瓦、伊兹尼克方向
欧尔伽尼泽·萨纳伊站 Org. Sanayı
Köfteci Yusuf
Hilton
Turkish-i Sushi
布尔萨地铁 Bursaray
巴图停车场 Batı Garajı
乌尔巴图湖、巴尔凯西尔方向
缇姆萨弗·阿莱纳 Timsah Arena
伊内格尔、机场、埃斯基谢希尔方向
库马利吉兹克·迪尔梅诺纽站 Cumalıkızık-Değirmenönü
库马利吉兹克 Cumalıkızık
布尔萨（放大图参照左下地图）
特菲留丘 Teferrüç
缆车 Telefelik
卡杜亚依拉 Kadıyayla
萨尔阿兰 Sarıalan
欧特尔莱尔、滑雪场、乌鲁山山顶方向

布尔萨

距离巴士总站方向10公里
距离 Hilton酒店方向4公里
距离 Köfteci Yusuf餐厅方向3公里
肯特·梅达努购物中心 Kent Meydanı AVM
前往市中心方向的合乘巴士、市区巴士站
城市电车T1线
奥斯曼伽兹站 Osmangazi
查尔香巴·梅诺利斯站 Çarşamba/Merinos
乌鲁约尔站 Uluyol
查塔尔弗伦站 Çatalfırın
缇姆尔塔什·帕夏站 Timurtaş Paşa
谢夫莱库斯图站 Şehreküstü
托普哈内公园 Tophane Parkı
奥尔汗陵庙 Orhan Gazi Türbesi
奥斯曼陵庙 Osman Gazi Türbesi
前往缆车搭乘地的3路/C路巴士搭乘地
扎菲尔广场站
柯扎·汗站
图兹·帕扎尔站
怀旧电车T3线
缇姆尔塔什帕夏站
乌鲁清真寺 Ulu Camii
乌鲁清真寺站
海凯尔站
阿塔图尔克像（海凯尔）Heykel
马菲尔咖啡餐馆 Mahfel
前往切奇尔盖方向的合乘巴士站台
卡拉巴什·贝利修道场 Karabaş-ı Veli Dergâhı
布尔萨中心地区 p.172
伽兹杰拉尔站 Gazcılar
德米尔塔什帕夏浴场 Demirtaşpaşa Hamamı
德米尔塔什帕夏站 Demirtaşpaşa
达乌德德站 Davutdede
格克德莱站 Gökdere
瑟吉拉尔站
格克德莱站
卡伊汗站
梅丹吉站
耶希尔地区 p.174
耶希尔清真寺 Yeşil Camii
因吉尔利浴场站 İncirli Hamamı
埃米尔苏丹之墓站 Emirsultan Mezarlığı
埃米尔苏丹清真寺 Emir Sultan Camii
齐纳罗纽站 Çınarönü
尤尔杜鲁姆清真寺 Yıldırım Camii

在托普哈内公园南面，紧邻阿尔图帕尔马克道的萨卡尔亚道 Sakarya Cad. 上，是海鲜餐馆与酒馆的聚集地，十分热闹。

耶希尔陵庙

■耶希尔陵庙
开 7:00~24:00
休 无 费 自愿捐赠
■奥斯曼陵庙及奥尔汗陵庙
开 夏季 9:00~20:00
冬季 8:00~19:00
休 无 费 自愿捐赠

翠蓝色的美丽外壁

耶希尔陵庙

Map p.174A2

Yeşil Türbe 耶希尔 · 邱波

1421 年由巴耶济德一世的儿子——穆罕默德 · 切莱比下令建造的陵庙，铺设翠蓝色彩砖的陵庙外壁与周围的绿树相得益彰，十分美观。你在这里可以看到穆罕默德一世及其家族的棺椁，用蓝色彩砖作为装饰基底，上面写有金色伊斯兰书法的棺椁设计可谓豪华至极。

初代及二代苏丹的永眠之所

奥斯曼陵庙及奥尔汗陵庙

Map p.175C2

Osman Gazi ve Orhan Gazi Türbeleri 奥斯曼 · 噶兹 · 贝 · 奥尔罕 · 噶兹 · 特尤贝莱利

奥尔汗的棺椁

现在这座陵庙建筑最初曾是一座拜占庭风格的古老教堂，在奥斯曼王朝时期改建为初代及二代苏丹的陵庙场所。遗憾的是，这座建筑被 1854 年的地震灾害所破坏，虽然成功复建，但是只保留下来了旧时奥尔汗陵庙地板上的些许马赛克壁画。现在你从建筑内侧的托普哈内公园高台眺望，依旧可以感受到那种宁泊静雅的独特氛围。

托普哈内公园中建于 1906 年的古老钟塔

■穆拉迪耶清真寺
开 8:00~18:00
随时可以参观陵庙
休 无 费 自愿捐赠

奥斯曼王朝气息十足的建筑

穆拉迪耶清真寺

Map p.174B2

Muradiye Camii 穆拉迪耶 · 迦米

穆拉德二世于 1426 年下令建造的清真寺，彩砖装饰美轮美奂，很有看点。清真寺由塞尔柱王朝的建筑风格转变为奥斯曼王朝的建筑形式，奥斯曼时期的特色十足。

穆拉德二世在 1451 年去世之后，长眠于寺内庭院中 13 座陵庙之一的穆拉德二世陵庙 2.Murat Türbesi。清真寺的对面还有一座穆拉德二世的浴场 2.Murat Hamamı，此外奥斯曼王朝房屋博物馆 Osmanlı Evi Müzesi 与奥斯曼王朝民俗服装 · 首饰博物馆 Uluumay Osmanlı Halk Kıyafetleri ve Takıları Müzesi 也坐落在不远的地方。

布尔萨、切奇尔盖的浴场、温泉

耶尼 · 卡普鲁佳 · 凯纳尔佳

Yeni Kaplıca Kaynarca Map p.174B1

●男宾浴场 TEL（0224）236 6968
开 7:00~23:00 休 无
费 土耳其浴 30TL 搓澡 30TL 按摩 40TL
●女宾浴场 TEL（0224）236 6955
开 7:00~23:00 休 无
费 土耳其浴 28TL 搓澡 30TL 按摩 40TL
●位于文化公园的西北角，浴池宽敞，女性专用浴场还可以前往紧邻的凯纳尔佳Kaynarca浴场。

凯切利 · 卡顿拉尔浴场

Keçeli Kadınlar Hamamı Map p.174A2

TEL（0224）236 7866
开 7:00~22:00 休 无
设有浴缸 费 土耳其浴 55TL 搓澡 40TL 按摩 40TL
土耳其浴、搓澡、按摩都包含的套餐 115TL
●隶属于切奇尔盖的一家五星酒店，Marigold Hotel的女性专用浴场。即使你并非房客也可以前往体验。浴场不大，服务员全都是女性，令女性客人安心放松。周三 · 周四15:00以后可能会有包场情况，请额外注意。

查库尔 · 阿加浴场 Çakır Ağa Hamamı

Map p.172A

TEL（0224）221 2580
开 男宾浴场 6:00~24:00 女宾浴场 10:00~22:00 休 无
未设有浴缸 费 土耳其浴、搓澡、按摩都包含的套餐 60TL
●位于城中心的地方，拥有750年历史的古老浴场，男宾与女宾分开进行土耳其浴，女性额外付费还可以享受脱毛服务。

德米尔塔什帕夏浴场

Demirtaşpaşa Hamamı Map p.175D2

TEL（0224）250 8440
开 6:00~24:00 休 无
设有浴缸 费 土耳其浴、搓澡、按摩都包含的套餐 54TL
●建于15世纪的古老浴场，装饰用心十分宽敞。只限男性客人入场。

布尔萨的浴场对于超过 3 岁的儿童也会非常明确地以男女性别进行区分，但是假如客人是母亲带儿子，或父亲带女儿这种家庭到访的情况，可以通过预约家庭浴场实现一家人一起享受土耳其浴的可能。

自古以来便声名远扬的温泉街

切奇尔盖

Map p.174A2~B2

Çekirge 切奇尔盖

位于城内西北方向的切奇尔盖，自拜占庭时代起便是传统的温泉乡，直至今日仍有许多温泉酒店在此营业。其中最有名气的当数建于14世纪，入浴设施至今也完好保留的埃斯基·卡普鲁佳 Eski Kaplica，现在人们可能对克尔万萨雷酒店（p.179）的名字更为熟知，但是其实都是同一个地方。你在这里还可以看到穆拉德一世于1368年建造的清真寺与伊斯兰学校的复合建筑群（Hüdavendigâr Külliyesi）。

■切奇尔盖

🚌 凯汉站经常有前往切奇尔盖的合乘巴士

卡普鲁佳浴场

刺绣及丝绸纺织品选择丰富

巴扎集市

Map p.172A~B

Çarşı 查尔休

乌鲁清真寺背后的道路便可以通向不远处的巴扎集市。市集的中心称为贝德斯滕 Bedesten，是一座穹顶搭配拱形长廊的特别建筑。你可以在这里低价购买布尔萨的特产——毛巾浴袍。此外位于喷泉广场北侧的柯扎·汗 Koza Han 是由巴耶济德二世于1490年建造的商队住宿地，过去这里的蚕茧贸易十分繁荣，现在也是出售丝绸制品（特别是围巾和披肩）的主要交易区。在贝德斯滕和乌鲁清真寺之间还有一处名为埃米尔·汗 Emir Han 的商队住宿地，这片区域中酒馆很多，在购物之余可以悠闲地喝上一杯。

■巴扎集市

开 9:00~17:00

休 无

熙熙攘攘热闹不断的巴扎集市

仿佛布尔萨的一本百科全书

布尔萨市博物馆

Map p.172B

Bursa Kent Müzesi 布尔萨·肯特·缪泽希

博物馆此前曾是一座法院，1层介绍布尔萨的地理、历史与文化，尤其对于阿塔图尔克与布尔萨之间的渊源讲解非常透彻，介绍非物质遗产皮影戏文化的影片也可以在这里观看。2层则展出奥斯曼王朝时代的各类民间工艺品，地下空间再现了古代工坊场景，博物馆中的咖啡馆也很不错，适合游览途中放松一下。

博物馆展品

■布尔萨市博物馆

住 Eski Adliye Binası

TEL（0224）716 3790

住 www.bursakentmuzesi.com

开 9:30~17:30

休 周一　费 2TL

你可以一边聆听语言向导器（设有英文）的讲解，一边巡游博物馆，将知识了解得更仔细。

布尔萨市博物馆的外观

布尔萨 近郊景点

缆车一路通向滑雪场！

乌鲁山

Map p.22B2

Uludağ 乌鲁达

位于布尔萨南面的一座海拔2543米的高山，是远近闻名的滑雪和远足胜地。你可以搭乘缆车（Teleferik）来到位于山腰的萨尔阿拉努，2014年经过全面翻修后，现在从布尔萨市内前往乌鲁山已经十分便捷，只需30分钟便可以来到高山滑雪场。

坐在缆车上俯瞰布尔萨市区

■前往乌鲁山的交通方式

你可以从特菲留丘 Teferüç 搭乘缆车上山，从布尔萨市博物馆附近的合乘巴士车站乘车，大约10分钟便可以到达特菲留丘，费用2.25TL。坐上缆车后，大约22分钟便可以抵达欧特尔莱尔，往返运费38TL，知名的滑雪场便设在欧特尔莱尔。

布尔萨当地的足球队名为布尔萨体育足球俱乐部，吉祥物是一只绿色鳄鱼，2015年布尔萨市内还新建了一座名为“缇姆萨夫·阿莱纳”的绿色体育场。

■库马利吉兹克

🚌 从PTT前的巴士站搭乘22路市区巴士即可抵达，每小时1~2班，桑特拉尔停车场也有开往库马利吉兹克的迷你巴士，车程大约45分钟

泡澡时擦洗身体的“里夫”巾等手工制品是很好的馈赠佳礼

■戈尔亚兹村

🚌 从布尔萨地铁线路库丘克·萨纳伊站Kucuk Sanayi附近的巴图停车场Batı Garajı搭乘市区5路/G路巴士即可前往戈尔亚兹村，6:30~20:00期间每小时1班左右，车程大约需要1小时，单程费用3.35TL。（可以使用全线路通用车券）

搭乘人气十足的游船巡游项目领略村子周围的湿地美景

奥斯曼朝时期遗留下来的古老城镇

库马利吉兹克

Map p.175D1

Cumalıkızık 库马利吉兹克

库马利吉兹克位于布尔萨以东大约10公里的位置，是一座依旧保持着往日作息的古老城镇。这座小城最早建于14世纪，名为吉兹克，由于以前每周五（库马利）的中午邻近村子的穆斯林都会来这里做礼拜，慢慢地便有了库马利吉兹克的名称。镇子里的石板路两侧几乎都是拥有百年历史的老宅，你在这里可以品尝到乡间素朴的土耳其菜肴，出售手工艺品的礼品商店也有不少，很适合为亲友挑选礼物。一到周末，游客便会蜂拥而至，提前做好准备。

传统的土耳其古镇

入选“最美欧洲30处乡村”

戈尔亚兹村

Map p.22B1

Gölyazı 戈尔亚兹

村子位于乌尔阿巴特湖上的一座半岛上，村子的历史可以追溯到罗马时代，现在村内还留有以前的剧场遗址。在1924年交换居民之前，这里主要居住的是希腊人，至今岛上仍留存着以前的教堂建筑。现在村子主要贩卖新鲜的农作物、腌鱼子、橄榄油等纯天然食材，许多客人都专程从布尔萨慕名前来购买。从村子搭乘小船出海巡游的项目也很受欢迎。

从山顶眺望这座位于小岛上的戈尔亚兹村

酒店

Hotel

经济型~中级酒店大多分布在阿塔图尔克道及伊诺纽道上，此外肯特·梅达努周边也有物美价廉的中级酒店，交通十分便利。切奇尔盖除了设有著名的温泉酒店外，还有面向准备在乌鲁山滑雪的客人的度假型酒店。

古奈希酒店

Hotel Güneş

经济型 8间

◆面向依奈贝浴场的经济型酒店，由家族经营，房间不大但是基本设施都配置完善。客房采光很好，老板的孩子可以进行简单的英文交流。

乌鲁清真寺周边 Map p.172A

住 İnebey Cad. No.75. Ulu Camii Karşısı

TEL (0224) 222 1404

单人 52TL

双人 91Tl

TL 信用卡 M V

全馆免费 EV 无

黄金酒店

Gold Çekirge Termal Hotel

经济型 25间

◆位于切奇尔盖的温泉街上小山丘的老牌酒店，在住宿的同时还可以享受包含按摩、搓澡的土耳其浴。客房的老化问题确实存在，但是在温泉街这个地理位置，这家酒店的价格还是十分公道的。

切奇尔盖 Map p.174A2

住 Muradiye Mah., Çekirage Cad. No.25

TEL (0224) 233 9335

单人/双人 146TL~

US $ € TL

信用卡 M V

全馆免费 EV 有

位于布尔萨西南方向7公里位置的米希村Misiköy中留有不少传统民宅，其中不乏已经作为博物馆对外开放的老宅和餐馆。从阿塔图尔克道搭乘2B路巴士，或从布尔萨地铁阿杰姆莱尔站搭乘20A路巴士都可以前往这座古村落。

肯特酒店
Hotel Kent 中级 55 间

◆面向乌鲁清真寺的广场，观光便利。全部客房都配有电视、迷你酒柜、电热水壶等。空调为中央空调模式，左侧的价格为公示的官方价格，实际入住时价格通常会更便宜一些。

乌鲁清真寺周边 Map p.172A

住 Atatürk Cad.No.69
TEL (0224) 223 5420 FAX (0224) 224 4015
URL www.kentotel.com
单 A/C 70 € 双 A/C 90 €
US $ € TL ▭ A D M V
全馆免费 EV 无

切什梅利酒店
Hotel Çeşmeli 中级 20 间

◆从开业至今已经经过了 4 个半世纪的历史长河，从始至终都只雇用了女性服务员，非常罕见。酒店地理位置很好，全部客房都配有电视、空调和迷你酒柜。

海凯尔周边 Map p.172B

住 Gümüşçeken Cad.No.6
TEL & FAX (0224) 224 1511
单 A/C 120TL~
双 A/C 180TL~
US $ € TL ▭ A D M V
全馆免费 EV 无

齐塔普 · 艾维酒店
Kitap Evi 高级 13 间

◆位于布尔萨中部的红色建筑，非常醒目。由一座已经拥有 200 余年历史的传统民宅改建而成的精致酒店。内饰以复古风格为主，还有一处优美的中庭可供房客小憩。提供长途巴士总站和古泽尔亚尔港口的免费接送服务。

托普哈内公园周边 Map p.172A

住 Kavaklı Mah., Burç Üstü No.21
TEL (0224) 225 4160 FAX (0224) 220 8650
URL www.kitapevi.com.tr
单 A/C 65 € ~
双 A/C 80 € ~
US $ € TL ▭ A D J M V
全馆免费 EV 无

克尔万萨雷酒店
Kervansaray Termal Hotel 高级 211 间

◆坐拥世界遗产埃斯基 · 卡普鲁佳浴场的温泉酒店，在男宾专用浴场中还有一个温泉池，室外和室内也都设有男女混合温泉池。进入公共浴场需要支付 60TL 的使用费（女性 55TL），此外搓澡收费 30TL，按摩收费 30TL。团队房客的浴场费用另行结算。

切奇尔盖 Map p.172B2

住 Çekirge Meydanı
TEL (0224) 233 9300 FAX (0224) 233 9324
URL www.kervansarayhotels.com
单 A/C 90 € ~
双 A/C 115 € ~
US $ € TL ▭ A D M V
全馆免费 EV 无

餐馆&商店
Restaurant & Shop

市中心区域的阿塔图尔克道及伊诺纽道、耶希尔清真寺周边经常可以找到各式餐饮店。布尔萨名小吃的栗子甜品——凯斯塔奈 · 谢克利 Kestane Şekeri 非常适合作为伴手礼馈赠亲友。

伊斯坎德尔烤肉店（总店）
Kebapçı İskender 烤肉店

◆伊斯坎德尔烤肉创始人的二儿子继承了这家家族餐馆的总店，单人套餐 39TL，大盘肉增量套餐（艾特波尔 etbol）价格为 55TL，特制一人半份套餐（比尔 · 布丘克 Bir Buçuk）的价格同样为 55TL。

海凯尔周边 Map p.172B

住 Ünlü Cad. No.7
TEL (0224) 221 4615
URL www.iskender.com
开 11:00~21:00
休 无
TL
▭ A M V

伊斯坎德尔烤肉店
Kebapçı İskender 烤肉店

◆伊斯坎德尔烤肉创始者的大儿子和三儿子开设的家族分店，在 20 世纪 30 年代开业，蓝色的餐馆外观与内部装潢仍旧保持着近百年前的原始模样。店面不大，经常都是客满状态，菜品分为中量套餐 39TL 和一人半份大套餐 55TL 两种选择。

海凯尔周边 Map p.172B

住 Atatürk Cad. No.60
TEL (0224) 221 1076
URL www.iskender.com.tr
开 11:00~21:00（周六 · 周日 ~20:00）
休 斋月期间休息 14 天
US $ € TL ▭ A D J M V

在布尔萨的甜品店中不时可以看到一款名为塔辛利 · 艾克美克 Tahinli Ekmek 的面包，涂抹着芝麻奶油酱，风味独特，不妨一尝。

尤杰·熊恰尔

Yüce Hünkâr 土耳其菜肴

◆位于耶希尔清真寺附近的土耳其风味餐馆，主营伊斯坎德尔烤肉（35TL），此外还有比萨、甜品等各类美食，选择多样。从餐馆的窗户可以欣赏到布尔萨城内的美丽景色。

耶希尔清真寺周边 Map p.174A1

住 Yeşil Camii Yanı No.17-19
TEL（0224）327 0000
FAX（0224）327 2065
URL www.yucehunkar.com.tr
开 8:00~22:00 休 无
US $ € TL MV

马菲尔咖啡餐馆

Mahfel Kafe & Restoran 咖啡

◆位于大桥附近，餐馆区域所在的建筑历史悠久，有一部已经被列为保护文物了。前庭的位置是咖啡馆，来此小憩的客人络绎不绝。蜜糖果仁千层酥（Baklava）12TL，甜品的种类众多，12TL 的土耳其冰激凌 Dondurma 好评如潮。

海凯尔周边 Map p.175C2

住 Namazgah Cad. No.2，Setbaşı
TEL（0224）326 8888
FAX（0224）326 8890
开 8:00~24:00
休 无
TL MV

卡尔德兰甜品店

Kardelen 甜品店

◆经营布尔萨著名栗子甜品——凯斯塔奈·谢克利 Kestane Sekeri 的店铺。除了经典款外，外层包裹巧克力酱的口味也很受欢迎，每 500g 收费 52TL，此外你还可以在这里购买到土耳其的特色龙须酥 Pishmaniye。

托普哈内公园周边 Map p.172A

住 Atatürk Cad.No.95/C
TEL（0224）223 2520
URL www.kardelen.com
开 8:30~23:30
休 无
TL MV

Information 联合国教科文组织认定的非物质文化遗产——卡拉戈兹（皮影戏）

土耳其也有一种类似于中国的皮影戏，名为卡拉戈兹，作为土耳其的传统文化已经被列入到联合国教科文组织认定的非物质文化遗产名录之中。它的名字便是以发明者、聪明过人的卡拉戈兹命名的，他为了制作普通大众也可以通俗易懂的故事而创造了皮影戏。现在他的墓地便位于布尔萨，因此这里也称为卡拉戈兹的故乡。

如果你想在土耳其观看皮影戏，在布尔萨欣赏肯定是最地道的。切奇尔盖附近的卡拉戈兹博物馆 Karagöz Müzesi 除了展示土耳其皮影戏的人偶道具之外，还有世界各国人偶艺术的展现。在土耳其学校未放假期间的每周六（14:00~，具体时间可能有所变化，请具体确认），博物馆内都有精彩的土耳其皮影戏表演。

除了这座博物馆外，你还可以前往布尔萨市中心埃斯基·艾纳鲁·查尔休 Eski Aynali Çarışı 中的卡拉戈兹·安缇克，希纳西·切利科尔先生找寻 Şinasi Çelikkol，如果时间空闲，他表演的皮影戏也很出色（每次大约 5 分钟）。有时候希纳西先生还会前往米斯柯伊 Misköy 以及布尔萨的近郊村子进行巡演，是当地的知名人物。

■卡拉戈兹博物馆 Map p.174A1
住 Çekirge Cad.No.159 TEL（0224）232 3360
开 9:30~17:30 休 周一 费 免费

■卡拉戈兹·安缇克 Karagöz Antique Map p.172A
住 Kapalıçarışı, Eski Aynalı Çarşı No.12
TEL & FAX（0224）221 8727
URL www.karagoztravel.com
开 9:00~19:00 休 周日

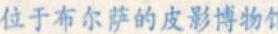

位于布尔萨的皮影博物馆

栩栩如生的皮影人偶

位于埃斯基·艾纳鲁·查尔休中的卡拉戈兹·安缇克

皮影高手希纳西先生

土耳其的皮影戏文化还传播到了希腊，结合希腊的本土文化后现在也成了希腊本国的古老文化。在希腊语中称为卡拉戈伊兹西。

博德鲁姆城

欣赏遗址、大海及阳光明媚的宝地

爱琴海、地中海沿岸

Ege Denizi ve Akdeniz

帕姆卡莱（代尼兹利）的气候信息

月份	1月	2月	3月	4月	5月	6月	7月	8月	9月	10月	11月	12月
平均最高气温（℃）	10.5	11.9	15.8	20.6	26.2	31.3	34.4	34.3	29.9	23.7	17.2	12.1
平均最低气温（℃）	2.1	2.8	5.1	9	13.1	17.3	20	19.6	15.7	11.3	6.9	4
平均降水量（mm）	86.5	77.3	63.4	55.5	41.4	22.7	14.4	8.4	12.8	35.1	57.3	93
推荐旅行服装												

Ege Denizi ve Akdeniz

伊斯坦布尔
安卡拉
恰纳卡莱

达达尼尔海峡旁的要地城镇

恰纳卡莱 *Çanakkale*

市区区号 0286　人口 11 万 1137 人　海拔 5 米

乘坐渡轮前往爱琴海上的小岛

当地名菜

佩尼尔 · 海尔瓦斯
Peynir Helvası

使用牛奶和奶酪制作而成的恰纳卡莱当地名甜品。在港口和市场周边都能找到出售这种美食的专卖店。入口不会感觉齁，甜度适中，十分绵软，比较适合中国人的口味。分为烘烤版本（弗伦兰姆休）和生吃原味（萨德）两种，类似烘烤奶酪蛋糕与生芝士蛋糕的关系。店内橱柜中展示的种类大多是烘烤口味。你可以根据自己的胃口决定购买蛋糕的大小。

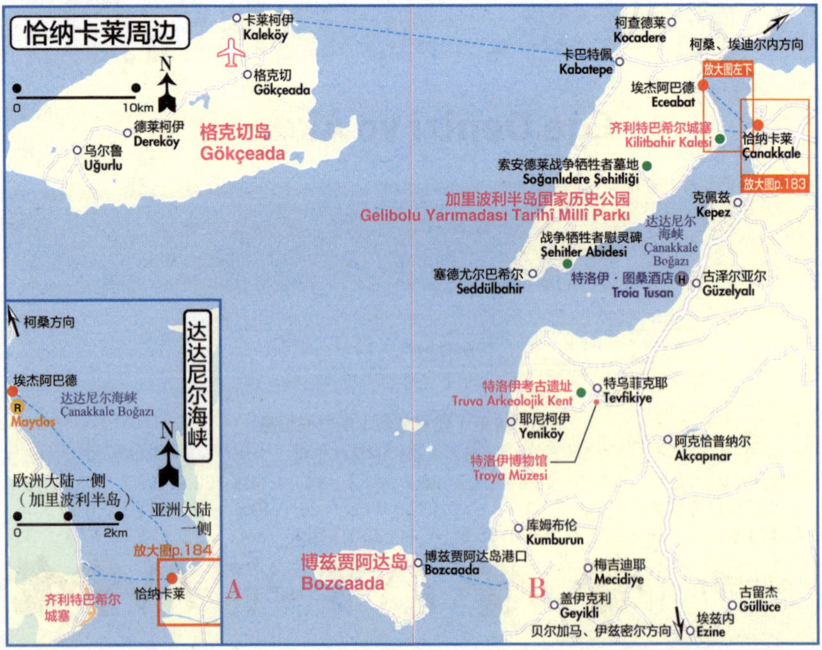

恰纳卡莱坐落在将欧洲与亚洲相隔开来的达达尼尔海峡旁边，由于达达尼尔海峡自古便是军事要地，包括恰纳卡莱在内的多座沿岸城市都留有从前建造的要塞遗迹，很有看点。此外恰纳卡莱也是前往爱琴海诸多小岛、世界遗产特洛伊等众多景区的起始地，因此这里的酒店和餐馆分布也很密集。

恰纳卡莱周边

0　10km

卡莱柯伊 Kaleköy
格克切 Gökçeada
德莱柯伊 Dereköy
乌尔鲁 Uğurlu
格克切岛 Gökçeada
柯查德莱 Kocadere
柯桑、埃迪尔内方向
卡巴特佩 Kabatepe
放大图左下
埃杰阿巴德 Eceabat
齐利特巴希尔城塞 Kilitbahir Kalesi
恰纳卡莱 Çanakkale
索安德莱战争牺牲者墓地 Soğanlıdere Şehitliği
放大图p.183
加里波利半岛国家历史公园 Gelibolu Yarımadası Tarihî Millî Parkı
克佩兹 Kepez
达达尼尔海峡 Çanakkale Boğazı
战争牺牲者慰灵碑 Şehitler Abidesi
塞德尤尔巴希尔 Seddülbahir
特洛伊 · 图桑酒店 Troia Tusan
古泽尔亚尔 Güzelyalı
特洛伊考古遗址 Truva Arkeolojik Kent
特乌菲克耶 Tevfikiye
耶尼柯伊 Yeniköy
阿克恰普纳尔 Akçapınar
特洛伊博物馆 Troya Müzesi
库姆布伦 Kumburun
博兹贾阿达岛港口 Bozcaada
博兹贾阿达岛 Bozcaada
梅吉迪耶 Mecidiye
盖伊克利 Geyikli
古留杰 Güllüce
贝尔加马、伊兹密尔方向
埃兹内 Ezine
A
B

达达尼尔海峡

柯桑方向
埃杰阿巴德
达达尼尔海峡 Çanakkale Boğazı
Maydos
欧洲大陆一侧（加里波利半岛）
亚洲大陆一侧
0　2km
放大图p.184
恰纳卡莱
齐利特巴希尔城塞

从伊斯坦布尔机场地下的巴士站可以搭乘前往泰基尔达 Tekirdağ 的巴士，随后从泰基尔达的巴士总站换乘前往恰纳卡莱的巴士便可以顺利抵达恰纳卡莱。

恰纳卡莱 漫 步

港口前设有旅游咨询处，当地的地标建筑时钟塔便位于旅游咨询处的南面。从这里连接到城塞公园的繁华路段查尔休道 Çarsı Cad. 周边便是当地的购物商业区。从渡轮栈桥沿着大道步行大约 50 米的距离，左手边便会出现两座刻有 1915 年字样的古代大炮，它们都曾经参加过第一次世界大战。

◆从机场 & 交通总站前往市中心地区

机场位于城中心港口东南方向大约 3 公里的位置，从港口搭乘 Ç8 路市区巴士便可以很轻松地抵达，每 15~20 分钟一班，如果你从公交总站出发，即可以搭乘塞尔比斯 Servis 接送巴士，也可以选择 Ç9 路巴士前往市中心。如果你是搭乘伊斯坦布尔或埃迪尔内方向发抵的巴士，通常会经过港口所在地。港口周边的巴士公司设有各自的办事处，购票后便可以直接乘车。

◆市内及周边交通

从恰纳卡莱可以乘船前往加里波利半岛的埃杰阿巴德 Eceabat、齐利特巴希尔 Kilitbahir，齐利特巴希尔分为位于中心地区的港口以及以北 400 米的耶尼 · 里曼 Yeni Liman 港口，不同的渡船可能会抵达不同的港口。此外从特洛伊南部的盖伊克利 Geyikli 港口设有前往博兹贾阿达岛 Bozcaada 的渡轮，而加里波利半岛的卡巴特佩港口则有前往格克切岛的航线。

位于城镇西侧的石板市场路

如果你打算前往特洛伊，可以从萨鲁河 Sarı Çay 畔的合乘巴士停车场搭乘合乘巴士前往。从港口前广场中的合乘巴士站可以实现你从埃杰阿巴德前往卡巴特佩的可能。前往盖伊克利的话可以从巴士总站搭乘盖伊克利大巴 Geyikli Seyahat 公司的中型巴士。

■恰纳卡莱的旅游咨询处 i
Map p.184A
住 İskele Meydanı No.67
TEL & FAX（0286）217 1187
URL canakkale.ktb.gov.tr
开 8:30~17:30
（周六 · 周日 9:30~12:30 13:30~16:00）
休 无

■恰纳卡莱的公交卡

恰纳卡莱有一种可以搭乘市区巴士与合乘巴士的公交卡，2 次券 5.50TL，4 次券 11TL，即使是恰纳卡莱 ~ 埃杰阿巴德区间的渡船也可以使用。如果前往近郊的古泽尔亚尔，单次费用为 3.90TL，购买公交卡的时候需要向工作人员告知你是打算搭乘前往市区（谢希尔 · 依奇）还是古泽尔亚尔。公交卡的工本费为 5TL，市区范围内乘车时每次 2.75TL~。

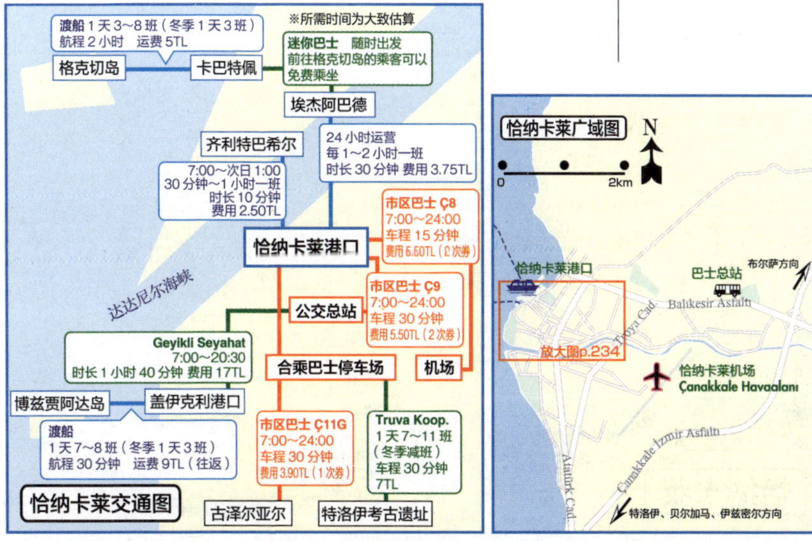

恰纳卡莱特洛瓦大巴的大巴车身除了最经典的特洛伊木马图案外，还有加里波利半岛国家历史公园的碑文以及恰纳卡莱周边的各种景区风景，很有特色。

■海军博物馆

TEL （0286）213 1730

开 9:00~12:00　13:30~17:00

休 周一　费 8.50TL

相机 17TL

■前往加里波利半岛的交通方式

从恰纳卡莱可以乘船前往埃杰阿巴德或齐利特巴希尔（p.183），如果打算参观战场遗迹不妨报名当地的一日游更为便利。

■齐利特巴希尔城塞

Map p.182A

TEL （0286）814 1128

开 夏季 9:00~19:00

冬季 8:00~17:30

休 无

费 15TL

齐利特巴希尔城塞

恰纳卡莱　主要景点

设有古代大炮的公园，是市民的休憩之所

海军博物馆和齐曼利克城塞公园

Map p.184A

Deniz Müzesi ve Çimenlik Kalesi 德尼兹·缪泽希·贝·齐曼利克·卡莱西

齐曼利克城塞公园

海军博物馆展出了第一次世界大战中加里波利之战（1915~1916年）的相关资料，伊斯坦布尔的军事博物馆由土耳其陆军管理，而这座恰纳卡莱的博物馆则隶属于土耳其海军，甚至连博物馆的引导员也都是现役军人。装饰着阿塔图尔克晚年照片的阿塔图尔克房间也值得一看。博物馆所在的齐曼利克城塞公园中，现在依旧放置着第一次世界大战中曾使用过的战争大炮，许多市民都说这个公园黄昏时分的景色十分迷人。

恰纳卡莱

达达尼尔海峡
Çanakkale Boğazı

电影《特洛伊》中所用的特洛伊木马道具

前往埃杰阿巴德的渡轮

前往古泽尔亚尔方向的市区巴士

巴士公司

前往齐利特巴希尔城塞的渡轮

时钟塔 Saat Kulesi

前往巴士总站的市区巴士

埃特兰格斯酒店 Etrangers

安扎克旅店 Anzac House

海伦酒店 Helen

Anafartalar

Akol

省政府 Valilik

市民公园 Halk Bahçesi

杰巴希尔餐馆 Cevahir

Trakonya Balık

埃纳尔餐馆 Aynalı

Beyhan Sofrası

Gülen

Temizay

海军博物馆 Deniz Müzesi

法院

Tarihi Yalı Hamamı

女宾浴场

男宾浴场

共和国广场 Cumhuriyet Meydanı

国家医院 Devlet Hastanesi

18马尔特大学方向 18 Mart Üniversitesi

18马尔特体育馆 18 Mart Stadyumu

齐曼利克城塞公园 Çimenlik Kalesi

市政府 Belediye

市场 Pazar Yeri

Sarı Çay 萨鲁河

欧斯纳布留克公园 Osnabrük Parkı

前往特洛伊的合乘巴士停车场

Troia Tusan方向

Kayserili Ahmet Paşa Cad.

Mehmet Akif Ersoy Cad.

Veli Yasin Cad.

Stadyum Cad. 体育馆道

Mehmetçik Bul. 穆罕默德齐克大道

Cumhuriyet Bul.

Kaya Alp Sok.

İnönü Cad.

Hasan Mevsuf Sok.

Demircioğlu Cad.

Aynalı Çeşme Sok.

Atatürk Cad.

Çarşı Cad.

Yalı Cad.

Fetvane Sok.

Kemal Yeni Sok.

Değirmenlik Sok.

Hamidiye Sok.

Mahkeme Sok.

Hamam Sok.

Talimhane Sok.

Medrese Sok.

I. Büyük Camii Sok.

Dizdar Cad.

Eski Hayra Sok.

Hacıoğlu Cad.

Sakızlı Çeşme Sok.

Serbaşı Sok.

Arap İbrahim Paşa Cad.

Asaf Paşa Cad.

Köprübaşı Cad.

Muhtar Hüsnü Akkoyun Cad.

Bostanlar Sok.

Kaynak Sok.

Site Sok.

Setboyu Cad.

İleri Sok.

Çimarlık Cad.

Miralay Şefik Bey Cad.

Sarıçay Cad.

Plaj Cad.

0　200m

A　B

著名的英国首相丘吉尔，在加里波利之战时期时任海军大臣，这次战争令英国军队损失了2万余名士兵。而丘吉尔作为侵略战争的参与者，至今仍被加里波利半岛的居民所不屑和讽刺。

第一次世界大战的激战地

加里波利半岛国家历史公园

Map p.182B

Gelibolu Yarimadası Tarihî Millî Parki 加里波利 · 亚尔姆阿达斯 · 塔利希 · 米利 · 帕克

位于达达尼尔海峡爱琴海一侧的细长形半岛，这里便是第一次世界大战中由阿塔图尔克率领的奥斯曼王朝军队与英法联军激战的地方。每年3月下旬都会有很多土耳其人来这里扫墓祭奠亡灵。位于半岛西面安扎克湾 Anzac Koyu 的阿鲁布尔努 Arıburnu 作为加里波利之战决战的地点，现在留有一片分布很集中的墓园。

最出名的当数兵卒纪念碑 Mehmetçiğe Saygı Anıtı，在激烈的坑道战中，一名奥斯曼王朝士兵看到了孤身一人的澳大利亚伤兵，虽然是敌对阵营，但是这位奥斯曼士兵不计前嫌仍丢下武器将这名澳大利亚士兵奋勇救出，这尊纪念碑雕像便是源于这个感人的战争故事。

兵卒纪念碑

■格克切岛
卡巴特佩每天都有3~8班（冬季3班）渡轮前往格克切岛

■格克切岛博物馆
住 Fatih Mah. Hamam Sok. No.4，Gökçeada
开 8:30~17:30
休 无
费 5TL

距离希腊最近的土耳其最大的岛屿

格克切岛

Map p.182A

Gökçeada 格克切

面积大约280平方公里，人口数达到8500余人，是土耳其最大岛屿。岛上至今仍保留着许多古代的建筑，观光之余你还可以体验水肺潜水和海水浴等户外项目。有的时候还会遇到海豚等海洋生物，乐趣横生。

卡莱柯伊的游艇码头

虽然现在格克切岛属于土耳其领土，但是不少人仍用希腊语的伊姆罗兹（或伊姆布罗斯）称呼指代，至今岛上仍有不少希腊人生活于此，东正教教堂建筑也屡见不鲜。每年8月的第二周这里都会开展电影节，热闹非凡。岛中心既可以称为岛的本名格克切，也可以称为意为“中心”的土耳其语——梅尔克兹 Merkez。名为卡莱柯伊 Kalekoy 的地区还留有古代城堡和游艇港口，值得一去。近年来，许多古老的希腊人民宅被改建为精致高雅的别致酒店，越来越多的游客都来岛上悠闲地度假，享受美妙的假期。

岛上的东正教教堂

格克切岛的知名果酱

■博兹贾阿达岛
盖伊克利每天有7~8班（冬季1天3班）前往博兹贾阿达岛的渡轮

■博兹贾阿达岛的旅游咨询处 ⓘ
住 Cumhuriyet Mah.，Kordon Boyu Mevkii No.1
开 9:00~17:00
休 10月～次年5月

■博兹贾阿达岛的城堡
开 10:00~20:00 休 无
费 10TL

■博兹贾阿达岛博物馆
住 Cumhuriyet Mah.，Lale Sok. No.7 Bozcaada
开 10:00~19:00
休 无 费 10TL

品尝当地酒坊的香醇葡萄酒

博兹贾阿达岛

Map p.182A

Bozcaada 博兹贾阿达

人口数大约2000人，占地面积约40平方公里的小岛，希腊语名为特奈多斯岛。博兹贾阿达岛作为葡萄酒的名产地，一望无垠的葡萄田野随处可见，威尼斯的气派城堡旁边，还有各式商店和咖啡馆，宛如一座现代化的小镇。小岛上不仅可以体验海水浴的乐趣，傍晚夕阳西下后，在餐馆点几道海鲜佳肴再配一瓶红酒，美食美景，不亦乐乎。

博兹贾阿达岛上的威尼斯要塞城堡

兵卒纪念碑的故事来源，是由在战争结束后晋升为澳大利亚总督的理查德·加文·加德纳·凯西，讲述的他中尉时代看到的这一感人场景，现在这座雕像也是澳大利亚与土耳其两国友好关系的重要象征。

世界遗产
特洛伊考古遗址
Troya Antik Kenti
1998 年

■**前往特洛伊的交通方式**

从恰纳卡莱的合乘巴士停车场搭乘合乘巴士前往特洛伊

（参照→ p.183 左下交通图）

前往特洛伊的合乘巴士

■**特洛伊考古遗址**

Map p.182B

TEL（0286）283 0061

开 夏季 8:30~19:00
冬季 8:30~17:30

休 节假日 费 35TL

■**特洛伊博物馆**

Map p.182B

TEL（0286）283 0061

URL www.troya2018.com

开 夏季 8:30~19:00
冬季 8:30~17:30

休 节假日 费 35TL

2018 年开业，馆内以动画的形式重现了特洛伊的雄伟姿态，从分散在世界各国收集而来的特洛伊出土文物也在此进行展出。

留有多层城市历史遗迹的文化遗产

特洛伊（特洛瓦）

Map p.182B

Truva 特洛瓦

特洛伊木马传说的发生地，也是施里曼发掘古遗迹的原点。

这片地区最早出现部落群居要追溯到公元前 3000 年左右，当时这里作为爱琴海地区的贸易中心，曾一度繁荣至极，随着时代的变迁，这里也曾经历过几次衰落，跌宕起伏的历史足迹使得这里曾出现过 9 代不同时期的城市遗迹。著名的特洛伊之战（公元前 1200 年左右）之后，爱奥尼亚人占领了这片区域，著名的亚历山大大帝和君士坦丁大帝也都曾造访过这里。

对《特洛伊木马》传说深信不疑的德国考古学家施里曼，于 1871~1873 年开始了希沙里克山丘 Hisarlıktepe 的考古发掘工作，现在德国的图宾根大学仍在进行针对特洛伊的考古调查活动。

遗迹前的木马造像，游客可以真实入内体验

特洛伊考古遗址的发掘工作堪称考古史上的里程碑，其自身也登录在世界遗产名录之中

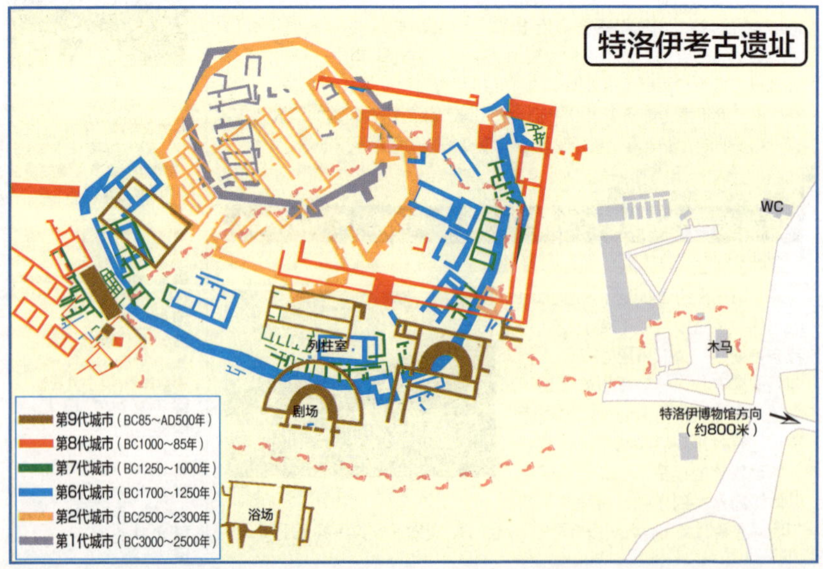

特洛伊国王普里阿姆的宝藏曾被非法运到了德国柏林，第二次世界大战后这个宝藏曾一度下落不明，现在则收藏于莫斯科的普希金博物馆之中。

遗址的游览方式 遗址入口处展示着特洛伊战争中用到的“特洛伊木马”道具仿制品，十分气派。进入遗址后，可以看到几尊高达1.5米巨瓮，在50米左右开外的地方便是公元前3000年到公元前350年期间遗留在此的多层城市遗迹。你在遗迹中可以看到用英语、德语、土耳其语等多国语言书写的解说板，方便多国游客参观游览。

现在包围遗址的古城墙是第6代城市遗留下来的古迹，而在第8代城市长方形的雅典娜神殿周围也能看到第6代城市的塔楼、城门及民居的遗迹。雅典娜神殿后方依次可以看到第1代城市与第2代城市的民宅、城墙和城门。城墙外面则是第9代城市的圣域和剧场遗址。

发掘出“普里阿姆宝藏”的第2代城市遗址被大型天棚妥善保管起来

Information

特洛伊战争及考古学家施里曼

荷马史诗《伊利亚特》与特洛伊之战

公元前800年左右由古希腊人荷马创作的长篇史诗巨作《伊利亚特》共分为24卷，其中便描绘了特洛伊之战这场经典战役。传说特洛伊城的王子帕里斯在阿弗洛狄忒女神的帮助之下夺走了斯巴达国王墨涅拉奥斯的爱妻——绝世美女海伦。恼羞成怒的墨涅拉奥斯找到哥哥阿伽门农，一起组建了强大的希腊军队并开始了针对特洛伊的讨伐之战。没想到这场战斗持续了长达近十年的时间，希腊军队中刀枪不入的统帅阿喀琉斯（出生时就被预言将于特洛伊之战中殒命）与冷静沉着的智者奥德修斯都在这场战争中成为传奇人物。

帕里斯的兄长赫克托尔率领特洛伊军队对阵希腊联军，激战中阿喀琉斯的好友普洛忒西拉奥斯不幸去世，被激怒的阿喀琉斯奋勇杀敌，击杀了赫克托尔却被帕里斯的暗箭射中了自己全身唯一的弱点（即阿喀琉斯之踵，唯一没有浸泡到神水的地方），失去了一大战力的希腊联军士气大落，但在奥德修斯的鼓舞下重新振作起来并一举用毒箭击杀了这场大战的导火索——帕里斯。

但这一战果仍不能使得希腊军队攻破这座坚固的特洛伊城，奥德修斯意识到若要攻城唯有智取，便下令让希腊军队全部撤退，只在特洛伊城前留下了一座巨大的木马雕像。不知所以的特洛伊人出于好奇，将这只木马拉回城内，当晚便召开盛大庆功宴来庆祝特洛伊人取得了这场十年拉锯战的战争胜果。其实希腊军队并没有真正地撤退，而是将部分兵力藏身于这只木马之中，待特洛伊人松懈之时一涌而出，在屠杀特洛伊人的同时里应外合，将躲藏在城外的希腊军队也一并放入城内，最终攻陷了这座久攻不下的特洛伊城。时隔10年，美女海伦也最终回到了斯巴达国王墨涅拉奥斯的怀中，特洛伊之战终于宣告结束。

考古学家施里曼的一生

1822年施里曼出生在德国的一位清贫牧师家里，通过自身的努力施里曼最终摆脱了贫穷的身份而成为一名成功的商人。他一直沉迷于小时候听过的《荷马史诗》中提到的特洛伊之战并坚信不疑。在41岁作为实业家退休之后，自费开始了对于特洛伊考古遗址的发掘工作。其间，虽然经历了旁人的讥讽与嘲笑，但是他仍坚持着自己的信念，直至他发掘出了令考古学界震惊的希沙里克山丘。随后考古现场被推测为特洛伊的第2代城市遗址，举世闻名的“普里阿姆的宝藏”也被施里曼发掘而出。随后德国的众多考古学家接踵而来，在施里曼去世之后，特洛伊的第7代城市遗址也得以问世，并确定了其年代是在特洛伊之战后的新时代。

“读出声音，别急于翻译，每天坚持学习，每天写作，与老师沟通并及时纠正自身的错误，随后开始新的学习”，施里曼以这个理念达成了6周掌握一门外语，最终精通18门外语的伟大成就。他学习外语的劲头在考古事业中也体现得淋漓尽致，最终造就了他在考古界的瞩目地位。如果你对他的生平感兴趣，推荐看看他的自传《对古代的热情》。

施里曼还曾到访过清朝时期的中国，见证了中国的历史车轮。

酒店&餐馆
Hotel & Restaurant

港口周边分散着不少中级及平价旅店，团队出游的酒店大多集中在恰纳卡莱与特洛伊之间的古泽尔亚尔。海岸沿线经常可以看到风格各异的特色餐厅与咖啡馆。

安扎克旅店
Anzac House

经济型 15 间

◆背包客喜爱的热门旅店，共设有 5 间宿舍房型，男女混住模式，旅店并设的哈斯尔 · 弗里 Hassle Free 旅行社每天都组织很受欢迎的特洛伊之旅（每人 32 €）和加里波利半岛之行（每人 40 €）。埃杰阿巴德的餐馆 Maydos 也隶属于这家旅店的管理之下。

共和国大道 Map p.184A

住 Cumhuriyet Meydanı No.59

TEL（0286）213 5969 FAX（0286）217 2906

URL www.anzachouse.com

DOM 10 €

单人 18 € 双人 28 €

US $ € TL 信用卡 M V

全馆免费 EV 无

海伦酒店
Hotel Helen

中级 44 间

◆与比邻的海伦公园酒店都隶属于同一经营者，客房共计 94 间，近年来装饰一新的客房整洁大方。不少房型都配有浴缸，费用却与普通房型没有区别。全部客房都设有迷你酒柜、吹风机等。

共和国大道 Map p.184A

住 Cumhuriyet Bul.No.57

TEL（0286）212 1818 FAX（0286）212 8686

单人 A/C 180TL

双人 A/C 250TL

US $ € JPY TL 信用卡 A M V

全馆免费 EV 无

特洛伊 · 图桑酒店
Troia Tusan Hotel

高级 64 间

◆搭乘前往古泽尔亚尔的Ç11G 路巴士在终点站下车，沿巴士的行进方向继续前行，上坡后便可以抵达这座面向大海的 4 星度假酒店。2018 年，全面装修后酒店的名字也随之更新换代。

古泽尔亚尔 Map p.182B

住 Tusan Cad.No.85/1，Guzelyalı

TEL（0286）232 8747 FAX（0286）217 2018

URL www.troiatusanhotel.com

单人 A/C 60 €

双人 A/C 85 € US $ € JPY TL

信用卡 A M V 全馆免费 EV 无

埃特兰格斯酒店
Hotel des Etrangers

高级 8 间

◆酒店别名亚板杰拉尔酒店，由一栋 18 世纪后期的民宅改建而成，著名的考古学家施里曼也曾在这家酒店停留住宿过。近年来翻修后的客房令房客心旷神怡，古典装潢十分考究。每年 11 月 ~ 次年 3 月期间还有相应的房费折扣。

港口周边 Map p.184A

住 Yalı Cad. No.25

TEL（0286）214 2424 FAX（0286）214 4242

URL hoteldesetrangers.com.tr

单人 A/C 70~100 €

双人 A/C 75~110 €

US $ € TL 信用卡 M V

全馆免费 EV 无

埃纳尔餐馆
Aynalı

酒馆鱼肉菜肴

◆位于以酒吧街闻名的哈亚特 · 巴尔路上的特色酒馆，于 2015 年开业，店里的前菜颇受好评，开业当天市长都特意前来品尝。从餐馆外壁与内饰都可以看到美人鱼的艺术涂鸦。

港口周边 Map p.184A

住 Matbaa Sok.No.4/A

TEL（0286）217 1144

开 17:00~24:00

休 无

US $ € TL 信用卡 M V

杰巴希尔餐馆
Cevahir

土耳其菜肴套餐

◆在恰纳卡莱经常可以看到许多以套餐形式经营艾布 · 耶梅克莱利（土耳其家常菜）的本地餐馆，这家便是其一，店内主色调也以白色为主，每天都会更新当天的特色菜肴，保持食客的新鲜感。

港口周边 Map p.184A

住 Fetvane Sok. No.12/B

TEL（0286）213 1600

URL www.cevahirevyemekleri.com

开 9:00~23:00

休 无

US $ € TL 信用卡 A M V

电影《特洛伊》中用到的大型木马道具目前在恰纳卡莱对公众进行展出，礼品商店出售的特洛伊木马模型也有两种造型可供顾客选择。

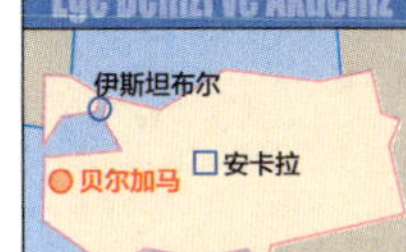

贝尔加马王国的都城遗迹，扇形下沉式剧场令人叹为观止

贝尔加马 *Bergama*

市区区号 0232　人口 6 万 1406 人　海拔 65 米

建在卫城之丘的图拉真神殿

贝尔加马这座城市的历史要追溯到亚历山大大帝去世时期，当大帝驾崩之后，广大的国土被群雄割据，而吕辛马库斯则开启了对于贝尔加马这片区域的统治时代，当他在叙利亚战死后，他的部下菲勒泰洛斯继承了这片土地，自此成了贝尔加马王国的起点。

贝尔加马王国在欧迈尼斯一世的侄子——阿塔罗斯继承王位之后，迎来了繁荣昌盛的阿塔罗斯王朝。这个时期贝尔加马王国与罗马协同联合，共同与叙利亚开战，进而获得了小亚细亚地区的贸易主导资格，带动了经济发展，卫城建筑便是在那个时代修建而成的。在阿塔罗斯三世时期，贝尔加马王国彻底变为罗马的从属省份后，这个地区的繁荣光景其实仍在持续。但是后来入侵至此的阿拉伯军队攻破了这座古城，这里也变成了一座人迹罕至的荒废之城。考古学家虽然在 19 世纪令贝尔加马重见天日，但是雄伟的神殿建筑却被德国悉数夺去，至今仍保留在柏林的贝尔加马博物馆中。

贝尔加马 漫 步

贝尔加马的遗迹分散很广，如果打算前往卫城遗迹推荐搭乘缆车最为便利。

贝尔加马城镇其实不大，以阿塔图尔克大道 Atatürk Bul. 和班卡拉尔道 Bankalar Cad. 为中心，沿途可以看到各式商店和餐馆，旅游咨询处 ❶ 和博物馆也坐落在道路沿线，博物馆内除了展出贝尔加马王国文物以外，还有阿利安诺伊 Allianoi 遗迹的出土品，其中的水精灵雕像堪称杰作。

阿利安诺伊出土的精致水精灵雕像

从城镇出来会遇到一座名为库兹鲁 · 阿乌鲁 Kızıl Avlu（也称为巴西利卡）的建筑遗迹，最初这里是用来祭祀古埃及塞拉匹斯神（奥西里斯与阿匹斯的结合体）的地方，后期被改建为教堂使用。

世界遗产

贝尔加马及其多层次文化景观

Bergama Çok Katmanlı Kültürel Peyzaj Alanı

2014 年

■贝尔加马的旅游咨询处 ❶

Map p.191B2

住 Yeni Hükümet Konağı Zemin Kat

TEL（0232）631 2851

FAX（0232）631 4088

开 8:30~17:30

休 周六 · 周日

■从巴士总站前往市内

Yeni Otogar 位于城镇西南方向大约 7 公里的位置，你可以搭乘贝尔加马的市区巴士前往城中心，费用 8TL，每 20 分钟 1 班。

从伊兹密尔始发的梅特洛 · 贝尔加马公司大巴 Metro Bergama（Güven Seyahat）与安纳托利亚公司大巴 Anadolu（Bergamalılar）都会在途经巴士总站后前往贝尔加马市内的坎塔尔停车场 Kantar Garajı。

如果你搭乘的是伊兹密尔（→ p.195）近郊城铁 İzban，则可以在终点阿利亚加（Aliağa）站下车或换乘 835 路公交，每小时 1~2 班，费用 4.50TL。

■贝尔加马博物馆

Map p.191A2

TEL（0232）631 2884

开 8:00~19:00（冬季 ~17:00）

休 冬季周一

费 6TL

室内不得使用闪光灯

■库兹鲁 · 阿乌鲁

Map p.191B2

TEL（0232）633 1163

开 8:30~19:00

休 无

费 5TL

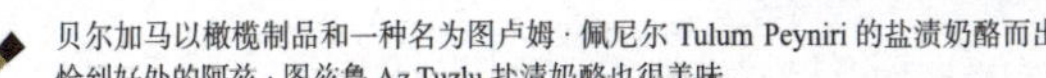
贝尔加马以橄榄制品和一种名为图卢姆 · 佩尼尔 Tulum Peyniri 的盐渍奶酪而出名，此外一种将盐度调配得恰到好处的阿兹 · 图兹鲁 Az Tuzlu 盐渍奶酪也很美味。

■卫城

从旅游咨询处 i 步行大约 20 分钟便可以抵达缆车站，从库兹鲁·阿乌鲁前往这里大约需要 10 分钟。

🚗 打车前往卫城的话，单程一般在 20TL 左右

TEL（0232）631 0778

开 夏季 8:00~19:00
冬季 8:30~17:00

休 无

费 35TL

室内不得使用闪光灯

缆车

开 夏季 8:00~19:00
冬季 8:00~17:00

费 20TL（往返）

直达卫城的便利缆车

广阔的扇形下沉剧场

■药神殿

🚗 从城内打车前往，算上等待时间，单程费用大约在 10TL 左右

TEL（0232）631 2886

开 夏季 8:00~19:00
冬季 8:30~17:00

休 无费用 30TL

室内不得使用闪光灯

※旁边的军事基地禁止照相，请一定多加注意

灵蛇图腾是再生的象征

贝尔加马 主要景点

艺术与学术的中心，希腊文化的核心地

卫城

Map p.241B1

Akropolis 阿克罗珀利斯

图拉真神殿 位于王宫遗迹中的雄伟神殿，是罗马皇帝哈德良为了追忆先帝图拉真而建，由大理石组打造的神殿目前只留下正面 6 根、侧面 9 根哥特式风格的高大支柱。

图拉真神殿

雅典娜神殿 据考古推测，是公元前 4 世纪的古代建筑，虽然现在只留有依稀可见的基座部分，但是被称为希腊艺术最高杰作的濒死的高卢人等出色的雕刻作品仍不容错过。

图书馆 足以和埃及亚历山大图书馆藏书量相抗衡的伟大图书馆，藏书最多曾达到 20 万本。据说埃及为了阻止这里的藏书继续扩大，禁止了纸的出口，为纸发愁的欧迈尼斯二世在此条件下被迫发明了羊皮纸，羊皮纸这个单词 Parchment，便是来源于贝尔加马的古名称 Pergamon。

在亚历山大图书馆不幸焚毁之后，据说马克·安东尼曾将这座图书馆当作礼物赠予了埃及艳后——克利奥帕特拉七世。

剧场 下沉式的倾斜剧场，声音的聚拢效果令人惊叹。当初设计这座剧场时为了不影响景观视野，木质舞台都是在演出时再临时搭建的，扇形剧场以舞台为中心，向整座卫城展开，令传播效果更佳。剧场下部的露台位置，还有一座狄奥尼索斯神殿遗迹。

宙斯大祭坛 19 世纪时期由德国考古队发现的方形祭坛，爱奥尼亚风格的圆柱构成了祭坛上方的凹形柱廊，正中央的大台阶十分气派。曾经描绘天神与巨人交战的浮雕也是希腊艺术的代表作之一，遗憾的是这面浮雕被考古队运回德国，目前保存在柏林的贝尔加马博物馆中。

古代综合医疗中心

药神殿

Map p.241A2

Asklepion 阿斯科莱皮恩

公元前 4 世纪到公元后 4 世纪期间一直被使用的古代综合医疗中心。病人来到这里后先要献祭随后虔诚参拜，在入浴净身后于此住宿。神官根据他们讲述的梦境“对症诊疗”。在神道旁边的广场上可以看到刻有灵蛇雕刻的圆柱遗迹，可以蜕皮的蛇，被古代人认为是脱胎换骨重生的象征，灵蛇图腾出现在这里可谓再贴切不过。

卫城中部集市广场里有一处名为“Z”的古遗迹，至今仍可以看到其中保存完好的马赛克壁画。这片区域是在 1995 年由德国考古学院发掘而出的。

在灵蛇石柱旁边则是存放医学书籍的图书馆，再往前走，位于广场中央的便是清洁病人身体的圣泉，一旁的建筑则是剧场设施。据说古时人们还相信一种音乐疗法，当病人穿过聚拢音乐的特殊隧道后，身体便会得到恢复，类似于一种心理信仰疗法。隧道分为“神界”与“俗世”。

药神殿的隧道

从药神殿出土的胜利女神——尼克之像（贝尔加马博物馆）

药神殿放大图
剧场
神圣之泉
图书馆
神道
灵蛇浮雕石柱
药神殿
古代卫生间
地下隧道
笼堂（诊疗所）

贝尔加马
克斯特尔湖
Kestel Barajı
武器库
卫城
Akropolis
图书馆
图拉真神殿
剧场
雅典娜神殿
入口
宙斯大祭坛
缆车
上部集市广场
浴场
城墙
阿克罗波尔大道
Akropol Cad.
古遗迹“Z”
中部集市广场
东部浴场
德梅特尔神殿
体育馆
西侧浴场
阿塔罗斯之家
下部集市广场
Kozak Cad.
Hera
Les Pergamon
阿拉斯塔集市
Arasta Çarşısı
Adnan Cad.
库兹鲁·阿乌鲁
Kızıl Avlu
萨尔马休克餐馆
Sarmaşık Lokantası
Şen Naoe Ev Tekstil
Bergama Hostel Pension
贝尔加马·索夫拉斯餐馆
Bergama Sofrası
哈吉·海克姆浴场
Hacı Hekim Hamamı
阿尔通·克普切餐馆
Altın Kepçe
班卡拉尔大道
Bankalar Cad.
参照上方放大图
药神殿
Asklepion
共和国广场
Cumhuriyet Meydanı
政厅
Hükümet Konağı
PTT
贝尔加马博物馆
Bergama Müzesi
阿努尔精品酒店
Anıl
Mustafa Yazıcı Cad.
Kayalıhan Cad.
Üç Kemer Cad.
距离阿利安诺伊大约18公里
公园
Tansaş
商场
坎塔尔停车场
格比民宿
Gobi
阿塔图尔克大道
Atatürk Bul.
贝尔加马体育馆
Bergama Stadı
阿德南·曼德莱斯大道
Okul Cad.
Fabrika Cad.
0 400m
距离巴士总站大约6公里
1
2
A
B

2018年6月，伊兹密尔（→p.195）近郊城铁İzban启动了延伸至贝尔加马的加长计划。届时线路将从阿利亚加途经巴士总站后最终进入市区之中。

酒店&餐馆
Hotel & Restaurant

贝尔加马虽然是一座小镇，但是酒店的数量却不少。主干路上的小型旅店或民宿屡见不鲜，虽然数量不少，但是每间酒店的客房数并不是很多。你也可以从伊兹密尔出发，实现当天往返不在此停留的可能。

餐馆大多集中在共和国广场到阿拉斯塔集市的路段之中，需要注意的是，卫城及药神殿等遗迹周边并没有可以吃饭的地方，打算参观的话最好自备一些简餐再动身前往。

格比民宿
Gobi Pension

经济型 11 间

Map p.191A2

◆位于阿塔图尔克大道上一家由家庭经营的民宿，卫生间·沐浴设施为公共使用的单人房 60TL，双人房 100TL，店里有会讲英文的员工，沟通方便。

住 Atatürk Bul. No.18
TEL & FAX (0232) 633 2518
单人 A/C 90TL
双人 A/C 150TL
US $ € TL
信用卡 无 Wi-Fi 全馆免费 EV 无

阿努尔精品酒店
Anıl Butique Hotel

经济型 12 间

Map p.191B2

◆靠近旅游咨询处 i，是城中心屈指可数的中级酒店之一。客房的内饰时尚有品位，配有卫星大屏电视和设有按摩功能的沐浴设施，早餐为自助式的。

住 Hatuniye Cad. No.4
手机 0541 632 6352
URL www.anilhotelbergama.com
单人 A/C 25 €
双人 A/C 40 € US $ € TL
信用卡 A D M V Wi-Fi 全馆免费 EV 有

海拉酒店
Hera Hotel

高级 10 间

Map p.191B1

◆由一家已有 200 余年历史的石质建筑改建而成的酒店，客房中配有古典家具，从露台上可以俯瞰整座城镇的美景。

住 Tabak Köprü Cad. No.38
TEL (0232) 631 0634
URL hotelhera.com 单人 A/C 32 €
双人 A/C 52~65 €
US $ € TL 信用卡 A M V
Wi-Fi 全馆免费 EV 无

贝尔加马·索夫拉斯餐馆
Bergama Sofrası

土耳其菜肴

Map p.191B2

◆主营炖菜，你在这里可以品尝到地道的贝尔加马当地美食，将煎烤过后的茄子与青椒炖煮而成的菜肴——帕图尔詹·丘乌尔特马 Patlıcan Çığırtma（10TL）是这里的人气菜品。

住 Bankalar Cad.No.44
TEL (0232) 631 5131
开 5:00~21:00
休 无
US $ € TL
信用卡 A D J M V

萨尔马休克餐馆
Sarmaşık Lokantası

土耳其菜肴

Map p.191B2

◆阿拉斯塔集市附近的家常菜馆，经营经典土耳其菜肴与当地风味菜式，价格公道，风味炖菜（15TL）美味绝伦。

住 Barbaros Mah., Uzun Çık. No.1
TEL (0252) 632 2745
开 10:00~22:00
休 无 TL
信用卡 M V

阿尔通·克普切餐馆
Altin Kepçe

土耳其菜肴

Map p.191B2

◆经营贝尔加马肉饼（13TL）的特色本地餐馆，每周一、周三、周五都会推出名为德尤恩·卡乌尔马 Düğün Kavurma 的乡土菜肴，早餐时段还有汤品提供。

住 Turabey Mah., Hacıyamak Sok.No.1
TEL (0232) 631 4422
URL altinkepce.com.tr
开 5:00~19:00
休 无 信用卡 M V

现在贝尔加马市内仍有羊皮纸工坊，但是由于工匠老龄化严重，外加没有后继之人，正面临手艺失传的危机。贝尔加马市政府为了手艺的传承已经开始启动了文化保护活动。

拥有 5000 年历史的爱琴海珍珠

伊兹密尔 *İzmir*

市区区号 0232　人口 340 万 1994 人　海拔 2 米

海岸沿线的阿塔图尔克道

爱琴海地区最大的工业贸易城市伊兹密尔，也是土耳其国内的第三大城市。这里作为爱琴海观光的起点之一，吸引着众多游客前来到访。当你沿海岸大道漫步之时，甚至会有身处欧洲城镇的奇妙错觉。

这里的古名叫作士麦那 Smyrna，曾是爱奥尼亚人的殖民地，进入罗马时代后随着基督教文化的不断蔓延，这里作为爱琴海的中心城市而一度繁荣至极。但是天有不测风云，在历经多次地震和外敌入侵后，古代城镇建筑几乎已经荡然无存，新城市也在从前的城镇遗迹上加盖新房，令古城遗迹更加难以追寻。历史中伊兹密尔遭受最大破坏的时间点当数第一次世界大战结束后，这里成了与希腊军队交战的激战场地，当时可谓硝烟弥漫、战火纷飞，相当惨烈。随着历史的车轮继续前进，这座城市又恢复了活力，作为土耳其知名的现代城市而远近闻名。

当地名菜

蚌壳塞饭
Midye Dolması

当你来到土耳其后，经常可以在伊斯坦布尔等众多城市看到蚌壳塞饭这种绝妙搭配的异域美食。这种美味的起源地其实是在伊兹密尔，所以当你来到伊兹密尔后，经常可以在街头，尤其是海岸沿线和步行街中看到许多出售蚌壳塞饭的餐摊。夏季在切什梅（p.198）等地也可以品尝到这种土耳其特色美味。

伊兹密尔 漫步

●**新旧市区的边界线**　伊兹密尔城内拥有现代都市与老城两个迥然不同的面孔，而新旧两城的分界线便是位于巴斯马奈站附近的 9 艾留姆广场 9Eylül Meydanı 到港口之间的伽兹大道 Gazi Bul.。这条大道以北的商业街中坐落着许多高级酒店。

●**年轻人热门地**　从伽兹·奥斯曼·帕夏大道 Gazi Osman Paşa Bul. 的中段向东北方向前行，便可以来到椰树林立的爱之小径 Sevgi Yolu。从这里继续沿着阿尔桑卡克方向前行，便可以来到年轻人聚集的热门区域——库布尔斯·谢希特莱利道 Kıbrıs Şehitleri Cad.。你在道路周边可以找到各式精品时装店与露天咖啡馆。

巴斯马奈站以北的文化公园 Kültür Parkı 中设有游园地、水池和动植物园，入夜之后仍人头攒动，熙熙攘攘。又名柯尔登波尤 Kordonboyu 的阿塔图尔克道 Atatürk Cad. 也是一条很棒的步行街，乐趣横生。

库布尔斯·谢希特莱利道

●**市井的南部城区**　观光与生活的中心位于伽兹大道以南，位于海岸沿线的柯纳克广场 Konak Meydanı。商场、市区巴士总站、博物馆等都可以在广场周围找到，位于广场东侧的集市也是本地人采买物品的重要场所，十分热闹。从巴斯马奈站附近一路延伸到柯纳克广场的阿纳法尔塔拉尔道 Anafartalar Cad.，整体的市井氛围都非常浓厚。

2019 年 10 月起，阿尔桑卡克港与希腊塞萨洛尼基港之间的渡轮航线已经开通，每周 3 班，伊兹密尔 20:00 出航，第二天上午 10:00 便可以抵达塞萨洛尼基。

伊兹密尔广域图
博斯坦鲁 Bostanlı
卡尔休亚卡 Karşıyaka
博尔诺瓦 Bornova
艾乌卡3 Evka 3
艾格大学 Ege Üniv.
阿尔桑卡克 Alsancak
公交总站 Otogar
哈尔卡普纳尔 Halkapınar
伊兹密尔湾 İzmir Körfezi
帕萨珀尔特 Pasaport
希拉尔 Hilal
巴斯马奈 Basmane
MOM酒店
尤丘库尤拉尔停车场 Üçkuyular Garajı
柯纳克 Konak
格兹特佩 Göztepe
尤乔尔 Uçyol
扩大图如右下
法弗莱汀阿尔泰 Fahrettin Altay
切什梅方向
伊兹密尔·艾登高速公路 İzmir Aydın Otoyolu
伊兹密尔环线 İzmir Çevreyol
阿德南·曼德莱斯机场 Adnan Menderes Havalimanı
以弗所、塞尔丘克方向
朱马奥瓦瑟 Cumaovası
伊萨贝·巴艾维 İsabey Bağevi
阿尔桑卡克港方向
阿尔桑卡克码头 Alsancak İskelesi
吉兹布兹餐馆Cızz Bızz
维塔公园酒店
市区巴士
马尼萨鲁·比尔塔特餐馆
库尔奇切依比萨店 Kirçiçeği
缪尼莱咖啡馆 Münire
Kırkpınar Lokantası
Öz Süt
霍贾扎德清真寺站 Hocaade Camii
德尼兹餐馆 Deniz
洛赞努门 Lozan Kapısı
文化公园 Kültür Parkı
共和国广场 Cumhuriyet Meydanı
伊兹密尔中心地区p.195
帕萨博尔特码头 Pasaport İskelesi
文化公园/阿塔图尔克·里瑟希站 Kültür Park/Atatürk Lisesi
Swissotel Grand Efes
帕拉休特塔 Paraşut Kulesi
斯尼湖 Suni Göl
动物园 Hayvanat Bahçesi
巴斯马奈门 Basmane Kapısı
伽兹大道站 Gazi Bulvarı
伽兹大道 Gazi Bul.
9艾留姆广场 9 Eylül Meydanı
蓝色精品酒店 Blue
27马尤斯广场 27 Mayıs Meydanı
詹卡亚站 Çankaya
巴斯马奈站 Basmane Garı
市区巴士
库兹拉拉斯·哈努 Kızlarağası Hanı
柯纳克码头 Konak İskelesi
柯纳克码头站 Kona İskelesi
柯纳克清真寺 Konak Camii
政厅 Valilik
集市
阿格拉古集市 Agora
沙阿特·库勒斯钟塔 Saat Kulesi
柯纳克站 Konak
柯纳克广场 Konak Meydanı
商场
国立剧场 Devlet Tiyatrosu
市区巴士公交总站
妇科医院 Kadın Hastalıklar Hastanesi
考古学博物馆 Arkeoloji Müzesi
民俗学博物馆 Etnografya Müzesi
玩具博物馆 Oyuncak Müzesi
卡迪费卡莱城堡遗址 Kadifekale

现在的文化公园，是在1922年独立战争遭到大火焚毁后在市区重建的新公园。

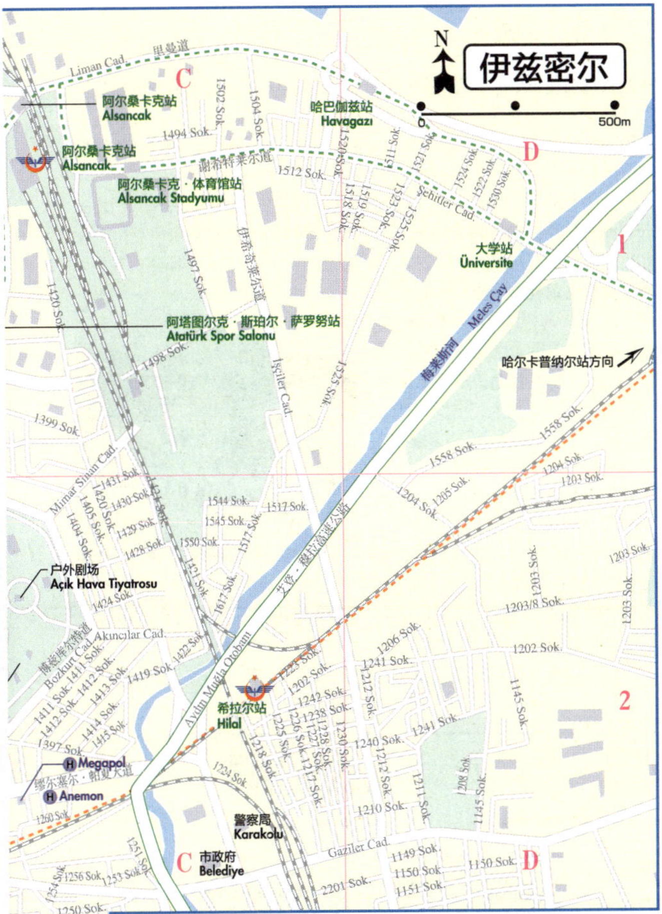

伊兹密尔

■尤丘库尤拉尔停车场 Üçkuyular Garajı

如果你打算前往切什梅，可以从位于伊兹密尔西南方向的尤丘库尤拉尔停车场乘坐巴士。

从市内搭乘电车便可以前往尤丘库尤拉尔停车场，在尤丘库尤拉尔 Üçkuyular 站下车即可。

■前往伊斯坦布尔的高速公路

随着伊斯坦布尔与伊兹密尔之间建成了新的高速道路，往常需要 9 小时的车程已经缩短到了 3.5 小时左右，沿途横跨伊兹密尔湾的联络大桥还有外国企业进行参与设计，可谓名副其实的国际工程。

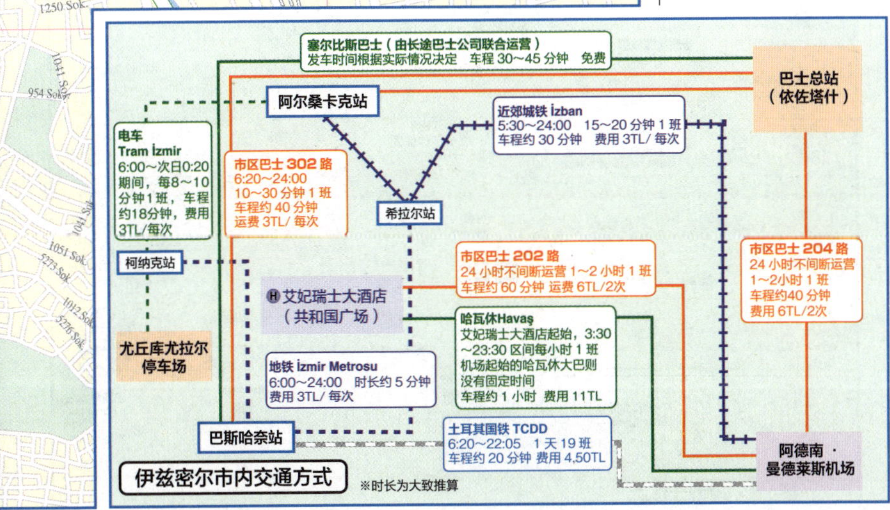

海岸沿线的阿塔图尔克道，在 21 世纪初还是比较细窄的，现在的车道在当时还是尚未开拓的原始海岸线。随着地铁施工的不断开展，政府将挖掘出的沙土循环利用，建造了我们看到的公园以及步行道。

文化公园

沿海的阿塔图尔克道

■货币兑换

银行大多分布在伽兹大道沿路，伽兹·奥斯曼·帕夏大道与伽兹大道的交叉点还有私人汇兑商，人气十足的库布尔斯·谢希特莱利道上也有私人汇兑商和银行设施。

■邮局·电话

PTT 面向共和国广场，24 小时营业，承接包裹邮寄以外的所有业务。在菲乌兹·帕夏大道上也有一家 PTT。

前往城市中心地区的方式

◆从机场前往市中心 阿德南·曼德莱斯机场是一座主要运营欧洲国际航线的机场，航站楼分为国内线和国际线，从机场搭乘哈瓦休 Havas 机场大巴可以前往位于伽兹·奥斯曼·帕夏大道的艾妃瑞士大酒店，此外你也可以搭乘市区 202 路巴士沿类似的线路前往艾妃瑞士大酒店。

此外你也可以搭乘土耳其国铁 TCDD 前往巴斯马奈站，搭乘 İzben 近郊城铁则可以前往阿尔桑卡克站。国铁可以一路驶向塞尔丘克，所以你也可以完全不在伊兹密尔下车，直接从机场坐车坐到以弗所进行观光。

◆从火车站前往市中心 阿尔桑卡克 Alsancak 与巴斯马奈 Basmane 是伊兹密尔的两个主要火车站，前往安卡拉、埃斯基谢希尔等中长途线路都是从阿尔桑卡克出发，前往塞尔丘克、代尼兹利等近郊线路则是从巴斯马奈起始。

巴斯马奈站

◆从巴士总站前往市中心 伊兹密尔的巴士总站位于市区东侧，正式名称叫作伊佐塔什（İZOTAS），但是称呼 Otogar 即可，此外还有一个耶尼停车场的别名。巴士总站由下层的长途线路与上层的近郊线路共 2 个站台所组成，近郊线路也称为伊尔切·特尔米纳利 İlçe Terminali。

你可以搭乘塞尔比斯区间车从巴士总站前往市中心的巴斯马奈站，

伊兹密尔中心地区

由众多巴士公司联运的塞尔比斯大巴搭乘地毗邻巴士总站，此外乘坐市区巴士或打车也可以实现你前往市中心的可能。打车的话费用大约是50TL。

市区交通

市内交通工具不接受现金支付，搭乘时必须携带伊兹密尔公交卡 İzmirim Kart 或次数券。届时你便可以搭乘市区巴士、地铁、城市电车、近郊城铁 İzban、市区渡轮等各种交通工具。

伊兹密尔 主要景点

突然乍现的罗马遗迹

阿格拉古集市

Map p.194B3

Agora 阿戈拉

哥特风格的立柱错落有致地留存下来，很难想象这里从前曾是一个足有3层的大型市场。在地震灾难过后，罗马帝国五贤帝之一的马尔克·奥列里乌斯·安东尼·奥古斯都重建了这座市场，据说当时仅一层区域便有28家店铺之多。从这里发掘出来的雕刻群目前在考古博物馆中进行展出。

忽然出现的古代空间

众多希腊众神雕像都云集于此

考古学博物馆

Map p.194A3

Arkeoloji Müzesi 阿尔凯罗吉·缪泽希

将以弗所、博德鲁姆等地出土的石像收集于此并对公众进行展出。特别是地下一层的兰纳铜像十分写实，精美无比。此外，地下石棺展也不容错过。考古学博物馆旁还有一座民俗学博物馆，你可以在这里了解传统民族服饰和生活用具。

安东尼雕像

伊兹密尔的象征

沙阿特·库勒斯钟塔

Map p.194A3

Saat Kulesi 萨尔塔·库莱希

建于柯纳克广场中心的时钟塔，1901年为了纪念苏丹阿卜杜勒·哈米德二世在位25周年而建造的塔楼。部分钟表设施还是德国皇帝威廉二世的赠品。1919年，正值希腊占领土耳其之时，土耳其人对希腊人反抗的第一炮，便是在这座塔楼附近打响，时钟塔见证了这段重要历史的诞生，因此现在伊兹密尔市民把这座钟塔当作城市地标，十分自豪与热爱。

出售衣物与杂货的巨大市场

阿纳法尔塔拉尔道

Map p.194A3

Anafartalar Caddesi 阿纳法尔塔拉尔·加德希

位于柯纳克广场东侧的阿纳法尔塔拉尔道 Anafartalar Cad. 周边，便

■伊兹密尔的旅游咨询处 i

Map p.196A

住 1344 Sok.No.2 Pasaport
TEL (0232) 483 5117
URL www.izmirkulturturizm.gov.tr
开 8:30~17:30
（冬季 8:00~17:00）
休 周六·周日

位于共和国大道和伽兹大道交叉口的南面，观光资料非常丰富。

伊兹密尔的旅游咨询处 i

■伊兹密尔公交卡

可以搭乘市区巴士、地铁、城市电车、近郊城铁 Izban、渡轮等各种交通工具的一卡通。工本费6TL，可以为卡充值任意金额，在市中心区域乘车90分钟内即使换乘其他工具，也只收取3TL的费用，前往机场的话费用是6TL。规定时间内可以无限次进行换乘。

■次数券

对于短期到访的游客来说十分便利，纸质卡片形式和伊兹密尔公交卡的使用方法一样，但是不能充值。2次券（7TL）、3次券（10TL）、5次券（14TL），可以在卖店购买。市中心区域的移动只耗费1次，前往机场则耗费2次。

URL www.eshot.gov.tr

■阿格拉古集市

从伽兹·奥斯曼·帕夏大道向南走，随后左转便可以看到指示标识。

TEL (0232) 483 4696
开 夏季 8:00~19:00
冬季 8:30~17:00
休 无
费 12TL

■考古学博物馆·民俗学博物馆

TEL (0232) 484 7096
URL www.izmirmuzesi.gov.tr
开 夏季 8:00~19:00
冬季 8:30~17:30
休 周一
费 考古学博物馆：12TL
民俗学博物馆：免费
部分区域禁止拍照
部分区域禁止使用闪光灯

伊兹密尔的地铁贯通城市东西，而搭乘城市电车则更方便你进行南北方向的移动。即从市区西南方向的柯纳克一路沿海岸北上前行，进入伽兹大道后便会前往阿尔桑卡克。

是一处热闹的大型市场，主要出售衣物和杂货，相反食品商店不是很多。皮包、鞋款价格低廉，市场里面还有经营精致贵金属制品的珍宝市场，商铺多达 100 余家，令人十分震撼。

另外，在库兹拉拉斯 · 哈努 Kızlarağası Hanı（Map p.196A）可以看到伊兹密尔仅有的经典奥斯曼王朝古代建筑，当你在这边的市集游览之时，会感受到在伊斯坦布尔大巴扎集市的那股热闹市井气氛。

市民的休憩之所

阿纳法尔塔拉尔道沿路的热闹商街

库兹拉拉斯 · 哈努中琳琅满目的各式礼品店

眺望大海与伊兹密尔城市的景色

卡迪费卡莱城堡遗址 Map p.194B3

Kadifekale 卡迪费卡莱

由亚历山大大帝下令，为防止波斯军入侵而建造的古代城堡，现在遗留下来的城堡遗址是拜占庭时代的建筑遗迹。你可以在城堡遗址公园中俯瞰下方美丽的伊兹密尔市景。

从卡迪费卡莱城堡遗址静静地欣赏伊兹密尔的迷人景色

伊兹密尔 近郊景点

白色民宅错落分布的古代城镇

福恰 Map p.22A2

Foça 福恰

位于伊兹密尔西北方向大约 70 公里的福恰，是一座拥有大约 1.5 万人口的古老小镇。沿岸地区栖息着由于大肆猎捕而正面临濒危灭绝的地中海海豹，如果可以看到的话，真的非常幸运。

石质民宅古朴素雅

乘坐巴士可以抵达埃斯基 · 福恰 Eski Foça（老福恰）以及山丘旁边的耶尼 · 福恰 Yeni Foça（新福恰）。埃斯基 · 福恰过去称为福卡艾亚 Phocaea，是一座早在公元前 6 世纪便建造的城镇。城中心的巴士总站附近是一条向南北延伸的石板小路——阿塔图尔克道。旅游咨询处 ℹ 与餐馆、咖啡馆鳞次栉比地坐落其中，不时可以看到在露天席位悠闲自得的各国游客。从 ℹ 南下，可以来到游艇停泊地附近的宁静沙滩。

■卡迪费卡莱城堡遗址

🚌 从柯纳克广场、考古学博物馆等地搭乘 33 路巴士，在终点前的最后一个 Y 字路口下车，向左侧前行即可

■前往福恰的交通方式

●从伊兹密尔出发

🚌 巴士总站在 6:30~21:15 期间，每 20~30 分钟便有 1 班前往埃斯基 · 福恰的巴士，费用 18TL，车程大约 1 小时 30 分钟，此外这里也有前往耶尼 · 福恰的班次。你也可以从 Izban 近郊城铁哈屯德莱站 Hatundere 乘坐 744 路巴士前往，平均每 20 分钟左右 1 班

■福恰的旅游咨询处 ℹ

住 Atatürk Mah. No.1

TEL & FAX（0232）812 1222

开 8:30~18:30

（周六 · 周日 8:30~17:30）

休 冬季的周六 · 周日

环绕海湾的美丽度假小镇

切什梅 Map p.199

Çeşme 切什梅

堪称坐拥伊兹密尔近郊最美海岸的切什梅，是深受欧洲各国游客追捧的度假小镇。

游览方式 切什梅本身作为一座旅游城镇，主干道两侧开设着各式

卡迪费卡莱城堡遗址周边有很多来自马尔丁（p.359）的移民在此居住，因此这里也得名“小马尔丁”，马尔丁的长途巴士公司办事处也在这里开有办事处。

礼品商店，员工会说英文，可以进行简单的交流。从城中心的主干道下行，便会来到海边，左手边便是码头区域、旅游咨询处❶、海关、船舶公司都可以在这里找到，你可以从这座优美的港口搭船前往意大利的布林迪西 Brindisi 或是英国的希俄斯岛 Chios，十分便利。港口背后是一座建有博物馆的大型城堡，城堡的历史可以追溯到1508年，从这里可以将爱琴海的美景尽收眼底。

切什梅
出租车搭乘地
网咖
长途巴士搭乘地
皮制品专卖店
杂货店
巴士车票售卖地兼酒店介绍所
Ptt
因基拉普道 Inkilap Cad.
礼品商店街
前往乌勒加海滩的合乘巴士
蔬菜市场（周日开放）
阿塔图尔克雕像
城塞（博物馆）
Kervansaray
巴士总站方向
0 600m

近郊的海滩与温泉　在切什梅的近郊可

阿尔丁昆海滩

以找到包括阿尔丁昆 Altinkum、达里昂 Dalyan 等多处景观优美的人气海滩，在著名的乌勒加海滩 Ilica 东北方向，还有一处名为希弗奈 Şifne 的海滩胜地，这两处也都是因温泉地而出名，住宿场所、SPA 水疗设施、泥汤浴池一应俱全，彻底满足你的度假目的。无论海滩还是温泉地，你都可以从港口附近或切什梅城入口处搭乘合乘巴士实现前往的可能。位于切什梅东南部的阿拉恰特 Alaçatı 是19世纪后半叶由希腊人搭建的古老城镇，里面的民宅几乎都被完好地保存下来，随着观光业的不断发展，不少民居被改建成咖啡馆或画廊，现在已经成了与切什梅齐名的人气景点，值得一看。

读者投稿

切什梅的乌勒加海滩 & 阿拉恰特

切什梅附近的乌勒加海滩美丽动人，去了一趟便魂牵梦绕还没离开就想再次前往。深受女性欢迎的阿拉恰特则比想象中更要迷人，尤其是在每年的5~9月，非常值得一去。

风景怡人的乌勒加海滩

古代吕底亚王国的首都

萨第斯遗址

Map p.22B2

Sart 萨尔特

萨第斯是世界上第一个打造货币的王国——吕底亚的首都。在历经波斯、马其顿的统治之后，最终成了罗马帝国的从属州郡。公历纪元后的地震灾害曾一度重创了萨第斯城，但是随后再建，重新恢复了往日的辉煌。我们现在看到的诸多遗迹，也都是那个时期所遗留下来的古代建筑。其中最引人注目的当数古代体育馆遗址了，从这座建筑的气派程度足以让你感受到这里曾经的繁荣光景。从一旁的犹太教会堂遗址则可以

■前往切什梅的交通方式

●从伊兹密尔出发

🚌 从尤丘库尤拉尔停车场出发，7:00~22:30 区间每小时1班

车程：约1小时30分钟

费用：18TL

🚌 从近郊巴士搭乘地出发，7:30~22:00 区间每1小时15分钟1班

车程：约1小时30分钟

费用：18TL

■切什梅的旅游咨询处❶

Map p.199 上

住 İskele Meydanı No.4

TEL & FAX（0232）712 6653

开 8:30~12:00
13:00~17:30

休 冬季的周六·周日

■城塞

Map p.199 上

住 Kale Sok.No.1

开 夏季 7:00~19:00
冬季 7:00~14:00

休 周一　费 8TL

室内不得使用闪光灯

■前往萨第斯遗址的交通方式

🚌 从近郊的巴士站搭乘前往萨利赫利 Salihli 方向的公交，在萨尔特下车，车费20TL。随后向左手边沿东南方向延伸的道路前行，在克南·艾布兰 Kenan Evren 路左转后便可

面向福恰巴士总站的广场中，在每周二都会开集，届时你可以在这里看到出售蔬菜、水果、衣物、杂货的各式摊贩，周边城镇的居民都会来此采买，熙熙攘攘，十分热闹。

以来到体育馆遗址的售票点，全程步行大约 15 分钟

■萨第斯遗址
开 夏季 8:00~19:00
冬季 8:30~18:00
休 无 费 10TL

体育馆遗址则是从克南·艾布兰路沿途的入口进入参观。

犹太教会堂遗址

看出过去这里还曾是犹太人的聚集地。旧时的罗马古道现在已经作为商业街对游客开放，商铺各有特色，例如雅各布漆器店等，单凭店面便可以了解商品内容的店铺屡见不鲜，十分直接。如果你对历史建筑感兴趣，还可以参观这里的教堂、罗马浴场遗迹和阿尔忒弥斯神庙，整座城市的遗迹范围非常广阔，全部看下来大约需要半天的时间。

体育馆遗址

酒店
Hotel

伊兹密尔作为土耳其第三大城市，经常会有国际会议与商务活动在这里举行，因此酒店的费用要比其他城市略高一些。高级酒店大多分布在共和国广场到海边的路段区域，中级酒店则是坐落在从海边到巴斯马奈站的沿途之中。平价旅店主要位于巴斯马奈站周边的 1368 号路及 1296 号路附近，但是那片区域的气氛不是很好，并不十分推荐。主要干道周边的交通流量比较大，可能会相对更吵一些，影响睡眠。

伽尔酒店
Otel Gar 经济型 33 间

◆位于巴斯马奈站前的经济型酒店，距离巴士公司的办事处也很近，出行便利。很多外国游客都会选择在这里住宿，前台员工的英文也很不错，可以进行日常交流。但是酒店的设施确实比较老旧，因此价格也十分划算。

巴斯马奈 Map p.196B
住 9 Eylül Meydanı，Anafartalar Cad. No.787
TEL（0232）425 4645
单人 A/C 60TL
双人 A/C 90TL
US $ € TL 信用卡 M V
全馆免费 EV 无

维塔公园酒店
Vita Park Boutique Hotel & Spa 经济型 12 间

◆位于库布尔斯·谢希特莱利道以东一条街道内的小型酒店，虽然面积不大，但是却配有浴场和桑拿房，设施十分完善。客房风格时尚清新，令人愉悦。

阿尔桑卡克 Map p.194B1
住 1485 Sok. No.10
TEL（0232）422 5523
URL www.vitaparkbutikotel.com
单人 A/C 194TL
双人 A/C 257TL
US $ € TL 信用卡 M V
全馆免费 EV 有

MOM 酒店
Hotel MOM 中级 60 间

◆位于巴士总站内的便利酒店，由于无须再从巴士总站前往伊兹密尔市内，对于将伊兹密尔作为大本营，当天乘车往返贝尔加马或以弗所的游客来说可谓方便至极。客房费用在整个伊兹密尔酒店行业中也算是十分公道的价格。

巴士总站 Map p.194A1
住 Kemal Paşa Cad. No.1/101，Işıkkent，Bornova
TEL（0232）472 1000
FAX（0232）472 3010
URL www.momhotel.com
单人 A/C 427TL~
双人 A/C 491TL~
US $ € TL 信用卡 A M V
全馆免费 EV 有

伽兹·奥斯曼·帕夏大道南面的阿特拉斯酒店（Map p.196B）是伊兹密尔市内最古老的酒店，虽然曾经在 20 世纪末结束了酒店经营业务，并作为文化财产妥善保留下来，在长时间的维护后，2019 年 4 月作为古董酒店再次开门迎客。

蓝色精品酒店
Hotel Blue Butique 中级 24 间

◆位于 9 艾留姆广场附近的精品酒店，客房共分为 3 种形式，其中你可以选择附带按摩浴池与桑拿的高级房间。客房宽敞，住宿舒适，早餐需要额外支付 20TL。

巴斯马奈 Map p.194B2

住 Mürsel Paşa Bul., 1265 Sok.No.13
TEL (0232) 484 2525
FAX (0232) 484 2550
URL www.bluehotelizmir.com
179~209TL
US $ € TL
A M V
全馆免费 EV 有

吉利姆酒店
Otel Kilim 中级 70 间

◆在旅游咨询处 i 附近 Water Front 的海畔酒店，从海景房可以欣赏到爱琴海的美丽风光。所有客房都设有保险箱、迷你酒柜和电视。酒店中并设的海鲜餐厅也值得一尝。

海岸道路 Map p.196A

住 Atatürk Cad.
TEL (0232) 484 5340
URL www.kilimotel.com.tr
185TL
280TL
US $ € TL
M V
全馆免费 EV 有

艾妃瑞士大酒店
Swissotel Grand Efes 最高级 402 间

◆伊兹密尔市内最知名的老牌酒店，也是城市的自豪象征。酒店内并设的 Pürovel 水疗设施中项目多样，室内外泳池与土耳其浴场也是一应俱全，饿了的话不如直接在酒店中的 Shusico 寿司店美餐一顿。

詹卡亚 Map p.196A

住 Gazi Osman Paşa Bul. No.1
TEL (0232) 414 0000
FAX (0232) 414 1010
URL www.swissotel.com/izmir
100~200 €
120~220 €
US $ € TL
A D J M V
全馆免费 EV 有

伊兹密尔希尔顿酒店
Hilton İzmir 最高级 380 间

◆伊兹密尔市内的最高建筑，足有 32 层，从设在 31 层的餐馆可以将周边的景色尽收眼底，好评很高。健身房、桑拿、室内泳池等设施也都很完善。

詹卡亚 Map p.196A

住 Gazi Osman Paşa Bul., No.7
TEL (0232) 497 6060
FAX (0232) 497 6000
URL www.hilton.com
70 € ~
US $ € JPY TL
A D J M V
全馆免费 EV 有

餐馆
Restaurant

阿塔图尔克道路两旁设有多家露天咖啡馆和海鲜餐厅，价格略高。从库布尔斯 · 谢希特莱利道到爱之小径的周边区域，则有不少休闲咖啡馆和简餐厅。

托普丘餐馆
Topçu'nun Yeri 烤肉店

◆至今开业已有 60 年左右，在伊兹密尔可谓无人不知无人不晓的老牌烤串店。不少名人也都特意来此用餐。如果担心热量太大，可以点选轻质烤串 Light Cop Sis（28TL）。

阿尔桑卡克 Map p.196A

住 Vali Kâzım Dirik Cad.No.3/B
TEL (0232) 425 9047
FAX (0232) 484 1470
URL www.topcurestaurant.com
开 24 小时 休 无
US $ € TL M V

伊兹密尔最知名的快餐食品当数洛克玛，这是一种将糖浆浇到多纳圈上制作的甜品，有家庭举办喜事和丧事时，都会用这种美味款待来宾。

马尼萨鲁·比尔塔特餐馆

Manisalı Birtat

风味美食烤肉店

◆主营马尼萨烤肉的特色烤肉店，马尼萨烤肉指的是将伊兹密尔近郊马尼萨地区的羔羊和小牛肉作为食材进行烧烤的土耳其烤肉，添加酸奶的烤肉套餐19.50TL，这里的土耳其烤串味道也很不错，菜品丰富。

阿尔桑卡克 Map p.194B1

住 Kıbrıs Şehitleri Cad.No.82
TEL（0232）421 6864
FAX（0232）464 2857
URL www.manisalibirtat.com
开 9:00~23:00
休 无
US $ € TL　M V

德尼兹餐馆

Deniz Restaurant

鱼肉菜肴

◆位于阿塔图尔克道路上的老牌海鲜餐馆，甚至上过当地的电视节目，章鱼沙拉40TL，炸鱿鱼35TL等海鲜美味令人应接不暇，鱼肉菜肴则根据每天捕捞的新鲜品种随时更换。

詹卡亚 Map p.194B2

住 Atatürk Cad.No.188/B，İzmir Palas Oteli Zemin kat
TEL（0232）464 4499
URL www.denizrestaurant.com.tr
开 11:00~23:00
休 无　US $ €　TL　M V

吉兹布兹餐馆

Cızz Bızz Balık Evi

鱼肉菜肴

◆位于库布尔斯·谢希特莱利道上的小酒馆，价格公道，是当地人的力荐餐馆。香烤鲷鱼25TL，各式三明治价格在9~15TL不等，海鲜菜品的价格也是物美价廉。单瓶啤酒17TL~。

阿尔桑卡克 Map p.194B1

住 Kıbrıs Şehitleri Cad.，No.171/B
TEL（0232）465 0078
开 10:00~23:00
休 周日
TL
M V

库尔奇切依比萨店

Kırçiçeği

比萨店

◆伊兹密尔的知名比萨连锁店总店，比萨的种类多达30余款（10~19TL）！加入土耳其烤肉＆芝士的比萨16TL，独具特色的酸辣汤烤肉你也可以在这里一品滋味。

阿尔桑卡克 Map p.194B1

住 Kıbrıs Şehitleri Cad.1443 Sok.No.83
TEL（0232）464 3090
URL www.kircicegi.com.tr
开 7:00~23:00
休 无
US $ € TL　A D M V

红龙餐馆

Red Dragon

中餐馆

◆位于爱之小径中的中餐馆，至今已有30余年的历史，大厨自己便是咱们中国人。食客主要以旅居生活在伊兹密尔的外国人居多，单人套餐53TL，炒饭22~28TL，麻婆豆腐45TL。

詹卡亚 Map p.196A

住 1379 Sok.No.57/A
TEL（0232）483 0079
URL www.reddragon.com.tr
开 11:00~23:00
休 无
US $ € TL　A M V

缪尼莱咖啡馆

Münire

咖啡馆

◆位于爱之小径旁1483号路尽头的咖啡馆，你在这里可以品尝到土耳其各地的多款碳酸水，7TL。店内的布置十分古典，十分值得一去。

阿尔桑卡克 Map p.194B1

住 1484 Sok.No.4 Konak
0535 259 6846
开 11:00~23:00
休 无
TL　M V

巴斯马奈站周边的酒店斟酌

2019年5月，巴斯马奈站周边经常可以看到来自亚洲或欧洲的难民，一天到晚都十分嘈杂混乱，酒店经常会出现满员的情况，如果你打算在车站周边住宿，请提前进行预约。

伊兹密尔人十分爱吃土耳其卷饼比萨 Lahmacun（p.53），市内也有许多经营卷饼比萨的连锁店，当地人喜爱将番茄、芝麻菜和奶酪作为卷饼馅料。

圣保罗也曾到访布教的古希腊大城市

以弗所 *Efes*

市区区号 0232　人口 2 万 8213 人　海拔 15 米（塞尔丘克）

Ege Denizi ve Akdeniz

伊斯坦布尔

安卡拉

以弗所

从斯考拉斯蒂卡浴场眺望塞尔苏斯图书馆

世界遗产

以弗所遗址
Efes Antik Kenti
2015 年

当地名菜

烤串
Çöp Şiş

塞尔丘克等地十分流行一种同样名为 Çöp Şiş 的土耳其美食，与伊斯坦布尔人将烤串的肉撸下来夹饼食用不同，这边的土耳其人单纯地喜欢烤肉串的滋味，将签子上烤好的肉片直接食用，肉香，品位地道。

前来以弗所参观的每一名游客，都被这里广域的遗址群和能够保存得如此完好所深深折服。古道、图书馆、剧场甚至是卫生间与妓院的古代招牌都被保留了下来，真的令人叹为观止。仰望山丘上的古代住宅，甚至可以想象出当时高官要臣在此居住的惬意光景。以弗所中值得一看的景点可谓数不胜数，周边优质的度假酒店也是选择众多，时间充裕的话真的建议可以在这里多住几天，在深度游览以弗所的同时，将周边普里埃内与米利都古迹也都一同游览观光，不留遗憾。

旅行的起点城镇

前往以弗所参观的起点城镇，既可以是距离以弗所最近的城镇塞尔丘克，也可以是酒店选择众多的知名度假地库萨达斯，保存着众多古老民宅的希林杰同样也是一个不错的选择，另外从伊兹密尔也可以实现当天往返以弗所的可能。

从机场出发

从距离以弗所最近的机场——伊兹密尔的阿德南·曼德莱斯机场出发，可以搭乘前往塞尔丘克的近郊城铁 Izban，在倒数第二个车站特佩柯伊 Tepeköy 进行换乘后抵达塞尔丘克，车程大约需要 1 小时，费用 7.50TL。搭乘土耳其国铁的话中途无须换乘，每天 8 班。如果是从机场

塞尔丘克站前水道桥遗迹旁的喷泉广场

度假酒店林立的观光城市——库萨达斯

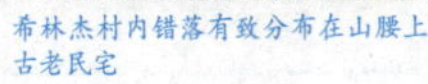

希林杰村内错落有致分布在山腰上的古老民宅

虽然现在以弗所并不与大海接壤，但是古时这里曾是一个繁荣的海港城镇。不过当你走进从城内通向港口的阿尔卡迪安道路上的浴场之中，还是可以一睹旧时的港城风光。

■塞尔丘克的旅游咨询处 ⓘ
Map p.204A2
住 Agora Çarşısı No.3
TEL（0232）892 6328
Mail selcukdanisma@kulturturizm.gov.tr
开 5月~9月中旬
8:30~12:00 13:00~17:30
（周六·周日 9:00~12:00
13:00~17:00）
9月中旬~次年4月
8:00~12:00 13:00~17:00
休 9月中旬~4月周六·周日，斋月首日

Information
巴士总站的行李寄存
塞尔丘克的巴士总站中并未设有名为艾玛奈特的行李寄存站，想暂时存放行李的游客可以前往自己搭乘的巴士公司办事处，拜托那里的工作人员代存一下。

搭乘哈瓦休 Havaş 机场大巴，则可以前往库萨达斯的巴士总站，每2小时1班，车程约1小时30分钟，费用27TL。

起点之城 塞尔丘克 Selçuk

距离以弗所遗迹最近的城镇当数塞尔丘克了，从这里便有直达以弗所的合乘巴士，此外，从城内的火车站也可以前往伊兹密尔和代尼兹利，十分便利。如果你在这里停泊，不妨参观下城里的以弗所考古学博物馆和圣约翰教堂等著名景点，市内有不少年头不短的家庭民宿设施，好评都很不错。

●**巴士总站** 塞尔丘克的巴士总站位于城中心的位置，旁边是一座市场，无论是博物馆还是旅店几乎都是步行可以前往。开往帕姆查克方向前往以弗所遗址入口的合乘巴士、开往库萨达斯和希林杰方向的迷你巴士也都从这座巴士总站发车，从这里你可以很方便地前往周边各地。

巴士总站中设有艾登旅行社 Aydın Turizm，帕姆卡莱旅行社 Pamukkale Turizm，卡米尔·克奇 Kâmil Koç 等几家旅行公司的办事处，其他公司的大巴不会驶入巴士总站，在巴士总站前的阿塔图尔克路将打算下车的乘客放下后便会前往下一个目的地。

塞尔丘克这个单词源自圣约翰教堂所在的阿亚苏克山，将阿亚苏克的发音变形，最终演变为塞尔丘克。

起点之城 库萨达斯 Kuşadası

卡顿拉尔·德尼兹海滩

欧洲游客接踵而至，是爱琴海沿岸首屈一指的度假地。同时这里也是大型客船的经停地，你可以从这里搭乘前往希腊萨摩斯岛的渡轮（→p.417）。

无论是伊兹密尔、塞尔丘克还是博德鲁姆，都可以很方便地前往。优质的海滩不仅是度假佳地，也可以体验多种水上运动。

●巴士总站 库萨达斯的巴士总站位于街区的南面，每天有多班从这里出发前往伊兹密尔的巴士，此外前往塞尔丘克（途经以弗所遗址北侧）与周边交通要地的索克 Söke 的迷你巴士也都从这座巴士总站发抵。

库萨达斯巴士总站前面还有一处写有谢希尔·依奇 Şehir içi（市内之意）的市内迷你巴士循环车站，你可以从这里搭乘 5 路或 6 路迷你巴士前往城内最繁华的伊斯梅特·伊诺纽大道。

■库萨达斯的旅游咨询处 ⓘ
Map p.205A
住 Mahmut Esat Bozkurt Cad. No.7/1-1
TEL & FAX（0256）614 1103
开 夏季
8:30~12:00、13:30~17:30
冬季
8:00~12:00、13:00~17:00
休 11 月 ~ 次年 3 月下旬的周六 · 周日

酒吧林立的热闹夜街巴尔拉尔路 Barlar Sok.

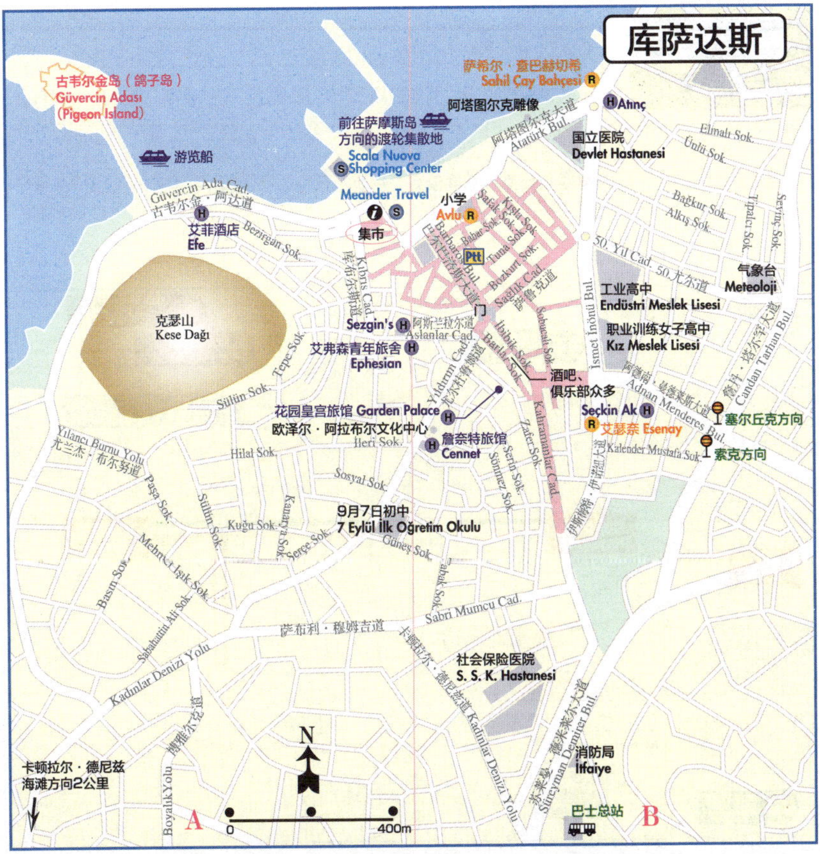

库萨达斯

古韦尔金岛（鸽子岛）Güvercin Adası (Pigeon Island)
萨希尔·查巴赫切希 Sahil Çay Bahçesi
阿塔图尔克雕像
前往萨摩斯岛方向的渡轮集散地
游览船
Scala Nuova Shopping Center
Meander Travel
小学
Avlu
集市
Ptt
国立医院 Devlet Hastanesi
Atınç
艾菲酒店 Efe
克瑟山 Kese Dağı
Sezgin's
艾弗森青年旅舍 Ephesian
工业高中 Endüstri Meslek Lisesi
职业训练女子高中 Kız Meslek Lisesi
气象台 Meteoloji
酒吧、俱乐部众多
花园皇宫旅馆 Garden Palace
欧泽尔·阿拉布尔文化中心
詹奈特旅馆 Cennet
Seçkin Ak
艾瑟奈 Esenay
塞尔丘克方向
索克方向
9月7日初中 7 Eylül İlk Öğretim Okulu
社会保险医院 S. S. K. Hastanesi
消防局 Itfaiye
巴士总站
卡顿拉尔·德尼兹海滩方向2公里
Güvercin Ada Cad. 古韦尔金·阿达道
Atatürk Bul. 阿塔图尔克大道
Kıbrıs Cad. 库普尔斯道
Barbaros Bul. 巴尔巴罗斯大道
Aslanlar Cad. 阿斯兰拉尔道
Yıldırım Cad. 尤尔杜鲁姆道
50. Yıl Cad. 50 尤尔道
İsmet İnönü Bul.
Adnan Menderes Bul. 阿德南·曼德莱斯大道
Candan Tarhan Bul. 詹丹·塔尔汗大道
Kahramanlar Cad.
Sağlık Cad.
Barlar Sok.
Yılancı Burnu Yolu 尤兰杰·布尔努道
Kadınlar Denizi Yolu 卡顿拉尔·德尼兹道
Süleyman Demirel Bul. 苏莱曼·德米莱尔大道
Sabri Mumcu Cad. 萨布利·穆姆古道
Boyalık Yolu 博雅尔克道
A B
N
0 400m

Information

古韦尔金岛

Güvelcin Adası

库萨达斯的古韦尔金岛（鸽子岛）虽然位于海上，但是与库萨达斯设有连接道路，步行便可以前往小岛。你在岛上可以参观建于14世纪的古代城堡，累了的话在岛上的咖啡馆小憩一下也很不错。连接道路上还设有前往其他海域游览的观景船，时间充裕的话不妨搭乘一下。

Map p.205A

开 9:00~20:00

费 免费

从高台俯瞰希林杰的古老民居

起点之村 希林杰 Şirince

从塞尔丘克搭乘迷你巴士大约20分钟便可以抵达希林杰，这里留有众多古老民宅，古镇氛围十分浓郁，当地民居风格的精致酒店与民宿设施十分好找，喜欢乡村风格的客人推荐你来这里转上一转。

过去这里曾是希腊人生活的村子，在1919~1922年希腊与土耳其之间的希土战争结束后，希腊人搬离此地，塞萨洛尼基的土耳其人迁到这里生活，过去村内的女性看到生人都会用布遮面，十分闭塞，现在这里的民风则已经化身为亲切友好的代名词，蕾丝制品、红酒橄榄油、土耳其煎饼 gozleme 等都是这里的热门商品。

周边交通

以弗所周边的交通枢纽巴士总站主要以塞尔丘克、库萨达斯和索克三地为主，其中索克的巴士总站还有前往普里埃内、迪迪姆、米利都等地的迷你巴士和中型巴士。

●**塞尔丘克～帕姆查克** 从塞尔丘克的巴士总站出发的迷你巴士在途经以弗所遗址的北部入口后便会抵达帕姆查克。这种迷你巴士是从塞尔丘克前往以弗所观光时的唯一交通方式，费用3.50TL。

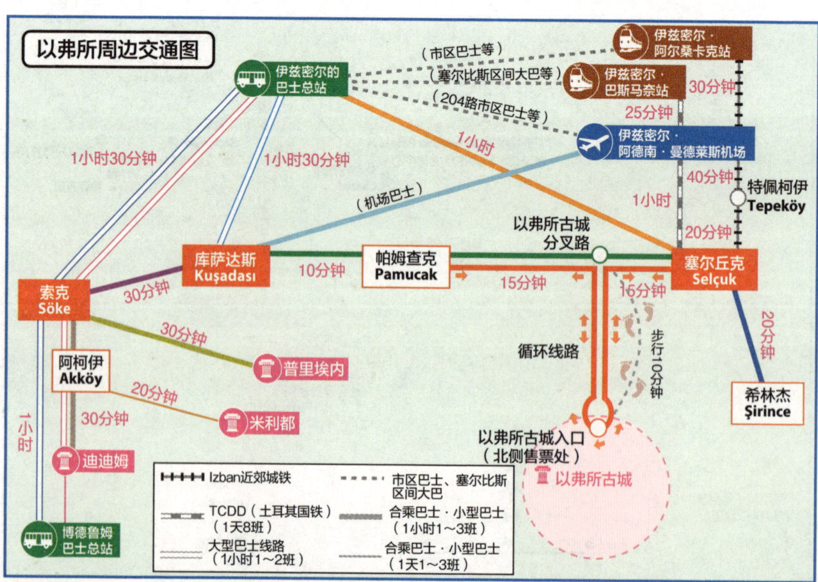

●**塞尔丘克～希林杰** 塞尔丘克～希林杰区间的迷你巴士平均每隔 20 分钟 1 班，冬季末班车的时间会有所提前，请把握好时间实现当天往返的可能。车程约 20 分钟，费用 3.50TL。

●**塞尔丘克～库萨达斯** 从塞尔丘克巴士总站驶出前往库萨达斯的迷你巴士中途会经过以弗所遗址以北 1 公里的公路，届时下车的话向南直走便可以抵达以弗所遗址，没有岔路不用担心会有迷路的可能。

以弗所 漫 步

你可以搭乘塞尔丘克～帕姆查克区间的迷你巴士在古城北侧的站点下车，随后步行前往北入口即可。如果你精力充沛，也可以直接从塞尔丘克步行前往以弗所遗址，大约需要 40 分钟。

以弗所遗址中阴凉地很少，夏天在城内观光时阳光很强，请一定做好防晒和补水等防暑措施。

以弗所 主要景点

世界首屈一指的希腊 · 罗马遗址

以弗所遗址

Map p.209A-B

Efes Örenyeri 以弗所 · 欧兰耶利

以弗所遗址的入口分为北口和南口 2 处，下文将为你以从北口进入参观的顺序介绍遗址中的主要景点。

体育场、竞技场、圣母玛利亚教堂 从塞尔丘克进入古城的北部入口后，左手边便可以看到体育场与竞技场，右手边则是圣母玛利亚教堂。体育场由罗马时期的资本家出资建造，献给当时的罗马皇帝安东尼和阿尔忒弥斯女神。曾经摆放在这里的雕像目前收藏在以弗所考古学博物馆之中。体育场南面的竞技场是一座 30 米 ×230 米的 U 形建筑，由于石料不足，观众席的石椅被用来搭建圣约翰教堂，因此并没有被很好地保存下来。

圣母玛利亚教堂是一座由巴西利卡建筑改建而成的古代教堂。公元 431 年和 449 年这里曾举办过 2 次宗教会议，激烈地探讨了耶稣的神性与圣母玛利亚的圣性，查士丁尼大帝在此后又下令增建了这座教堂建筑，使其更加宏伟，也有了 Double Church 的别名。

阿尔卡迪安路 从北入口进入以弗所遗址后，首先便会来到【照片 A】中的这条大道。将港口与大剧场相连的这条大理石道路，宽 11 米、长 500 米，在古代便已是商店和路灯穿插坐落在道路两侧。

【A】连接着港口与大剧场的阿尔卡迪安道，随着现在海岸线西移，已经无法从大道上直接眺望到远处的大海

大剧场 位于阿尔卡迪安道路前方，坐落在皮恩山山腰上的大剧场【照片 B，下页下方】。作为剧目的上演地和全体市民的集会场所，这里对于当时的民众来说意义重大。这座希腊时代的剧场建筑，在罗马时代期间又进行了扩建，直径 154 米高达 38 米的半圆形观众席足以容纳 2 万 4000 人之多，公元 4 世纪时期，这里还是剑士与猛兽决斗的试练场，原先用于观众席和乐团边界分隔的栏杆扶手，为了安全考虑，全部换为墙壁所隔挡。对面的剧场体院馆则主要用来作为剧目的排练场所。

Information

博物馆一票通

凭借此票可以参观以弗所遗址、露台屋、圣约翰教堂、以弗所考古学博物馆、卫城（贝尔加马）、药神殿（贝尔加马），圣母玛利亚之家不在该票的范围之内。从第一次使用开始 7 天有效，以上适用于一票通的景点都可以进行购买。

URL muze.gov.tr/MuseumPass

费 185TL（7 天有效）

往返塞尔丘克～希林杰区间的合乘巴士

■**前往以弗所遗址（北入口）的交通方式**

🚌 从塞尔丘克的巴士总站搭乘前往帕姆查克的迷你巴士，7:40~20:00 期间每 30 分钟 1 班，费用 3.50TL。

从以弗所返回塞尔丘克的车次在 8:15~20:30 区间，每 30 分钟 1 班。

从库萨达斯乘坐前往塞尔丘克的迷你巴士，在通向以弗所遗址的分岔路口下车，向南步行 10 分钟左右即可抵达。

从以弗所遗址返回库萨达斯时，先从北出口走到分岔路口，随后搭乘塞尔丘克始发前往库萨达斯的迷你巴士，不过经常会遇到满员无法上车的情况，建议可以先返回塞尔丘克的巴士总站再另行前往库萨达斯。

■**以弗所遗址**

开 夏季 8:00~19:00
冬季 8:00~17:30

休 无

费 60TL
露台屋 30TL

带有屋顶的遗址区域不得使用闪光灯

塞尔丘克近郊的缇莱有一种特色美食叫缇莱柯夫特肉饼，将烤制过的肉丸搭配番茄酱和香草一同食用，你在塞尔丘克和希林杰等地都可以找到经营这种美食的风味餐厅。

History

古代广告的解读

在马布尔道上漫步之时，可以看到沿途石板上留下的妓院宣传广告。右侧的女子图像意为“由女性提供服务”，下方的金子代表“客人需要携带金钱”，左上角的心形图案则表达了妓院“全心服务”的态度，但是关于这只醒目的左脚意义却众说纷纭，曾有推测说代表妓院位于左侧，置身于此的你到时候又会有何见解呢？

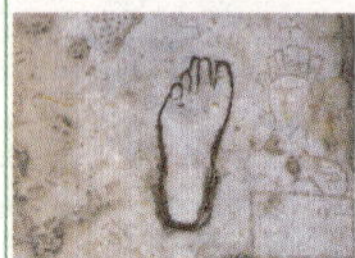

【C】古代妓院的广告，除了上文提到的告知方位的解释外，也有人将其解读为：比这只脚还要小的客人不得入内

马布尔道 从大剧场通向图书馆的大理石道路，同时也是连接阿尔忒弥斯神殿圣路的一部分。虽然经历过几次翻修改造，但是从大剧场前面的石道依旧可以看出罗马时代的风格特色。过去这条道路下方还有水路，刻有妓院图案广告【照片C】的石板也位于这条街上。

【D】马布尔道

塞尔苏斯图书馆 从大剧场出来漫步在马布尔道【照片D】上，右手边便可以看到这座醒目的2层雄伟建筑【照片E】，这座图书馆是罗马帝国亚细亚州的执政官塞尔苏斯去世后，由他的儿子在其父亲墓室上修建的纪念建筑。图书馆后方的木质建筑遭受了火灾与地震等多方面的灾害创伤，20世纪初期刚被发掘之时，损坏程度相当严重，20世纪70年代得以修复。

图书馆正面设有四座女性雕像，分别对应着智慧、命运、学问和美德，内部虽然只有1层，但是藏书数量据说曾达到了1.2万册。

【E】壮丽的塞尔苏斯图书馆

图书馆右侧设有通向市集广场的马泽乌斯门和米特里达特斯门，马泽乌斯和米特里达特斯曾是罗马皇帝奥古斯都的奴隶，为了感谢重获自由之身继而在此修建的两座大门。

克里斯特街 从塞尔苏斯图书馆一路延伸通向赫拉克勒斯之门的道路，在道路左侧可以看到造型各异的古代建筑，右手边则可以观赏到不少出色的马赛克壁画。现在每年守护以弗所圣火的神官们还会在此集会。

露台屋 从图书馆进入克里斯特街后，右手边便会出现一片古代上流阶层的居住区【照片F】，参观的话需要额外付费，建筑中依旧留有不少湿壁画和马赛克画样，你在这里可以看到与剧场、浴场等公共场所气氛迥然不同的市民生活光景。

妓院 位于克里斯特街左手边，面向马布尔道的绝佳位置，最初曾是一座2层附带中庭结构的图拉真大帝时代建筑，现在只剩下下层遗址，但

【F】在露台屋中可以看到色彩艳丽的马赛克镶嵌画与湿壁画

【B】现在也举办音乐会的古代大剧场遗址

2层结构的妓院建筑中，第二层大多是年轻女性进行服务，相比1层来说，2层的费用也更加昂贵，但也有人分析这座建筑并非妓院。

地板上的马赛克壁画还是值得一看。

公共卫生间　在克里斯特街左侧妓院前的建筑后面，便可以找到一座古代卫生间，并没有男女性别之分，保存得很好，给人一种即使是时下也依旧完全可以投入使用的感觉。卫生间中央设有一处水池。

哈德良神殿　从公共卫生间返回克里斯特街后，往前走几步便可以在左手边看到这座神殿，作为一处献给公元2世纪罗马皇帝哈德良的建筑【照片G】，内观虽然素朴简约，但是正面却华丽壮美，门拱中央雕刻着缇克女神，内门则是精美的美杜莎图案。左右的墙壁上刻画着以弗所的起源传说，众神、动物、皇帝狄奥多西等人的图案，不过以弗所遗址中的这片壁画是复刻品，原品在塞尔丘克的以弗所考古学博物馆中对外展出。

【G】留有精美装饰的哈德良神殿

以弗所

N

0　1km

A～N各自对应p.207～210文中插入的【照片A】～【照片N】。

圣约翰教堂
St. Jean (Aziz Yahya) Kilisesi
伊萨贝清真寺
İsabey Camii
Karameşe R
以弗所考古学博物馆
Efes Arkeoloji Müzesi
阿尔忒弥斯神殿遗址
Artemis Tapınağı
从库萨达斯驶来的迷你巴士站点
库萨达斯方向
陶艺商店
放大图p.204
农田道路（未整修）
体育场
竞技场
七圣童教堂
Yedi Uyurlar Nekropolü
前往帕姆查克、塞尔丘克的迷你巴士
圣母玛利亚教堂
北入口售票点
语音导览器租赁处
浴场
剧场体育场
A 阿尔卡迪安道
大剧场 B
马布尔道
古代公共卫生间
下部集市广场
C D 妓院
塞尔苏斯图书馆 E
F 露台屋
G 哈德良神殿 斯考拉斯蒂卡浴场
克里斯特街
H
明米佑之碑
市公会堂
I
L
M 音乐堂
N 瓦利乌斯浴场
Varius Hamamı
图拉真之泉
赫拉克勒斯之门
J
胜利女神尼克浮雕
巴西利卡建筑
上部集市广场
出借语音导览器
售票点
距离圣母玛利亚之家7公里
Meryam Ana Evi
图密善神殿
K 珀里奥之泉
A　B

斯考拉斯蒂卡浴场　位于哈德良神殿前方左手边的位置，最初于1世纪建造完成，经历了公元4世纪的大地震后损毁严重，但是在一位名为斯考拉斯蒂卡的女性努力下，获得了重建，是一座拜占庭风格的3层浴场建筑。在更衣室大堂中可以看到一座遗失头部的斯考拉斯蒂卡座像。

图拉真之泉　斯考拉斯蒂卡浴场前面的三角形牌楼便是图拉真之泉，建于102~104年，是献给罗马皇帝图拉真的喷泉装饰【照片H】，喷泉的基座留存至今，但是整座喷泉的本来面目几乎消失殆尽，只能通过正面的牌楼想象这里过去的辉煌光景。据说过去喷泉池中是一座图拉真皇帝的坐像，水流从图拉真的脚下喷涌而出。目前在以弗所考古学博物馆中展出的酒神狄俄尼索斯、萨丘洛斯、阿弗洛狄忒女神的雕像便是从这里发掘出来的。

【H】图拉真之泉代表性的三角形牌楼

【I】赫拉克勒斯之门

赫拉克勒斯之门　建于克里斯特街上的石门，左右相对，上面雕刻着赫拉克勒斯的浮雕【照片I】。位于明米佑之碑前面的胜利女神尼克浮雕【照片J】，据说起初也要作为大门的浮雕装饰其中。

明米佑之碑　邻近赫拉克勒斯之门，明米佑是将以弗所从蓬托斯夺回的罗马英雄苏拉的孙子，你可以在明米佑之碑上找到称颂苏拉的赞美之词。

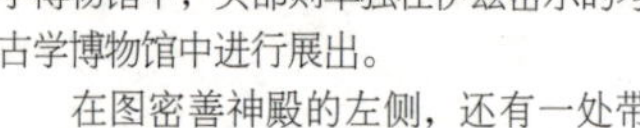

【J】胜利女神尼克浮雕

图密善神殿　明米佑之碑前方有一处类似于广场的场景，其中便坐落着这座2层石柱建筑形式的图密善神殿。原型是为了献给图密善皇帝而建造的50米×100米的精美神殿，但是在皇帝被谋刺之后，这处神殿也遭遇了灭顶之灾，现在我们只能看到依稀可见的神殿基座。神殿中足有7米之高的图密善雕像分为两部分，一部分展出在塞尔丘克的以弗所考古学博物馆中，头部则单独在伊兹密尔的考古学博物馆中进行展出。

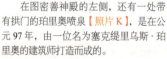

在图密善神殿的左侧，还有一处带有拱门的珀里奥喷泉【照片K】，是在公元97年，由一位名为塞克缇里乌斯·珀里奥的建筑师打造而成的。

【K】珀里奥之泉

【L】曾经圣火燃烧的地方——市公会堂

市公会堂　返回广场右拐后便可以来到这座仅留有多根立柱的市公会堂【照片L】。旧时生生不息的圣火便在这里燃烧，意义重大。

音乐堂　从市公会堂出来途经巴西利卡后便会在左手边看到这座音乐堂【照片M】，这是一座宛如剧场般的带顶建筑，可以容纳1400人，旧时举办全体市民议会的地方位于大剧场，而300人的代表会议与音乐会则在这座音乐堂中举行。

【M】穿着罗马风格服饰的人们在音乐堂集会

上部集市广场　面向音乐堂的一座73米×160米的古代广场，当时的人们在这里集会、开展宗教活动以及进行商品交易。

瓦利乌斯浴场　位于音乐堂东面一座设有连续拱廊造型的古代建筑【照片N】，建于公元2世纪的一处地面供暖的典型罗马浴场。

【N】瓦利乌斯的罗马风格浴场

以弗所作为圣保罗布道的舞台而被世人所知晓，在新约圣经中的使徒行传中也被提及，圣母玛利亚、圣约翰、圣保罗这三位基督教早期举足轻重的重要人物都曾到访过这里，因此成了基督教徒的巡礼圣地。

设有详细的复原图，方便理解

以弗所考古学博物馆 Map p.204A2

Efes Arkeoloji Müzesi 以弗所 · 阿尔凯洛基 · 缪泽希

从以弗所遗址中发掘出来的近 1000 件（总收藏文物数超过 25000 件）精美文物分别根据发掘场所的不同，在住宅、喷泉、墓室区进行展示，文物旁边附有详细的复原解说图，令游客可以更好地理解。阿尔忒弥斯雕像分为 2 座，头部纤细的那座是公元前 1 世纪的产物，另一座则打造于公元 2 世纪时期。以弗所象征之一的蜜蜂与鹿浮雕出现在了阿尔忒弥斯雕像之中，代表了古人对于丰收的寄托。胸前的多个蛋形雕饰有说法称之为女神的乳房，也有人认为这是献给女神的牛睾丸祭品。

丰收的象征——阿尔忒弥斯雕像

■以弗所考古学博物馆
TEL（0232）892 6011
开 夏季 8:00~19:00
冬季 8:00~17:30
休 无
费 15TL
室内不得使用闪光灯

博物馆中的展品

只留下一根支柱的传说神殿遗址，分外凄凉

阿尔忒弥斯神殿遗址 Map p.209B

Artemis Tapnağı 阿尔忒弥斯 · 塔普纳乌

古人将丰收女神基贝莱与阿尔忒弥斯女神视作一人，这座代表丰收女神的阿尔忒弥斯神殿最早建于公元前 11 世纪，历史相当悠久。整座建筑的建造周期足有 120 年之久，最终打造出了这座高约 19 米，直径 1.2 米，共有 127 根圆柱的伟大神殿，位列古代世界的七大不可思议之一。根据历史学家斯塔拉波的记录，这座神殿曾经历了 7 次覆灭但又 7 次重建的七死七生经历，在公元 262 年哥特人覆灭这里之后，6 世纪期间神殿的石料也被运走用来搭建其他建筑，19 世纪从这里发掘出的文物目前保存在大英博物馆之中。

■阿尔忒弥斯神殿遗址
费 免费

仅凭一根立柱真的很难想象出这座神殿当初的本来面貌

伊斯坦布尔的迷你土耳其微缩景观公园（→p.129）中有一座神殿的复原模型

位于阿尔忒弥斯神殿遗址与圣约翰教堂之间

伊萨贝清真寺 Map p.209B

Isabey Camii 伊萨贝 · 迦米

1375 年由大马士革出身的建筑家迪米休克利 · 阿里 Dimişkli Ali 建造的精美清真寺。天花板与地板的间距很大，窗户与门扉上都留有精致的浮雕作品，指向圣地麦加方向的圣龛也是由大理石打造而成，作为塞尔柱王朝到奥斯曼王朝过渡期的建筑作品，拥有很高的评价。

紧邻圣约翰教堂

■伊萨贝清真寺
费 免费

中庭中留有几根古代圆柱

传说阿尔忒弥斯神殿遭遇火灾而被焚毁的那天正巧是亚历山大大帝出生的日子，阿尔忒弥斯女神被亚历山大大帝的出生吸引了注意力才疏忽了对于火灾的防范。

■圣约翰教堂
开 4~10 月 8:00~18:30
11 月～次年 3 月 8:00~17:00
休 无
费 15TL

圣约翰晚年生活的住所

■圣母玛利亚之家
从塞尔丘克打车往返的价格为 120TL~
TEL（0232）894 1012
开 3~10 月 8:00~18:00
11 月～次年 2 月 8:00~17:00
休 无
费 25TL
室内不得使用闪光灯

圣母玛利亚之家中设有一座玛利亚的雕像，来此朝拜的信徒络绎不绝

■前往普里埃内、米利都、迪迪姆的交通方式
你可以将库萨达斯南面的索克作为前往这三处古都遗址的起始点，清晨出发傍晚便可以返回，一天游览 3 处遗址，充分利用时间。不过前往遗址的合乘巴士班数很少，最好还是参加当地的一日游更加靠谱。5~10 月期间每周都有一次库萨达斯起始的遗址观光游，具体详情可以在当地进行咨询。

■前往普里埃内的交通方式
从索克巴士总站的近郊巴士站点搭乘名为古留巴赫切·政府希 Güllübahçe Belediyesi 的巴士，在普里埃内下车即可

欧美游客的观光核心

圣约翰教堂

Map p.204A1

St. Jean（Aziz Yahya）Kilisesi 圣简（阿吉兹·亚赫亚）·基里瑟希

耶稣十二使徒中的一位，与圣母玛利亚一同造访以弗所遗址，并在此终老。6 世纪期间查士丁尼大帝将约翰的住所改建为教堂，14 世纪初期作为清真寺建筑给公众使用。

除了正门以外，还有东西两处旁门，连接中庭的本馆据说在古代还设有 6 个穹顶，现在则只剩下断壁残垣、圆立柱和地板上的马赛克画样，角落中的白色大理石区域便是约翰的墓地之所在。

著名的圣母玛利亚住所

圣母玛利亚之家

Map p.213A

Meryem Ana Evi 梅里艾·阿纳·艾维

圣母玛利亚之家位于距离以弗所遗址大约 7 公里的夜莺山上，圣母玛利亚去世前的所在地此前一直是一个谜，直到 18 世纪末一名叫作安娜·卡特莉娜的修女描绘了她梦境中看到的一座位于以弗所的石造房屋，安娜从没有去过以弗所，但是场景却栩栩如生，她坚信这便是圣母最后的居所，随后世间便开始了针对这间屋子的搜索工作，结果按照安娜的线索真的找到了这座建筑。

保罗六世教皇在 1967 年、约翰·保罗二世教皇在 1979 年、本尼迪克特十六世教皇在 2006 年都相继到访过这个传说之地。据说从圣母玛利亚之家外面台阶上涌出的圣水有治疗疾病的神奇功效。

以弗所 近郊景点

错落有致的古城遗址

普里埃内

Map p.213B

Priene 普里埃内

由爱奥尼亚人建造的古代城市，在历史中的地位举足轻重。这座城市自身也是后世城市建设中最古老的城市设计范例，横穿东西的 6 条横街与纵贯南北的 15 条道路交会相连，拜城市后山的塌陷所赐，整座城市遗址一直深埋于沙土之中而意外完好地保留下来，19 世纪末发掘之时，除了完善的城市街道外，雅典娜神殿、户外剧场以及多处民宅也都为世人展现了其古时候的原始面貌。

普里埃内整齐排列的列柱

从巴士下车后顺着坡道上行便可以很快看到遗址的入口，从入口进来后继续顺着坡道前行，便可以看到上方集市广场中的大地图，顺着这条道路笔直前行便会来到雅典娜神殿，中途左转的话则可以前往宙斯神殿，如果在上方集市广场的指示牌处右转则是通往剧场的道路。雅典娜

神殿曾是小亚细亚地区有代表性的爱奥尼亚风格建筑，现在只有5根列柱留存于世，但是列柱本身也充分体现了爱奥尼亚建筑的风格特征。与残存的雅典娜神殿不同，剧场则被很妥善地保留下来，甚至其中为高个子客人特制的靠肘椅至今仍几乎完好无损。整座古城遗址占地大约2.5公里，全部游览下来大约需要1小时的时间。

为高个子客人量身定做的靠肘椅

■普里埃内遗址
开 夏季 8:00~19:00
冬季 8:30~16:45
休 无 费 6TL

■前往米利都的交通方式
索克每天都有多班巴拉特·比尔利克 Balat Birlik 合乘巴士，但是也有停运的日子，回程在阿柯伊下车后，便可以换乘迪迪姆~索克区间的合乘巴士。

■米利都遗址
TEL (0256) 875 5206
开 夏季 8:00~19:00
冬季 8:30~16:45
休 无
费 12TL 博物馆 12TL
部分区域不得使用闪光灯

哲学家辈出

米利都

Map p.213B

Milet / Miletos 米利都 / 米利托斯

希腊文化中最早的哲学与自然科学发源地便是米利都。过去曾被称为米利托斯，在希腊时代到罗马时代初期，这里曾是这片区域中最繁华的城市。著名的历史学家希罗多德对米利都这座古城也有很高的评价。这里作为爱奥尼亚文化的中心地，孕育了包括“水是万物之源”这句名言的泰勒斯等众多知名的自然哲学者。说来不信，米利都最初是一座海港城市，但随着沙土逐渐将海岸线所填埋，至今和西面的大海已经相距了15公里的距离。

米利都的集市广场

从米利都遗址入口进入后，最大的景点便是正面的雄伟剧场，这座可以容纳2.5万人的大型户外剧场，打造于公元前4世纪，是当时第一座历史性的户外剧场，在公元2世纪图拉真皇帝下令加建之后，才有了现在如此大的规模。过去来到米利都港的人们无一不被这座壮观的大剧场所折服，当时港口就位于剧场的正下方，因此也有了剧场之港的别称。

剧场外的遗址距离剧场不足1.5公里，走路步行即可到达，在过去这座港口剧场东北方向的位置有一对大型狮子雕像，其中一只已经被运到大英博物馆中保存起来。现在狮子雕像所在的区域已经变成了树木丛生的沼地，留有列柱的集市广场以及五贤君之一的马尔克·奥列里乌斯妻子芙斯汀娜建造的芙斯汀娜浴场都可以在这里得以一见。

米利都剧场

从库萨达斯出发的普里埃内、米利都、迪迪姆1日游称为P.M.D旅游，你可以通过城镇中的旅行社或民宿报名参加。

以美杜莎头雕而声名远扬

迪迪姆

Map p.213B

Didim 迪迪姆

■前往迪迪姆的交通方式

🚌 从索克的巴士总站可以搭乘前往迪迪姆和阿尔丁昆的巴士，每20分钟1班，在6:35~20:45区间（冬季~19:00）运营，车费为30TL~。

■迪迪姆遗址

TEL（0256）811 5707

开 夏季 8:00~19:00
冬季 8:30~16:45

休 无

费 15TL

表情严峻的美杜莎浮雕

气派的骏马浮雕

阿尔丁昆的港口

位于米利都与博德鲁姆之间的爱琴海沿岸古代遗址城市，在希腊人殖民之前，公元前6世纪时期，当时米利托斯（米利都）的爱奥尼亚人在此供奉阿波罗神，使其成了与德尔斐齐名的神谕之地。

波斯的大流士一世与亚历山大大帝乃至历代的罗马皇帝都曾到访过这里，从这里连接到北方20公里的米利都区间道路上，过去曾鳞次栉比地排列着众多古代神官坐像。

阿波罗神殿 Apollon Tapnağı

阿波罗神殿

现在我们看到的神殿遗址，是罗马时代哈德良皇帝时期改建而成的，当时这座建筑总长约108.5米、宽50米，里面设有120余根石柱，是典型的希腊风格神庙建筑。当你到访这里时，可以看到3根高20米，直径约有2米的雄伟石柱，足以想象罗马时代的辉煌景象。整座神殿由前庭、小型休息室和主殿构成，位于前庭的椭圆形露台旧时供奉着众多信徒奉上的贡品，据说连墙壁都是用金箔装饰而成的。

从前庭走下台阶便可以来到小型休息室，这里曾是神子为信徒布告神谕的场所，再往下走，则会来到一个被壁柱包围的王室，其中的圣泉遗址不容错过，据说这里的内墙之中，过去还有一座阿波罗雕像。声名远扬的美杜莎浮雕位于入口的基坛之上，神殿周围至今仍留有不少为了当时来此寻求神谕的信徒而设立的住宿设施和浴场遗址，值得细细品味。

阿尔丁昆海岸 Altınkum Plajı

迪迪姆的海岸名为阿尔丁昆（意为黄金沙）海岸，现在已经成了一处优质沙滩，餐馆与商店随处可见，度假氛围十分浓郁。周围的酒店数量也很多，因此你可以将旅行大本营设在这里，悠闲地领略周围遗址的景观。

阳光四射的阿尔丁昆海岸

水母的英文别称叫作美杜莎鱼 Medusa Fish，据说是因为水母的触手很容易让人联想到美杜莎的头发而赋予了这个名字。

酒店
Hotel

塞尔丘克 以巴士总站和火车站为中心，在圣约翰教堂附近及火车站东侧可以找到多家民宿，过去的巴士总站和火车站可谓竞争客源的烽火要地，十分吵闹嘈杂，现在情况已经大有好转，但是不时还会发生抢客的纠纷，还是要多加小心。

库萨达斯 高级酒店大多坐落在远离城中心的海滩沿岸，价格划算的旅店则集中分布在阿斯兰拉尔道 Aslanlar Cad. 周边，库萨达斯的民宿很多都会在冬季停业，请多加注意。

希林杰 以由民居改建而成的精品酒店与民宿为主要住宿设施，并没有宿舍房型的旅店或高级酒店，推荐打算休闲度假的人群在此落宿。

瓦尔达尔家庭旅馆
Vardar Family Hotel Pension 经济型 14 间

◆距离巴士总站很近，外国游客的人气住宿设施，家族经营模式，服务十分亲切，屋顶的视野很好，夏季通常在这里享用早餐。邻近希林杰还有一处附带泳池的同品牌民宿，提供塞尔丘克的接送服务。

塞尔丘克 Map p.204B2
住 Şahabettin Dede Cad. No.9
TEL (0232) 892 4967 FAX (0232) 892 0099
URL www.vardar-pension.com
单人 A/C 50TL
双人 A/C 80TL
US $ € TL 信用卡 A M V
全馆免费 EV 无

瓦拉比兹酒店
Wallabies Hotel Aquaduct 经济型 24 间

◆位于塞尔丘克站的西侧，家庭氛围浓郁令住客非常放松，客房虽然不大但是清洁舒适，面向喷泉广场的 1 层区域是海鲜餐厅，夏天时会在广场中支起餐桌。

塞尔丘克 Map p.204B1
住 Cengiz Topel Cad. No.2
TEL (0232) 892 3204 FAX (0232) 892 9406
URL www.wallabiesaquaduchotel.com
单人 A/C 12 €
双人 A/C 18 €
US $ € TL 信用卡 A M V
全馆免费 EV 有

努尔旅馆
Nur Pension 经济型 9 间

◆位于塞尔丘克站的东侧，蓝色的外观看起来并不是很起眼，老板是土耳其人，他妻子是外国人，客房的装饰根据房间不同而有所差异，床单十分讨喜，房客可以自由使用厨房。

塞尔丘克 Map p.204B1
住 3004 Sok. No.20
TEL (0232) 892 6595 FAX (0232) 892 3025
DOM A/C 35TL
单人 A/C 70TL
双人 A/C 100TL
US $ € TL 信用卡 A M V
全馆免费 EV 无

霍梅罗斯旅馆
Homeros Pension 经济型 12 间

◆最上层的区域是房客在旅馆的共用休闲区，每次洗衣 40TL，客房布置十分复古，旁边的别馆中选用了多种古董家具，比较高端。携带本书前往可以享受 9 折优惠。

塞尔丘克 Map p.204A1
住 1048 Sok. No.3
TEL (0232) 892 3995 FAX (0232) 892 8393
URL www.homerospension.com
单人 A/C 100TL
双人 A/C 150TL
US $ € TL 信用卡 不可
全馆免费 EV 无

亚马逊酒店
Amazon Antique 经济型 7 间

◆坐落在伊萨贝清真寺附近的酒店，虽然距离巴士总站和塞尔丘克站较远，但是居住环境十分静谧，还有为对声音和光线敏感的人布置的特殊客房，提前预约可以享受优惠。

塞尔丘克 Map p.204A1 外
住 1054 Sok. No.6
TEL (0232) 892 3215
单人 A/C 35 €
双人 A/C 49 €
US $ € TL 信用卡 A J M V
全馆免费 EV 无

巴士总站区域会有假扮瓦尔达尔家庭民宿或霍梅罗斯旅馆等人气住宿设施的引导员，结果将你带去其他的酒店，千万要小心在车站和你搭话的陌生人。

布莫朗青年旅舍
Boomerangs Guest House

经济型 9 间

◆从旅游咨询处出发，在考古学博物馆拐弯后便可以看到，宿舍房型共设有 12 张床铺，每间客房都设有迷你酒柜和吹风机，墙壁和地板都用绒毯进行装饰，土耳其风情十分浓郁。老板一家中有中国人，便于交流，并设的餐馆也提供美味中餐。

塞尔丘克　Map p.204A2

住 1047 Sok. No.10　TEL（0232）892 4879
URL www.ephesusboomerangguesthouse.com
DOM A/C 12 €
单人 A/C 30 €
双人 A/C 40 €
双人 A/C 60 €
US $ € TL　信用卡 M V
全馆免费　EV 无

阿亚索鲁克酒店
Ayasoluk Hotel Restaurant

中级 17 间

◆于 2014 年开业的精品酒店，从设有户外泳池的露台可以远眺到伊萨贝清真寺的美景，员工十分友善，甄选当地食材进行烹饪的并设餐厅的餐食也很美味。

塞尔丘克　Map p.204A1

住 1051 Sok. No.12
TEL（0232）892 3334
URL www.ayasolukhotel.com
单人 A/C 70 € ~
双人 A/C 90 € ~
US $ € TL　信用卡 M V
全馆免费　EV 无

艾弗森青年旅舍
Ephesian Guest House

经济型 15 间

◆老板杰汉先生曾在亚洲居住过，很熟悉亚洲文化，客房简洁但是基本设施一应俱全。从屋顶可以眺望到很棒的景色。冬季会有房价折扣，提供伊兹密尔的阿德南·曼德莱斯机场的接送服务。

库萨达斯　Map p.205A · B

住 Aslanlar Cad. No.9
TEL（0256）614 6084
URL ephesianhotel.com
DOM A/C 15 €
单人 A/C 20 €
双人 A/C 30 €
US $ € JPY TL　信用卡 J M V
全馆免费　EV 无

詹奈特旅馆
Cennet Pension

经济型 6 间

◆从城中心沿坡道上行，便可以在左手边看到这家住宿地，进入后给人一种回家的感觉，客房布置简洁，宽敞明亮，店家十分注意卫生的清洁工作。额外支付费用还可以在酒店享用晚餐（需要预约），设有一处视野很好的露台，视野拔群。

库萨达斯　Map p.205B

住 Yıldırım Cad. No.69/A
TEL（0256）614 4893
URL www.cennetpension.com
单人 A/C 28~36 €
双人 A/C 35~45 €
US $ € TL
信用卡 M V
全馆免费　EV 无

花园皇宫旅馆
Garden Palace Pansiyon

经济型 7 间

◆由一座希腊人的民宅改建而成的旅馆，家族经营模式，中庭展出从这座宅邸地下出土的希腊时代油壶和古臼，你还可以在酒店并设的咖啡餐吧享受休闲时光。

库萨达斯　Map p.205B

住 Sarı Sok. No.4
手机 0531 766 8664
单人 A/C 100TL
双人 A/C 140~160TL
TL　信用卡 M V
全馆免费　EV 无

艾菲酒店
Efe Otel

中级 40 间

◆坐落在城中心到古韦尔金岛途中的沿海精品酒店，全部客房都是海景房，夜晚可以欣赏到华灯初上的古韦尔金岛的美景。在豪华套房中，还配有按摩浴缸。

库萨达斯　Map p.205A

住 Güvercinada Cad. No.37
TEL（0256）614 3660
URL www.efeboutiquehotel.com
单人 A/C 280TL~
双人 A/C 340TL~
US $ € TL　信用卡 M V
全馆免费　EV 有

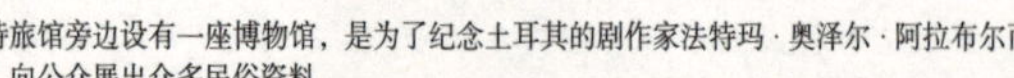

詹奈特旅馆旁边设有一座博物馆，是为了纪念土耳其的剧作家法特玛·奥泽尔·阿拉布尔而建的，内部作为文化中心，向公众展出众多民俗资料。

迪瓦旅馆

Diva Pansyon 经济型 4 间

◆沿巴扎集市入口附近的坡路上行便可以抵达这座由希腊人宅邸改建而成的旅馆设施。由于地势较高，因此可以从露台眺望到更好的景色，老板娘也很友善，给人一种宾至如归的温暖感受。

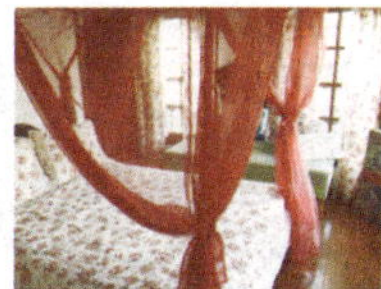

希林杰 Map p.206

住 Şirince Köyü

TEL（0232）898 3274

单人 A/C 150TL~

双人 A/C 250TL~

TL

不可

全馆免费 EV 无

阿尔亚酒店

Alya 中级 7 间

◆希林杰中价格比较公道的一家酒店，房间略微狭小，但是布置十分用心。全部客房配有 TV，早餐（30TL）在可以纵览村子景色的中庭享用，冬季可能会有房价折扣。

希林杰 Map p.206

住 Şirince Köyü

TEL（0232）898 3202

单人 A/C 130TL

双人 A/C 150TL

US $ € TL M V

全馆免费 EV 无

塞拉尼基旅馆

Selanik Pansiyon 中级 4 间

◆老板一家子都是塞萨洛尼基（土耳其语称为塞拉尼基）人，只有 4 间客房，经常是客满的状态，周末入住的话必须提前预约，如果是单人入住，需要和店家提前商量，客房布置既讨喜又舒适。

希林杰 Map p.206

住 Şirince Köyü

TEL（0232）898 3052

URL www.selanikpansiyon.com

单人 A/C 230TL

双人 A/C 300TL

US $ € TL 不可

全馆免费 EV 无

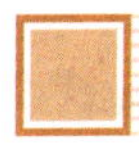

餐馆&商店

Restaurant & Shop

塞尔丘克 塞尔丘克的住宿设施如果提供晚餐，通常需要额外支付相应餐费，当地的家常菜馆大多分布在塞尔丘克站前向西延伸的詹吉兹·托佩尔道和纳姆克·凯马尔道上。塞尔丘克的 Cop Sis 土耳其烤串十分出名，吃货们可以多留意下。

库萨达斯 亲民的家常菜馆主要分布在巴尔巴洛斯大道周边，巴尔拉尔路 Barlar Sok. 上则是迪厅与酒吧的聚集地，码头附近多是经营海鲜美食的高级餐馆，用餐视野令人心旷神怡。

希林杰 除了由古老民宅改建而成的咖啡馆和土耳其煎饼 Gozleme 店外，近年来也开始出现了经营土耳其烤肉的地方风味餐馆。希林杰的名产当数红酒，在村里各个酒厂试饮巡游的同时悠闲散步，确实惬意得很。

托尔伽土耳其烤串店

Tolga Çöp Şiş 烤肉店

◆位于阿塔图尔克道路上的土耳其烤串店，最经典的土耳其烤串套餐（13TL）搭配西红柿、洋葱和辣椒等配菜，烤羊肠三明治（10TL）等简餐也可以在这里选。

塞尔丘克 Map p.204A1

住 Aydin-İzmir Asfaltı Sevinç Pastanesi Karsısı

TEL（0232）892 0924

开 11:00~23:00（冬季 ~21:30）

休 无

US $ € TL 不可

塔特咖啡餐馆

Tat Cafe & Restaurant 土耳其菜肴

◆由哥特人开办的特色餐馆，开业的年头至今已有 20 余年，菜品十分丰富，土耳其比萨、酸辣汤烤肉、土耳其烤肉、海鲜美味以及意大利面等各式菜品价格在 15TL~，物美价廉。店内的当家炖菜价格 30TL。

塞尔丘克 Map p.204B1

住 Cengiz Topel Cad. No.19

TEL（0232）892 1916

开 10:00~23:00（冬季 ~22:00）

休 无

US $ € TL

M V

从库萨达斯当天可以往返一座名为萨摩斯的小岛，传说这座岛屿是宙斯妻子赫拉的出生地，从港口还可以乘车前往登录在世界遗产名录之中的匹特戈里翁村。

鲁梅利餐馆

Rumeli Pide & Döner Salonu 比萨 烤肉店

◆位于餐馆林立的詹吉兹·托佩尔道上，比萨 10TL~，烤肉类餐品 15TL~，价格公道，很有人气。夜间营业时间拉的很晚，不少喝过酒的土耳其人都习惯来这里喝一碗羊肚汤解酒。

塞尔丘克 Map p.204A1

住 Cengiz Topel Cad. No.29

TEL（0232）892 1693

开 14:00~ 次日 9:00

休 无

US $ € TL

M V

艾瑟奈

Esenay Pide ve Kebap Salonu 比萨 烤肉店

◆在当地很有好评的比萨店，各式土耳其比萨 10TL~，土耳其卷饼比萨 Lahmacun 价格为 7TL 左右，奎马尔·尤姆尔塔尔比萨并不是将煎蛋摊在肉馅上的传统做法，而是将肉馅与蛋液混合在一起后制作的特别馅料，各式烤肉 12TL~，味道都很被认可。

库萨达斯 Map p.205B

住 İnönü Bul. No.62/A

TEL（0256）612 3232

开 11:00~ 次日 0:30

休 无

US $ € TL

M V

萨希尔·查巴赫切希

Sahil Çay Bahçesi 咖啡

◆位于前往古韦尔金岛途中海岸边的库萨达斯市营咖啡馆，以自助服务提供饮品，茶水 1TL，土耳其咖啡 2TL，价格真的很划算，而且从咖啡馆可以欣赏到很棒的风景，可谓两全其美。游览途中略感疲惫的话，这里真的是一个很不错的休憩场所。

库萨达斯 Map p.205B

住 Atatürk Bul , Tariş Karşısı

开 9:00~22:00

休 无

TL

M V

欧查克巴休餐馆

Ocakbaşı Restaurant Şirince 烧烤店

◆希林杰的老字号餐馆，位于山腹之中，从露台席位可以将希林杰的村景尽收眼底，除了烤肉和柯夫特肉饼等经典烧烤菜品外，还提供一种名为缇莱柯夫特肉饼的当地美食（参照右图），土耳其煎饼 8~20TL 的早餐也很丰盛。

希林杰 Map p.206

住 Şirince Köyü

TEL（0232）898 3094

URL www.sirinceocakbasi.com

开 9:00~24:00

休 无

US $ € TL

M V

阿尔忒弥斯餐馆

Artemis Restaurant 地方菜肴 咖啡

◆由一所希腊人学校改建而成的餐馆，室内用餐区历史感十足，户外的露天席位也很敞亮。提供埃利休特 Eriste（9TL）和土耳其煎饼等地方菜肴，菜品十分丰富。此外这里还有一个酒廊，喜欢喝水果酒的客人不妨在这里来上一杯。并设的餐馆中还出售相关纪念品。

希林杰 Map p.206

住 Şirince Köyü

TEL（0232）898 3240

FAX（0232）898 3242

开 夏季 7:00~24:00

冬季 8:00~23:00

休 无

US $ € TL

A M V

缪休缇扬咖啡馆

Müştiyan Kahvecisi 咖啡

◆各式土耳其咖啡 7TL~，包括浓缩咖啡以及过滤咖啡在内的美味咖啡都可以在这里品尝，满足咖啡爱好者的各种幻想。

希林杰 Map p.206

住 Şirince Köyü

0554 322 2286

开 10:30~23:30

休 无

TL

M V

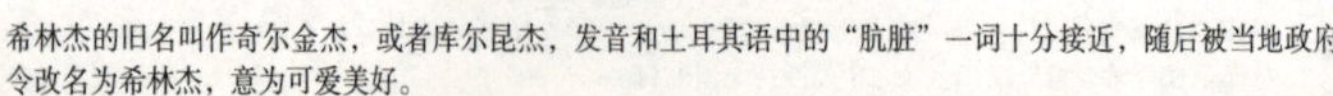

希林杰的旧名叫作奇尔金杰，或者库尔昆杰，发音和土耳其语中的“肮脏”一词十分接近，随后被当地政府下令改名为希林杰，意为可爱美好。

保留十分完好的罗马遗址

阿弗罗狄西亚 *Afrodisias*

市区区号 0256　人口 917 人　海拔 519 米（热尔村）

阿弗罗狄西亚竞技场。感觉稍微修整一下便可以马上投入运营

阿弗罗狄西亚竞技场堪称保存状态良好的世界顶级的古代遗址，从这里发掘出来的多座雕像也都近乎完好，极具历史价值。如果你对古代遗址感兴趣，可以来这里好好参观一下。

阿弗罗狄西亚 主要景点

发掘出多座雕工高超的古代雕像

阿弗罗狄西亚古城

Map p.219 右

Afrodisias Örenyeri 阿弗罗狄西亚·欧兰耶利

竞技场　建于 1~2 世纪时期的罗马古代竞技场，长 262 米，宽 59 米，最多可以容纳 3 万名观众的巨大空间。即使经历了近 2000 年的历史洗礼，台阶式的观众席仍很完好地被保留下来。作为全世界中被保存下来最完好的古代竞技场之一，其规模令现代人也不禁叹为观止。古时这里主要作为竞技场及斗兽场使用。

古墓场
阿弗罗狄西亚
0　500m
N
竞技场
四重门
东北门
阿弗洛狄忒神庙
主教之馆 (Bishop Palace)
停车场
议事堂
集市广场
咖啡馆、礼品店
售票处
西门（安缇奥基亚）
哈德良浴场
阿弗罗狄西亚博物馆
卫城剧场
浴场
教堂
体育馆
东门
古墓场

■前往阿弗罗狄西亚的交通方式

●伊兹密尔、代尼兹利起始

🚌 从伊兹密尔和代尼兹利搭乘火车和巴士前往纳济利 Nazilli 后换乘前往阿塔艾依米尔 Ataeymir 的合乘巴士，卡米尔·克奇大巴公司从伊兹密尔出发前往塔瓦斯 Tavas 的大巴会途经阿弗罗狄西亚古城前的道路，但是时间已经是傍晚的 17:30，对于观光来说并不便利。

虽然没有直达卡拉卡苏 Karacasu 的大巴，但是可以实现当天往返的可能。

●纳济利起始

🚌 前往阿塔艾依米尔的合乘巴士运营区间虽然是 7:15~20:00 期间，但是大多数巴士的终点都是卡拉卡苏 Karacasu，如果是这种情况，你可以从卡拉卡苏的巴士总站换乘前往阿塔艾依米尔的合乘巴士（5TL）即可。

所需时间：约 1 小时

车费 7TL

●代尼兹利起始

🚌 推荐选择帕姆卡莱起始的 1 日游行程，线路分为途经塔瓦西和纳济利的两条线路，但是还是选择代尼兹利—纳济利—卡拉卡苏—阿弗罗狄西亚的线路更为妥当，因为班次更多一些。

■阿弗罗狄西亚古城

开 夏季 8:00~19:00
冬季 8:30~17:30

休 无（博物馆周一休息）

费 20TL　部分区域不得使用闪光灯

主干路沿线设有一处旅游团大巴的停车场，从这里可以搭乘免费的接送车前往古城。

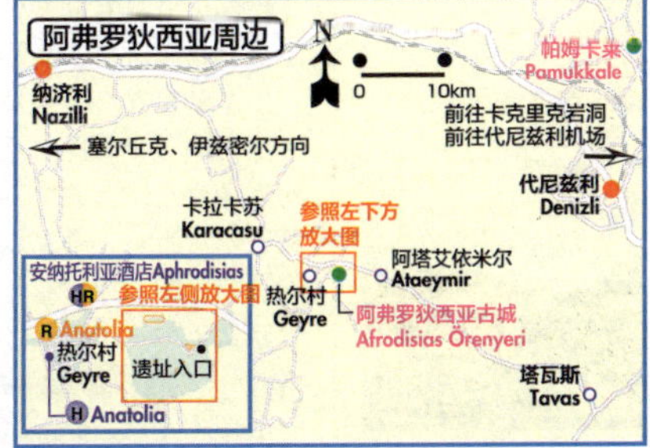

阿弗罗狄西亚古城在未开掘之前，上方坐落着一个名为热尔的村子，1961 年当时生活在这片土地上的村民统一迁移到了现在这座位于古城西面 1 公里的新热尔村中，自此才开始了古城的发掘工作，现在这座世界遗产能够得以重见天日，少不了村民的重大功劳。

四重门

来到竞技场南侧的上方后向下俯瞰，便可以看到右侧遗留下来的圆形石质遗址，这里曾是古时的斗兽场所，左侧宽敞的空间则是野兽的赛跑场。

阿弗洛狄忒神庙 于罗马皇帝奥古斯都时期竣工，在哈德良皇帝时代（117~138年）增设了神殿的院落，至今仍可以看到由爱奥尼亚风格圆柱构建的13米×8米二重列柱堂空间。阿弗洛狄忒神庙在公元5世纪时期还作为教堂使用，至今在教堂的东侧依旧可以看到旧时教堂的后方建筑。1962年高达3米的巨大阿弗洛狄忒雕像从这座神庙遗址中发掘出来，考古学家推测这尊雕像原本便是供奉于内殿之中，证明了当时民众的信仰便是阿弗洛狄忒女神。位于阿弗洛狄忒神庙东侧还有一个四重门（外院入口）遗址，螺旋纹理的圆柱石门曾经作为仪式典礼的重要道具而被使用。

议事堂 建于公元1~2世纪时期，曾经是附带房顶的雄伟建筑，但是在4世纪的一场地震中受到了严重的损害，屋顶结构已经荡然无存。但即使如此，屋顶外的议事堂建筑还是保存得非常不错，柱廊玄关作为经过走廊前往舞台的重要结构而为人津津乐道。

议事堂西侧矗立着蓝色大理石圆柱的建筑便是主教之馆，建于罗马时代末期，曾作为拜占庭时期的主教之馆而被使用。

剧场 位于卫城山丘东山腰上的剧场，建于公元前1世纪，据说可以容纳1万人，规模庞大。2世纪开始作为竞技场所使用，整体的保存状况非常好，包括27列观众席、舞台背后高达5米的围墙等都被完好地保留下来。从剧场眺望远处，视野俱佳。

可以容纳1750人的大规模议事堂

HOTEL & RESTAURANT

古城遗址中设有咖啡馆，停车场中也有出售简餐和零食的商店，想吃顿正餐的朋友可以前往停车场旁边的阿弗罗狄西亚古城餐馆一饱口福。在古城周边依稀可以找到几家酒店，热尔村中有一座安纳托利亚酒店，并设的餐馆距离酒店大约有300米的距离，坐落在主干路旁边。

安纳托利亚酒店
Anatolia Hotel
Map p.219 右
住 Geyre
TEL（0256）448 8138
FAX（0256）448 8361
单人 50€
双人 80€
全馆免费
EV 无

安纳托利亚酒店景致

保存极好的古代雕像不容错过

阿弗罗狄西亚博物馆

Map p.219 左

Afrodisias Müzesi 阿弗罗狄西亚 · 缪泽希

将从阿弗罗狄西亚古城中发掘出来的文物集中展示的博物馆，持续了近半个世纪的考古开采工作至今仍在有条不紊地进行中，其间的出土文物数量惊人，包括保存完好的古雕像和浮雕作品、石棺等众多古文物都十分具有观赏价值。其中最具收藏价值的文物当数从音乐馆和塞巴斯蒂安神殿中发掘出来的宝贵雕像。除了著名的哲学家与诗人立像外，围绕悲剧掌管者——墨尔波墨女神的阿波罗像、拖着亚马逊女战士族女王彭忒西勒亚尸体的阿喀琉斯雕像、古代祭典活动中的重要道具阿弗洛狄忒女神雕像、古墓场出土的叹息女性浮雕等都非常值得一看。

罗马皇后小阿格里皮娜与其儿子——暴君尼禄的复合浮雕（公元59年以前文物）

安纳托利亚酒店旗下的餐馆中饲养着几只鹦鹉，用餐结束后餐馆老板的父亲还会用萨斯琴弹奏一曲，届时鹦鹉也会一同歌唱，十分有趣。

四散于玫瑰山谷中的碧波湖畔

湖泊地区 *Göller Yöresi*

市区区号 0246　人口 19 万 8385 人　海拔 1035 米（伊斯帕尔塔）

湖泊地区周边作为玫瑰的知名产地而远近闻名

代尼兹利、安塔利亚、科尼亚等城镇坐落的山地地区中不乏包括埃里迪尔湖、贝伊谢希尔湖、布尔杜尔湖在内的优质湖畔，可谓有山有水的自然宝地。而溪谷之中除了最知名的玫瑰花田（达玛斯克玫瑰）外，苹果果园和哈密瓜农田也分布其中，穿梭于山间之时，不时还可以看到坐落在高原地区的畜牧村落。在巡游各处遗址的人文观光游之中，这片自然宝地可谓当之无愧的身心休憩之所。女性可以顺道购买当地用玫瑰精油制作的各式化妆品，很有当地特色。

Information

购买玫瑰商品推荐前往伊斯帕尔塔的巴士总站

湖泊地区的特产当数玫瑰制品，目前湖泊地区经营玫瑰商品的公司将近10家，而在巴士总站中都可以找到他们各家的特色商品，可谓一网打尽。在巴士公司的办公处对面还有一列错落有致的玫瑰商品专卖店，不少店铺甚至在清晨和深夜都依旧在营业，即使你只是在伊斯帕尔塔简单换乘，也可以利用中间的空余时间购物一下。

Information

方便的安塔利亚机场

伊斯帕尔塔机场的定期航班虽然已经在2013年重新启用，但是航班数量仍比较稀少，距离湖泊地区第二近的安塔利亚机场（→p.259）航班反而更为频繁，从这里出发前往湖泊地区也是非常便利。从伊斯帕尔塔和埃里迪尔始发的巴士在抵达安塔利亚前会途经安塔利亚机场前的主干公路，从此下车便可轻松前往安塔利亚机场。不过步行的话距离略远，也可以在抵达安塔利亚后从城内的巴士总站换乘机场巴士前往安塔利亚机场。

当地名菜

烤炉烤肉
Fırın Kebabı

伊斯帕尔塔当地的烤炉焖烤羊肉十分出名，虽然是一道传统美食，但是胆固醇的含量却几乎可以忽视，十分健康，非常符合本世纪的餐品理念。在伊斯帕尔塔市中心地区可以找到多家经营这道传统佳肴的特色餐馆。

■伊斯帕尔塔的旅游咨询处 ⓘ
Map p.222
住 Kepeci Mah., 106 Cad., 1217 Sok. No.31
TEL (0246) 232 5771
FAX (0246) 232 6142
URL isparta.ktb.gov.tr
开 夏季
8:00~12:30、13:30~17:30
冬季
8:00~12:00、13:00~17:00
休 周六・周日

伊斯帕尔塔的ⓘ

旅行的起点城镇

湖泊地区核心的3座城市分别是安塔利亚、伊斯帕尔塔以及布尔杜尔，整片湖泊地区的面积不容小觑。观光旅游的核心虽然是面向埃里迪尔湖的埃里迪尔，但是以玫瑰节而声名远扬的伊斯帕尔塔才是这片区域的交通要地。

机场至此的交通方式

距离湖泊地区最近的机场当数伊斯帕尔塔的苏莱曼·德米雷尔机场 Süleyman Demirel Havalimanı。从机场可以搭乘直达伊斯帕尔塔市区巴士总站的机场巴士，费用15TL，车程大约30分钟。需要注意的是，机场也有前往伊斯帕尔塔近郊布尔杜尔 Burdur 的机场大巴，请在上车前确认目的地，不要坐错大巴。

起点之城 伊斯帕尔塔 Isparta

拥有大约20万人口的湖畔地区中心城市，在希腊·罗马时代以及拜占庭时期都是一座十分繁荣的城市。1924年人口交换之前，这里也生活着众多基督教徒。

●**游览方式** 城中心是一片被称为查尔休 Çarşı，意为市场的热闹地区，包括市政府、叫作贝德斯滕的大棚市场、米马尔·希南清真寺、乌鲁清真寺等各式建筑都分布其中，其中不乏还有出售玫瑰商品的精品商店。

●**巴士总站** 只发抵长途大巴的巴士总站位于城市的西北侧，而前往埃里迪尔、阿拉桑、古奈肯特的近郊巴士站则位于城市东南侧的柯伊停车场，从长途巴士总站可以搭乘合乘巴士前往市内查尔休地区或柯伊停车场，费用2.50TL。

目前伊斯帕尔塔市内仍留有2座希腊原住民在人口交换前所使用的东正教堂，分别是建于18世纪的阿亚·帕亚纳教堂和建于19世纪中叶的阿亚·约尔基教堂。

起点之城 埃里迪尔 Eğirdir

位于以清澈著称的埃里迪尔湖旁的湖畔城镇，原先的名称叫作阿克洛特里恩，据说在公元前 500 年时这里便已经产生了集团村落。

●游览方式 埃里迪尔的城中心范围很小，从巴士总站所在的建筑出来向东步行 2~3 分钟，便可以在左手边看到城墙古迹。在设有三面围墙，第四面对外开放的伊万 eyvan 建筑北侧，可以看到一座只拥有一根宣礼塔的独特清真寺建筑——弗兹尔贝清真寺。希望纵览全景的客人可以登上古城墙，届时埃里迪尔的城景便会尽收眼底。

耶希尔岛 Yeşilada 的旧名称为尼斯，在很长的一段历史长河中，这里都是希腊人的常驻地，受土耳其建国影响，希腊人的人口数量急剧下降，现在已经成了游客心中知名的住宿区域。从耶希尔岛出发，途经詹岛 Canada 后便可以抵达埃里迪尔的市中心区域，步行大约需要 20 分钟的时间。

随着崭新的公路投入运营，老港口化身为一座鲜花缭绕的伊斯凯莱公园 İskele Parkı，这里是当地市民的休憩之所，在旁边还可以看到一座名为斯特法诺斯的教堂遗址。

●巴士总站 你在这里可以找到专营伊斯帕尔塔 ~ 埃里迪尔区间的埃里迪尔 · 政府希 Eğirdir Belediyesi 巴士公司以及每天运营多班前往安塔利亚、伊兹密尔、代尼兹利、科尼亚等地的卡米尔 · 克奇 Kâmil Koç 大巴公司。当然，其他巴士公司的车票也可以在巴士总站中购买。

湖泊地区 主要景点

眺望埃里迪尔湖的美丽景色

阿克普纳尔 Map p.221A

Akpınar Köy 阿克普纳尔 · 柯伊

位于埃里迪尔东南方向 7 公里的位置，背靠埃里迪尔湖的一座大山之中，附近的高原地区过去曾是著名的夏季放牧地。你可以从这里设立的观景台眺望埃里迪尔湖的壮美景色，落座于融入大自然的帐篷餐馆之中，一边欣赏美丽的自然风光，一边品尝土耳其煎饼和铁板炖肉等当地风味美食，这里的一切一定会给你留下宝贵的旅行回忆。

品尝当地美味的铁板炖肉

此外你还可以从阿克普纳尔村子继续上行，前往希布利山 Sivri Dağı 的山顶，上行攀登大约需要 2 小时，下山则时间减半，大约需要 1 小时。

■埃里迪尔的旅游咨询处 ⓘ
Map p.223 外
住 İkinci Sahil Yolu No.13
TEL（0246）311 4388
URL isparta.ktb.gov.tr
开 夏季 8:30~18:00
冬季 8:00~17:00
休 无

■埃里迪尔户外中心
Map p.223
住 Atatürk Yolu No.9/A
☎ 0542 241 7213
开 8:00~20:00
休 无

可以分别在 5 月下旬 ~6 月的玫瑰季、6 月的薰衣草季、8~10 月的苹果采摘季进行参观和体验活动。6~8 月夏季期间还可以乘船在湖上进行钓鱼体验。全年都可以从这里租赁自行车，每小时收费 4TL，每天 35TL。

位于埃里迪尔湖上的耶希尔岛

■阿克普纳尔
🚗 从埃里迪尔市中心打车前往，单程费用 30~35TL

■观景台咖啡馆
Akpınarköyü Yörük Çadırı
开 夏季 8:00~22:00
冬季 8:00~18:00
休 无

位于观景台的咖啡馆有着独具特色的帐篷外观

埃里迪尔近郊的达夫拉兹山滑雪场开放时间为 12 月 ~ 次年 3 月，届时你可以体验包括高山速降滑雪、越野滑雪在内的多种滑雪项目，滑雪用具可以直接从滑雪场进行租赁。

■科瓦达湖国家公园

从埃里迪尔城中心打车往返大约需要200TL的费用。沿途都是比较平坦的路段，租一辆自行车悠闲地前往也未尝不可。

■前往亚尔瓦奇的交通方式

即使不经过湖泊地区，也可以乘坐途经阿克谢希尔前往科尼亚的线路抵达亚尔瓦奇。

🚌 伊斯帕尔塔的柯伊停车场在6:45~22:00区间，共有20班途经埃里迪尔的区间巴士，从伊斯帕塔尔前往亚尔瓦奇大约需要3小时，费用17TL。从埃里迪尔前往亚尔瓦奇大约需要2小时30分钟，费用15TL。亚尔瓦奇始发的末班车发车时间为20:00。

从科尼亚出发的客人也可以在阿克谢希尔换乘后前往亚尔瓦奇，用时3小时~3小时30分钟，科尼亚~阿克谢希尔的区间费用为30TL。

■安提欧克西亚古城遗址

TEL (0246) 441 5059

开 夏季 8:00~19:00

冬季 8:00~17:00

休 无

费 6TL（并设的博物馆免费）

博物馆内不可使用闪光灯

湖泊地区首屈一指的优美湖畔

科瓦达湖国家公园

Map p.221A

Kovada Gölü Millî Parkı 科瓦达·格留·米莉·帕尔克

位于埃里迪尔以南大约30公里的科瓦达湖，其生态系统的丰富度远近闻名。海拔较高，即使在夏季也是温度宜人，平均6~7米的湖泊深度更加有利于众多物种的繁衍生息。据统计，这里有多达153种的水鸟以及松鼠等小动物和各式植物在此和谐地栖息生活。初夏和秋季是推荐的观光季节，10月的红叶季真的美不胜收。从埃里迪尔湖到科瓦达湖国家公园的公路十分平坦，用自行车骑行往返也很自在。

国家公园的观景台

以安提欧克西亚古城遗址而声名远扬

亚尔瓦奇

Map p.221B

Yalvaç 亚尔瓦奇

位于埃里迪尔湖畔东北方向的城镇，令这座小镇名气远播的景点便是位于郊外的安提欧克西亚古城遗址。为了区别邻近叙利亚的安塔基亚（旧名也是安提欧克西亚），通常称其为彼西底亚王国的安提欧克西亚古城遗址 Psidia Antıokheıa。同时这里作为《圣经》中提到的圣保罗曾经布教过的城镇，也是众多基督教徒的巡礼之地，安提欧克西亚古城中的古代剧场、竞技场等罗马遗址也很有参观价值。

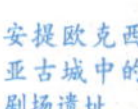

基督教堂遗址中留下的十字架浮雕印记

安提欧克西亚古城中的剧场遗址

Information

湖泊地区的玫瑰

进入6月后，湖泊地区便会忽然生机盎然，原因便是当地迎来了一年一度的玫瑰季。即使是埃里迪尔的近郊区域，也会在清晨进行玫瑰的采摘工作，不少人都会特意前去参观。湖泊地区的玫瑰有一个独特的名字叫达玛斯克玫瑰。保加利亚和北非的玫瑰也很有名，但是这里出产的玫瑰更胜一筹。

将花瓣倒入蒸馏釜之中

萃取玫瑰精水

玫瑰种植中心的伊斯帕尔塔在每年6月的第二周会举行独具特色的玫瑰节，众多知名歌手会参加在市集广场举办的演唱会直至深夜，热闹非凡。清晨则可以在玫瑰庄园参观玫瑰采摘活动。

在玫瑰季时整片湖泊地区都会进行采摘活动，其中尤以伊斯帕尔塔以北35公里的古奈肯特最为出名，5月下半旬到6月期间会有大量游客前来参观。届时在埃里迪尔户外中心（→p.223）中也会组织玫瑰花田的观光活动。

■前往古奈肯特的交通方式

🚌 于伊斯帕尔塔的柯伊停车场发抵

伊斯帕尔塔始发：7:50 12:00 15:00 16:00 17:30

古奈肯特始发：7:00 8:00 9:00 13:00 16:00

（周末会适当减少班次）

位于亚尔瓦奇的彼西底亚酒店是一家由历史老宅改建而成的精致酒店，如果你想在亚尔瓦奇落宿一晚，选择这里再合适不过了。

流动着清澈河水的美丽溪谷

亚兹尔山谷

Map p.221B

Yazılı Kanyon 亚兹尔 · 坎永

坐拥清秀山谷与潺潺涓流的优美自然公园。自古以来这里便是著名的观光胜地，据说圣保罗从佩尔格到彼西底亚王国 · 安提欧克西亚古城途中便曾特意到访此地，因此也吸引了众多基督教徒前来巡礼。整个山谷中的生态环境极佳，野山羊、野兔、山猫、野猪等众多野生动物都栖息生活于此，清晨与傍晚时段或许可以幸运遇到。

溪谷沿线的散步吊桥

古代彼西底亚王国的都城

萨迦拉索斯

Map p.221A

Sagalassos 萨迦拉索斯

古代彼西底亚王国的据点城市——萨迦拉索斯，是与以弗所齐名的土耳其国内最重要的古代遗址。目前的名气虽然不大，但是随着考古发掘、研究以及相关出土文物的整理工作日益推进，其巨大遗址的身份已经渐渐明朗。其中最有名的景点当数水神庙，庙宇中流淌而出的水流直至今日仍未曾间断，其清澈程度完全可以饮用。此外这里的马赛克壁画和古剧场遗址也都值得一看，仔细游览的话大约需要半天的时间。

保存状态很好的水神庙 nymphaeum

雕刻于石棺上的精美浮雕

■前往亚兹尔山谷的交通方式

没有直达巴士，通常都是从埃里迪尔参团前往。与科瓦达湖国家公园组合的1日游行程最为常见，如果你对自己的体力有信心，可以从埃里迪尔骑车前往，距离65公里，单程大约需要3小时。

📱 0535 046 7261

开 8:00~20:00

费 13TL

■前往萨迦拉索斯的交通方式

你可以从伊萨帕尔特出发前往，也可以将布尔杜尔或安塔利亚作为起点前往萨迦拉索斯，终点阿拉桑Ağlasun距离遗址大约还有7公里的距离，随后换乘前往遗址的巴士每周只有3班，但是不用担心，你可以额外追加40TL的费用，大巴车便会将你送往遗址门口。

●伊斯帕尔塔起始

🚌 从柯伊停车场前往阿拉桑的大巴在7:30~19:30期间的每个半点以及22:30都会发车，车程大约40分钟，费用10TL。从阿拉桑前往遗址的联络巴士在每周三 · 周六 · 周日的12:00发车，返程时间为15:00，往返费用为6TL。

■萨迦拉索斯遗址

开 夏季 8:30~17:30
冬季 9:00~17:00

休 无

费 12TL

📷 部分区域不得照相

⚡ 部分区域不得使用闪光灯

酒店
Hotel

伊斯帕尔塔 查尔休周边区域设有众多中级酒店，玫瑰季期间大多数酒店都会是满房情况，请提前进行预约。

埃里迪尔 由家族经营的小型民宿大多分布在城墙周边到耶希尔岛的区域之中，要是提前预约的话，店家通常都会开车来巴士总站前来迎接，中级以上的酒店数量确实不多，大多数民宿中都会设有餐馆设施，即使你并非房客也完全可以进来用餐。

柯努克 · 艾维大学酒店

Üniversite Konuk Evi　　经济型 40 间

伊斯帕尔塔　Map p.222

◆苏莱曼 · 德米雷尔大学的附属住宿设施，原本是在召开学会之际提供给访问学者的临时住所，但是平时也对公众开放，并设餐馆的菜品每天都会进行更新，每周大约有2次鱼类佳肴的餐单。埃里迪尔及达夫拉兹山滑雪场中也设有这所大学的住宿设施，普通民众也都可以在日常住宿时使用。

住 İbrahim Parlar Cad.

TEL (0246) 223 6760

URL konukevi.sdu.edu.tr

单人 A/C 70TL

双人 A/C 120TL

US $ € TL

M V

全馆免费（部分地区没有网络覆盖）

EV 无

亚兹尔（意为被写到的）山谷，其名称来源于这里有一块刻有古罗马哲学家爱比克泰德 Epictetus 名言的古石碑。

巴利达酒店
Barida Hotel　高级 142 间

◆紧邻公交站，是埃里迪尔最高级的酒店住所，水疗设施、土耳其浴场以及健身房一应俱全，除了餐馆，还设有迪厅和爱尔兰酒吧。

伊斯帕尔塔　Map p.222

住 102 Cad. No.81
TEL (0246) 500 2525　FAX (0246) 500 2424
URL www.baridahotels.com
单人 A/C 345TL
双人 A/C 451TL
US $ € TL　信用卡 A M V
全馆免费　EV 有

查利斯旅店
Charly's Pension　经济型 6 间

◆紧邻古城墙，地势较高，房间的视野真的不错，房客可以自由使用这里的厨房设施。6~12 月组织的晨钓活动很受欢迎，参加费用为每人 15TL，附近的拉莱 Lale（费用相同）与弗利亚 Fulya（110TL/150TL）也都和这家酒店一样隶属于统一经营者。

埃里迪尔　Map p.223

住 Kale Mah., Camii Sok. No.5
TEL (0246) 311 4611　FAX (0246) 311 3807
URL www.charlyspension.com
DOM 45TL
单人 A/C 90TL
双人 A/C 125TL
US $ € TL　信用卡 A D J M V
全馆免费　EV 无

埃斯基西勒尔纳吉尼斯酒店
Nis Eskiciler Konağı　中级 19 间

◆由拥有 100 年以上历史的古建筑改建而成，于 2015 年开业的精品酒店，客房设有电视、迷你酒柜、咖啡和红茶杯，非常贴心。最上层为套房房间，费用 370TL。

埃里迪尔　Map p.223

住 Mehmet Yiğitbaşı Cad., Kaynak Sok. No.19
TEL (0246) 333 2016
单人 120TL
双人 180TL
US $ € TL　信用卡 M V
全馆免费　EV 有

餐馆
Restaurant

伊斯帕尔塔　在查尔休周边可以找到许多家常菜馆和简餐厅，主要都是当地人的用餐地，不会坑骗游客。对烤炉烤肉这道当地名菜感兴趣的客人也可以在这里的餐馆品尝到。

埃里迪尔　耶希尔岛上设有多家经营鱼肉菜品的海鲜餐馆，价格略贵，如果想要找些物美价廉的餐馆，推荐你前往巴士总站附近的家常菜馆用餐。

卡迪尔餐馆
Kebapçı Kadir　风味菜肴

◆1851 年开业的老字号烤炉烤肉餐馆，现在已经轮到了第四代掌门人。除了用烤炉悉心烤制的喷香烤肉（右图照片，38TL）外，你还可以在这里品尝到安塔利亚的当地美食——土耳其烤肉串 Sis Kofte（20TL）。

伊斯帕尔塔　Map p.222

住 Valilik Arkası, Kebapçılar Arastası No.8
TEL (0246) 218 2460
URL www.kebapcikadir.com.tr
开 10:00~22:00
休 无
US $ € TL　信用卡 M V

麦乐迪餐馆
Melodi Restaurant　鱼肉菜肴

◆坐落在邻近耶希尔岛的入口附近，可以甄选新鲜鱼类烹制美味佳肴，包含 20 余个小型葡萄叶卷饭 Yaprak Dolmasi 及鱼子的前菜令人称赞，鱼肉佳肴 25TL。

埃里迪尔　Map p.223

住 Yeşilada Mah. No.37
TEL (0246) 311 4816
开 11:00~23:00
休 无
US $ € TL　信用卡 M V

伊尔凡 · 乌斯塔冰激凌店
İrfan Usta Dondurmaları　冰激凌

◆超具人气的伊尔凡大师冰激凌店铺，连锁店也都会打起 İrfando 的名号，推荐最有特色的玫瑰口味冰激凌。

伊斯帕尔塔　Map p.222

住 Çarşı Polis Karakolu Üzeri
TEL (0246) 223 9683
URL www.irfando.com
开 9:30~次日 0:30
休 无　TL　信用卡 M V

邻近萨迦拉索斯遗址的阿拉桑地区，可以找到经营布尔杜尔特色菜，柯夫特肉饼以及布尔杜尔烤串的几家餐馆，如果有时间在这里短暂停留，不妨去尝上一口。

云集“棉花堡”与“圣城”遗址等世界遗产

帕姆卡莱 *Pamukkale*

市区区号 0258　人口 2214 人　海拔 354 米（帕姆卡莱村）

帕姆卡莱的石灰华梯田

帕姆卡莱的“棉花堡”坐拥着土耳其国内屈指可数的几处温泉度假地，堪称奇观的石灰华梯田也登录在世界遗产名录之中。为了一睹这片石灰华梯田的奇妙景致，夏季前来这里参观的游客可谓络绎不绝。石灰华梯田中不时便可以看到寄存着温泉泉水的大小水池，不少游客都会穿着泳衣畅游其中，或静静享受泡汤的乐趣。但是可能也是一味地进行景区开发，现在的温泉泉水正在逐渐枯竭，于是政府下令将过去畅通无阻的大部分石灰华梯田景区禁止对游客开放参观，目前你可以通过步行游览道远观帕姆卡莱的石灰华梯田美景，并参观少数几处对游客限定开放的石灰华梯田景区，即使如此，你仍可以领略大自然中这种单纯由白色与蓝色组成的奇妙视觉馈赠。在可以远眺石灰华梯田的山丘上，还可以参观留存于这里的贝尔加马王国及罗马时代的古代遗址。

旅行的起点城镇

前往世界遗产石灰华梯田和希拉波利斯的交通要地当数代尼兹利 Denizli，此外距离石灰华梯田最近、分布着众多旅店的帕姆卡莱村 Pamukkale Kasabası、设有多家温泉度假酒店的温泉地卡拉哈耶特 Karahayıt，与代尼兹利共同组成了旅行者的起点城镇。

机场来此的交通方式

最近的机场当数代尼兹利市区以东 60 公里位置的卡尔达克机场 Denizli Çardak Havalimanı。不过机场并没有前往代尼兹利市区的公共交通，通常都是自行打车前往代尼兹利市区。如果提前联系旅行社并支付相关费用，可能会享受到将你直接接送到帕姆卡莱或卡拉哈耶特等地酒店的贴心服务。

世界遗产

帕姆卡莱和希拉波利斯
Pamukkale-Hierapolis
1988 年

■卡尔达克机场的联络巴士

联络大巴会根据航班情况进行发车，途中根据换乘塞尔比斯大巴的乘客数量，前往帕姆卡莱与卡拉哈耶特的大巴可能会直达帕姆卡莱。前往代尼兹利的大巴会途经代尼兹利火车站后停在海湾旅行社门前，前往代尼兹利的费用为 25TL，前往帕姆卡莱和卡拉哈耶特的费用为 35TL，有乘坐意愿的客人需要提前 1 天通过邮件或电话联系机场进行预约。

●海湾旅行社 Bay-tur
Map p.228 左 B
住 İstiklâl Cad. No.27/A
TEL 444 2807
Mail baytur_denizli@hotmail.com
前往机场的发车时间为 3:15、6:10、9:20、10:30、15:30、16:30、17:30、18:15、18:45、19:20、20:00、21:00。

■从帕姆卡莱搭乘气球俯瞰眺望

帕姆卡莱也有类似卡帕多西亚的热气球乘坐项目，随着热气球的高度逐渐升

代尼兹利的纺织品十分出名，在卡拉哈耶特经常可以看到在门前挂放各式布制品的纺织品商店，不过不少商品都是咱们中国货，一定要仔细挑选土耳其产地本地的布艺品。

高，你可以将石灰华梯田的奇景尽收眼底，值得一提的是热气球的搭乘时段通常都在清晨时分。

●帕姆卡莱热气球之旅 Ballooning Pamukkale

住 Cumhuriyet Meydanı No.7/C, Pamukkale

☎ 0533 768 3409

URL www.hotairballoonpamukkale.com

费 140 € ~

●拉奥迪凯亚热气球之旅 Laodikeia Balloons

住 Adnan Kahveci Bul., Tripolis Otel Karşısı, Pamukkale

☎ 0549 492 2019

URL www.laodikeiaballoons.com

费 140 € ~

起点之城 代尼兹利 Denizli

拥有大约 52 万人口的县政府所在地，城市街道十分宽敞，从火车站到市政府区间的沿线道路是城市的中心区域。

●巴士总站 邻近代尼兹利火车站，1 层为长途巴士始发站，地下 1 层是前往帕姆卡莱和卡拉哈耶特的合乘巴士及近郊区域中型巴士的发抵车站。

2014 年翻新后重新开启运营的代尼兹利巴士总站

●火车站 伊兹密尔、塞尔丘克方向驶来的火车都会停靠在代尼兹利城中心的火车站。

起点之村 帕姆卡莱村 Pamukkale Kasabası

距离石灰华梯田最近的村落，礼品商店以及民宿旅店交错分布，不时便会遇到过于热情的拉客促销员或是生拉硬拽也要让你报名参团的当地旅行社人员，请做好果断拒绝的准备。过去这里还曾发生过比较严重

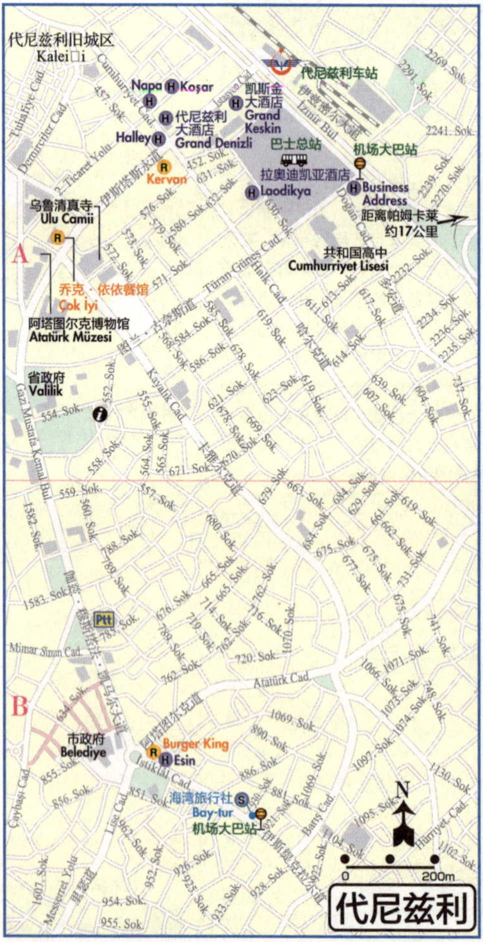

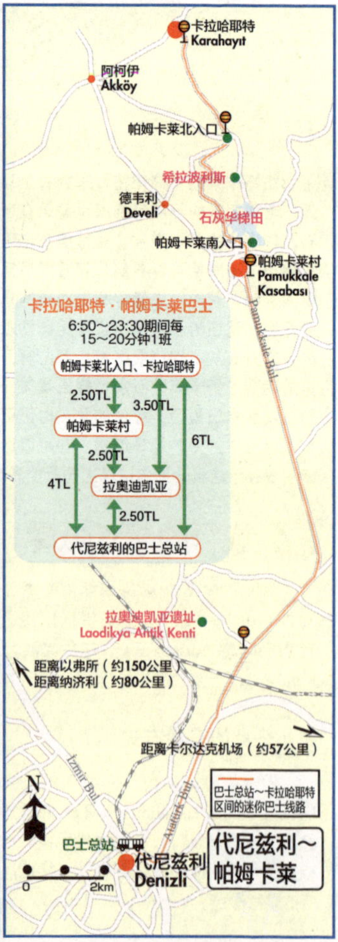

代尼兹利

代尼兹利～帕姆卡莱

卡拉哈耶特 · 帕姆卡莱巴士

6:50～23:30期间每15～20分钟1班

帕姆卡莱北入口、卡拉哈耶特 — 帕姆卡莱村	2.50TL
帕姆卡莱北入口、卡拉哈耶特 — 拉奥迪凯亚	3.50TL
帕姆卡莱北入口、卡拉哈耶特 — 代尼兹利的巴士总站	6TL
帕姆卡莱村 — 拉奥迪凯亚	2.50TL
帕姆卡莱村 — 代尼兹利的巴士总站	4TL
拉奥迪凯亚 — 代尼兹利的巴士总站	2.50TL

卡拉哈耶特 · 帕姆卡莱巴士连接着代尼兹利的巴士总站与卡拉哈耶特的主干区间，不过有时候也会稍微开进帕姆卡莱的主干路，途经德韦利和阿柯伊等邻近村落。

的犯罪事件，当然与大多数村民都是没有任何牵扯的，但还是请你提高危机意识。村内的餐馆和咖啡馆是很好的休憩之所。

●**周边的交通**　连接代尼兹利与卡拉哈耶特的迷你巴士在途经村中心的广场后首先会来到石灰华梯田景区南入口前的公路，随后开向北入口。

前往卡拉哈耶特的合乘巴士于76号站台发抵

起点之城　卡拉哈耶特 Karahayıt

位于帕姆卡莱北部的温泉街，从设有室内室外各式温泉设施的大型团队酒店到家族经营的别致温泉旅馆，住宿种类十分多样。

●**周边的交通**　从城镇北广场始发前往代尼兹利的迷你巴士会向南驶出卡拉哈耶特，所以如果你住在温泉街的南侧区域，会令乘车变得更加方便。

位于卡拉哈耶特中心的贝亚兹特清真寺

■代尼兹利的旅游咨询处 i
Map p.228 左 A
住 554/1 Sok. No.5
TEL（0258）264 3971
开 8:30~12:30 13:30~17:30
（冬季 8:00~12:00 13:00~17:00）
休 周六 · 周日

■帕姆卡莱的旅游咨询处 i
Map p.231B
住 Pamukkale Örenyeri
TEL（0258）272 2077
URL www.pamukkale.gov.tr
开 8:30~12:30　13:30~17:30
（冬季 8:00~12:00 13:00~17:00）
休 无

帕姆卡莱　漫 步

●**一日游攻略**　如果你不打算在帕姆卡莱周边住上一晚，可以将随身行李寄存在代尼兹利巴士总站中的行李存放柜（读作艾玛奈特）中，随后便可以轻装上阵，在售票后购买最近一班发往帕姆卡莱的大巴前往石灰华梯田景区，当然，前往希拉波利斯也是个不错的选择。如果时间还富裕一些，漫步于卡拉哈耶特的温泉街中短暂泡汤，也肯定会留下美好的回忆。

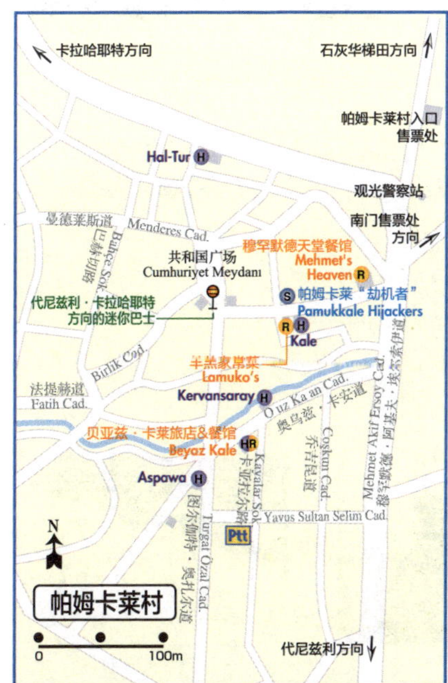

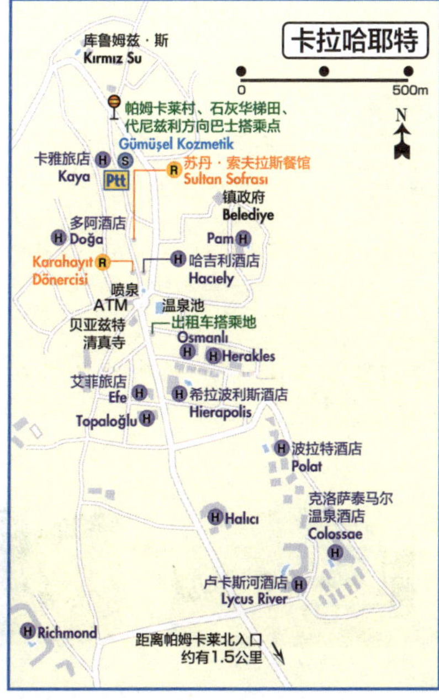

帕姆卡莱 主要景点

一年四季都白茫茫一片的奇特景观

石灰华梯田

Map p.231B

Traverten 特拉贝尔滕

从高地流淌而下的温泉中包含着石灰石成分，流淌之地干涸后留下的石灰石晶体将这里变成了白色的世界。从山脚下仰望，仿佛有一种看到雪山的错觉。厚实的层层石灰岩宛如乡间梯田的形状，而代替农作物的淡蓝色温泉池更令人感觉如梦如幻。夕阳西下时整片阶梯景致都会披上粉色的薄纱，如此美景希望你一定不要错过。

观光的闲暇之余还可以浸泡于温泉之中放松身心

沉睡着古代遗址的著名温泉

帕姆卡莱温泉

Map p.231B

Pamukkale Antik Havuz 帕姆卡莱·安缇克·哈乌兹

在温泉底部留有一处货真价实的希腊·罗马时代古遗址，即使你是错峰在严寒之际而来，也可以在这片35℃左右水温正合适的温泉池中抵御户外的寒气。泉水十分清澈，泉眼中的清泉伴随着或大或小的气泡喷涌而出，温泉池的深度在4~5米左右，虽然设有更衣室，但是毛巾还是需要自行携带。

在背靠古遗址中的残破石柱静心泡汤，真是极致的享受

■石灰华梯田

开 南门售票，帕姆卡莱村入口售票处
6:00~21:00（冬季~17:00）
北门售票处
8:00~21:00（冬季~17:00）

休 无

费 50TL（希拉波利斯联合的游览通票）

池底的淤泥富含丰富的矿物质，经常可以看到即兴在这里敷个泥面膜的各路游客

■帕姆卡莱温泉

开 8:00~19:30（冬季~17:00）

休 无

费 50TL
保险箱5TL

Live Report

搭乘滑翔伞俯瞰石灰华梯田景区

你可以从高山搭乘滑翔伞，以飞鸟的视角俯瞰石灰华梯田、希拉波利斯等世界遗产。不用担心，届时会有专业导师贴身保障你的人身安全，所以即使是初体验也完全OK。当你飘浮于蓝天之际，可以随风调整滑翔伞的前进方向，自由掌控飞翔的感觉。以这种角度鸟瞰整片石灰华梯田，一定会给你留下难忘的人生经历。

■帕姆卡莱“劫机者”

Pamukkale Hijackers　Map p.229左

住 Atatürk Cad.No.11/B

☎ 0544 271 0534

开 10:00~21:00

休 无

费 旅游淡旺季价格会有所差异，维持在50€左右，加摄录像服务费为100€左右

遵从工作人员的指示在斜坡上奔跑

纵跳后凭空而起的奇妙瞬间

从上空俯瞰雪白的石灰华梯田

贝尔加马王国的神圣之城

希拉波利斯

Map p.231A

Hierapolis 希拉波利斯

位于土耳其最内陆地区的公元前 190 年古城遗址，历史悠久。

贝尔加马王国欧迈尼斯二世时期建造而成，过去在帕姆卡莱温泉后面有一处名为普鲁托纽姆 plutonium 的毒气洞穴，古代的祭司会进入这个洞穴之中吸入少量的有毒气体，令自身的精神处于恍惚之中，借此来聆听天神的神谕。久而久之，这座希拉波利斯古城也拥有了神圣之都的名号。

希拉波利斯在罗马时代乃至拜占庭时代一直持续着长久的繁荣，直到被塞尔柱王朝所灭亡。城中最大的景点当数帕姆卡莱温泉背后的古剧场，此外希腊风格和拜占庭风格的各式遗址建筑也都分散在广阔的古城

■希拉波利斯

开 南门售票处
帕姆卡莱村入口售票处
6:00~21:00（冬季 ~17:00）
北门售票处
8:00~21:00（冬季 ~17:00）

休 无

费 50TL（石灰华梯田联合的游览通票）

■希拉波利斯博物馆

Map p.231B

开 夏季 8:30~19:00
冬季 8:00~17:00

休 冬季周一

费 7TL

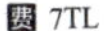

规模宏大的古代剧场

建于山上的殉教堂遗址

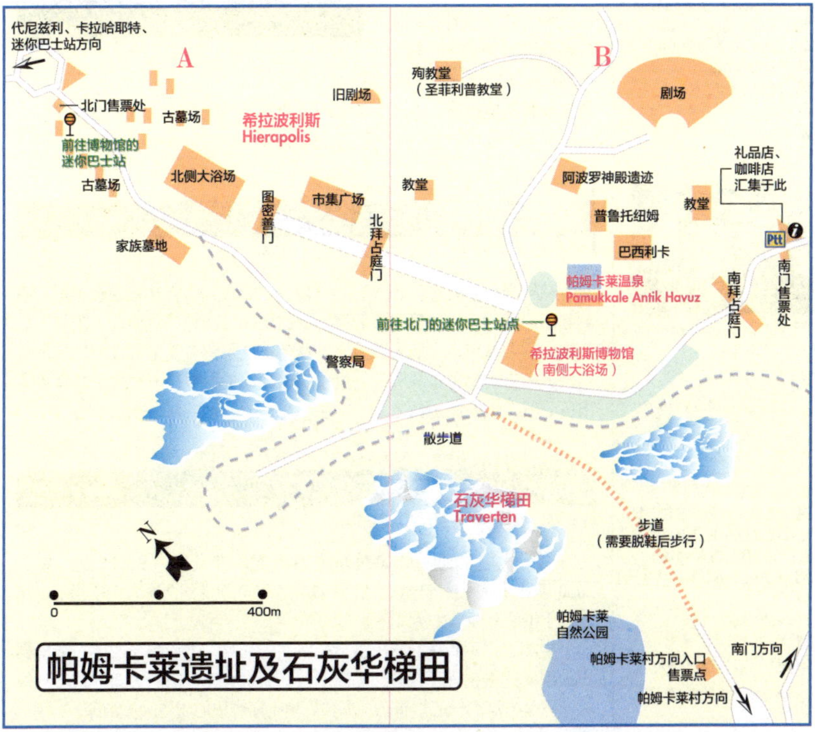

帕姆卡莱遗址及石灰华梯田

代尼兹利、卡拉哈耶特、迷你巴士站方向
A
B
北门售票处
前往博物馆的迷你巴士站
古墓场
古墓场
北侧大浴场
家族墓地
旧剧场
希拉波利斯 Hierapolis
图密善门
市集广场
北拜占庭门
教堂
殉教堂（圣菲利普教堂）
剧场
阿波罗神殿遗迹
普鲁托纽姆
巴西利卡
教堂
礼品店、咖啡店汇集于此
Ptt
南门售票处
南拜占庭门
帕姆卡莱温泉 Pamukkale Antik Havuz
前往北门的迷你巴士站点
希拉波利斯博物馆（南侧大浴场）
警察局
散步道
石灰华梯田 Traverten
步道（需要脱鞋后步行）
帕姆卡莱自然公园
帕姆卡莱村方向入口售票点
南门方向
帕姆卡莱村方向
N
0 400m

在石灰华梯田下方可以看到一座名为 Natural Park 的自然公园，鸭子等野生动物畅游在公园中的小水池中，十分自在，你还可以乘船在水上玩耍。

读者投稿 **从代尼兹利前往塞尔丘克的火车**

连接代尼兹利与塞尔丘克的巴士班数并没有很多，可以搭乘每1个半小时到2小时1班目的地为巴斯马奈的火车前往塞尔丘克（途中可能也会有不在塞尔丘克停靠的班次）。听说火车有时候会晚于抵达时刻，但我一路都在核对时间，最后我所乘坐的火车其实比长途巴士的抵达时间还要准确合适。

遗址之中，值得一看。从这里出土的文物目前保存在希拉波利斯博物馆之中。

剧场 哈德良大帝在公元2世纪下令建造的古代剧场，至今仍保留着很不错的外观，从上方可以俯瞰足以容纳1.5万人的宽阔观众席，剧场正面依旧可以看到古时候刻在上面的希腊神话天神雕像，在剧场前面还有一座阿波罗神殿遗址。

殉教堂 沿着剧场旁边的道路向西北方向前行，便可以来到一座八角堂建筑，公元80年这里曾是殉教者菲利普和其儿子的墓地，世人为了纪念圣人，便在5世纪初期建造了这座殉教堂。

古墓场 邻近希拉波利斯的北门位置，里面容纳了超过1000余座坟墓，堪称土耳其国内规模最大的古代墓地群。可以看出这片墓场历经了历史长河的洗礼，从希腊风格到拜占庭风格的墓碑都可以在这里看到。

北侧大浴场 从北门进来后就可以在墓场前看到这座浴场，巨大的连续拱形石质建筑是这里的标志，典型的罗马风格样式搭配大理石装饰至今仍显得气派恢宏。据说，这座建于公元前2世纪的雄大建筑还曾作为教堂对公众使用。

图密善门 在北侧大浴场旁边可以看到一座三拱门连设的圆柱形石质大门，作为贯穿希拉波利斯南北大道的北大门，是为了歌颂图密善大帝而在公元84~85年修建而成的。罗马风格浓郁，因此也有罗马门的别称。通过图密善门后顺着大道前行，便会来到建于4世纪末的北拜占庭大门。

拥有3个拱门结构的图密善门，壮观威风

希拉波利斯博物馆 由建于2世纪的南侧大浴场改造而成，馆内展出了出土于希拉波利斯的各式雕像、石棺等文物。

■**拉奥迪凯亚遗址**

🚌 从连接代尼兹利与帕姆卡莱区间的迷你巴士途中下车，随后步行约1公里即可
住 Goncalı Köyü
TEL (0258) 280 2654
开 8:00~19:00（冬季~17:00）
休 无
费 15TL

遗留在拉奥迪凯亚遗址中的古代神殿建筑遗址

位于代尼兹利与帕姆卡莱之间的雄伟遗址

拉奥迪凯亚遗址

Map p.228 右

Laodikya Antik Kenti 拉奥迪凯亚 · 安提克 · 肯缇

从帕姆卡莱搭乘合乘巴士大约10分钟后便可以抵达这座起源可以追溯到旧石器时代的拉奥迪凯亚遗址，这里先后曾是贝尔加马王国与罗马帝国的重要城市，一度繁荣昌盛。目前遗址里留有3座古代剧场和神殿遗址，考古发掘工作其实只进行了十分之一的程度，未来肯定会有更多出色的考古成果公之于众。

■**卡克力克岩洞**

🚌 只能搭乘出租车前往，如果从代尼兹利的巴士总站前往，单程费大约为90TL。
TEL (0258) 816 2016
开 8:00~20:00
（冬季 8:00~17:00）
休 无
费 3TL

被称为"第二帕姆卡莱"的钟乳洞

卡克力克岩洞

Map p.24B1

Kaklık Mağarası 卡克力克 · 马拉斯

位于代尼兹利以东30公里左右距离的卡克力克 Kaklık 是一座于2000年被发现的古代岩洞。受1999年土耳其遭受的两次大地震影响，其隐藏于世间的面容才得以面世。

岩洞之中不断喷涌流出富含矿物质的热泉，进而也形成了石灰华梯田，因此这里也有了"第二帕姆卡莱"的别称，目前对公众开放参观的区域只是岩洞的一部分而已，真实规模比你想象的要更大更幽深。

代尼兹利的土鸡打鸣响身姿靓，在当地的礼品商店经常可以看到以这类土鸡为造型的周边商品。

酒店
Hotel

帕姆卡莱村 你在这里可以找到不少面向背包客的平价旅店或是家庭旅馆，虽然是游客扎堆的热闹地区，但是本书并不推荐你落宿于帕姆卡莱村，当然村里也有几家确实很良心的住宿场所，但是以低廉的价格诱导旅客住宿，随后将高价跟团游或车票强买强卖的现象也屡见不鲜，住宿期间发生偷盗案件也并不稀少，当地无论是旅店还是旅行社之间的竞争都十分激烈，过去甚至曾有枪支伤人的事件发生，所以一定要多加小心。

卡拉哈耶特 团队游客所住宿的大型酒店大多分布于村子外面，家族经营的小规模温泉旅店则多位于主干路的两侧，不过值得一提的是，卡拉哈耶特中附带土耳其浴场的酒店里通常都没有女性搓澡工，女性住客请提前了解。

代尼兹利 火车站及巴士总站周边设有面向商务客人的中级酒店，即使是中级酒店中也经常可以看到SPA水疗设施，条件不错。

艾菲旅店
Efe Pansiyon Restoran

经济型 20 间

◆旅店建筑的年份比较古老，但是在2013年曾装饰一新，夏天室外泳池也会对房客开放，全部客房提供地暖、迷你厨房和冰箱，房间中浴室的热水便是当地的温泉水。

卡拉哈耶特 Map p.229 右

住 Beyazıt Mah. Barika Park Otel Karşısı

TEL (0258) 271 4048

S/W A/C 50TL

US $ € TL

A M V

全馆免费 EV 无

哈吉利酒店
Hacıely Apart Otel

经济型 24 间

◆位于卡拉哈耶特礼品店街的入口位置，客房宽敞，住宿舒适。使用空调的话需要额外加收10TL的费用，老板可以讲些简单的英文。

卡拉哈耶特 Map p.229 右

住 Atatürk Cad. No.40

TEL (0258) 271 4060

Mail kolmehmet@hotmail.com

S/W A/C 70~80TL

US $ € TL M V

全馆免费 EV 无

卡雅旅店
Kaya Pansiyon

经济型 60 间

◆位于旅店林立的酒店街内侧，前台位于1层，前往客房的楼梯位于旅店的里侧。客房敞亮，电视、冰箱以及配有火眼的迷你厨房一应俱全。

卡拉哈耶特 Map p.229 右

住 Atatürk Cad. No.79

S 60TL~

W 70TL~

TL 不可

全馆免费 EV 无

希拉波利斯酒店
Hierapolis Thermal Hotel

中级 330 间

◆一家老牌的水疗度假酒店，设施虽然略显陈旧，但是室内室外均设有温泉池，女性专用的泡汤池也可以找到。按摩浴缸与桑拿设施也都十分完备，左侧的住宿费用包含2顿餐食。

卡拉哈耶特 Map p.229 右

住 Karahayıt Mah., 1583 Sok. No.29/4

TEL (0258) 271 4441

S A/C 100TL

W A/C 150TL

US $ € TL A M V

全馆免费 EV 无

波拉特酒店
Polat Thermal Hotel

高级 285 间

◆浴场、桑拿、按摩浴缸及健身房等设施一应俱全，特色的木屋房型颇受欢迎。酒店中还有一座名为Aquapolat的大型水上乐园，其中的水滑梯十分刺激（冬季停业）。

卡拉哈耶特 Map p.229 右

住 Karahayıt

TEL (0258) 271 4110

FAX (0258) 271 4092

URL www.polathotel.com.tr

S A/C 400TL

W A/C 510TL

US $ € JPY TL A M V

全馆免费 EV 有

卢卡斯河酒店
Hotel Lycus River　　高级 270 间

◆宽阔的酒店院内设有温泉、土耳其浴场、桑拿房、健身房、迪厅、台球桌等各式设施，员工包含从巴厘岛和泰国招募而来的高级技师，附近价格相对划算的 Lycus Villa 也和这家酒店隶属于同一经营者。

卡拉哈耶特　Map p.229 右

住 Karahayıt
TEL（0258）271 4341　FAX（0258）271 4351
URL www.lycusriver.com
单人 A/C 240TL
双人 A/C 320TL
US $ € JPY TL　A D J M V
全馆免费　EV 有

克洛萨泰马尔温泉酒店
Spa Hotel Colossae Thermal　　高级 310 间

◆温泉池、健身房、按摩房、网球场以及土耳其浴场等配套设施十分完善，不时便作为亚洲旅游团的落宿酒店所使用，按摩房中设有泥面膜护理和特色减肥项目，不妨体验一下。右侧的房费中还包含一顿晚餐。

卡拉哈耶特　Map p.229 右

住 Karahayıt
TEL（0258）271 4156　FAX（0258）271 4250
URL www.colossaehotel.com
单人 A/C 65 €
双人 A/C 95 €
US $ € JPY TL　A D J M V
全馆免费　EV 无

多阿酒店
Doğa Thermal Health & Spa　　高级 120 间

◆2014 年开业的五星级酒店，拱形建筑风格，中心为泳池，周围为客房环绕，室内外的温泉质量很好，巴厘岛风格的按摩浴池也颇受好评。

卡拉哈耶特　Map p.229 右

住 147 Seyir Sok. No.9/1
TEL（0258）271 4400　FAX（0258）271 4500
URL www.dogathermalhotel.com
单人 A/C 65 €
双人 A/C 85 €
US $ € TL　A D J M V
全馆免费　EV 有

凯斯金大酒店
Otel Grand Keskin　　中级 99 间

◆坐落在伊斯塔斯永道上，客房虽然不大但是设有泳池、桑拿房和土耳其浴场。不过客房设施的老化现象也不容忽视，套房价格为单人房 120TL，双人房 180TL。

代尼兹利　Map p.228 左 A

住 İstasyon Cad. No.11
TEL（0258）263 6361
FAX（0258）242 0967
单人 A/C 100TL
双人 A/C 150TL
US $ € TL　A M V
全馆免费　EV 有

拉奥迪凯亚酒店
Otel Laodikya　　中级 76 间

◆位于城中心的上等三星酒店，是法国旅游团经常选择的住宿场所，客房在 2014 年巴士总站翻修的同时也全面改装，风格时尚很有设计感，配有浴缸的客房共有 4 间。

代尼兹利　Map p.228 左 A

住 Yeni Otogar Arkası, 630 Sok. No.19
TEL（0258）265 1506　FAX（0258）241 2005
URL www.laodikya.com
单人 A/C 28 €
双人 A/C 38 €
US $ € TL　A M V
全馆免费　EV 有

代尼兹利大酒店
Grand Denizli Hotel　　中级 75 间

◆按摩浴缸、土耳其浴场以及桑拿等设施一应俱全，内饰以黑色和茶色为主基调，风格时尚，全部客房配有超薄液晶电视和保险箱，部分客房并未设有浴缸。

代尼兹利　Map p.228 左 A

住 Cumhuriyet Cad. No.6
TEL（0258）263 4242
FAX（0258）263 4252
URL www.granddenizlihotel.com
单人 A/C 120TL
双人 A/C 180TL
US $ € TL　A M V
全馆免费　EV 有

卡拉哈耶特周边是知名的鳟鱼养殖地，每天 11:00 从村内都有开往 Alabalık Tasisileri 养殖场的定点巴士，详情可以咨询你所停泊的酒店或旅店员工。

餐馆
Restaurant

帕姆卡莱村 共和国广场周边餐馆不少，但是冬季经常会有闭店现象，作为游客云集的交通要地，可以找到经营土耳其本土菜肴以外的其他国家美食店，价格相对代尼兹利和卡拉哈耶特要略高一些。

代尼兹利 公交总站背后是平价家常菜馆与简餐厅的聚集地，在此用餐不会出错。虽然代尼兹利的饮食文化非常浓厚，但是经营当地本土美食的餐馆还是比较稀少，略显遗憾。

卡拉哈耶特 中心地区设有多家平价餐馆，几乎都是全年营业，土耳其煎饼是这里的经典简餐，大型酒店中也通常并设餐馆。

苏丹·索夫拉斯餐馆
Sultan Sofrası

土耳其菜肴

◆深受当地人喜爱的一家本地餐馆，点土耳其煎饼（3~5TL）后会现场烤制，吃最热乎的味道。烤肉（23TL）与土耳其烤串（参照右图照片，20TL）很受欢迎，餐馆的上层为隶属于统一经营者管理的 Afsar Apart 旅店，房费 50TL~。

卡拉哈耶特 Map p.229 右

住 Atatürk Cad. No.54
TEL（0258）271 4490
开 8:00~24:00
休 无
US \$ € TL
M V

穆罕默德天堂餐馆
Mehmet's Heaven

土耳其菜肴 🍷 中餐

◆邻近村子的入口，设有可以眺望石灰华梯田的露天席位以及直接落坐于地板上的舒适餐桌，家族世代经营的老餐馆，很受外国游客喜爱。菜品 30TL~，套餐种类丰盛，价格 30TL~。值得一提的是，这里可以免费寄存行李，中餐的味道也值得一尝。

帕姆卡莱村 Map p.229 左

住 Atatürk Cad. No.25
TEL（0258）272 2643
开 9:00~24:00（冬季 ~22:00）
休 无
US \$ € TL
M V

贝亚兹·卡莱旅店 & 餐馆
Beyaz Kale Pension & Restaurant

土耳其菜肴 🍷

◆位于同名旅店最上层的用餐区，有厨艺精湛的老板娘海佳尔女士甄选天然食材精心烹饪，烤肉和家庭炖菜是这里的当家料理，香炖四季豆 Taze Fasulye 是这里的人气美味，旅店的住宿价格为单人房 25 €，双人房 35 €。

帕姆卡莱村 Map p.229 左

住 Oğuz Kağan Cad. No.4
TEL（0258）272 2064
URL www.beyazkalepension.com
开 20:00~23:00
休 无
US \$ € TL
不可

羊羔家常菜
Lamuko's Lokanta

日本料理 🍷 土耳其菜肴

◆由一位日本女性经营的土耳其家常菜和日本菜餐馆，最具人气的当数生姜烧鸡盖饭、亲子饭以及三文鱼酱油拌饭也很有人气，你还可以在这里品尝到特色咖喱。为了满足游客希望品尝土耳其美食的想法，目前运用大量蔬菜烹饪而成的土耳其家庭美食也非常受食客所认可。

帕姆卡莱村 Map p.229 左

住 Atatürk Cad. No.8
TEL（0258）272 3434
Mail lamukonolokanta@yahoo.co.jp
开 8:30~23:00（冬季 ~21:00）
休 无
US \$ € JPY TL
不可

乔克·依依餐馆
Çok İyi Avlu Bazar

土耳其菜肴 咖啡

◆原先是 2012 年开业，出售新鲜蔬菜和奶酪的食材市场，现在市场里面不仅出售当地的各式新鲜食材和农作物，还有咖啡馆和餐馆，土耳其炖菜 10TL~，冰激凌（单杯 2TL~）也很受欢迎。

代尼兹利 Map p.228 左 A

住 Sebze Halı. 2 Ticari Yolu. No.1
TEL（0258）263 8383
开 7:00~19:30
休 周日
TL
M V

卡拉哈耶特当地可以找到几家出售选用山羊奶制作而成的特色冰激凌——凯奇·东杜尔玛希 Keçi Dondurması 的冰激凌店。作为土耳其国内比较独特的稀少口味，感兴趣的食客不妨一试。

丰富多样的乐趣度假地

从伊兹密尔到安塔利亚的爱琴海·地中海沿岸可谓是众多优质度假地的聚集地。
位置既有坐落在海滩的沿岸地带，也有面向大海的古遗址区，还有完全融入当地渔村的恬静之地……
你的心头好又是哪个位置呢？

1 达特恰 Datça

位于博德鲁姆对岸的细长半岛之上，与土耳其大陆间相隔着隶属于希腊的柯斯岛，夏季你可以搭乘渡轮或高速快船从博德鲁姆出发，实现当天往返的可能。

3 科伊杰伊兹 Köyceğiz

位于科伊杰伊兹湖畔的广阔城镇，从这里可以搭乘前往卡诺斯和苏丹尼耶温泉的定期游船，镇子位于主干路上，观光移动非常方便。

米利都 Milet
阿柯伊 Akköy
迪迪姆 Didim
阿尔屯库姆海滩 Altunkum Plajı
塞利米耶 Selimiye
米拉斯 Milas
亚塔安 Yatağan
居吕克 Güllük
亚尔卡瓦克 Yalıkavak
古托克布库 Göl Türkbükü
托尔巴 Torba
卡拉奥瓦 Karaova
穆拉 Muğla
奥尔塔肯特 Ortakent
卡里姆诺斯岛 Κάλυμνος Kalimnos Adası
博德鲁姆 Bodrum
欧兰 Ören
图尔古特雷斯 Turgutreis
卡拉岛 Karaada
柯斯岛 Κώς İstanköy Adası
柯斯镇 Kos Town
格克瓦湾 Gökova Körfezi
科伊杰伊兹 Köyceğiz
苏丹尼耶温泉 Sultaniye Kapılcası
科伊杰伊兹湖 Köyceğiz Gölü
马尔马里斯 Marmaris
卡诺斯 Kaunos
奥尔塔恰 Ortaca
达里昂 Dalyan
尼多斯 Knidos
达特恰 Datça
达拉曼 Dalaman
尼西罗斯岛 Νίσυρος İncirli Adası
达特恰湾 Datça Körfezi
博兹布伦 Bozburun
特尔萨内岛 Tersane Adası
希梅岛 Σύμη Sömbeki Adası
费特希耶 Fethiye
费特希耶湾 Fethiye Körfezi
提洛斯岛 Τήλος İlyaki Adası
厄吕代尼兹 Ölüdeniz
世界遗产
厄吕代尼兹海滩 Ölüdeniz Plajı
罗得镇 Rhodes Town
罗得岛 Ρόδος Rodos Adası
席迪玛 Sidyma
林多斯 Lindos

2 尼多斯 Knidos

这里在公元前7世纪曾是艺术与学问的中心城市，十分繁荣。世界七大奇迹之一的亚历山大灯塔的设计者索斯查图斯便是出生于尼多斯。由著名雕塑家普拉克西特利斯打造的阿弗洛狄忒像也令这里声名远扬。

4 卡尔坎 Kalkan

位于卡什西面约26公里的小型度假村，至今仍保留着过去这里小渔村的古朴风情。

10 特梅索斯 Termessos

被群山包围位于高地的希腊罗马时代城堡遗址，以易守难攻而著称，据说连亚历山大大帝的攻击都没能攻克。

7 奥林波斯 Olympos

建造于树上的木质小屋度假村十分出名，奥林波斯最早是作为船只的避难基地在公元前 1 世纪建造而成的，高台之上的卫城遗址视野很好，可以欣赏到周边的优美景色。城镇附近的山体中不时会有一种喷火的自然现象，当地称为亚纳尔塔什 Yanartaş（意为燃烧的岩石），特别是在夜里观赏独具神秘氛围。夏季时多家旅馆都会在晚上组织燃石的观光游，大部分木屋旅馆也会在冬季暂停营业。

5 菲尼凯 Finike

在公元前 5 世纪左右由腓尼基人建造的古城，古名叫作伯尼卡斯，自古以来便是知名的贸易港口，现在作为度假胜地使得当地的渔业和农业也十分繁荣，当地特产的香橙农田一望无垠。位列优质渔场的菲尼凯港所举办的鲜鱼市集也十分出名。

8 法塞利斯 Phaselis

位于连接着卡什和安塔利亚的海湾公路沿岸的古代遗址，现在已经成了一片绿意盎然，松树茂密的海岸地带，曾经作为古代港口之用，是很实用的海岸停靠地。

11 马纳夫加特 Manavgat

位于安塔利亚东部约 78 公里的大型城镇，除了坐拥着优美绵长的海岸风光线外，城北面约 3 公里的地方还有一处马纳夫加特瀑布 Manavgat Şelalesi，落差虽然只有 3~4 米，相对较短，但是水流量很大，令人振聋发聩。此外，马纳夫加特河口海岸线的美景也十分宜人。

6 阿里坎达 Arykanda

从位于卡斯和凯梅尔之间的菲尼凯出发北上，便可以来到遗留着利基亚遗址的阿里坎达。整片遗址保存得十分完好，面积很大，如果巡游这片台阶众多的古遗址群会十分劳累。从入口往里依次是罗马圣殿、体育馆、音乐堂、市集广场、墓场以及美丽的剧场遗址，十分值得一看。

9 凯梅尔 Kemer

位于安塔利亚以南约 25 公里的一流度假村，云集着众多大型度假酒店，堪称地中海地区的度假胜地。优美的沙滩海岸数不胜数，碧蓝的大海与沙滩松林构成了最舒适的大自然美景。

登上可以俯瞰爱琴海与地中海景色的雄伟城堡

博德鲁姆 *Bodrum*

市区区号 0252　人口 3 万 5795 人　海拔 7 米

■博德鲁姆的旅游咨询处
Map p.240 B2
住 Barış Meydanı No.48
TEL & FAX（0252）316 1091
URL www.muglakulturturizm.gov.tr
开 夏季 8:00~18:00
（周日 10:00~16:00）
冬季 10:00~16:00
休 10 月 ~ 次年 6 月的周六 · 周日

夜色下华灯初上的博德鲁姆城

位于爱琴海最南端，也是地中海入口所在地的港城，冬季的温度并不寒冷，晴天的日子十分常见。作为土耳其代表性的高级度假地，每年来自世界各地的名人都会来此享受悠闲的长假。

古代时期，人们将这里称为哈利卡纳索斯，世界七大奇迹之一的摩索拉斯陵墓便坐落在这里，进一步使得博德鲁姆更为出名，现在虽然也能看到摩索拉斯陵墓的断壁残垣，但基本上都是 15 世纪后的历史遗址。当你来到博德鲁姆时，你的全部目光，便会被这里的地标，建于港口峡湾上的厚重十字军要塞——博德鲁姆城所吸引。其矗立于海畔的英姿仿佛是一座完完全全建在大海上的城堡，使得爱琴海畔的景色锦上添花。

Information

土耳其国民歌手 Zeki Muren（泽基 · 穆伦）

博德鲁姆是土耳其国民歌手 Zeki Muren（1931~1996）晚年的挚爱之地，他的住所被改建为博物馆对公众开放，博物馆前的道路也被命名为 Zeki Muren 道。

■泽基 · 穆伦之家
Map p.239B2
住 Zeki Müren Cad. No.11
TEL（0252）313 1939
开 8:00~19:00
（冬季 ~17:30）
休 周一
费 6TL
内部不可使用闪光灯

博德鲁姆 漫 步

从巴士总站沿着介瓦特 · 沙基尔道 Cevat Şakir Cad. 向西南方向前行，便会来到游船的聚集地——游艇码头。海岸沿线的共和国道 Cumhuriyet Cad. 周边是一片热闹的集市，餐馆与礼品店交错林立，是观光客的乐园。博德鲁姆城北侧的商业街入口地区是城里的老酒吧街 Eski Meyhaneler Sok.（正式名称为埃斯基 · 班卡路 Eski Banka Sok.），新酒吧街 Yeni Meyhaneler Sok. 则位于巴士总站附近的查尔休路 Çarşı Sok。

从巴士总站向西走便可以来到以世界七大奇迹著称的摩索拉斯陵墓 Mausoleion Müzesi。这座全世界首屈一指的美丽陵庙在被圣约翰骑士团挪用大量石材后，原址上现在只留下了零星散落的基石和残垣。大多数发掘于此的宝贵文物目前都收藏于伦敦的大英博物馆之中。在横贯于城镇北侧的东西向大道西侧还可以找到一座罗马剧场。

新酒吧街

■摩索拉斯陵墓
Map p.240A1
开 8:00~19:00（冬季 ~17:30）
休 周一
费 12TL

断壁残垣的摩索拉斯陵墓

在博德鲁姆城举办的博德鲁姆国际芭蕾舞节是夏季博德鲁姆的一抹别样的色彩，每年举行一次。

● **前往周边海滩** 希望前往海滩悠闲度假的游客通常会选择居姆贝特 Gümbet、奥尔塔肯特 Ortakent、托尔巴 Torba、图尔古特雷斯 Turgutreis 等几处海滩，距离博德鲁姆最近的海滩当数居姆贝特，你在海边还可以体验海上滑翔伞等多样水上项目。

从居姆贝特南下前往半岛区域，可以看到一座巨大的风车建筑，这使得田园牧歌的氛围更加浓郁。附近区域地处高地，可以将博德鲁姆游艇码头的景色尽收眼底。

从巴士总站前往城中心

◆从机场前往城中心

你可以搭乘哈瓦休 Havaş 或穆塔休 Muttaş 巴士从博德鲁姆近郊的米拉斯机场前往市内的巴士总站，车程约 45 分钟，费用 15TL，发车时间都会配合抵达航班，不用过分担心。从城里巴士总站前往机场的大巴会在飞机起飞前 2 小时出发。

◆从巴士总站前往城中心

博德鲁姆的巴士总站本身便坐落在城中心地区，下车后沿缓慢的坡道下行约 10 分钟，便可以抵达设有阿塔图尔克雕像的广场。

◆从港口前往城中心

希腊的柯斯岛、罗得岛都设有前往博德鲁姆的渡轮航线，根据班次不同，会将博德鲁姆城西侧的码头以及曼塔尔峡湾港口作为发抵地，具体是两者中的哪个请提前进行确认。

■罗马剧场

Map p.240A1

开 夏季 8:30~19:00
冬季 8:30~17:30

休 周一

费 免费

博德鲁姆的罗马剧场

Information

葫芦灯及皮质工艺品

博德鲁姆以制作精致的葫芦灯而在爱琴海 · 地中海沿岸地区十分出名，此外不少店铺出售的皮制品、工艺品也别具特色，在集市购物的乐趣与惊喜一定不会令你失望。

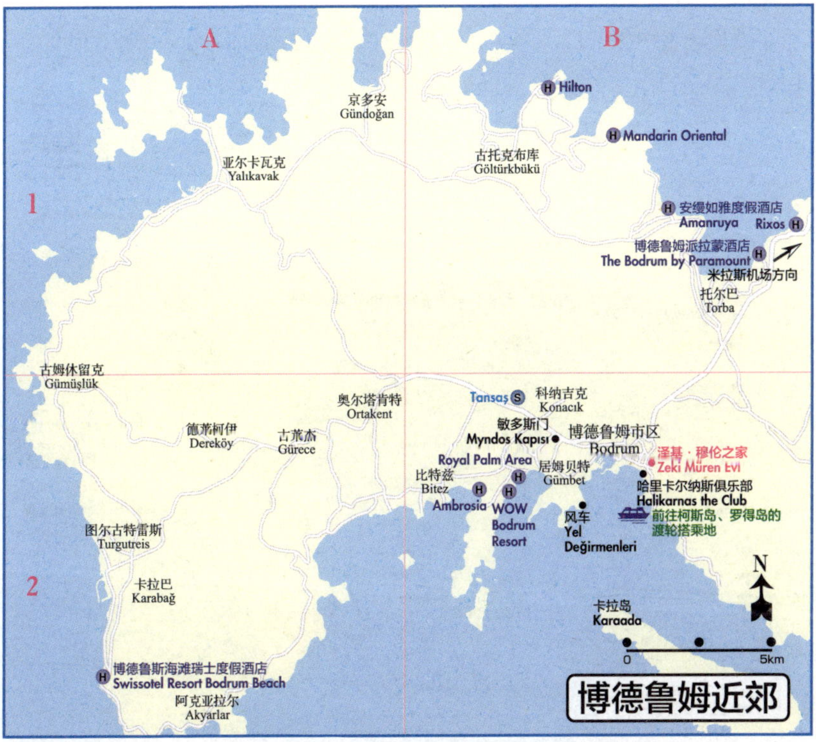

博德鲁姆近郊

A B 1 2
Hilton
Mandarin Oriental
京多安 Gündoğan
亚尔卡瓦克 Yalıkavak
古托克布库 Göltürkbükü
安缦如雅度假酒店 Amanruya
Rixos
博德鲁姆派拉蒙酒店 The Bodrum by Paramount
米拉斯机场方向
托尔巴 Torba
古姆休留克 Gümüşlük
Tansaş
科纳吉克 Konacık
奥尔塔肯特 Ortakent
敏多斯门 Myndos Kapısı
博德鲁姆市区 Bodrum
德莱柯伊 Dereköy
古莱杰 Gürece
泽基 · 穆伦之家 Zeki Müren Evi
Royal Palm Area
居姆贝特 Gümbet
比特兹 Bitez
哈里卡尔纳斯俱乐部 Halikarnas the Club
Ambrosia
WOW Bodrum Resort
风车 Yel Değirmenleri
前往柯斯岛、罗得岛的渡轮搭乘地
图尔古特雷斯 Turgutreis
卡拉巴 Karabağ
卡拉岛 Karaada
N
0 5km
博德鲁姆斯海滩瑞士度假酒店 Swissotel Resort Bodrum Beach
阿克亚拉尔 Akyarlar

博德鲁姆政府为了缓和市区的交通拥堵，计划将巴士总站迁移到郊区地带，为此还新建了一个巴士总站。

■博德鲁姆城
TEL（0252）316 2516
URL www.bodrum-museum.com

■乌鲁布伦沉船
世界屈指可数的沉船博物馆，对公众展出沉睡在卡什近郊的一艘公元前 14 世纪的古代沉船。

■卡里亚王女馆
卡里亚是博德鲁姆地区的古代名词，卡里亚王女则是一位传说人物，这座建筑中对公众展出卡里亚时代的发掘文物。

博德鲁姆 主要景点

由十字军打造而成，曾一度作为监狱使用

博德鲁姆城

Map p.240B2

Bodrum Kalesi 博德鲁姆 · 卡莱希

由 15 世纪初以罗德岛作为据点的圣约翰骑士团打造的城堡，别名圣皮塔城。建城之际挪用了众多来自摩索拉斯陵墓的石料，并在此后的历史长河中多次增建城堡建筑，使其成了地中海沿岸最坚固的传奇城堡。1523 年转入苏莱曼大帝的管理之下，随着奥斯曼王朝的势力逐渐强大，国土边界逐步向外扩散，这里的军事重要性已经大不如前。1895 年改建为监狱设施，曾收容过 700 余名囚犯。现在城内则设立着乌鲁布伦沉船展厅及卡里亚王女馆，以英国、德国等多个国家命名的诸多高塔中，称为法国塔 Fransız Kulesi 的塔楼高度最高，登塔后可以将博德鲁姆城的美景一览无余。

博德鲁姆城入口

博德鲁姆

罗马剧场 Antik Tiyatro
佳希塔 · 安提克餐馆 Casita Antik
Bodrum-Turgutreis Yolu 博德鲁姆 · 图古特雷斯路
Araplar Sok.
1618. Sok.
Metin Yanık Sok.
Turgut Reis Cad. 图尔古特 · 雷斯道
摩索拉斯陵墓 Mausoleion Müzesi
Furkateyn Sok.
Saray Sok.
Hamam Sok. 浴场路
达乌尔路 Davul Sok.
Yanki Sok.
Gerence Sok.
Göktepe Sok.
Tekel Sok. 特凯尔路
Elmadağ Sok. 埃尔马达路
Hacı Resul Sok.
Demirüz Sok.
Mars Mabedi Cad. 马尔斯 · 马贝迪道
1802. Sok.
市集 Pazar Yeri
巴士总站 Otogar
Cemil Uyar Cad.
Nafiz Özsoy Cad.
1035. Sok.
新酒吧街 Yeni Meyhaneler Sok.
奈赞 · 特乌菲克道 Neyzen Tevfik Cad.
特佩吉克清真寺 Tepecik Camii
前往达特恰的渡轮搭乘点
图尔克 · 库尤苏道 Türk Kuyusu Cad.
Cevat Şakir Cad. 杰瓦特 · 沙基尔道
市场 Çarşı
Kaya
Ptt
巴赫切利 · 阿尔旅店 Bahçeli Ağar
红龙酒家
游艇码头 Yat Limanı
维斯塔滨海酒店 Marina Vista
萨卡尔餐馆 Sakallı
Atatürk Cad. 阿塔图尔克道
Paşa Sok.
阿塔图尔克雕像 Atatürk Heykeli
1000 Sok.
1 Sok.
3 Sok.
Taşlık Sok.
Kale Cad.
哈里卡尔纳斯俱乐部方向
泽基 · 穆伦之家方向
曼塔尔峡湾方向
共和国道 Cumhuriyet Cad.
Denizce
市集
丘尔衮 · 库鲁姆吉餐馆 Bodrum Çılgın Kumrucu方向（约100米）
居姆贝特方向
N
0 200m
前往柯斯岛、罗得岛的高速快船搭乘地
博德鲁姆城 Bodrum Kalesi
1 2 A B

在伊斯坦布尔的迷你土耳其微缩景观公园（p.129）中可以找到将摩索拉斯陵墓和塞尔丘克阿尔忒弥斯神庙原貌复原的微缩景观模型。

在爱琴海畔 悠闲度假

近年来崭新的度假酒店相继在博德鲁姆近郊开业，为希望远离人群渴望在私人海滩悠闲度假的游客增加了一个重要选择。你是否也要来这里放松一下呢？

1 安缦如雅度假酒店的私人海滩
2 面积宽敞，布置舒适的酒店客房（安缦如雅度假酒店）
3 占据整片峡湾的度假酒店
4 坐拥7座泳池的派拉蒙酒店
5 一边眺望美丽海景一边享用精致美食（博德鲁姆海滩瑞士度假酒店）
6 欢迎甜点（博德鲁姆海滩瑞士度假酒店）

水疗设施的优质体验令人难忘

安缦如雅度假酒店 Amanruya

高级 36间 Map p.239B1

住 Bülent Ecevit Cad., Demir Mevkii, Göltürkbükü

TEL（0252）311 1212 FAX（0252）311 1213

URL www.aman.com

单/双 839~1198 €

深受全世界名流追捧的安缦如雅度假酒店，亚洲风格的轻快建筑外观与土耳其风格的传统内饰完美融合，营造出落落大方的居住空间。全部客房的庭院中都设有泳池，届时可以享受到安缦如雅度假酒店独树一帜的高品质按摩体验。

位于托尔巴峡湾的大型度假酒店

博德鲁姆派拉蒙酒店 The Bodrum by Paramount

高级 135间 Map p.239B1

住 Torba Mah., Zeytinlı Kahve Mevkii, Bodrum

TEL（0252）311 0030 FAX 085 0200 4040

URL www.thebodrumbyphr.com

单/双 338~1683 €

坐拥着7座泳池的大型度假酒店，餐馆经营地中海菜肴、中餐、意大利菜等五种风味，即使是长期居住也不会厌烦。价位最便宜的高级套房面积也有90平方米，从房间中的阳台可以欣赏到美丽的海景风光。沿海的泰国风格小木屋也可以租赁住宿，感受不同的住宿体验。

轻松愉悦的住宿体验

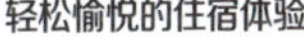

博德鲁姆海滩瑞士度假酒店 Swissotel Resort Bodrum Beach

高级 60间 Map p.239A2

住 Turgutreis Mah., Gazi Mustafa Kemal Bul. No.42

TEL（0252）311 3333 FAX（0252）311 3344

URL www.swissotel.com

单/双 350 €～

位于图尔古特雷斯旁的酒店，白色基调的酒店大堂被博德鲁姆的象征——叶子花（九重葛）形象的各式雕塑所装点，烘托出明朗开放的度假氛围。客房分为别墅风格及酒店客房风格，上述的价格为旺季的大体金额。

位于博德鲁姆近郊的哈里卡尔纳斯有一座巨大的户外俱乐部，虽然与博德鲁姆的距离较远，但是夏季从博德鲁姆会有专门的接送行程，可见这里的人气之旺。

酒店&餐馆

Hotel & Restaurant

价格划算的旅店大多集中分布在城中心地区，郊外也有许多大型度假酒店，夏季斋月等长假期间房间会非常紧张，请务必提前预约。

港口附近设有不少风格时尚的餐馆和咖啡馆，共和国道的集市中也有许多餐馆，由于地处度假胜地，因此价格也相对偏高一些。

巴赫切利 · 阿尔旅店

Bahçeli Ağar Aile Pansiyonu 经济型 9 间

◆由家族经营的当地旅店，从阳台可以领略到很棒的风景。每层都设有 2 处公共卫生间和淋浴设施，房客可以自由地利用旅店的厨房和冰箱。附带淋浴设施的客房只有 1 间。

Map p.240A2

住 Yat Limanı, 1402 Sok. No.4

TEL (0252) 316 1648

单人 A/C 100TL

双人 A/C 150TL

US $ € TL　信用卡 A D M V

Wi-Fi 全馆免费　EV 无

维斯塔滨海酒店

Hotel Marina Vista 高级 92 间

◆设有大型泳池，大理石材质的大堂与明亮的客房共同营造出时尚的酒店氛围。健身设施也很丰富，从餐馆可以欣赏到美妙的滨海风光。

Map p.240A2

住 Neyzen Tevfik Cad. No.168

TEL (0252) 313 0356　FAX (0252) 316 2347

URL www.hotelmarinavista.com

单人 A/C 270~630TL

双人 A/C 370~630TL

US $ € TL　信用卡 A M V

Wi-Fi 全馆免费　EV 有（部分区域不可利用）

丘尔衮 · 库鲁姆吉餐馆

Bodrum Çılgın Kumrucu 土耳其菜肴

◆位于海滩沿岸的快餐馆，搭配炸薯条的烤肉套餐分量很足，价格为 22TL。当然你也可以单点一杯饮料，在餐馆前的海滩享受太阳浴和海水浴的滋养。

Map p.240B2 外

住 Cumhuriyet Cad. No.102

TEL (0252) 313 4011

URL www.bodrumcilginkumrucu.com

开 8:00~ 次日 5:00

休 无　TL　信用卡 M V

萨卡尔餐馆

Sakallı Restaurant Ali Doksan 土耳其菜肴

◆1945 年开业，是博德鲁姆市内历史最悠久的大众餐厅，早餐提供 2 种汤品，各 6TL。每天不定期更换的土耳其炖菜是这里的主打美食，种类有 8~15 种。最具人气的菜品当数柯夫特肉条（右图照片）。

Map p.240B2

住 Nazım Hikmet Sok. No.10

TEL (0252) 316 6687

开 夏季 7:00~22:00

冬季 7:00~20:00

休 冬季的周日

US $ € TL　信用卡 M V

佳希塔 · 安提克餐馆

Casita Antik 面食 土耳其菜肴

◆博德鲁姆的“馒头 Manti”饺子相比于开塞利而说更加小巧，既可以煮着吃也可以炸着吃，名为“托里奥”的菜品是一道汇集三种不同风味饺子的人气菜品，此外这里的肉菜也很受好评。

Map p.240A1

住 Antik Tiyatro Karşısı

TEL (0252) 313 2484

URL www.casita.com.tr

开 17:00~22:00

休 冬季

US $ € TL　信用卡 M V

红龙酒家

Red Dragon Restaurant 中餐

◆由中国厨师主厨的中餐厅，价格偏高，炒饭 27~37TL，肉菜 44~63TL，海鲜菜肴 55~92TL~。除了在博德鲁姆开店外，在伊兹密尔也设有分店。

Map p.240A2

住 Neyzen Tevfik Cad. No.150

TEL (0252) 316 8537

URL www.reddragon.com.tr

开 9:00~24:00

休 无　US $ € TL　信用卡 M V

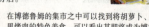

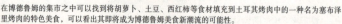

在博德鲁姆的集市之中可以找到将胡萝卜、土豆、西红柿等食材填充到土耳其烤肉中的一种名为塞布泽里烤肉的特色美食，可以看出其即将成为博德鲁姆美食新潮流的可能性。

前往罗得岛的起点，坐拥下沉海岸的美丽港城

马尔马里斯 *Marmaris*

市区区号 0252　人口 3 万 4047 人　海拔 5 米

登上城堡远眺港城美景

■马尔马里斯的旅游咨询处 ℹ
Map p.244A
住 Iskele Meydanı No.2
TEL & FAX（0252）412 1035
URL mugla.ktb.gov.tr
开 夏季
8:00~12:00、13:00~18:00
冬季
8:00~12:00、13:00~17:00
休 冬季的周六 · 周日

马尔马里斯的旅游咨询处 ℹ

马尔马里斯是一座位于博德鲁姆东南方向约 80 公里的港城，面朝大海，背靠松林茂密的环山叠翠，是一处风光与安静兼备的绝佳度假地。你在这里可以体验帆船出游等众多海上项目，前往希腊罗得岛的客人也可以从这里的港口乘船驶往。当你来到马尔马里斯，你既可以在周边的沙滩悠闲度假，也可以选择出海巡游探秘各处洞穴，海畔的诸多小岛各具特色，乘船游览会有不少奇妙的收获。前往海龟沙滩并在达里昂下游体验泥汤浴的 1 日游行程很有人气，乘坐渡轮出海后可以欣赏到样貌各异的大小浮岛，沿途的洞穴巡游也是乐趣盎然。

略微远离城中心的巴士总站

马尔马里斯这个单词的起源是米马尔 · 阿斯，意为“建筑家的受刑地”，苏莱曼大帝为了攻克罗得岛而下令在这里增设城堡要塞，但是建筑家设计的城堡过于狭小，触怒了苏莱曼大帝，便下令将建筑家受刑赐死。

连接巴士总站与城镇的合乘巴士

■耶希尔·马尔马里斯 Map p.244A
TEL (0252) 412 6486
开 9:00~21:00 休 无
出售前往罗得岛的渡轮及高速快船船票

■城堡 Map p.244A
开 8:00~18:45(11 月 ~ 次年 3 月 ~17:00)
休 11 月 ~ 次年 3 月的周一
费 12TL
内部不可使用闪光灯

当地名菜

达里昂青蟹

达里昂特产的马维延盖克螃蟹 Mavi Yengeç(青蟹)十分出名，活着的时候成色为青蓝色，煮熟后则会变为红色，个头虽然不大但是相当鲜美。

马尔马里斯 漫 步

城中心设有一座名为 19 马尤斯·艮奇里克的喷泉广场 19 Mayıs Gençlik Meydanı。从建有阿塔图尔克雕像的广场沿海岸线出发，步行大约 15 分钟便可以抵达餐饮街，马尔马里斯城堡便坐落在餐饮街的尽头，内部改建为博物馆对公众开放。发掘于尼多斯的雕刻作品以及罗马时代的玻璃工艺品都在此进行展示。

19 马尤斯·艮奇里克广场

从巴士总站前往城中心

◆**从机场前往城中心** 达拉曼机场配合抵达航班定时始发前往马尔马里斯的机场大巴(25TL)。车程约 1 小时 30 分钟，打车大约 200TL，前往机场的巴士则在航班起飞前 3 小时从巴士总站发车。

◆**从巴士总站前往城中心** 巴士总站距离市中心大约有 1 公里 的距离，从巴士总站设有前往城中心的合乘巴士(2.35TL)，上车后告知你在 19 马尤斯·艮奇里克广场下车即可。

◆**从港口前往城中心** 从罗得岛驶来的渡轮便停靠在马尔马里斯的港口，下船后沿海岸线步行 10 分钟即可以抵达设有集市的城中心地区。

马尔马里斯

梦想别墅酒店 Villa Dream
Rosy
维多利亚女王餐馆 The Queen Vic
General Mustafa Muğlalı Cad. 穆斯塔法穆拉尔总道
巴士总站方向
国立医院 Devlet Hastanesi
19马尤斯·艮奇里克广场 19 Mayıs Gençlik Meydanı
Nadir
Royal Maris 中国庭院
Kemal Seyfettin Bul. 凯马尔·塞菲汀大道
艾琳酒店 Aylin
坎丹海滩酒店方向(约100米)
萨班吉高中 Sabancı Lisesi
Ulusal Egemenlik Cad. 乌鲁萨尔·艾格曼里克道
Yeniyol Cad. 耶尼约尔道
Mustafa Kemal Paşa Cad.
阿塔图尔克雕像
塔休汗的车票售卖处(巴士公司) Taşhan Yazhaneleri
集市
Kordon Cad.
分布着众多酒吧、迪厅、俱乐部 Barlar Sok.
市营体育设施 Belediye Spor Kompleksi
耶希尔·马尔马里斯 Yeşil Marmaris
德德餐馆 Dede
Karaaslan
8欧达酒店 8 Oda
餐饮街
城堡(博物馆) Kale
Barbaros Sok.
海湾
前往罗得岛的渡轮搭乘地
0 300m

马尔马里斯附近的穆拉，结婚习俗是由女方准备新家的家具，曾有“有了新家，新娘便要在穆拉讨”的当地俗语。

马尔马里斯 近郊景点

美肤效果俱佳的泥汤浴！

苏丹尼耶温泉

Map p.243

Sultaniye Kaplıcası 苏丹尼耶 · 卡普尔佳斯

位于达里昂河上游的科伊杰伊兹湖畔。传说阿波罗与阿尔忒弥斯的母亲——勒托施法令这个温泉具有祛病的神力，自古以来便非常出名。除了声名远扬的泥汤浴外，海水温泉也很受好评。不仅对于关节炎、妇科病、肠胃及肾脏疾病都很有疗效，美容效果也很突出。喜欢按摩的朋友还可以体验这里完善的按摩设施。

浸泡于泥汤浴后便可以前往温泉及泳池，令身体舒适轻松

科伊杰伊兹海滩

■苏丹尼耶温泉

🚌 乘坐前往费特希耶的大巴在科伊杰伊兹 Köyceğiz 下车，在旅游旺季期间，可以搭乘从科伊杰伊兹出发的迷你巴士前往苏丹尼耶温泉。港口出发的游船一日游线路也会在旅游旺季定期举办，届时达里昂港口出发的船只也可以抵达苏丹尼耶温泉。

前往达里昂和考诺斯的游船行程

从马尔马里斯可以乘坐渡轮前往以白色沙滩与宁静海岸而著称的达里昂，实现当天往返的可能。同时你还可以游览近郊的考诺斯及泥汤浴和海龟沙滩等景点，行程十分丰富。

从海龟沙滩换乘游船后沿达里昂河 Daryan Nehri 上行，便可以抵达考诺斯这座曾经在希腊、罗马时代担任贸易中心的港口城市旧址。发掘于此的岩石墓穴据考究是公元前 4 世纪的古老王墓，山腹高度一座座嵌于山体之中的仿寺院墓穴也极具震撼力。目前考诺斯仍遗留着设有哥特式立柱的神庙与罗马剧场等古代遗址，墓穴附近的达里昂泥汤浴 Dalyan Çamur Banyosu 是与苏丹尼耶温泉人气比肩的出色泥汤浴地点。

■前往达里昂、考诺斯

4~10 月期间从马尔马里斯出发，9:30 左右出发，19:00 左右返回。

陆路交通前往的情况，则是从巴士总站搭乘前往费特希耶、奥尔塔恰 Ortaca 方向的巴士，抵达奥尔塔恰后换乘前往达里昂的合乘巴士即可。

9:30 左右从港口出发

停靠在小岛附近，乘客可以自由游泳

从海龟沙滩登陆，享受悠闲海水浴，有时候午餐也会在这里解决

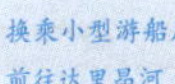
换乘小型游船后前往达里昂河

感受这种融入大自然的古人杰作

可以在一旁的咖啡馆小憩

结束一天充实的旅程

许多英国度假游客都偏好马尔马里斯，因此你在这里可以找到多家英式早餐店。

酒店&餐馆
Hotel & Restaurant

中高端酒店大多位于西侧海岸，坐落在城中心的酒店价格则相对便宜划算。每个海滩都设有风格独特的各式酒店，也是不错的住宿选择。夏季不少游客都会搭乘游船前往罗得岛，岛上的酒店虽然不少，但是在旅行旺季最好还是提前预约。

艾琳酒店
Hotel Aylin 经济型 20 间

◆坐落在紧邻海岸大道的一条街道之中，酒店建筑稍显古旧，室内的电视与客房设计不太搭调，但是干净整洁，你可以直接通过酒店申请出海巡游线路。

Map p.244A

住 Kemeraltı Mah., 99 Sok. No.6
TEL (0252) 412 8283
FAX (0252) 413 9985
S A/C 50~100TL
W A/C 100~150TL
US $ € TL　M V
全馆免费　EV 无

梦想别墅酒店
Villa Dream 中级 14 间

◆距离海岸线大约 800 米的酒店区之中，1 层除了并设的餐馆和酒吧之外，庭院中还有一座小泳池，客房配有厨房，早餐需要额外支付 15TL 才能享用。

Map p.244A

住 Çıldır Mah., Hasan Isık Cad. No.43
TEL (0252) 412 3354
URL www.villadreamapartments.com
S/W A/C 150~200TL
US $ € TL　M V
全馆（部分客房除外）免费　EV 有

坎丹海滩酒店
Candan Beach Hotel 中级 38 间

◆从城中心沿凯马尔·塞菲汀大道向西前行，便会在右手边看到这座酒店。客房氛围是经典的简洁模式，令房客心情畅快。1 层并设酒吧，早餐为自助餐形式。

Map p.244A 外

住 Atatürk Cad. No.44
TEL (0252) 412 9302　FAX (0252) 412 5359
URL beach.hotelscandan.com
S A/C 200TL
W A/C 350~400TL
US $ € TL　A D J M V
全馆免费　EV 有

8 欧达酒店
8 Oda Boutique Homes 高级 8 间

◆紧邻城堡的精致酒店，由一整栋民宅改建而成，蓝白交错的清爽外观十分惹眼。如果你希望体验爱琴海的度假氛围选择这里不会有错。

Map p.244B

住 30 Sok. No.17-19, Kaleiçi
TEL &FAX (0252) 413 6540
URL www.8odamarmaris.com
S/W A/C 85 €~
US $ € TL
M V　全馆免费　EV 无

德德餐馆
Dede Restaurant 鱼类菜肴

◆1973 年开业的老店，邻近旅游咨询处，可以穿着休闲服饰前往用餐。店家将从近海捕获的鱼类烧烤或炖煮，味道真心不错，人均预算 100~200TL，冬季歇业。

Map p.244A

住 Barbaros Cad. No.15
TEL (0252) 413 1711
URL dederestaurant.com
开 8:00~次日 1:00
休 无
US $ € TL　M V

维多利亚女王餐馆
The Queen Vic. 土耳其菜肴　英国酒吧

◆由家族经营的餐馆 & 酒吧，深受马尔马里斯的食客喜爱，早餐除了提供土耳其风味外，还有英式早餐。夜晚化身为英伦范的特色酒吧，喜欢夜生活的游客不妨一去。

Map p.244A

住 121 Sok. No.1
TEL (0252) 413 8635
开 9:00~24:00
休 无
TL
M V

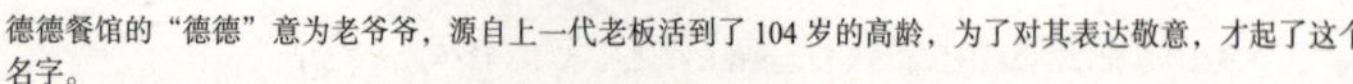

德德餐馆的“德德”意为老爷爷，源自上一代老板活到了 104 岁的高龄，为了对其表达敬意，才起了这个名字。

在古代利西亚王国时期便早已存在，拥有古老历史的度假城市

费特希耶 *Fethiye*

市区区号 0252　人口 8 万 4053 人　海拔 4 米

费特希耶近郊的厄吕代尼兹海岸线

位于穆拉 Muğla 东南部约 150 公里的近代度假村，此前这里曾留有大量古代遗址，但受 1957 年的大地震影响，现在当地几乎很难找到完整的建筑遗址，留下的大多都是断壁残垣。

入江口除了有圣约翰骑士团曾修道生活过的卡瓦列雷岛 Cavaliere（骑士之岛）外，还有诸多美丽小岛，费特希耶也是前往桑索斯和莱顿等世界遗产所在地观光的起点城镇。

■费特希耶的旅游咨询处 ⓘ
Map p.248B
住 Fevzi Çakmak Cad. No.9/D
TEL（0252）614 1527
FAX（0252）612 1975
Mail fethiyetourizm@yahoo.com
开 夏季 8:00~18:00
（周六·周日 10:00~18:00）
冬季 8:00~12:00
13:00~17:00
休 冬季的周六·周日

■费特希耶考古学博物馆
Map p.249C
住 505 Sok.
TEL（0252）614 1150
开 夏季 8:30~19:30
冬季 8:30~17:30
休 无
费 免费

费特希耶 漫 步

城镇的面积不大，大致是从东边的考古学博物馆到西边游艇码头的范围，阿塔图尔克道 Atatürk Cad. 贯穿东西，在考古学博物馆以南 500 米的高山山腹上还可以看到雕工精湛的石窟墓室，邻近游艇码头还有一座罗马时代的剧场遗址，十字军的城堡遗址则位于城镇南侧的高地之上。旅游旺季期间，你可以从港口乘船体验 1 天周游 12 座小岛的精彩行程。

嵌于山体内的精美石窟墓室

◆从巴士总站前往城中心

位于城中心以东 3 公里的巴士总站中，除了有大型巴士公司运营的联络巴士外，代尼兹利、卡什、安塔利亚等前往近郊的中型巴士也都从这里发抵。从巴士总站出来跨过马路，从对面的反向车道搭乘橘色合乘巴士即可前往城中心，车程约 10 分钟，费用 5TL。

◆合乘巴士 & 迷你巴士

你可以搭乘合乘巴士和迷你巴士前往费特希耶的近郊地区，前往厄吕代尼兹 Ölüdeniz、希萨若努 Hisarönü、卡亚柯尤 Kayaköyu 方向

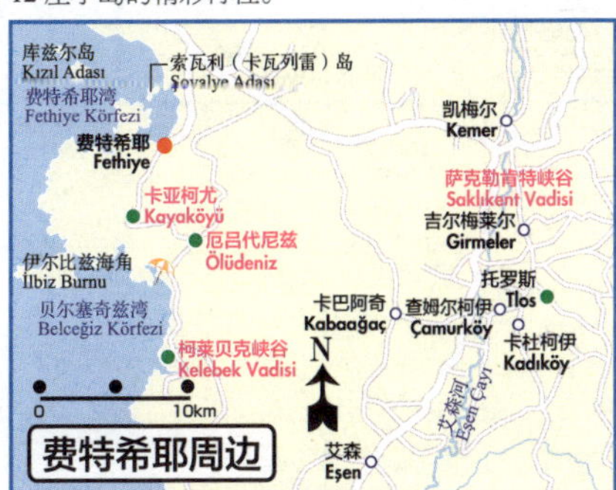

费特希耶这个名字取自 1913 年土耳其发生的第一起航空事故的殉职者——费特希·贝。

的迷你巴士由城中心以东 1 公里左右的合乘巴士停车场发车，即使是前往莱顿 Letoon 所在地的卡姆罗瓦 Kumluova，或是桑索斯 Xanthos、科纳克 Kınık、帕塔拉 Patara 等长途线路，发车地点同样也是合乘巴士停车场。

费特希耶 主要景点

留有距今已有 2000 年以上历史的精美雕刻作品

石窟墓室

Map p.249C

Kaya Mezarları 卡亚 · 梅扎尔拉尔

建于公元前 4 世纪时期的希腊神殿风格建筑，运用爱奥尼亚风格柱廊装饰的阿敏塔斯墓美轮美奂，保存状态良好。

费特希耶 近郊景点

原封不动留存下来的希腊人村落

卡亚柯尤（卡尔米拉索斯）

Map p.247

Kayaköyü 卡亚柯尤

这里原先是东正教教徒所居住的村落，在独立战争结束后的人口交换过后，虽然村民已经人去楼空，但是整座村子还是被很好地保留下来。至今你仍可以在这里的教堂看到描绘耶稣一生的精美壁画，红酒酒窖与礼拜堂等设施也很值得一看。卡亚柯尤和厄吕代尼兹之间大约有 8 公里的距离，你可以参与时长在 2 小时 30 分钟 ~3 小时的远足线路，穿过茂密的丛林后豁然开阔的厄吕代尼兹海滩和

教堂中遗留的精美壁画

■**费特希耶起始的游船之旅**

各个旅行社组织的出海巡游其实都是同一个行程，旅行旺季期间经常爆满，推荐在前一天的早上前进行预约。

● **12 岛巡游之旅**

5~10 月期间 10:30 左右发船，途经梅尔蒂班利海角、索瓦利岛、格杰克岛、库兹尔岛等地，参观遗址的同时还可以享受海水浴和潜水的乐趣。行程结束后大约在 18:00 返航，包含午餐的整体费用为 80~100TL。

● **厄吕代尼兹与柯莱贝克峡谷**

5~10 月期间 10:30 左右出发，途经柯莱贝克峡谷（蝴蝶谷）后前往厄吕代尼兹的海滩，届时你可以在此享受地道的海水浴体验，大约于 18:00 返航，包含午餐的总价为 110TL~。

别具当地特色的 12 岛巡游之旅

■**卡亚柯尤**

🚌 从合乘巴士停车场乘车出发，车程 30 分钟，费用 5TL。在 7:00~21:00（冬季 ~19:00）期间频繁发车。

费特希耶

厄吕代尼兹

费特希耶方向 滑翔伞加速坡面 环礁湖海滩方向 前往费特希耶的合乘巴士 Alize Türk Akdeniz Tropicana Montebello Asena Sun City Club ST. Nicholas Park 贝尔杰克兹海滩酒店 Belcekız Meri 沙滩 柯莱贝克峡谷方向 Likya World方向 Ölüdeniz Cad. Belcegiz Cad. Çarşı Cad. Denizpark Cad. 0 200m

Yacht Boútique Fevzi Çakmak Cad. 菲乌兹 · 查克马克道 V-GO's Dedeoğlu 泽基餐馆 Zeki 集市 阿塔图尔克道 礼品店和餐馆林立 政府道 Belediye Cad. 亚特经典酒店 Yacht Classic 罗马剧场 Antik Tiyatro 阿布迪 · 伊佩克奇道 Abdi İpekçi Cad. Pirlanta 詹达尔马 Jandarma V-GO's旅店 Duygu 菲拉芙旅店 Ferah 0 200m A B

如果你是搭乘前往莱顿以外目的地的近郊巴士，可以选择相较合乘巴士停车场而言，距离城中心更近的清真寺旁巴士站，班数频率与合乘巴士停车场出发的巴士完全一样。

大海便会呈现在你的眼前，从小教堂上方也可以找到一条前往索克斯海岸的远足线路，沿途同样充满乐趣。

地中海屈指可数的美丽海滩度假地

厄吕代尼兹 Map p.247

Ölüdeniz 厄吕代尼兹

从费特希耶的合乘巴士乘车大约需要 30 分钟，Oludeniz 意为“安静的大海”，这里的海湾风平浪静，造就了地中海地区首屈一指的优美海滩。

随着近年来越来越多的酒店和旅店逐渐在厄吕代尼兹开业，这里已经发展为一片成熟的度假地，海滩主要分为位于合乘巴士停车场前的宽阔海滩以及位于深处梅里酒店 Hotel Meri 和露营地附近的小型环礁湖海滩，论海水的透明度，前者更胜一筹，后者则设有前往卡亚柯尤的远足行程。

漫步于“隐秘之谷”的谷底河畔

萨克勒肯特峡谷 Map p.247

Saklıkent Vadisi 萨克勒肯特 · 巴迪希

河流比较湍急，需要手牵手砥砺前行

位于艾森河 Eşen Çayı 东侧长达 18 公里的美丽溪谷，Saklikent 意为“隐蔽的城镇”，因此萨克勒肯特峡谷还有一个名为“Hidden Valley”的英文别称。你可以从费特希耶搭乘合乘巴士前往这里，旅行旺季还可以参加艾森河的精彩下游之旅，对世界遗产桑索斯和莱顿感兴趣的游客也可以从这里参加前往世界遗产的特色行程。

■厄吕代尼兹

🚌 从合乘巴士停车场出发，大约需要 40 分钟，费用 5TL，7:00~24:00 期间运营，冬季会有适当减班，从巴士总站也可以搭车前往厄吕代尼兹。

厄吕代尼兹的滑翔伞体验项目是可以与卡帕多西亚热气球项目比肩的人气活动，需要注意的是，冬季无法体验滑翔伞项目

■萨克勒肯特峡谷

🚌 从合乘巴士停车场出发，大约需要 1 小时的车程，费用 11TL，7:50~23:00 期间（冬季 ~17:00）每 20 分钟一班，夏季还会开展特色行程。

开 8:00~20:00（冬季 ~18:00）

休 无

费 10TL

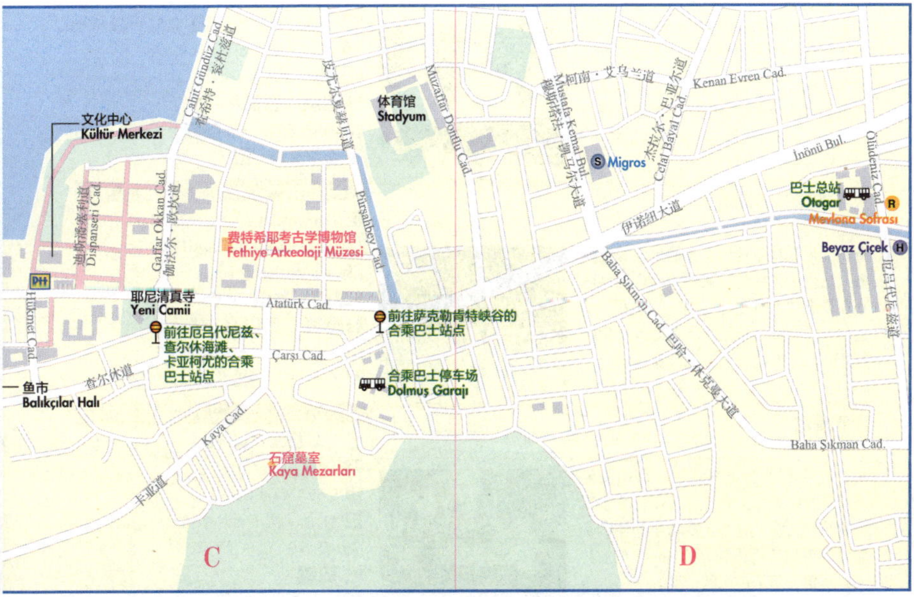

文化中心 Kültür Merkezi
体育馆 Stadyum
Migros
巴士总站 Otogar
Mevlana Sofrası
Beyaz Çiçek
费特希耶考古学博物馆 Fethiye Arkeoloji Müzesi
耶尼清真寺 Yeni Camii
前往厄吕代尼兹、查尔休海滩、卡亚柯尤的合乘巴士站点
前往萨克勒肯特峡谷的合乘巴士站点
合乘巴士停车场 Dolmuş Garajı
鱼市 Balıkçılar Halı
石窟墓室 Kaya Mezarları
Cahit Gündüz Cad. 查希特·衮杜兹道
Kenan Evren Cad.
柯南·艾乌兰道
Mustafa Kemal Bul. 穆斯塔法·凯马尔大道
Celal Bayar Cad. 杰拉尔·巴亚尔道
İnönü Bul. 伊诺纽大道
Ölüdeniz Cad. 厄吕代尼兹道
Muzaffar Dontlu Cad.
Pürşahbey Cad.
Gaffar Okkan Cad. 伽法尔·欧坎道
Dispanseri Cad. 迪斯潘塞利道
Hükmet Cad.
Atatürk Cad.
Çarşı Cad. 查尔休道
Kaya Cad. 卡亚道
Baha Şıkman Cad. 巴哈·休克曼大道
C
D

菲拉芙旅店（→ p.250）的老板娘莫尼卡并不是她的本名，为了纪念其在交通事故中去世的妹妹菲拉芙，而为旅店取了相同的名字。

单人也可以体验漂流的乐趣

冰澈清冽的河水湍急流淌，脚下的步道在遇到谷底的激流后会暂时消失，届时需要你穿着泳衣横穿这条水位在膝盖位置的大自然溪流。河畔入口设有一座餐馆，你可以在品味鲜美河鱼的同时欣赏川流不息的自然美景。

酒店&餐馆 *Hotel & Restaurant*

城中心的购物区域设有不少住宿设施，但是平价旅店数量较少。厄吕代尼兹也有不少中级酒店，除了集市内可以找到许多餐馆和礼品店外，港口附近也有不少相应设施。市井店铺大多分布在市区的东部，鱼市（→p.248B）中的餐馆独具特色，无论你在鱼市中的哪个档口购买鲜鱼，只需要额外支付 10TL 的加工费便可以坐等美食上桌。

菲拉芙旅店
Ferah Pension Hostel Monica's Place 经济型 10 间

◆位于詹达尔马（宪兵）建筑前坡路上的住宅区，有一名叫作莫尼卡的老板娘经营的家族旅店，美味的晚餐加收 9 €，洗衣机收费为 25TL/ 次。

Map p.248A

住 2.Karagözler 16. Sok. No.23

TEL（0252）614 2816

URL www.ferahpension.com

S A/C 25~30 €

W A/C 30~40 €

US $ € TL　信用卡 不可

Wi-Fi 全馆免费　EV 无

V-GO's 旅店
V-GO's Hotel & Guesthouse 经济型 26 间

◆位于菲乌兹·查克马克道上的人气旅店，备受自由行游客欢迎。并设在旅店中的泳池和酒吧也令这里的元素更加丰富，客房配套设施完善。此外你还可以通过这家旅店参报多家旅行社的各色近郊线路，选择众多。

Map p.248A

住 Fevzi Çakmak Cad. No.109

TEL（0252）612 5409

DOM A/C 15~16 €

S A/C 27~29 €

W A/C 45~56 €

US $ € TL　信用卡 不可　Wi-Fi 全馆免费（部分区域尚未覆盖）　EV 无

亚特经典酒店
Yacht Classic Hotel 高级 40 间

◆酒店中有 25 间客房可以眺望大海美景，设在室外的电梯别具特色，全部客房都配有电视、热水壶和吹风机，面积十分宽敞，泳池、水疗设施以及餐馆也都一应俱全，冬季时入住还有相应的折扣。

Map p.248A

住 Fevzi Çakmak Cad. No.24

TEL（0252）612 5067　FAX（0252）612 5068

URL www.yachtclassichotel.com

S A/C 50~60 €

W A/C 60~120 €

US $ € TL　信用卡 M V

Wi-Fi 全馆免费　EV 有

贝尔杰克兹海滩酒店
Belcekiz Beach 高级 215 间

◆位于厄吕代尼兹的五星酒店，邻近海滩，地理位置优越，宽敞的酒店院落内不仅设有泳池及土耳其浴场，还有一座迷你音乐会场，单是酒店的出入口就有好几处。每年 4~10 月期间营业。

厄吕代尼兹　Map p.248A

住 Denizpark Cad. Belceğiz Mevkii No.2, Ölüdeniz　TEL（0252）617 0077

URL www.belcekiz.com

S A/C 105 € ~

W A/C 140 € ~

US $ € TL　信用卡 M V

Wi-Fi 全馆免费　EV 有

泽基餐馆
Zeki Restaurant 鱼肉菜肴

◆1983 年创业的家族餐馆，母亲艾米奈负责烹饪美味的料理，儿子比罗尔则负责统筹大堂。在军乐队音乐的伴奏下品尝约兹加特烤肉佳肴（100~110TL），一定会给你留下难忘的记忆。

Map p.248B

住 Eski Meğri Sok. No.8

TEL（0252）614 3585

开 9:30~24:00

休 11 月 ~ 次年 4 月中旬

US $ € TL

信用卡 M V

泽基餐馆开始烹制约兹加特烤肉是在 20 世纪 90 年代，那时这片地区生活着许多约兹加特（→p.328）人，他们极其思念故乡的美食，便拜托这家餐馆尝试一做，没想到会有这么好的反响。

伊斯坦布尔
安卡拉
桑索斯

现在仍在不断进行考古开掘的古代利西亚的都城

桑索斯 *Xanthos*

市区区号 0242　人口 5389 人　海拔 9 米（科纳克）

桑索斯的剧场遗址

桑索斯在古代是利西亚王国的首都，作为全世界第一个实行共和制的城市而声名远扬。在利西亚时代曾有“阿里纳”的别名，在众多利西亚遗址之中，桑索斯的保存状态堪称上乘。最早书写下关于桑索斯文字记录的便是著名的历史学家希罗多德。随后这里在亚历山大大帝的统治下，有很长的一段时间都十分繁荣。

发掘于此的大部分文物古董目前都保存在大英博物馆和伊斯坦布尔考古学博物馆中，这里和同为利西亚古遗址的莱顿，在 1988 年共同登录在世界遗产名录之中，附近的帕塔拉遗址其实也属于利西亚遗址的一部分，距离遗址区域大约 18 公里的白沙海滩作为优质的度假地每年都吸引着欧洲各地的观光游客纷至沓来。

■前往桑索斯的交通方式

●安塔利亚出发

由巴图·安塔利亚大巴公司 Batı Antalya 运营，途经卡什、帕塔拉后前往科纳克的行程线路，6:30~18:00 期间每小时 1 班左右。

车程：约 5 小时

费用：33TL

●卡什出发

除了巴图·安塔利亚大巴公司外，奥兹卡什·帕塔拉·柯普大巴公司 Özkaş Patara Koop. 也在运营，每天 8:40~19:50 期间每 20~45 分钟 1 班

车程：约 1 小时　费用：9TL

●费特希耶出发

巴图·安塔利亚大巴公司在每天 7:30~20:30 期间运营，每 1 小时 ~2 小时 30 分钟 1 班。

车程：约 1 小时　费用：9TL

世界遗产

桑索斯和莱顿

Xanthos-Letoon

1988 年

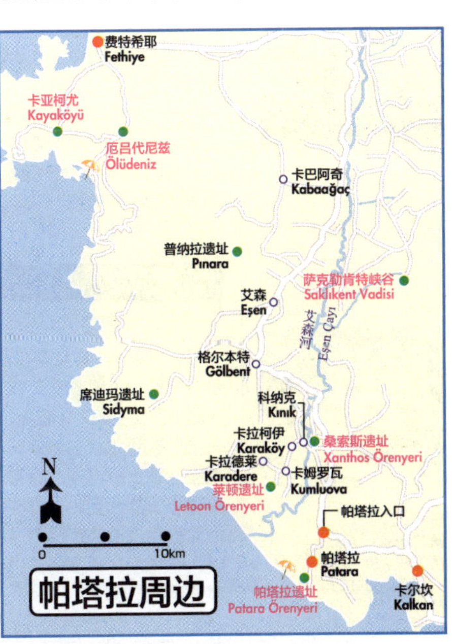

位于前往帕塔拉方向合乘巴士沿路的 D400 号公路上，在帕塔拉入口所在的 T 形路口位置，有一家茶餐馆，非常适合等车时在里面买杯水消磨时间。

Information

搭乘迷你巴士前往帕塔拉需注意换乘

搭乘连接费特希耶、卡什和卡尔坎的迷你巴士前往帕塔拉时，根据班次及时间的不同，可能不会将你直接送达帕塔拉，你需要在帕塔拉入口处名为Patara Yolu的分岔口下车，随后从那里搭乘前往城中心的塞尔比斯接送巴士前往目的地。

旅行的起点城镇

可以作为观光起点的大规模城镇当数费特希耶（p.247）或卡什（p.254）。你可以从城镇参报旅行团随团出游，也可以自行打车前往观光，后者效率更高。此外，帕塔拉Patara作为距离桑索斯最近的城镇，酒店的数量也有很多，如果你落宿于此，打车或包车的费用将会更加划算，从帕塔拉前往土耳其首屈一指的优美海滩也十分方便。

桑索斯 漫 步

从费特希耶途经科纳克、帕塔拉入口、卡尔坎、卡什、最后延伸至安塔利亚的公路名为D400，是这个地区的主干公路。除了合乘巴士及迷你巴士外，大型巴士也不时会出现在这个路段。

你可以搭乘合乘巴士前往位于桑索斯入口处的卡拉柯伊Karaköy及科纳克Kınık，或是邻近莱顿的卡姆罗瓦Kumluova等遗址入口村落。

桑索斯 主要景点

考古发掘工作仍在进行中

桑索斯遗址 Map p.251

Xanthos Örenyeri 桑索斯 · 欧兰耶利

坐落在桑索斯河（现艾森河）河畔的大规模利西亚城市遗址，现在对于这座都城的起源仍尚不明确，最早的文字记录是在公元前6世纪中期，这里曾遭受到了阿契美尼斯王朝军队的攻击，仅有80户居民得以生还。公元前475~450年，一场严重的大火也将刚刚复兴的城市焚烧殆尽，随后的历史长河中罗马的布鲁特斯也进军此地，城内居民死伤大半，最后只有150名男性和少数女性成了俘虏，其余人口均未幸免于难。也许是曾经的历史过于多灾多难，桑索斯在拜占庭时代终于迎来了繁荣之景。

在入口夹道的对面设有一座古剧场遗址，参观不需要支付门票费用。剧场上方则是利西亚特有的小型墓室，支付门票费用后从入口进入，会先看到鳞次栉比的列柱神道，拜占庭时代的基督教堂遗址及刻画着精美浮雕的墓室石棺便位于神道的尽头。

■桑索斯遗址
住 Kınık Kasabası
开 夏季 8:00~19:00
冬季 8:30~17:30
休 无
费 12TL
部分区域不可使用闪光灯

位于剧场上方的墓室石棺

壮美的勒托、阿波罗、阿尔忒弥斯三神庙遗址

莱顿遗址 Map p.251

Letoon Örenyeri 莱顿 · 欧兰耶利

与桑索斯一同登录在世界遗产名录之中，名字源自生下阿波罗及阿尔忒弥斯的女神勒托。现在遗址之中不仅有勒托、阿波罗、阿尔忒弥斯的三神庙遗址，古剧场的保存状态也十分出色，当你在周边的村落或遗址漫步之时，可能还会遇到偶然出现的野生山羊，可谓是一处融入大自然的景观遗址。

莱顿古剧场

留有巨大立柱的莱顿神殿

■莱顿遗址
住 Kumluova Köyu
开 夏季 8:30~19:30
冬季 8:30~17:30
休 无
费 10TL

按常理而言，坟墓都是位于地下空间，但桑索斯遗址中的石棺则会安放在坟墓的上方，这主要是因为利西亚人有在空中祭祀死者的传统观念。

遗址对面便是洁白的沙滩

帕塔拉遗址

Map p.251

Patara Örenyeri 帕塔拉 · 欧兰耶利

依旧处于考古发掘工作中的帕塔拉遗址

遗址景观相比较于桑索斯河莱顿来说并没有保留得十分完好，但你在这里仍可以参观到古代浴场、剧场、主干道等众多遗址，利西亚特有的石窟墓室也可以在这里得以一见。目前土耳其国家旅游局及阿卡德尼兹大学共同在这里进行考古发掘工作。穿过广阔的遗址区后你便可以来到洁白的沙滩地带，这片区域作为海龟的产卵地，政府为了防止沙子的流失增设了阻沙林及散步道，既规划了观光景区又保护了大自然，一举两得。沙丘可谓是欣赏日落美景的绝佳位置。

■帕塔拉遗址

住 Patara Kasabası
开 夏季 8:00~19:00
冬季 8:30~17:30
休 无
费 20TL

从帕塔拉遗址的入口到遗址区间大约有 2 公里的连接道路，走过售票处后，左右手两边便会出现利西亚的古代遗址，夏季可以直接从帕塔拉的入口搭乘合乘巴士前往帕塔拉海滩。

酒店&餐馆
Hotel & Restaurant

帕塔拉的旅店及小型酒店位于城内的沿路及台阶上方的山丘地带，大部分住宿设施内都并设有餐馆，冬季期间绝大多数旅店都会暂停营业，由于帕塔拉当地的蚊子很多，所以很多旅店都会为客房布置蚊帐，十分贴心。

鲜花旅店
Flower Pansyon 经济型 16 间

◆一家全年营业的家族旅店，院落中载有果树，早餐期间摆出的果酱便是自家制作。提供前往海滩的免费接送服务，并设的旅行社柜台还可以为房客提供皮划艇体验项目，客房中有配有厨房的房型。

帕塔拉 Map p.252

住 Patara 电 (0242) 843 5164
FAX (0242) 843 5279
URL www.pataraflowerpension.com
单人 A/C 80TL
双人 A/C 120TL
US $ € JPY TL 信用卡 M V
全馆（部分区域未覆盖）免费 EV 无

圣尼古拉斯旅店 & 餐馆
St. Nicholas Pension & Restaurant 鱼肉菜肴

◆位于帕塔拉城中心的旅店兼餐馆设施，不少并非房客的观光客也来这里用餐，店家的招牌菜当数海鲜和烤炉菜品，此外土耳其烤肉和瓦罐焖烤的种类也很丰富，选择多样。

帕塔拉 Map p.252

住 Patara 电 (0242) 843 5154
URL www.stnicholaspensionpatara.com
开 8:00~24:00
休 无
US $ € TL 信用卡 M V

Information 令人今后抱有考古期待的利西亚文化遗产

当赫梯王国灭亡之时，部分国民便来到了利西亚地区，区域范围从土耳其的南海岸、费特希耶一路延伸到安塔利亚，现在留存于这里的古遗址都是公元前 5 世纪以后的利西亚王朝所遗留下来的。

当时利西亚王朝筑有首都桑索斯（现科纳克）、缪拉（现卡拉柯伊）、安提菲罗斯（现卡什）等主要城市。公元 5 世纪前著名的历史学家希罗多德在其著作《历史》中曾记载过利西亚这片土地，荷马也在他的荷马史诗《伊利亚特》中提到过利西亚，但是再古老的起源记录则未曾出现。

公元前 545 年，波斯军队占领了利西亚，随后亚历山大大帝将这里解放，为利西亚增添了希腊 · 罗马的氛围与文化。圣保罗在从以弗所返回之际也途经这里。

在历史的长河中，利西亚的独特文化并未抹去，直至今日，其建于山间的石窟墓室仍因高超的建造技艺而被世人所称赞，许多木质民宅匠心独到，三角形的房顶设计和立柱浮雕也是手法巧妙，很有学习价值。目前这里的出土文物主要在大英博物馆和伊斯坦布尔考古学博物馆中对公众展出，目前遗留在草原上的遗址仍在进行着如火如荼的考古发掘工作，今后的调查成果十分值得期待。

你可以搭乘合乘巴士从帕塔拉前往海滩，许多旅店也会为房客提供免费的海滩接送服务，服务十分贴心和周到。

伊斯坦布尔
安卡拉
卡什

坐落在入江口处的恬静度假地

卡什 *Kas*

市区区号 0242　人口 7258 人　海拔 8 米

停泊着众多游艇的卡什港口

卡什是一座将古代安提菲洛斯 Antiphellos 氛围传承至今，并留有利西亚 Likya（英语为 Lycia）遗址的港口城镇。城中心用 4 个狮子头雕装点的纪念墓碑引人注目，在郊区山腹中石窟墓室 Kaya Mezarlar 里还可以看到利西亚古文字，位于港城西北部的房型墓室也耐人寻味。刻画着 24 位舞女的精美浮雕美轮美奂。

此外，在卡什可以体验潜水、出海巡游、滑翔伞等众多户外项目，你可以在悠闲的度假日子中丰富你的假期时光。

■卡什的旅游咨询处 ⓘ
Map p.254
住 Cumhuriyet Meydanı No.7/A
TEL（0242）836 1238
开 8:00~17:00
休 冬季的周六・周日

■雷特布莱克斯旅行社
Latebreaks
Map p.254
住 Hükümet Cad. No.1
TEL（0532）465 3526
URL www.ltbtravel.com
开 8:00~23:00（冬季 ~16:00）
休 无

出售前往梅斯岛的船票及多样旅行线路。

■卡夫拉曼拉尔旅行社
Kahramanlar
Map p.254
住 Necipbey Cad.
TEL（0242）836 1062
URL www.meisferrylines.com
开 8:00~18:00
休 无

卡什设有 2 处滑翔伞起飞地点，高度有所区别，希望刺激挑战的游客可以选择较高的起点，略微害怕的游客则推荐从较低起点起飞。

卡什 漫 步

卡什这座港城结构简单，阿塔图尔克大道这条主干道从巴士总站一路延伸到港口，港口附近最热闹的地区当数清真寺北面的小型集市。

卡什 主要景点

从制高点将地中海的美景尽收眼底

古代剧场

Map p.254

Antik Tiyatro 安提克 · 提亚特罗

共设有 26 排坐席的希腊时代恢弘剧场遗址于 2010 年修复完工，从观众席的最上排可以远眺到地中海和梅斯岛的美妙景色。

卡什 近郊景点

圣诞老人的故乡

代姆雷

Map p.255C

Demre 代姆雷

缪拉的罗马剧场

代姆雷的古名称为缪拉，作为利西亚的核心城市曾一度繁荣。在利西亚成为罗马的附属州郡后繁荣之景仍在延续，圣诞老人的原型人物——圣 · 尼古拉斯的故乡便是这里。现在考古遗址的发掘工作仍在开展之中，石窟墓群、罗马剧场以及圣 · 尼古拉斯教堂等景点都对公众开放参观。

缪拉遗址 Myra Antik Kent

留存于遗址石窟墓室的面具浮雕

对公众开放的遗址区域主要是古代剧场和石窟墓群，目前的考古工作仍在进行之中，出土的各式面具风格浮雕姿态各异、乐趣横生。缪拉的石窟墓室被称为“河墓”，遗留至今的数量比想象中要更多一些。

圣 · 尼古拉斯教堂 Aya Nikola Kilisesi

代姆雷因圣诞老人而出名的圣 · 尼古拉斯圣堂、圣尼古拉斯教堂都值得一去。受罗马皇帝戴克里的迫害而殉教的圣 · 尼古拉斯便葬于此地，随后这里便修建了拜占庭风格的教堂建筑。至今教堂内仍可以看到精美的马赛克拼接地砖、壁画和祭坛。圣 · 尼古拉斯的牙齿和骨头则收藏于安塔利亚考古学博物馆之中。

港口前的广场开设着多家餐馆

■古代剧场
开 自由参观

■前往代姆雷的交通方式
从巴士总站可以搭乘巴图 · 安塔利亚大巴公司 Batı Antalya 前往安塔利亚方向的巴士，在代姆雷 Demre 下车即可。车程约 50 分钟，费用 8TL。代姆雷和缪拉之间大约有 1.5 公里的距离。

■缪拉
开 4~9 月 9:00~19:00
10 月 ~ 次年 3 月 8:30~17:30
休 无 费 30TL
部分区域不可使用闪光灯

缪拉的石窟墓室

■圣 · 尼古拉斯教堂
Map p.255C
距离代姆雷的巴士总站步行约有 5 分钟的脚程
住 Noel Baba Müzesi, Demre
开 4~9 月 8:30~19:00
10 月 ~ 次年 3 月 8:30~17:30
休 无 费 30TL
部分区域不可使用闪光灯

圣 · 尼古拉斯教堂的湿壁画

缪拉曾是利西亚地区拥有重要事务决定权的三城之一，在成为被罗马统治的附属州郡后，其重要性再次得到提升。

■梅斯岛

夏季期间，卡什每天都有前往梅斯岛的航线（→p.417），冬季的班数则锐减到每周一班。你可以通过雷特布莱克旅行社 Latebreaks 或卡夫拉曼拉尔旅行社 Kahramanlar 购买船票。

■蓝洞

Map p.255B

你可以从港口包船前往，凑齐4名乘客每人收费为€ 10，蓝洞中允许游泳，你可以将泳衣提前穿在里面，届时告诉船老大你有游泳的想法即可。

梅斯岛的蓝洞

沉浸于海岛特有的清新空气之中

梅斯岛

Map p.255B

Meis Adası 梅斯 · 阿达斯

恬静的卡斯特罗里佐村镇

距离卡什仅有2.1公里的希腊所属岛屿，从希腊领土来看，位于希腊的最东部，与其余希腊岛屿都具有一定的距离，反而是从土耳其前往更为便利。希腊语中称这里为梅基斯缇，被意大利占领时期还称这里为卡斯特罗里佐，岛上位于港口的村落便叫作卡斯特罗里佐村。奥斯曼王朝时期建造的清真寺现在作为博物馆对外开放。

这座小岛曾经隶属于拜占庭王朝、圣约翰骑士团、那不勒斯王国、马穆鲁克王朝、奥斯曼王朝、意大利及希腊等多个时代的王者所支配，历经沧桑后岛上现在只留下了单纯闲适的氛围，你在这里可以体验到地中海沿海村落所散发出的独有的闲适与放松。

蓝洞 Bule Grotto

提起蓝洞这个名称，你第一个想到的可能是意大利南部卡普里岛的观光名胜，而近年来，这处位于梅斯岛的蓝洞人气也在日益提升。在涨潮或是大风大浪之时可能无法入洞参观，其余时间则可以搭乘小船进入奇妙的蓝洞世界，一定会给你留下难忘的旅行回忆！

Live Report

凯考瓦岛的1日出海游

从卡什乘船除了可以游览洞窟遗址外，还可以前往附近的凯考瓦岛。这座小岛过去曾是利西亚的城市德利吉斯特，在公元2世纪左右的一场地震中沉入海底，地震前的凯考瓦岛曾与大陆相连，至今古老的罗马时代遗址仍沉睡在海底之中。如果你搭乘玻璃游船前往游览，低下头便可以看到沉积在海底的古老遗址。

■前往凯考瓦的游船

除了可以从卡什参加前往凯考瓦的出海游外，在代姆雷和尤恰乌兹也可以实现前往的可能。大多数行程都是上午出发，所以最好提前一天进行预约。

有时也会在抵达凯考瓦岛后安排午餐

此后为自由活动时间

前往位于高地的城堡，俯瞰岛屿和大海

留有古代剧场遗址

你可能会因为梅斯岛距离卡什很近，就将其视为土耳其的领土，其实这里是希腊的领地，上岛的时候需要出示护照。

酒店&餐馆
Hotel & Restaurant

作为名副其实的度假地，设有众多酒店、旅馆等住宿设施。从警察局到海滩的道路及紧邻其的一条道路是大型酒店的聚集地，从巴士总站延伸到港口的阿塔图尔克大道 Ataturk Bul. 西侧则主要是家族经营的小型酒店区域，相对来说氛围更加安静。

阿依旅店
Ay Pansiyon 经济型 9 间

◆由家族经营的小旅店，店主人是一位老奶奶，亲切和蔼，令人心安。客房整体比较老化，但是干净整洁，从房间的阳台可以欣赏到美妙的海景，冬季住宿不提供早餐，但是房费会有相应的折扣。

Map p.254
住 Kilise Camii Cad. No.5
TEL (0242) 836 1562
单/双 A/C 100TL~
US $ € TL 信用卡 不可
全馆免费 EV 无

海德威酒店
The Hideaway Hotel 中级 23 间

◆并设有一座小型泳池，宛如一个精品度假酒店，白色为基调的客房给人清爽之感，令人心情愉悦。早餐在可以眺望大海的屋顶露台食用，为自助模式。

Map p.254
住 Anfitiyatro Sok. No.7
TEL (0242) 836 1887 FAX (0242) 836 3086
URL www.hotelhideaway.com
单 A/C 29~49 €
双 A/C 35~65 €
US $ € TL 信用卡 A D J M V
全馆免费 EV 有

马莱·诺斯图尔姆公寓酒店
Mare Nostrum Apart 中级 7 间

◆邻近巴士总站的人气公寓酒店，客房中有 5 间设有开放性厨房，适合长期居住的客人，未配有厨房的客房房费则比右边所示的价格更便宜一些，在 90~170TL。

Map p.254
住 Gül Sok. No.6
TEL (0242) 836 3018
URL www.marenostrumapart.com
单/双 A/C 200~280TL
US $ € TL 信用卡 M V
全馆免费 EV 无

菲洛斯俱乐部酒店
Hotel Club Phellos 中级 89 间

◆位于城镇东侧的 3 星级度假酒店，虽然没有面向大海的海景房，但是室内室外都配有泳池，你还可以通过付费的方式享受这里的桑拿和土耳其浴场，右侧的价格在冬季会有打半折的情况。

Map p.254
住 Doğruyolu Sok. No.4
TEL (0242) 836 1953 FAX (0242) 836 1890
单 A/C 30~60 €
双 A/C 40~70 €
US $ € TL 信用卡 M V
免费（仅限大堂） EV 无

比洛克玛妈妈厨房
Bi' Lokma Mama's Kitchen 鱼肉菜肴

◆一家经营家庭美食的餐馆，前菜以及“母亲面包 Anne Boregi”，名为卡尔努亚尔克（右图）的独家菜品也很受好评，还上过美食节目，不妨一尝。每个菜品大约为 30TL。

Map p.254
住 Hükümet Cad. No.2
TEL (0242) 836 3942
开 8:30~23:00
休 无
US $ € TL
信用卡 A D J M V

贝拉维塔餐馆
Bella Vita Ristorante 意大利菜肴

◆由威尼斯的比萨大师保罗先生经营的地道意大利餐馆。每天从渔民那里采购最新鲜的各类鱼品，烹饪美味的意大利菜品，手工擀制的意大利面种类多样，售价 25~40TL。

Map p.254
住 Cumhuriyet Meydanı No.14
TEL (0242) 836 2014
开 12:00~23:00
休 无
US $ € TL
信用卡 A D J M V

卡什与卡尔坎之间的卡普塔什也有一处蓝洞（→p.256）景观，从卡什乘船前往大约需要 2 小时的时长，从卡尔坎出发则大约需要 1 小时的时间。但是你无法乘船进入蓝洞，而需要游泳进入。此外卡普塔什的海滩也十分优美，远近闻名。

地中海首屈一指的土耳其度假地

安塔利亚 *Antalya*

市区区号 0242　人口 107 万 3794 人　海拔 39 米

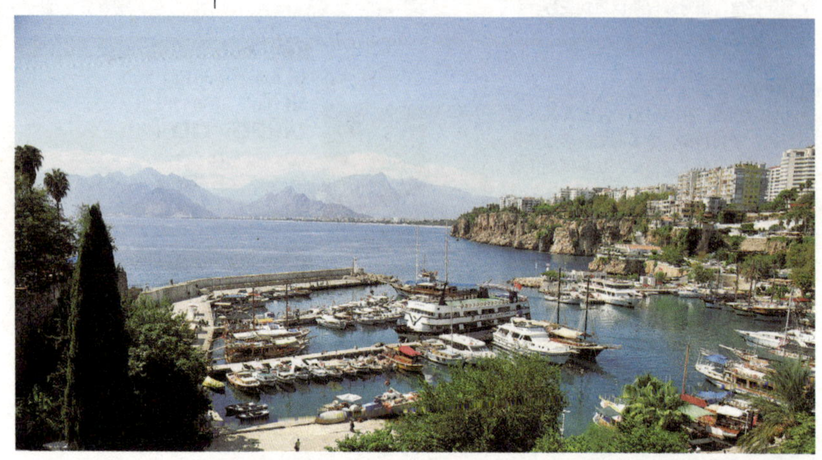

从卡莱伊奇老城区俯瞰阿塔利亚港口美景

■安塔利亚的旅游咨询处

Map p.260 上 B

住 Anafartalar Cad. No.31
TEL（0242）247 7660
URL antalya.ktb.gov.tr
开 8:00~17:00
（冬季 7:30~17:30）
休 冬季的周六 · 周日

安塔利亚是地中海沿岸发展最完善的一处度假地，贝尔加马王国的阿塔罗斯二世开拓了这片土地，最早的名称叫作阿塔莱亚，直至今日近郊地区还留有几处希腊 · 罗马时代的古老遗址，但是这里不仅拥有着迷人的景色，人文氛围也很浓厚。市区中的尤利宣礼塔和哈德良门等景点都不容错过。

如果你打算前往近郊参观当地的遗址景观，由于交通工具不是很方便，夏季可以选择报团的方式巡游周边遗址，冬天的话则可以叫上三五个好友一起包一辆出租车出游，同时自驾也是一个不错的选择，如果时间允许，通过换乘合乘巴士的方式悠闲地游览也很不错。

安塔利亚 漫 步

城中心位于伊斯梅特帕夏道 İsmet Paşa Cad. 和共和国道 Cumhuriyet Cad. 的交点，附近便是喷泉和时钟塔 Saat Kulesi，十分好认，两条道路上并设商店、酒店、银行和汇兑商，实属安塔利亚十分热闹的地区。

●**观光的中心**　卡莱伊奇老城区从坐落着时钟塔的广场向西南方眺望，便可以看到一座美丽的尖塔，尤利宣礼塔 Yivli Minare 在共和国道的南侧，是被阿塔图尔克道 Atatürk Cad. 和卡拉阿里奥卢公园 Karaalioğlu Parkı 包围的卡莱伊奇老城区 Kaleiçi，不少旅店、旅行社和景点都位于这片区域。

时钟塔可以视作是卡莱伊奇老城区的入口

Information

地中海度假地的进出口——安塔利亚机场

安塔利亚的航站楼建筑虽然素朴简单，但是它的年吞吐量仅次于伊斯坦布尔的两座机场，以 3200 万人的傲人数据位列第三。除了太阳快运航空将这里作为枢纽机场外，这座机场也受到了许多欧洲廉价航空的青睐，不少从国内直飞安塔利亚的航班都会在途经欧洲后抵达这里。

URL www.aytport.com

安塔利亚是许多足球队外训的偏好地，每年冬天到春天的这段时间都可以看到不少足球队来这里进行调整和特训。

●**海岸沿线** 你既可以搭乘复古电车前往共和国道沿路的阿塔图尔克公园和考古学博物馆，也可以顺着海岸线步行前往，更为悠哉惬意。

从巴士总站前往城中心

◆**从机场前往市中心** 安塔利亚机场有一条直达附近城镇阿克苏 Aksu 的 5 公里大道，机场共设有包括国际线和国内线在内的 3 座航站楼，你可以搭乘联络巴士往返各座航站楼。

从机场可以乘坐 600 路巴士总站前往城市巴士总站，每 30 分钟 1 班，费用 5.20TL，车程大约 1 小时。如果你打算前往卡莱伊奇老城区，则可以在梅丹 Meydan 换乘有轨电车 AntRay，同时乘坐 800 路公交（每 2 小时 1 班）前往也是可以的。当你从市区前往机场时，需要注意不仅有前往机场的有轨电车，还有前往博览会场 EXPO 的线路，请注意不要上错车，避免发生误机。

◆**从巴士总站前往市中心** 巴士总站位于卡莱伊奇老城区西北方向大约 6 公里的位置，除了长途巴士外，近郊的小·中型巴士也都是从这里发车。站台按长途及近郊的不同进行分类。

前往卡莱伊奇老城区的话，搭乘开往梅丹 Meydan 的 Antray 有轨电车最为方便，在第八站伊斯梅特帕夏 İsmetpaşa 站下车即可，列车行进途中可以看到地标建筑时钟塔，车程约 20 分钟，费用 2.40TL。你可以从巴士总站搭乘多家巴士公司分别运营的塞尔比斯接送巴士，该类巴士通常都会将你送到卡莱伊奇老城区周边的购物中心——马尔克·安塔利亚商场 Mark Antalya（Map p.261A1）附近的埃斯基巴士总站。

市区交通

◆**市区巴士** 卡莱伊奇老城区周边的巴士站点，上面即使写着都是去往同一个目的地，但是往返途经的线路却不尽一致，仔细看下是否会途经你所希望抵达的目的地。前往近郊的巴士通常都在尤尔 100 大道交叉口附近的站点发车。

■**汇兑**

时钟塔和卡莱卡普斯站周边设有不少银行和汇兑商。

■**邮政·电话**

从共和国大道向西走 10 分钟便可以在右手边看到中央邮政局。

■**安塔利亚市交通局**

TEL（0242）331 0100

URL www.antalyaulasim.com.tr

Information

安塔利亚交通卡 Antalyakart

可以充值的城市 IC 交通卡，市区巴士、有轨电车、复古电车都可以使用。60 分钟内换乘无须额外付费，在有轨电车的车站即可购买。乘车时将公交卡放到读卡器下面的读取区域即可识别。

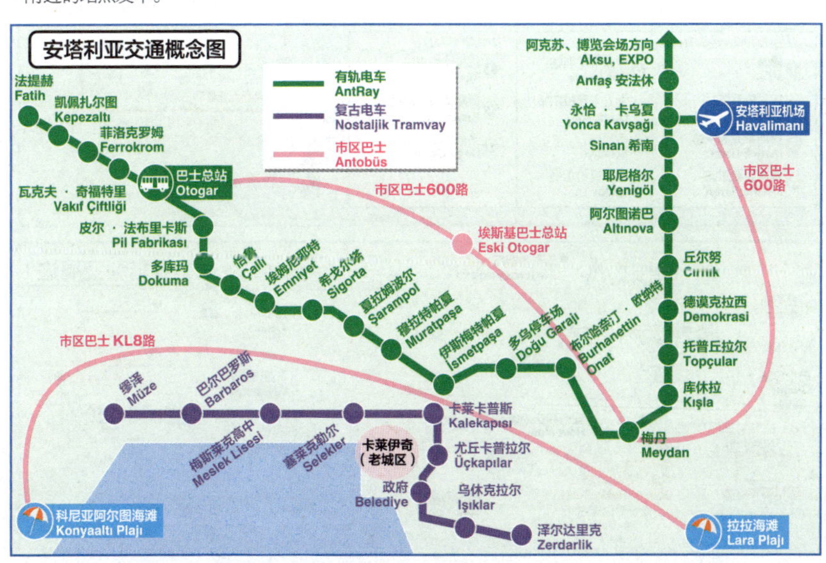

搭乘 600 路或 800 路巴士前往卡莱伊奇老城区时，埃斯基巴士总站作为沿途最近的交通枢纽，不少当地司机都会在这里下车前去上班。

Information

博物馆一卡通

可以参观桑索斯遗址、莱顿遗址、帕塔拉遗址、缪拉遗址、圣·尼古拉斯教堂、安塔利亚考古学博物馆、佩尔格遗址、阿斯潘多斯遗址、希蒂古代剧场、希蒂博物馆、阿拉尼亚城、圣保罗之井、圣保罗教堂等众多景点（每个景点各一次），从在第一个景点使用之后 7 天有效，在上述博物馆均可以进行购买。

URL muze.gov.tr/museumpass

费 185TL（7 天有效）

◆**复古巴士**　考古学博物馆前的缪泽站 Müze 到泽尔达利里克站 Zerdalilik 的区间设有独具特色的复古电车，当你从卡莱伊奇老城区前往考古学博物馆时非常便利，费用 1.25TL，运营时间为 7:00~23:00 期间，每 30 分钟一班。

◆**有轨电车**　安塔利亚城内的有轨电车连接了卡莱伊奇老城区、巴士总站、机场、坐落着佩尔格遗址的阿克苏等地，从卡莱伊奇老城区驶向东北方向的有轨电车分为前往机场及博览会场的两条不同线路，车费 2.40TL，只可以通过安塔利亚交通卡进行支付，运营时间为 5:40~24:00 期间，每 8~30 分钟一班。

当地一日游

参加当地一日游进行佩尔格及阿斯潘多斯等安塔利亚近郊的遗址观光十分便利，卡莱伊奇老城区的旅行社都可以受理当天出发的一日游行程。

港口也有前往杜登瀑布游览的出海巡游，感兴趣的客人可以参加。

卡莱伊奇老城区港口

高级酒店并设的海水浴场主要是科尼亚阿尔图海滩 Konyaaltı Plajı 和拉拉海滩 Lara Plajı 两处，都可以搭乘 KL8 路市区巴士前往。

安塔利亚东北方向 90 公里左右的克普鲁山谷 Köprülü Kanyon 是颇具人气的皮划艇漂流地，4~10 月每天都可以参与，在卡莱伊奇的旅行社可以报名参加。

安塔利亚 主要景点

以造型独特的宣礼塔而享有美名

尤利宣礼塔

Map p.261A2

Yivli Minare 以维利 · 米纳莱

卡莱伊奇老城区的地标建筑，高达38米的宣礼塔建筑由罗姆苏丹王国的苏丹——凯库巴德一世下令建造，旁边的尤利 · 米纳雷利清真寺别名为乌鲁清真寺，由拜占庭时代的一座教堂建筑在1373年改建为现在我们看到的清真寺建筑。在卡莱伊奇老城区中，除了尤利宣礼塔，你还可以看到凯斯克宣礼塔 Kesik Minare 等古代建筑遗址，跟随这些遗址景点，便是游览卡莱伊奇最好的指路标。

优美的尖塔建筑——尤利宣礼塔

■尤利宣礼塔
※ 通常无法入内参观

展示雕像石棺等近郊的出土文物

安塔利亚考古学博物馆

Map p.260 上 A

Antalya Arkeoloji Müzesi 安塔利亚 · 阿尔凯洛基 · 缪泽希

从老城区沿海岸线向西前行2公里便可以来到这座博物馆，从佩尔格遗址发掘到的阿弗洛狄忒头像等近郊遗址出土的文物大多数都在这里进行展出。

博物馆中的重头戏当数摆放着阿弗洛狄忒、宙斯等12座造型各异的神像展览室，令到访的游客叹为观止。同样出土于佩尔格的《休息的赫拉克勒斯》，其雕像的上半身由波士顿艺术博物馆于2011年归还于土耳其政府，现在作为博物馆的新亮点而引人注目。另外在ICON展室还有圣诞老人原型人物——圣 · 尼古拉斯的牙齿和骨头等展品，马赛克镶嵌画展室则对外展出出土于桑索斯的鲜明马赛克精美作品。

《休息的赫拉克勒斯》

■安塔利亚考古学博物馆
TEL 搭乘复古电车在缪泽站Müze下车，博物馆便位于车站的西北方向。
住 Konyaaltı Cad. No.88
TEL (0242) 238 5688
开 8:00~19:00
（冬季8:30~17:30）
休 冬季周一
费 30TL
部分区域不可使用闪光灯

特洛伊战争的源头——绝世女神海伦

蕴含着罗马时代风韵的古老大门

哈德良门

Map p.261B2

Hadrianus Kapısı 哈德良 · 卡普斯

位于老城区入口处，由3个拱门建筑所组成的哈德良门，也被称为“尤丘 · 卡普拉尔（三重门）”，为了纪念罗马皇帝哈德良统治这座城镇而打造于130年。当你游览至此时，还可以登上面向阿塔图尔克道位于右手边的塔楼建筑，从高处将旧城区的景色尽收眼底。

旧城区的入口——哈德良门

安塔利亚最新的博物馆设施

卡莱伊奇博物馆

Map p.261B3

Kaleiçi Müzesi 卡莱伊奇 · 缪泽希

由古老民宅和旧时的教堂建筑改建而成的博物馆设施，老教堂的原名为阿亚 · 约尔基（圣盖奥尔吉奥斯），留有写着希腊文字的土耳其碑文，建筑本身便很有观赏价值。馆内展出的屈塔希亚及恰纳卡莱的陶器展品十分丰富，特别是恰纳卡莱的陶器作品，其登峰造极的传统技艺已经失传，在这里得以一见真的十分幸运。

■卡莱伊奇博物馆
住 Barbaros Mah., Kocatepe Sok. No.25, Kaleiçi
TEL (0242) 243 4274
URL akmed.ku.edu.tr/kaleici-muzesi
开 9:00~12:00 13:00~17:00
休 周三
费 5TL 学生 2.50TL

现在卡莱伊奇仍留有圣保罗前来卡莱伊奇为基督教布教所使用的教堂，这座俗称为耶尼卡普教堂的哈吉欧斯 · 阿里匹奥斯教堂建于19世纪，2007年完成了修复工作。

古老民宅则被复建为 19 世纪奥斯曼时期的民宅模样，进入其中可以领略到奥斯曼时期人们的日常生活场景，旧时流传于安塔利亚街头巷尾的市井声音也被收录其中，十分具有代入感。

节假日中当地家庭偏好的户外综合公园

卡拉阿里奥卢公园

Map p.261B3

Karaalioğlu Parkı 卡拉阿里奥卢 · 帕尔克

穿过哈德良门后沿着阿塔图尔克道下行，便可以抵达这座公园，这里可谓眺望地中海及对面高耸山脉的绝佳位置，老城区一侧的公园入口附近，还有一座建于公元前 2 世纪的赫德尔勒克塔 Hıdırlık Kulesi，高达 14 米，里面配有大炮，曾是城内坚固的防线之一。值得一提的是，公园里还有体育场等运动设施。

世界最大级别的海底观光隧道

安塔利亚水族馆

Map p.260 下 A

Antalya Akvaryum 安塔利亚 · 阿克瓦尔尤姆

位于考古学博物馆西侧的城市水族馆，在世界最长的海底观光隧道中为游客展出地中海的各式海洋生物，海底隧道设计得非常合理，游客仿佛是浮潜入水一般可以近距离地观看馆内生活的多样鱼类。

安塔利亚 近郊景点

从 2365 米高山蹦极

凯梅尔和塔哈特里山

Map p.25C2

Kemer / Tahtalı Dağı 凯梅尔 / 塔哈特里 · 达乌

从安塔利亚可以乘船前往凯梅尔，这里在 20 世纪 80 年代前曾是一座小渔村，随后逐渐发展成了知名的度假胜地。如果你是从安塔利亚这座人头攒动热闹喧嚣的城市到访至此，肯定能感觉到这里是多么的恬静与美好。你在这里可以找到许多价格公道的旅店，将凯梅尔作为旅行的大本营开展安塔利亚地区的观光行程也很不错。

凯梅尔附近最知名的当数前往奥林波斯山的缆车体验了，而提到塔

一望无垠的地中海与高山缆车

恰纳卡莱的陶器

绿意盎然的卡拉阿里奥卢公园

■安塔利亚水族馆

🚃 从复古电车缪泽 Müze 站步行大约 30 分钟

住 Arapsuyu Mah., Dumlupınar Bul. No. 502

TEL（0242）245 6565

URL www.antalyaaquarium.com

开 10:00~20:00

休 无

费 157TL~

部分区域不可使用闪光灯

从海底隧道仰视自在游走的各式海洋生物

■前往凯梅尔的交通方式

🚢 从卡莱伊奇的港口搭乘高速快船前往。

🚌 凯梅尔旅游大巴公司的迷你巴士每天都从巴士总站（近郊巴士总站）发往凯梅尔，此外前往卡什、费特希耶方向的全部线路也都会途经凯梅尔，车程大约 1 小时 10 分钟，费用 10TL~。

■前往塔哈特里山的交通方式

凯梅尔的各家酒店或是阿塔图尔克道上的缆车办事处在 9:30、17:00 都会发一班前往缆车起始点的联络巴士，往返费用 15 €，前往山顶的缆车费用 33 €，你可以在缆车办事处或是凯梅尔和安塔利亚的旅游咨询处购买缆车票券。安塔利亚也设有往返塔哈特里山的观光行程。

读者投稿 有轨电车机场站的检票口旁边便设有安塔利亚交通卡的自动贩卖机，从机场驶出的有轨电车线路每隔 14 分钟一班，如果你是搭乘驶向机场的有轨电车，请一定注意乘坐目的地是机场而非博览会场 EXPO 的线路。

■前往佩尔格的交通方式
🚊 搭乘前往博览会场 EXPO 的有轨电车在阿克苏 Aksu 站下车，随后步行 2 公里左右即可抵达，夏季期间你还可以参加巡游希蒂、佩尔格、阿斯潘多斯的一日游行程，费用约为€ 50~。

■佩尔格遗址
开 夏季 8:00~19:00
冬季 8:30~17:30
休 无
费 35TL

被称为 Nymphaeum 的古泉遗址

■前往阿斯潘多斯的交通方式
🚌 从安塔利亚近郊的巴士总站搭乘前往塞里克 Serik 的迷你巴士，运营时间为 6:00~21:00，每 15 分钟 1 班，车程为 1 小时 30 分钟，费用为 8TL。塞里克前往阿斯潘多斯的迷你巴士则是 8:00~17:00 期间，每小时 1 班，冬季的班次还会有所缩减，车程约为 20 分钟，费用 2TL。夏季许多旅行社都会开展将佩尔格、希蒂等景点一网打尽的游览行程。

■阿斯潘多斯遗址
TEL（0242）735 7337
开 夏季 8:00~18:30
冬季 8:30~17:30
休 无
费 35TL
※ 到访之时可能会处于修复工程期间，届时可能暂时无法进行参观。请多加注意

夏季在此举办的歌剧芭蕾节

哈特里山，你可能第一个想到的会是希腊的名山，其实这里也有一座海拔足有 2365 米的塔哈特里山，山上最刺激的项目要数乘坐缆车到达山顶后再一口气使用滑翔伞或蹦极装置纵身而下的特色项目了，在陡峭险峻的高山来场蹦极，如此刺激的活动绝对会令你留下毕生难忘的回忆！春天你可以从白雪皑皑的山顶搭乘滑翔伞下落到设有海水浴场的地中海沿岸，体验那种忽然从冬季到春季的奇妙变换。

整座城镇都是一座古遗址，留存至今难能可贵

佩尔格

Map p.260 下 A

Perge 佩尔格

在安塔利亚近郊阿克苏河畔 Aksu Çayı 的山丘之上，留有一处罗马时期曾一度繁荣的潘菲利亚 Pamphylia 的首府城市——佩尔格。

目前考古学家仍不确定这座城市的起源，直到公元前 4 世纪亚历山大大帝统治这里开始，在罗马时代迎来了繁荣之景。这里曾是基督教的布教场所，圣经中曾提到过圣保罗来这里布教的故事。

卫城及周边古街区 海拔约为 50 米的卫城遗址留有包括城壁、阿尔忒弥斯神殿等建筑遗址，附近你还可以找到一座罗马时代的基督教建筑遗址。

卫城的山脚下，留有一处三面包围卫城的古街区，古浴场、拜占庭教堂、凯撒居城遗址都可以在街区中一睹风采。

竞技场及大剧场 从南门出来后向西走，便可以抵达公元前 2 世纪的一处古竞技场遗址，234 米 ×34 米的广阔面积可以容纳多达 1 万 2000 人之多。沿着通向竞技场的道路继续前往，便可以看到建于公元 3 世纪，位于山体斜面的大剧场遗址。

几乎保存完好如初的巨大剧场不容错过

阿斯潘多斯

Map p.260 下 B

Aspendos 阿斯潘多斯

位于安塔利亚东部约 39 公里的古代遗址，作为古代潘菲利亚最重要的城市之一，其保存度极高的古代剧场名气可谓远扬海外。阿斯潘多斯堪称小亚细亚的古代城市范例，在卫城山旁边还有希腊时代的古代街区遗址。卫城山高度约为 40 米，整片遗址的面积在 800 米 ×500 米左右。

小亚细亚最大的剧场遗址 小亚细亚地区堪称最大规模的古代剧场几乎被完好如初地保留下来，在历史的长河中能够如此完好实属难能可贵。观众席被中央通道一分为二，分为上下两层，最上层用柱廊进行装饰，舞台一侧的墙壁则用爱奥尼亚和哥特所结合的双重风格立柱所点缀，无论是后台还是舞台的保存程度都堪称顶级。

保存状态几乎完好的古代剧场

位于塞里克近郊贝莱克 Belek 的阿斯潘多斯荣耀剧场 Gloria Aspendos Arena，是举行 Anadolu Ateşi – Troya 舞蹈节的开办地。

这座大剧院为了马尔克·奥列里乌斯皇帝而建于公元2世纪，最多可以容纳1.5万人~2万人，在塞尔柱王朝时代还曾作为宫殿使用。

黄昏下的古城遗址分外迷人

希蒂

Map p.265

Side 希蒂

公元前7世纪左右，由希腊人建造的爱奥尼亚殖民城市。这里在很长的一段历史长河中都一直繁荣昌盛，虽然中途曾被亚历山大大帝所摧毁，但是在1~2世纪迎来了巅峰的繁盛期，众多优秀建筑都陆续拔地而起。

游览方式　古代剧场旁边设于列柱的里曼道 Liman Cad. 一路通向海岸，路两侧可以看到礼品商店、旅行社、银行及货币兑换处，海岸尽头则是乘船地。

顺着海岸步行，白色的沙滩描绘出一条优美的弧线。周边的酒店和旅店很多，选择多样。

希蒂古代剧场 Side Tiyatrosu

建于2世纪的希蒂古代剧场，据说可以容纳1万5000人，拜占庭时代还曾作为教堂所使用，剧场旁边是一处古代集市广场，目前这里的遗址开掘工作仍在有条不紊地进行之中。

希蒂博物馆 Side Müzesi

由古罗马浴场遗址改建为博物馆设施，对外展出发掘于此的各式文物。相传克莉奥帕特拉（埃及艳后）还曾泡过这座浴场的牛奶浴，但实际上这座浴场建于公元2世纪左右的罗马时代后期，显然活在公元前的埃及艳后并未真正地在此泡汤。从这里还有一条一路延伸通向马纳夫加特的罗马下水道，长达近30公里。

阿波罗 & 雅典娜神殿 APolon ve Atena Tapınakları

位于希蒂半岛海角处，由白色立柱与湛蓝大海所构成的美景令人印象深刻。这座建筑在拜占庭时代曾作为教堂使用，现在则只留下了几根立柱颇为凄凉。但正是这种断壁残垣的景象，在黄昏时分才更显得分外迷人。

■前往希蒂的交通方式

从安塔利亚途经马纳夫加特 Manavgat 后前往希蒂

●从安塔利亚前往马纳夫加特

🚌 从近郊巴士总站搭乘巴士前往，马纳夫加特大巴在6:00~22:00期间，每20分钟1班。
车程：约1小时30分钟
费用：25TL

●从马纳夫加特前往希蒂

在马纳夫加特换乘前往希蒂的塞尔比斯大巴即可，如果错过了塞尔比斯大巴，则可以搭乘合乘巴士前往希蒂，车程约30分钟，费用4.50TL。下车后大约步行10分钟即可到达遗址区域，嫌累的话也可以乘坐景区的免费巴士。

■希蒂的旅游咨询处 ℹ
Map p.265 外
TEL（0242）753 1265
开 8:00~12:30、13:30~17:00
休 周六·周日

■希蒂古代剧场
Map p.265
开 8:30~19:30（冬季~17:30）
休 无
费 30TL

■希蒂博物馆
Map p.265
开 8:30~19:00（冬季~13:00）
休 周一
费 15TL
部分区域不可使用闪光灯

■阿波罗 & 雅典娜神殿
Map p.265
开 夏季 8:30~19:00
冬季 8:00~18:00
休 无
费 免费

夕阳西下的阿波罗神殿剪影

希蒂的主干道

土耳其最南端的阿纳姆尔位于阿拉尼亚与锡利夫凯之间，留有拜占庭时代遗址的海滩、罗马时代要塞以及玛姆莱城值得一看。

■前往阿拉尼亚的交通方式

●从安塔利亚出发

🚌 从近郊巴士总站搭乘阿拉尼亚拉尔大巴公司 Alanyalılar 及格尤奈·阿克德尼兹大巴公司 Güney Akdeniz 的大巴即可前往，运营时间为 6:30~22:00 期间，每30分钟~2小时1班，运费为 25TL。抵达阿拉尼亚的巴士总站后，搭乘市区 1 路公交在 PTT 站下车即可到达安塔利亚市内。

■阿拉尼亚的旅游咨询处 ⓘ

Map p.266

电（0242）513 1240

开 8:00~12:30 13:30~17:00

休 周六·周日

■城堡遗址 Map p.266

开 8:00~19:30（冬季 ~17:00）

休 周一 费 15TL

■安塔利亚红塔 Map p.266

开 8:00~19:30（冬季 ~17:00）

休 无

费 4TL 特尔萨内 4TL

红塔与特尔萨内的联票价格为 6TL

■达姆拉塔斯洞窟

Map p.266

开 10:00~19:30（冬季 ~17:00）

休 无 费 6TL

■阿拉尼亚始发的出海巡游

阿拉尼亚始发的出海巡游种类繁多，包含仅有 1 小时的短线游，包含午餐的 1 日游以及长达多日的长线游等，短线游主要游览特尔萨内及附近洞窟等阿拉尼亚半岛的周边美景，通常在洞窟附近还有游泳活动。

被坚固城墙所包围的港城

阿拉尼亚 Map p.25D2

Alanya 阿拉尼亚

位于安塔利亚海岸线东南方向约 125 公里的港城，背后的峻岭被长达约 8 公里的塞尔柱王朝城堡所包围，位于港口的地标建筑——安塔利亚红塔 Kızıl Kule（俗称 Red Tower）也值得一看。

城墙下方的优美海滩

阿拉尼亚城 Alanya Kalesi

建于罗姆苏丹王国——苏丹凯库巴德一世统治的 1226 年，守护城堡的城墙长达约 8 公里，前往城堡入口会有一段大约 3 公里的连绵坡道，步行前往比较吃力，建议搭乘巴士前行。在城堡可以从当地的制高点俯瞰周围的美丽景色。

安塔利亚红塔 Kızıl Kule

安塔利亚红塔

安塔利亚红塔与山上的城堡遗址建于同一个时期，内部作为民族学博物馆对外展出，你从港口一侧便可以进入这座八边形的红塔建筑，距地高度在 35 米的塔顶平台是一处很棒的观景点，可以眺望到附近的迷人美景。在红塔旁边还有一处名为特尔萨内 Tersane 的塞尔柱时代造船所，现在这里只遗留着 5 个拱形建筑，据推测古时造好的新船便会从这里直接送到港口下海使用。

达姆拉塔斯洞窟 Damlataş Mağarası

位于优美海滩——克利奥帕特拉海滩东侧的钟乳洞，规模虽然不大，但是一进入洞口，便会有股忽然迎面而来的阴凉，红色岩层衍生而出的茶色条纹钟乳石美轮美奂。阿拉尼亚地区分散着多处钟乳洞，不过这处由于位于崖下，需要搭船才能前往。

达姆拉塔斯洞窟中的美丽钟乳石

位于半岛西北侧的海滩名为克利奥帕特拉海滩，据说克利奥帕特拉七世——埃及艳后在从马克·安东尼手里得到这片地区的管辖权后，每天都会从山上的城堡通过秘密通道来到这边海滩入浴净身。

酒店
Hotel

安塔利亚的大型度假酒店主要分布在远离城中心的海滩沿岸，高级精品酒店及平价旅店则位于卡莱伊奇老城区之中。此外，在恰兹姆·欧扎尔普道周边也有不少酒店分布。冬季大多数酒店都会停业休息，夏季和冬季的房费也有差别，冬季由于日照时间较短，如果你住宿的酒店热水器为太阳能供暖，出热水前则需要多等待一段时间。小规模旅店内的供暖设备可能并不完善，请提前做好准备。

拉泽尔旅店
Lazer Pansiyon
经济型 15 间

◆备受背包客偏爱的旅店设施，老板娘是个外国人，服务周到。庭院和露台的布置十分用心，夏季还会开放泳池设施，右侧的费用可能会有出入，请届时实际进行确认。

卡莱伊奇 Map p.261A3

住 Hesapçı Sok. No.61
TEL (0242) 242 7194 FAX (0242) 243 9353
URL www.lazerpension.com
单人 A/C 18 €~
双人 A/C 30 €~
US $ € JPY TL 信用卡 M V
全馆免费 EV 无

希贝尔旅店
Sibel Pansiyon
中级 16 间

◆位于凯斯克宣礼塔 Kesik Minare 以南的第一条马路南侧，由一位法国女性经营管理。透过树叶洒入中庭的阳光为房客带来惬意之感，种类丰富的早餐令人称赞。

卡莱伊奇 Map p.261A3

住 Fırın Sok. No.30
TEL (0242) 241 1316 FAX (0242) 241 3656
URL www.sibelpansiyon.com
单人 A/C 25 €
双人 A/C 35 €
US $ € TL 信用卡 A M V
全馆（部分区域未覆盖）免费 EV 无

多安酒店
Hotel Doğan
中级 41 间

◆由四座建筑共同组成的酒店设施，酒店前台通向的中庭设有泳池和餐馆，再往里走便是由古老民宅所改建的客房设施，并设的餐馆很受好评，梅泽等前菜的菜品十分丰富。

卡莱伊奇 Map p.261A3

住 Mermerli Banyo Sok. No.5
TEL (0242) 241 8842
FAX (0242) 247 4006
URL www.pranaresorts.com
单人 A/C 20~40 €
双人 A/C 35~65 €
US $ € TL 信用卡 M V
全馆免费 EV 无

罗伊特林根·霍夫酒店
Hotel Reutlingen Hof
中级 16 间

◆木质家具营造出非常复古的居住氛围，床型均为 King Size，宽敞舒适，温度为中央空调所调控，需要改变温度的话请与前台工作人员联系。

卡莱伊奇 Map p.261A3

住 Mermerli Banyo Sok. No.23
TEL (0242) 247 6372
FAX (0242) 248 4075
URL www.reutlingenhof.com
单人 A/C 35~45 €
双人 A/C 45~60 €
US $ € TL 信用卡 M V
全馆免费 EV 无

韦尔德别墅酒店
Villa Verde
中级 11 间

◆意大利语意为绿色房屋，店如其名，整座酒店都呈现出淡草绿色，老板是个外国人，服务周到，2 人机场接送服务 25 €~，别馆的房费略贵一些，双人房 80 €，套房 100 €，冬季会有相应的折扣。

卡莱伊奇 Map p.261B3

住 Seferoğlu Sok. No.8
TEL (0242) 248 2559
FAX (0242) 248 4231
URL villaverdeantalya.com
单人 A/C 30 €~
双人 A/C 45 €~ US $ € TL
信用卡 M V 全馆免费 EV 无

罗伊特林根·霍夫酒店的内饰并非德国风格，只是因为老板曾在德国的罗伊特林根有过工作经历，才为酒店起了这样的名字。

佩尔拉别墅酒店

Villa Perla 中级 8 间

◆从哈德良门进入卡莱伊奇老城区后直行，便会在右手边看到这座酒店，这座由 140 年前的意大利领事馆建筑改建而成的古典酒店的客房数量屈指可数，打算入住的话请务必预约。单人入住可能会有房费折扣，具体请与店家商谈。

卡莱伊奇 Map p.261B3

住 Hesapçi Sok. No.26
TEL（0242）247 4341
FAX（0242）241 2917
URL www.villaperla.com
单/双 A/C 90~130 €
US $ € JPY TL　M V
全馆免费　EV 无

图尔克·艾维酒店

C&H Hotels Türk Evi 中级 15 间

◆位于可以俯瞰梅尔梅尔利海滩美景的绝佳位置，规模并不拘束，给人一种度假酒店的舒适氛围。节奏统一的复古家具很有品位，并设的餐馆视野也很不错。

卡莱伊奇 Map p.261A3

住 Mermerli Sok. No.2, Kaleiçi
TEL（0242）248 6478
FAX（0242）241 9419
单 A/C 180TL~
双 A/C 200TL~
US $ € TL　A M V
全馆免费　EV 无

特克里考纳克拉里酒店

Tekeli Konakları 中级 8 间

◆由环绕中庭的名栋传统建筑构建的精致酒店，配有一座小型泳池，室内铺设着精美的地板，布置得很有复古情调，电话座机也是最传统的黑色转盘样式。由土耳其彩砖装点的浴室美轮美奂。

卡莱伊奇 Map p.261A2

住 Dizdar Hasan Sok.
TEL（0242）244 5465
FAX（0242）242 6714
URL www.tekeli.com.tr
单 A/C 30 €
双 A/C 50 €
US $ € TL　A D J M V
全馆免费　EV 无

全景酒店

La Panorama Hotel 中级 40 间

◆邻近耶尼卡普的中级酒店，并设有泳池和酒吧设施，客房干净规整，由于周边也有不少旅店和公寓酒店，所以即使是旅游旺季客房也不会太紧张。

卡莱伊奇 Map p.261A3

住 Tabakhane Sok. No.3
TEL（0242）244 8497
FAX（0242）247 4509
单/双 A/C 120TL~
US $ € TL　A M V
全馆免费
EV 无

餐馆

Restaurant

海港周边以及卡莱伊奇老城区入口附近的阿塔图尔克道两侧餐馆的定价都很高，尤其是应季海鲜，价格比肉菜要高出不少。如果你希望在老城区中降低餐标，则推荐你在时钟塔东侧的快餐街摊用餐。佩尔格及阿斯潘多斯附近的餐馆较少，建议你携带简餐直接在观光途中食用。希蒂和阿拉尼亚的餐馆也大多主打海鲜菜品，但是价格与安塔利亚几乎相同。

波莱克奇·特乌菲克餐馆

Börekçi Tevfik 土耳其馅饼店

◆1930 年开业的老餐馆，颇具人气，当地人酷爱在这里用餐。菜品都是现烤的馅饼，外皮焦香酥脆，香味扑鼻。馅料分为肉馅及奶酪馅，每款都是 12TL。

卡莱伊奇老城区外东侧 Map p.261B2

住 1255 Sok., Ay İşhanı
TEL（0242）241 5813
开 7:30~12:30
休 周日
US $ € TL
信用卡 不可

佩尔拉别墅酒店并设的餐馆好评度很高，特别是梅泽前菜十分出名，甚至不时会上当地报纸的美食版块，有机会的话不妨一尝。

多奈尔吉·哈库·巴巴餐馆

Dönerci Hakkı Baba 土耳其烤肉

◆1924年开业的老店，虽然在卡莱伊奇老城区中有一片土耳其烤肉市场，但是当地人更偏好这家略微偏离卡莱伊奇的本地餐馆。将高品质的牛肉用炭火悉心烤炙，美味都是需要用时间来沉淀。

中心部东 Map p.260 下 A

住 Termesos Bul. No.26
TEL（0242）312 1008
开 9:00~21:00
休 无
💱 US $ € TL
💳 M V

梅尔梅尔利餐馆

Mermerli 鱼肉菜肴

◆从港口顺着台阶上行来到高台，便可以看到这家附带宽阔露台的别致餐馆，一座小型海水浴场紧邻餐馆，视野极佳。点一套包含沙拉、主菜、啤酒的餐品，费用在80~110TL。

卡莱伊奇 Map p.261A3

住 Mermerli Banyo Sok. No.25
TEL（0242）248 5484
URL www.mermerlirestaurant.com
开 8:30~次日1:00（冬季~24:00）
休 无
💱 US $ € TL 💳 A M V

塞拉塞尔餐馆

Seraser 鱼肉菜肴

◆曾经上过电视美食节目的知名海鲜餐馆，店内的复古装饰点缀得恰到好处，氛围十足。菜品中以海鲜美食为主，42~55TL的寿司也很受欢迎，人均预算100TL~（前菜+主菜）。

卡莱伊奇 Map p.261B2

住 Karanlık Sok. No.18
TEL（0242）247 6015
URL www.seraserrestaurant.com
开 12:00~18:00 19:00~22:30
休 无 💱 US $ € TL
💳 D J M V

香草餐馆

Vanilla 多种菜式

◆英国主厨坐镇的别致餐馆，独创的菜品摆盘美轮美奂，主菜以意大利菜肴和海鲜美食为主，土耳其的红酒种类也很多样，选择众多。

卡莱伊奇 Map p.261B3

住 Zafer Sok. No.13
TEL（0242）247 6013
URL vanillaantalya.com
开 12:30~次日1:00
休 无 💱 US $ € TL 💳 M V

巴拉斯利城堡餐馆

Castle Brasserie 法国菜 意大利菜

◆餐馆的主打菜当数320g分量超足的炭火烤牛肉，美味喷香难以言表，姑且看下右侧的照片解馋吧。地道的意大利比萨20~25TL，价格公道，十分推荐。在赫德尔勒克塔（Map p.261A3）旁边还有一家分店，炭火烤肉超有人气。

卡莱伊奇 Map p.261B3

住 Atatürk Cad., Hamam Sok. No.25
📱 0506 861 0450
开 11:00~次日3:00
（后厨~次日4:00）
休 无
💱 US $ € TL
💳 M V

德德·托普丘烤肉店

Dede Topçu Kebabı 烤肉

◆位于卡莱伊奇老城区外的繁华街面上，于1885年开业的老店，安塔利亚的名菜土耳其烤串价格20TL，味道一绝。8TL的沙拉和10TL的汤品都是良心价格，十分公道。除了到访至此的游客外，许多当地人也偏爱在这里用餐。

卡莱伊奇老城区外北侧 Map p.261A2

住 Kâzım Özalp Cad. No.21
TEL（0242）241 1616
开 12:00~21:00
休 无
💱 TL
💳 M V

耶尼衮食品店

Yenigün 食品店

◆1914年开业的老牌商店，是土耳其全国都家喻户晓的直营食品店。这里的果酱尤其美味，甄选有机水果和蜂蜜调制而成，完全不用砂糖，十分健康，口味众多选择多样。

卡莱伊奇 Map p.261B2

住 Tuzcular Mah., Cumhuriyet Cad. No.5-7
TEL（0242）241 1343
URL www.yenigungida.com.tr
开 10:00~23:00
休 无 💱 US $ € TL 💳 M V

安塔利亚中颇受欧洲游客喜好的度假地当数贝莱克 Belek 和昆都 Kundu。近年来成为网红打卡地的马尔丹宫度假村 Mardan Palace 便位于昆都。

坐落在塞伊汉河畔的大型城市

阿达纳 *Adana*

市区区号 0322 人口 163 万 6229 人 海拔 23 米

塞伊汉河畔的梅尔克兹清真寺

位于托罗斯山脉以南库库罗瓦平原的阿达纳，是一座以棉工业为中心产业，地中海岸最大的工业城市，位列土耳其的第五大城市。这座城市的历史可以追溯到赫梯帝国时期（公元前 1500 年左右）。由于这里土壤肥沃，多个民族都曾支配过这片土地。阿达纳周边的自然资源也很丰富，湖水充盈的塞伊汉湖最终注入地中海的塞伊汉河与山峦叠嶂的托罗斯山脉共同构成了美妙的自然风景线，此外近郊还遗留着多个时代的古代遗址，可谓人文与自然兼具的旅游区域。

阿达纳 漫 步

市中心的范围大约从阿提拉 · 阿尔图卡特 · 柯普路斯立交桥 Attila Altıkat Köprüsü 周边到大型商场切汀卡亚 Çetinkaya 附近。从立交桥沿兹亚 · 帕夏大道 Ziya Paşa Bul. 向北前行，便可以抵达阿达纳站，反之向南走则是阿达纳市场（阿达纳 · 查尔休 Adana Çarşı）。如果你顺着图兰 · 杰马尔 · 贝利凯尔大道 Turan Cemal Beriker Bul. 向东走，则可以来到塞伊汉河畔。现在架在河上的塔休桥 Taşköprü 是一座建于罗马时代的石桥建筑，至今仍保留着旧时的拱形结构。从这里向北走，陆续会看到吉尔奈桥 Girne Köprüsü 以及由土耳其最大的集团企业 Sabancı Holding 所建造的梅尔克兹清真寺 Merkez Camii。

从巴士总站前往市中心

阿达纳共设有 2 处巴士总站，其一是位于西边的梅尔克兹巴士总站 Merkez Otogar，规模较大，从这里可以搭乘前往土耳其各地的各色巴士，另一处巴士总站则距离较远，需要横渡塞伊汉河后再走一段距离，名为

■阿达纳机场

机场坐落在阿达纳西侧大约 3 公里的位置，航站楼分为国内线和国际线两栋，从国内航站楼出来后左转，从 VIP 机场专用出口出来后即可搭乘迷你巴士前往阿达纳市内，打车的话费用大约 30TL。从市内前往机场的迷你巴士站位于霍斯塔酒店 Hosta Otel 的对面，运营时间为 6:00~23:00。

■迷你巴士的车体外观

阿达纳的迷你巴士车体上都会用 LOGO 写明行车方向。
机场方向（Meydan）
梅尔克兹巴士总站方向（Barkal）
火车站方向（İtimat）
尤莱伊尔巴士总站方向（Yüreğir Otogar）

■阿达纳的旅游咨询处 i

Map p.271B1
住 İnönü Cad. No.91
开 8:30~17:30
休 周日

阿达纳的旅游咨询处 i

查尔休（阿达纳市场）

■出租车费用

从火车站前往市场等市区移动的情况，费用大约在 15TL。

由红芜菁制作的蔬菜果汁夏尔伽姆 · 斯尤是阿达纳当地知名的健康饮品，具有促进食欲的作用，与土耳其烤肉堪称绝配。

尤莱伊尔巴士总站 Yüreğir Otogar。

◆梅尔克兹巴士总站 从梅尔克兹巴士总站可以搭乘塞尔比斯接送巴士前往市中心的立交桥所在地。如果你打算搭乘合乘巴士，则是从巴士总站出来后横穿马路，从路对面的车站搭乘写有巴尔卡尔 Barakl 的合乘巴士即可，车费 3TL。反之，从立交桥周边的巴士公司购票后，也可以乘坐塞尔比斯接送巴士前往梅尔克兹巴士总站。

◆尤莱伊尔巴士总站 这是一座前往伊斯坎德尔及安塔利亚等近郊地区的大巴及合乘巴士搭乘点，如果你打算前往市区方向，则可以在抵达前的立交桥下车，从对面搭乘前往城中心的合乘巴士，届时大部分乘客都会下车，应该不会错过。

■阿达纳地铁

早晚高峰为 15 分钟 1 班，其余时间大约是 30 分钟 1 班，频率并不是很高。距离市中心最近的地铁站当数伊斯缇克拉尔 İstiklal。如果你打算搭乘地铁从尤莱伊尔巴士总站前往市内，推荐从阿昆吉拉尔站 Akıncılar 上车最为方便。

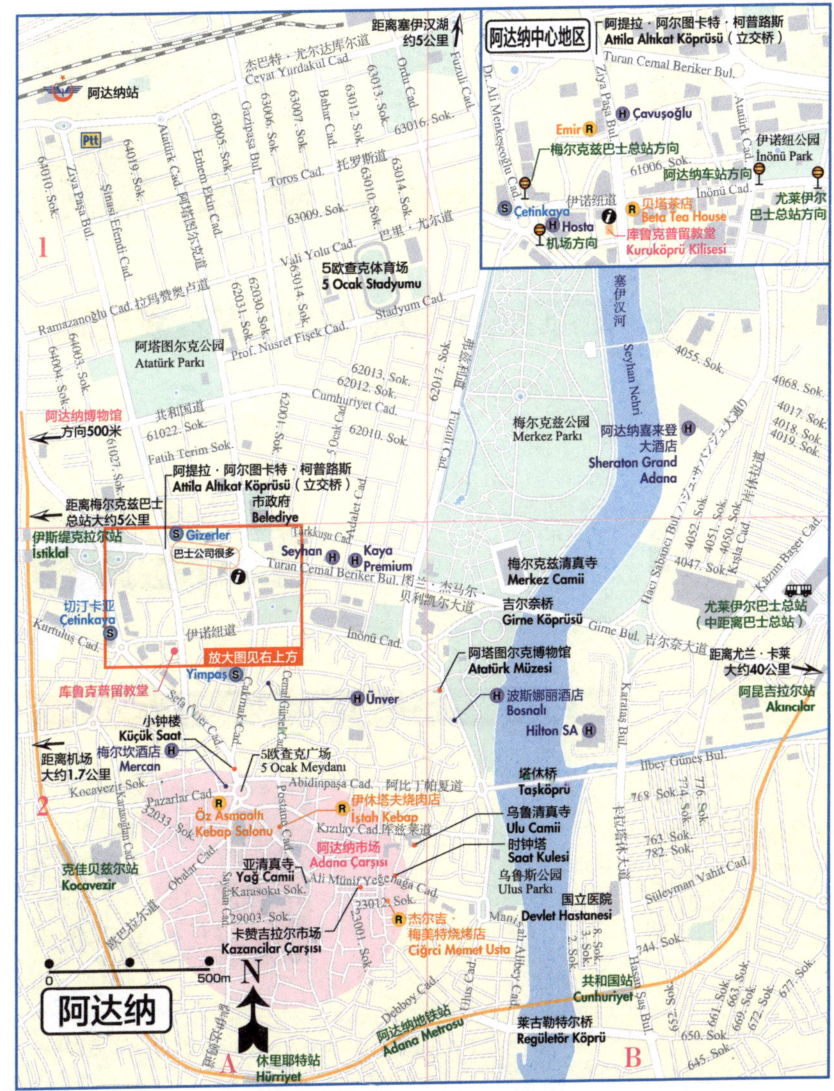

■阿达纳博物馆
住 Döşeme Mah. Ahmet Cevdet Yağ Bul. No.7
TEL (0322) 454 3855
URL adanamuzesi.gov.tr
开 夏季 9:00~19:00
冬季 8:00~17:00
休 周一
费 10TL

赫梯王塔尔昆塔雕像

耶尼清真寺

矗立在市场东侧的钟楼建筑

■库鲁克普留教堂
开 8:00~16:30
休 周一
费 免费

用希腊文字标记的阿拉伯语讲述了这里的起源

阿达纳 主要景点

数量繁多且保持高品质的优质展品

阿达纳博物馆

Map p.271A1 外

Adana Müzesi 阿达纳 · 缪泽希

由原先位于城中心，规模较小的老考古学博物馆在 2017 年搬迁到一处工厂遗址之中，新博物馆的面积很大，规模提升不少。以阿纳巴尔扎为首的众多遗址都发掘于阿达纳附近，因此博物馆中的藏品可谓十分丰富。展品按照时间线进行布置，参观下来你可以了解到从赫梯帝国之前的远古时代到现代文明的悠久人类史。此外，这里的马赛克镶嵌画收藏也绝对不容错过。

从埃盖艾遗址中出土的希波坎特斯和希耶洛斯的马赛克壁画

公元前 5 世纪的精致角杯

城中心的旧街市

阿达纳市场

Map p.271A2

Adana Çarşısı 阿达纳 · 查尔休斯

从 5 欧查克广场到时钟塔周边的区域称为查尔休（即市场之意），这里也是旧城区的中心地带。乌鲁清真寺（1541 年建造）、亚清真寺（1501 年建造）和耶尼清真寺（1724 年建造）等伊斯兰寺院建筑以及巴扎集市、土耳其浴场等历史建筑都被很好地保留下来，你在这里可以感受到古老的怀旧氛围。

亚清真寺外观

过去曾是博物馆的教堂建筑

库鲁克普留教堂

Map p.271B1

Kuruköprü Kilisesi 库鲁克普留 · 基里瑟希

1845 年建造的一座东正教教堂，名为圣 · 尼古拉斯教堂，其教堂身份一直沿用到第一次世界大战期间，在土耳其共和国成立之后，受人口交换事件影响，其教堂的使命也终于画上了句号。

库鲁克普留教堂外观

此后这座建筑改建为考古学博物馆（1983 年），民俗学博物馆（2015 年）。入口处用希腊文字书写的阿拉伯语碑文非常珍贵，旁边便是将阿达纳传统民宅进行还原的 Geleneksel Adana Evi 建筑，可以顺道参观令行程更加充实。

阿达纳博物馆所在的位置同时还设有工业博物馆和民俗学博物馆，当地政府想将这里建成一片综合博物馆区域。

阿达纳 近郊景点

圣保罗的故乡

塔尔苏斯 Map p.26B2

Tarsus 塔尔苏斯

位于塔尔苏斯的圣保罗之井

位于阿达纳～梅尔辛之间的塔尔苏斯作为圣保罗的故乡而广为人知，他从一名迫害基督徒的反基督教人士归化成为一名虔诚的基督教徒，身体力行地投入基督教初期的布教活动之中，其人物本身就是一个传奇。现在在塔尔苏斯旧城区的一角留有一座与圣保罗很有渊源的水井，城南侧还建有一座圣保罗教堂。

此外，罗马时期的古道也留存于塔尔苏斯，考古发掘工作仍在有条不紊地进行之中。城中心的大门被称为库莱奥帕特拉门，托克大巴公司 T.O.K 的巴士便会从这里经过。

与亚洲很有渊源的土耳其城市

梅尔辛 Map p.26A2

Mersin 梅尔辛

也叫伊切尔，是土耳其南部最大的港口，是伊切尔省省会，是泉州市友好城市。在阿达纳平原最西端，港口优良。19 世纪中叶，梅尔辛作为一个向海外输出绵料的港湾城市而得到了发展的空间。

■前往塔尔苏斯、梅尔辛的交通方式

🚌 托克 T.O.K 和克奇 Koç 两家巴士公司运营阿达纳～塔尔苏斯～梅尔辛区间的迷你巴士，虽然梅尔辛的巴士总站建在郊外，但是迷你巴士会将你送到各座城市的市中心地区，非常便利。

🚆 土耳其国家铁路也运营阿达纳～塔尔苏斯～梅尔辛的城市连接工作，5:50~22:30 期间运营，大约每 45 分钟 1 班。

■圣保罗之井

Map p.273 右

开 8:00~19:00（冬季 ~17:00）

休 无

费 5TL

■圣保罗教堂

Map p.273 右外

开 8:00~19:00（冬季 ~17:00）

休 无

费 5TL

坐落在塔尔苏斯的圣保罗教堂

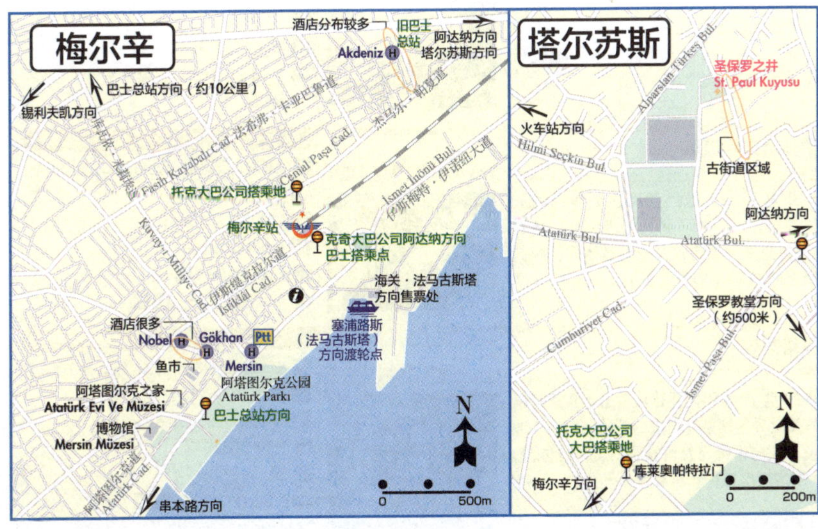

酒店&餐馆
Hotel & Restaurant

5 欧查克广场（5 Ocak Meydani）周边分布着多家酒店，塞伊汉河沿岸则是大型高级酒店的云集之地。在查尔休市场周边则可以看到多家餐馆，在每个区域都可以找到经营阿达纳名菜——阿达纳烤肉的特色餐馆。

梅尔坎酒店
Mercan Otel　　经济型 40 间

◆邻近旧城区入口附近的地标建筑小钟楼，酒店规模不大，但是作为旧城区散步的起点，地理位置比较便利。客房略小但是干净整洁，给人以好感。

Map p.271A2

住 5 Ocak Meydanı, Özler Cad. 8 Sok. No.16, Küçüksaat TEL（0322）351 2603
URL www.otelmercan.com
单人 A/C 100TL
双人 A/C 150TL
US $ € TL　M V
全馆免费　EV 无

波斯娜丽酒店
Hotel Bosnalı　　经济型 40 间

◆邻近阿塔图尔克博物馆，坐落在塞伊汉河畔的酒店，由一座建筑历史已有 130 年的奥斯曼朝后期传统民宅改建而成的精品酒店，客房中配有保险箱和迷你酒柜。

Map p.271B2

住 Kayalıbağ Mah., Seyhan Cad. No.29
TEL（0322）359 8000
FAX（0322）359 6059
URL www.hotelbosnali.com
单/双人 A/C 55 €~
US $ € TL　M V
全馆免费　EV 无

阿达纳喜来登大酒店
Sheraton Grand Adana　　高级 240 间

◆位于塞伊汉河畔东岸的流线型大型连锁酒店，位置略微远离中心地区，因此住宿环境更为僻静。室外、室内泳池以及 SPA 水疗设施一应俱全，早餐需要额外支付 50~65TL。

Map p.271B1

住 Hacı Sabancı Bul. No.7
TEL（0322）237 1717
URL www.sheratongrandadana.com
单/双人 A/C 500TL~
US $ € TL　A M V
全馆免费　EV 有

杰尔吉 · 梅美特烧烤店
Ciğerci Memet Usta　　炭火烧烤　内脏串烧

◆将肝部等内脏作为食材的烧烤方式称为阿达纳烧烤（当地也称为库依玛），阿达纳当地人都力荐这家菜馆，炭火烧烤按盘子计费，一盘 25TL。

Map p.271A2

住 Sarıyakup Mah., Büyüksaat Yanı
TEL（0322）352 0008
开 24 小时
休 无
US $ € TL
M V

伊休塔夫烤肉店
İştah Kebap　　本地风味菜　烤肉

◆开业 30 年，是经营阿达纳烤肉的人气餐馆之一，除了阿达纳烤肉外，还有 20TL 的炭火烧烤以及土耳其烤肉，鸡肉烩饭 17TL，牛肉烩饭 20TL。

Map p.271A2

住 Ali Münif Cad. No.43, Vakıflar Sarayı karşısı
TEL（0322）351 9651
URL istahkebap.com
开 7:00~20:00　休 无
US $ € TL　M V

贝塔茶店
Beta Tea House　　土耳其咖啡　红茶

◆20 世纪 70 年代开始从事土耳其茶叶出口及世界各国茶叶引进的茶叶名店。店铺位于面向库鲁克普留教堂的交叉口位置，1 层区域出售茶叶和茶具。

Map p.271B1

住 Kuruköprü Mah., Ziya Paşa Bul. No.9
TEL（0322）363 5343
URL www.betateahouse.com.tr
开 7:30~20:00
休 无
US $ € TL　M V

梅尔辛的街头美食当数梅尔辛卷饼，将肉馅翻炒后再用薄薄的卷饼裹起来食用。

前身是基督教五大教区之一的安条克公国

安塔基亚 *Antakya*

市区区号 0326　人口 21 万 6960 人　海拔 85 米

在安塔利亚近郊达芙妮所出土的精美马赛克镶嵌画（收藏于哈塔伊考古学博物馆）

为塞琉古王朝 Seleucos 开辟叙利亚疆土的尼迦妥 Nicator 建造了安条克（即现在安塔基亚）这座城市，这里也是丝绸之路大陆段的终点之一。从中国运来的货物和物资便从这边的港口装载上船，运往地中海沿岸的各个国家。安条克在《圣经》中是基督教的圣地，是圣保罗最初进行基督教布道的地方，这里也是罗马帝国的第三大城市，在世界史的地位举足轻重，但可惜的是，古代的光辉遗址几乎都没有保留下来，十分遗憾。

安塔基亚不同于土耳其的其他城市，整座城市都洋溢着浓厚的欧洲风情，其原因主要是因为从第一次世界大战后到 1938 年的这段时间，这里一直是法属叙利亚的领地，至今这里也有许多流淌着叙利亚血液的本地居民，叙利亚方言味道的阿拉伯语在当地经常可以听到。在法属叙利亚时期，这里被称为哈塔伊 Hatay，这里成为土耳其的省份之后，便以哈塔伊命名这个省份，至今当地居民也会用这个名称指代这里，不少巴士的目的地也会用哈塔伊指代安塔基亚。

安塔基亚 漫 步

阿西河上（古称奥伦特斯河）大桥附近的共和国广场 Cumhuriyet Meydanı 是安塔基亚城市的中心，大桥东侧坐落着一座乌鲁清真寺 Ulu Camii，位于阿希河东岸的旧城区洋溢着素朴的市井气息，深入旧城区后，你可以看到出售革制品、衣物和杂货的各式商店。12 世纪时期作为十字军弗兰克教堂而最初建造，此后改建为清真寺的哈毕比·纳杰尔清真寺 Habibi Naccar Camii 也值得一看。

阿希河西岸的新城区设有马赛克镶嵌画博物馆、PTT、银行等各类设施，PTT 旁边的阿塔图尔克道上坐落着不少 Atatürk Cad. 高级酒店和别致商店，十分热闹。

◆从巴士总站前往城中心

巴士总站位于城市的西侧，中·长途巴士基本都从这里发车和到达。从巴士总站下车后，你可以搭乘塞尔比斯联络巴士前往安塔基亚的城中

治安情报

叙利亚从 2011 年 3 月以来，一直处于全境战乱的危急现状，叙利亚及土耳其与叙利亚的国境线地区都是十分危险的区域。外交部及中国驻叙利亚大使馆也曾多次提醒中国公民暂勿前往叙利亚旅游。而邻近叙利亚的哈塔伊省，也位于战火的覆盖范围之中，为了自身安全，请尽量不要前往这里观光游玩。

Information

东正教堂

安塔基亚是圣彼得和圣保罗的布道之所，可以说基督教最初便是从这里开始传扬，因此这里在基督教徒的心中拥有很高的地位。城内的教堂建筑风格各异，云集了多个基督教派，其中当选“土耳其十大最美教堂”的东正教堂更是最为出名。这座几乎位于旧城区中心位置的优美教堂，是在获得埃及总督穆罕默德·阿里（穆罕默德·阿里·帕夏）之子，易布拉希姆·帕夏的许可后在 1883 年建造而成的。

住 Hükümet Cad. NO.14

TEL（0326）216 4409

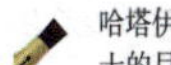

哈塔伊作为省份的名称，其范围要大于安塔基亚市（2017 年起这里称为哈塔伊广域市安塔基亚区），所以当你看到巴士的目的地写作哈塔伊 Hatay 时，这辆巴士可能不会驶入安塔基亚中心地区，请在上车前再次进行确认。

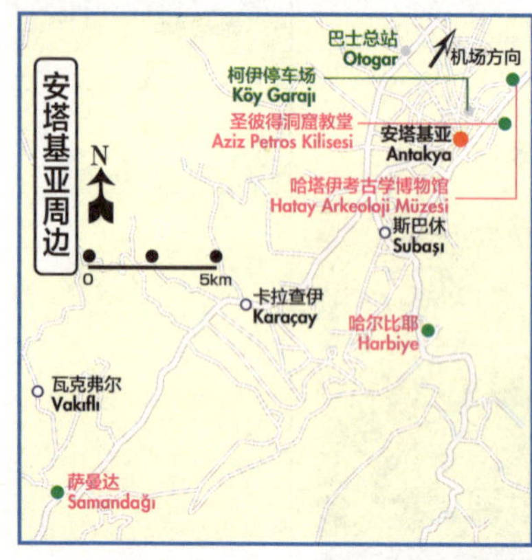

心地区。

从位于PTT旁边的巴士站可以搭乘16路前往巴士总站，乌鲁清真寺前的5路迷你巴士也可以将你送达到巴士总站，此外市内各地只要看到写有Yeni Otogar字样的迷你巴士，乘坐后都可以前往巴士总站。

前往萨曼达、哈尔比耶等近郊方向的大巴及合乘巴士都从柯伊停车场出发，大多数从阿达纳、加济安泰普、卡赫拉曼马拉什驶来的巴士也都会抵达于柯伊停车场。从柯伊停车场出来后度过阿希河，一路南下即可来到安塔基亚的城中心地区。

■安塔基亚的旅游咨询处

Map p.277B 外

住 Şehit Mustafa Sevgi Cad. No.8/A

TEL (0326) 214 9217

开 8:00~15:00

休 周六 · 周日

你从这里可以领取种类丰富的各式观光宣传册

当地名菜

安塔基亚的特色菜品非常丰富，既有小型比萨类主食凯塔斯，也有名为乌斯帕纳克·乔尔巴斯的菠菜汤、奥尔克炸肉包以及哈塔伊的特色甜品库奈菲（Kunefe，卡法耶夫细丝中加入奶酪的美味甜品），南瓜甜品卡巴克·塔图尔斯Kabak Tatlısı也请不要错过。

最适合垫下肚子的奥尔克炸肉包

安塔基亚 主要景点

收藏品获得了全世界的多方赞誉

哈塔伊考古学博物馆

Map p.276

Hatay Arkeoloji Müzesi 哈塔伊 · 阿尔凯罗吉 · 缪泽希

展出了从安塔基亚近郊及哈尔比耶遗址中出土的众多马赛克镶嵌画，这家馆内收藏的罗马时代马赛克镶嵌画，其数量和质量在全世界范围内都是首屈一指的。描绘着希腊神话与圣经场景的马赛克镶嵌画美轮美奂，参观的游客都会被其深深吸引。

马赛克壁画以外的展品也很丰富，按照古代到现代的时间线介绍的各类展品令游客目不暇接，特别是赫梯时代的展品，无论是质量还是数量都令人叹为观止。此外，馆内的硬币收藏也不容错过。

打造赫梯新王国鼎盛时期的苏庇路里乌玛一世雕像

阿尔忒弥斯的马赛克壁画

马赛克画的中央为公主阿里阿德涅，左右分别是酒神狄俄尼索斯和迈纳斯

■哈塔伊考古学博物馆

住 Maşuklu Mahallesi, Atatürk Cad.

TEL (0326) 225 1060

开 夏季 8:30~19:00
　冬季 8:30~17:00

休 无

费 20TL

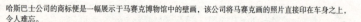

哈斯巴士公司的商标便是一幅展示于马赛克博物馆中的壁画，该公司将马赛克画的照片直接印在车身之上，令人难忘。

建于山崖背后的隐秘教堂

圣彼得洞窟教堂

Map p.276

Aziz Petros (St. Pierre) Kilisesi 阿基兹 · 佩特洛斯（圣彼得）· 基里瑟希

距离城中心步行大约需要 30 分钟的时间，这座建于山崖旁洞窟中的隐蔽教堂，最初是圣彼得为了早期遭受迫害而逃难至此的基督教徒特意设立的，洞窟深处还有一条逃生道，但是现在无法深入进行参观。

安塔基亚 近郊景点

一处是面向宁静大海的港口小城，一处则是希腊神话源生地的恬静村落

萨曼达及哈尔比耶

Map p.276

Samandağı ve Harbiye 萨曼达 · 贝 · 哈尔比耶

位于安塔基亚西南方向约 25 公里的萨曼达，是尼迦妥建造的一座安塔基亚外港城镇。海岸线设有几家家常菜馆和酒店住所，夏季不少游人都来这里的海滩嬉戏游玩。在萨曼达近郊，还有一处土耳其唯一的亚美尼亚人部落——瓦基夫利 Vakifli。

位于安塔基亚以南约 9 公里的哈尔比耶村，这里月桂树成片，绿意盎然。据说女神达芙妮 Daphne 为了躲避阿波罗的求爱，而逃至此地并将自己化作了一棵月桂树，即使如此，阿波罗依旧没有对她放弃爱恋，因此这里也是供奉阿波罗的圣地之一。近年来由于增设了水道的水源设施，使得这里的自然水流量开始下降，曾经的大瀑布景点已经没有了往日的生机与魄力。

■圣彼得洞窟教堂

住 Küçük Dalyan Mah.

开 夏季 8:30~19:00

冬季 8:30~17:00

休 无

费 20TL-

圣彼得洞窟教堂的圣坛

搭乘迷你巴士下车后，按照这个路标前行 10 分钟左右即可抵达

■萨曼达

6:00~22:00 区间，可以搭乘多班写有 Deniz（意为大海之意）字样的合乘巴士前往萨曼达，班次很多，不过中途需要换乘一次市区巴士。

沉入萨曼达海岸的美丽落日

■哈尔比耶

搭乘写有 Harbiye 字样的蓝色市区巴士即可前往。

邻近哈尔比耶瀑布的当地餐馆

■瓦基夫利

乘车前往萨曼达后，换乘前往胡杜尔贝 Hıdırbey 的迷你巴士在中途下车即可。从萨曼达出发大约需要 15 分钟的时间即可抵达。

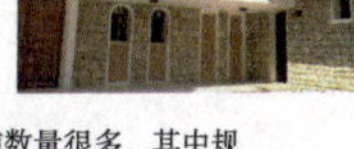

经营安塔基亚名小吃库奈菲（Kunefe，在卡法耶夫细丝中加入奶酪的美味甜品）的店铺数量很多，其中规模较大，也是最出名的当数哈塔伊 · 库奈菲和老店菲拉夫 · 库奈菲这两家。

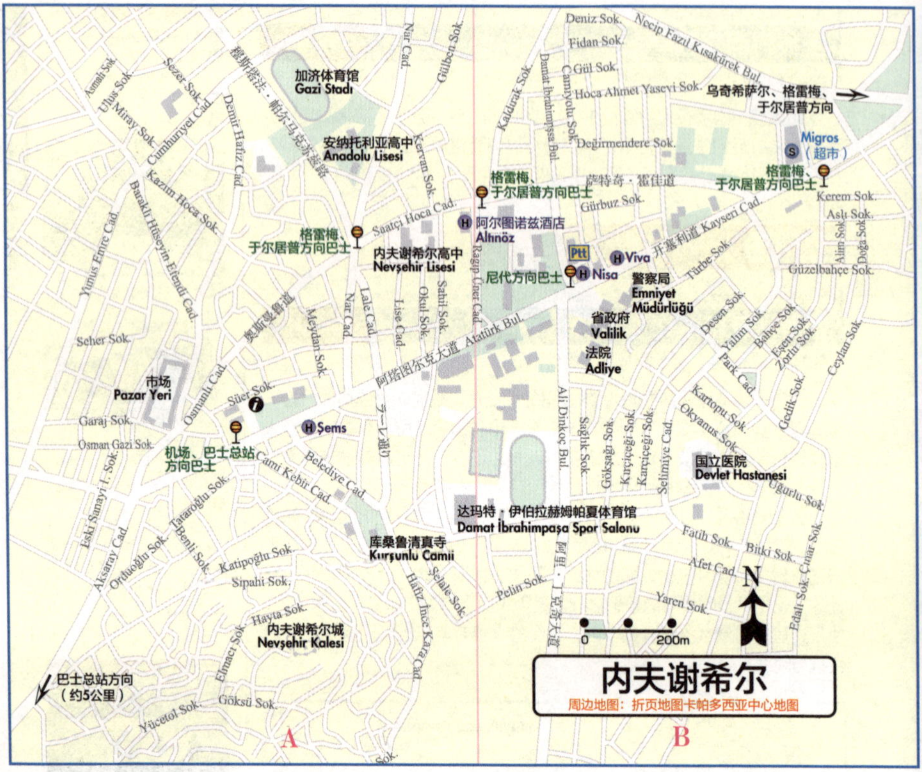
内夫谢希尔
周边地图：折页地图卡帕多西亚中心地图
加济体育馆
Gazi Stadı
安纳托利亚高中
Anadolu Lisesi
内夫谢希尔高中
Nevşehir Lisesi
阿尔图诺兹酒店
Altınöz
格雷梅、
于尔居普方向巴士
乌奇希萨尔、格雷梅、
于尔居普方向
Migros
（超市）
Viva
Nisa
尼代方向巴士
Ptt
警察局
Emniyet
Müdürlüğü
省政府
Valilik
法院
Adliye
市场
Pazar Yeri
Şems
机场、巴士总站
方向巴士
国立医院
Devlet Hastanesi
达玛特·伊伯拉赫姆帕夏体育馆
Damat İbrahimpaşa Spor Salonu
库桑鲁清真寺
Kurşunlu Camii
内夫谢希尔城
Nevşehir Kalesi
巴士总站方向
（约5公里）
阿塔图尔克大道 Atatürk Bul.
开塞利道 Kayseri Cad.
萨特奇·霍佳道
Deniz Sok.
Necip Fazıl Kısakürek Bul.
Fidan Sok.
Gül Sok.
Hoca Ahmet Yasevi Sok.
Değirmendere Sok.
Gürbuz Sok.
Kerem Sok.
Aslı Sok.
Güzelbahçe Sok.
Türbe Sok.
Desen Sok.
Yalım Sok.
Park Cad.
Kartopu Sok.
Okyanus Sok.
Uğurlu Sok.
Fatih Sok.
Bitki Sok.
Afet Cad.
Yaren Sok.
Pelin Sok.
Ali Dinkoç Bul.
Sağlık Sok.
Selimiye Cad.
Ragıp Üner Cad.
Nar Cad.
Gülbeden Sok.
Kaldırak Sok.
Kervan Sok.
Saatçi Hoca Cad.
Lale Cad.
Lise Cad.
Okul Sok.
Sahil Sok.
Meydan Sok.
Belediye Cad.
Cami Kebir Cad.
Süer Sok.
Garaj Sok.
Osman Gazi Sok.
Seher Sok.
Yunus Emre Cad.
Cumhuriyet Cad.
Demir Hafız Cad.
Kazım Hoca Sok.
Sezer Sok.
Miray Sok.
Ulus Sok.
Eski Sanayi 1. Sok.
Aksaray Cad.
Orduoğlu Sok.
Tataroğlu Sok.
Benli Sok.
Katipoğlu Sok.
Sipahi Sok.
Hayta Sok.
Elmacı Sok.
Göksü Sok.
Yücetol Sok.
Hafız İnce Kara Cad.
Şelale Sok.
Edalı Sok.
Çınar Sok.
Ceylan Sok.
Gedik Sok.
0
200m
N
A
B

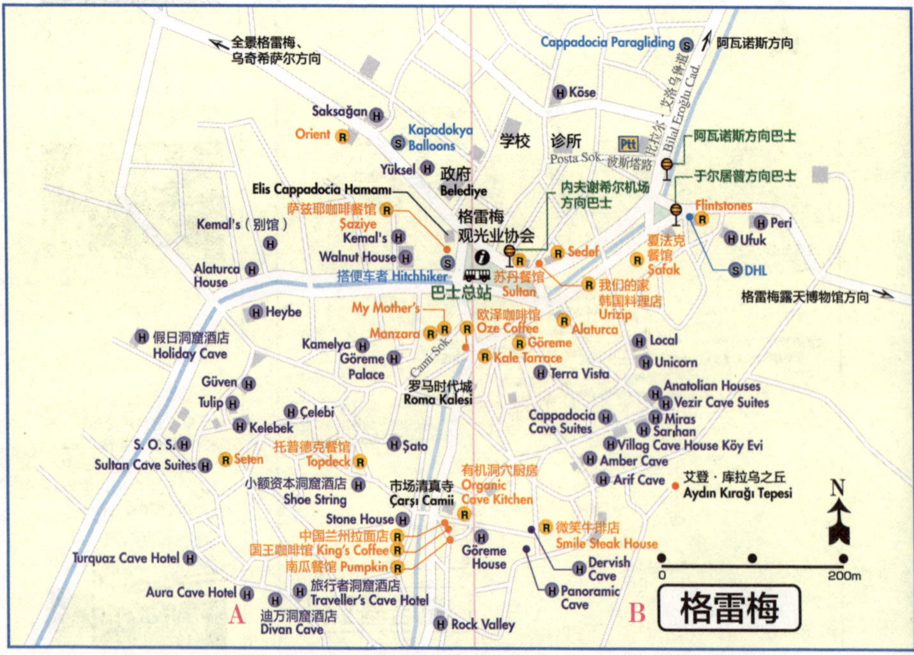
格雷梅
全景格雷梅、
乌奇希萨尔方向
Cappadocia Paragliding
阿瓦诺斯方向
Köse
Saksağan
Orient
Kapadokya
Balloons
学校
诊所
Ptt
Posta Sok. 波斯塔路
比拉尔·艾洛乌鲁道
Bilal Eroğlu Cad.
阿瓦诺斯方向巴士
于尔居普方向巴士
Yüksel
政府
Belediye
Elis Cappadocia Hamamı
萨兹耶咖啡餐馆
Şaziye
格雷梅
观光业协会
内夫谢希尔机场
方向巴士
Kemal's（别馆）
Kemal's
Walnut House
搭便车者 Hitchhiker
苏丹餐馆
Sultan
巴士总站
Sedef
夏法克
餐馆
Şafak
我们的家
韩国料理店
Urizip
Flintstones
Peri
Ufuk
DHL
格雷梅露天博物馆方向
Alaturca
House
Heybe
My Mother's
Manzara
欧泽咖啡馆
Oze Coffee
Alaturca
Göreme
Kale Terrace
Terra Vista
Local
Unicorn
假日洞窟酒店
Holiday Cave
Kamelya
Göreme
Palace
Cami Sok.
罗马时代城
Roma Kalesi
Güven
Tulip
Çelebi
Kelebek
Anatolian Houses
Vezir Cave Suites
Cappadocia
Cave Suites
Miras
Sarıhan
Villag Cave House Köy Evi
S. O. S.
Sultan Cave Suites
Seten
托普德克餐馆
Topdeck
Şato
Amber Cave
Arif Cave
有机洞穴厨房
Organic
Cave Kitchen
艾登·库拉乌之丘
Aydın Kırağı Tepesi
小额资本洞窟酒店
Shoe String
市场清真寺
Çarşı Camii
Stone House
中国兰州拉面店
国王咖啡馆 King's Coffee
南瓜餐馆 Pumpkin
Göreme
House
微笑牛排店
Smile Steak House
Dervish
Cave
Panoramic
Cave
Turquaz Cave Hotel
Aura Cave Hotel
旅行者洞窟酒店
Traveller's Cave Hotel
迪万洞窟酒店
Divan Cave
Rock Valley
N
0
200m
A
B

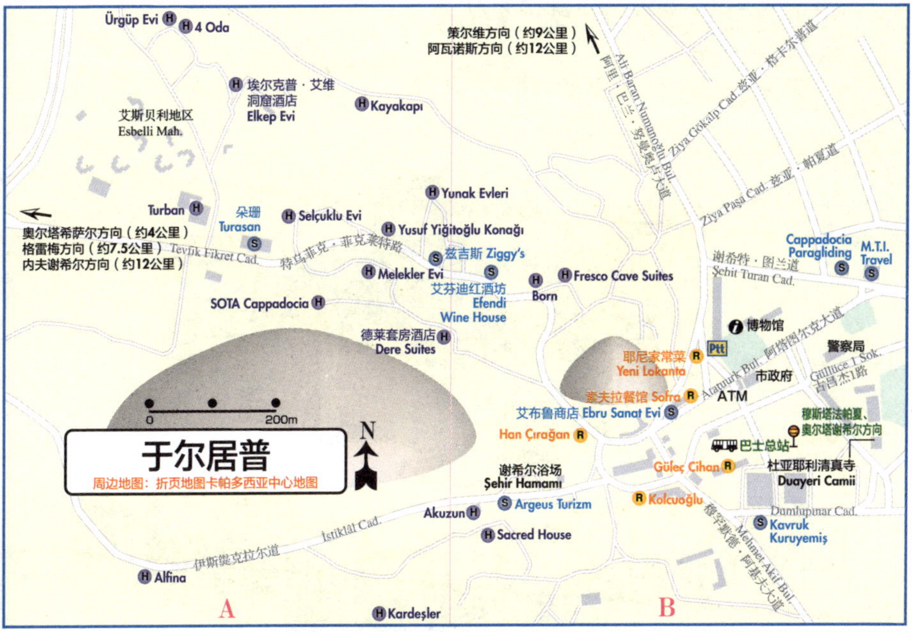

于尔居普
周边地图：折页地图卡帕多西亚中心地图
Ürgüp Evi
4 Oda
埃尔克普·艾维
洞窟酒店
Elkep Evi
Kayakapı
艾斯贝利地区
Esbelli Mah.
策尔维方向（约9公里）
阿瓦诺斯方向（约12公里）
Ali Baran Numanoğlu Bul.
阿里·巴兰·努曼奥卢大道
Ziya Gökalp Cad. 兹亚·格卡尔普道
Ziya Paşa Cad. 兹亚·帕夏道
Yunak Evleri
Turban
朵珊
Turasan
Selçuklu Evi
Yusuf Yiğitoğlu Konağı
奥尔塔希萨尔方向（约4公里）
格雷梅方向（约7.5公里）
内夫谢希尔方向（约12公里）
Tevfik Fikret Cad.
特乌菲克·菲克莱特路
兹吉斯 Ziggy's
Melekler Evi
艾芬迪红酒坊
Efendi
Wine House
Born
Fresco Cave Suites
谢希特·图兰道
Şehit Turan Cad.
Cappadocia Paragliding
M.T.I. Travel
SOTA Cappadocia
德莱套房酒店
Dere Suites
博物馆
Ptt
阿塔图尔克大道
Atatürk Bul.
警察局
Güllüce 1 Sok.
古吕杰1路
市政府
耶尼家常菜
Yeni Lokanta
索夫拉餐馆 Sofra
ATM
艾布鲁商店 Ebru Sanat Evi
穆斯塔法帕夏、奥尔塔谢希尔方向
0
200m
N
Han Çırağan
巴士总站
杜亚耶利清真寺
Duayeri Camii
Güleç Cihan
谢希尔浴场
Şehir Hamamı
Kolcuoğlu
Argeus Turizm
Akuzun
Dumlupınar Cad.
Kavruk Kuruyemiş
Sacred House
穆罕默德·阿基夫大道
Mehmet Akif Bul.
İstiklâl Cad.
伊斯梯克拉尔道
Alfina
Kardeşler
A
B

科纳克餐馆
Konak
内夫谢希尔方向巴士
奥兹柯纳克方向巴士
Ptt
广场
Atatürk Cad.
Venessa
Akhal Teke方向
凯尔凯特旅行社
Kirkit Voyage
麦当劳
梅尔克兹清真寺
Merkez Camii
比兹姆·艾维
Bizim Ev
Sofa
Kirkit
Atatürk Cad.
阿塔图尔克道
吊桥
Asma Köprü
MADO
Kappadokya
快艇Jet Boat & Gondola
库兹尔河畔布道
库兹尔河
石桥
Taş Köprü
Taşköprü Cad.
塔斯克波鲁道
米特哈特·杜尔格道
Mithat Dülge Cad.
内夫谢希尔方向巴士
Sami Kulturuş Cad.
萨米文化道
莫提弗文化中心方向
Suhan Cappadocia方向
Double Tree by Hilton方向
Saruhan Cad. 萨尔汉道
Abdi İpekçi Cad.
阿卜迪·伊佩克奇道
巴士总站
N
0
200m
阿瓦诺斯
周边地图：折页地图卡帕多西亚中心地图

全景格雷梅方向（约1.3公里）
格雷梅方向（约2.6公里）
内夫谢希尔方向
（约9公里）
Museum Hotel
Lale Saray
纳赞设计商店
Nazan Disign
Cappadocia Cave Resort
格雷梅方向
泰凯尔利地区
Tekelli Mah.
La Meson de Reve
Elai
Taka Ev
Helike Cave
城堡
Kale
赫尔梅斯洞穴酒店
Hermes Cave
礼品商店众多
Kocabağ Şarap Evi
方向（约600米）
凯塞克广场
Kesek Meydanı
Göreme Cad.
格雷梅道
Fatih Cad.
留特菲耶·哈屯清真寺
Lütfiye Hatun camii
Ptt
内夫谢希尔方向
Gedik Sok.
Taşkonaklar
N
市政府
Belediye
Adnan Menderes Cad.
阿德南·曼德莱斯道
0
300m
乌奇希萨尔·卡亚酒店
Uçhisar Kaya
库克柏
Kocabağ
乌奇希萨尔
周边地图：折页地图卡帕多西亚中心地图

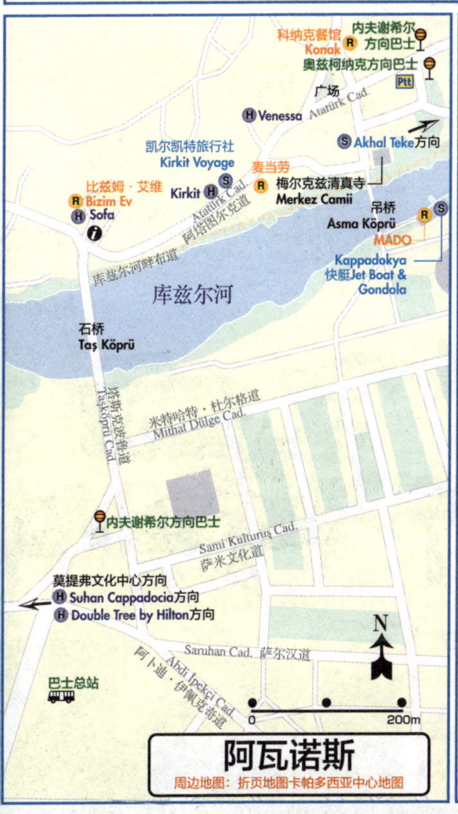

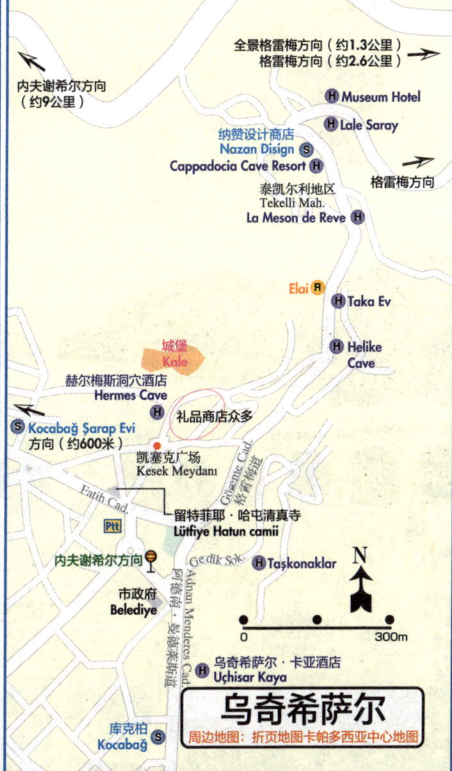

本系列已出版丛书

涵盖世界70个国家和地区

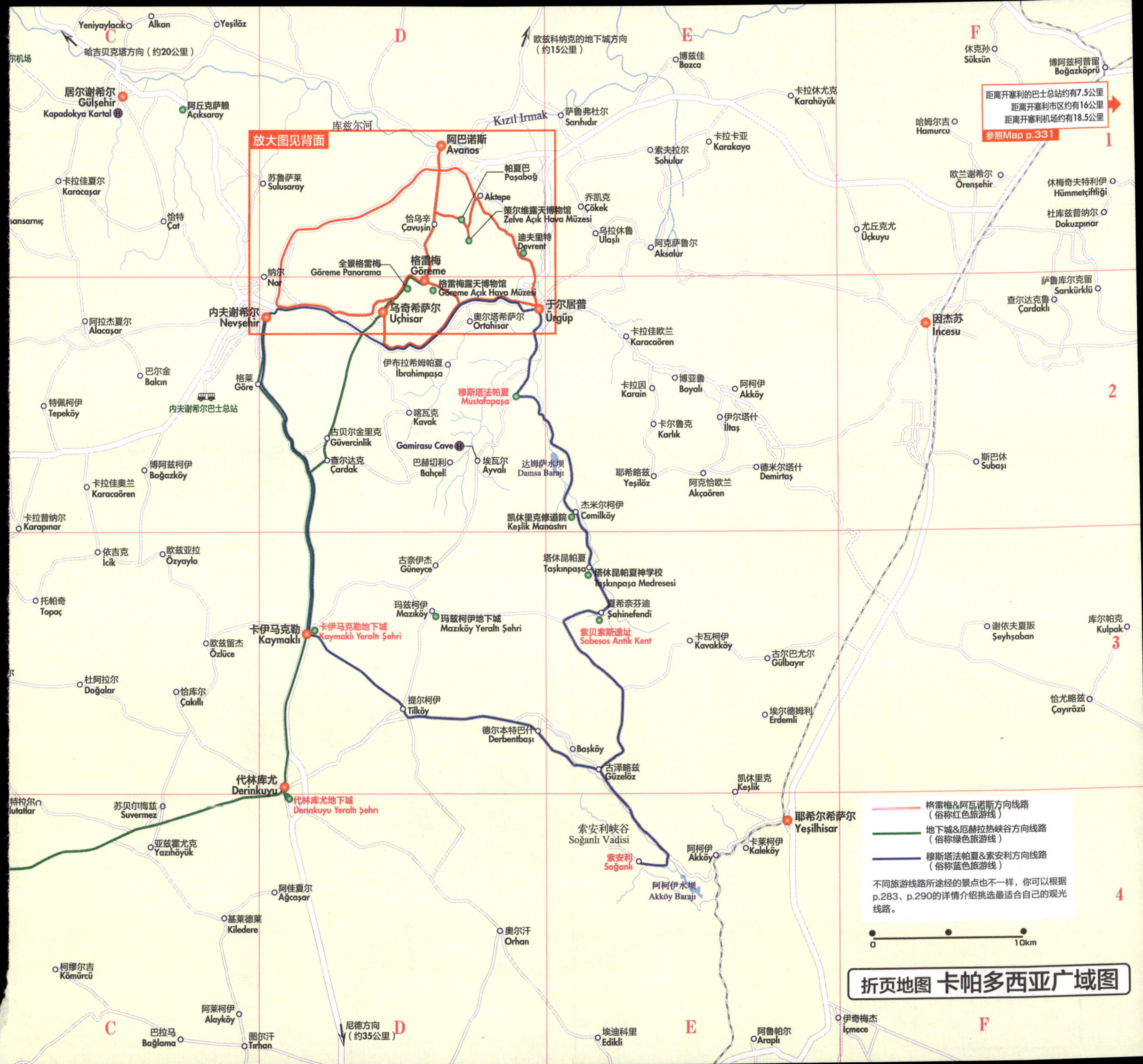

Yeniyaylacık
Alkan
Yeşilöz
C
D
E
F
哈吉贝克塔方向（约20公里）
欧兹科纳克的地下城方向（约15公里）
博兹佳 Bozca
休克孙 Süksün
博阿兹柯普留 Boğazköprü
居尔谢希尔 Gülşehir
Kapadokya Kartal
阿丘克萨赖 Açıksaray
卡拉休尤克 Karahüyük
距离开塞利的巴士总站约有7.5公里
距离开塞利市区约有16公里
距离开塞利机场约有18.5公里
参照Map p.331
库兹尔河
Kızıl Irmak
萨鲁弗杜尔 Sarıhıdır
哈姆尔吉 Hamurcu
放大图见背面
阿巴诺斯 Avanos
索夫拉尔 Sohular
卡拉卡亚 Karakaya
1
苏鲁萨莱 Sulusaray
帕夏巴 Paşabağ
卡拉佳夏尔 Karacaşar
Aktepe
乔凯克 Çökek
欧兰谢希尔 Örenşehir
休梅奇夫特利伊 Hümmetçiftliği
恰特 Çat
恰乌辛 Çavuşin
策尔维露天博物馆 Zelve Açık Hava Müzesi
杜库兹普纳尔 Dokuzpınar
乌拉休鲁 Ulaşlı
尤丘克尤 Üçkuyu
迪夫里特 Devrent
阿克萨鲁尔 Aksalur
全景格雷梅 Göreme Panorama
格雷梅 Göreme
纳尔 Nar
格雷梅露天博物馆 Göreme Açık Hava Müzesi
萨鲁库尔克留 Sarıkürklü
内夫谢希尔 Nevşehir
乌奇希萨尔 Uçhisar
于尔居普 Ürgüp
查尔达克鲁 Çardaklı
因杰苏 İncesu
阿拉杰夏尔 Alacaşar
奥尔塔希萨尔 Ortahisar
卡拉佳欧兰 Karacaören
巴尔金 Balcın
伊布拉希姆帕夏 İbrahimpaşa
格莱 Göre
穆斯塔法帕夏 Mustafapaşa
卡拉因 Karain
博亚鲁 Boyalı
阿柯伊 Akköy
2
特佩柯伊 Tepeköy
内夫谢希尔巴士总站
喀瓦克 Kavak
古贝尔金里克 Güvercinlik
卡尔鲁克 Karlık
伊尔塔什 İltaş
Gamirasu Cave
埃瓦尔 Ayvalı
巴赫切利 Bahçeli
查尔达克 Çardak
博阿兹柯伊 Boğazköy
达姆萨水坝 Damsa Barajı
耶希略兹 Yeşilöz
阿克恰欧兰 Akçaören
德米尔塔什 Demirtaş
斯巴休 Subaşı
卡拉佳奥兰 Karacaören
卡拉普纳尔 Karapınar
杰米尔柯伊 Cemilköy
凯休里克修道院 Keşlik Manastırı
依吉克 İcik
欧兹亚拉 Özyayla
古奈伊杰 Güneyce
塔休昆帕夏 Taşkınpaşa
塔休昆帕夏神学校 Taşkınpaşa Medresesi
托帕奇 Topaç
玛兹柯伊 Mazıköy
玛兹柯伊地下城 Mazıköy Yeraltı Şehri
夏希奈芬迪 Şahinefendi
卡伊马克勒 Kaymaklı
卡伊马克勒地下城 Kaymaklı Yeraltı Şehri
索贝索斯遗址 Sobesos Antik Kent
欧兹留杰 Özlüce
卡瓦柯伊 Kavakköy
谢依夫夏阪 Şeyhşaban
库尔帕克 Kulpak
3
古尔巴尤尔 Gülbayır
杜阿拉尔 Doğalar
恰库尔 Çakıllı
提尔柯伊 Tilköy
恰尤略兹 Çayırözü
埃尔德姆利 Erdemli
德尔本特巴什 Derbentbaşı
Başköy
古泽略兹 Güzelöz
凯休里克 Keşlik
代林库尤 Derinkuyu
代林库尤地下城 Derinkuyu Yeraltı Şehri
苏贝尔梅兹 Suvermez
耶希尔希萨尔 Yeşilhisar
索安利峡谷 Soğanlı Vadisi
亚兹霍尤克 Yazıhöyük
阿柯伊 Akköy
卡莱柯伊 Kaleköy
索安利 Soğanlı
格雷梅&阿瓦诺斯方向线路（俗称红色旅游线）
地下城&厄赫拉热峡谷方向线路（俗称绿色旅游线）
穆斯塔法帕夏&索安利方向线路（俗称蓝色旅游线）
不同旅游线路所途经的景点也不一样，你可以根据p.283、p.290的详情介绍挑选最适合自己的观光线路。
阿柯伊水坝 Akköy Barajı
阿佳夏尔 Ağcaşar
4
基莱德莱 Kiledere
奥尔汗 Orhan
0
10km
柯缪尔吉 Kömürcü
折页地图 卡帕多西亚广域图
阿莱柯伊 Alayköy
尼德方向（约35公里）
巴拉马 Bağlama
图尔汗 Tırhan
埃迪科里 Edikli
阿鲁帕尔 Araplı
伊奇梅杰 İçmece

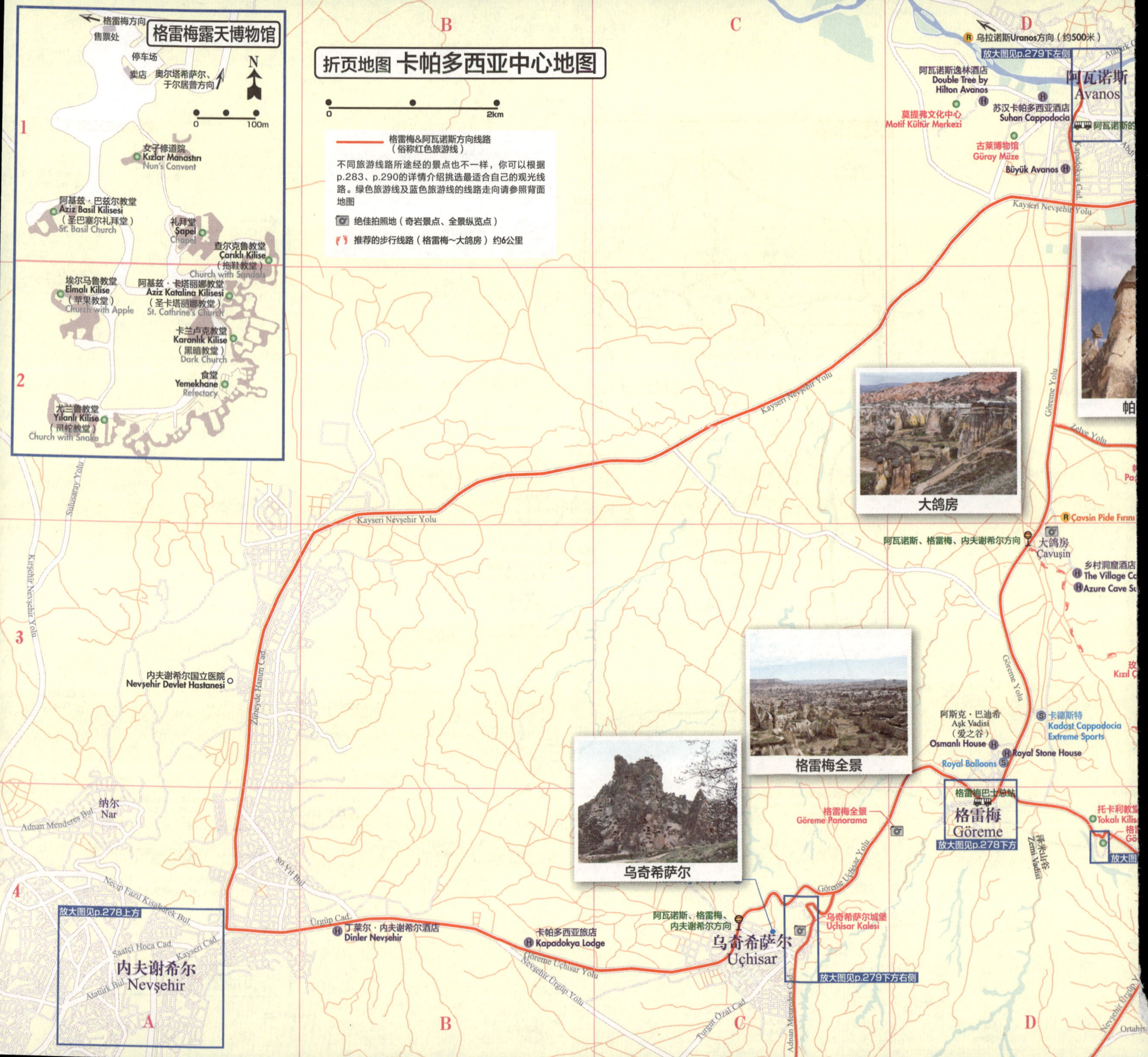
折页地图 卡帕多西亚中心地图
0
2km
格雷梅&阿瓦诺斯方向线路（俗称红色旅游线）
不同旅游线路所途经的景点也不一样，你可以根据p.283、p.290的详情介绍挑选最适合自己的观光线路。绿色旅游线及蓝色旅游线的线路走向请参照背面地图
绝佳拍照地（奇岩景点、全景纵览点）
推荐的步行线路（格雷梅～大鸽房）约6公里
格雷梅露天博物馆
格雷梅方向
售票处
停车场
卖店
奥尔塔希萨尔、于尔居普方向
N
0
100m
女子修道院 Kızlar Manastırı Nun's Convent
阿基兹·巴兹尔教堂 Aziz Basil Kilisesi（圣巴塞尔礼拜堂）St. Basil Church
礼拜堂 Şapel Chapel
查尔克鲁教堂 Çarıklı Kilise（拖鞋教堂）Church with Sandals
埃尔马鲁教堂 Elmalı Kilise（苹果教堂）Church with Apple
阿基兹·卡塔丽娜教堂 Aziz Katalina Kilisesi（圣卡塔丽娜教堂）St. Cathrine's Church
卡兰卢克教堂 Karanlık Kilise（黑暗教堂）Dark Church
食堂 Yemekhane Refectory
尤兰鲁教堂 Yılanlı Kilise（吊蛇教堂）Church with Snake
乌拉诺斯Uranos方向（约500米）
放大图见p.279下左侧
阿瓦诺斯逸林酒店 Double Tree by Hilton Avanos
莫提弗文化中心 Motif Kültür Merkezi
苏汉卡帕多西亚酒店 Suhan Cappadocia
阿瓦诺斯 Avanos
古莱博物馆 Güray Müze
Büyük Avanos
Kayseri Nevşehir Yolu
Göreme Yolu
Zelve Yolu
大鸽房
Çavşin Pide Fırını
阿瓦诺斯、格雷梅、内夫谢希尔方向
大鸽房 Çavuşin
乡村洞窟酒店 The Village Ca
Azure Cave Su
Sulusaray Yolu
Kırşehir Nevşehir Yolu
内夫谢希尔国立医院 Nevşehir Devlet Hastanesi
Zübeyde Hanım Cad.
阿斯克·巴迪希 Aşk Vadisi（爱之谷）
Osmanlı House
Royal Stone House
Royal Balloons
卡德斯特 Kadost Cappadocia Extreme Sports
格雷梅全景
格雷梅巴士总站
格雷梅 Göreme
放大图见p.278下方
格雷梅全景 Göreme Panorama
泽米山谷 Zemi Vadisi
托卡利教堂 Tokalı Kilis
纳尔 Nar
Adnan Menderes Bul.
80.Yıl Bul.
Necip Fazıl Kısakürek Bul.
Ürgüp Cad.
乌奇希萨尔
丁莱尔·内夫谢希尔酒店 Dinler Nevşehir
卡帕多西亚旅店 Kapadokya Lodge
阿瓦诺斯、格雷梅、内夫谢希尔方向
乌奇希萨尔 Uçhisar
乌奇希萨尔城堡 Uçhisar Kalesi
放大图见p.279下方右侧
Göreme Uçhisar Yolu
放大图见p.278上方
Saatçi Hoca Cad.
Kayseri Cad.
内夫谢希尔 Nevşehir
Atatürk Bul.
Göreme Uçhisar Yolu
Nevşehir Ürgüp Yolu
Turgut Özal Cad.
Adnan Menderes Cad.
Ortahisar
A B C D
1 2 3 4

厄赫拉热峡谷
塞利梅教堂（城堡教堂）
Selime Kilisesi(Kale Kilise)
塞利梅
Selime
入口
羊教堂
Koyunağıl Kilise
鸽子教堂
Güvercinlik Kilise
阿克萨赖方向
兹伽温泉
Ziga Kaplıcası
阿拉卡亚教堂
Alakaya Kilise
迪莱库利教堂
Direkli Kilise
巴哈汀·萨曼鲁乌教堂
Bahattin Samanlığı Kilise
贝里斯尔马
Belisırma
四十六教堂
Kırkdamaltı Kilise
老腿教堂
Eskibacak Kilise
风信子教堂
Sümbüllü Kilise
贝兹尔·阿纳教堂
Bezir Ana Kilise
树下教堂
Ağaçaltı Kilise
卡拉盖迪克教堂
Karagedik Kilise
灵蛇教堂
Yılanlı Kilise
石雕教堂
Eğritaş Kilise
停车场
黑城堡教堂
Karanlık Kale Kilise
安巴尔教堂
Ambar Kilise
凯梅尔教堂
Kemer Kilise
厄赫拉热
Ihlara
尼代方向
梅兰迪斯河
N
0
2km
放大图见上方
Hacıhalili
Emmiler
Hamzalı
Oğulkaya
Yakatarla
Yalıntaş
图兹柯伊
Tuzköy
内夫谢希
艾利库尤
Eğrikuyu
古尔普纳尔
Gülpınar
库兹尔卡亚
Kızılkaya
奇夫特利柯伊
Çiftlikköy
丘尔拉尔
Çullar
博留克兰
Bölükören
塔特拉林地下城
Tatlarin Yeraltı Şehri
巴尔佳
Bağlıca
克兹鲁佳
Kozluca
İnallı
尤巴
Yuva
博兹佳特普
Bozcatepe
阿吉格尔
Acıgöl
亚尔曼
Yalman
阿莱汉鲁
Alayhanı
卡拉库尤
Karakuyu
艾凯吉克耶尼柯伊
Ekecikyeniköy
格克休古泽尔
Göksügüzel
贝贝克
Bebek
查乌尔
Çağıl
苏莱曼休尤乌
Süleymanhüyüğü
杰米里奥兰
Camiliören
杜尤兹
Düğüz
德利海比尔
Delihebil
亚尔努兹杰比兹
Yalnızceviz
奥尔鲁
Ağıllı
阿克梅扎尔
Akmezar
萨拉特尔
Saratlı
普纳尔巴什
Pınarbaşı
萨拉特尔地下城
Saratlı Yeraltı Şehri
奥兹卡拉汗驿站
Ağzıkarahan Kervansarayı
阿克萨赖方向（约15公里）
苏丹哈努驿站方向（约60公里）
Gökçe
古尔普纳尔
Gülpınar
玛马孙水坝
Mamasun Barajı
恰塔尔斯
Çatalsu
古尔阿奇
Gülağaç
古珺卡亚
Gücünkaya
贝卡尔拉尔
Bekarlar
德米尔吉
Demirci
多安塔尔拉
Doğantarla
塞文奇利
Sevinçli
库兹尔卡亚
Kızılkaya
索夫拉尔
Sofular
加济埃米尔
Gaziemir
阿兰尤尔特
Alanyurt
Acıgöl
博兹佳尤尔特
Bozcayurt
纳尔柯伊
Narköy
切尔特克
Çeltek
塞利梅
Selime
乌宗卡亚
Uzunkaya
兹伽温泉
Ziga Kaplıcası
厄赫拉热峡谷
Ihlara Vadisi
阿克亚马奇
Akyamaç
古泽尤尔特
Güzelyurt
斯比利希萨尔
Sivrihisar
厄赫拉热
Ihlara
博兹柯伊
Bozköy
A
B
1
2
3
4

E
F
阿卡尔·特克
骑马中心
Akhal Teke
Horse Center
巴士总站
Avanos Yolu
萨尔汉驿站
Sarıhan Kervansarayı
Kayseri Nevşehir Yolu
1
海狮群岩
夏贝
阿克特佩
Aktepe
Ürgüp Yolu
Zelve Yolu
2
拿破仑帽子岩
海狮群岩
Ayı Balıklar
拿破仑帽子岩
Napoleon Şapkası
骆驼岩
Deve Kaya
迪夫里特
Devrent
骆驼岩
策尔维露天博物馆
Zelve Açık Hava Müzesi
3
日落美景欣赏点
Güneş Batımı Seyir Noktası
Ürgüp Yolu
Ürgüp Yolu
三姐妹之岩
Ahmet Taner Kışlalı Cad.
Ali Baran Numanoğlu Bul.
Memiş Aksoy Cad.
许愿山
Temenni Tepesi
三姐妹之岩
Üç Kız Kardeşler
Ramada
Nevşehir Ürgüp Yolu
艾森特佩
Esentepe
阿伊瓦兹卡亚斯之山
Ayvazkayası Tepesi
佩里西亚酒店
Perissia
穆斯塔法酒店
Mustafa
于尔居普
丁莱尔酒店
Dinler Ürgüp
4
于尔居普
Ürgüp
放大图见p.279上
Ebru
Sanat Evi
奥尔塔希萨尔
Ortahisar
奥尔塔希萨尔
Ortahisar
E
F

卡帕多西亚、帕夏贝周边的奇岩地区

探访高原地区的历史与自然区域

安纳托利亚中部

İç Anadolu

卡帕多西亚（内夫谢希尔）的气候信息

月份	1月	2月	3月	4月	5月	6月	7月	8月	9月	10月	11月	12月
平均最高气温（℃）	3.7	5.1	9.9	15.6	20.3	24.6	28.3	28.3	24.3	18.2	11.4	6
平均最低气温（℃）	-3.9	-3.1	0.3	4.9	8.5	11.3	13.2	13	9.9	6.5	2.2	-1.5
平均降水量（mm）	42.2	42.4	45.6	52	59.2	32.5	8.7	4.6	11.9	30.9	36	50.4
推荐旅行服装	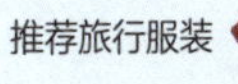											

探访安纳托利亚大地孕育的大自然神秘景观

卡帕多西亚 *Kapadokya*

市区区号 0384　人口 9 万 2068 人　海拔 1194 米（内夫谢希尔）

世界遗产

格雷梅国家公园和卡帕多西亚
Göreme Milli Parkı ve Kapadokya
1985 年

当地名菜

陶罐烤肉
Testi Kebabı

最初是约兹加特的当地特色菜，现在则是卡帕多西亚的代表名菜。将肉类和蔬菜放入用于烘烤的陶罐器皿之中，悉心炖煮后将一个完整的陶罐拿到餐桌之上，将罐子敲开的表演很具观赏性，英文名称为 Pottery Kebabi。

飘浮着多彩热气球的帕夏贝地区，蘑菇岩林立，氛围独特

卡帕多西亚是位于安纳托利亚高原中央地区的奇岩区域，蘑菇形状的奇特岩石构成了这里不可思议的特别景观，而在奇特岩群中还遗留着数量庞大的基督教壁画，埋藏在地下数十米空间中的地下城市也是各具特色，使得卡帕多西亚成了与伊斯坦布尔并肩的人气观光地。

当你乘坐巴士第一次来到这片地域后，会惊讶于眼前忽然出现的奇特地貌，这将是你本次土耳其之旅中一段全新的感受与体验。车窗外闪过的一座又一座形状各异的岩石个体构成了这里独树一格的异域风貌，像蘑菇般拔地而起的奇妙造型仿佛本身就蕴含着无穷的生命活力，令人不禁感觉亲切起来。

数亿年前埃尔吉耶斯火山喷发形成了现在卡帕多西亚这种奇特的岩层景观，由火山灰与熔岩堆积数百米形成了凝灰岩与熔岩层，在历经了无数日月的风吹雨打后，雨水对这里的岩层不断侵蚀，最终只为世人留下了这一座座结构最坚固，战胜了岁月洗礼的独特岩石群。

卡帕多西亚地区从赫梯时代起便是通商的要道，4 世纪前后基督教的修道士开始在凝灰岩中开拓洞窟并在其中生活居住，这里既是他们躲避外敌的绝佳庇护所，也是令他们可以继续维护自身的信仰，可以自由生活的一片乐土。众多绘于洞窟中天顶及墙壁上的精美湿壁画留存至今，当你来到这片位于海拔超过 1000 米高原地区奥秘岩山中的基督教徒住所，一定会为古人的信仰深深动容，这里也因为独有的人文情怀而变得更加宝贵。

位于安卡拉、卡帕多西亚、科尼亚之间的图兹湖 Tuz gölü 是一个巨大的盐水湖，从内夫谢希尔和格雷梅前往阿克萨赖后，换乘前往安卡拉的巴士即可在途中看到出现在左手边的迷人湖畔。

卡帕多西亚 经典行程

如果你打算将分布在广阔卡帕多西亚地区的众多景点悉数游览，参加当地组织的特色旅游线路可谓最为便利。原则上这类旅游团都不需要提前预约，当天即可报名参加，下面的行程为格雷梅发抵的经典线路，如果你的时间足够充裕，还可以参加 p.284~285 中介绍的特色户外活动，令旅程更加充实。

第1天 红色旅游线路 格雷梅～阿瓦诺斯周边

移动（巴士）

从伊斯坦布尔搭乘 20:30~22:30 出发前往内夫谢希尔的巴士，于次日 7:30 左右抵达，即使你随后搭乘塞尔比斯巴士或合乘巴士前往其他城镇的酒店登记入住，也依旧可以赶得上当天的观光行程。

移动（飞机）

最近的机场当数内夫谢希尔机场，不过虽然开塞利机场到这里需要有 1 小时 30 分钟的大巴车程，但是那里的航班班次更多，搭乘更为方便。即使你搭乘的是夜间航班，在预约了酒店接送服务后，也可以实现当晚深夜便在卡帕多西亚酒店入住休息的可能。

上午

行程的开始时间在 9:00~9:30，随后将在上午参观**格雷梅露天博物馆** ➡P.291，**格雷梅全景** ➡P.291及**乌奇希萨尔** ➡P.288等著名景点。

午餐

在**阿瓦诺斯** ➡P.289的餐馆享用午餐之后，可以进行陶艺作品的参观和制作体验活动。

下午

途经**迪夫里特**参观这里最著名的骆驼岩后，前往**帕夏贝地区** ➡P.292在**策尔维露天博物馆** ➡P.292进行观光。有的线路还会前往于尔居普的酒厂和艾森特佩参观游览。

傍晚～夜间

如果你打算参加第二天一大早的**热气球活动** ➡P.284，则需要抓紧住宿休息，夏天白天很长，晚餐后欣赏日落也十分惬意。如果你精力充沛，还可以选择包含肚皮舞的**晚餐秀** ➡P.285或是欣赏土耳其特色的**梅夫拉维旋转舞表演** ➡P.294。

第2天 清晨参加热气球活动后参与绿色旅游线路，游览地下城及厄赫拉拉热峡谷

清晨

5:00 左右便会有大巴前来酒店迎接参加**热气球活动** ➡P.284的游客，所以一大早就要起床，防寒保暖工作一定要做到位。

上午

热气球活动结束后享用早餐并从酒店退房，第二天行程的开始时间大约为 9:00~9:30。上午进行**地下城** ➡P.293（代林库尤或卡伊马克勒）的参观活动。

午餐

前往**厄赫拉拉热峡谷** ➡P.294并食用午餐，随后游览岩窟教堂及溪谷漫步活动。

下午

参观位于厄赫拉热峡谷北边的**塞利梅教堂** ➡P.294，随后可能还会前往当地的礼品商店进行购物。

傍晚～夜间

18:30 左右结束一天的行程，随后返回酒店短暂休息，届时你可以借用店家的浴室简单冲洗，为夜间的交通移动灌注活力。前往帕姆卡莱（代尼兹利）、以弗所（塞尔丘克）的夜行巴士大约在 21:00 出发，班次很多。

从开塞利机场起飞返回伊斯坦布尔的夜行航班，于 22:25 起飞（周日为 23:55）。

推荐

卡帕多西亚的 多彩户外活动

预约·联系方 → p.286

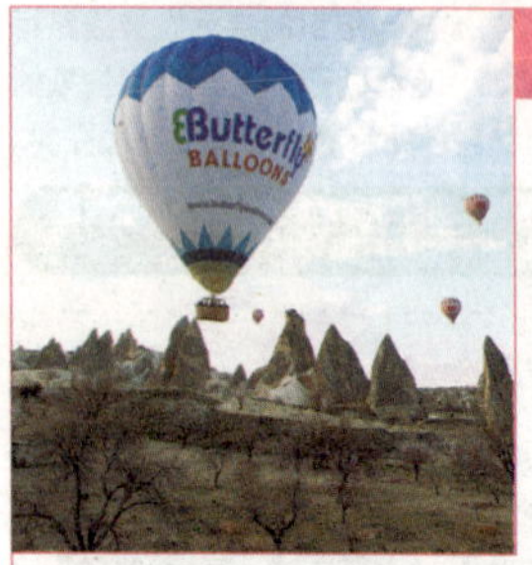

热气球活动 清晨 约 4 小时

从广阔的卡帕多西亚上空纵览美景的热门项目，清晨（5:00~6:30）起飞后飞行时间为 50~90 分钟，飞行结束后会有香槟（可能是软饮）庆祝活动，热气球活动并非风雨无阻每天举行，有时也会因为天气原因而临时取消，此外高空气温较低，一定要做好防寒保暖工作。

目前组织热气球活动的公司可能会让你挑花了眼，不少新公司的热气球数量都要更少一些，热气球操作员的技术也没有老牌公司那么靠谱，所以推荐你优先选择老牌知名公司。

早餐

吃些饼干略微填饱肚子，冷了的话喝杯茶会暖和不少

准备

前往出发地，受天气原因影响，出发地点也会有所变化

飞行

起飞后从高空俯瞰壮美景色

干杯

着陆后共饮香槟进行庆祝

所需时间 5:00~9:00 **费用预算** 60 分钟项目 250 € ~ 90 分钟项目 325 € ~

预约方法 你可以通过酒店前台或旅行社在飞行活动的前一天进行预约，近年来热气球的人气飙升，经常出现即使提前几个月预约也已经没有位子的情况，部分酒店也无法提供预约服务，敬请谅解。

四驱车 1 小时 ~ 半天

搭乘四驱车巡游卡帕多西亚的奇岩地区，这种车型轻便迅捷，可以带你前往巴士线路中前往不了的更深区域。领队在车头带队，每辆车最多承载 2 人，驱车游览玫瑰谷和大鸽房的 2 小时观光线路最有人气，不同公司的费用也会有所出入，价格低廉的公司很可能没有为游客上保险，建议还是选择更令人安心的公司体验该项目。

所需时间 1 小时 ~ 半天等多种线路可供选择

预算 1 小时线路 120TL~ 2 小时线路 180TL~

主办公司 · 联系方→ p.286

骑　马 1 小时 ~7 天

骑乘温顺的骏马，即使是初骑者也不用担心。骑乘期间会有马术导师与你相伴，你无须顾虑太多。阿瓦诺斯设有骑马体验中心，沿克孜勒河骑乘的最短线路在 1 小时左右，此外还有骑马前往乌奇希萨尔和格雷梅的 1 天行程，选择众多。

所需时间 1 小时 ~7 天等多种线路

预算 1 小时线路 150TL~ 2 小时线路 300TL~

主办公司 · 联系方→ p.286

从卡帕多西亚前往卡曼 · 卡莱霍裕克（→ p.322）的线路大多是从内夫谢希尔、开塞利等地搭乘巴士前往克尔谢希尔，随后换乘塞尔比斯巴士前往市中心的查尔休市集区域，最后搭乘 Simge Turizm 的迷你巴士前往卡曼，全程大约需要 3 小时。

远 足 3小时~1天

除了步行游览玫瑰谷～大鸽房等地外，还有徒步格雷梅露天博物馆周边的峡谷远足线路，你既可以自行按照线路自由体验远足之旅，也可以聘请向导更加放心地进行游览。

所需时间 半天~1天等各种线路
预算 半天线路35€（双人参加的情况下请参报Kirkit Voyage旅行社）
预约方法 可以与入住的酒店商谈向导事宜，也可以从擅长经营远足线路的旅行社报名参加。

克孜勒河巡游 20分钟~

乘船巡游阿瓦诺斯的“红河”——克孜勒河，船只的种类包括凤尾船、独木舟、快艇等，从水上悠闲欣赏沿途的景色十分别致。

所需时间 20分钟～半天等多种选择
预算 20分钟的凤尾船巡游（12:00~19:00出发）70TL
快艇巡游（12:00~19:00出发） 20分钟120TL

参观酒厂 30分钟~

朵珊和库克柏是卡帕多西亚地区的两大葡萄酒品牌，库克柏酒厂位于乌奇希萨尔的葡萄田还可以实地参观，这两家酒厂都可以进行酒品的试饮项目。

所需时间 30分钟~
预算 朵珊酒厂的试饮费为15TL~，库克柏则是可以免费品尝。酒厂外的葡萄田可以自由参观，但是酒厂内的参观活动无法进行，敬请谅解。

料理体验 3小时~

用时半天左右的时间体验卡帕多西亚本地菜的烹饪，部分季节还可以在菜园进行实地采摘，配有语言翻译，即使不懂土耳其语也可以简单地交流。

所需时间 需要提前3天进行预约
预算 2人322US$ 3人382US$ 4人443US$
预约方 M.T.I.Travel（p.286）

晚餐秀 3小时

旅游团中经常有土耳其传统之夜Turkish traditional night的自选收费项目，在用餐结束后可以欣赏肚皮舞及土耳其各地的民俗传统舞蹈，丰富你的旅行夜晚。不过对于第二天还要一大早早起参加热气球活动的客人来说，最好还是早点睡觉不要熬到太晚。

所需时间 20:00左右开始持续到23:00左右
预算 500元左右
预约方法 通过酒店的前台进行预约

位于卡帕多西亚西北部的哈吉贝克塔，是一处信徒约占土耳其人口两成的阿拉维派圣地，每年的8月中旬这里还会举行盛大的节日庆典，届时到此朝拜的教徒可谓络绎不绝。

旅行线路 & 户外活动预约·联系方方

旅行社

M.T.I.Travel

Map p.279 上 B（于尔居普）
住 Atatürk Bul. No.51/8
TEL（0384）341 8993
FAX（0384）341 8953
URL www.mtitour.com
开 9:00~19:00
休 周日

不仅可以为你安排各类户外活动，还可以帮你预订酒店住处，在伊斯坦布尔也开有分社（p.100），组织土耳其全境的各式旅游线路。

凯尔凯特旅行社 Kirkit Voyage

Map p.279 左下（阿瓦诺斯）
住 Atatürk Cad. No.50
TEL（0384）511 3259
FAX（0384）511 2135
URL www.kirkit.com
开 8:30~18:30（冬季 ~18:00）
休 无

擅长为顾客安排骑马、远足等户外活动，旗下还有旅店可供游客住宿。

热气球活动

卡帕多西亚热气球 Kapadokya Balloons

TEL（0384）271 2442
URL www.kapadokyaballoons.com

格雷梅热气球 Göreme Balloons

TEL（0384）341 5662 URL www.goremeballoons.com

天路热气球 Skyway Balloons

📱 0533 608 0525 URL www.skywayballoons.com

旅行者热气球 Voyager Balloons

TEL（0384）271 3030 URL www.voyagerballoons.com

皇家热气球 Royal Balloons

TEL（0384）271 3300 URL www.royalballoon.com

蝴蝶热气球 Butterfly Balloons

TEL（0384）271 3010 URL www.butterflyballoons.com

安纳托利亚人热气球 Analtolian Balloons

TEL（0384）271 2300 URL www.anatolianballoons.com

彩虹热气球 Rainbow Balloons

TEL（0384）219 3308 URL www.rainbowballoons.net

四驱车

卡德斯特 Kadost Cappadocia Extreme Sports

折页地图卡帕多西亚中心地图 D3
住 Bilal Eroİğu Cad., Çavşin Yolu
📱 0545 550 6650
Mail info@kadost.com
此外也经营克孜勒河巡游活动。

搭便车者 Hitchhiker

Map p.278 下 A（格雷梅）
住 Turgut Özal Meydanı, Göreme
TEL（0384）271 2169
URL hitchhikertour.com
1 小时活动 120TL　2 小时活动　180TL

骑马

阿卡尔·特克骑马中心 Akhal Teke Horse Center

折页地图卡帕多西亚中心地图 E1（阿瓦诺斯）
住 Aydınaltı Mah., Gesteriç Sok. No.21
📱 0546 515 0050
URL www.akhal-tekehorsecenter.com
开 8:00~19:00
休 无

位于阿瓦诺斯的骑马中心，可以为你安排从 1 小时（克孜勒河畔巡游，每人 150TL~）到 6 小时（格雷梅、乌奇希萨尔等地巡游，每人 900TL~）的各色线路体验。

游船巡游

快艇 & 凤尾船 Jet Boat & Gondola

Map p.279 左下（阿瓦诺斯）
住 Avanos Köprüsü Yanı
TEL（0384）511 3459
FAX（0384）511 5258
URL www.kapadokyajet.com
开 12:00~21:00（冬季 ~17:00）
休 无

经营凤尾船和快艇的河路巡游线路，开始时间根据上游的水坝开闸情况而有具体调整，请在参加活动的前一天进行确认。

参观酒厂

朵珊 Turasan Şarap Fabrikası

Map p.279 上 A（于尔居普）
住 Tevfik Fikret Cad. No.6/A
TEL（0384）341 4961
URL www.turasan.com.tr
开 8:30~17:00
休 无

1943 年开业的土耳其代表老酒厂，凯莱克·卡莱斯 Kalecik-Karasi 和公牛眼 Öküzgözü 是这里的代表品牌，酒厂中并设有葡萄酒商店。（→ p.13）

库克柏 Kocabağ Bağcılık ve Şarapçılık

Map p.279 右下（乌奇希萨尔）
住 Adnan Menderes Cad. No.40
TEL（0384）219 2979
URL www.kocabag.com
开 8:00~20:00
休 无

乌奇希萨尔的一家家族经营的小规模酒厂，曾在红酒比赛中获奖，坐拥着 40 公顷的葡萄田地。（→ p.13）

晚餐秀

乌拉诺斯 Uranos

折页地图卡帕多西亚中心地图 D1 外（阿瓦诺斯）
住 Akbel Mevkii, Avanos
TEL（0384）511 5655
FAX（0384）511 5675
开 11:00~15:00（午餐秀）20:00~22:30
休 无

位于阿瓦诺斯郊外的大型餐馆，用餐期间你可以欣赏穿着民族服饰跳动土耳其各地区传统舞蹈的各色舞者，需要注意的是，这里并不提供接送服务，晚餐结束后只能打车回到住所。

许多游客都十分向往卡帕多西亚的热气球项目，伴随着近年来人气的飙升，预约也越来越难，所以确定下来旅行时间后请优先进行热气球的预约。有时候天气不好也有临时取消的可能，出门在外请保持一颗平常心，提前做好准备。

旅行的起点城镇

酒店众多，内夫谢希尔 Nevşehir、于尔居普 Ürgüp、格雷梅 Göreme、阿瓦诺斯 Avanos、乌奇希萨尔 Uçhisar 都可以作为卡帕多西亚的观光起点。

下飞机后的交通方式

卡帕多西亚的航线关口主要分为位于内夫谢希尔西北方约 30 公里，图兹柯伊 Tüzköy 的内夫谢希尔机场和邻省的开塞利机场这两座机场。如果你搭乘航班前往卡帕多西亚，请提前确认抵达的是哪座机场，方便规划之后的线路。

◆从内夫谢希尔机场前往卡帕多西亚的各个城镇

●区间巴士 从机场可以搭乘各家航空公司运营的区间巴士前往于尔居普、格雷梅、乌奇希萨尔、大鸽房等地，根据机场、航空公司及旅行社的不同，费用也不尽一致，通常单人收费 20~25TL。通常在航班前一天进行区间巴士的预约即可，区间巴士可以将你直接送达酒店，所以预约酒店时拜托酒店联系相应的区间巴士也十分有效。

◆从开塞利机场（→p.303）前往卡帕多西亚的各个城镇

通过换乘市区巴士前往开塞利的巴士总站，随后搭乘前往卡帕多西亚方向的巴士即可。此外，开塞利机场中也有类似于内夫谢希尔机场的区间巴士，同样可以将你送达卡帕多西亚各个城镇。

从巴士总站前往市区

主要城市驶往内夫谢希尔的巴士都会抵达在位于市区西南方面约 5 公里的郊外位置，卡帕多西亚当地的内夫谢希尔大巴公司 Nevşehir Seyahat 和休哈大巴 Süha，业务覆盖全国区域的梅特洛大巴 Metro，卡米尔·克奇大巴 Kâmil Koç 等巴士公司都运营到达内夫谢希尔的联络线路。此外开塞利的巴士总站也有前往于尔居普的巴士线路。

◆从内夫谢希尔的巴士总站前往卡帕多西亚的各个城镇

内夫谢希尔的巴士总站也叫作特尔米纳尔 Terminal，前往格雷梅、阿瓦诺斯、于尔居普的迷你巴士，每 1~2 小时设有一班，塞尔比斯巴士从 2018 年停止营业。

起点之城　内夫谢希尔 Nevşehir

内夫谢希尔是土耳其的一个省会城市，规模较大，除了位于郊区的巴士总站外，市区中也设有前往卡帕多西亚各地的迷你巴士站，交通十分方便。不过整座城市并不像卡帕多西亚给人的那种纯天然的大自然之感，酒店也多以商务酒店为主。

●游览方式 内夫谢希尔的主干道当数阿塔图尔克大道 Atatürk Bul.，道路两侧除了银行和 PTT 外，机场大巴以及前往其他地区的迷你巴士也都会从这里经过。

●巴士总站 从内夫谢希尔的巴士总站可以搭乘市区巴士前往内夫谢希尔的市中心地区，其中 1 路、2 路、4 路都会途经阿塔图尔克大道，车费为 2.25TL。

内夫谢希尔的 ⓘ

■内夫谢希尔机场
折页地图卡帕多西亚广域图 C1
TEL (0384) 421 4455
URL kapadokya.dhmi.gov.tr

内夫谢希尔机场的航站楼外观

■开塞利机场
Map p.303A2
TEL (0352) 337 5244
URL kayseri.dhmi.gov.tr

■从开塞利前往于尔居普

你可以在预订于尔居普的酒店时，一并将区间巴士也一同预约，也可以从机场搭乘哈瓦休 Havaş 机场大巴前往开塞利的巴士总站，随后从巴士总站搭乘于尔居普·比尔利克大巴公司或于尔居普·塞亚哈特大巴公司运营的巴士前往于尔居普市区。

●哈瓦休 Havaş 机场大巴
车程约 30 分钟，费用 12TL
抵达开塞利巴士总站对面的 BYM 购物商场
URL www.havas.net

●于尔居普·比尔利克大巴公司 Ürgüp Birlik
URL www.urgup-birlik.com

●于尔居普·塞亚哈特大巴公司 Ürgüp Seyahat
URL urgupseyahat.com.tr

■内夫谢希尔的旅游咨询处 ⓘ
Map p.278 上 A
住 Atatürk Bul. Paşa Konaği
TEL (0384) 213 4260
FAX (0384) 213 7045
开 8:00~17:00
（周六·周日 9:00~）
休 11 月～次年 3 月的周六·周日

从爱琴海海岸及湖泊地区的科尼亚，可以搭乘横穿卡帕多西亚，途经阿克萨赖—格雷梅—阿瓦诺斯—开塞利的旅游巴士，如果你打算在格雷梅住上一晚，这条线路十分适合你的行程。

■格雷梅的旅游咨询处 ⓘ
（格雷梅观光业协会）
Map p.278 下 B
住 Otogar İçi
TEL（0384）271 2558
开 8:00~17:00
休 冬季的周日

位于巴士总站内的 ⓘ

连接格雷梅及内夫谢希尔的迷你巴士

■于尔居普的 ⓘ
Map p.279 上 B
住 Park İçi
TEL & FAX（0384）341 4059
开 8:00~17:00
（周六 · 周日 9:00~）
休 11 月～次年 3 月的周六 · 周日

这里也是葡萄的知名产地

■乌奇希萨尔的城堡
Map p.279 下右
开 9:30~19:30
（冬季 8:00~16:30）
休 无
费 7TL

Information

鸽子家

在乌奇希萨尔岩山表面可以看到多处洞窟，里面其实是鸽子的巢穴，当地的居民从很早以前就从这里收集鸽子的粪便，并将其作为葡萄田的肥料使用，可谓卡帕多西亚这片火山性土地所孕育出的独特智慧。由于鸽子本能地喜欢红色，所以巢穴的入口也都被涂成红色用来吸引更多的鸽子在此定居。

起点之城　格雷梅 Göreme

华灯初上的格雷梅

位于奇特岩群之中，很有卡帕多西亚的地域风情，住宿设施的选择也十分丰富。特别是面向背包客的平价旅店以及小规模的洞窟酒店数量很多，深受自由行游客的热烈追捧。格雷梅露天博物馆以及格雷梅全景等知名景点也都是步行可以前往的距离，十分方便。

●**游览方式**　巴士总站大致位于城镇的中心，向西延伸的运河沿岸以及南侧的岩山附近都是酒店坐落的密集地区，除了在巴士总站中可以找到各家银行的 ATM 外，旅行社以及酒店也可能可以为你提供汇兑的服务，PTT 则位于镇子的北部。

●**巴士总站 & 周边交通**　巴士总站位于城镇的中心地区，知名巴士公司的办事处都设在其中，前往阿瓦诺斯以及内夫谢希尔的迷你巴士也都是从这里发抵。值得一提的是，于尔居普～阿瓦诺斯区间（2 小时 1 班，班次较少）的迷你巴士线路不会途经格雷梅的巴士总站，乘车的话需要从定点巴士站进行搭乘。

起点之城　于尔居普 Ürgüp

位于城中心的巴士总站

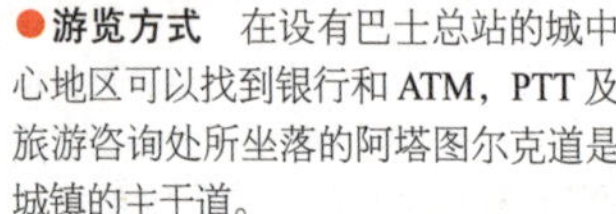
一座人口约 2 万人的城镇，坐落着许多精致的时尚酒店，位于高台上的酒店视野更好，房间更加紧张。于尔居普不但是连接各地的交通要地，你在这里还可以找到许多卡帕多西亚知名的葡萄酒厂。

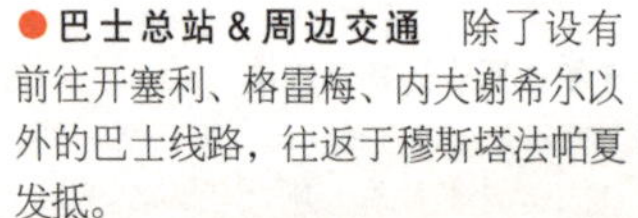
●**游览方式**　在设有巴士总站的城中心地区可以找到银行和 ATM，PTT 及旅游咨询处所坐落的阿塔图尔克道是城镇的主干道。

●**巴士总站 & 周边交通**　除了设有前往开塞利、格雷梅、内夫谢希尔以外的巴士线路，往返于穆斯塔法帕夏（→ p.293）的大巴车也是在这里发抵。

起点之城　乌奇希萨尔 Uçhisar

乌奇希萨尔城堡

位于格雷梅和内夫谢希尔之间的绝景城市，乌奇希萨尔意为“尖锐的城堡”，其指代的便是位于城中心由一整座岩山所改造的古代城堡，当你登上乌奇希萨尔城堡向下俯瞰之时，可以将格雷梅的奇岩风景线尽收眼底。在岩山的坡面也坐落着多家高级酒店，入住其中也可以收获非常美丽的怡人风景。

●**周边交通**　连接内夫谢希尔、格雷梅、阿瓦诺斯的迷你巴士线路，搭乘点位于通向格雷梅的主干路两侧，值得注意的是，长途巴士等大巴车无法驶入乌奇希萨尔城镇之中，请提前做好准备。

格雷梅的旅游咨询处 ⓘ 由多家酒店共同组成的格雷梅观光业协会 Göreme Turizmciler Derneği 所运营管理，因此你可以从这里中看到贴满一整面墙的酒店宣传册，也可以直接通过这里进行酒店的预约工作。

起点之城 阿瓦诺斯 Avanos

坐落在土耳其最长的河流——克孜勒河 Kızıl Irmak（土耳其语称为红河）河畔的知名陶器城镇，到此观光的外国游客并不是很多，你可以在这里悠闲地消磨难得的假期时光。

●**步行方式** 克孜勒河北侧的阿塔图尔克道是城里的主干路，位于道路中央的广场上坐落着一座由陶器打造而成的纪念碑，值得一看。

●**巴士总站 & 周边交通** 克孜勒河南侧的主干路沿线设有巴士总站，从内夫谢希尔及格雷梅驶来的大巴和迷你巴士终点并非巴士总站，而是驶入城内后停靠在市政府旁的广场上。长途巴士同样不能驶入城内。

位于克孜勒河畔的恬静城镇

■阿瓦诺斯的旅游咨询处 ⓘ
Map p.279 左下
住 201 Sok. No.3
TEL & FAX（0384）511 4360
开 8:00~17:00
休 冬季的周六 · 周日

Information

阿瓦诺斯的陶器

从赫梯时代流传至今的阿瓦诺斯陶器打造技艺是这里的传统产业，选用途经阿瓦诺斯的土耳其最长河流——克孜勒河流域的黏土性质土料烧制高品质的花瓶和餐具，制作过程不使用电动机器，而是操纵沉重的研磨机手工制作而成，目前阿瓦诺斯市内的多家工坊都可以进行工坊的参观活动，大部分观光游中也都安排了陶器的制作体验，郊外的古莱博物馆为参观者介绍了从旧石器时代到现代的陶器发展史，喜欢陶器的朋友也可以在这里的商品区中自由挑选，作为旅行纪念品带回国内。

■古莱博物馆 Güray Müze
折页地图卡帕多西亚中心地图 D1
住 Dereyamanlı Sok. No.44
TEL（0384）511 2374
URL www.guraymuze.com
开 9:00~19:00
休 无 费 10TL

周边交通

巴士及合乘巴士都以内夫谢希尔作为线路的中心（参照下方交通图），开塞利、阿克萨赖、尼代等邻近城镇的主要连接点也是设在内夫谢希尔，游客最常使用的线路包括内夫谢希尔～开塞利线、内夫谢希尔～阿瓦诺斯线等，这些线路都会顺着主干路方向途经乌奇希萨尔、格雷梅及大鸽房等地。

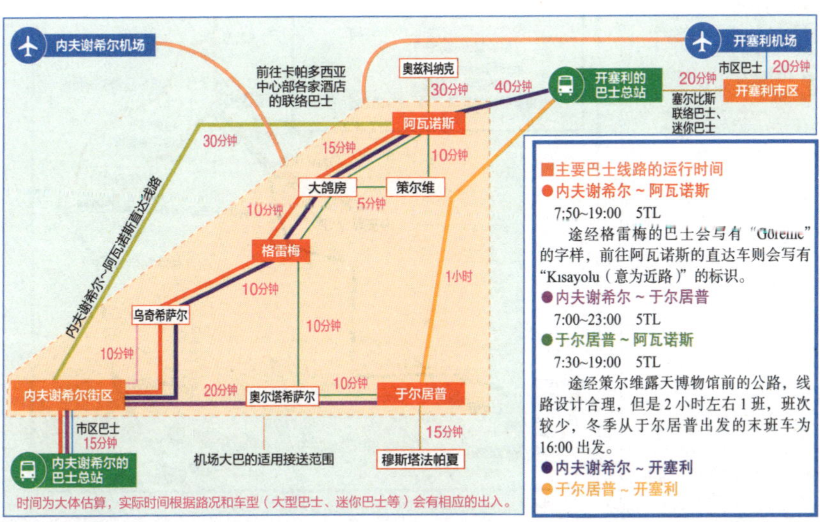

清晨前往开塞利的巴士经常会出现满座的情况，夏季前往安塔利亚和代尼兹利方向的夜行巴士人气也很高，建议你最好提前一天进行预订。

■出租车费用
开塞利机场接送
250TL
内夫谢希尔机场接送
150TL
阿瓦诺斯～格雷梅～乌奇希萨尔地区的周游线路
1天250TL
厄赫拉热峡谷～代林库尤～卡伊马克勒地区的周游线路
1天350TL
●格雷梅出租车
Göreme Taksi
TEL (0384) 271 2527
0536 341 4566
URL www.goremetaksi.com

Information

卡帕多西亚的滑翔伞项目

2018年起卡帕多西亚开始实施滑翔伞的游玩项目，继热气球之后成了新兴人气活动，搭乘滑翔伞从高空俯瞰卡帕多西亚的奇特地貌景色，肯定会令你十分难忘。而且滑翔伞不用起个大早便可以参加，从早晨到傍晚都可以随时体验，此外目前的知名度也是刚刚起步，预约难度要比热气球简单不少。滑翔伞活动大约需要20分钟的时间，支付额外费用还可以留下独特的录像和拍照回忆，十分有趣。

■卡帕多西亚滑翔伞
TEL (0384) 341 2141
0532 675 5049
URL kapadokyayamacparasutu.com
●格雷梅分店
住 Bilal Eroğlu Cad. No.19
●于尔居普分店
住 Beyaz İş Hanı Atatürk Bul. No.51/2

●**自驾方式** 使用公共交通工具巡游卡帕多西亚非常麻烦，你可以租车或租摩托车自驾游览观光。格雷梅和于尔居普都设有租车商店，此外还有山地车、可以承载2人的Scooter小型摩托车、250cc摩托车以及四驱车都是你的可选项，选择丰富。

●**包出租车游玩** 在各城镇的巴士总站都可以看到趴活的出租车，你可以用包车的形式拜托司机带你进行观光之旅。通常没有包全天的方案，一般都是包个下午等类似半天的时间，巡游主要景点。

当地发抵观光线路

旅行社的观光团适合时间并不宽松，对于景点讲解十分渴望的顾客人群。乘坐夜行巴士于清晨抵达卡帕多西亚，即使是参加完热气球活动也完全赶得上这天上午开始的新行程。旅行线路大多大同小异，但是根据服务和具体景点的不同，价格也不尽一致。旅行社所安排的全天行程大体分为2~3部分（具体参照p.283经典线路以及下图概览）。旅行社不同，费用也会有所出入，包含英文导游、午餐（饮品额外付费）、景点门票的套餐费用大致在200~300元。

◆**格雷梅、阿瓦诺斯方向线路（俗称红色旅游线）**

根据出发的城镇不同，观光线路也会有所差异，大体上的观光线路都会涉及格雷梅露天博物馆（→p.291），帕夏贝地区（→p.292），阿瓦诺斯等卡帕多西亚北部的奇岩景区。

◆**地下城、厄赫拉热峡谷方向线路（俗称绿色旅游线）**

上午参观地下城（→p.293），中午抵达厄赫拉热峡谷（→p.294）并在此享用午餐。下午巡游厄赫拉热峡谷以及塞利梅教堂等主要景点。

◆**索安利方向线路（俗称蓝色旅游线）**

巡游穆斯塔法帕夏（→p.293）和索安利（→p.293）等于尔居普南部村落和峡谷区域，相对于更热门的红色旅游线和绿色旅游线，这条蓝色旅游线的报名人数较少，组织这个行程的旅行社也是屈指可数。

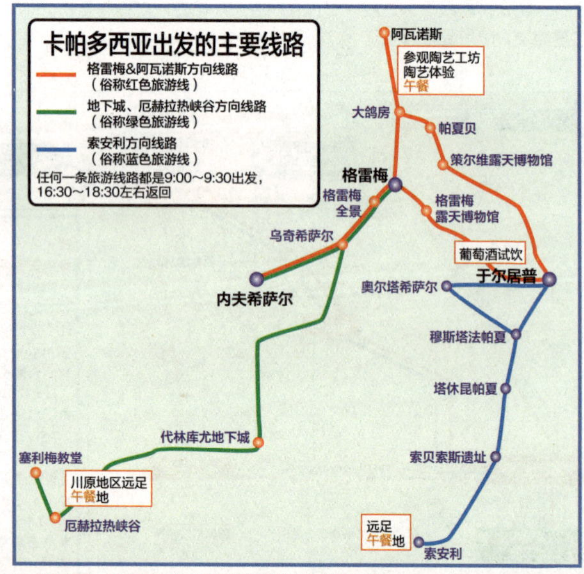

※ 线路不同，途经的景点、巴士行进线路也会有所差异

卡帕多西亚的蓝色旅游线、红色旅游线，其名称并不是固定指代某条线路，部分旅行社的红色旅游线，实际上是游玩代林库尤地下城和厄赫拉热峡谷，所以预订前请仔细咨询线路内容。

卡帕多西亚 主要景点

留有众多鲜艳的湿壁画作品

格雷梅露天博物馆

折页地图卡帕多西亚中心地图 D4

Göreme Açık Hava Müzesi 格雷梅 · 阿丘克 · 哈瓦 · 缪泽希

埃尔马鲁教堂中描绘耶稣受难的精美壁画

位于卡兰卢克教堂中的鲜艳壁画

格雷梅山谷中留有30余座岩窟教堂，教堂的结构与地面上教堂的十字造型设计十分类似，几乎每座岩窟教堂中都设有圆形天顶，当地人根据每座教堂留有的壁画及所在洞窟的特征，用符合其特色的土耳其语分别命名，在几座保存状态十分优质的教堂中还可以参观到非常杰出的湿壁画，壁画内容从简单的十字架图案到《圣经》中的经典故事，包含了方方面面的独到内容，十分值得一看。

由于查尔克鲁教堂 Çarklı Kilise 中的壁画人物穿着拖鞋，所以有了拖鞋教堂的别名。而尤兰鲁教堂 Yılanlı Kilise（灵蛇教堂）的壁画描绘了圣乔治击退灵蛇（也有神龙一说）的壁画，因此得名灵蛇教堂。描绘了耶稣生涯壁画的埃尔马鲁教堂 Elmalı Kilise，因为其入口处有一棵苹果树（土耳其语 Elmali）而得名苹果教堂。

这些知名教堂的壁画大多都创作于12~13世纪，仅凭岩石嶙峋的外壁很难想象其洞窟之中会是如此光景，也正因为这些壁画深藏于阳光无法照射的洞窟之中，所以保存状态才这么出色，其中保存状态最顶级的当数卡兰卢克教堂 Karanlık Kilise（黑暗教堂），你在教堂内可以看到包括《耶稣像》和《受胎告知》《伯利恒之旅》《洗礼》《最后的晚餐》等众多颜色鲜艳的精美湿壁画，令人流连忘返。

拥有精美壁画的大型教堂

托卡利教堂

折页地图卡帕多西亚中心地图 D4

Tokalı Kilise 托卡利 · 基里瑟

位于格雷梅露天博物馆入口的左手边，规模堪称卡帕多西亚首屈一指的宽敞教堂，其中保留着众多精美的天顶和墙壁壁画。进入教堂后的第一个房间绘有10世纪下半叶的壁画作品，堪称拜占庭艺术的瑰宝，教堂的蓝色外观也令人平静自然。

可以纵览岩石林立的壮伟自然奇观

格雷梅全景

折页地图卡帕多西亚中心地图 D4

Göreme Panorama 格雷梅 · 帕诺拉马

位于乌奇希萨尔到格雷梅途中右手边的观景点，你从这里可以看到洁白的岩壁宛如波浪一般不断延伸到山谷的另一边，堪称绝景。在观景点对面则可以看到一片田园之景，反差很大，但是依旧令人心旷神怡。

Information

卡帕多西亚博物馆一卡通

凭借一卡通可以参观包含格雷梅露天博物馆，策尔维露天博物馆、代林库尤和卡伊马克勒地下城、奥兹科纳克地下城、厄赫拉热峡谷在内的各个景点（每个景点只能入场1次），一卡通的有效期从第一次使用后3天内有效。从下方的网址可购买能存放在手机里的电子版。

URL muze.gov.tr/museumpass

费 110TL（3天有效）

■格雷梅露天博物馆

距离格雷梅镇步行约20分钟

开 8:00~19:00（冬季~17:00）

休 无　费 45TL

语音向导器 15TL

卡兰卢克教堂 15TL

岩窟教堂内不得使用闪光灯

2019年5月，部分教堂由于进行修复工程而仍无法进行参观。

格雷梅露天博物馆

尤兰鲁教堂中描绘圣乔治击退灵蛇的古老壁画

■托卡利教堂

费 包含在格雷梅露天博物馆门票中。建议提前购票

在格雷梅全景观景点，可以清楚地了解到卡帕多西亚的独特地层及地形

位于格雷梅东南方向的艾登 · 库拉乌山丘 Aydın Kırağı Tepesi，地理位置优越，你在这里可以欣赏到夕阳西下时格雷梅城镇及奇岩地区的落日美景，很有人气，当然白天也可以在这里领略到很棒的景色，绝对值得一去。

■玫瑰谷
开 8:00~日落
休 无
费 2TL（从大鸽房方向到访此处则免费）

大鸽房景区也留有一些古时将住所设在奇特岩山中的古代居所

■策尔维露天博物馆
🚌 从于尔居普、阿瓦诺斯搭车前往
开 8:00~19:00（冬季~17:00）
休 无
费 15TL
※包含帕夏贝地区的观光费用

奇岩嶙峋的策尔维露天博物馆

春季樱花盛开的策尔维峡谷

■帕夏贝
开 包含在策尔维露天博物馆门票中

帕夏贝地区的当地商摊，出售袜子、人偶等民间工艺品，很适合买来馈赠亲友

■奥尔塔希萨尔
🚌 从于尔居普搭乘迷你巴士大约需要10分钟，距离内夫谢希尔有20分钟左右的车程
开 9:00~日落
休 无
费 4TL

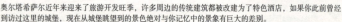

落日时分整片奇岩地区都被染成了玫瑰色，景色绝佳

玫瑰谷

折页地图卡帕多西亚中心地图 D3

Kızıl Çukur 库兹尔·丘库尔

这片位于格雷梅和大鸽房之间的宽阔峡谷，以其粉色的岩石群而十分出名，因此获得了玫瑰谷的美称。峡谷周边建有几座教堂，其中分别留存着创作于7世纪的雕刻作品以及11世纪左右的天顶湿壁画。日落时分，这里的夕阳美景在整个卡帕多西亚中也是数一数二，在橙红色的夕阳照射下，整个峡谷的颜色也从桃色逐渐变成紫色，这种纯天然的自然美景令人难忘动容。

延绵不绝的海浪般地形

冒险氛围浓厚的洞窟居所与教堂

策尔维露天博物馆

折页地图卡帕多西亚中心地图 E3

Zelve Açık Hava Müzesi 策尔维·阿丘克·哈瓦·缪泽希

策尔维峡谷中的圣堂与住所数不胜数，也证明了古时曾有大量人口在此生活居住的史实。实际上这里直到30年前仍有村民在此生活居住，受岩石崩塌的危险预警影响，才搬离到了附近的生活居住区。现在当你到访这里时，可以游览参观多条峡谷、洞窟以及连接山间的隧道，部分路段可能还会攀爬梯子，有的道路也会十分狭窄，同时只能走过1个人的宽度，所以建议你穿着运动鞋以及方便活动的服饰（裙子在游览时会比较麻烦，建议不要穿着）。参观途中许多区域都没有亮光，需要你用手电筒照亮前往的道路。策尔维的壁画并没有格雷梅那么引人注目，但是年份古老，都是些最早期的壁画作品。

以三根蘑菇岩而远近闻名

帕夏贝

折页地图卡帕多西亚中心地图 D2

Paşabağ 帕夏贝

以三根宛如蘑菇的独特岩石而十分出名，位于从于尔居普到策尔维露天博物馆的途中，距离博物馆约有1公里的距离。据说古时候这里曾是修道僧居住生活的地方。

位于帕夏贝的宛如蘑菇的独特岩石

奇岩要塞，视野俱佳

奥尔塔希萨尔

折页地图卡帕多西亚中心地图 E4

Ortahisar 奥尔塔希萨尔

与乌奇希萨尔一样，村中央耸立着一座崛地而起的雄伟岩山，Orta意为中央之意，指代的便是这座独耸于奇岩地带的巨岩山。山内设有台阶，过去这里曾是一座古代城堡，距离这座城堡数百米外还有一座岩山，据说城堡和岩山之间设有一条地下通道。攀登城堡的途中需要抓着楼梯旁的铁索链条，请多加小心，不要踩空。

从岩山俯瞰下方城镇的美景

奥尔塔希萨尔近年来迎来了旅游开发旺季，许多周边的传统建筑都被改建为了特色酒店，如果你此前曾经到访过这里的城堡，现在从城堡眺望到的景色绝对与你记忆中的景象有巨大的差别。

曾经生活着许多希腊人的别致村落

穆斯塔法帕夏

折页地图卡帕多西亚广域图 D2

Mustafapaşa 穆斯塔法帕夏

从前这里的名字称为希纳索斯 Sinasos，在 1924 年进行人口交换事件以前，这里曾是希腊人的常驻地，至今村内仍留有 19 世纪建造的圣乔治教堂、圣巴西里奥斯教堂、圣斯特法诺斯教堂，教堂中的精美湿壁画都不禁令人驻足欣赏。

此外，位于于尔居普以南约 15 公里的塔休昆帕夏 Taşkınpaşa，也有一座建于 14 世纪卡拉曼君侯国时期的清真寺。

以手工人偶和提袋出名的村子

索安利

折页地图卡帕多西亚广域图 E4

Soğanlı 索安利

在广场编织手工品的当地妇女

从塔休克帕夏继续南下，便会来到这座可以参观到鸽子谷和小教堂的土耳其村落，当地的手工人偶以及提袋制品十分出名，由土耳其妇女在村里的广场悉心编织，颜色时尚，实用性很高，是恰到好处的送礼佳品。村子周边还有不少留有湿壁画的洞窟教堂，如果你精力十足，还可以在附近绿意盎然的峡谷中来场远足之旅。

谜题众多的巨大地下建筑物

代林库尤和卡伊马克勒地下城

折页地图卡帕多西亚广域图 D3~4

Derinkuyu ve Kaymaklı Yeraltı Şehri 代林库尤 · 贝 · 卡伊马克勒 · 耶尔阿尔图 · 谢夫利

设在通道之中的圆形巨石

地下城像一座蚂蚁的巢穴，道路宛如迷宫一样不断向地下延伸，由于阳光照不进来，一旦踏入这座地下城，方向感便会忽然消失。

据史料记载，这座地下城的历史最早可以追溯到公元前 400 年左右，历史十分久远。至今它的发祥原因与所经历的故事都留有很多的谜团，目前最著名的便是从阿拉伯人管辖区域逃离至此生活的基督教徒所留下的历史记载。地下城内的通气孔连通着各个空间，礼拜堂、设有教坛的学校教室、寝室、厨房、食材库甚至是设在其中的井口设施可谓一应俱全，营造出大规模的公共生活空间。如果你仔细观察的话，还可以发现通道中不时出现的巨大圆形石头，这是为了抵抗敌人入侵时封住洞口之用。虽然地下城中有可以通电的电灯，但是还是有很多区域无法照亮，处于黑暗的状态之中。据说代林库尤曾生活着 4 万余人，而卡伊马克勒则有 2 万人生活于此。目前分别可以参观代林库尤的 8 层地下空间以及卡伊马克勒的 5 层地下区域。

■穆斯塔法帕夏

从于尔居普驶往穆斯塔法帕夏的迷你巴士，8:05~19:00 区间每 30 分钟 1 班，周日 1~2 小时 1 班，费用 3TL，如果你打算前往塔休昆帕夏，可以直接从穆斯塔法帕夏打车前往。

由希腊民宅改建而成特色酒店

■索安利

从于尔居普可以直接打车前往，如果你参加蓝色旅游线，多半也会途经索安利。

■代林库尤地下城

🚌 从内夫谢希尔的巴士总站搭乘前往尼代 Niğde 的大巴车，中途下车即可抵达。

车程：约 30 分钟

开 8:00~19:00（冬季 ~17:00）

休 无 费 35TL

■卡伊马克勒地下城

🚌 从内夫谢希尔的巴士总站搭乘前往尼代 Niğde 的大巴车，中途下车即可抵达。

车程：约 20 分钟

开 8:00~19:00（冬季 ~17:00）

休 无 费 35TL

■其他地下城

●奥兹科纳克

Özkonak Yeraltı Şehri

折页地图卡帕多西亚广域图 D1 外

足足建造了 19 层地下空间，第 3~4 层可以实际参观，从阿瓦诺斯搭乘前往奥兹科纳克的巴士即可到达。

开 夏季 8:00~19:00（冬季 ~17:00）

休 无 费 15TL

●萨拉特尔

Saratlı Kırkgöz Yeraltı Şehri

折页地图卡帕多西亚广域图 A3

从内夫谢希尔打车往返费用为 200TL。

开 夏季 8:00~19:00（冬季 ~17:00）

休 无

费 10TL

●塔特拉林

Tatlarin Yeraltı Şehri

折页地图卡帕多西亚广域图 B2

位于塔特拉林村外的坡道上方，从内夫谢希尔打车往返费用为 150TL。

开 8:00~17:00

休 无

费 免费

近年来一座又一座卡帕多西亚周边区域的地下城被考古发现，位于内夫谢希尔城（Map p.278 上 A）中被称为世界最大级别的地下城，预计也将在不久的将来对公众开放参观。

■厄赫拉热峡谷

🚌 通常都是报团参观这个景点，如果你打算搭乘公共交通前往，先从内夫谢希尔前往阿克萨赖，随后换乘前往厄赫拉热的巴士即可抵达。

开 8:00~18:00（冬季~17:00）

休 无 费 30TL

岩窟教堂中不得使用闪光灯

2019年5月部分教堂仍在修复之中，不可以进行参观活动。

■塞利梅教堂

从峡谷最北端的入口出来后便可以看到，厄赫拉热峡谷的门票包含这个景点，无须单独付费。

■苏丹哈尼驿站

🚌 从内夫谢希尔搭乘途经阿克萨赖前往科尼亚的大巴并在中途下车，向南步行3分钟左右即可到达。距离格雷梅的车程为2小时，距离内夫谢希尔的车程约1小时30分钟。从阿克萨赖也可以搭乘迷你巴士前往这里，车程约45分钟。

驿站正门外观

用半天的时间悠闲漫步峡谷，欣赏美景

厄赫拉热峡谷

折页地图卡帕多西亚广域图 A1~2

Ihlara Vadisi 厄赫拉热 · 巴迪希

延伸通向溪谷底部的观光阶梯

清澈的河流穿谷而过，蕴育出绿意盎然的大自然美景。峡谷全长约14公里，南侧的高耸山崖高达100米左右，目前谷中遗留着5000余处民居遗址，105座教堂等宗教祭拜场所。景区入口设有4处，如果你参报的是绿色旅游线，通常都是从南侧的第二个入口进入峡谷，顺着400节台阶下到峡谷底部，参观描绘着耶稣升天故事的阿加恰尔提教堂 Ağaçaltı Kilisesi。随后沿河流远足4公里左右，从北侧第二个入口离开峡谷，搭乘巴士前往位于厄赫拉热峡谷北侧的塞利梅教堂。塞利梅教堂 Selime Kilisesi 的基底是一座巨大的岩山，其规模在卡帕多西亚的岩窟教堂中首屈一指。

留有浓厚古时风貌的厚重商旅驿站

苏丹哈尼驿站

Map p.26A1

Sultanhanı Kervansaray 苏丹哈努 · 凯尔班萨莱

1229年作为连接当时首都科尼亚与主要城市阿克萨赖间的商旅驿站，堪称塞尔柱王朝时期最大规模的驿站设施。

驿站的中庭设有礼拜所，包围中庭的回廊型建筑中设有食堂、土耳其浴场、住宿设施、骆驼落脚点等众多场所，全面又实用。

Information

在卡帕多西亚观看梅夫拉维祭拜仪式（旋转舞）

在阿瓦诺斯以东约6公里萨尔汉驿站，是13世纪的商旅驿站设施，现在作为面向观光游客的梅夫拉维祭拜仪式（旋转舞）表演场所而使用。虽然目前没有公共交通可以直接前往这个表演地，但是你可以从格雷梅的巴士总站搭乘20:25出发的接送巴士前往演出地，往返的车费已经包含在演出门票之中。

此外在阿瓦诺斯郊外的莫提弗文化中心也有旋转舞的表演，你可以通过格雷梅的多家酒店前台报名参加，莫提弗文化中心的表演时间也是夜间时段。

在古代驿站进行的旋转舞演出

■萨尔汉驿站

Sarıhan Kervansarayı Kültür ve Toplantı Merkezi

折页地图卡帕多西亚中心地图 F1

住 Kayseri Yolu 6km, Avanos

TEL（0384）511 3795

FAX（0384）511 3199

URL sarihan1249.com

开演：21:00

费 单人 25€

公演时间大约1小时，公演期间不得拍照摄像。

■莫提弗文化中心

Motif Kültür Merkezi

折页地图卡帕多西亚中心地图 D1

住 Yeni Mah., Hasan Kalesi Mevkii, Avanos

TEL（0384）511 4859

FAX（0384）511 3893

URL www.kapadokya-motif.com

Mail saozankorukcu@gmail.com

开演：18:00

费 单人 25€

古泽尤尔特 Güzelyurt（折页地图卡帕多西亚广域图 B4）至今仍遗留着上百座古代教堂，地下城发掘出3座。阿克萨赖始发的巴士1天7班（周日4班）。

酒店
Hotel

内夫谢希尔　开塞利路和阿塔图尔克大道是城里的主干路，内夫谢希尔作为卡帕多西亚的经济和交通中心，坐落着许多中级酒店，旅游团也经常会选择其中的不少酒店作为团队的住宿地点。内夫谢希尔的大部分酒店在冬季都会开通暖风，不用担心保暖问题。

精致的洞窟酒店内饰

格雷梅　洞窟客房及位于奇特造型的蘑菇岩中的特色房型，都是备受游客追捧的住宿选择。尤其是旅游旺季的夏季，很多客房都会所剩无几，但是即使这样，也不要轻易听信拉客者的花言巧语，客房状况不要耳听途说，眼见为实才最为妥当。洞窟客房在夏季非常阴凉惬意，但是到了冬季则会非常寒冷，所以如果你是冬天或是初春计划入住，请一定要向酒店确认是否设有暖气设施。不过考虑到洞窟客房的特殊结构如所在位置，很多房型都没法通暖气，中央控暖的地方也不占多数，所以冬季前往请提前做好挨冻的准备。近年来高级酒店的数量逐渐开始增多，过去素朴的旅店也增添了泳池和洞窟客房，可见这里的旅游业正处于蒸蒸日上的兴旺时期。

从设在高地的酒店眺望周围美景

于尔居普　1 晚上 US$15 的平价旅店几乎很难找到，多是洞窟风格且内饰优越的中高级精品酒店。对于注重住宿氛围和品质的游客来说是座绝对合你心意的城市。团队客用大型酒店则大多分布在河流的东侧。

乌奇希萨尔　近年来观光开发的高发展区，特别是与格雷梅连接的旧道沿路设有许多氛围很棒的度假酒店，这些酒店几乎都位于山体的腰身处，居高临下，可以俯瞰到景色绝佳的奇岩地区，越来越受到游客的欢迎和追捧。

阿瓦诺斯　气氛很好的几家旅店位于广场的周边，旅游团经常选用的豪华酒店及大型餐馆则大多位于河畔两岸和石桥的北侧。

其他区域　位于格雷梅和阿瓦诺斯之间的大鸽房，这几年的人气急速飙升，此外，邻近内夫谢希尔机场的居尔谢希尔城中也开设了大型酒店设施，此外穆斯塔法帕夏地区的不少希腊人住所也被改为旅店设施，独具一格。厄赫拉热峡谷和古泽尤尔特等地同样也设有不少旅店和洞窟酒店。

格雷梅的酒店

小额资本洞窟酒店
Shoe String Cave Pension　　经济型 21 间

◆设有一座气氛很棒的庭院，客房布置精美。客房中有一间宿舍房型，通常为男女混住形式。冬季的房价会有所降低，早餐有 30 余种美食可供挑选，是地道的自助餐形式。酒店内并设餐馆，夏季每周还会举办一次庭院烧烤，很有气氛。酒店的泳池也可供房客自由使用。

格雷梅　Map p.278 下 A

住 Kâzım Eren Sok. No.23
TEL (0384) 271 2450
FAX (0384) 271 2299
URL www.shoestringcave.com
DOM 12 €
S 30~36 €
W 40~45 €
US $ € TL　M V
免费　EV 无

假日洞窟酒店
Holiday Cave Hotel　　中级 26 间

◆这家酒店的前身名为 Flint Stone Cabe Hotel，位于格雷梅城西边，环境静谧。并设有游泳池，但是冬季不可使用。

格雷梅　Map p.278 下 A

住 Masat Sok. No.4
TEL (0384) 271 2555
FAX (0384) 271 2415
URL www.holidaycave.com
S 100TL
W 150TL
US $ € TL　M V
全馆免费　EV 无

迪万洞窟酒店
Divan Cave House

中级 27 间

◆酒店坐落在山上，地势优越，冰箱、吹风机、茶具一应俱全，早餐为自助餐形式，提前预约后在当地用现金消费，可以享受 10% 的房价优惠。

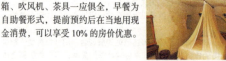

格雷梅 Map p.278 下 A

住 Görçeli Sok. No.5
TEL （0384）271 2189
FAX （0384）271 2179
URL www.divancavehouse.com
100~250 €
US $ € JPY TL　M V
全馆免费　EV 无

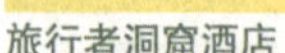

旅行者洞窟酒店
Traveller's Cave Hotel

中级 20 间

◆酒店级别在旅行者系列中堪称最高级，客房中有 13 间都配有按摩浴缸，如果你之前预订了这家酒店，店家还会提供单程的免费接机或送机服务。室外的按摩浴缸也很不错。在网站提前预约，当地用现金支付，可以享受 9 折优惠。

格雷梅 Map p.278 下 A

住 Görçeli Sok. No.7
TEL （0384）271 2780
FAX （0384）271 2781
URL www.travellerscave.com
70 €
80 € ~
US $ € JPY TL　A D J M V
全馆免费　EV 无

于尔居普的酒店

埃尔克普 · 艾维洞窟酒店
Elkep Evi Cave Hotel

中级 21 间

◆位于高台之上，从餐馆前的宽阔庭院可以眺望到致美景色。夏季庭院中还有烧烤活动，客房非常精美，布置用心。用现金支付房费可以享受八五折优惠，12 月 ~ 次年 2 月为停业期，敬请谅解。

于尔居普 Map p.279 上 A

住 Eski Turban Oteli Arkası No.26
TEL （0384）341 6000
FAX （0384）341 8089
URL www.elkepevi.com.tr
80 €
115 €
US $ € TL　M V
全馆免费　EV 无

德莱套房酒店
Dere Suites

高级 28 间

◆2013 年开业的洞窟酒店，岩壁组成的客房很有特色，每个房间的内饰都独具一格，空间宽敞，设施齐全，最上层的餐馆视野很好，当家菜风味烤肉很受好评。

于尔居普 Map p.279 上 A

住 Dereler Sok. No.49
TEL （0384）341 3051
FAX （0384）341 3052
URL www.deresuites.com
100 € ~
US $ € TL
A D J M V
全馆免费　EV 无

其他区域

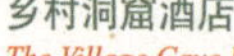

乡村洞窟酒店
The Village Cave Hotel

中级 9 间

◆位于大鸽房中心区域的酒店，店家将这座已有 200 余年历史的老宅改建成酒店设施，洞窟客房浑然天成，内饰很有品位。

大鸽房　折页地图卡帕多西亚中心地图 D3

住 Çavuşin Kasabası
TEL （0384）532 7197
FAX （0384）532 7144
URL www.thevillagecave.com
85 € ~
US $ € JPY TL　M V
全馆免费　EV 无

格雷梅北侧是一处称为“Ask Vadisi 阿斯克 · 巴迪希（爱之谷）”的奇岩地带，从地面拔地而起的岩石带绝对是你未曾见过的独特景象，别具一格。

赫尔梅斯洞穴酒店

Hermes Cave Hotel 高级 19 间

◆2013 年开业的洞窟风格酒店，地理位置几乎位于乌奇希萨尔的正中心，从客房便可以以极近的距离欣赏到气势磅礴的乌奇希萨尔城堡，绝对是最佳的观光住所。部分客房还设有按摩浴缸。

乌奇希萨尔 Map p.279 右下

住 Tekelli Mah., Karlık Sok. No.14
TEL（0384）219 3020
URL www.hermescavehotel.com
140~350 €
US $ € TL　A D J M V
全馆免费　EV 无

阿尔图诺兹酒店

Otel Altınöz 120 间

◆土耳其浴场、桑拿房、迪厅、餐馆等配套设施一应俱全，土耳其洗浴及按摩费用共计 20 €。

内夫谢希尔 Map p.278 上 A

住 İstiklâl Cad. No.23
TEL（0384）213 9961
FAX（0384）213 2817
URL www.altinozhotel.com
费 200TL~　400TL~
全馆免费　EV 有

丁莱尔 · 内夫谢希尔酒店

Dinler Nevşehir 141 间

◆坐落在邻近内夫谢希尔城的近郊不远处，配置有室外 & 室内泳池和 SPA 水疗设施，一应俱全。

内夫谢希尔 折页地图卡帕多西亚中心地图 B4

住 Ürgüp Yolu 2 km
TEL（0384）213 9968
FAX（0384）213 9969
URL nevsehir.dinler.com
费 130TL~　200TL~
全馆免费　EV 有

卡帕多西亚旅店

Kapadokya Lodge 146 间

◆外观嶙峋的设计令酒店也宛如是一座大山，宽阔的院落中设有泳池和网球场等设施。

内夫谢希尔 折页地图卡帕多西亚中心地图 B4

住 Ürgüp Yolu, Uçhisar yol kavşağı
TEL（0384）213 9945
FAX（0384）213 5092
URL www.kapadokyalodge.com.tr
费 75US $~　100US$~
全馆免费　EV 有

乌奇希萨尔 · 卡亚酒店

Uçhisar Kaya 77 间

◆现代化的酒店外观搭配岩石风格的内饰，室内室外都设有泳池，令房客乐在其中。

乌奇希萨尔 Map p.279 右下

住 Yukarı Mah. Mevkii, Adnan Menderes Cad. No.15
TEL（0384）219 2007
URL uchisarkayaotel.com
费 100 € ~　150 € ~
全馆免费　EV 有

穆斯塔法 酒店

Otel Mustafa 230 间

◆经常被海外旅游团选作团队酒店，室内清新亮丽，并设有土耳其浴场及桑拿房设施。

于尔居普 折页地图卡帕多西亚中心地图 F4

住 Mehmet Dinler Bul. No.17
TEL（0384）341 3970
FAX（0384）341 2288
URL www.otelmustafa.com.tr
费 80US$~　120US$~
全馆免费　EV 有

于尔居普丁莱尔酒店

Dinler Ürgüp 188 间

◆酒店本身已经有些年头，但是房间还是干净美好，浴室铺有瓷砖，此外酒店还设有土耳其浴场。

于尔居普 折页地图卡帕多西亚中心地图 F4

住 Mehmet Dinler Bul. No.15
TEL（0384）341 3030
FAX（0384）341 4896
URL urgup.dinler.com
费 120 € ~　180 € ~
全馆免费　EV 有

卡帕多西亚这个单词源自古代波斯语，指代这片区域的卡帕图卡，意为“骏马的土地”，随着岁月的流转，最终成了卡帕多西亚这个发音。

佩里西亚酒店

Perissia Hotel

352 间

◆是众多海外观光团队的住宿首选，5 星级酒店，拥有卡帕多西亚最大的演讲会场，很受商务客人青睐。

于尔居普 折页地图卡帕多西亚中心地图 F4

住 Mehmet Dinler Bul.

TEL（0384）341 2930

FAX（0384）341 4524

URL www.perissiahotel.com

费 35 €～ 70 €～

全馆免费 EV 有

苏汉卡帕多西亚酒店

Suhan Hotel Cappadocia & SPA

435 间

◆室内室外均设有一处泳池，配有桑拿房、土耳其浴场、健身中心等各类设施。

阿瓦诺斯 折页地图卡帕多西亚中心地图 D1

住 Kızılırmak Cad. No.12

TEL（0384）511 6721

FAX（0384）511 6762

URL suhankapadokya.com

费 90 €～ 120 €～

全馆免费 EV 有

阿瓦诺斯逸林酒店

Double Tree by Hilton Avanos

142 间

◆在落落大方的庭院中设有大型泳池和水疗中心，开放感很强，客房面积不大，但是设施完善，麻雀虽小，五脏俱全。

阿瓦诺斯 折页地图卡帕多西亚中心地图 D1

住 Yeni Mah., Kızılırmak Cad. No.1

TEL（0384）511 1111

FAX（0384）511 1121

URL www.hilton.com

费 /77 €～

全馆免费 EV 有

餐馆

Restaurant

格雷梅 巴士总站周边分布着很多时尚餐吧（冬季许多商家都会暂停营业），大部分餐馆的客户群都是到访游客，因此价格也要比周边地区更贵一些。

于尔居普 巴士总站周边设有不少家常菜馆，城镇西口的洞窟风格餐馆也是氛围独特，于尔居普作为土耳其葡萄酒的知名产地，许多酒厂都提供试饮活动。

阿瓦诺斯 餐馆的数量虽然很多，但是很多都位于郊区，交通不是很方便。城中心的广场周边以及阿塔图尔克沿路则大多以家常菜馆和比萨店居多。

苏丹餐馆

Sultan Restaurant

土耳其菜肴

◆邻近巴士总站的老牌餐馆，最值得推荐的当数网罗牛肉、蔬菜和奶酪的苏丹 · 博斯坦烤肉，38~45TL，梅泽前菜、沙拉等各种配菜 13~20TL，早餐的价位在 8~20TL。

格雷梅 Map p.278 下 B

住 Göreme Kasabası

TEL（0384）271 2226

开 10:00~23:00（冬季 ~22:00）

休 无

US $ € TL

M V

托普德克餐馆

Topdeck Restaurant

土耳其菜肴本土美食

◆餐馆主营土耳其家常菜肴，选用茄子等蔬菜制作的菜品健康度满点，在洞窟房间的用餐回忆也一定会令你难忘。

格雷梅 Map p.278 下 A

住 Hafiz Abdullah Efendi Sok. No.15

TEL（0384）271 2474

开 17:00~23:00 21:30 结束下单

休 无

US $ € TL

M V

卡帕多西亚地区出土了不少赫梯时代的古老遗址，其中位于阿吉格尔 Acigol 南侧的奥尔鲁村 Agilli（折页地图卡帕多西亚广域图 B3）郊外，便发掘了一个保存状态相当完好的托帕达碑文 Topada Yazıt。

南瓜餐馆
Pumpkin Restaurant

土耳其菜肴本土美食

◆位于运河沿线的小型餐馆，老板甄选当天采买的有机食材烹饪当天的特色套餐，保证菜品的新鲜，选择困难症的朋友们不用犹豫，因为餐馆每天只有一种特色套餐（120TL），但餐品内容每天更换。

格雷梅 Map p.278 下 A

住 İçeri Dere Sok. No.7/A
TEL（0384）271 2066
开 19:00~22:30
休 无
US $ € TL
不可

有机洞穴厨房
Organic Cave Kitchen

本土美食

◆这家本土菜式餐馆的老板同时也在经营着 4 家酒店，除了陶罐烤肉外的所有的菜品每天都会更换，套餐价格为 70TL，每日汤品颇受好评。

格雷梅 Map p.278 下 A

住 Ahmet Çavuş Sok. No.15
TEL（0384）271 3311
开 14:00~23:00
休 无
US $ € TL
M V

萨兹耶咖啡餐馆
Şaziye Cafe Bistro

土耳其菜肴本土美食

◆位于格雷梅城口的一家规模很大的餐馆，夜晚经常会有些现场演奏，感觉吵闹的客人可以移步 2 层用餐区。除了当地的陶罐烤肉等传统土耳其菜肴外，烤羊排及牛排也很美味。

格雷梅 Map p.278 下 A

住 Orta Mah., Uzundere Cad. No.9
TEL（0384）271 3121
开 10:00~23:00
休 无
US $ € TL
A M V

夏法克餐馆
Şafak Cafe & Restaurant

土耳其菜肴家庭料理

◆最早这里只是一家咖啡馆，老板的妈妈亲手烹制的菜肴为这家馆增添了灵魂。土耳其饺子（10~15TL），柯夫特烤肉饼 20~25TL 等家常菜品是这里的主打菜，你还可以在这里体验菜品制作（需要预约 9:00~13:00）。

格雷梅 Map p.278 下 B

住 Müze Cad. No.28
0538 462 5664
URL cafesafak.weebly.com
开 7:00~22:00
休 无
US $ € TL
M V

中国兰州拉面店
Lan Zhou El Makarnası

中餐

◆你可以直接扫码点菜，让你有和在国内同样的方便之感，当然也可以口头点菜。现拉的兰州拉面 28TL，是这里的招牌美食。

格雷梅 Map p.278 下 A

住 Ali Çavuş Sok.
0539 865 8806
开 12:00~22:00
休 无
US $ € TL
M V

我们的家韩国料理店
Urizip Korean Restaurant

韩国料理

◆有一位韩国老板娘经营的韩国料理店，味道正宗，非常地道。石锅拌饭、烤肉、冷面以及韩式炸酱面都是这里的招牌菜，韩式泡菜等前菜是免费的，Urizip 意为我们的家，可以看到 Our House 的英文标注。

格雷梅 Map p.278 下 B

住 Göreme Kasabası
TEL（0384）271 2290
开 10:30~22:00
休 无
US $ € TL
M V

加入灯笼辣椒和西红柿的铁板烤肉是卡帕多西亚的地方名菜，不同城市会给这道菜品冠以不同的称呼，例如内夫谢希尔塔瓦、格雷梅塔瓦、阿瓦诺斯塔瓦等称号。

微笑牛排店
Smile Steak House

牛排店

◆主打的王牌菜品，T骨牛排重量超过1kg，价格却只需要199TL，超值超划算。加入烘烤后的哈尔米奶酪与开心果的本地香肠10TL，味道不错，不妨一尝。

格雷梅　Map p.278 下 B

住 Hafız Rıfat Efendi Sok.
📱 0539 342 8138
开 12:00~23:00
休 无
💱 US $ € TL
💳 A M V

国王咖啡馆
King's Coffee

咖啡馆

◆一家由儿子设计，父母经营的暖心咖啡馆，咖啡的种类非常丰富，山莓口味和开心果口味咖啡各9TL，别具风味。

格雷梅　Map p.278 下 A

住 İçeri Dere Sok.
📱 0533 238 5061
开 7:00~22:00
休 无
💱 US $ € TL
💳 A M V

欧泽咖啡馆
Oze Coffee

咖啡馆

◆邻近巴士总站的咖啡馆，咖啡的价格在8~10.50TL，冰咖啡11~25TL，蜜糖果仁千层酥（Baklava）5TL，各式蛋糕15TL，加入巧克力的兰茎粉热饮9TL，店内提供无线Wi-Fi。

格雷梅　Map p.278 下 A

住 Eski Belediye Girişi No.1/A
TEL（0384）271 2219
开 8:30~24:00（冬季~22:00）
休 无
💱 US $ € TL
💳 不可

耶尼家常菜
Yeni Lokanta

土耳其菜肴本土美食

◆坐落在于尔居普中心位置的亮丽家常菜馆，菜品以炖菜为主，瓦罐烤肉（2人份85TL）和铁板烤肉（卡帕多西亚塔瓦，见照片，30TL），以及加入酸奶和牛骨烧汁Demi-Glace的埃尔吉耶斯烤肉（45TL）都是这里的主打菜。

于尔居普　Map p.279 上 B

住 İmren Mah., Kâzım Karabekir Cad. No.3-7
TEL（0384）341 6880
开 7:30~23:00
休 无
💱 US $ € TL
💳 M V

索夫拉餐馆
Sofra

土耳其菜肴

◆位于城中心区域，主营瓦罐烤肉（2人份80TL）、土耳其饺子20TL等本地菜品，由塞尔柱王朝的食谱改良而成的于尔居普哈希拉玛菜品和铁板烤肉也很不错。

于尔居普　Map p.279 上 B

住 Kayseri Cad. No.25, Yapı Kredi Bankası Yanı
TEL（0384）341 4333
Mail v_zengin@hotmail.com
开 8:00~23:00
休 无　💱 US $ € JPY TL
💳 D J M V

比兹姆·艾维
Bizim Ev

本土美食

◆走进这座2层餐馆，可以看到这座洞窟风格酒店布置得十分用心，店内的招牌博斯坦烤肉40TL和阿瓦诺斯饺子30TL十分美味，阿瓦诺斯铁板烤肉45TL和瓦罐烤肉35TL也很诱人，用餐预算为50~80TL。

阿瓦诺斯　Map p.279 左下

住 Orta Mah., Baklacı Sok. No.1
TEL（0384）511 5525
开 10:00~22:00
休 无
💱 US $ € TL
💳 A M V

最近格雷梅牛排店的数量逐渐增多，由于受到伊斯兰教的教规影响，牛肉在处理过程中去除了全部血液，所以不会品尝到带有鲜血的鲜嫩牛排，但是肉质还是不容置疑，大体上都十分美味。

科纳克餐馆
Konak Kebap & Çorba Evi

本土美食

◆餐馆的入口位于阿瓦诺斯古街区的巷子里，24小时营业模式，瓦罐烤肉35TL，土耳其烤肉类菜品18TL，价格相对于格雷梅和于尔居普的菜馆更加亲民。18:00起还有烤羊肠等特色菜品供应。

阿瓦诺斯　Map p.279 左下

住 Yukarı Mah., Edip Akbayram Sok. No.34
TEL（0384）511 2370
开 24小时
休 无
US $ € TL
M V

商店
Shop

格雷梅全景（→p.291）以及帕夏贝（→p.292）都设有出售旅行纪念品的各色商摊，阿瓦诺斯则可以找到许多面向团体客人的大型陶瓷店及地毯店，许多旅游团都会安排游客来此购物。若是你对素朴的手工艺品感兴趣，索安利（→p.293）则是你最好的淘货地。

兹吉斯
Ziggy's

饰品手工艺品

◆出售老板自己手工制作的首饰及编织品，绝对是纯手工商品的绝佳购物地。2层则是于尔居普当地人气NO.1的咖啡馆，可以品尝多款餐品的梅泽前菜全家福很受欢迎（小号80TL，大号90TL）。

于尔居普　Map p.279 上A

住 Yunak Mah., Tevfik Fikret Cad. No.24
TEL（0384）341 7107
URL www.ziggycafe.com
开 12:00~23:00
休 无
US $ € TL
M V

艾布鲁商店
Ebru Sanat Evi

传统工艺

◆由托卡特（p.392）出身的夫妻共同经营的传统工艺画廊，老板制作巴斯玛（土耳其轧光印花棉布），老板娘则是艾布鲁（大理石）和微型画的高手，你在这里除了可以观看他们现场创作，也可以参与其中进行体验。在奥尔塔希萨尔的郊外还有其他工坊。

于尔居普　Map p.279 上B

住 Cumhuriyet Cad. No.9
TEL（0384）341 3940
开 8:00~23:00
休 无
US $ € TL
M V

纳赞设计商店
Nazan Design

饰品手工艺品

◆店如其名，出售由纳赞先生设计的饰品和小物件商店，由毛毡制成的肥皂袋，直接搓揉便会起泡，如果店铺关闭你还可以前往相邻的酒店前台进行购买。

乌奇希萨尔　Map p.279 下右

住 Divanlı Sok., Eski Göreme Cad.
0533 384 5971
开 8:00~20:00
休 无
US $ € TL
M V

艾芬迪红酒坊
Efendi Wine House

葡萄酒

◆库克柏设在于尔居普的分店，你在这里可以以非常公道的价格入手多款库克柏葡萄酒，店铺的下方是地下室空间，被合理设计为藏酒之所。

于尔居普　Map p.279 上B

住 Musaefindi Mah., Tevfik Fikret Cad. No.12
TEL（0384）341 4024
开 10:00~22:00
休 无
US $ € TL
M V

位于阿瓦诺斯北部的科扎利温泉 Kozaklı Kaplıcaları，对于关节炎、妇科病都很有疗效，此外据说美肤效果也很有成效。

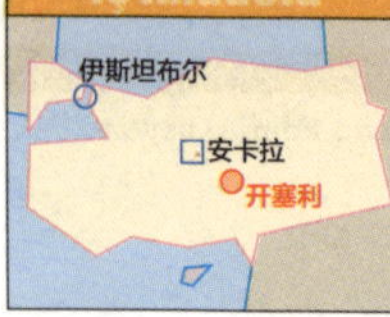

可以眺望到埃尔吉耶斯山雄姿的古老都市

开塞利 *Kayseri*

市区区号 0352　人口 98 万 4536 人　海拔 1054 米

■开塞利的旅游咨询处 ⓘ
Map p.303A1
住 Cumhuriyet Meydanı Zeynel Abidin Türbesi Yanı
TEL（0352）222 3903
URL kayseri.ktb.gov.tr
开 8:00~18:00（冬季~17:00）
休 周日、冬季周六

开塞利的旅游咨询处 ⓘ

■市区交通乘车券

市区巴士和路面电车可以共同使用该款乘车券，单次价格 3TL。车内无法购票，你可以从梅丹公园的售票处进行购买。

梅丹公园的售票处

巴扎集市中鳞次栉比地排列着的帕斯图尔玛（肉干）店以及坐落在深处的布伦古兹清真寺

埃尔吉耶斯山的山顶区域终年积雪，而开塞利就坐落于这座美丽大山的山脚位置。自古以来这里便是交通要地，如今这里更作为中部安纳托利亚的商业城市而为人所知，此外，开塞利也是知名的绒毯产地。

古时候这里被称为马扎科亚 Mazakya，现在的名字开塞利是罗马时期的皇帝提比略，为了夸赞这座城市的美丽，称其为 Caeserea（恺撒里亚，恺撒之城），逐渐演变为现在我们所称的开塞利。拜占庭时期这座城市深受基督教的影响，美观程度得到了再一次提升。城镇最繁荣的时期当数 11~13 世纪的塞尔柱王朝时代，12 世纪中叶，这里成为达尼休曼德 Dânişmendliler 王朝的都城，受卡拉曼君侯国及马穆鲁克王朝的统治，1515 年正式成为奥斯曼王朝的领地。深处权力更迭核心的开塞利，其城镇中心坐落着的城堡建筑以及多处历史遗址，都不禁令人回想到这里古时的辉煌与蓬勃。

开塞利 漫 步

城中心坐落着钟塔 Saat Kulesi 的梅丹公园 Meydan Parkı，俗称梅丹，南侧的旧城区则是平价旅店和中级酒店的云集地，从城墙不断向东南方向延伸的塞伊德·布尔哈奈汀大道 Seyyid Burhanettin Bul. 上可以找到 PTT 及旅游咨询处 ⓘ。从钟塔沿东北方向走便是锡瓦斯道 Sivas Cad.，从阿塔图尔克大道西侧通向巴士总站的道路称为奥斯曼·卡温吉道 Osman Kavuncu Cad.。反之，通向东南方向的伊诺纽大道 İnönü Bul. 则是中级酒店的云集地。

Information

路面电车 Kayseray

通过 LRT 专用轨道在开塞利城中游走的路面电车，由于是专用车道，不用担心堵车的情况，但是行车区间确实和游客的观光区域不太重合。单次乘车票价 3TL。

在埃尔吉耶斯山海拔 3200 米的位置坐落着一处土耳其国内屈指可数的优质滑雪场，配有 4 条缆车线，夜间照明设施也很完备。即使不是滑雪季节，部分缆车也在运行。

前往城市中心地区

◆从机场前往城中心 开塞利机场位于城中心以北约 5 公里的位置，你可以搭乘市区巴士（3TL）或哈瓦休机场大巴往返机场和梅丹，巴士站设在通向机场的主干路沿线。此外你还可以从市内搭乘写有 Mevlana 字样的大巴前往机场。

◆从巴士总站前往城中心 巴士总站位于城镇西北方向约 7 公里的位置，旁边还设有前往于尔居普的迷你巴士站台。你可以搭乘塞尔比斯巴士或从巴士总站出来后过马路，在对面的车道搭乘 3TL 的市区巴士前往市中心地区，需要注意的是，车票无法从车内购买（p.302 边栏），而且并不是所有的车辆都会前往梅丹公园，可以向司机询问"梅丹单 · 格切尔米？（这辆车开往梅丹吗？）"。打车费用则在 40TL 左右。你从市区打算前往巴士总站时，搭乘写有特尔米纳尔 Terminal 字样的市区巴士即可抵达。

◆从火车站前往城中心 开塞利火车站是一座位于城区北部的黄色车站，造型十分讨喜。从站前的主干路便有公共交通前往市区，但也有大巴前往郊区的可能，注意搭乘沿哈斯塔奈道 Hastane Cad. 行进的巴士即可前往市区。如果你乘坐了写有法库尔特 Fakülte 字样的市区巴士，则可以直接抵达梅丹广场，车费为 3TL，反之从市区也可以搭乘写有哈斯塔奈 Hastane 字样的市区巴士，即可前往火车站。

游客使用频率很高的开塞利机场

开塞利巴士总站

■哈瓦休机场大巴 Havaş

连接开塞利市区与机场的机场巴士，虽然 12TL 的车费相对于市区巴士价格略高一些，但是你可以将大件行李存放于巴士车上，沿途的停靠车站也比较少，车速也更快一些。距离机场最近的市区车站当数集会所购物中心 Forum AVM（Map p.366B1），面向巴士总站的 BYZ 购物中心也可以停车。

开塞利

哈吉 · 库鲁丘清真寺 Hacı Kılıç Camii
米马尔 · 希南公园 Mimar Sinan Parkı
塞尔柱王朝博物馆 Selçuk Uygarlığı Müzesi (Şifaiye Medresesi)
罗马墓地 Roma Mezarı
萨哈比耶神学校 Sahabiye Medresesi
钟塔 Saat Kulesi
共和国 · 梅达努站 Cumhuriyet Meydanı
省政府 Valilik
开塞利温达姆酒店 Wyndam
开塞利考古学博物馆 Arkeoloji Müzesi
库尔休鲁清真寺 Kurşunlu Camii
梅丹公园 Meydan Parkı
因杰斯方向巴士搭乘地
布伦古兹清真寺 Burunguz Camii
La Casa
开塞利城 Kayseri Kalesi
巴扎集市 Kapalı Çarşı
帕斯图尔玛商店
贝兹尔 · 汗 Vezir Han
往开塞利假日酒店 Holidai Inn方向500米
乌鲁清真寺 Ulu Camii
阿塔图尔克之家 Atatürk Konağı
民俗学博物馆 Güpgüpoğlu Konağı
尤文布尔丘文化之家 Yoğunburcu Kültür Evi
阿兰佳 · 昆贝特 Alaca Kümbet
布尤克酒店 Büyük
卡杜奥卢酒店 Kadıoğlu
哈图洛乌鲁清真寺 Hatıroğlu Camii
塞拉哈汀浴场 Selahattin Hamamı
开塞利高中 Kayseri Lisesi
汉清真寺 Han Camii
埃尔吉耶斯方向巴士合乘站
文化中心 Kültür Merkezi
塞伊德 · 布尔哈奈汀神庙 Seyyid Burhanettin Türbesi
阿吉巴德姆医院 Acıbadem Hastanesi
阿乌尔纳斯方向巴士站
市区巴士搭乘地
旋转陵墓 Döner Kümbet
卡尔塔尔墓地 Kartal Şehitliği
埃尔吉耶斯山方向
机场方向
市政府 Belediye
布尤克谢希尔 · 贝莱迪耶希站 Büyükşehir Belediyesi
鱼店兼餐馆居多
梅赫利亚餐馆 Mehliya
弗纳图站 Hunat
Radisson Blu
Forum AVM
Tuana
Ptt
哈伊莱特餐馆 Hunat
弗纳图 · 哈通复合建筑群 Hunat Hatun Külliyesi
Hayret
机场方向巴士站
火车站方向

开塞利广域图

开塞利机场 Kayseri Havaalanı
前往城中心的市区巴士
巴士总站 Otogar
卡帕多西亚方向
往卡休克 · 拉餐馆Kaşık-La方向约500米
路面电车 Kayseray
开塞利站
卡迪尔 · 哈斯体育场 Kadir Has Stadyumu
梅丹公园 Meydan Parkı
放大图见上方

Information

尤文布尔丘文化之家
Yoğunburç Kültür Evi

位于开塞利城中的尤文布尔丘，是城内知名的文化中心，不仅汇集了众多开塞利的文学资料，也是诗朗诵等活动的举办地，馆内还并设有茶饮店。

开 夏季 9:00~18:00
冬季 9:00~20:00

休 无

■弗纳图·哈通复合建筑群

住 Seyyid Burhanettin Bul. No.5

开 10:00~19:00

■弗纳图浴场
Hunat Hamamı

开 男性 6:00~22:00
女性 8:30~18:30

休 斋月期间 2~3 天

费 土耳其浴 20TL
搓澡 12TL　按摩 12TL
香氛按摩 10TL

位于大道正中央的旋转陵墓

■开塞利考古学博物馆

TEL（0352）222 2149

开塞利 主要景点

位于城中心的坚固堡垒，现在已成了当地市集的所在地

开塞利城

Map p.303A1

Kayseri Kalesi 开塞利 · 卡莱希

建在城中心的火山岩城堡，据说最早建于公元 3 世纪时期，随后经历了多次改建和增建，最终成了我们看到的坚固面貌。城内现在作为食品和日用品市场，还分布着几家家常菜馆。

美丽浮雕装饰的神庙不容错过

弗纳图·哈通复合建筑群

Map p.303 A1~B1

Hunat Hatun Külliyesi 弗纳图 · 哈通 · 克尤尔利耶希

云集清真寺、神庙和神学校的复合型建筑统称为 Kulliyesi，清真寺是在 1237~1246 年期间，由凯库巴德一世的妻子——弗纳图·哈通下令建造而成。神庙的正面则铺设着大理石地面，上方和侧面都可以看到精美的浮雕装饰。坐落于其中的三座棺椁，被白色大理石包裹的便是弗纳图·哈通的棺椁，并设的浴场设施也很值得一看。

在弗纳图·哈通神学校中还设有咖啡馆

陵庙之城——开塞利的地标

旋转陵墓

Map p.303B2

Döner Kümbet 多奈尔 · 昆贝特

在罗姆苏丹国的多座陵庙之中，最有名的便是这座旋转陵墓，1218 年凯库巴德一世为了他的女儿——夏·吉汗·哈通 Şah Cihan Hatun 而建造的，共由 12 面所组成，圆锥形的屋顶赋予了其 Doner（旋转）的名号，墙壁的精美浮雕装饰令人赞叹。

展示亚述殖民城市的文化瑰宝

开塞利考古学博物馆

Map p.303A1

Arkeoloji Müzesi 阿尔凯洛基 · 缪泽希

馆内主要展出开塞利以东约 20 公里位置所出土的库尔特佩 Kültepe 遗址，库尔特佩在公元前 20~ 公元前 18 世纪，曾是占领安纳托利亚的亚述帝国的中心，出土于此的刻有楔形文字的黏土版式文书，狮子造型的角杯等宝贵文化宝藏都不容错过。此外希腊时代和罗马时代的出土文物也于这座博物馆中展出，特别是刻画着大力士赫拉克勒斯 12 项伟业的石棺作品，堪称这里的镇馆之宝。

描绘着赫拉克勒斯 12 项伟业的精美大理石石棺

从梅丹向东走可以看到一片鲜鱼市集，商摊后面都有并设的餐馆，挑选好你心仪的鱼类后便会为你加工供你品尝最鲜美的海鲜滋味。鲅鱼、沙丁鱼和鳟鱼还可以直接做成三明治等简餐，方便食用。

由奥斯曼王朝时代官邸改建而成的博物馆

民俗学博物馆

Map p.303A2

Güpgüpoğlu Konağı 古普古普奥卢 · 柯纳乌

位于城墙东南方向的博物馆，这座由 15 世纪传统奥斯曼王朝建筑改建而成的石质建筑，本身便是一件宝贵的展品。这座古建筑中的房间和家具也被完好保留下来，再现了当时的古典氛围。紧邻这座博物馆还坐落着阿塔图尔克之家 Atatürk Konağı。

几何学设计彰显了塞尔柱王朝建筑的集大成之作

萨哈比耶神学校

Map p.303A1

Sahabiye Medresesi 萨哈比耶 · 梅德塞斯

现在改做书店和咖啡馆的古代建筑

罗姆苏丹国时期的宰相——萨希普 · 阿塔 Sahip Ata 于 1267 年建造的神学校，此外，这位宰相也修建了科尼亚的因杰 · 米纳莱神学校和锡瓦斯的格克神学校，环绕大门的几何学图纹设计堪称罗姆苏丹国的杰出作品。

开塞利 近郊景点

大建筑家米马尔 · 希南的故乡

阿乌尔纳斯

Map p.28A2

Ağırnas 阿乌尔纳斯

米马尔 · 希南故居

阿乌尔纳斯作为众所周知的米马尔 · 希南故乡，除了希南故居外，还留有三处他所设计的，直到现在仍正常使用的喷泉建筑。希南故居位于一个宛如卡帕多西亚地下城般的洞窟之中，在故居后面则是一座后世所建的资料馆，介绍奥斯曼王朝时期的风云往事。

此外，阿乌尔纳斯过去也是一座基督教徒云集的村落，大约于 150 年前建造的阿基奥斯 · 普罗克匹欧斯教堂依然坐落在阿乌尔纳斯村内。

■民俗学博物馆

※ 曾在 2019 年 5 月改装过。

■萨哈比耶神学校

开 8:00~22:00

休 无 费 免费

当地名菜

土耳其饺子和肉肠

开塞利最知名的本地美食当数土耳其饺子了，据说馅料足有 36 种之多，最受欢迎的当数肉馅饺子，其馅料融合了酸奶、大蒜、薄荷末等多种元素，味道绝伦难以言表。另外一种美食便是加入独特香料的土耳其肉肠了，不少土耳其比萨也会用其作为特色馅料。

地道的土耳其肉肠

■如何前往阿乌尔纳斯

🚌 开塞利市内每小时有 2 班左右的巴士发往阿乌尔纳斯，车程约 1 小时。

■米马尔 · 希南之家

开 8:00~17:00

休 周一

费 免费

位于阿乌尔纳斯政府前的希南雕像

酒店&餐馆
Hotel & Restaurant

开塞利作为一座商业城市，分布着很多不错的酒店，特别是从伊诺纽大道至开塞利城的路段上集中着多家 2 星和 3 星酒店，平价旅店则比较稀少。

卡杜奥卢酒店

Hotel Kadıoğlu

中级 46 间

Map p.303A2

◆作为一家装修后重新开业的酒店，客房美观，浴室布置得也很精致，最上层的餐馆视野很好，可以眺望到埃尔吉耶斯山的正面美景，自助早餐便安排在这里进行。

住 İnönü Bul. No.59

TEL (0352) 231 6320

FAX (0352) 222 8296

单人 A/C 70TL

双人 A/C 120TL

US $ € TL A M V

全馆免费 EV 有

开塞利当地人在结婚典礼前，新郎的母亲会先去新娘的家里拜访，通过考察新娘子制作土耳其饺子的能力判断这位儿媳妇的料理水平，饺子包的越小水平越高。

布尤克酒店

Hotel Büyük

中级 38 间

Map p.303A2

◆坐落在伊诺纽大道沿路的酒店区之中，每五年都会部分重新装修一次，最近一次便是 2019 年，每间客房都设有巨屏电视和迷你酒柜，自助餐形式的早餐设在酒店最上层的沙龙区域进行。

住 İnönü Bul. No.55

TEL（0352）232 2892

FAX（0352）232 5340

URL www.kayseribuyukotel.com

单人 A/C 110TL

双人 A/C 170TL

US $ € TL　A M V

全馆免费　EV 有

开塞利假日酒店

Holiday Inn Kayseri

高级 160 间

Map p.303A1 外

◆距离城中心稍微有些距离，但是酒店门前便是路面电车的迪瓦诺纽 Divanönü 站，不仅是前往市中心，前往其他地方也是十分便利，此外酒店周边也有不少店铺，生活方便。对于这个级别的酒店来说，价格可谓非常公道。

住 Osman Kavuncu Cad., Kenarcık Sok. No.2

TEL（0352）315 3000

FAX（0352）315 3001

URL www.hikayseri.com

单人/双人 A/C 52 € ~

US $ € TL　M V

全馆免费　EV 有

开塞利温达姆酒店

Wyndam Kayseri

高级 205 间

Map p.303A1

◆位于梅丹公园北侧的便利之地，设有桑拿房、健身房、室内泳池等各式度假设施，你还可以通过酒店参报卡帕多西亚的观光游以及埃尔吉耶斯山的滑雪项目，顶层餐馆的视野也是非常棒，令人心情愉悦。

住 Gevhernesibe Mah., Tekin Sok. No.2

TEL（0352）207 5000

FAX（0352）207 5050

URL www.wyndhamhotels.com

单人 A/C 60 €

双人 A/C 70 €

US $ € TL　A D J M V

全馆免费　EV 有

卡休克 · 拉餐馆

Kaşık La Mantı Restaurant

本土菜肴

Map p.303A2 外

◆从巴士总站沿大道向西步行约 600 米即可到达这家餐馆，开塞利饺子 22TL，香炸土耳其饺子 24TL，此外还有选用土耳其香肠和火腿制作的美食，在开塞利市区以及伊斯坦布尔都开有分店。

住 Osman Kavuncu Bul. No.370

TEL（0352）326 3075

URL www.kasikla.com

开 8:30~22:00

休 无　TL

A M V

哈伊莱特餐馆

Hayret Et Lokantası

本土菜肴炖菜

Map p.303B1

◆菜品以当地风味的美食为主，除了土耳其烤肉、炖菜、凯马尔比萨（13TL）外，还有选用开塞利特色肉肠制作的风味比萨，开塞利饺子（15TL）在这里也很受欢迎。

住 Hunat Mah., Hunat Cad. No.4

TEL（0352）231 1661

开 7:00~21:00

休 无

TL

M V

梅赫利亚餐馆

Mehliya

维吾尔菜肴烤肉

Map p.303B1

◆餐馆位于开塞利当地也是整个土耳其中最大的维吾尔人社区，菜品的味道颇受追捧。拌面（见右侧照片）等店家自制面食味道拔群，特色烤肉由于增添了独特的香料，味道也和普通的土耳其烤肉有所不同，十分值得一尝。

住 Serçeönü Mah., Birkan Sok., Özühud Apt. No.29/D

TEL（0352）231 7000

Mail 7000mahliyafood@gmail.com

开 9:00~21:00

休 无

TL　A M V

哈伊莱特餐馆的老板哈伊莱汀 · 贝先生，自身也投入于开塞利的饮食文化和发展建设中，担任开塞利家常菜馆 & 甜品店组织的会长职务。

İç Anadolu

伊斯坦布尔
安卡拉
科尼亚

留有罗姆苏丹王国各式古代建筑的璀璨古都

科尼亚 *Konya*

市区区号 0332　人口 220 万 609 人　海拔 1016 米

伴随着异域曲风翩翩起舞的梅夫拉维祭拜仪式（旋转舞）表演

加泰土丘的新石器时代遗址
Çatalhöyük Neolitik Kenti
2012 年

非物质文化遗产

梅夫拉维旋转舞
Mevlevi Sema Töreni
2008 年

■科尼亚的旅游咨询处 ⓘ
Map p.308
住 Aslanlı Kışla Cad. No.5
TEL（0332）353 4021
FAX（0332）353 4023
URL www.konyakultur.gov.tr
Mail konyatourism@kultur.gov.tr
开 8:00~17:00
（周六 9:00~16:00）
休 周日

位于安卡拉以南约 250 公里的科尼亚，作为伊斯兰神秘教派之一的梅夫拉维教团发祥地而声名远扬。土耳其国内的许多穆斯林信徒也都络绎不绝地前来参观这座美妙的古都之城。

近郊坐落着位列世界遗产名录之中的加泰土丘的新石器时代遗址，科尼亚这座古城的历史可以追溯到史前时期，但是其最蓬勃发展的阶段则是在 13 世纪左右。1077 年，罗姆苏丹国将首都从伊兹尼克迁往科尼亚，并在凯库巴德一世统治时期得到了显著的发展。当时许多艺术家、建筑师以及伊斯兰科学家都从东方纷至沓来，在这里开办各式学校，令各式文化在科尼亚城中百花齐放。现在城内遗留下来的神学校以及古代遗址大多都是那个时期所修造建设的，当你巡游其中时，便可以看到当时的璀璨文化结晶。而创立梅夫拉维教团的神学家鲁米，自然也是当时文化蓬勃时期的重要一员。

科尼亚 漫步

科尼亚城内的景点主要集中在阿拉丁山到梅夫拉维博物馆之间的梅夫拉维道 Mevlana Cad. 周边，酒店和餐馆分布很多，因为景点大多集中分布于此，步行游览其实十分方便。观光时可以首先前往位于城中心的休库梅特广场 Hükümet Meydanı，最大的观光景点便是位于广场以东的 500 米的梅夫拉维博物馆。旁边还坐落着塞利米耶清真寺，旅游咨询处 ⓘ 也距离很近，十分方便。沿梅夫拉维道向西前行，会在左手边看到主要售卖衣物的巴扎集市，继续直行便会抵达阿拉丁清真寺以及坐落着宽阔公园的阿拉丁山脚。因杰·米纳莱博物馆和卡拉泰博物馆也都坐落在这座山体旁边，届时可以一同游览。

科尼亚的旅游咨询处 ⓘ

从梅夫拉维博物馆前驶过的城铁列车（路面电车）

■艾尔卡尔特 Elkart

科尼亚的公共交通都需要使用这种名为艾尔卡尔特的公交卡，与读卡机接触后即可扣钱消费。购买后卡内只有 1TL 的余额，需要自行充值，分别乘坐一次路面电车和市区巴士的费用为 2.10TL。

从路面电车站旁并设的售票处即可购买交通卡

前往城市中心地区

◆从机场前往城中心 机场与市中心大约有 15 公里的距离，从机场可以搭乘哈瓦休机场大巴 Havaş 前往市区，车程约 30 分钟，费用 12TL，终点站是邻近阿塔图尔克体育馆的土耳其航空办事处。从市区前往机场的哈瓦休大巴也是从这里出发，从机场打车前往梅夫拉维道的费用大约在 60TL。

◆从巴士总站前往城中心 巴士总站主要分为连接各个主要城市的线路的长途巴士总站以及运营近郊线路的埃斯基停车场 Eski Garaj 这两座。

●长途巴士总站 长途巴士总站位于城镇以北 10 公里左右的地方，由于没有塞尔比斯联络巴士，你可以搭乘合乘巴士或路面电车、出租车前往市区。从巴士总站正门入口附近的梅夫拉维路便可以搭乘合乘巴士前往市区，车程根据路况原因，在 30 分钟 ~1 小时不等，车费 2.50TL。从主干路沿线的车站搭乘路面电车前往阿拉丁山，车程为 30~40 分钟，值得一提的是，车票需要提前从售票处进行购买，打车前往市内大约需要 50TL 的费用。

2020 年这座长途巴士总站预计迁移到市区北部，科尼亚机场附近主干路的十字路口附近。

●埃斯基停车场 主要运营往返于科尼亚近郊的巴士和合乘大巴，步行可以直接前往梅夫拉维道。

◆从火车站前往城中心区域

从伊斯坦布尔和安卡拉驶来的 YHT 高铁抵达于市区西侧的火车站，步行前往梅夫拉维道大约需要 30 分钟以上的时间，乘坐合乘巴士的话车程在 10 分钟左右，费用 2.25TL。现在市区北部正在建造一个专门用于运营 YHT 高铁的新车站，建成后将进行站台的转移工作。

市区交通

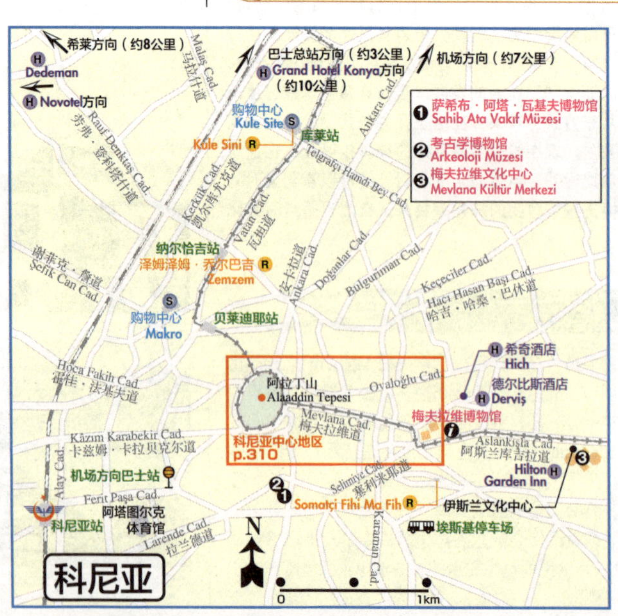

乘坐市区巴士和路面电车时必须使用公交卡（见左侧边栏），你可以通过合乘巴士车站附近的售票处进行购买。

●路面电车 公交线路的起点位于设有巴士总站的城北侧阿拉丁山附近，电车线路一路向东不断延伸。

伊斯兰文化中心（开 9:00~18:00，费 5TL）的中庭区域除了设有科尼亚的透景画外，还有针对梅夫拉维的相关介绍，旋转舞表演在每周周五的 20:30，周日的 14:30 都可以如期欣赏。

科尼亚的必去景点

梅夫拉维博物馆

Map p.310B

Mevlana Müzesi 梅夫拉维 · 缪泽希

绿色的塔楼令人印象深刻

以旋转舞而远近闻名的伊斯兰神秘宗派——梅夫拉维教团的创始者，梅夫拉维 · 杰拉莱丁 · 鲁米的陵庙。占地约 6500 平方米的区域内设有清真寺、僧院和修道场等宗教设施，覆盖着绿色彩砖的圆锥形屋顶陵庙建筑，建于 13 世纪末，外层的部分建筑则是此后的奥斯曼时期，由苏莱曼大帝捐赠建造的。1925 年受阿塔图尔克之命，修道院建筑关闭，教团也被解散，但是整座陵庙建筑从 1927 年 3 月 3 日起，作为博物馆对公众进行开放参观。

正对入口的房间摆放着一排棺椁，上面都被施以金色的精致刺绣，其中位于深处最为厚重也是最奢华的那座，便是梅夫拉维的棺椁。在陵庙入口周边还可以看到书法家用梅夫拉维语书写的碑文和文献，其中意为“你想成为外人期望的样子还是自己期望的样子”“来我的身边吧，无论你是什么样的人都可以来到我的身边，无论你是无神论者还是怀有宗教信仰的信徒，即使是邪教信徒也完全没有问题，来我的身边吧”等碑文都颇具深意。

另一侧的空间则展出了鲁米生前的喜爱之物和服饰，此外还有塞尔柱王朝和奥斯曼王朝时期的工艺作品及各式古兰经拓本和梅夫拉维著作。在中央的玻璃展柜中的箱子里则保存着穆罕默德的珍贵胡须。通往陵庙的途中还会经过一扇大银门和银质阶梯，厚重的银门由核桃木制成，是 1599 年哈桑 · 帕夏贡献于此的珍贵宝物。另外一座建筑中则还有通过人偶模型为观众介绍古时修道僧生活的专题展出，同样值得一去。

■梅夫拉维博物馆
TEL (0332) 351 1215
开 夏季 9:00~19:00
冬季 9:00~17:00
休 无
费 免费
语音向导器 10TL
祷告空间不得拍照
内部不可使用闪光灯

鲁米神庙

收纳穆罕默德胡须的宝箱

展品中的各式古兰经拓本

博物馆出口附近热闹的礼品商店街

Information

联合国教科文组织认定的非物质文化遗产 梅夫拉维祭拜仪式（旋转舞）

12 月 17 日以前的 10 天，是梅夫拉维宗教周，届时会举行盛大的旋转舞表演活动。

旋转舞舞者所穿着的服装都很有意义，帽子代表墓碑，夹克代表坟墓，裙子代表葬礼时的盖棺封土，当舞者们脱掉夹克，便代表着他们脱离了土地的束缚，从坟墓中解出来。右手腕朝上指天，左手腕向下指地，意为将上神的恩惠散播给世间的众人。

梅夫拉维文化中心在每周六都会举办免费的旋转舞表演，演出时间从 19:00 开始。此外在 6~8 月的梅夫拉维博物馆中庭，每周四的 20:00，伊斯兰文化中心每周五的 20:00 及周日的 14:30 也都会如期举行旋转舞的特色演出。

■梅夫拉维宗教周的门票购买地
URL ebilet.konyakultur.gov.tr
在旅游咨询处也可以购买

■梅夫拉维文化中心
Map p.308
住 Çimenlik Mah. Aslanlış Kışla Cad.
TEL (0332) 352 8111
URL www.mkm.gov.tr
开演：12/7~17 的 14:00 和 22:00
费 20TL~　最终日的费用要略贵一些

目前梅夫拉维博物馆是免费入场，今后有收费的计划，但是具体实施细则尚未确定。

■阿拉丁清真寺
※在 2019 年 5 月曾处于关闭状态

位于阿拉丁清真寺中的敏拜尔 Minber（伊斯兰教寺院的布教台，照片中央）和米哈拉布 Mihrap（伊斯兰教寺院中指向圣地麦加方向的圣龛，照片右侧）

■因杰·米纳莱博物馆
住 Alaaddin Cad.
电（0332）351 3204
开 夏季 9:00~19:00
冬季 9:00~17:00
※闭馆前 20 分钟停止入场
休 无
费 6TL
内部不可使用闪光灯

因杰·米纳莱博物馆

■卡拉泰博物馆
开 夏季 9:00~19:00
冬季 9:00~16:40
休 无
费 6TL

雕刻精美的塞尔柱王朝代表作

阿拉丁清真寺

Map p.310A

Alaaddin Camii 阿拉丁·迦米

由于坐落在阿拉丁山上所以被命名为阿拉丁清真寺。建于 1221 年，由凯库巴德一世所治理的罗姆苏丹王国鼎盛时期。这座清真寺堪称安纳托利亚地区塞尔柱王朝时期最大规模的清真寺建筑，内部虽然素雅朴实，但石柱上均饰有罗马时代和拜占庭时期的古老装饰，可以理解为它也是一座包含古建筑零部件的独特清真寺。敏拜尔 Minber（伊斯兰教寺院的布教台）的雕刻也是美轮美奂，由陶瓷彩砖装饰的室内空间也是令人心旷神怡。

科尼亚的代表建筑

因杰·米纳莱博物馆

Map p.310A

İnce Minare Müzesi 因杰·米纳莱·缪泽希

这是一座于 1265~1267 年建造的伊斯兰教神学校建筑，因其坐拥着一座细细的（因杰 Ince）宣礼塔而得名 Ince Minare。宣礼塔的高度原本是现在的三倍，但是由于 1901 年遭雷劈后，只留有了现在我们看到的剩余高度。这里目前作为伊斯兰文化相关雕刻作品（木雕·石雕）的博物馆对公众开放参观。雕刻于正门上的阿拉伯文字和几何纹路浮雕十分精美，与大门旁边宣礼塔的壁面装饰相得益彰，堪称塞尔柱时代的代表建筑物，也是整个土耳其中最杰出的艺术作品。

装饰绚丽的穹顶结构

一睹传说中的土耳其三角

卡拉泰博物馆

Map p.310A

Karatay Müzesi 卡拉泰·缪泽希

1251 年由塞尔柱王朝宰相杰拉莱丁·卡拉泰建造的神学校，最具特色的当数用塞尔柱风格的钟乳石（stalactite）浮雕精心修饰的学校正

因为梅夫拉维的生日是 9 月 30 日，所以科尼亚政府便于每年的 9 月 22~30 日期间，举办国际神秘音乐节 Uluslararası Mistik Müzik Festivalı。

罗姆苏丹国的代表性建筑

大门，艺术价值颇高，现在这里作为陶器博物馆对公众开放，展出城内曾出土的各式文物。建筑物的穹顶四角分别由五个细长的三角形所组成，并构成了中间的正二十四边形图案，这是一种被称为土耳其三角式的独特建筑风格，是土耳其建筑师的思想结晶。

从这里可以看到罗马时期的古代文物！

考古学博物馆

Map p.308

Arkeoloji Müzesi 阿尔凯洛基·缪泽希

馆内展出周边出土的各式文物，包括加泰土丘的新石器时代遗址和卡拉·霍裕克出土的史前时期及赫梯王国时期文物，但最令人瞩目的当数希腊罗马时期和拜占庭时期的精彩文物。其中以罗马时代的海神波塞冬和胜利女神尼克的大理石雕像，以及从提比里亚波利斯发掘的描绘着大力士赫拉克勒斯 12 项伟业的精美石棺最为出名。

科尼亚 近郊景点

安纳托利亚的最古老集落处

加泰土丘的新石器时代遗址

Map p.25D2

Çatalhöyük 加泰土丘

层叠建造的古代民居

这座位列世界遗产名录之中的加泰土丘的新石器时代遗址发掘于 1958 年，其历史可以追溯到公元前 7000 年，堪称人类史上最重要的古代遗址之一。据考古推测，当时的农耕与畜牧水平便高度发达，有 3000~8000 人曾在这里生活，但是因为并未发现有阶级划分的迹象，所以推测这里只是一个独立的平等社区。当时的民宅都是毗邻而建，非常紧密，新房会在老房的基础上重新搭建，据考究共有 16 层民居的时代更迭。遗址入口处还坐落着一座小型博物馆，展出出土于此的文物复制品和古代壁画。

访客络绎不绝的驿站村镇

希　莱

Map p.308 外

Sille 希莱

位于希莱的阿亚·艾莱尼亚教堂

位于科尼亚西北方向约 7 公里的惬意村镇，现在隶属于科尼亚市的管辖区域中，从弗里吉亚时代开始便有史料记载，作为从君士坦丁堡到耶路撒冷途中的驿站停泊地，直到中世纪一直都持续着繁盛之景，拜占庭时期这里甚至一度曾有 60 余座教堂和修道院建筑。梅夫拉维也曾到访这里，与当地的修道士进行交流，在很长的一段时期，生活于这里的基督教徒与穆斯林都呈现和平共存的难得氛围。值得一提的是这里的手工艺业也很发达，拜希莱本地的优质土壤所赐，制作的出色陶艺制品远近闻名。

Information

萨希布·阿塔·瓦基夫博物馆
Sahip Ata Vakıf Müzesi

由塞尔柱王朝时期的斯菲修道场改建而成的博物馆建筑，馆内展出塞尔柱王朝及奥斯曼王朝的彩砖、绒毯以及古兰经拓本等展品。

Map p.308

TEL（0332）353 8718
开 9:00~17:00　休 周一
费 免费
内部不可使用闪光灯

■考古学博物馆
TEL（0332）351 3207
开 9:00~17:00
休 周一
费 免费

描绘着大力士赫拉克勒斯 12 项伟业的精美石棺

■加泰土丘的新石器时代遗址

从埃斯基停车场搭乘前往卡尔昆的合乘巴士，在克丘柯伊 Küçükköy 站下车并向南步行约 1 公里，便可以到达这座世界遗产，车费 15TL。但是前往卡尔昆方向的合乘巴士班次较少，发车时间也不固定，建议你搭乘前往丘姆拉 Çumra 方向的巴士（每 30 分钟一班，费用 7TL），抵达后从丘姆拉包辆出租车前往更为妥当，算是出租车等待你游览景点的等时费，包车费大约 70TL。

TEL（0332）452 5621
URL www.catalhoyuk.com
开 9:00~19:00（冬季 ~17:00）
休 无
费 免费

■前往希莱的交通方式

从阿拉丁山搭乘 64 路巴士并在终点下车，班次为从 6:45~次日 0:15 区间，每 20 分钟 ~1 小时 1 班，车程为 30 分钟，周日会适当减班，车费为 2.10TL。

将古代浴场修复后改建成了陶器工坊

希莱地区唯一的一家酒店便是一座由 350 年前的民宅改建而成的 Konak Butik Otel。如果你想在闲适惬意的希莱村中待上几天，那住这里肯定是没有问题的。酒店还提供茶水服务，即使你并非房客，也可以过去点杯茶水小憩一会儿。

■阿亚 · 艾莱尼亚教堂

开 8:00~17:45（~冬季 17:00）

休 周一、斋月期间　费 免费

内部不可使用闪光灯

阿亚 · 艾莱尼亚教堂的华美穹顶装饰

阿亚 · 艾莱尼亚教堂 Aya Erenia Kilisesi

于 2013 年完成修复工作的希莱镇内最重要的教堂建筑。据说由君士坦丁大帝的母亲海伦娜在 327 年下令建造，内部被华美的圣像所装点，当你来到这里后便可以了解到奥斯曼王朝时期这片区域的教堂风格。

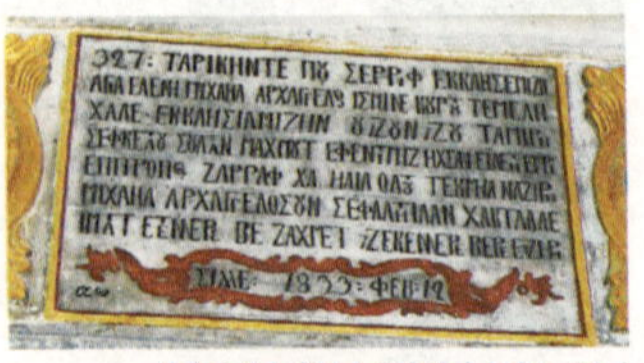

写有希腊文字的土耳其语碑文（19 世纪）

酒店
Hotel

酒店设施大多位于阿拉丁清真寺到梅夫拉维博物馆之间的梅夫拉维道沿线，在阿洋贝路 Ayanbey Sok. 还可以找到几座中级酒店，值得一提的是，每年 12 月 7~17 日期间，由于城内会举办梅夫拉维宗教周，届时会有各路游客纷至沓来，如果你也打算在这个时段到访这里，建议最好提前预约酒店住所。

梅夫拉维酒店
Otel Mevlana　　经济型 31 间

◆坐落于从主干路稍微向里走一些的巷子之中，老板会讲简单的英文，亚洲客人屡见不鲜。大堂十分宽敞，全部客房都配有卫星电视，冰箱以及条件不错的沐浴间，2015 年在邻近伊斯坦布尔路的位置还开了一家名为梅夫拉维宫 Mevlana Palace 的分店，级别相对于本馆更高一些，进行早餐的餐馆也很敞亮，令人一大早便心情愉悦。

Map p.310B

住 Cengaver Sok. No.2

TEL（0332）352 0029　FAX（0332）354 0334

URL www.mevlanapalace.com

A/C 50TL

A/C 80TL

（梅夫拉维宫分店）

A/C 70TL~

A/C 110TL~　TL

M V　全馆免费　EV 有

希奇酒店
Hich Hotel　　中级 13 间

◆颇具人气的精品酒店，每间客房的布置都别具用心，从部分房间还可以看到梅夫拉维博物馆的美丽身姿。并设的餐馆中经营土耳其和黎巴嫩美食，不妨前去一尝。

Map p.308

住 Celal Sok. No.6

TEL（0332）353 4424　FAX（0332）353 4470

URL hichhotel.com

A/C 300~450TL

A/C 600~900TL

US $ € TL　M V

全馆免费　EV 有

阿拉夫酒店
Araf Hotel　　中级 13 间

◆位于步行可以前往梅夫拉维博物馆的便利之地，酒店内的家具和画作均可以出售，十分有趣。并设的 Deli 咖啡馆味道不错，对非房客的客人同样照常开放。

Map p.310B

住 Naci Fikret Sok. No.3

TEL（0322）350 4444

URL www.arafhotel.com

A/C 140TL

A/C 250TL

US $ € TL　M V

全馆免费　EV 有

德尔比斯酒店
Derviş Hotel　　中级 7 间

◆邻近梅夫拉维博物馆的精致酒店，进入玄关后需要脱鞋，有点日式风俗。酒店还设有一座名为米萨菲尔哈奈（意为贵宾之家）的别馆，本馆的收费比较公道，双人间 35~55 €。

Map p.308

住 Güngör Sok. No.7

TEL（0332）350 0842　FAX（0332）350 0841

URL www.dervishotel.com

A/C 35~50 €

A/C 55~70 €

US $ JPY € TL　M V

全馆免费　EV 有

与圣保罗颇具渊源的奇里乞亚，也有一座类似于卡帕多西亚的独特岩山，从科尼亚虽然没有直达巴士可以前往那里，但是你可以打车或参报旅游团前往参观。

餐馆
Restaurant

在梅夫拉维道和阿拉丁山的沿路都可以找到不少家常菜馆，不过位于梅夫拉维道上的餐馆价格会更贵一些。科尼亚的本地特色菜非常丰富，一定会给你的旅途带来前所未有的美味体验。特别是这里的特色长比萨（艾特里·埃柯梅克和布恰克·阿拉斯 Bıçak Arası）绝对值得一尝。用低温慢火悉心烤制的羔羊肉（弗伦烤肉或坦杜尔烤肉）也很美味，不过这里虽然是一处很著名的观光胜地，但是中心区域出售酒品的店铺却很难看到，酒吧也难以寻觅。

波鲁家常菜
Bolu Lokantası 比萨店

◆深受科尼亚本地人认可的长形比萨店，土耳其奶酪馅饼 15TL，长形比萨（见右图照片，15TL），饮品只有土耳其咸酸奶（Ayran，分为大小杯）。

Map p.310B

住 Aziziye Mah., Aziziye Cad. No.27/B
TEL（0332）352 4533
开 10:30~ 日落
休 周日 · 节假日，斋月期间
TL　不可

达姆拉餐馆
Damla Kebap 本土菜肴

◆以公道的价格品味科尼亚的各式当地美食——烤羔羊肉（坦杜尔烤肉 28TL），比萨则是由多个厨师分别承担不同烹饪程序，悉心制作的独特美味。各式比萨 15TL~，坚果派 Sac Arasi 费用为 9TL。

Map p.310B

住 Aziziye Mah., Türbe Cad. No.59
TEL（0332）352 0881
URL damlakebap.com
开 6:00~22:00（冬季 ~21:00）
休 无　US $ € TL
M V

米特哈特餐馆
Mithat 本土菜肴

◆经营科尼亚传统菜肴 Tirit 的专卖店，将沾有酸奶的面包搭配香烤羊肉的菜品即为 Tirit，将米和糖浆混合制作的甜品——泽尔达 Zerde 8TL，滋味别具风味。

Map p.310B

住 İstanbul Cad., Yusufağa Sok. No.21
TEL（0332）350 7298
开 11:00~18:00（冬季 ~16:00）
休 节假日
TL　M V

阿里巴巴弗伦烤肉店
Ali Baba Fırın Kebap Salonu 本土菜肴

◆1974 年开业的弗伦烤肉店老店，菜品仅限弗伦烤肉，分量不同价格也不尽一致，中份（100g，28TL）或大份（150g，42TL）可供选择，点菜时可以根据个人爱好，点选多油（亚鲁），普通油量（奥尔塔）或少油（亚斯兹）的菜品烹饪方式。

Map p.310B

住 Şeref Şirin Sok. No.5/A
TEL（0332）351 0307
URL www.alibabafirinkebap.com
开 10:00~17:00
休 周日
US $ € TL
M V

泽姆泽姆·乔尔巴吉
Zemzem Çorbacı 汤店

◆泽姆泽姆（或读作札姆札姆）指的是从圣地麦加井口中打取的井水，当家菜泽姆泽姆汤品（见右侧照片，17TL）便是用特意从麦加运来的泽姆泽姆圣水煮制而成的汤品，此外秋葵（巴木亚）汤品、羊汤也都很有人气。

Map p.308

住 Medrese Mah., Mustafa Kaya İş Merkezi altı No.24/C
TEL（0332）236 7202
开 24 小时
休 无
US $ € TL
M V

嗨咖啡
Hi Coffee 咖啡

◆你在这里可以品尝到奶香咖啡、薄荷咖啡、肉桂咖啡等各式口味，价格 8TL。浓缩咖啡或挂耳咖啡也都可以点来一试（8.50~10TL）。

Map p.310B

住 Hendem Sait Çelebi Sok. No.9
TEL（0332）352 4515
开 7:00~23:30
休 无
US $ € TL　M V

科尼亚的当地美味除了特色比萨，还有知名的 Saç Arası 甜品，这是一种加入糖浆的坚果派美食，甜度可能不是一般人能马上接受的。

伊斯坦布尔
安卡拉

新石器时代便存在的城镇，现在则是土耳其的国家首都

安卡拉 *Ankara*

市区区号 0312　人口约 550 万人　海拔 850 米

■安卡拉的旅游咨询处 i

●民奇里克公园

Map p.316B1

住 Gençlik Parkı İçi No.10

TEL（0312）324 0101

开 9:00~17:00

休 无

●埃森博阿机场国际线到达层

TEL（0312）398 0348

开 9:00~19:00

休 无

●安卡拉站

Map p.316A1

TEL（0312）309 0404

开 8:30~17:00

休 无

●安卡拉城内（市营）

Map p.318B1

住 Kale Kapısı Sok.

开 10:00~18:00

休 无

●巴士总站 1 层（市营）

开 8:00~17:00

休 周六 · 周日

从西侧眺望安卡拉城区，反方向则可以看到环绕安卡拉城的群山，安卡拉便是这么一座位于盆地之中的特色城市。安卡拉的发音由来——“安克由拉”便是“谷底之城”的意思

这座土耳其的首都坐落于安纳托利亚高原的西侧，初代总统凯马尔 · 阿塔图尔克在 1923 年建国之时，便将这座人口仅有 6 万人的地方小城定为首都，此后安卡拉的城市发展开始飞速提升，最终建成了现在我们看到的这座堪称土耳其近代城市楷模的现代都市。

虽然现代化发展造就了现在这座安卡拉之城，但是安卡拉自身的历史其实也相当悠久，早在新石器时代起便有人在这里生活居住，罗马时代人们将这座城市称为安克拉，当时便已十分繁荣。安卡拉的发音来自“安克由拉”，意思是谷底之城，受其坐落在盆地中地理位置的影响，自古以来这里的地下水资源便很丰富。奥斯曼王朝时期，这里在 1402 年还发生了帖木尔军队与奥斯曼军队交战的安哥拉之战。

安卡拉 漫 步

安卡拉的城市面积很大，按区域进行游览会非常明了。从北到南依次是乌鲁斯 Ulus 旧城区，旧城区的入口斯希耶 Sıhhiye，城镇中心的交通节点库兹莱 Kızılay，分布坐落着许多大使馆与时尚店铺的图纳鲁 · 锡尔米 Tunalı Hilmi 和加济 · 奥斯曼 · 帕夏（G.O.P）Gazi Osman Paşa。连接南北地区的阿塔图尔克大道 Atatürk Bul. 是城市的主干道，乌鲁斯、斯希耶、库兹莱等都是地铁 1 号线的站点，搭乘地铁便可以抵达。

装饰亮丽的哈玛莫纽地区

安哥拉之战的双方，一方是在亚洲中部势力庞大的 20 万帖木尔大军，一方是巴耶济德一世率领的奥斯曼军队，战果是巴耶济德一世成为俘虏，奥斯曼王朝也呈现了阶段性灭亡的局面。

●乌鲁斯 价格公道的酒店大多分布于乌鲁斯地区，巴扎集市和平价的家常菜馆也分布很多，东部便矗立着著名的安卡拉城。从这里沿坡路南下，便可以到达阿尔通达区政府，东部区域被称为哈玛莫纽 Hamamönü，周围的旧城区在经历复建工程后，十分具有往日的滋味，步行游览的体验很好。

●斯希耶 从阿尔通达区政府继续沿坡路下行，便可以抵达斯希耶的巴士站，从这里便可以乘坐前往 G.O.P 方向的巴士和合乘巴士。

●库兹莱 从斯希耶南下右手边便会出现大型购物商场，这片区域便是设有迷你地铁、地铁等各式交通站点的库兹莱，因其具有交通枢纽的城市功能，众多商店和餐馆也都开在这里，堪称整座城市的中心地区。

●图纳鲁 · 锡尔米、加济 · 奥斯曼 · 帕夏（G.O.P.） 以喜来登酒店为界，北侧为图纳鲁 · 锡尔米，南侧为加济 · 奥斯曼 · 帕夏，当地人称这里为 G.O.P，许多商铺都开在图纳鲁 · 锡尔米地区，贝斯特恰尔路则是城内知名的酒吧街，不少大使馆和高品质餐馆也都坐落在 G.O.P 地区。

修复工程告一段落的安卡拉城

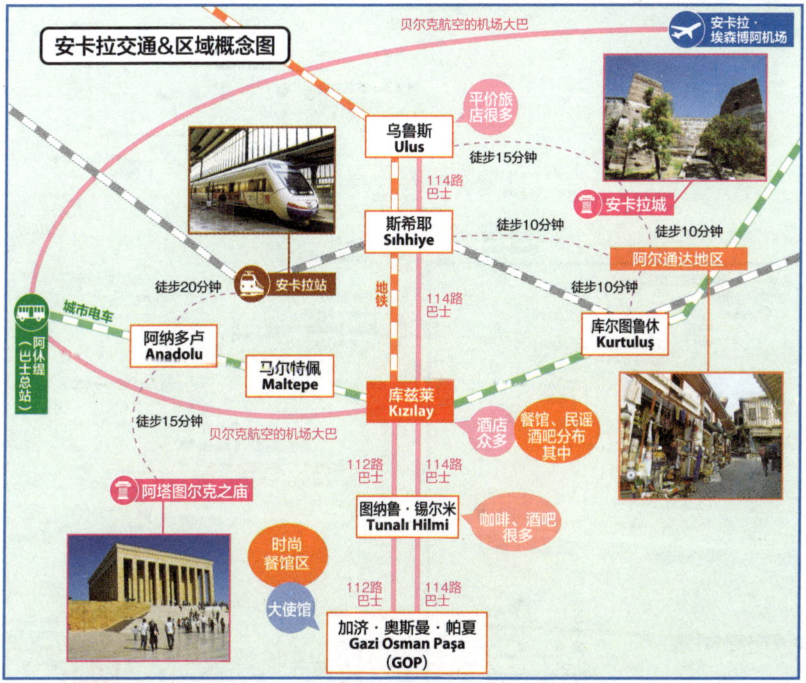

安卡拉交通&区域概念图

贝尔克航空的机场大巴
安卡拉 · 埃森博阿机场
乌鲁斯 Ulus
平价旅店很多
徒步15分钟
114路巴士
安卡拉城
斯希耶 Sıhhiye
徒步10分钟
徒步10分钟
阿尔通达地区
地铁
114路巴士
徒步20分钟
安卡拉站
徒步10分钟
库尔图鲁休 Kurtuluş
城市电车
阿休缇（巴士总站）
阿纳多卢 Anadolu
马尔特佩 Maltepe
库兹莱 Kızılay
酒店众多
餐馆、民谣酒吧分布其中
徒步15分钟
贝尔克航空的机场大巴
112路巴士
114路巴士
阿塔图尔克之庙
图纳鲁 · 锡尔米 Tunalı Hilmi
咖啡、酒吧很多
时尚餐馆区
大使馆
112路巴士
114路巴士
加济 · 奥斯曼 · 帕夏 Gazi Osman Paşa (GOP)

城中心的库兹莱广场在 2016 年 7 月 15 日兵变时会集了众多埃尔多安的支持派民众，事件过后便改名为“7 月 15 日库兹莱民意广场 15 Temmuz Kızılay Milli İrade Meydanı”。

安卡拉
Anka Mall
阿塔图尔克文化中心站
Atatürk Kültür Merkezi
阿塔图尔克文化中心
Atatürk Kültür Merkezi
距离前往贝伊帕扎勒方向的巴士站约200米
阿休缇（巴士总站）方向（约3.5公里）
罗马浴场遗址
Roma Hamamları
埃森博阿机场方向（约24公里）
放大图p.318
奥古斯图神殿
Ogüst Mabedi
乌鲁斯
Ulus
安卡拉城
Ankara Kalesi
贝尔克航空的机场大巴站
19马尤斯体育馆
19 Mayıs Stadı
乌鲁斯站
Ulus
丽笙酒店 Radisson Blu
合乘巴士点
安卡拉舞台
Ankara Arena
良奇里克公园
Gençlik Parkı
安卡拉站
Ankara Garı
安纳托利亚文明博物馆
Anadolu Medeniyetleri Müzesi
合乘巴士站点
歌剧院
哈玛莫纽
Hamamönü
Kocatepe 1949
安卡拉迷你地铁
Ankaray
阿纳多卢站
Anadolu
Barceló Altınel
贝谢布莱尔站
Beşevler
马尔特佩站
Maltepe
2000 Maltepe
2000 Anıttepe
绘画馆
Resim Heykel Müzesi
民俗学博物馆
Etnografya Müzesi
哈杰特佩大学
Hacettepe Üniv
法院
Adliye
安卡拉大学
Ankara Üniv.
马尔特佩・帕扎尔
Maltepe Pazarı
耶尼谢希尔站
Yenişehir
库尔图鲁休站
Kurtuluş
斯希耶站
Sıhhiye
阿卜迪・伊佩克奇公园
Abdi İpekçi Parkı
Sürmeli
3头鹿雕像
斯希耶
Sıhhiye
库尔图鲁休公园
Kurtuluş Parkı
土耳其国父陵（阿努图卡比尔）
Anıtkabir
入口
入口
9:00～17:00（冬季～16:00）
德米尔特佩站
Demirtepe
Maltepe Park
放大图p.315
欧莱吉站
Kolej
贝拉安卡拉酒店
Bera Ankara
詹卡亚、欧兰方向巴士
库兹莱站
15 Temmuz Kızılay Milli İrade
库兹莱
Kızılay
Alba
詹卡亚、欧兰方向合乘巴士站
乌鲁斯方向巴士站
柯佳特佩清真寺
Kocatepe Camii
统计局
İstatistik Enstitüsü
国防局
Milli Savunma Bakanlığı
总理府
Başbakanlık
过街天桥
奈佳提贝站
Necatibey
内务局
İçişleri Bakanlığı
国会议事堂
Türkiye Büyük Millet Meclisi (T. B. M. M.)
Neva Palas
Midas
Best Western 2000
图纳鲁・锡尔米
Tunalı Hilmi
Best
桑诺精品酒店 Sonno
马尔马里斯・巴鲁库出斯
Marmaris Balıkçısı
Geepoint
Notte
Göksu
迪万酒店
Divan
库吐鲁 Kıtır
库鲁公园
Kuğlu Parkı
Hilton SA
伊朗大使馆
Sheraton
见左侧放大图
G.O.P
琴娜酒店
Cinnah
卢迦尔酒店 Lugal
喜来登酒店
Sheraton
Cafemiz
Sushico
Argentum
巴基斯坦大使馆
沙特阿拉伯大使馆
伊拉克大使馆
Trilye
Papazın Bağı
美国大使官邸
萨姆酒店
Samm
阿塞拜疆大使馆方向
旧总统府邸
Eski Cumhurbaşkanlığı Köşkü
加济・奥斯曼・帕夏地区

前往城市中心地区

◆**从机场前往市中心** 从安卡拉的埃森博阿机场可以搭乘贝尔克机场大巴 Belko Air 前往市中心区域，车程约 50 分钟，费用 8TL。

◆**从火车站前往市中心** 安卡拉火车站大致位于市中心的位置，步行到乌鲁斯大约需要 20 分钟，如果打算搭乘迷你地铁，距离火车站最近的当数阿纳多卢站，步行大约需要 20 分钟。

◆**从巴士总站前往市中心** 安卡拉的巴士总站名为阿休缇 A.Ş.T.İ.，你可以从不同站台搭乘各个目的地不同的塞尔比斯巴士前往市区，塞尔比斯巴士的搭乘点位于 1 层出租车上车点里侧写有 Kızılay-Sıhhiye-Ulus 字样的位置，无论你搭乘的是哪家公司的巴士来到巴士总站，都可以免费乘坐塞尔比斯巴士。从阿休缇前往库兹莱的话，搭乘迷你地铁十分方便，大约需要 10 分钟便可以到达市中心的库兹莱站。

市区交通

你可以使用名为 Ankara Kart 安卡拉卡的可充值公交卡乘车，也可以单独购买单次乘车券进行乘车。

◆**迷你地铁和地铁** 市内的地铁分为称作安卡莱的迷你地铁和称为梅特洛的 M1~M3 线，任何一种地铁系统的运营时间都是 6:00~24:00.

◆**市区巴士** 前往高级酒店和大使馆区，搭乘市区巴士最为便捷，市区巴士分为写有 EGO 字样的安卡拉市营巴士以及 Özel Halk Otobüsü 民营巴士，2019 年 5 月起安卡拉卡无法乘坐民营巴士，需要在车内支付现金。

■**连接埃森博阿机场与市区的贝尔克机场大巴**

大巴线路为机场～阿休缇（巴士总站）～库兹莱～乌鲁斯～安卡拉站。在 5:30~24:00 区间每 30 分钟一班，24:00~5:00 期间每小时 1 班，费用 11TL，车程大约为 50 分钟，但是如果遇到交通堵塞时间会大幅增加，建议留出富余时间。

URL www.belkoair.com

■**从乌鲁斯前往阿休缇**

虽然没有塞尔比斯大巴连接这两个区域，但是可以从乌鲁斯塞尔比斯大巴的车站对面搭乘合乘巴士前往阿休缇，车次很多。

■**安卡拉公交卡**

公交卡的工本费为 5TL，需要自行向卡里充值，每次乘车会从余额中扣除 2.75TL 的费用，从第一次乘车开始的 75 分钟，每换乘一次则只需要再支付 1TL 的优惠价，比较人性化。如果你不使用安卡拉交通卡搭乘，每次的乘车费用为 3TL，换乘后也需要支付 3TL 的金额，没有特别优惠。

2014 年投入使用的安卡拉公交卡

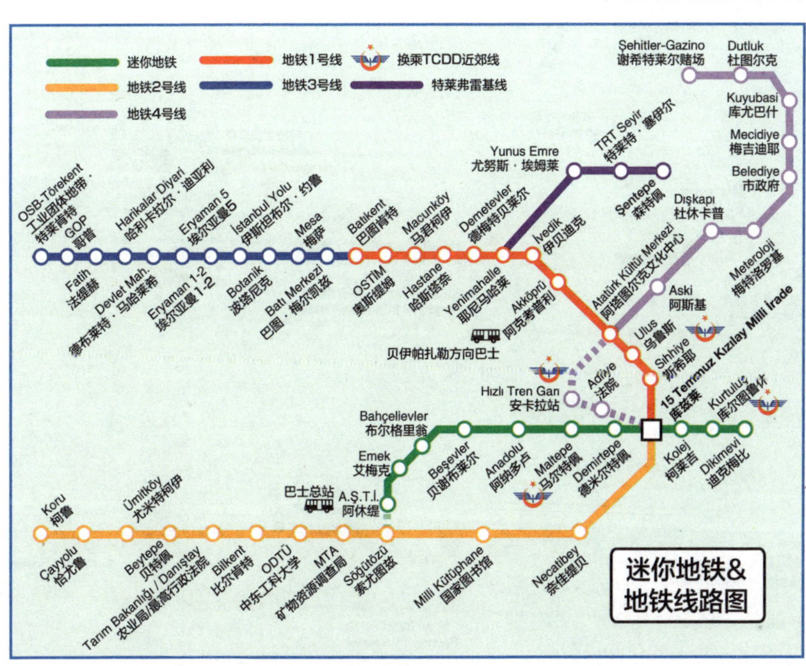

■主要市区巴士线路

● 112 路

往返于库兹莱和加济·奥斯曼·帕夏路段，在 6:45~22:15 区间每 30 分钟 ~1 小时一班。

● 114 路

往返于乌鲁斯和加济·奥斯曼·帕夏路段，在 6:30~22:30 区间每 10~15 分钟一班。

● 204 路

往返于安卡拉站 ~ 库兹莱地区，6:30~20:00 区间每 30 分钟一班。

● 450、185 路

连接乌鲁斯 ~ 库兹莱 ~ 詹卡亚等地，6:30~23:00 区间每 10 分钟一班。

兑换·邮政·电话 & 旅行信息收集

●**兑换·邮政·电话** 兑换处及 PTT 大多位于库兹莱和乌鲁斯等地。

●**旅游咨询处** 安卡拉的旅游咨询处分为土耳其文化观光局和安卡拉市运营两种，任何一处都会为游客分发安卡拉的市内观光指南地图。

安卡拉 主要景点

至今仍被土耳其人民爱戴的国父便长眠于此

土耳其国父陵

Map p.316A2

Anıtkabir 阿努图卡比尔

为了安放土耳其国父——穆斯塔法·凯马尔·阿塔图尔克的遗体而于 1944~1953 年修建的气派陵墓，该陵墓坐落在可以将安卡拉市区景区尽收眼底的山丘之上，可谓安卡拉城内首屈一指的登高望远之处。

卫兵换岗仪式

乌鲁斯～安卡拉城

0 200m N

哈吉·拜拉姆清真寺 Hacı Bayram Camii
奥古斯图斯神殿遗址 Ogüst Mabedi
Yeni Bahar H
Almer H
贝尔克机场大巴站
尤利安努斯之柱 Jülian Sütunu
乌拉克 Uğrak R
中央财政局 Maliye Bakanlığı
加济·奥斯曼·帕夏、库兹莱、巴士总站方向合乘巴士搭乘点
Anıl H
罗马路 Roma Yolu
Anafartalar Cad. 阿纳法尔塔拉尔道
Hisarparkı Cad. 希萨尔帕克道
希蒂酒店 Hitit H
阿卡莱 Akkale
安卡拉城 Ankara Kalesi
Kale H
食品市场
Alsancak Sok.
Teğmen Kalmaz Cad.
Işıklar Cad.
Kardeşler Sok.
苏鲁汗市场 Suluhan Çarşısı
阿拉丁清真寺 Alaeddin Camii
安德·考努克·艾维酒店 And Konuk Evi H
兹恩丹库莱 Zindan Kule
城门 Kale Kapısı
Zenger Paşa Konağı R
安哥拉之家 Angora House H
邮票博物馆 Pul Müzesi
安纳托利亚文明博物馆 Anadolu Medeniyetleri Müzesi
哈菲兹工艺品店 Hafız Geleneksel Sanatlar
波阿祖一奇餐馆 Boğaziçi R
埃利姆坦考古学·美术博物馆 Erimtan Arkeoloji ve Sanat Müzesi
城门 Kale Kapısı
Sadık Usta R
道尔逊·乌斯达餐馆 Dursun Usta R
迪万卡拉汉酒店 Divan Çukurhan H
巴士搭乘点
秦格尔汗·拉赫米·柯奇博物馆 Çengelhan Rahmi Koç Müzesi
艮奇里克公园 Gençlik Parkı
Ulucanlar Cad.
乌鲁詹拉尔道
大剧院
合乘巴士搭乘站
阿德南·萨衮道
阿尔通达区政府 Altındağ Belediyesi
斯希耶巴士站
哈马莫纽 Hamamönü
卡拉佳贝浴场 Karacabey Hamamı
塔拉特帕夏大道 Talat paşa Bul.
Sevecan H
绘画·雕像馆 Resim ve Heykel Müzesi
寇佳沛1949餐馆 Kocatepe 1949 R
民俗学博物馆 Etnografya Müzesi
哈杰特佩大学医院 Hacettepe Hastanesi
A B 1 2

土耳其国父陵的卫兵换岗仪式时间分别为 9:00，11:00，13:00，15:00，17:00（夏季增加 17:00），每 2 小时换岗一次，如果你是为了一睹土耳其士兵是如何进行换岗仪式的，请提前计划好，在相应的时间准时前往。

入口共有两处。距库兹莱较近的入口是阿克代尼兹道 Akdeniz Cad.，但是一般选择从位于阿纳多卢站南边的入口进入。陵道入口处建有独立塔 İstiklâl Kuleleri 和自由塔 Hürriyet Kuleleri，用以说明陵墓内部构造和展示阿塔图尔克的丧礼图片等，双塔前各有 3 座男女塑像。男性塑像是从事学界、农业、军事的土耳其青年，女性塑像中的其中一座塑像正为悼念阿塔图尔克的死而哭泣。

土耳其国父陵

入口前方是一条分列着狮子雕像的石狮大道。穿过大道就能到达广阔的陵墓前广场。位于左侧的由柱子支撑的建筑中安放着阿塔图尔克的棺椁。围绕着这个建筑的柱状环抱回廊被建成博物馆，馆内展示阿塔图尔克的蜡像、肖像画、各国重要人物赠送的物品以及阿塔图尔克生前的爱用品。此外，与土耳其国父陵隔着广场相望的是土耳其共和国第二代总统——伊斯麦特 · 伊诺努 İsmet İnönü 的陵墓。

■土耳其国父陵

从迷你地铁的阿纳多卢 Anadolu 站下车后步行 5 分钟即可到达。

开 9:00~17:00（11 月 ~ 次年 1 月 ~16:00，2 月 ~5 月中旬 ~16:30）

休 无

费 免费

※ 入场时需要接受安检

博物馆内部不可拍照

藏有安纳托利亚出土的赫梯古文物

安纳托利亚文明博物馆

Map p.318B2

Anadolu Medeniyetleri Müzesi 安纳托利亚文明博物馆

母神落座于圣兽沉浮的玉座之中，象征着拥有孕育之力的女性地位

安纳托利亚文明博物馆主要收藏了新石器时代至铁器时代期间，发源于安纳托利亚的古文物。

加泰土丘 被称为是人类最古老的村落、位于科尼亚近郊的新石器时代遗址，已被列入世界遗产。博物馆内展出了该遗址出土的象征多产丰登的地母神像、描绘着狩猎场景的壁画等。

陶器的发明 公元前 9000 年左右，人类开始制作陶器。出土于哈吉拉尔 Hacılar 的陶器表面使用了奶油色的化妆黏土描绘成几何花纹，具有较高的美术价值。

青铜器时代 公元前 3000~ 公元前 2000 年出现了高度的冶金技术。博物馆内展出了以铜、金、银、锡等为原材料的具有高度艺术价值的作品。其中大多数出土自阿拉加霍裕克 Alacahöyük，仿照象征神格的熊牛、鹿等的精美作品、仿照太阳的标志作品被认为用作某种仪礼道具。安卡拉的瑟赫耶十字路口处的 3 头鹿的标志模型以及用黄金铸成的双子像是必看的景点。

埃及王朝拉美西斯二世的王妃写给赫梯王妃普普赫帕的信件

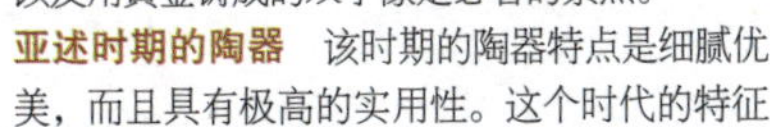

亚述时期的陶器 该时期的陶器特点是细腻优美，而且具有极高的实用性。这个时代的特征是出土了刻在黏土板上的楔形象形文字。该博物馆展出的大多出土自居尔泰佩 Kültepe。

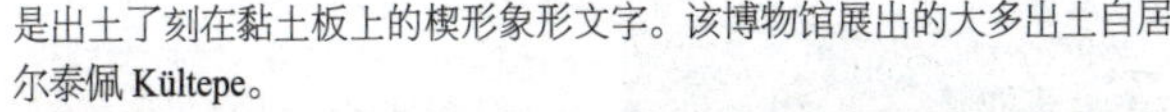

赫梯时代 赫梯帝国最先掌握铁器冶炼技术并建立起了强大的帝国。在这里你可以看到帝国全盛时期的阿拉加霍裕克的立石碑（碑面下方刻有浮雕）、新赫梯时代下的卡尔卡默什 karkamesh 的浮雕等从各地遗址挖掘出来的文物。

■安纳托利亚文明博物馆

住 Gözcü Sok. No.2, Ulus

TEL（0312）324 3160

FAX（0312）311 2839

URL www.anadolumedeniyetleri muzesi.gov.tr

开 8:30~19:00（冬季 ~17:15）

休 节假日

费 30TL

语音向导器费用 10TL

内部不可使用闪光灯

安纳托利亚文明博物馆的招牌小猫咪——布赫留尔 Behlül

安纳托利亚文明博物馆的地下展示室中，展出了乌鲁斯出土的猎猪像（大理石）及希腊时代的黄金冠等特色展品。

Information

罗马浴场和尤利安努斯之柱
Roma Hamamı / Jülian Sütunu

罗马浴场遗址位于詹库尔道 Çankırı Cad. 对面。该浴场由卡拉卡拉皇帝于公元 3 世纪下令修建而成，是一座罗马风格的大浴场，机缘巧合之下于 1939 年被后人发现。浴场占地面积大，更衣室、蒸汽浴室、温水室、冷水室等房间一应俱全。

尤利安努斯之柱是为了纪念罗马皇帝尤利安努斯访问安卡拉而于 362 年建成的。科林斯柱式的柱子高约 15 米。原本尤利安努斯之柱位于阿塔图尔克像所在的乌鲁斯广场，1934 年移至现在的县政府前。

■罗马浴场遗址
Map p.316B1
住 Çankırı Cad., Ulus
开 8:30~17:00
休 无 费 6TL

■尤利安努斯之柱
Map p.318A1

尤利安努斯之柱

■前往波拉特勒的线路

前往波拉特勒的起始站是波拉特勒 Polatlı。

🚆 从安卡拉站乘坐土耳其高铁 YHT 约 30 分钟。
交通费：11TL

■前往郭鲁帝奥恩的线路

乘坐出租车可与司机讲价，往返约 60~70TL；若打表计费则费用双倍。

■郭鲁帝奥恩博物馆
开 8:30~19:00（冬季 ~17:00）
休 无
费 6TL（通票，包括弥达斯国王墓地内部参观）

弗里吉亚王国时代 由海洋民族建立的弗里吉亚王国灭了赫梯帝国。弗里吉亚王国拥有仿照神灵和人类的头部形状制成青铜大锅等这一精湛的青铜工艺技术；此外，其陶制品也以其精美的造型和细致的上色技术而闻名，十分漂亮。

安卡拉城市街道一览无余

安卡拉城

Map p.318B1

Ankara Kalesi 安卡拉 · 卡利斯

阿卡莱的意思是“白色城堡”

安卡拉城的城门

奥古斯图斯神殿前的大广场可以用作礼拜

这座古城早在罗马时代就被建造。内侧的城墙壁是于公元 7 世纪，由拜占庭帝国建造用以抵御阿拉伯人的进攻。外侧则是于 9 世纪，由拜占庭国王米哈伊尔二世为了加强防御而修建的。在安卡拉古城的南面还保存有完好的城门，现在成了钟塔。从钟塔一直到内城的卡莱伊奇大道 Kaleiçi Sok. 现已修复完成，游客可以尽情地漫步欣赏。北面山丘上是一座独立的古城——即阿卡莱 Akkale。如果沿着 12 世纪建造的、位于内城的阿拉艾丁清真寺对面的小路爬上山丘，就能到达堡垒之一——兹恩丹库莱。从这里可以将安卡拉街道的风景纵观眼底，绝对令你流连忘返。

另外，安卡拉古城西北方向的 Kevgirli Cad. 大道旁的山丘上坐落着奥古斯图神殿 Ogüst Mabedi。旁边是 15 世纪上半期建造的哈吉 · 拜拉姆清真寺 Hacı Bayram Camii，周围环绕着近年来新建的纪念品店等。

安卡拉 近郊景点

因童话故事“长驴耳朵的国王”而闻名

郭鲁帝奥恩

Map p.23D2

Gordion 郭鲁帝奥恩

郭鲁帝奥恩是位于安卡拉城西南方向约 100 公里的一处遗址。现在的村名为亚希霍裕克 Yassihöyük。弗里吉亚人在赫梯帝国灭亡之后，于公元前 750 年左右以郭鲁帝奥恩为首都建立王国。郭鲁帝奥恩是一座被坚固的城墙所包围的要塞城市。周边的山丘上发现了大量的古墓，并且土耳其第二大的古墓——弗里吉亚王国的弥达斯国王的墓地也位于此地。古墓上方有直径 300 米、高 50 米的土丘，古墓内是由原木搭建而成的玄室。古墓的对面是博物馆，里面展出了很多镶嵌工艺品和出土文物，非常值得一看。

郭鲁帝奥恩遗址

弗里吉亚王国的弥达斯国王就是“长驴耳朵的国王”中的国王。乡间之神潘和阿波罗比赛音乐的时候，弥达斯国王只是因为坚持潘才是胜利者而遭到了阿波罗的怨恨，被阿波罗变成了驴耳朵。

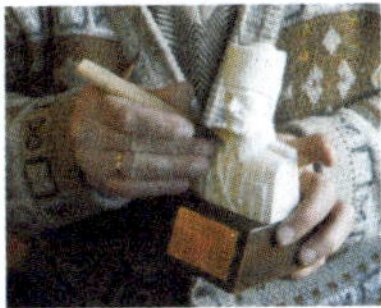
多彩的城镇建筑

乘坐土耳其高铁 YHT 出行吧

埃斯基谢希尔 Map p.23C2

Eskişehir 埃斯基谢希尔

在土耳其语中意为“老城”。被称为自古以来的活化石，拥有赫梯时代以来的悠久历史。从安卡拉乘坐高铁约需要一个半小时，对于安卡拉人来说，这里几乎触手可及。

奥顿帕扎尔 Odunpazarı

将现在的埃斯基谢希尔变成“古城”的原因是在奥斯曼帝国时代的建筑林立的 Odunpazarı 地区，有很多传统工艺的画廊。其中，使用了当地特产——海泡石的工艺品大受欢迎。色彩缤纷的建筑鳞次栉比，你可以或漫步其中探访画廊，或在咖啡馆内稍作休息。接下来就让我们出发去阿拉丁清真寺吧！在那里也有可以一窥传统工艺风采的博物馆。

埃斯基谢希尔是一座因海泡石加工而闻名的城市

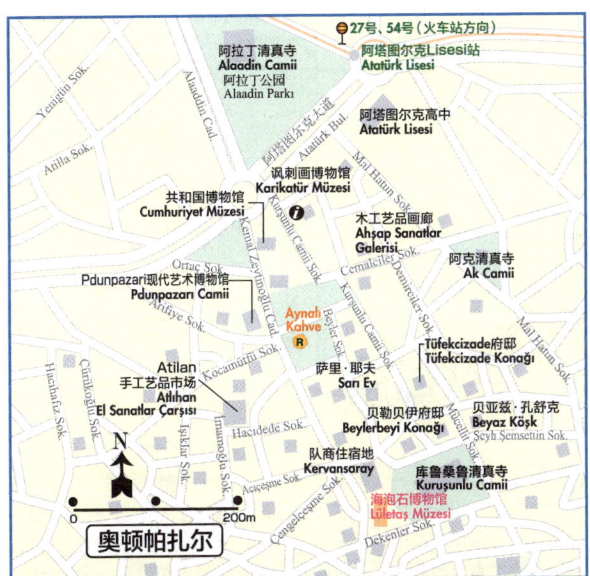

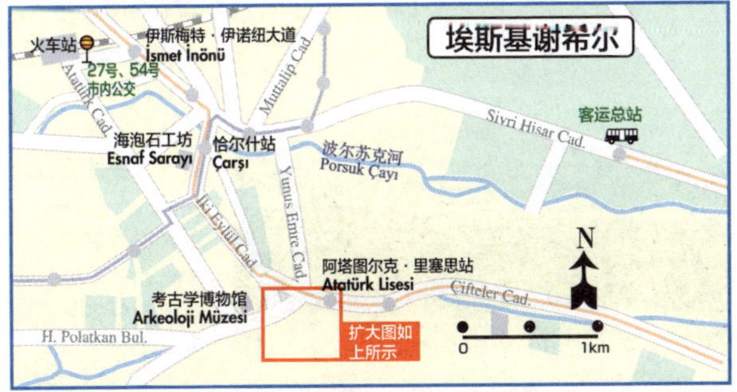

前往埃斯基谢希尔的线路

乘坐土耳其高铁 YHT 较为便捷。但来往埃斯基谢希尔的巴士数量多，从其他城市出发还可选择乘坐巴士出行。

●从安卡拉出发

🚆 YHT：5:35~22:00 有 10 班
所需时间：1 小时 15~30 分钟
交通费：31~45TL

●从科尼亚出发

🚆 YHT：6:55 始发
所需时间：约 1 小时 40 分钟
交通费：39.50~50TL

奥顿帕扎尔

火车站旁 27 号、54 号公交。或者从伊斯麦特·伊诺努站出发乘坐路面电车，到达阿塔图尔克·利塞苏伊站下车。交通费均为 3.5TL。

在市区内穿行的路面电车

埃斯基谢希尔的旅游咨询处

Map p.321 上
住 Kurşunlu Camii Sok. No.2
TEL （0222）230 6653
开 9:00~17:00
休 无

海泡石博物馆

Map p.321 上
住 Kurşunlu Küllyesi
TEL （0222）230 0582
开 9:00~17:00
休 周一
费 免费

埃斯基谢希尔的吉祥物——阿凡提

每到夏季，埃斯基谢希尔的波尔苏克河沿岸将提供贡多拉河水上巴士。乘坐贡多拉费用为 40TL，水上巴士为 7.50TL。恰尔什附近有当地最繁华的闹市，很多人都来此处纳凉。

位于卡曼中心的清真寺和当地特产——核桃的纪念塑像

■前往卡曼的线路

🚌 从安卡拉出发，搭乘 metro 公司的巴士。8:00~18:30 时间内 7~8 班次

所需时间：约 1 小时 45 分

交通费：20TL

■卡曼·卡莱霍裕克

在卡曼的客运总站换乘 Cağirkan 方向的迷你巴士。只要告诉司机你想去"miuze"，司机就能把你带到博物馆啦。迷你巴士约 3 小时一班，出租车包车往返约 40TL。

■考古博物馆

住 Çağırkan Kasabası, Kaman

TEL（0386）717 6075

URL www.jiaa-kaman.org

开 8:00~19:00（冬季 ~17:00）

休 无

费 5TL

■前往贝伊帕扎勒的线路

始发站请在埃特里奇·加拉吉站乘车。从市内出发可以选择位于 metro 公司阿克考普利地铁站的环形道路高架下的巴士站（Map p.316A1 外）出发，费用为 12TL，虽有从客运总站发车的巴士，但班次少，等待时间长。

英吉利清真寺是少数尖塔用木材制成的清真寺

■前往达乌特奥兰野生鸟类保护区的线路

🚌 从安卡拉出发乘坐纳勒汉 nallihan 方向的巴士，途中将经过贝伊帕扎勒。当公交播报"Kus Cenneti（库森内提）"时请在野生鸟类保护区前下车。安卡拉的乘车地点与去贝伊帕扎勒时相同，但班次 1~2 小时一班。由 Şirin Nallıhan 公交公司运营。所需时间约 2 小时，费用为 15TL。

考古队在这里挖掘出世界上最古老的铁质文物

卡曼·卡莱霍裕克

Map p.26A1

Kaman Kalehöyük 卡曼·卡莱霍裕克

自 1986 年以来，考古队一直在该处遗址进行发掘调查活动，并在该遗址的属于前期青铜器时代的地层中发现了铁块，这一重大新闻立即席卷全球。2010 年，考古博物馆在遗址附近正式开放。除卡莱·霍裕克遗址之外，考古队在一直展开发掘工作的比克吕卡莱和发现了出土文物。

外形采用古墓形状的考古博物馆

距离安卡拉只有 90 分钟路程的乡间小镇

贝伊帕扎勒

Map p.23D2

Beypazarı 贝伊帕扎勒

贝伊帕扎勒仍然保留了奥斯曼帝国时代的民居，而且因其与安卡拉距离近、交通便捷，吸引了大量游客前来，这为这座小镇增添了不少活力。游客们有的前来购买这里著名的银工艺 Telkari、有的为了一饱口福品尝当地著名的胡萝卜汁或者地方菜、有的则为了拜访博物馆等，每一位游客都能在这里度过十分愉悦的时光。

热闹的 Carsi（市场）

达乌特奥兰野生鸟类保护区 Davutoğlan Kuş Cenneti

从贝伊帕扎勒出发沿着纳勒汉 nallihan 方向公路前行，就可以看到绍尔丹湖。绍尔丹湖水浅方便鸟儿们捕食，因此聚集了很多野生鸟类，尤其在每年春天的 2~4 月左右最多。该野生鸟类保护区之所以有名，还在于这里有一个被称为"Kız Tepesi（少女之丘）"的小山坡。不同的地层使得山体漂亮地分层成不同的颜色，有人称赞其为"三色冰激凌"，这一大自然的鬼斧神工实属罕见。

完美分层的少女之丘

贝伊帕扎勒小镇里设有"市立历史博物馆"，展示该地的历史人文。你可以在这里了解到过去居民的生活面貌。

酒店
Hotel

便宜的酒店集中在乌鲁斯地区，而高级酒店多开在南边的 Gazi Osman pasha 地区。另外，绘画馆北侧的德尼兹吉莱尔道 Denizciler Cad. 和 Kosova Sok. 大道也有很多住宿的地方。需要注意的是，乌鲁斯的酒店虽然便宜，但是过去常有盗窃案发生。安卡拉城周边陆续开了很多时装商铺，为这座老城带来了不一样的气息。

深渊青年旅舍
Deeps Hostel
经济型 41 张床

◆安卡拉唯一一家面向背包客的旅舍。距离安卡拉的柯来吉站很近，到公交站的交通也十分方便。位于地下的厨房对住客开放使用。仅接受网上预约，不可以电话预约。

红新月广场　Map p.315
住 Ataç 2 Sok., No.46, Kızılay
TEL (0312) 213 6338
URL www.deepshostelankara.com
DOM 9.50 €
13.70 €
22.20 €
US $ € TL　M V
全馆免费　EV 无

希蒂酒店
Hitit Otel
经济型 44 间

◆位于安卡拉城偏西方向的一家二星酒店。酒店大厅内用金属工艺品装饰，客房面积大，虽然略显老旧，但是都是木纹色调，客房内有卫星电视。酒店内自助早餐的种类丰富。

安卡拉城　Map p.318A1
住 Hisarparkı Cad., No.20, Ulus
TEL (0312) 310 8617
FAX (0312) 309 6939
A/C 80TL
A/C 140TL
US $ € TL　M V
全馆免费　EV 有

安德·考努克·艾维酒店
And Konuk Evi
中级 6 间

◆由传统民宅改装而成，位于安卡拉城内城的阿拉丁清真寺对面。单人间、双床房、套房各有两间，均带厨房。早餐费用另外收取 20TL。酒店内院的观景角度极佳。

安卡拉城　Map p.318B1
住 İçkale Mah., İstek Sok. No.2, Altındağ
TEL (0312) 310 2304
FAX (0312) 310 2307
30 €
40 €
US $ € TL　M V
全馆免费　EV 无

安哥拉之家
Angora House
中级 6 间

◆位于安卡拉城内，由 150 年前建成的奥斯曼帝国时代府邸改装而成的一家小型酒店。大使馆工作人员等政府官员常常光临。房间大小不一，可在网站进行预约时提出你对房间大小的需求。

安卡拉城　Map p.318B1
住 Kale Kapısı Sok. No.16
TEL (0312) 309 8380
FAX (0312) 309 8381
URL www.angorahouse.com.tr
A/C 35 €~
A/C 41 €~
US $ € TL　M V
全馆免费　EV 有

琴娜酒店
Hotel Cinnah
中级 77 间

◆2017 年开业的一家全新的现代酒店。距离图纳鲁·锡尔米只要步行几分钟。一楼有咖啡餐馆（开 7:30~24:00），提供午饭和晚饭套餐。

图纳鲁·锡尔米　Map p.316B3
住 Cinnah Cad. No.3
TEL (0312) 221 4001　FAX (0312) 221 4002
URL www.hotelcinnah.com
A/C 200TL~
A/C 300TL~
TL　A D J M V
全馆免费　EV 有

哈玛莫纽 Hamamönü 的卡拉佳贝浴场是一家于 1440 年创建，有着悠久历史的土耳其浴 hammām 浴场，现经过修复工程后焕然一新。浴场内提供专为女性服务的场所。哈玛莫纽 Hamamönü 意思是“Hamam 前”，其命名正式来自于 Hamam（土耳其浴）。

萨姆酒店
Hotel Samm

中级 20 间

◆位于大型高级酒店聚集区的小型现代酒店，价格也是十分公道。配备水池、SPA 设施，客室内部装潢充满现代感和时尚感。开放式自助餐馆和酒店隔壁的小餐馆 bistro 提供早餐。

加济 · 奥斯曼 · 帕夏　Map p.316A3

住 Uğur Mumcu Cad. No.19
TEL（0312）447 9000　FAX（0312）447 9002
URL www.hotelsamm.com.
单人 A/C 280TL~
双人 A/C 360TL~　US $ € TL
信用卡 A M V　全馆免费　EV 有

桑诺精品酒店
Sonno Boutique Hotel

中级 30 间

◆2012 年开业。位于酒吧、餐馆等一应俱全的图纳鲁 · 锡尔米，晚上外出游玩步行就可以回到酒店。客房内风格明快，让人感到舒心。1 层还有咖啡 · 餐馆。

图纳鲁 · 锡尔米　Map p.316B3

住 Tunus Cad. No.52
TEL（0312）466 2727　FAX（0312）466 2730
URL www.sonnohotel.com.
单人 A/C 30 €～
双人 A/C 40 €～　US $ € TL
信用卡 M V　全馆免费　EV 有

迪万酒店
Divan Hotel

高级 80 间

◆以甜点闻名的迪万集团经营的连锁酒店。酒店周围有很多餐馆和商铺，距离观光景点的交通也十分便利。馆内还设有餐馆、健身房等，SPA 中心还提供了多种多样的护理套餐。

图纳鲁 · 锡尔米　Map p.316B3

住 Tunalı Hilmi Cad., Güniz Sok. No.42, Çankaya　TEL（0312）457 4000
URL www.divan.com.tr
单人 A/C 80 €～
双人 A/C 95 €～
US $ € TL　信用卡 A D J M V
全馆免费　EV 有

迪万卡拉汉酒店
Divan Çukurhan

最高级 19 间

◆位于安卡拉城城门对面。改装自 17 世纪建造的商队住宿地的一家精品酒店。每间客房各有一个主题，风格迥异，其中还有写着汉字的亚洲风格的客房。大厅光线明亮，令人感觉舒适。

安卡拉城　Map p.318B2

住 Depo Sok.No.3　TEL（0312）306 6400
URL www.divan.com.tr
单人 A/C 90 €～
双人 A/C 110 €～
US $ € TL　信用卡 A D J M V
全馆免费　EV 有

卢迦尔酒店
Lugal

90 间

◆喜来登酒店占地内的一家精品酒店。客房光线明亮、空间宽敞，酒店内还有健身房和游泳池。

加济 · 奥斯曼 · 帕夏　Map p.316A3

住 Noktalı Sok. No.1, Kavaklıdere
TEL & FAX（0312）457 6050
URL www.lugalankara.com
费 单人 245 €～　双人 255 €～
免费　EV 有

丽笙酒店
Radisson Blu

202 间

◆邻近乌鲁斯站，地理位置可谓四通八达，举行国会期间，议员们偏好入住这里，上述金额为取材时期，可能与实际有所差别。

乌鲁斯　Map p.316B1

住 İstiklâl Cad. No.20, Ulus
TEL（0312）310 4848　FAX（0312）309 3690
URL www.radissonblu.com
费 单人 / 双人 70 €～　免费　EV 有

贝拉安卡拉酒店
Bera Ankara

209 间

◆位于安卡拉城考利泽站附近，出行方便。原由希尔顿逸林酒店经营管理，价格公道。

库兹莱　Map p.316B2

住 Ziya Gökalp Bul. No.58
TEL（0312）358 0000　FAX（0312）431 9999
URL www.bera.com.tr
费 单人 250 €～　双人 350 €～　免费　EV 有

喜来登酒店
Sheraton Ankara

311 间

◆以其圆塔造型成了安卡拉标志性的建筑。酒店前有 112 路和 114 路公交。

Gazi Osman pasha　Map p.316A3

住 Noktalı Sok.　TEL（0312）457 6000
FAX（0312）467 7647
URL www.marriott.com
费 单人 140 €　双人 160 €～　免费　EV 有

安卡拉近郊的克兹查汉马姆 Kızılcahamam 是一处设施完备的温泉疗养地。酒店提供住宿，你也可以选择一日往返温泉之旅。在 metro 的阿克考普利站上的贝伊帕扎勒方面站台出发，30 分钟一班。

餐馆
Restaurant

乌鲁斯地区有很多小巷，每个小巷里都隐藏着很多平价餐馆等。库兹莱地区，十字路口的东侧——塞拉尼基大道有很多咖啡馆和小酒馆。Gazi Osman pasha（G.P.O.）地区是各地大使馆所在地，因此周边有很多中餐馆、意大利餐馆等各国风味餐馆。

乌拉克
Uğrak Lokantası 土耳其美食

◆位于詹库尔道的一家餐馆。自 1926 年创立至今，是一家名副其实的老字号。店门前烤架上的半只烧鸡（表面上撒有碾碎的干小麦）只需 15TL。鸡肉 KEBAB（土耳其烤肉）也仅需 20TL~。店内还有啤酒等饮品，你可在这里开怀畅饮。

乌鲁斯 Map p.318A1
- 住 Çankırı Cad. No.13, Ulus
- TEL （0312）311 7473
- 开 9:00~23:30
- 休 拜兰节期间
- US $ € TL
- M V

波阿祖一奇餐馆
Boğaziçi Lokantası 土耳其美食

◆位于乌鲁斯南部，是一家拥有 50 多年历史的老字号。曾被报纸选为"使用橄榄油的餐馆 Top10"。其中本地料理 Ankara Tava（37TL）尤其受欢迎。

乌鲁斯 Map p.318A2
- 住 Denizciler Cad. No.1,Ulus
- TEL （0312）311 8832
- URL www.bogazicilokantasi.com.tr
- 开 7:00~21:00
- 休 拜兰节期间 TL
- M V（海外发行银行卡不可用）

道尔逊·乌斯达餐馆
Dönerci ve Köfteci Dursun Usta 土耳其美食

◆在安卡拉，很多人都口口相传"安卡拉旋转烤肉（döner kebabı）才是真正的食物"，因此诞生了很多安卡拉旋转烤肉名店，这家店在其中格外"受欢迎"。这是一家专门提供安卡拉旋转烤肉和炖肉丸（Kofte）的餐馆，尤其是安卡拉旋转烤肉，常常到了 13:00 就已经售罄。

安卡拉城周边 Map p.318B2
- 住 Can Sok. No.31, Altındağ
- TEL （0312）312 7475
- 开 12:00~18:00
- 休 周日
- TL
- 不可

萨道克·乌斯达餐馆
Oltu Kebabçısı Sadık Usta 当地料理

◆出了安卡拉城门后沿着城墙向东南方向前进即可到达。这是一家埃尔祖鲁姆省的特产——躺烤肉（→ p.379）专卖店。躺烤肉采用的是传统吃法，吃的时候从烤肉上切下来串成肉串。

安卡拉城周边 Map p.318B2
- 住 Atpazarı Meydanı No.18
- 0542 892 3780
- Mail sadik_candan1952@hotmail.com
- 开 11:00~20:00
- 休 无
- US $ € TL M V

寇佳沛 1949 餐馆
Kocatepe1949 土耳其美食

◆这家咖啡·餐馆在安卡拉拥有众多分店，主要以土耳其美食为主，其他还有俄式酸奶牛肉（boeuf stroganoff）和各种意大利面，种类丰富。早餐提供土耳其传统早餐 Börek，清真香肠和白芝士套餐（28.50TL）。

哈玛莫纽 Map p.318B2
- 住 M.A.Ersoy Sok.No.3/A
- TEL （0312）312 7117
- URL www.kocatepekahveevi.com.tr
- 开 8:00~22:00
- 休 拜兰节第一天
- US $ € TL M V

迪贝劳鲁餐馆
Düveroğlu 土耳其烤肉和土耳其比萨 lahmacun

◆从 20 世纪 60 年代开始，就备受当地人喜爱的加济安泰普当地料理店。最推荐的菜品是烤鸡肉 Kemikli Piliç Şiş（23TL）。此外，土耳其比萨（有大蒜，9TL）和土耳其甜点 Künefe（9TL）也备受好评。

库兹莱 Map p.315
- 住 Selanik Cad.No.18/A
- TEL （0312）431 8231
- URL duveroglu.com.tr
- 开 8:00~21:30
- 休 拜兰节期间
- TL M V

位于乌鲁斯 PTT 南面的邮票博物馆（→ Map p.318A1 · 2）收集了世界各地的邮票，包括古代的邮票、其他国家的邮票，等等，集邮迷一定要去参观！而且在柜台还可以购买纪念邮票。

鲁梅利餐馆

Rumeli İşkembecisi ve Lokantası　　土耳其美食内脏料理

◆位于库兹莱饭馆聚集区的一家老字号。菜品包括羊肚汤 Iskembe Corbasi（20TL）和烤羊肠 Kokoreç 等内脏料理。当地料理中的 Kuzu Fırın Tandır38TL 十分有人气。

库兹莱　Map p.315

住 Bayındır-1 Sok. No.25/A, Kızılay
TEL（0312）431 3448
URL www.rumeliiskembecisi.com.tr
开 24 小时
休 无
TL　MV

格库斯

Göksu Lokantası　　土耳其美食

◆詹卡亚著名老字号家常菜的分店。午餐严选食材，每天推出的菜单都各不相同。推荐用土耳其烤肉和蔬菜做成的烤肉饭，烤肉和蔬菜的分量多到让人不得不称赞一声“业界良心”。（55TL，如照片所示）。

图纳鲁 · 锡尔米　Map p.316B3

住 100. Yıl Mah., Nenehatun Cad. No.5
TEL（0312）437 5252
URL www.goksulokantalari.com
开 12:00~ 次日 0:30
休 无
US $ € TL　AMV

马尔马里斯 · 巴鲁库出斯

Marmaris Balıkçısı　　鱼料理

◆位于图纳鲁 · 锡尔米的小吃街上，是当地一家颇有人气的海鲜饭馆。推荐的菜品是海鲜小食拼盘，有多个种类可供选择。午餐套餐中包含三种料理，共 30TL（含茶水或咖啡）。

图纳鲁 · 锡尔米　Map p.316B3

住 Tunalı Hilmi Cad., Bestekar Sok. No.88/A
TEL（0312）427 2212
URL www.marmarisbalikcisi.com
开 12.00~24:00
休 无　US $ € TL　MV

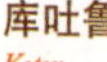

库吐鲁

Kıtır　　酒吧

◆1979 年创立的一家老字号酒吧，受到年轻人至老年人的广大顾客的喜爱。顾客可以自助选择小吃，最后在门口左侧的柜台进行结账。烤羊肠 : 大 35TL、小 20TL；午餐 :9~20TL；店内还提供 midye 小吃（红海贝）。

图纳鲁 · 锡尔米　Map p.316B3

住 Tunalı Hilmi Cad. No.114/K, Çankaya
TEL（0312）427 4444
URL www.kitirpilic.com
开 12:00~24:00
休 无
TL　MV

商店

Shop

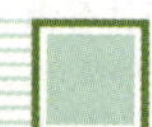

库兹莱有很多商店，但都是面向本地人。如果游客想要购买纪念品和特产的话，推荐前往近些年开发的老集市哈玛莫纽地区和安卡拉城周边地区。乌鲁斯有很多便宜的日用品商店。图纳鲁 · 锡尔米有很多美食店和选品店，Gazi Osman pasha 地区有一些高级时尚单品店。

阿里 · 乌祖温

Ali Uzun Şekercilik　　点心店

◆1935 年创立，是安卡拉首屈一指的有着悠久历史的甜品店。2014 年搬至现在的店址。店内销售土耳其软糖 lokum 和糖果等，其中巧克力格外畅销，有陈皮夹心和开心果夹心等口味。

库兹莱　Map p.315

住 İnkılap Sok. No.13, Kızılay
TEL（0312）435 4494
URL www.aliuzun.com.tr
开 8:00~20:00
休 周日
TL　MV

哈菲兹工艺品店

Hafız Geleneksel Sanatlar　　民间工艺品

◆博德鲁姆一家由长年制作葫芦灯的匠人创立的工作室兼商店。目前制作的手工艺产品是由其夫人设计的木工艺品。大受好评的是动物系列的拼板玩具。2 层是原客舱工作人员 doa 先生的装饰品商店。

安卡拉城　Map p.318B2

住 Kale içi Doyuran Sok. No.2, Dış Hisar
0542 685 9751
开 9:00~19:00
休 周一、不定期休息
US $ € TL
MV

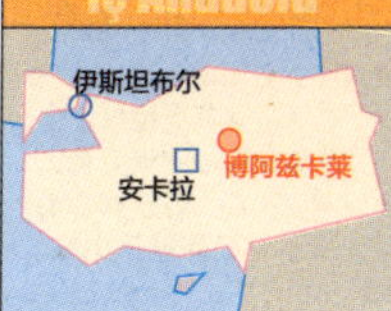

赫梯王国　哈图沙什遗址

博阿兹卡莱 *Boğaz Kale*

长途区号 0364　人口 1356 人　海拔 1014 米

位于亚兹里卡亚遗址的刻画 12 名黄泉国之神行进的浮雕

距今 4500 多年前的公元前 25 世纪左右，哈提人在此定居。此后印欧语系的一派移动至此并征服了哈提人，并在此长久定居。他们就是人类历史上首个使用铁器并建立起强大帝国的赫梯人。

公元前 18 世纪左右，赫梯国王定都于此。并开始建造神殿和住宅，现在被称为“Buyukkale”的城堡是当时保卫城市抵御入侵的要塞。现在存有大量遗址，像在诉说着当时赫梯帝国的繁荣景象。

旅行的起点城镇

距离哈图沙什遗址最近的**博阿兹卡莱村** Map p.328 右 A2–B2，但是交通十分不便。去博阿兹卡莱村的起点站是沿着主干线道路的松古尔卢 Map p.328 右 A2。地方政府所在地**乔鲁姆** Map p.328 右 B1 是该地区的交通要点，而且有很值得一看的博物馆。翻过一个山头，也可以从邻县的**约兹加特** Map p.328 右 B2 开启旅途。

●**博阿兹卡莱**　博阿兹卡莱的中心是前往松古尔卢的合乘巴士发车点，同时也是一个广场。广场对面是 PTT 和银行等，广场北面是博物馆。从 PTT 向东沿路出发，不远处就是赫梯古帝国首都——哈图沙什遗址的入口处。

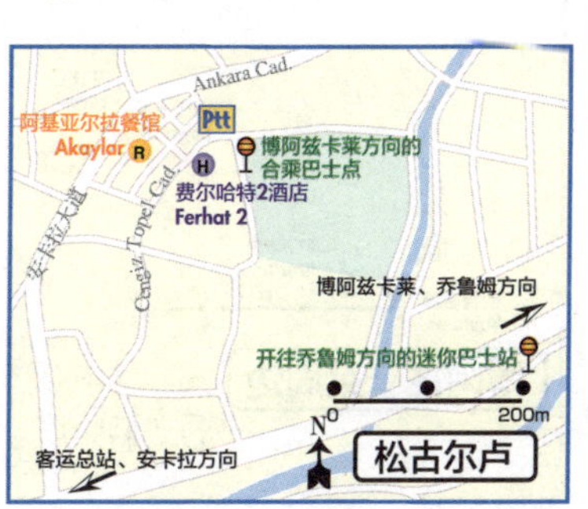

世界遗产

哈图沙什遗址
Hattuşa（Boğazköy）-Hitit Başkenti
1986 年

■前往博阿兹卡莱的线路

要想去博阿兹卡莱只能从松古尔卢乘坐巴士。如果在安卡拉城或者阿马西亚推荐从松古尔卢前往，如果在卡帕多吉亚或者锡瓦斯推荐经由约兹加特前往比较方便。

●从松古尔卢出发

🚌 从位于城镇中心的 PTT 前的公园乘坐合乘巴士前往。人满即发车，因此偶尔会有等待几个小时的情况。周末两天班次更少，有时全天都不会发车。交通费：5TL

🚗 可和司机讲价的话 90TL

●从约兹加特出发

无合乘巴士。可在客运总站乘坐出租车，市场价大约在单程 100TL。

■前往松古尔卢的线路

乘坐可通过干线道路的巴士，中途下车即可。乘坐卡米尔·克奇客运公司的巴士可到达松古尔卢的客运总站，然后在客运总站可乘坐免费巴士到达前往博阿兹卡莱的合乘巴士乘车点附近的票务中心。

■前往乔鲁姆的线路

选择土耳其大型巴士公司，从客运中心乘坐免费巴士到城镇中心，若选择合乘巴士则不用坐到城镇中心，在阿尼塔酒店（Map p.328 左上）附近的终点站下即可。

■出租车收费标准

无法定收费标准，相比其他地区而言喊价较高。只要会砍价有毅力，很有可能会砍价成功，若打表收费可能是要价的倍数以上。

●参观哈图沙什遗址和亚泽勒卡亚两处景点

从松古尔卢、约兹加特出发 150TL

●参观上面两处景点 + 阿拉加霍裕克

从松古尔卢、约兹加特出发 200TL

■哈图沙什出租车

这是一家连接博阿兹卡莱和松古尔卢的合乘巴士公司，但也面向旅客推出出租车服务。可提供从博阿兹卡莱到哈图沙什、亚泽勒卡亚、阿拉加霍裕克等地的旅程安排。1 日游 1 台车 150TL（包含景点门票，需要预约）

📱 0535 389 1089

■哈图沙什遗址

开 8:00~19:00（冬季 ~17:00）

休 无

费 10TL

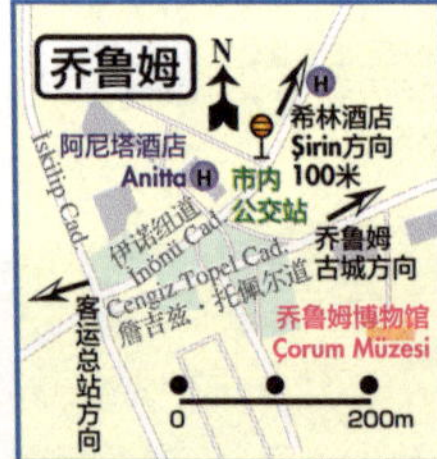

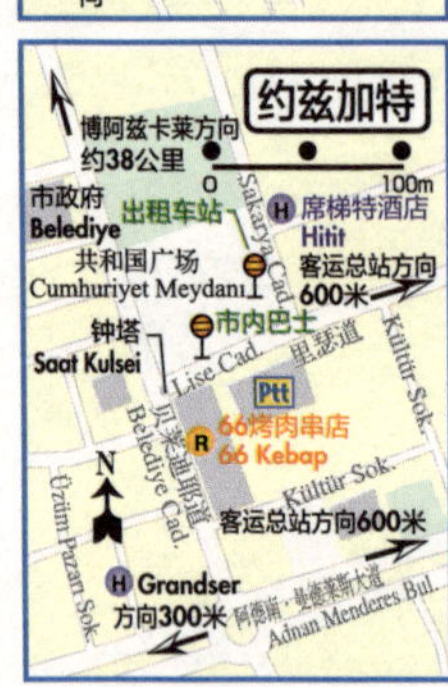

●**松古尔卢**　从位于城镇中心的 PTT 前公园 Map p.327 有前往博阿兹卡莱方向的合乘巴士。主干线道路沿线有前往乔鲁姆方向的迷你巴士。

●**乔鲁姆**　客运总站位于距离城镇中心 3 公里左右的西侧，可以利用免费巴士服务前往城镇中心。客运中心的近郊车站运行车次包含前往松古尔卢等近郊城镇的合乘巴士。

●**约兹加特**　客运总站距离城镇中心的共和国广场步行约需 10 分钟。广场上可以包租出租车。

博阿兹卡莱 主要景点

赫梯古帝国的首都

哈图沙什遗址 Map p.329

Hattuşaş 哈图沙什

大神殿　Büyük Tapınağı　进入哈图沙什遗址入口后右侧就是大神殿，因目前还在挖掘中只能看见地基，地基的建筑材料采用了砖坯，长边为 165 米，短边为 130 米。大神殿于公元前 13 世纪建成，用来祭祀最高神——天空、天气和风暴之神泰舒卜和太阳神阿丽娜。遗址内的道路被山丘所包围，接下来就让我们沿着大神殿右侧的道路去看看吧！

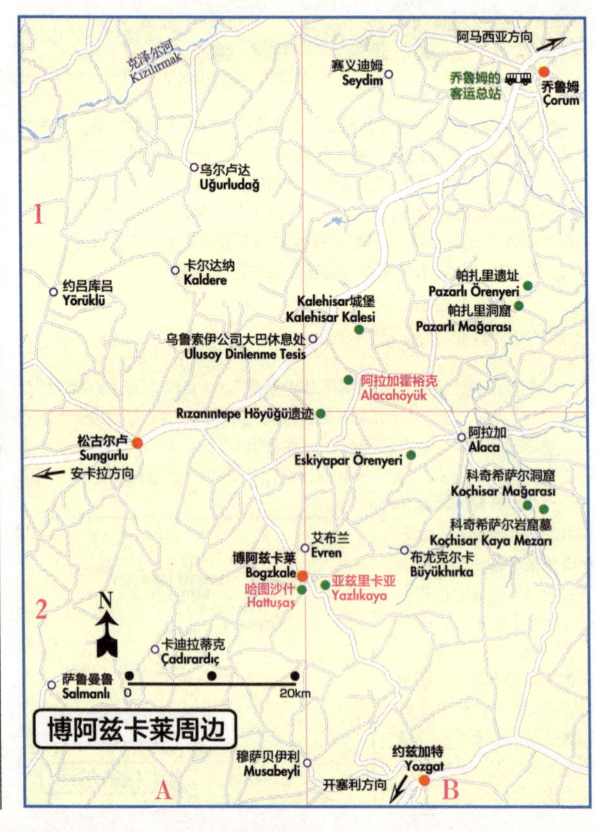

乔鲁姆和松古尔卢的特产是雏豆（鹰嘴豆）。有原味、煎炒味、芝麻味、麻辣味等各种口味。

阿斯兰门　Aslan Kapi　建造于山丘上，由玄武岩打造而成，是通往城镇的六所城门的其中一处。据说雕刻成狮子的模样是为了除魔辟邪。

斯芬克斯门　Isfenks Kapisi　斯芬克斯门位于海拔最高的南侧，其下方还建有地道，斯芬克斯门实际上是人工建造的城墙。20 米高的石灰岩岩石块堆积成了金字塔断面层形状，全长共有 250 米高。可能是因为哈图沙什遗址的西南方向斜坡较为平缓，为了防止敌军入侵才建造了这样的城墙。地道长 71 米。穿过斯芬克斯门就到了城外，映入眼帘的是数十段城墙连接而成的壮丽景象。斯芬克斯和阿斯兰门的狮子一样，都包含了除魔辟邪的含义。

国王门　Kral Kapisi　另一处位于遗址前端的城门就是这处国王门。门上雕刻着一个戴着尖帽子的人物，以前考古学界认为该人物是赫梯国王，因此命名为国王门，但后来的考古研究表明，该人物形象其实是一名士兵。

尼萨特扑　Nişantepe　四处散落的岩石表面刻着古代文字，记录着哈图沙什最后的国王——苏庇路里乌玛二世的丰功伟业。沿着道路东侧的一处叫作“Room2”的建筑物中还残存着苏庇路里乌玛二世时期的浮雕。

大城堡　Büyük Kale　道路的东侧是被城墙环绕的山丘。这里就是大城堡。20 世纪初，负责挖掘该遗址的德国考古学家 H. 温克勒发掘除了近 1 万张泥板书，随着对这些泥板书的不断解读，人们发现了距离该地 200 公里开外的埃及拉美西斯二世和赫梯国王哈图沙什三世之间曾签订的和平条约。温克勒博士在此之前曾在埃及的卡纳克神殿读到过相同内容的条约文书。这一偶然的发现，使得世界上最早的和平条约得以公之于众。

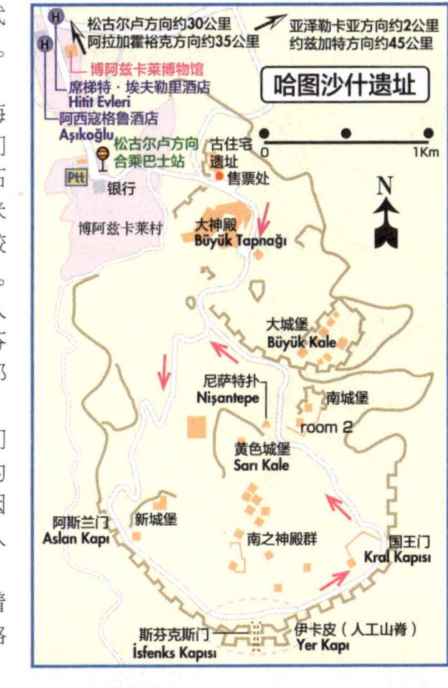

十字门

Information

博阿兹卡莱博物馆

虽然地处村外、规模不大，但是两尊狮子像是绝对不能错过的展品。图片左右两侧分别是从柏林和伊斯坦布尔运送过来的。

Map p.329
TEL（0364）452 2006
开 8:00~19:00
（冬季 ~17:00）
休 无
费 6TL
不可

大城堡的城墙遗址

国王门前的浮雕为复制品。真迹现存于安卡拉的安纳托利亚文明博物馆

读者投稿　哈图沙什是一处不得不看的遗址，但也推荐游客去乔鲁姆的街道看一看。可以漫步在以乔鲁姆博物馆和钟塔为中心延伸开的乔鲁姆街道，这里既整洁又令人心情舒畅。可以购买一种叫作布莱比的豆子作为纪念品。

■亚兹里卡亚遗址

门票与哈图沙什遗址门票共通使用。

开 8:00~19:00（冬季～日落）

陡峭的岩石场上的浮雕

图特哈里四世与 Šarruma 守护神的浮雕

■阿拉加霍裕克

博阿兹卡莱无发往阿拉加霍裕克的巴士，乔鲁姆虽然有发往阿拉加城镇的迷你巴士，但是与阿拉加霍裕克仍有约 9 公里的距离。一般采用乘坐出租车游玩阿拉加霍裕克和哈图沙什遗址两处地方的办法。

开 8:00~19:00（冬季 ~17:00）

休 无

费 6TL

■乔鲁姆博物馆

TEL（0364）213 1568

开 夏季 8:00~19:00

冬季 8:00~17:00

休 无

费 10TL

不可

乔鲁姆博物馆

大量朴素简单但线条生动铿锵的浮雕已被发现

亚兹里卡亚

Map p.328B2

Yazılıkaya 亚兹里卡亚

亚兹里卡亚（刻有碑文的岩石）是哈图沙什的圣地，是图特哈里四世的儿子，同时也是赫梯最后一代国王的苏庇路里乌玛二世为了祭奠其父亲而建造的。公元前 13 世纪，利用天然的岩石场建造而成的露天神殿中，刻有浮雕的岩石上记录了一幅幅祭祀仪式的场景。

进入入口向左走，就到达了“石廊 1 号”。左右两侧分别刻画的是男女众神，其中最里侧的浮雕展现了天空、天气和风暴之神泰舒卜 Tesup 与其妻子太阳神 Hepap 受到他们孩子迎接的场景。对面的浮雕就是图特哈里四世。

“石廊 2 号”中有一幅戴着尖帽子的 12 位黄泉国众神行进的浮雕以及图特哈里四世被剑神内尔格勒、守护神 Şarumma 包围着的浮雕。

位于安卡拉交叉路口的小鹿像也十分有名

阿拉加霍裕克

Map p.328B1

Alacahöyük 阿拉加霍裕克

阿拉加霍裕克的斯芬克斯门

青铜时代和弗里吉亚时代的地层堆积在该处遗址相互重合。从该遗址挖掘出来的大多数青铜模具现馆藏于安纳托利亚文明博物馆。位于安卡拉的瑟赫耶交叉路口出的 3 座鹿像原型也是这里的出土文物。刻着两头雕的著名斯芬克斯门以及门两侧的浮雕原型均移至安卡拉的安纳托利亚闻名博物馆保存，遗存在此处的均为复制品，但是其精美程度不亚于真迹，也能让人感受到遗址的风采。

赫梯帝国文物集大成之所在

乔鲁姆博物馆

Map p.328 左上

Çorum Müzesi 乔鲁姆 · 梅泽斯

如同宫殿一般恢弘的这座博物馆前身是于 1914 年建成的一所医院，2003 年改建成博物馆。主要展出阿拉加霍裕克以及哈图沙什遗址的文物，刻画了天空、天气和风暴之神泰舒卜圣婚场景的赫梯时代的壶、图特哈里二世的剑等都是不能错过的展品。在这里你能看到石器时代至拜占庭帝国时代的出土文物，此外馆内还专门设有特别展区用来展示乔鲁姆近郊地区奥尔塔柯伊 Ortaköy 的出土文物。

重现当时的挖掘现场

还有介绍传统工艺的展区

亚兹里卡亚的浮雕复制品收藏于柏林的佩加蒙博物馆，因采用室内保存的方法，未受到风化影响，因此保存状态比真迹要更好一些。

酒店&餐馆
Hotel & Restaurant

包租出租车可以一日往返安卡拉、阿马西亚、开塞利。但是想要认真游览遗址的话还是住一晚比较好。博阿兹卡莱镇有 4~5 家酒店。松古尔卢和约兹加特有很多便宜的酒店，想住高级酒店的可以去乔鲁姆。

博阿兹卡莱镇没有餐馆，但是几乎所有酒店都会提供餐饮服务，所以吃饭问题不用担心。阿拉加霍裕克遗址入口处也有一些卖小吃便餐的土耳其家常餐馆（lokanta）。乔鲁姆是省政府的所在地，而且城镇规模也比较大，所以有很多餐馆。

阿西寇格鲁酒店
Aşıkoğlu Hotel

经济型 35 间

◆位于博阿兹卡莱镇的镇口附近，有餐馆。如有预约可帮忙安排从松古尔卢或约兹加特到酒店的出租车，一人 80TL。此外还提供了膳宿公寓，8US $，15US $。

博阿兹卡莱 Map p.329

住 Müze Yanı No.25, Boğazkale
TEL（0364）452 2004
FAX（0364）452 2171
URL www.hattusas.com
S 30 €～
W 50 €～
US $ € TL　M V
全馆免费　EV 无

席梯特·埃夫勒里酒店
Hitit Evleri

经济型 10 间

◆整个城镇唯一一家装有暖气的精品酒店。以仿照赫梯城堡外观为特点，与阿西寇格鲁酒店联合经营。房间相对较小，但是很舒适。如果有预约可以帮忙安排从松古尔卢或约兹加特到酒店的出租车，一人 80TL。

博阿兹卡莱 Map p.329

住 Hitit Cad. No.28/1, Boğazkale
（0364）452 2004
FAX（0364）452 2171
URL www.hattusas.com
S 30 €～
W 50 €～
US $ € TL　M V
全馆免费　EV 无

费尔哈特 2 酒店
Ferhat 2

经济型 8 间

◆位于松古尔卢往博阿兹卡莱方向合乘巴士站台旁。前台位于进门后楼梯上。房间内仅配备床和桌子，但环境很整洁。

松古尔卢 Map p.327

住 Cengiz Topel Cad. No.20, Sungurlu
TEL（0364）311 8089
URL www.ferhatotel.com
S A/C 90TL
W A/C 150TL
US $ € TL　A M V
全馆免费　EV 无

席梯特酒店
Hitit Otel

经济型 30 间

◆位于广场对面、约兹加特的中心，交通便利。客房虽然已经有些年头，但客房内设施能保证最基本的需求，从价钱上考虑也是一个不错的选择。

约兹加特 Map p.328 左下

住 Sakarya Cad. Cumhuriyet Meydanı Karşısı Yozgat
TEL（0354）212 1269
S 50TL
W 100TL
TL　M V　无　EV 无

希林酒店
Şirin Otel

经济型 20 间

◆沿着阿妮塔酒店前的大道直走，希林酒店位于道路右侧。价格虽然低廉，但是客房整洁干净。客房自带冰箱和电视。早餐有露天自助餐。酒店附近还有多家酒店，如果去这家店发现没有空房了可以去附近询问一下。

乔鲁姆 Map p.328 左上外

住 İnönü Cad. No.71/7, Çorum
TEL（0364）225 5655
FAX（0364）224 9156
URL www.sirinotel.com
S 60TL
W 80TL
US $ € TL　M V
全馆免费　EV 无

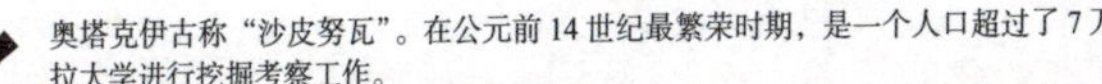

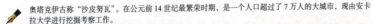

奥塔克伊古称“沙皮努瓦”。在公元前 14 世纪最繁荣时期，是一个人口超过了 7 万人的大城市，现由安卡拉大学进行挖掘考察工作。

阿尼塔酒店

Anitta Hotel

高级 216 间

◆位于乔鲁姆市内巴士乘车站附近，是附近较高的一所建筑。距离乔鲁姆博物馆步行只需要 5 分钟。酒店配备有游泳池、SPA、桑拿和土耳其浴等设施，是一家五星级酒店。酒店分为旧馆和新馆，左边的价格是新馆的价格，旧馆没有浴缸，单人和双人的价格分别为 450TL 和 650TL。楼顶是一个大的露天餐馆，可将城镇风景一览无余。

乔鲁姆　Map p.328 左上

住 İnönü Cad. No.80, Çorum

TEL (0364) 666 0999

FAX (0364) 212 0613

URL www.anittahotel.com

单人 A/C 550TL

双人 A/C 750TL

US $ € TL

A D J M V

全馆免费　EV 有

阿基亚尔拉餐馆

Akaylar Et Lokantası

土耳其美食

◆早晨营业时间早，很多热门料理到傍晚就已售罄。土耳其烤羊 22TL、Tandır corbas 8TL、Adygekher corbasi 7TL、sac tava 17TL。其他的还有煮菜和炖菜。

松古尔卢　Map p.327

住 Cengiz Topel Cad., Uzar Sok. No.2, Sungurlulu

TEL (0364) 311 6970

开 5:00~20:30

休 每月第 2、4 个周日

US $ € TL

M V

66 烤肉串店

66 kebap

土耳其美食

◆一家位于共和国广场附近的创立于 1981 年的老字号餐馆。人气料理（图片所示）是牛肉（Dana）盖饭和嫩羊肉（Kuzu）盖饭，一份 30TL。如果将米饭换成手抓饭（Pilaf）的话，一份 37.5TL。烤羊肉（Tandır Kebap）一份 30TL，其他的还有煮菜和炖菜。

约兹加特　Map p.328 左下

住 Seyhzade Cad., Akbank Yanı No.9, Yozgat

TEL (0354) 211 4404

开 5:00~24:00

休 无

US $ € TL

M V

Information

在古代东方大地上建立起的赫梯帝国

在公元前 2000 年左右，一支印欧语系的民族移居至安纳托利亚半岛，到了公元前 18 世纪左右，他们建立起一个统一国家——赫梯古王国，定都于博阿兹卡莱镇的哈图沙什，曾遭到米坦尼王国的入侵和国家内部的纷乱而一度衰退。公元前 15 世纪国势再次强盛，公元前 1275 年，赫梯古王国与拉美西斯二世代率领的埃及军在叙利亚的卡叠什进行了激烈交战，最终建立起了强大的赫梯帝国。当前发现了一封来自英年早逝的埃及少年国王图坦卡蒙（Tutankhamun）的年轻妻子写给赫梯国王的信，在信中，这位年轻的国王遗孀表达了想从赫梯帝国招婿的意愿。虽然并无记录表明赫梯人曾担任过埃及的法老，但赫梯与埃及确实有着深厚的渊源。

赫梯人靠着卓越的骑马技术和冶铁术缔造了强大的帝国。公元前 12 世纪左右，赫梯被多支神秘的海上民族所灭。

其中一部分赫梯人在幼发拉底河建立一个小国——新赫梯帝国，但在公元前 717 年即被新亚述帝国的萨尔贡二世所灭。

表明土地所有权的赫梯语泥板书（乔鲁姆博物馆馆藏）

约兹加特的面包店最受欢迎的是一种叫作 Parmak Çörek 的细长菱形面包。这是连当地人都赞不绝口的土耳其正宗特产。

古老的土耳其在现代焕发生机

锡瓦斯 *Sivas*

长途区号 0346　人口 31 万 2587 人　海拔 1285 米

修复工程部分完工的双宣礼塔

锡瓦斯位于海拔 1300 米的高处，位于亚洲公路的西入口处。罗马时代曾叫作塞巴斯蒂，后来改名为锡瓦斯，是一座未欧化，仍然保留了原汁原味的土耳其传统的一座城市。在被塞尔柱王朝统治后还受到过伊朗蒙古族王朝——伊尔汗国的统治，因此在锡瓦斯还可以看到很多有着这两个时代特色的建筑。

Information

巴里克利·卡皮贾（坎加尔温泉鱼疗）Balıklı Kaplıca

正如土耳其语“鱼温泉”之意，当你踏入温泉中，小鱼就会围拢在人周围吸咬人的皮肤。来自世界各地的人们慕名前来这处专为治疗一种名为干癣的皮肤病的场所。水温在 35℃左右。

Map p.28A1

🚌 在锡瓦斯的客运总站往近郊方向的巴士站台乘坐前往坎加尔 Kangal 的巴士。运行时间是 6:00~18:00，费用为 15TL，耗时约 1 小时 10 分钟。从坎加尔打车的价格为单程约 30TL。

URL www.kangalbaliklikaplicasi.com.tr

开 8:00~12:00　14:00~18:00

休 无　费 30TL

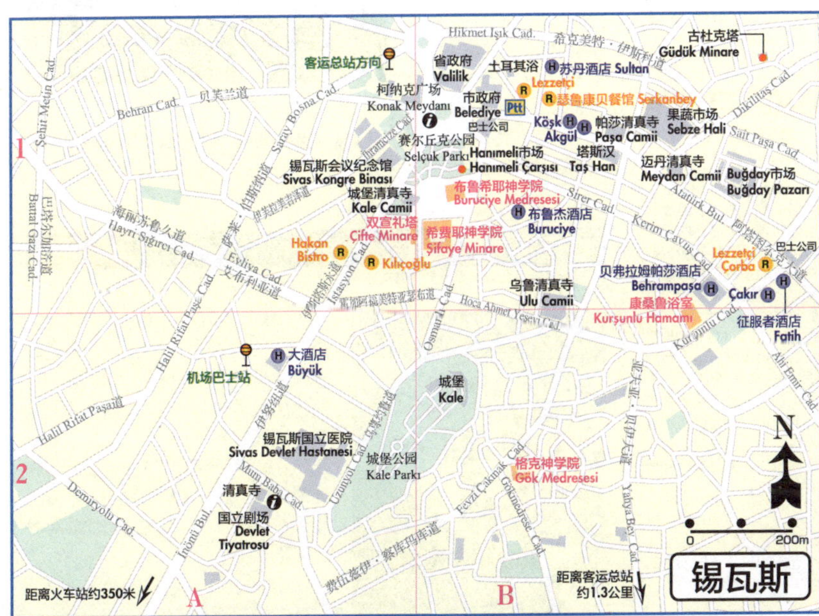

巴里克利·卡皮贾（坎加尔温泉鱼疗）的所在地——坎加尔以坎高犬 Kangal Köpeği 而闻名。漫步在坎加尔的街道，你可以看见这种被誉为土耳其国宝的坎高犬。

■锡瓦斯的旅游咨询处 ⓘ

●主办公楼

Map p.333A2

住 Mumbaba Cad. Atatürk Kültür Merkezi

TEL (0346) 223 5908

URL sivas.ktb.gov.tr

开 8:00~17:00

休 周末

●柯纳克广场

Map p.333B1

开 9:00~12:00、12:30~17:30

休 无

柯纳克广场的旅游咨询处 ⓘ

Information

康桑鲁浴室

Kurşunlu Hamamı

这是一家于1576年建成的大型土耳其浴室。男女浴室分开，作为一座奥斯曼帝国时期的建筑具有极高的价值。

Map p.333B1・2

TEL (0346) 222 1378

开 男性 5:00~23:30

女性 9:00~18:00

休 无

费 25TL 包含搓澡和按摩项目在内：40TL

当地名菜

锡瓦斯和托卡特的kabab（烤肉）之战

锡瓦斯烤肉是一道以牛肉、茄子和洋葱混炒的当地料理。和邻县的托卡特烤肉（→p.394）很相像。托卡特的旅游局曾向锡瓦斯提出不满："不要抄袭我们的烤肉。"对此，锡瓦斯市长回应道："我们很清楚托卡特烤肉有着很长的历史，但我们印象中的托卡特烤肉是一种会用很多土豆的烤肉，而我们从小就吃锡瓦斯烤肉长大，这从我父亲、我祖父那时开始就一直如此。"

■格克神学院

※ 曾在2019年5月关闭过。

锡瓦斯 漫 步

锡瓦斯是一座构造简单的城市，中心是柯纳克广场 Konak Meydanı。锡瓦斯的两条主要街道分别是从广场向东南方向延伸的阿塔图尔克大道 Atatürk Bul. 和向西南方向延伸的伊斯塔斯永道 İstasyon Cad.。阿塔图尔克大道周边有很多酒店、餐馆和巴士公司的办事处。沿着现已变成公园的布鲁希耶神学院和双宣礼塔的左侧下坡，位于左手边的医院旁边有旅游咨询处 ⓘ。一直沿西南方向南下就能看到锡瓦斯火车站。位于南面高地之上的是城堡公园 Kale Parkı，你可以在这里一览整座城市的风景，这里也是市民休闲的场所。

●**从机场到市中心** 根据到达机场的时间，从布约克酒店前会有到市中心的巴士。需要花费约40分钟，交通费用为8TL。

●**从客运总站到市中心** 客运总站位于锡瓦斯南边约1.5公里。周围有到近郊的合乘巴士和迷你巴士站，以及市内巴士站，此外还有提供到市内的服务。打车到科奈纳广场约20TL。

锡瓦斯 主要景点

从残存的正面入口我们可以遥想它以前的模样

双宣礼塔和希费耶神学院 Mao p.333 A1~B1

Çifte Minare ve Şifaye Medresesi 契夫特・米纳勒・贝・希费耶・梅德雷赛苏伊

科纳克广场的对面是公园，在这里你可以看到1580年建的城堡清真寺和1271年建的布鲁希耶神学院 Buruciye Medresesi。再靠近公园里侧的双宣礼塔是1271年伊尔汗国的财务官、同时也是一名历史学家的谢姆塞廷・穆罕默德・居韦伊尼下令修建的。其对面是希费耶神学院 Şifaye Medresesi，它的前身是医院兼医学院。

希费神耶神学院的中庭

拥有精细浮雕和匀称姿态的艺术品

格克神学院 Map p.333B2

Gök Medresesi 格克・梅德雷塞斯

格克神学院的修复工程已近完工

Gök 在土耳其语中意为"天空之蓝"，由于这座建筑使用蓝绿色的瓷砖作为装饰，因此而得名。曾用名"萨西比耶神学校"，是罗姆苏丹国的宰相——萨西普・阿塔于1271年下令修建的。2座塔楼高达25米，正门入口处的装饰美得令人叹为观止，修复工程仍在持续当中，但神学院的外观对游客开放。

正如"厨师多出身于博卢"这句传言一样，据说土耳其浴室里的搓澡师傅大多数都是锡瓦斯人，但实际深究一番就会发现事实也并非如此。

锡瓦斯 近郊景点

拥有世界遗产大清真寺的山中小镇

迪夫里伊

Map p.28B1

Divriği 迪夫里伊

迪夫里伊
至火车站方向
Özkanlar
Ninni
Köşk
迪夫里伊小吃店
Divriği Konak
N
0 100m
Istasyon Cad.
伊斯塔斯永道
商业街
往城墙方向
迷你巴士车站
县政府
大清真寺
Ulu Camii
Ptt
Emir Kemarettin Türbesi
至客运总站方向

迪夫里伊是一处位于锡瓦斯东南方向约100公里的小城市，因这里的大清真寺被列为世界遗产而举世闻名。周边有很多产铁矿石的矿山，此外还有炼铁厂。

迪夫里伊历史悠久，最早可追溯至赫梯时代。在拜占庭时代这里被称作特夫里凯，据说这也是迪夫里伊的命名来源。12世纪，迪夫里伊成了窝阔台王朝管辖下的城市，因此在大清真寺等处都能一窥昔日的光影。

漫步迪夫里伊 迷你巴士车站位于迪夫里伊中心偏南的地方，是来自锡瓦斯方向的迷你巴士的终点站。客运总站西南方向500米处左右是专门往来伊斯坦布尔的长途客车。沿着迷你巴士车站前的斜坡向东南方向走，经过PTT、看到标识后向左转，在下一个圆形古坟交叉路口向右转再上坡，就能到达大清真寺。

火车位于迪夫里伊的下方。从火车站出站后，左手边的就是城墙遗址。一边游览迪夫里伊古城 Divriği Kalesi，上坡再走15分钟左右的路程就可以走到小城的尽头。

大清真寺 Ulu Camii

大清真寺是1229年由窝阔台王朝的苏丹艾哈迈德·沙赫命令建筑师阿胡拉特尔·弗雷姆·哈赫修建的。大清真寺又叫作艾哈迈德·沙赫清真寺，就是取自苏丹的名字。大清真寺位于迪夫里伊的东面，城墙遗址的西南方向。它的旁边还有一所 İmam Hatip（神职人员培育学校）。

从城墙遗址上观望大清真寺

迪夫里伊
大清真寺和医院
Divriği Ulu Camii ve Darüşşifası
1985年

■去迪夫里伊的线路

1天2~3班

从锡瓦斯出发可以乘坐迷你巴士前往迪夫里伊，如果想要一日往返的话可以乘坐早上9:00或者中午12:00时的班次，但是回来只有16:30这一趟班次。人多的情况下可能会没有位子，因此请提前购买好回来的车票。

行人少、空气清新的迪夫里伊街道

来自圆形屋顶的采光为整个建筑打造了一份庄重感

位于大清真寺东北方向的城墙遗址上有观景台，视野极佳。这里还保存有建于12世纪的城堡清真寺 Kale Camii，入口装饰十分精美。

库布雷门上的浮雕

库布雷门上豪华的装饰

达吕西法门

装饰精美的黑檀木质布道坛

三个入口 最值得一看的就是大清真寺 3 个大门上的精美装饰了。北面的库布雷门让人联想到哥特式的大教堂，深深陷进去的像尖塔一样的拱形大门上细致雕刻了植物图案。西壁南侧的达吕西法门上有星星状浮雕和绳结一样的设计。西壁北侧的恰尔什门与其他两座大门相比虽然装饰简单，但是四叶草形状的浮雕看起来十分漂亮。

达吕西法占据建筑南侧面积的三分之一

清真寺内部 朝向麦加方向的凹壁上装饰有植物图案，重叠着的拱门形状十分漂亮，布道坛是用黑檀木做成的。

医院 土耳其语称“达吕西法 Darüşşifa”，被当作医院使用的一部分位于大清真寺的南侧。由艾哈马德·沙赫的妻子图兰·梅力克下令修建。医院上的几何图形浮雕显示出当时的工艺十分精湛。

酒店
Hotel

锡瓦斯的酒店大多集中在阿塔图尔克道沿路及其周边。便宜一些的酒店大多在阿塔图尔克道和库鲁桑鲁道的交叉路口处。迪夫里伊虽然也有酒店，但是对于游客来说可以当天参观完大清真寺后返回锡瓦斯。

征服者酒店
Fatih Otel

经济型 38 间

Map p.333B1

◆酒店位于市中心稍稍偏东方向的酒店聚集地一角。因曾经装修过，所以比其他建筑看起来要新一些。客房内的设备和床等都很干净，地下还有乒乓球和台球等付费娱乐项目。

住 Kurşunlu Cad. No.22
TEL (0346) 223 4313
FAX (0346) 225 0438
单人 A/C 100TL
双人 A/C 150TL
US $ € TL　M V
全馆免费　EV 有

苏丹酒店
Sultan Otel

中级 27 间

Map p.333B1

◆位于阿塔图尔克道稍北方向右侧，是一家三星级酒店。虽然已经有近 40 年的历史了，但是酒店会定期进行装修，更换老旧设备。最高一层的是餐馆。所有客房都配备电视和迷你吧台。早餐为自助餐。

住 Eski Belediye Sok. No.18
TEL (0346) 221 2986
FAX (0346) 225 2100
URL www.sultanotel.com.tr
单人 A/C 120TL
双人 A/C 180TL
US $ € TL　M V
全馆免费　EV 有

读者投稿　布鲁杰酒店的早餐品类丰富，屋顶餐厅的景色十分美丽。

大酒店
Büyük Oteli 高级 114 间

◆从市中心沿着阿塔图尔克道的西南方向出发，酒店位于右侧。这是锡瓦斯内最有格调的四星级酒店。客房内虽然不是最新设备，但是房间和卫浴间很宽敞。此外酒店还有桑拿、土耳其浴、餐馆等设施。

Map p.333A2
住 İstasyon Cad.
TEL (0346)225 4763 FAX (0346)225 4769
URL www.sivasbuyukotel.com
单 A/C 125TL
双 A/C 210TL
€TL MV 全馆免费 EV 有

布鲁杰酒店
Buruciye Otel 高级 46 间

◆位于布鲁希耶神学院附近，选址优越。客房内均配备新款设备，统一选用能让顾客安心的配色。地下还配备了SPA 场所，客房内有游泳池。

Map p.333B1
住 Eski Kale Mah.,Hoca İmam Cad.No.18
TEL (0346)222 4020
URL www.buruciyeotel.com.tr
单 A/C 145TL
双 A/C 220TL
US $ € TL AMV
全馆免费 EV 有

贝弗拉姆帕莎酒店
Behrampaşa Oteli 高级 48 间

◆这是一家在经过修复 1576 年穆拉德三世时期建造的商队住宿地之后，于2018 年正式开业的精品酒店。因为属于历史建筑，天花板高度不高，但酒店整体氛围很好。有的房间还配备了小型的土耳其浴室。

Map p.333B1
住 Paşabey Mah., Arap Şeyh Cad.No.29/1
TEL (0346)224 5828
URL www.behrampasa.com
单/双 A/C 230TL~
US $ € TL MV
全馆免费 EV 无

餐馆
Restaurant

锡瓦斯的餐馆聚集在阿塔图尔克大道上以及 PTT 后面。很多都是烤肉店，有一种属于平凡人的歌舞升平。迪夫里伊很少有面向游客的餐馆，但也有烤肉店和餐馆。

勒泽奇餐馆
Lezzetçi Sivas Mtufağı 烤肉店

◆可以代表锡瓦斯美食的人气餐馆。通风的店铺设计，采光极佳，店内总是人头攒动，十分热闹。招牌菜是锡瓦斯烤肉什锦拼盘 80TL（半份 65TL）。锡瓦斯考夫特肉饼也很受欢迎。大堂经理会说英语。

Map p.333B1
住 Aliağa Camii Sok., PTT Arkası
TEL (0346)224 2747
URL www.lezzetci.com.tr
开 9:00~22:30
休 无 US $ € TL
AMV

瑟鲁康贝餐馆
Serkanbey 烤肉店

◆位于苏丹酒店附近。店名曾经过多次更换，原本是伊斯肯德伦烤肉专卖店。招牌菜是伊斯肯德伦烤肉 22TL。本地菜锡瓦斯考夫特肉饼（22TL，如照片所示）也很受欢迎。

Map p.333B1
住 Eski Belediye Sok. No.8
TEL (0346)225 6999
URL www.serkanbeyrestaurant.com
开 8:30~23:00
休 无
US $ € TL MV

迪夫里伊小吃店
Divriği Konak 本地菜

◆在迪夫里伊，可选择的吃饭场所很少，这是老城区唯一一家地方菜餐馆。除了煮菜和炖菜之外还有烤肉小食（如图片所示，35TL）等地方菜和烤肉等，囊括了锡瓦斯的很多美食。

Map p.335
住 Şemsi Bezirgan Sok. No.2
TEL (0346) 418 4999
开 6:00~23:00
休 无
US $ € TL
AMV

读者投稿 瑟鲁康贝餐馆的锡瓦斯烤肉中不仅附赠土耳其面包，而且还有红辣沙拉和沙拉，菜量丰盛，可以一饱口福。

本系列已出版丛书：
涵盖世界70个国家和地区

多乌巴亚泽特近郊的伊沙克帕夏宫

在秘境中寻找人们的笑脸

安纳托利亚东南部、东部

Güneydoğu ve Doğu Anadolu

内姆鲁特山（阿德亚曼省）的气候数据

月份	1月	2月	3月	4月	5月	6月	7月	8月	9月	10月	11月	12月
平均最高气温（℃）	8.5	10	14.8	20.4	26.4	33.1	37.7	37.5	32.9	25.5	17	10.6
平均最低气温（℃）	1.2	2.1	5.4	9.8	14.2	19.6	23.6	23.2	18.8	13.5	7.4	3.2
平均降水量（mm）	133.9	102.8	89.6	66	40.4	7.4	1	0.7	5.1	44.5	75.6	140.3
推荐旅行服装												

坐落在山顶上的石像被誉为"世界第八大奇迹"

内姆鲁特山 *Nemrut Dağı*

长途区号 0416　人口 21 万 7463 人　海拔 669 米（阿德亚曼省）

世界遗产

内姆鲁特山
Nemrut Dağı
1987 年

内姆鲁特山顶上散布的石像

在海拔 2150 米的内姆鲁特山顶，散布着被列为世界遗产的巨大神像。这是公元前 1 世纪统治这片地区的科马基尼王国国王安条克一世的坟墓。山顶上由岩石碎片堆积而成的圆锥状山丘就是他的陵墓。东西各分布有 5 座神像、狮子像和鹰的石像。由于地震的影响，石像的头纷纷滚落到了地上，看上去仿佛是从地面长出来的一样。土耳其人把它称为世界第八大奇迹。安条克一世的石像和宙斯、阿波罗神、赫拉克勒斯的神像并列排放，可见他当时拥有强大的权力。

■出行
可选择马拉蒂亚机场、阿德亚曼机场和尚勒乌尔法 GAP 机场落地。

旅行的起点城镇

现在没有开通通往内姆鲁特山顶的公共交通，但可以在卡赫塔、阿德亚曼、马拉蒂亚以及尚勒乌尔法（→ p.348）等周边城市参加旅游团来这里参观。

从机场到内姆鲁特山

◆**阿德亚曼机场**　机场位于阿德亚曼东边约 20 公里处，Bay-Tur 公司会在每趟航班的时间点提供送车服务。费用为 13TL。阿德亚曼和卡赫塔的发车和停靠点分别在警察局 Emniyet Müdürlüğü 和客运总站。飞机起飞 1 小时 45 分钟前发车。

◆**马拉蒂亚机场**　机场位于距离城市中心约 35 公里处。在每趟航班的时间点有接送巴士。市内开往机场的接送巴士的出发地点会因航空公司不同而不同，尽请注意。

History

科马基尼王国

科马基尼王国与亚历山大的后继者之一——塞琉古建立起的塞琉古王国一脉相承，公元前 2 世纪到公元 1 世纪是其发展的鼎盛期，领土囊括了叙利亚北部至幼发拉底河沿岸地区。它原本属于塞琉古王国的一个部落省，独立后与罗马帝国保持微妙的合作关系，以此来维系自己独立国家的身份。但是在公元前 72 年被罗马吞并，成了罗马帝国的一部分。

科马基尼文化充满了神秘，随着近年考古学研究的不断推进，人们正在逐渐揭开了它的神秘面纱。

起点之城　阿德亚曼 Adıyaman

●**客运总站**　新客运总站于 2017 年建成，老客运总站以及近郊车站也由此结束了自己的使命。长途车票可在馆内的事务所购买。开往加济安泰

从马拉蒂亚到阿德亚曼的路是一条沿着断壁绝缘而建的山路，透过巴士的车窗可以看到安纳托利亚东南部雄伟壮观的山岳风景。

阿德亚曼的客运总站

普、卡赫塔、马拉蒂亚方向的近郊线路班次较多，游客可在月台处根据不同的目的地选择不同的巴士公司事务所买票。除了可以乘坐市内公交和合乘巴士到达市中心，还可以选择免费巴士服务。

起点之城 卡赫塔 Kâhta

卡赫塔是位于内姆鲁特山山脚下的一座城市，而且可住宿的酒店很多，作为你开启旅途的起点城市再合适不过。从阿德亚曼发车的巴士会穿过两旁分布着酒店的主街到达城市中心的客运总站，可直接在想要住宿的酒店前面下车。

卡赫塔的客运总站

起点之城 马拉蒂亚 Malatya

马拉蒂亚是该片地区的主要城市，有大型购物中心等。城市中心是政府大楼和广场。广场周围有很多商店以及出售当地特产杏子 Kayısı 的商店。旅游咨询处 ℹ 位于市政府旁。

马拉蒂亚的客运总站

●客运总站 昵称是 Maşti，也就是 Terminal（航站）的意思。可乘坐沿主干道向东行驶的有轨巴士 Trambüs（费用 2.50TL）或者合乘巴士（费用 2TL）到达市中心。在 Şile Pazar Adliye 站下车。在德德科库特公园 Dedekorkut Park 乘坐市内公交进入伊努纽道后可以到达市政府。乘坐市内公交需要提前乘办理乘车卡。

十字路口的时间塔

●到近郊的巴士 开往附近的锡瓦斯、阿德亚曼、埃拉泽方向的迷你巴士在伊尔切·特尔米纳利 İlçe Terminali 总站发车和到达。但是大部分班次都会经过 Masti 客运总站。合乘巴士和市内公交往返于伊尔切·特尔米纳利 İlçe Terminali 总站和市中心。

当地发抵观光线路

从未开通公共交通的内姆鲁特山附近的城市参加旅游团（参照 p.344）前往游览是最常见的手段。没有时间时可以在卡赫塔和阿德亚曼包租出租车前去游览。

●日落旅游团 日落旅游团在每天中午至下午 4 点从卡赫塔和阿德亚曼的各酒店前出发，游览内姆鲁特山周边的风景之后在山顶迎来日落。

■阿德亚曼的旅游咨询处 ℹ
Map p.343 上 B
住 Atatürk Bul.No.184
TEL（0416）216 1259
URL adiyaman.ktb.gov.tr
开 8:00~12:00、13:00~17:00
休 周六 · 周日

阿德亚曼的旅游咨询处 ℹ

■卡赫塔的旅游咨询处 ℹ
Map p.343 中左
住 Celal Bayal Cad.
TEL（0416）725 5007
开 8:00~17:00
休 周六 · 周日

■马拉蒂亚的旅游咨询处 ℹ
●文化中心内
Map p.343 下 A
住 Kongre Kültür Merkezi
TEL（0422）323 2942
URL malatya.ktb.gov.tr
开 8:00~17:00
休 周六 · 周日
●Beskonaklar 分局
Map p.343 下 B
住 Beşkonaklar，Sinema Cad.
TEL（0422）322 4490
开 8:00~17:00
休 周日
●政府旁分局
Map p.343 中右
住 Vilayet Parkı
开 8:00~17:00
休 周日

负责阿德亚曼·尤纳鲁旅游团业务的阿里先生

有轨巴士的 Köy Garajı-Sanayi 站站名源自曾经离该地不远的一处公交车站，现在已搬迁至伊尔切·特尔米纳利 İlçe Terminali，请游客注意区分。

Information

注意山顶的气温！

内姆鲁特山海拔超过2000米。而且地处内陆，白天和日落之后的气温相差很大。游客在去看日出和日落的时候，即使在夏天也应该多穿一点，做好防寒工作。特别是在深夜出发、去看日出的时候，此时的气温是一天最低的时候，一定要多加注意。

●**日出旅游团**　日出旅游团在深夜从卡赫塔和阿德亚曼的各酒店前出发，在山顶迎来日出之后再游览周边风景，早上9:00左右回到酒店。

●**观光季节**　到了内姆鲁特山一定要参观山顶上的石像。最佳观赏季节是5~10月。当年的气候不同会影响开山和封山的时间，冬季会有结冰和积雪的情况，届时只能游览至坚代雷桥。

位于内姆鲁特山东部的神殿

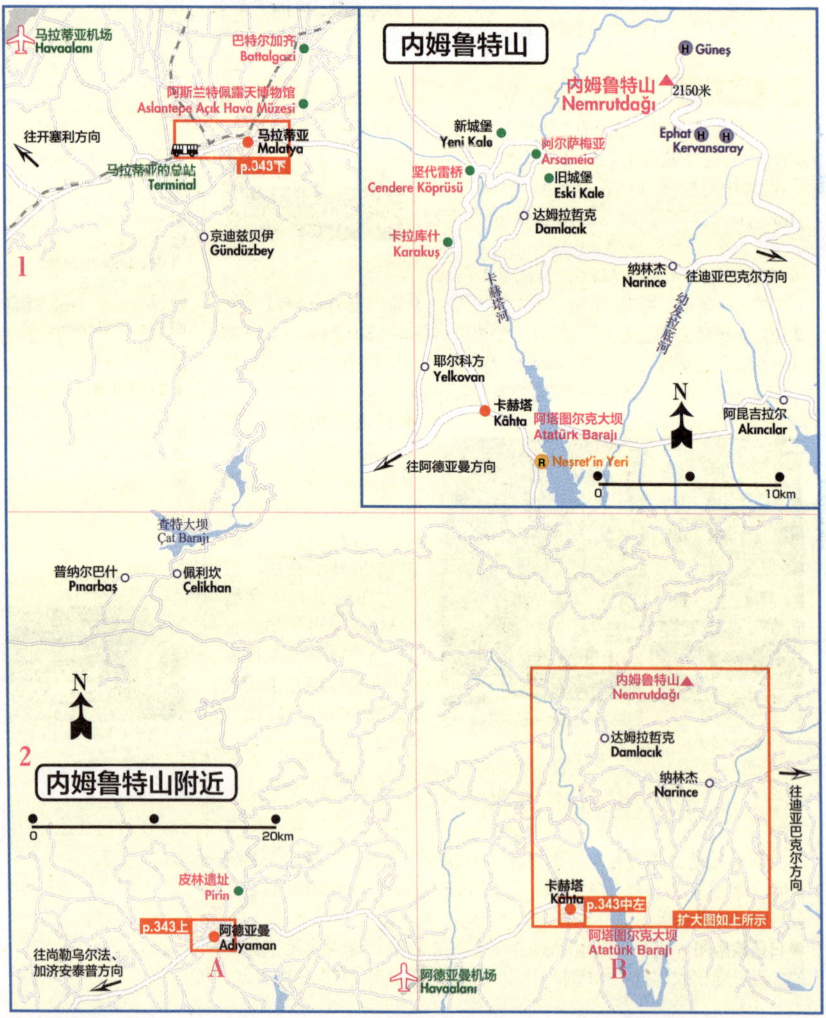

内姆鲁特山

Güneş
内姆鲁特山 Nemrutdağı 2150米
新城堡 Yeni Kale
Ephat Kervansaray
阿尔萨梅亚 Arsameia
坚代雷桥 Cendere Köprüsü
旧城堡 Eski Kale
达姆拉哲克 Damlacık
卡拉库什 Karakuş
纳林杰 Narince
往迪亚巴克尔方向
卡赫塔河
幼发拉底河
耶尔科方 Yelkovan
卡赫塔 Kâhta
阿塔图尔克大坝 Atatürk Barajı
阿昆吉拉尔 Akıncılar
往阿德亚曼方向
Neşret'in Yeri
0　10km

内姆鲁特山附近

1
马拉蒂亚机场 Havaalanı
巴特尔加齐 Battalgazi
阿斯兰特佩露天博物馆 Aslantepe Açık Hava Müzesi
往开塞利方向
马拉蒂亚 Malatya
马拉蒂亚的总站 Terminal
p.343下
京迪兹贝伊 Gündüzbey
2
查特大坝 Çat Barajı
普纳尔巴什 Pınarbaş
佩利坎 Çelikhan
0　20km
内姆鲁特山 Nemrutdağı
达姆拉哲克 Damlacık
纳林杰 Narince
往迪亚巴克尔方向
皮林遗址 Pirin
p.343上
阿德亚曼 Adıyaman
往尚勒乌尔法、加济安泰普方向
A
阿德亚曼机场 Havaalanı
卡赫塔 Kâhta
p.343中左
扩大图如上所示
阿塔图尔克大坝 Atatürk Barajı
B

天气恶劣的情况下，内姆鲁特山上将无法看到日出和日落，这种情况下仅有白天游览的旅游线路。

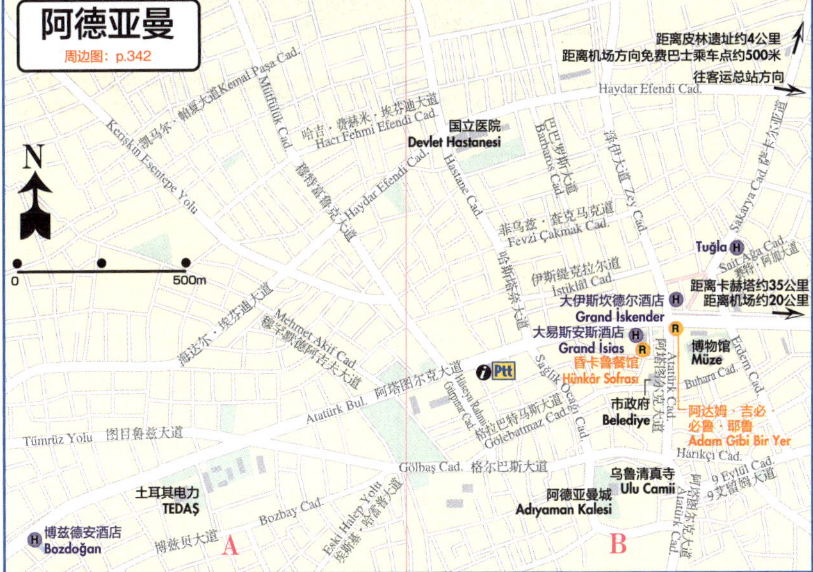

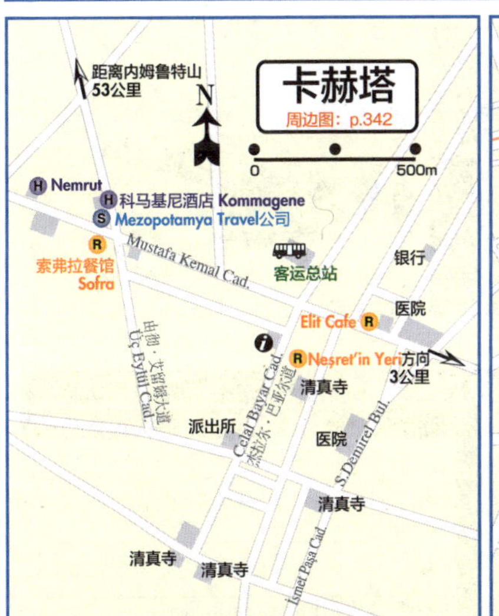

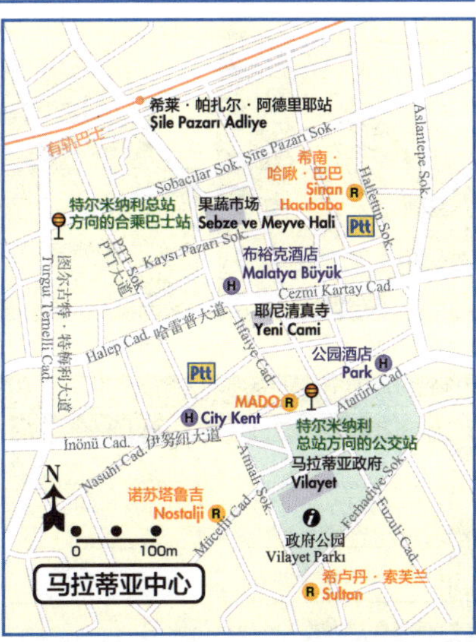

内姆鲁特山顶寒冷，而阿尔萨梅亚等景点日照强烈，因此一定要做好防寒和防紫外线措施。也不要忘了及时补充水分！

■内姆鲁特山
休 冬季（12月~次年3月）有积雪，道路封闭。
费 20TL（有的旅游团报名费中包含游览费用）

内姆鲁特山 主要景点

表情各具特色的神像

内姆鲁特山

Map p.342B1

Nemrutdağı 内姆鲁特山

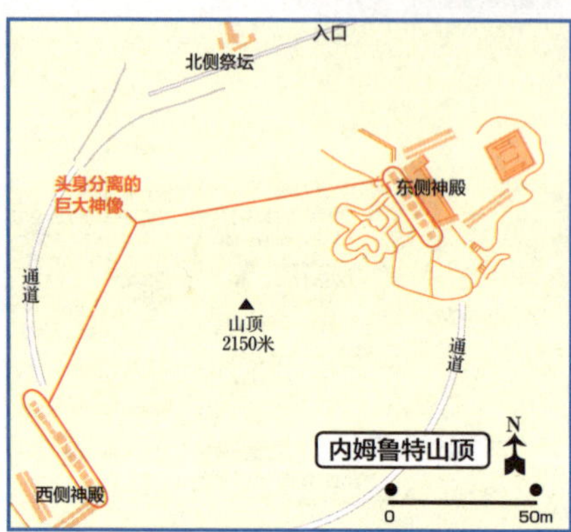

陵墓的东西两侧各排列着头身分离的神像和安条克一世的石像。东侧还设有摆放贡品的祭坛。位于西侧的和众神握手的安条克一世像和狮子浮雕则收藏于库中。参加日出旅游团和日落旅游团都可以观赏到石像颜色随着时间变化的景象，当前还可以欣赏到阻断了幼发拉底河的大坝湖的美丽景色。从设有咖啡馆的停车场到山顶遗址步行约需10分钟。

安条克一世石像的头部

阿波罗神像的头部

从山顶斜面可以一览雄伟景观

内姆鲁特山及其周边游

从阿德亚曼出发

行程 从客运总站乘坐由阿德亚曼·尤纳鲁巴士公司Adıyaman Ünal运营的巴士。日落旅游团中午12:00出发。日出旅游团23:00出发。如果想去科马基尼王国城市遗址、皮林Pirin的话可以免费顺路参观。

费用 1辆车350TL（最多10人）

联系方式 阿德亚曼·尤纳鲁 Adıyaman Ünal
☐ 0543 208 4760（负责人阿里先生）

从马拉蒂亚出发

行程 可选择2天1夜的日落之旅和日出之旅。5月~10月左右12:00发车，第二天10:00返回。住宿位于距离内姆鲁特山约10公里处的古内希酒店。日出或日落之时乘坐迷你巴士上山。

费用 1人250TL。包含住宿费和早餐、晚餐，不含门票和中饭。

联系方式 拉玛赞·卡拉塔什 Ramazan Karataş
☐ 0536 873 0534 Mail ramo4483@hotmail.com
※LINE账号：ramo44nemrut 也可在旅游咨询处 i 报名

从卡赫塔出发

行程 由各酒店安排。可游览周边风景、在内姆鲁特山顶眺望日落旅游团将在14:00出发，21:00返回酒店。日出旅游团凌晨3:00出发，9:00返回。1人也可成团。最好提前一天预约。

费用 1人50US $（包含晚餐和门票）

联系方式 卡赫塔的各酒店、科马基尼酒店（→p.346）的伊鲁凡·成停卡亚经营的Mezopotamya Travel公司（URL www.nemrutguide.com）Map p.343中左）

从尚勒乌尔法出发

行程 日落旅游团早晨出发，日落后返回。因此可以顺道参观阿塔图尔克大坝。日出旅游团前一天半夜出发，傍晚返回。

费用 1辆车350TL（最多4人，包含餐食和门票）

联系方式 乌鲁酒店（→p.351）
※也可通过LINE账号：musma63报名
阿斯兰·考努克·埃比（→p.351）

※由于土耳其东南部安全形势严峻，外交部和中国驻土耳其使领馆提醒中国公民暂勿前往土耳其东南部地区

内姆鲁特山顶上的神像头部是由于地震而掉落的。位于伊斯坦布尔的微缩景观公园内再现了地震前的内姆鲁特山神像的原貌。

四座墓碑与荒凉的风景十分相称

卡拉库什 Map p.342B1

Karakuş 卡拉库什

位于距离卡赫塔约 12 公里处，是科马基尼国王米特拉达梯的母亲和姐姐等人的陵墓。周围保留下来的石柱顶部是老鹰（卡拉库什）的雕像。

得以一窥罗马的建筑技术

坚代雷桥 Map p.342B1

Cendere Köprüsü 坚代雷・考普留苏

坚代雷桥

位于幼发拉底河支流——坚代雷河 Cendere Çayı 上的一座桥。200 年左右为罗马的赛普蒂米乌斯（在位时间 193~211 年）所建造。据说当时建造时的巨大石材是从 10 公里开外的地方搬运而来的。

静静矗立在山中的浮雕

阿尔萨梅亚（旧卡赫塔） Map p.342B1

Arsameia/Eski Kâhta 阿尔萨梅亚（旧卡赫塔）

从阿尔萨梅亚可以眺望到卡赫塔河的下流

旧卡赫塔位于卡赫塔北侧约 25 公里，这里有科马基尼王国的夏日行宫遗址，也被称为阿尔萨梅亚。在这里你可以看到米特拉达梯王与赫拉克勒神握手的巨大浮雕。浮雕下的隧道长为 158 米，隧道出口现已封闭。

世界上最古老的刀剑发掘地

阿斯兰特佩露天博物馆 Map p.342A1

Aslantepe Açık Hava Müzesi 阿斯兰特佩・阿丘克・哈瓦・缪泽斯

位于马拉蒂亚郊外、奥卢多兹 Orduzu 的遗址出土了约 5300 年前的世界上最古老金属制刀剑。2011 年，正式在露天博物馆展出。现收藏于马拉蒂亚的考古学博物馆中。

滋润着肥沃平原的巨大水坝

阿塔图尔克大坝 Map p.342B2

Atatürk Barajı 阿塔图尔克・巴拉吉

从观景台上眺望幼发拉底河

土耳其国内最大、世界规模第七大的水坝。从水坝上眺望，雄伟壮观的景色尽收眼底。此外，因建设大坝而形成的大坝湖成了人们休憩的场所。

卡拉库什的石柱

从赫拉克勒神手中接受王位、并与其握手的米特拉达梯王

■阿尔萨梅亚

冬季有时会不对外开放，推荐夏季前往参观。部分从酒店出发的旅游团线路不包含阿尔萨梅亚，请事先确认。

费 20TL（和内姆鲁特山通用）

■阿斯兰特佩露天博物馆

🚌 从马拉蒂亚中心出发，乘坐前往奥卢多兹方向的巴士，约需 15 分钟。

开 8:00~19:00（冬季 ~16:45）

休 周一

费 免费

■考古学博物馆

Map p.343 下 B

住 Kernek Meydanı No.5

开 8:00~16:45

休 周一

费 6TL

📷 不可

■阿塔图尔克大坝

从尚勒乌尔法出发的很多内姆鲁特山旅游团会顺道参观阿塔图尔克大坝。在 Kızılcapinar 港口还可以乘坐游览大坝湖的观光旅行船。

阿斯兰特佩的出土文物除了收藏于马拉蒂亚的考古学博物馆之外，很多也在安卡拉的安纳托利亚文明博物馆展出。

酒店&餐馆
Hotel & Restaurant

阿德亚曼 阿塔图尔克大道沿街有很多中级酒店，但是数量不多，各自距离也较远。阿德亚曼的市政府周围有很多土耳其特色菜——生肉团子的专卖店。

卡赫塔 内姆鲁特山附近有很多酒店，但是强行揽客的现象以及围绕旅游团的内容和费用产生纠纷的情况很严重，推荐选择包含旅游团费用的酒店。几乎所有的酒店都有餐馆，但姆斯塔法 · 科马卢大道沿街有很多土耳其小饭馆。

马拉蒂亚 从 terminal 到城市中心的途中有几家高级酒店。政府前广场周边和前往 terminal 方向的合乘巴士上车点的西边有一些中级酒店。伊努纽大道和广场周围有很多平价餐馆。卡纳尔 · 波尤 Kanal Boyu 也有一些很豪华的店。

大伊斯坎德尔酒店
Hotel Grand İslender 中级 61 间

◆位于市中心，交通便利。客房面积大，还设有迷你吧台和卫星电视。1 层有平价餐馆。前台可帮忙安排旅游团。

阿德亚曼 Map p.343 上 B

住 Hükümet Konağı yanı No.2
TEL (0416) 214 9001 FAX (0416) 214 9002
单人 A/C 90TL
双人 A/C 160TL
US $ € TL 信用卡 M V
全馆免费 EV 有

博兹德安酒店
Otel Bozdoğan 中级 78 间

◆距离市中心西边约 1.5 公里处的一家四星酒店。酒店配备有露天游泳池、健身室等。半数以上的客房有浴缸。

阿德亚曼 Map p.343 上 A

住 Atatürk Bul. No.108
TEL (0416) 216 3999
URL www.otelbozdogan.com
单人 A/C 130TL
双人 A/C 180TL
US $ € TL 信用卡 A D J M V
全馆免费 EV 有

大易斯安斯酒店
Hotel Grand İsias 中级 70 间

◆位于市中心的一家大型酒店。在顶楼的餐馆可以品尝到当地的特色美食。虽然酒店不提供内姆鲁特山旅游团服务，但是可以与前台咨询一下。季节不同可能会有大幅降价。

阿德亚曼 Map p.343 上 B

住 Atatürk Bul. No.108
TEL (0416) 214 8800 FAX (0416) 214 9733
URL www.grandisias.com
单人 A/C 160TL
双人 A/C 250TL~
US $ € TL 信用卡 A M V
全馆免费 EV 有

科马基尼酒店
kommagene Hotel 经济型 20 间

◆深受穷游者欢迎。公共厨房可供使用。客房内的设施装备也对得起价格。与 Mezopotamya Travel 公司同属一家经营。可以帮忙安排去马尔丁或者尚勒乌尔法等周边的旅游团。

卡赫塔 Map p.343 中左

住 Mustafa Kemal Cad.
手机 0532 200 3856 TEL (0416) 725 9726
URL www.kommagenehotel.com
单人 A/C 15 US $
双人 A/C 25 US $
US $ € TL 信用卡 M V
全馆免费 EV 有

公园酒店
Park Otel 经济型 19 间

◆位于阿塔图尔克大道，是一座白地蓝墙建筑物。地理位置优越，所有房间都配备有电视，干净整洁。使用公共卫生间和淋浴室的房间价格为一人 40TL、两人 80TL。公共卫生间非西式风格，而是采用土耳其传统式。

马拉蒂亚 Map p.343 中右

住 Atatürk Cad. No.9
TEL (0422) 326 3230 FAX (0422) 321 1691
Mail parkotelmalatya@mynet.com
单人 A/C 50TL
双人 A/C 100TL
TL 信用卡 M V
全馆免费 EV 无

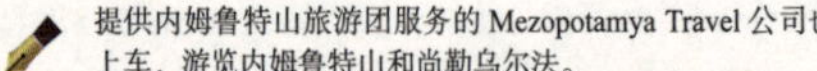

提供内姆鲁特山旅游团服务的 Mezopotamya Travel 公司也提供如下旅行线路：在沿途的卡帕多吉亚的酒店上车，游览内姆鲁特山和尚勒乌尔法。

布裕克酒店
Malatya Büyük Otel
中级 52 间

◆建于耶尼清真寺对面的二星大型酒店。曾于 2012 年重新装修过。客房内空调为中央空调。每一层都有一间带浴缸的房间。

马拉蒂亚 Map p.343 中右
住 Cezmi Kartay Cad. No.1/B
TEL（0422）325 2828 FAX（0422）323 2828
URL www.malatyabuyukotel.com
S A/C 100TL
W A/C 150TL
TL MV 全馆免费 EV 有

大阿克萨奇酒店
Grand Aksaç Hotel
中级 54 间

◆从特拉姆比优斯的柯伊·咖拉究/萨纳伊站出站后沿着特尔米纳利大道向东南方向走，酒店位于右侧。这是一家 2019 年春天新建成的酒店，logo 是两个 W 相叠的图案。酒店有桑拿间。

马拉蒂亚 Map p.343 下 B
住 Terminal Cad.No.39
TEL（0422）502 2000 FAX（0422）502 1800
URL www.aksachotel.com
S A/C 150TL
W A/C 200TL
US $ € TL MV
全馆免费 EV 有

索弗拉餐馆
Sofra Restaurant
土耳其美食

◆是一家菜单涵盖从煮食到土耳其比萨、土耳其烤饼、炸碎肉丸 İçli Köfte、各种土耳其烤肉等特色美食的老字号餐馆，备受当地人好评。沙拉拌杂烩饭 25~40TL。

卡赫塔 Map p.343 中左
住 Karşıyaka Mah., Mustafa Kemal Cad. No.62
TEL（0416）726 2055
开 6:00~19:00
休 无 TL MV

昏卡鲁餐馆
Hünkar Sofrası
地方菜

◆可以品尝到地道地方菜的一家餐馆，最值得推荐的是 hunkar 杂烩饭（如图所示，15TL），既可以品尝到 hunkar 又可以吃到杂烩饭。此外，土耳其烤饼等小麦粉制作的美食也很受欢迎。

阿德亚曼 Map p.343 上 B
住 Hoca Ömer Mah., 215 Sok.No.2/D
TEL（0416）216 2500
开 8:00~22:00
休 无
TL MV

阿达姆·吉必·必鲁·耶鲁
Adam Gibi Bir Yer
土耳其美食咖啡馆

◆位于市中心的一家露天咖啡餐馆。你可以在这里吃到蚌壳塞饭（贝壳里塞杂烩饭），只有在这个地区有的珍贵海味。鸡肉杂烩饭配沙拉的午餐套餐只要 16TL。

阿德亚曼 Map p.343 上 B
住 Atatürk Bul. No.243
TEL（0416）213 3313
开 7:30~24:00
休 无
TL MV

希南·哈啾·巴巴
Sinan Hacıbaba Et Lokantası
地方菜

◆1949 年创立，是一家马拉蒂亚地方菜的名店。著名的 kagit 烤肉（一种用纸袋烤制的烤肉混蔬菜）价格为 26TL。

马拉蒂亚 Map p.343 中右
住 Akpınar Halfettin Mah. No.19
TEL（0422）321 3941
开 7:00~21:30
休 无 TL MV

希卢丹·索芙兰
Sultan Sofrası
烤肉店

◆位于市政府的南边。他家的汤（6TL）备受好评，土耳其烤饼价格为 4TL。小菜的沙拉和生肉团子免费。

马拉蒂亚 Map p.343 中右
住 Vilayet Arkası
TEL（0422）323 2393
开 7:00~22:00
休 无
US $ € TL MV

诺苏塔鲁吉
Nostalji Tarihî Malatya Evi
地方菜

◆一家将建于 19 世纪 40 年代的民宅改装后的餐馆。肉丸汤和炸碎肉丸（价格均为 20TL）销量很好。

马拉蒂亚 Map p.343 中右
住 Vilayet Yanı, Yeşil Sinema Karşısı
TEL（0422）323 4209
开 7:00~24:00
休 无
TL MV

马拉蒂亚客运总站的土特产店有很多与杏子相关的商品。杏子味道的古龙香水是马拉蒂亚的限定商品。

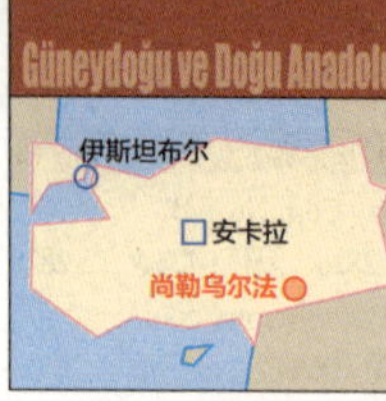

特产是土耳其烤饼和炸碎肉丸，是一个美食之乡

尚勒乌尔法 *Şanlı Urfa*

长途区号 0414　人口 52 万 6247 人　海拔 518 米

治安信息

由于土耳其东南部安全形势依然严峻，外交部和中国驻土耳其使领馆提醒中国公民暂勿前往土耳其东南部地区。

世界遗产

哥贝克力石阵
Göbekli Tepe Arkeolojik Alanı
2018 年

■**尚勒乌尔法市的文化社会局运营的旅游咨询处**
Map p.349

位于市政府旁边的一个小办公室。赛鲁达卢·阿乌久先生是有名的观光导游。赛鲁达卢·阿乌久先生不在办公室的情况下办公室可能就会直接关门，但打个电话给他，他就能立马赶到。

住 Belediye Yanı
☐ 0535 334 7482
URL sanliurfa.ktb.gov.tr
开 8:00~12:00、13:00~17:00
休 周六 · 周日

■**省旅游局的旅游咨询处**
Map p.349
住 Atatürk Bul. No.49
TEL（0414）312 0818
开 9:00~17:00
休 周六 · 周日

■**Gap 旅游公司**
Gap Turizm
Map p.349
住 Atatürk Bul., Büyükşehir
TEL（0414）312 0202
开 9:00~17:00
休 周六 · 周日

位于哈兰酒店 Harran Hotel 同栋楼一层的旅游公司。该公司推出了哥贝克力、马尔丁、米蒂亚特等地的旅游线路，同时还可以帮忙代理机票购买等事宜。

世界遗产哥贝克力石阵

尚勒乌尔法距离叙利亚国境线很近，人口为 52 万余。公元前 3000 年 ~ 公元前 2000 年左右这里曾经繁荣一时，被亚历山大帝命名为埃德萨 Edessa，在历史上留下了浓墨重彩的一笔。2 世纪左右，基督教在这里盛行，11 世纪末成了十字军国家——埃德萨伯国的中心地带。

另外，“尚勒”一词是用来表彰在独立战争中勇敢作战的居民的称号。尚勒乌尔法常被简称为“乌尔法”，在巴士车站牌上也常以“S.Urfa”来标记。

尚勒乌尔法 漫 步

进入市中心的入口是特普拉玛驿站 Toplama Merkezi。来自市内各地的巴士都会先在这里汇集。从这里出发环绕景点一周的是市内 63 号公交。经过圣洁的鱼池（通常称为巴鲁克路 · 高勒 Balıklı Göl）和 Haleplibahçe 并穿过老城区，最后回到特普拉玛驿站。可使用 2 次的车票（5TL）要从公交车司机那里购买。

前往城市中心地区

◆**从机场到市中心**　尚勒乌尔法 GAP 机场位于尚勒乌尔法东北约 35 公里处。机场巴士往返于机场与市中心之间，发车时间与飞机降落时间相一致。所需时间为约 45 分钟，交通费为 12TL。

◆**从客运总站到市中心**　客运总站上面一层停靠长途巴士，下面一层停靠短途巴士和合乘巴士。客运总站出口处乘坐 72 号公交可以直接走到终点站特普拉玛驿站。

在拆除哈列普利巴切大道上的建筑物时，发现了近 60 座疑似约 1500 年前王族陵墓的洞窟（库兹卢克运王墓群）。其中发现了很多马赛克工艺品。

尚勒乌尔法 主要景点

土耳其最大的考古学博物馆，有精妙绝伦的出土文物

尚勒乌尔法博物馆

Map p.349

Şanlıurfa Müzesi 尚勒乌尔法・缪泽斯

2015 年开放，是土耳其最大的考古学博物馆。这里汇集了传言中伊甸园现实所在地的哥贝克力石阵、沉没在幼发拉底河底的可追溯至公元前 8 年的内瓦利・乔利以后的遗址挖掘文物等，并按照赫梯时代、罗马时代以来的年代排序进行了整理和展示。乌尔法和附近的遗址几乎都反映了人类的历史轨迹，在这里你可以了解到这个地区悠久的历史和深邃的文化。

描绘了女权国家——亚马逊王国的女战士英姿的马赛克，发现于哈列普利巴切大道

在哈列普利巴切大道发现的马赛克通过直接装饰在博物馆别馆的屋顶上的方式进行展示。马赛克上描绘的图案主要是以亚马逊王国的战争场景为主，一般认为是罗马后期至拜占庭时代早期的产物。

■尚勒乌尔法博物馆
住 Haleplibahçe Arkeoloji Parkı
TEL（0414）312 5232
开 8:00~19:00（冬季 ~17:00）
休 周一
费 12TL（包含主楼和马赛克楼）

尚勒乌尔法博物馆的主楼

马赛克楼

写实风格的马赛克

内瓦利・乔利的图腾

青铜器时代的陶质车

大量以动物为模型的塑像

包含残存在喀喇科雍河上的古桥在内的一带，现已由政府修建成了一条步行道。河上还有查尔丁尼时代遗留下来的古桥河水道桥。

两根石柱上的视野绝佳

■尚勒乌尔法古城
曾在2019年进行过防摔落工程。

■亚伯拉罕诞生地
开 早朝礼拜～日落礼拜
休 无
费 欢迎捐款
可以乘坐车身写着“Balıklıgöl”的迷你巴士前往。女性可在入口处租借到围巾。

据传是亚伯拉罕诞生的洞窟

■圣洁的鱼池
开 平时开放
费 免费

允许喂食

■前往哈兰的线路
●从尚勒乌尔法出发
往哈兰方向的迷你巴士从客运总站的短途巴士站台、合乘巴士站台发车。乘坐由Harran Sur公司运营的开往哈兰方向的迷你巴士（6:00~18:30 每15~30分钟一趟、所需时间约1小时15分钟、费用为8TL），在终点站下车。下车后就能看见阿勒颇门。乌鲁清真寺和蜂窝房位于穿过阿勒颇门后的山丘的另一侧。步行就可绕哈兰游览一圈。

悬崖上的2根石柱给人的印象很深刻

尚勒乌尔法古城

Map p.349

Şanlıurfa Kalesi 尚勒乌尔法・卡勒斯

建于赫梯时代。现存有25根10~15米高的石塔，南侧是壕沟。从古城上向下看可以看到石造房屋的市街风景。其中最为醒目的2根石柱高17.25米，于公元前2~3世纪建造而成。

据说亚伯拉罕诞生于此地

亚伯拉罕诞生地和圣洁的鱼池

Map p.349

Hz. İbrahim（A.S.）Peygamberin Doğum Yeri / Halil-ür Rahman Gölü
哈兹雷苏・伊布拉希姆（阿雷伊希・瑟拉姆）・佩干佩林・道姆・耶利／哈利留尔・拉夫曼・高留

居住在土耳其的大多数穆斯林认为，尚勒乌尔法才是先知亚伯拉罕（Ibrahim）前往迦南时的出发地“乌鲁”。据传，当时的统治者尼姆罗德国王梦到自己国家灭亡，祭司预言称那一年出生的婴儿会灭了他的国家。尼姆罗德国王听信了祭司的话，下令诛杀所有的婴儿。为此，亚伯拉罕的母亲躲进这个洞窟生下了亚伯拉罕。因为这个洞窟距离先知耶稣的诞生地十分近，所以乌尔法被称作先知之城。

旁边的圣洁的鱼池是尼姆罗德国王想要对亚伯拉罕施加火刑的场所。位于南侧还有一个艾因泽里哈水池 Ayn-ı Zeliha Gölü，据传尼姆罗德国王的女儿泽里哈信奉亚伯拉罕教义，为了追随亚伯拉罕投身火中，而此时神将火刑中的火变成了水，燃烧的柴火变成了鱼。直到今天池塘里还生活着很多鱼儿，并且被认为是圣洁的鱼。

位于池塘北侧的是1736年修建的勒德瓦尼耶清真寺 Rıdvaniye Camii，哈利勒·拉赫曼清真寺位于艾因泽里哈池边，在圣母玛利亚教堂遗址 Halil Rahman Camii 处修建而成，是1211年由阿尤布王朝的马利克·阿什拉夫下令修建的。

尚勒乌尔法 近郊景点

尖帽式屋顶的房屋鳞次栉比

哈　兰

Map p.28B2

Harran 哈兰

哈兰是位于尚勒乌尔法东南方向约44公里处的一处村落，据旧约圣经记载，亚伯拉罕依据神的旨意，从幼发拉底河下流的乌鲁向“应许之地”迦南（以色列）前进，在前进的途中曾在哈兰停留。附近还可以看到阿尤布王朝时期的学校——乌鲁清真寺以及拜占庭时代的教会、城内的厨房遗址等。

哈兰的住房房顶都是尖尖的

被称作蜂窝房的砖块房屋位于遗址的深处。有的房屋开放作为观光游览用，还有的房屋销售土特产、在院子里提供茶水等，还有可以穿着当地传统服饰照相的地方。

旧约圣经中写道，哈兰是雅各布 Jacob 从其兄长以扫身边逃离后待过的地方。约瑟夫、犹大等以色列12支派的祖先全部出生于哈兰。

呈圆环状排列的石块

修建完成的步行道

世界上最古老的宗教遗址

哥贝克力石阵

Map p.28B2

Göbekli Tepe 哥贝克力石阵

位于尚勒乌尔法东边约 20 公里处，是一处 9000~1 万年的遗址。呈圆环状排列的石头被认为是神殿，石块最大有 3 米左右，上面雕刻着以牛、鸟等动物为模型的图案。

当时的美索不达米亚地区还处于狩猎采集的时代。还未经过农耕和牧畜阶段的人类能够造出如此成熟的宗教建筑在考古学上是一次革命性的发现。

雕刻了狐狸图案的巨石

■哥克贝力石阵
开 8:00~19:00（冬季 ~17:00）
休 周一
费 30TL
出租车往返 120TL~
从尼巴利酒店旁边的特普拉玛驿站出发的市内公交 10:00 13:00 16:00 发车。返程时间为 12:00 15:00 18:00。

酒店&餐馆
Hotel & Restaurant

中档酒店集中在市政府附近。也有很多改装自民宅的叫作“考努克 · 埃比”的民宿。高级酒店多在尚勒乌尔法博物馆周边和城市的北边。尚勒乌尔法最有名的就是它的美食。这里有最正宗的土耳其烤饼和炸碎肉丸。请一定要品尝一下这里的煮食帕恰和甜点卡代夫。

乌鲁酒店
Otel Uğur

经济型 18 间

◆是一家价格公道的酒店，房间简单但很清洁。可安排哥贝克力石阵、哈兰和内姆鲁特山等附近的旅游团。带淋浴和厕所的房间，单人房 70TL、双人房 140TL。

Map p.349
住 Köprübaşı Cad.No.3
TEL（0414）313 1340 FAX（0414）316 3612
Mail musma63@yahoo.com
单 A/C 50TL
双 A/C 100TL
US $ € TL 信用卡 不可
全馆免费 EV 有

阿斯兰 · 考努克 · 埃比
Aslan Konuk Evi

经济型 9 间

◆酒店主人是英语老师兼长期负责哈兰和内姆鲁特山旅游团的奥兹江先生。这是一家家族经营的酒店，除了旅游团之外，还提供租车、购买车票等服务。

Map p.349
住 Demokrasi Cad.No.10
0542 761 3065
URL www.aslankonukevi.com
单 A/C 8 US$
单/双 A/C 30 US$
US $ € TL 信用卡 M V
全馆免费 EV 无

埃鲁哈酒店
El-Ruha Hotel

高级 87 间

◆位于圣洁的鱼池，里面还有由自然形成的洞窟作为咖啡馆使用，营造出一种原始的氛围。酒店内还设有游泳池、土耳其浴室和桑拿房，有两个餐馆。

Map p.349
住 Balıklıgöl Cıvarı No.150/A
TEL（0414）215 4411 FAX（0422）215 9988
URL www.hotelelruha.com
单 A/C 45 €
双 A/C 90 €
US $ € TL 信用卡 A M V
全馆免费 EV 无

谷鲁汉餐馆
Gülhan Restaurant

地方菜土耳其烤肉

◆位于一家市政府北边的人气餐馆。最有人气的菜品是土耳其烤饼、炸碎肉丸等当地特色菜和土耳其比萨、炭烤料理。特别是乌尔法烤肉 27TL，可以和各种蔬菜混合搭配着品尝。

Map p.349
住 Atatürk Bul., Akbank Bitişiği No.32
TEL（0414）313 3318
开 8:00~23:00
休 无
US $ € TL 信用卡 M V

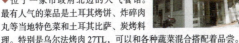

2013 年开放的易卜拉欣 · 塔特利斯博物馆是为当地出生的歌手易卜拉欣 · 塔特利斯（Ibrahim Tatlıses）而建的，改装自他自小唱诵的《查伊哈内》（梯伽丹）。

盛产无花果的东南部最大的城市

加济安泰普 *Gazi Antep*

长途区号 0342　人口 143 万 8373 人　海拔 843 米

“吉卜赛女孩”马赛克

与叙利亚国境相邻的工商业城市。古称艾因塔普 Ayintap，曾作为交通要塞而繁荣。第一次世界大战后，面对占领了该地的法国军队，当地居民进行了英勇的抵抗，因此被赐予了“加济（战士）”的称号。

通常被称作安泰普，盛产的是郊外栽培的无花果以及甜品的果仁蜜饼（Baklava）。

加济安泰普 漫 步

主要大街是从车站向南延伸的车站大道 İstasyon Cad.。和这条大街交会的索布鲁大道 Suburcu Cad. 是一条繁华的大街，继续向东就是卡拉戈兹大道 Karagöz Cad.。在卡拉戈兹清真寺向左拐弯就到了商队住宿地聚集的古姆留克大道 Gümrük Cad.。你可以在这里看到各种各样的店和景点。沿着这条大道向北就到了加济安泰普古城。

●**从客运总站到市中心**　客运总站位于城市的东北方向，距离市中心约 8 公里。从客运总站前的干线道路可以坐恰尔什方向的迷你巴士。交通费为 2.75TL，所需时间约 20 分钟。从火车站也可以坐迷你巴士到恰尔什。

加济安泰普 主要景点

色彩艳丽的马赛克可谓是世界一流

泽乌马 · 马赛克博物馆

Map p.353A

Zeugma Mozaik Müzesi 泽乌马 • 莫扎伊克 • 缪泽斯

泽乌马是位于和尚勒乌尔法省接壤的城市尼济普 Nizip 郊外的一处遗址。出土于该地的马赛克在经过修复之后，为了对外进行展示于 2011 年修建了这座博物馆。虽然在这之后建的安塔基亚的哈塔伊考古学博物馆收藏的马赛克工艺品规模比泽乌马博物馆要大，但是仍然是世界第二大有着

治安信息

由于土耳其东南部安全形势依然严峻，外交部和中国驻土耳其使领馆提醒中国公民暂勿前往土耳其东南部地区。

■加济安泰普的旅游咨询处 ⓘ

Map p.353B

住 Dere Kenarı Sok. No.27
TEL（0342）230 5969
URL gaziantep.ktb.gov.tr
开 8:00~12:00　13:00~17:00
休 周六 · 周日

■Gaziray

于 2011 年开通的 RT（路面电车）。始发站位火车站前，穿过体育馆旁边向西行驶。交通费为 2.50TL。

■巴库尔吉拉尔 · 恰尔什 Bakırcılar Çarşısı

Map p.353B

城市周边是铜制工艺品店的聚集地

■泽乌马 · 马赛克博物馆

住 Sani Konukoğlu Cad.
TEL（0342）325 2727
开 9:00~19:00（冬季 ~17:00）
休 周一
费 20TL
不可

描绘着幼发拉底神的马赛克，幼发拉底神就是幼发拉底河的语源

无花果在土耳其语中叫作“Antep Fıstığı”，东南部的城市锡尔特 Siirt 也是无花果的产地，两地还就无花果展开了激烈的竞争。

丰富马赛克馆藏量（但作为单一遗址博物馆仍然是世界第一）的博物馆。

其中特别有名的是被命名为“吉卜赛女孩”的马赛克，其美丽的面庞成为了加济安泰普面貌的象征。泽乌马博物馆不仅规模很大，而且马赛克的精美程度也令人惊叹。

■美杜莎玻璃工艺博物馆

TEL（0342）230 3049

开 9:00~19:00（冬季 ~17:00）

休 无

费 4TL 学生 2TL

1500 年以来一直守护着安泰普

加济安泰普古城

Map p.353B

Gazi Antep Kalesi 加济安泰普・卡勒斯

位于老城区的一处可以看见整个城市风景的小山丘上。这个城堡建于 565 年，由拜占庭国王查士丁尼下令建造的。城墙长 1200 米，周围建有 36 座塔楼。

城墙周围开着很多卖无花果的安泰普特产店以及铜制品的店。

自上而下守护着城市的坚固城墙

汇聚了各种玻璃工艺

美杜莎玻璃工艺博物馆

Map p.353B

Medusa Cam Eserleri Müzesi

美杜莎・嘉姆・埃塞尔雷利・缪泽斯

土耳其唯一一家玻璃博物馆。这里整理并展示着罗马、拜占庭、奥斯曼王朝时代的玻璃工艺品。除此之外也有部分青铜器和古钱币等在这里展出。

美杜莎博物馆的展示品

■古姆留克·哈努
住 Gümrük Cad. No.14/5
开 因工作室而异
休 无 费 免费

设有博物馆展示区

■加济安泰普考古学博物馆
住 İncilipınar Mah., Kamil Ocak Cad., Forum Gaziantep karşısı
TEL (0342) 324 8809
开 9:00~19:00(冬季~17:00)
休 无 费 6TL

出土于祖因吉鲁里霍裕克的赫梯时代浮雕

活着的博物馆

古姆留克·哈努

Map p.353B

Gümrük Hanı 古姆留克·哈努

古姆留克大道至加济安泰普有很多商队住宿地，古姆留克·哈努就是其中刚刚完成修复的一处。这里原本是19世纪建成的商队住宿地，2012年进行修复，2013年5月以“活着的博物馆”为主题对外开放。有手工马赛克工艺品、蕾丝织物、玻璃工艺品等各种手工艺品工作室。还可以亲身体验土耳其湿拓画。

中庭是咖啡馆

在这里还可以看到叙利亚的帕尔米拉遗址的出土文物

加济安泰普考古学博物馆

Map p.353B

Gaziantep Arkeoloji Müzesi 加济安泰普·阿尔克奥勒吉·缪泽斯

石棺中发现的胸像（泽乌马出土）

经过长时间闭馆、扩大规模之后于2017年再次开放。虽然没有展出马赛克，但是充实了其他文物数量。尤其充实了大量青铜器时代前期至赫梯时代后期的文物，其中最令人惊叹的是刻着象形文字和楔形文字的浮雕和土器。馆内还有阿德亚曼的科马基尼时期遗址的出土文物。此外，出土自叙利亚帕尔米拉遗址的城市公墓中的胸像和出土自泽乌马的胸像在这里共同展出。

酒店&餐馆
Hotel & Restaurant

中级酒店多开在索布鲁大道，位于车站大道 Isatasyon Cad. 和索布鲁大道交叉点南边的 PTT 周边有几家便宜一点的酒店。索布鲁大道上有好几家24小时营业的餐馆，十分方便。周围有很多内脏烧烤店。

卡勒·埃比·布蒂克酒店
Kale Evi Butik Otel

中级 8间

◆位于城堡外层护城河沿岸，意思是“城堡之家”，与古城共用其中一部分城墙。室内装修风格雅致，屋顶和庭院里设有咖啡馆和餐馆。工作人员会说英语。

Map p.353B
住 Köprübaşı Sok. No.2
TEL (0342) 231 4142 FAX (0342) 231 4140
URL www.kaleevibutikotel.com
A/C 80TL
A/C 160TL
US $ € TL A M V
全馆免费 EV 无

古流奥卢餐馆
Güllüoğlu

土耳其比萨

◆1752年创立的一家果仁蜜饼甜品店，创始人古流·切勒比先生曾在叙利亚学习甜品果仁蜜饼 Baklava 制作技术。店内销售各式各样的果仁蜜饼，其中招牌甜品是无花果口味的果仁蜜饼。在甜品店的上面一层是同名酒店。

Map p.353B
住 Duğmeci Mah., Suburcu Cad., Ömeriye Camii Sok. No.1
TEL (0342) 231 2282
FAX (0342) 222 4365
URL www.gulluoglushop.com
开 7:00~23:30
US $ € TL A M V

位于古姆留克大道的耶尼汉内的卡雷奥卢洞窟 Kaleoğlu Mağarası (Map p.353B) 是天然洞窟，夏天也无需空调。洞窟内有咖啡馆。

各民族交会的城市

迪亚巴克尔 *Diyarbakır*

长途区号 0412　人口 89 万 2713 人　海拔 660 米

治安信息

由于土耳其东南部安全形势依然严峻，外交部和中国驻土耳其使领馆提醒中国公民暂勿前往土耳其东南部地区。

世界遗产

迪亚巴克尔要塞和哈乌塞尔花园文化景观
Diyarbakır Kalesi ve Hevsel Bahçeleri Kültürel Peyzaj Alanı
2015 年

迪亚巴克尔要塞和城市东南部的哈乌塞尔花园于 2015 年被列为世界遗产

迪亚巴克尔是一座被全长 5.8 公里的城墙所包围的城市。迪亚巴克尔地处孕育了美索不达米亚文明的底格里斯河 Dicle Nehri 上流，自古以来被称作阿米达 Amida 或者是阿米德 Amid。

罗马・拜占庭时代后期的 639 年，由哈立德・布恩・瓦里德将军率领的阿拉伯军占领此地，至此之后，众多的基督教教会被改建成了清真寺。现在老城区的城墙内还保留了为数不少的清真寺，在这里你可以看到不同时代建筑之美，这是土耳其令人充满兴趣的一座城市。

15 世纪，以这座城市为中心繁荣发展的白羊王朝势力不断增加，一跃成了历史的主角，并兴建了很多与首都地位相匹配的建筑。但是 1473 年，在与奥斯曼帝国的决战中战败，成了奥斯曼帝国的一部分。现在的迪亚巴克尔是土耳其东南部的重要城市，这里居住着各民族的人们。

■迪亚巴克尔的旅游咨询处 ℹ
Map p.357B
住 Dağkapı Meydanı, Selahhatin-i Eyyubi Yeraltı Çarşısı Üstü
TEL（0412）229 2032
开 9:00~12:00、13:00~18:00
休 周日・周一

迪亚巴克尔 漫 步

迪亚巴克尔老城区有南北一条街和东西两条街。南北延伸的加济大道 Gazi Cad. 是主要大道，从达卡普 Dağkapı（达门）至马尔丁门 Mardin Kapı。达卡普南边交叉路口的附近以及内比清真寺 Nebi Camii 向西延伸的伊努钮大道 İnönü Cad. 周边是城市的中心，聚集了酒店小餐馆以及巴士公司的办公处等。几乎位于老城区中央位置、从巴鲁克求拉鲁巴休 Balıkçılarbaşı 贯穿乌尔法门后一直延续至火车站的大道是梅利克・艾哈迈德帕夏大道 Melik Ahmed Paşa Cad.。

绿意盎然的哈乌塞尔花园

迪亚巴克尔城墙周长 5.8 公里，可从好几处入口登上城墙游览。尤其是从位于东南部的山羊塔（Map p.357B）眺望出去的风景十分优美，而且还设有茶馆。

连接达卡普和马尔丁门的加济大道

客运总站位于市中心西侧约4公里处

伊尔切客运总站是前往近郊的起点

迪亚巴克尔站正在进行部分装修

前往城市中心地区

◆**从机场到市中心**　开往 Üniversite 方向的 Z2 号公交往返于机场和市内，几乎 20 分钟一班。往返于客运总站和市内的 AZ 号公交也经过机场。去往老城区 Dağkapı 的话在卡达普车站坐车比较方便。20:30 以后可乘坐 Z3 市内公交，最晚运行时间为 1:30，车费为 2TL。

◆**从客运总站到市中心**　迪亚巴克尔共有两个客运总站。主客运总站多是开往大城市的长途线路。另一个客运总站是伊尔切客运总站，主要是马尔丁、巴特曼和米迪亚特方向的短途线路。

●**主客运总站**　可乘坐开往 Üniversite 方向的 AZ 号市内公交前往市中心，每 15 分钟一班，在达卡普站下车。所需时间约为 45 分钟，车费为 2TL。打车前往约需 35TL。

●**伊尔切客运总站**　可乘坐开往 Üniversite 方向的 H5 号市内公交前往市中心，大约每 40 分钟一班。所需时间约为 15 分钟。此外，H2、H3、H4 号市内公交也经过伊尔切客运总站开往达卡普，车费为 2TL。

◆**从火车站到市中心**　沿着车站前笔直延伸的车站大道走 10 分钟左右到达乌尔法门，除了伊尔切客运总站的 H5 号市内公交经过火车站，20 分钟一班的 CE2 开往 Üniversite 方向的公交也经过火车站，此外还可以乘坐 P1、H2、H3、H4、Z3、K1 的 Üniversite 方向公交，在达卡普站下车。

迪亚巴克尔 主要景点

建于老城区的清真寺

乌鲁清真寺

Map p.357B

Ulu Camii 乌鲁清真寺

■**乌鲁清真寺**
开 5:00~20:00
休 无
费 免费

一般认为原建筑物是公元前的一座神殿，之后成了基督教教会，称作马尔·托马教堂。在此之后被改建为清真寺，一直以来都是这座城市的象征性建筑。乌鲁清真寺曾在 1115 年的地震中倒塌，经过重建

7世纪左右改建成了清真寺

乌鲁清真寺的里院

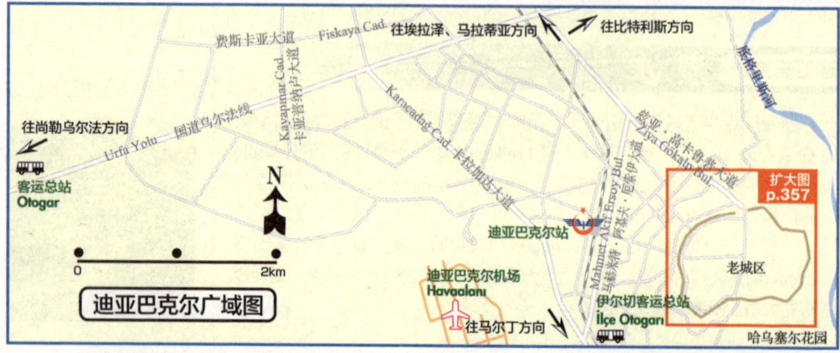

苏尔普格拉戈斯·亚美尼亚教堂 Surp Gragos Ermeni Kilisesi 是大多数旅行攻略书中会提及的一处源远流长的教堂。于 2011 年修复完成，当时还邀请了美国亚美尼亚教堂的神职人员举办了盛大的庆典。

后的清真寺与位于叙利亚大马士革的倭马亚清真寺风格相似，在土耳其其他地方是看不到这种风格的清真寺的。其内部中央摆放着日晷。

刻在城墙和列柱上的浮雕和装饰十分漂亮

兼具观光指南站的功能

丹古贝旧 · 埃比

Map p.357A

Dengbêj Evi 丹古贝旧 · 埃比

丹古在土耳其语中的意思是“声音”，贝旧是“唱”的意思。即使是在天性被压抑的时代，土耳其人用歌唱的形式记录下了他们的历史和文学。这里就是一处介绍土耳其人歌唱文化的建筑，修复自库尔德的一家传统住宅，于2007年正式开放。

在这里你可以看到一边喝着茶一边练习着萨斯琴、唱着歌的人

■丹古贝旧 · 埃比

住 Kılıçlı Camii Sok. No.6, Behrampaşa Camii Yanı
TEL （0412）229 2034
开 9:00~12:00、13:00~18:00
休 周日 · 周一
费 免费

茶水免费。兼备迪亚巴克尔市旅游局的旅游咨询处的功能。

感受历史的深度

苏尔普格拉戈斯 · 亚美尼亚教堂

Map p.357B

Surp Gragos Ermeni Kilisesi 苏尔普 • 格拉戈斯 • 亚美尼亚克利塞斯

创建年代不明，教堂内发现了1376年的碑文。自古以来就是在各大旅行日志中频繁登场的大型教堂。原本已经形同废墟的教堂在2011年正

■苏尔普格拉戈斯 · 亚美尼亚教堂

住 Yenikapı Cad., Göçmen Sok.
开 9:00~17:00
休 无
费 欢迎捐款

迪亚巴克尔

1. 内比清真寺 Nebi Camii
2. 伊斯肯德尔帕夏清真寺 İskender Paşa Camii
3. 梅利克 · 艾哈迈德帕夏清真寺 Melik Ahmedpaşa Camii
4. 圣玛利亚叙利亚正教堂 Meryemana Kilisesi
5. 丹古贝旧 · 埃比 Dengbêj Evi
6. 巴胡拉姆帕夏清真寺 Bahrampaşa Camii
7. 凯尔达尼教堂 Kerdani Kilisesi
8. 苏尔普格拉戈斯 · 亚美尼亚教堂 Surp Gragos Ermeni Kilisesi
9. 阿拉普谢赫清真寺 Arapşeyh Camii

距离客运总站约8公里
Migros
汉堡王
Plaza
Diyar Galeria 购物中心
底格里斯河
Mimar Sinan Cad.
兹亚 · 高卡鲁普大道 Ziya Gökalp Bul.
0 500m
吉木福列特公园
达卡普（达门）Dağkapı
Üniversite Yolu
法梯夫门 Fatih Kapı
内城 İçkale
圣乔治教堂 St. George Kilisesi
萨拉伊门 Saraykapı
伊奇卡雷清真寺 İçkale Camii
Kaburgacı Selim Amca
前往客运总站的巴士、伊尔切客运总站、库鲁切休曼方向的合乘巴士
台克门 Tek Kapı
Kıbrıs Cad. 库布鲁斯大道
Ciğerci İbo
巴士公司
Aslan Palas
Surkent
İnönü Cad.
İzzetpaşa Cad.
Kent
Vadi Park
切夫特门 Çifte Kapı
伊努留大道
Ptt
文化博物馆 Cahit Sıtkı Tarancı Müzesi
Gazi Cad.
哈桑帕夏客栈 Hasanpaşa Hanı
距离火车站约700米
İstasyon Bul.
乌鲁清真寺 Ulu Camii
萨法清真寺 Safa Camii
集市 Sipahi Pazarı
Sülüklü Han
乌尔法门 Urfa Kapı
Melik Ahmed Paşa Cad. 马赫米特 · 阿基夫 · 厄索伊大道
巴鲁克求拉鲁巴休 Balıkçılarbaşı
市内公交站台
合乘巴士站台
济亚格卡尔普博物馆 Ziya Gökalp Müzesi
Green Park
4条腿尖塔 Dört Ayaklı Minare
新门 Yenikapı
距离伊尔切客运总站约2公里（前往马尔丁、巴特曼方向的小巴）
加济大道
许思雷夫帕夏清真寺 Hüsrevpaşa Camii
埃夫利 · 贝登塔 Evli Beden Burucu
Büyük Kervansaray
阿里帕夏清真寺 Alipaşa Camii
Turistik Cad.
马尔丁门 Mardin Kapı
山羊塔 Keçi Burucu
七兄弟塔 Yedi Kardeş Burucu
往迪楚雷桥、哈乌塞尔花园方向

迪亚巴克尔有很多亚美尼亚人居住，但是由于亚美尼亚屠杀以及库尔德问题等治安情况一直恶化，20世纪90年代末，老城区内仅剩下10人不到。

■萨法清真寺
开 9:00~ 日落
休 无
费 免费

History
白羊王朝
Aq(=白)Qoyun(=羊)，因此 Aq Qoyunlu 也被称作"白羊王朝"。它是 14~15 世纪期间，掌控了土耳其东部至伊朗西部的土库曼系王朝。最繁荣时期的苏丹——乌宗·哈桑乘胜追击与西欧势力联合以对抗奥斯曼王朝，但在 1473 年的埃尔津詹战役中败给了穆罕默德二世，由此王朝开始衰落。白羊王朝的血统后来由伊朗的萨非王朝得以继承。

■迪楚雷桥
🚌 马尔丁门的合乘巴士发车次数多
开 随时
休 无
费 免费

美丽的拱桥

式修复完成。苏尔普格拉戈斯·亚美尼亚教堂还会邀请美国的亚美尼亚教堂的神职人员在此举办盛大的庆典，以及弥撒仪式等。

修复过后的教堂内部

刻着精美浮雕的尖塔十分漂亮

萨法清真寺 Map p.357A

Safa Camii 萨法清真寺

入口位于一个很小且不明显的帕洛大道 Palo Sok.。当地人把这里称作"帕洛清真寺"。建于 15 世纪白羊王朝最繁盛时期的苏丹——乌宗·哈桑的时代。尖塔的造型沿用了伊朗风格，精美雕刻的浮雕美得令人叹为观止。尖塔下面还保留着部分蓝色装饰瓷砖。

尖塔上的美丽装饰

底格里斯河上一座美丽的桥

迪楚雷桥 Map p.357B 外

Dicle Köprüsü 迪楚雷·考普留苏

位于老城区南边约 3 公里处的一座石桥。全称是"恩高兹鲁（=十孔桥）"，建于 11 世纪的马尔万王朝时代（990~1085 年）。

拥有世界上最长的城市城墙

迪亚巴克尔要塞 Map p.357

Diyarbakır Surları 迪亚巴克尔·速鲁拉尔

坚固的城墙环绕着这座城市

包围城市的城墙全长达到 5.8 公里，是现存世界上最长的城墙。

古城被称作"伊奇卡莱（内城）"，据说是过去阿米达城的一部分。罗马时代对其进行了扩张，建造了外城。此后陆续成为波斯帝国（萨珊王朝）和拜占庭帝国的一部分。最终在 640 年左右被阿拉伯军队占领，此后还经过了多次修建。

沿底格里斯溪谷而建

哈乌塞尔花园 Map p.375B 外

Hevsel Bahçeleri 哈乌塞尔·巴夫切雷利

从山羊塔向下眺望哈乌塞尔花园

起始自马尔丁门南侧的肥沃大地上，沿底格里斯河不断延伸。在经过了奥斯曼王朝时代，这里成了一片果树园，专门种植大片养蚕业所需的桑树。此后养蚕业虽然不断衰落，但是花园景观得以保存下来。此外这里还是鸟儿们的乐园，这里已有 189 种鸟类在此栖息。

迪亚巴尔克及其周边地区的语言是与波斯语和库尔德语有些深厚渊源的扎扎其语。

荒野中的中世纪城市

马尔丁 *Mardin*

长途区号 0482　人口 8 万 6948 人　海拔 1050 米

马尔丁城和依斜坡而建的城市

距离迪亚巴克尔约 96 公里。从迪亚巴克尔出发的巴士在田野和荒原上疾驰。道路两边逐渐开始出现山脉，正面可以看到马尔丁城市所在的岩石山脉。这座城市的命名由来自叙利亚语种的"梅尔丁（城墙）"。正如它的名字一样，山坡的斜面上建起了一排排仿佛是粘贴上去一样的白色住宅。城堡的顶端有一个西瓜形状的设施，据说与军事有关。自古以来阿拉伯人和库尔德人以及基督教教徒等混居在此地，说阿拉伯语的人居多。

治安信息

由于土耳其东南部安全形势依然严峻，外交部和中国驻土耳其使领馆提醒中国公民暂勿前往土耳其东南部地区。

马尔丁 漫 步

老城区的主要大道是从梅丹巴舍向西延伸的比林吉大道 Birinci Cad.。沿着这条大道有很多小餐馆和贵金属店等。位于城市中心的是共和国广场 Cumhuriyet Meydanı，也在这条大道上。

老城区中会有写着"谢希尔伊奇 Şehir İçi"的迷你巴士绕城环行，自西向东穿过比林吉大道。

Information

马尔丁的银工艺

马尔丁在土耳其以银工艺而著名。在比林吉大道上有好几家贵金属店。耶鲁里桑银工艺品店销售的银质产品都是采用传统技法制成的。

●耶鲁里桑银工艺品店
Yerlisan Gümüşçülük
Map p.360
TEL （0482）213 2213
开 9:00~18:00
休 周日

前往城市中心地区

◆从机场到市中心（恰尔什） Havaş 公司将陆续经过客运中心、老城区入口的迪亚巴克尔卡普、位于出口外的梅丹巴舍。根据航班时间发车。交通费为 9TL。

◆从客运总站到市中心（恰尔什） 乘坐可以穿行于老城区狭窄小道的小型市内公交站台位于客运总站站口处。交通费为 2TL。并非所有的市

客运总站

迪亚巴克尔和马尔丁之间的干线道路以及土耳其东南部的公路有时会进行例行排查，不要忘记随身携带护照。

天然肥皂很适合作为纪念品

内公交都经过老城区和客运总站，有的公交只在老城区及其外围转一圈，具体情况请询问一下驾驶员。

马尔丁 主要景点

改建自过去的叙利亚教堂

马尔丁博物馆

Map p.361

Mardin Müzesi 马尔丁 · 缪泽斯

改建自共和国广场的一处叙利亚基督教堂。除了考古文物的展示，对当地的生活文化和宗教文化也进行了丰富的介绍。这和萨班究博物馆都是必不可少的观光景点。

■马尔丁博物馆

住 Şar Mahallesi, Cumhuriyet Meydanı Üstü

TEL（0482）212 1664

开 夏季 8:30~18:00
冬季 8:00~17:00

休 周一

费 6TL　学生 2TL

如今还在使用的为数不多的教堂之一

40 烈士教堂

Map p.360

Kırklar Kilisesi 库鲁库拉尔 · 克利塞斯

40 烈士教堂在马尔丁的叙利亚正教堂中属于中心般的存在

这是一座叙利亚正教堂，从共和国广场西侧的小巷进去后位于左侧。当地人用阿拉伯语称之为“凯尼萨 · 阿尔拜恩”。569 年建造当时被称为马尔 · 赫纳姆教堂，因为这里埋葬着 40 位殉葬者的遗骨，此后 就改称为 40 烈士教堂。

■40 烈士教堂

沿着大道能看见相关指示牌。

开 9:00~18:00
（冬季 ~16:00）

休 无

※ 节假日期间的集体礼拜时无法参观

来到马尔丁就一定要来这里了解它的文化

萨克普 · 萨班究 · 马尔丁博物馆

Map p.360

Sakıp Sabancı Mardin Kent Müzesi 萨克普 · 萨班究 · 马尔丁 · 肯特 · 梅译斯

由大财团萨班究集团出资建造的一座博物馆。1 层通过展示详细地介绍了马尔丁悠久的历史和传统工艺等民俗文化，非常适合首次前来马尔丁旅游的游客。地下一层设为画廊。

用蜡像进行展示

■萨克普 · 萨班究 · 马尔丁博物馆

住 Birinci Cad., Eski Hükümet Konağı Yanı

TEL（0482）212 9396

URL www.sakipsabancimardinkentmuzesi.org

开 5/2~10/31 8:30~17:30
11/1~ 次年 5/1 8:00~17:00

休 周一

费 6TL　学生 2TL

闪光灯 不可

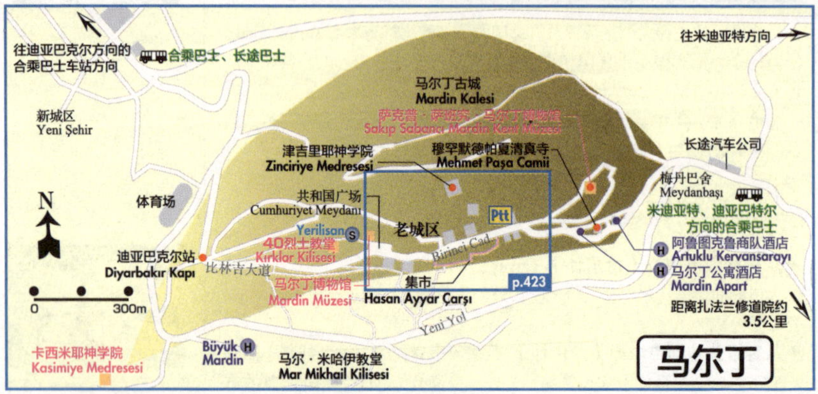

常见于马尔丁和米迪亚特的 Shiluh 红酒其实是基督教徒创立的品牌。还有仅使用圣加布里埃尔修道院内种植的葡萄酿成的红酒。

流传了 500 年的血腥传说是真的吗？

卡西米耶神学院 Map p.360

Kasimiye Medresesi 卡西米耶 · 梅德莱塞斯

这是马尔丁所有建筑物中规模最大的一座。卡西米耶的名字来源自白羊王朝末期的一位君主——卡西姆的名字。因此这里也称作卡西姆帕夏神学院。建成时间在 15 世纪末期左右。建筑物中央的墙壁上有几处红色血迹。据说这是卡西姆和他的两个姐妹在这里被杀死留下的血迹。走上二楼后就可以看到马尔丁优美的景色，平原可以一直延伸至叙利亚。

■卡西米耶神学院
开 9:00~18:00（冬季~17:00）
休 无
费 免费

神学院的正面

这里曾是叙利亚正教堂的总主教所在的地方

扎法兰修道院 Map p.362A

Deyrül Zafaran 德鲁尔 · 扎法兰

距离市区东侧约 5 公里的一处叙利亚正教堂的修道院。据考证它的创建时间可追溯至公元前，公元 4 世纪末时才被基督教徒所使用。1293~1932 年，叙利亚正教堂的安条克大主教曾在这里生活过。如今扎法兰修道院内还在举行各种活动，除了会举办叙利亚语的礼拜之外，还会对少年信徒展开教育活动。

扎法兰修道院内部的主祭坛

■扎法兰修道院
TEL（0482）208 1061
URL www.deyrulzafaran.org
开 8:30~12:00 13:00~18:30
休 无
费 10TL 学生 5TL
不可
乘坐出租车或包租合乘巴士往返需花费 60TL~。

叙利亚正教堂的据点——扎法兰修道院

马尔丁 近郊景点

坐拥众多厚重的石造教堂

米迪亚特 Map p.362B

Midyat 米迪亚特

米迪亚特有很多拜占庭时代遗留下来的古老样式的花纹以及有着独特色调石砖的教堂和修道院。

漫步米迪亚特 米迪亚特由被称作埃斯特尔的新城区和老城区组成（艾斯克 · 米迪亚特，有时直接简称为米迪亚特）。两者之间由合乘巴士连接。

■前往米迪亚特的线路
●从马尔丁出发
6:00~19:00 从梅丹巴舍站每隔 20 分钟有一班车。
所需时间：约 1 小时
费用：15TL
●从哈桑开伊夫出发
始发站是巴特曼。有些班次的巴士需要在米迪亚特前的盖尔居什 Gercüş 换乘。
所需时间：约 40 分钟
费用：12TL

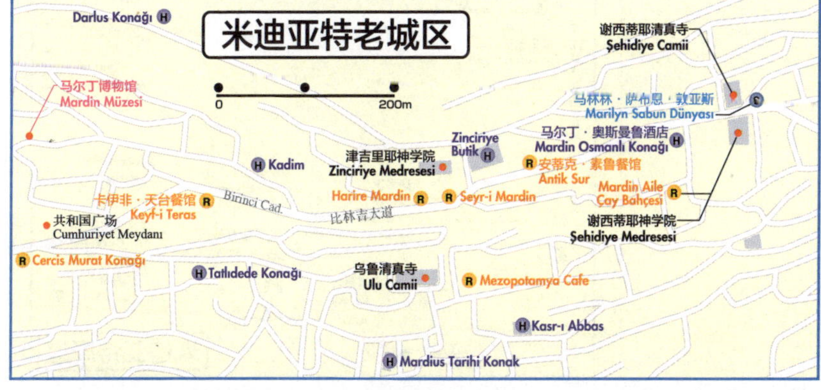

手工皂是马尔丁的特产。特别是有名的布特姆香皂的原材料采用了中药中也有的笃褥香。虽然对皮肤比较刺激，但对头发非常温和。

看点 老城区内有利用传统老建筑考努克·埃比 Konuk Evi 改建而成的博物馆，附近还有基督教徒经营的当地产葡萄酒店以及银工艺品店。老城区的中心是摆放着阿塔图尔克像的黑克鲁广场。这里也是合乘巴士的始发站。从广场可以看到叙利亚正教堂的钟楼。

从考努克·埃比上看到的米迪亚特老城区风景

世界上最古老的修道院之一

圣加布里埃尔修道院

Map p362B

Mor Gabriel Manastırı 摩勒·盖博勒·马纳斯特里

建于 397 年，是世界上最古老的的修道院之一。7 世纪时，以征服这一地区的第二代统治者哈里发的名字命名，也被称作乌马尔修道院 Deyrül Umar。据说这个修道院的神学部曾有数千名学生。进门之后拾阶而上，右侧是礼拜堂，正面左侧是修道院办公室和接待室。因为修道院建于高地之上，所以视野很好，可以看到周围美丽的风景。

遗留在底格里斯河上的 处要塞

哈桑凯伊夫

Map p.362B

Hasankeyf 哈桑凯伊夫

哈桑凯伊夫是位于底格里斯河河畔的一处遗址。从建筑价值上来看需要尽早地进行保存和修复，但土耳其决定建设伊里苏大坝 Ilısu Barajı，这里的所有村落都将被水淹没。现在保留下来的大多数建筑物都是建自 11~12 世纪的阿尔图格王朝时代，其中还有建于 12 世纪的横跨底格里斯河的大桥桥墩以及建于白羊王朝时代的泽伊内尔·贝伊的坟墓 Zeynel Bey Türbesi。2019 年已完成除城墙和桥墩以外的转移工程，2019 年 5 月开始，将调动居民迁居至新哈桑凯伊夫。一旦大坝开始放水，届时这一珍贵的历史遗产将永存水底。

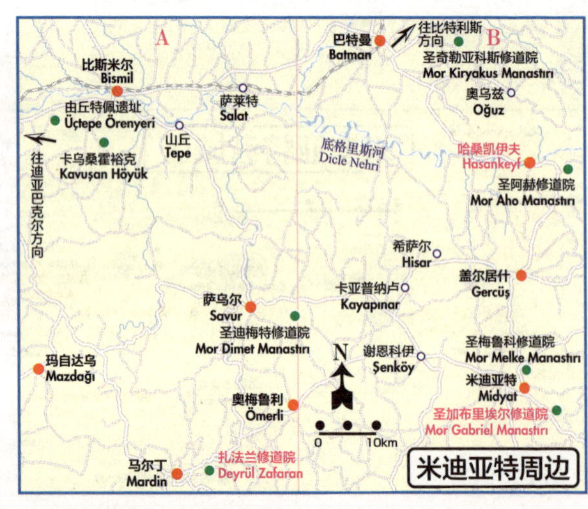

■考努克·埃比博物馆
住 133 Sok.No.15
TEL (0482) 464 0719
开 8:30~ 日落
休 无
费 3TL

■圣加布里埃尔修道院
TEL (0482) 213 7512
URL www.morgabriel.org
开 8:30~11:00 13:00~16:30
休 无
费 欢迎捐款
📷 不可

位于米迪亚特东南方向 20 公里处。因为没有公共交通只能乘坐出租车。从米迪亚特出发往返约 120TL。

圣加布里埃尔修道院的标志是 2 座钟楼

最终会沉入水底的哈桑凯伊夫。位于对岸的是新哈桑凯伊夫

■前往哈桑凯伊夫的线路

●从米迪亚特出发

🚌 从 6:45~18:30 期间合乘巴士每 30 分钟一班
所需时间：约 1 小时
费用：12TL

●从巴特曼出发

🚌 从 7:00~18:30 期间合乘巴士每 30 分钟一班
所需时间：约 45 分钟
费用 :8TL

在马尔丁可以品尝到当地很珍贵的美食，比如羊腿肉烧烤 Dovo 和绿色的李子混煮羊肉的 Alluciye。在 Cercis Murat Konağı 等餐馆可以品尝到。

酒店&餐馆
Hotel & Restaurant

马尔丁曾作为一档热门电视剧的取景地而人气大增，许多游客纷纷慕名前来。除了改建自老城区传统住宅的酒店备受欢迎之外，新酒店也在不断建设当中。假期有时会住满客人。很多餐馆也顺应观光热潮，将传统建筑改装成餐馆，别有一番风味。

马尔丁公寓酒店
Mardin Apart Otel 经济型 20 间

◆一处改装自店主老家的酒店。虽然名字中带有“公寓”二字，但是客房内没有厨房等设施。在整体住宿费偏高的马尔丁，这家酒店的价格还算公道。酒店分为旧馆和新馆，旧馆更有民宿的感觉。

Map p.360
住 Birinci Cad., Hamidiye Camii Karşısı
TEL (0482) 212 8882
单人 150TL
双人 250TL
US $ € TL 信用卡 不可
全馆免费 EV 无

马尔丁 · 奥斯曼鲁酒店
Mardin Osmanlı Konağı 中级 53 间

◆一家精品酒店，改装自有着马尔丁独特风格的古建筑原埃鲁到巴 · 埃布莱利。从酒店内的院子可以看到连绵至叙利亚的美索不达米亚平原的壮阔风景。

Map p.361
住 Birinci Cad. No.157
TEL (0482) 212 7677 TEL (0482) 213 7787
URL www.mardinosmanlikonagi.com
单人 A/C 250TL
双人 A/C 350TL
US $ € TL 信用卡 M V
全馆免费 EV 无

阿鲁图克鲁商队酒店
Artuklu Kervansarayı 中级 43 间

◆改建自 1275 年阿鲁图克时代的一处商队住宿地。酒店内配备有餐馆、桑拿室等。从客房到走廊的装饰都别具风韵。

Map p.360
住 Birinci Cad. No.70
TEL (0482) 213 7353 URL www.artuklu.com
单人 A/C 60 € ~
双人 A/C 80 € ~
US $ € TL 信用卡 A M V
全馆免费 EV 无

卡伊非 · 天台餐馆
Keyf-i Teras 咖啡馆

◆位于比林吉大道上的一座较高建筑的屋顶，视野极佳。茶水 2.50TL，咖啡一律 6TL。早餐 25TL，分量充足。虽然是露天环境，但是禁止吸烟。

Map p.361
住 Birinci Cad., Tuğmaner Camii Yanı No.297/A
手机 0543 714 1181
开 7:00~22:00
休 无 US $ € TL 信用卡 M V

安蒂克 · 素鲁餐馆
Antik Sur Cafe & Restaurant 地方菜

◆改建自 16~17 世纪建成的一处商队住宿地。主要以地方菜为主，如肋骨肉掺杂着米饭一起煮的羊肉炖饭（Kaburga Dolmasi）30TL 以及小锅什锦饭 Pilav Üstü Tandır 30TL 等。

Map p.361
住 Birinci Cad., Kuyumcular Çarşısı Surur Hanı
TEL (0482) 212 2425
开 8:00~ 次日 1.00
休 无
US $ € TL 信用卡 A M V

马林林 · 萨布恩 · 敦亚斯
Marilyn Sabun Dünyası 肥皂美容

◆“马尔丁的马林林”是一家于 2018 年开业的美容店。在店内你可以看到店主精心挑选的马尔丁特产的布特姆香皂、骆驼奶肥皂、香水和饰品等。

Map p.361
住 Birinci Cad. No.146
手机 0533 412 0375
开 8:00~20:00
休 无
US $ € TL
信用卡 M V

“马尔丁的马林林”以及马林林 · 萨布恩 · 敦亚斯的店主自诩是马尔丁的形象大使，为大家介绍马尔丁品质优良的肥皂。如果你想和他们合影，他们也会很乐意的。

伊斯坦布尔
安卡拉
凡城

以怪兽和猫而闻名的美丽湖畔城市

凡　城 *Van*

长途区号 0432　人口 37 万 190 人　海拔 1726 米

左右瞳孔颜色不同的凡城猫

凡湖是土耳其境内最大的盐水湖，位于安纳托利亚东部，距离伊朗国境很近。凡城就是位于凡湖东侧的一座城市。曾在公元前 9 世纪至公元前 6 世纪的西亚繁荣一时，它是乌拉尔图国王的首都，当时被称为“图斯帕”。乌拉尔图王国在最繁盛时期曾扩张至整个亚美尼亚高原，旧约圣经中的亚拉腊 Ararat 王国就是这里。此后这里一度成为亚美尼亚王国的中心，随着王国的不断衰退，10 世纪开始土耳其人入侵此地，这里逐渐土耳其化、库尔德化，并成了三者之间的抗争地。在第一次世界大战过程中，凡城还曾成为俄罗斯的领土。

凡城 漫 步

凡城的主要大道是南北走向的共和国大道 Cumhuriyet Cad.。与其呈直角交叉的是卡济姆 · 卡拉贝大道 Kâzım Karabekir Cad., 向西可到达凡湖。整个城市以两条大道的路口为中心不断向外延伸开来。从十字路口向南沿着塞尔丘克大道步行不到一分钟，左侧就是旅游咨询处 ❶。向北走 30~40 米，右侧有几家银行。可以乘坐合乘巴士前往阿克达马尔岛 Akdamar Adası 等附近的景点游览，但到了傍晚就会没有车，一定要尽早返程。

前往城市中心地区

◆**从凡城机场到市中心**　可以乘坐开往市内的合乘巴士。费用为 2.25TL。出租车大约需要花费 50TL。卡济姆 · 卡拉贝大道上有开往机场方向的合乘巴士。

◆**从客运总站到市中心**　客运总站位于凡城西北侧约 2 公里处。位于城

■凡城的旅游咨询处 ❶

●凡城市的旅游咨询处 ❶

Map p.365 上 B

住 Cumhuriyet Cad. No.107

TEL（0432）216 2530

开 8:00~17:00

休 周六 · 周日

●伊佩奇约卢区的旅游咨询处 ❶

Map p.365 上 A

住 Cumhuriyet Cad. Park AVM Karşısı

开 8:00~17:00（夏季 ~19:00）

休 无

■市内公交无法使用现金

凡城的市内公交无法使用现金，请事先购买 Belvan Kartı 预付款一体式公交卡。交通卡可在车站附近的奇约斯克等地购买。未充值前卡内存有 4TL, 请提前充值。

Information

凡城猫之家
Van Kedi Evi

凡城的猫两边瞳孔颜色不同，十分可爱，已经成了凡城的吉祥物。凡城猫之家 Van Kedi Evi 是一家负责凡城猫保护和繁殖的设施，位于尤尊屈尤尔大学校园内。可乘坐 Kanpüs 方向的合乘巴士到终点站下车，车费为 2.25TL。开馆时间请在旅游咨询处进行确认。

此外，位于凡城附近的阿尼巴艺术工作室 Arubani Art（→ p.368）也有一家凡城猫之家 Van Kedi Evi，负责凡城猫的繁育等，这里允许与凡城猫直接接触、拍摄纪念照片等（要收费）。

关于凡城猫瞳孔颜色各异的原因众说纷纭。据说是因为古代各民族带来的猫相互杂交的结果，也有一种说法是受到了凡湖的影响。

市中心的共和国大道和卡济姆·卡拉贝大道交叉路口处提供免费巴士服务。只要在市内的巴士公司办公处购买车票就可以享受免费的接送服务。

周边交通

从凡城开往周边的合乘巴士根据目的地不同而乘车地点各不相同。多乌巴亚泽特、穆拉迪耶和阿克达马尔方向的合乘巴士在客运总站坐车。恰武什泰佩、霍莎普等东或南方向的合乘巴士在城市南部的客运总站·乘车点上车。

凡城 主要景点

据说美丽湖面会有七彩变化

凡　湖

Map p.365 下 A

Van Gölü 凡·古鲁

湖面海拔 1646 米，面积 3713 平方公里，湖岸线约 500 公里。虽然有支流流入凡湖中，但是由于流出的河水非常少，所以形成了这样一口咸水湖。湖中的不同位置咸水的浓度有所不同，在河岸附近可以捕捞到各种鱼类，岸边也可以游泳。但是咸水浓度达不到死海那样可以让身体漂浮起来的浓度。

此外，有传言称这里曾经生存过一种被称为 Van Canavarı 的巨型怪物，沿岸有很多人亲眼见到过。1997 年 6 月，

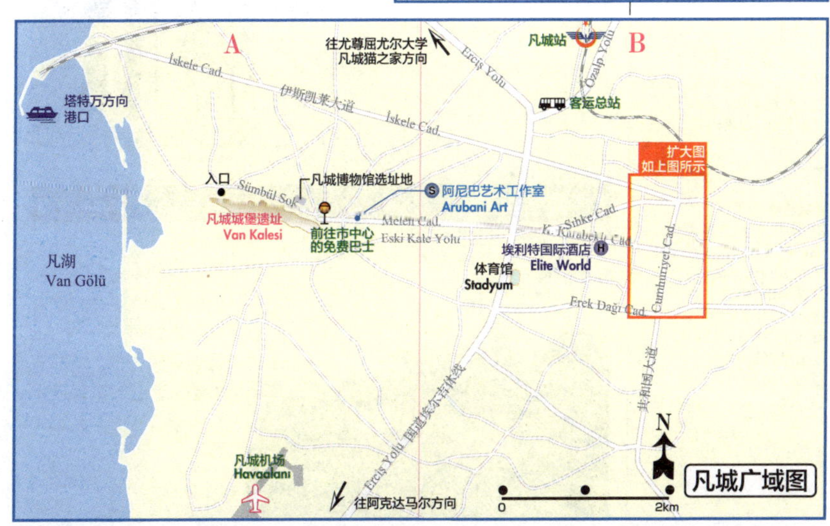

凡城和塔特万之间有配合火车时间运行的轮渡。除了凡城快递之外，凡城与伊朗之间的货品交易也通过轮渡进行。一般的游客也可以在此乘船，交通费用为 10TL。

公开了拍摄到这一怪物真实面貌的影像，一时间成了全国的热门话题，这一影像曾经也在电视台播放过。

位于城市西侧的辽阔的凡湖

辽阔的景色和美丽的夕阳

凡城城堡遗址

Map p.365 下 A

Van Kalesi 凡 · 凯雷斯

位于凡城西侧的一座石丘上，由石灰岩块组成。凡城城堡宽 70~80 米，长度是 1.5 公里，高度有 80 米。公元前 825 年，由建立起高度文明的乌拉尔图王国的萨尔杜尔一世下令建造。山脚下是乌拉尔图王国的首都——图斯帕。

城内还保留着公元前 9 世纪用岩石建造的石墓，跟入口处的保安商量还可以进入内部参观。石墓的入口周边还可以看见写着楔形文字的碑文。

白天参观凡城城堡没有问题，但是到了傍晚，村里的孩子就会缠着游客要钱。从城堡上面可以看到沉入湖水中的夕阳美景，但是傍晚人少，一定要多加小心。

■凡城遗址

开 8:00~19:00（冬季 ~17:00）

休 无

费 6TL

🚌 在标有 Kale 的合乘巴士站乘车。交通费用为 2.25TL。运行时间为 6:00~21:00。

位于凡城西侧的凡城遗址

Information

博物馆的迁移计划

位于凡城市中心的博物馆以展示珍贵的乌拉尔图王国文物而闻名世界。在 2011 年地震中毁损，现已关闭。现在正将凡城遗址作为露天博物馆进行修建，并重建了一座新的博物馆。

从凡城上可以看到博物馆

凡城 近郊景点

岛上建有残留着浮雕的朴素而坚固的教堂

阿克达马尔岛

Map p.367B

Akdamar Adası 阿克达马尔 · 阿达斯

阿克达马尔岛漂浮在凡湖上，岛上有建于 915~921 年的亚美尼亚教堂。内部的浮雕画保存得不是很好，但外墙上描绘着的亚当和夏娃的故事等圣经中场景的浮雕却保存得很好。登上高处，可以欣赏到凡城和教堂的风景。需要提前确认轮船返程的时间。岛上没有餐馆等。

阿克达马尔岛上的亚美尼亚教堂

■阿克达马尔岛

开 登岛时间为 8:00~19:00（冬季 ~16:00）

休 无

费 15TL

不可

🚌 阿克达马尔港口方向的合乘巴士在每天 7:00~20:00 内每 1 小时运行 1 班。交通费用为 8TL，也可以乘坐市内巴士到岛附近的盖瓦休村下车。

⛴ 满 12 人发船。一人 15TL。

有着狮子图案的浮雕

霍莎普城堡

Map p.367B

Hoşap Kalesi 霍莎普 · 凯雷斯

位于高处的霍莎普城堡

位于凡城东侧约 50 公里处，霍莎普河的对岸。在波西米亚语中 hos 是美丽的意思，ap 的意思是水，连起来就读作霍莎普。在土耳其语中称作居泽尔苏 Güzelsu。

■霍莎普城堡

🚌 合乘巴士在每天 7:00~19:00 内每 1 小时运行 1 班。交通费用为 10TL。

🚖 乘坐出租车游览霍莎普城堡和恰武什泰佩城需 200TL。

开 8:00~19:00（冬季 ~17:00）

※ 有时会提前关门

休 无

费 免费

位于凡城附近的 Edremit Arena 每逢周末和节假日，12:00 和 14:00 有前往阿克达马尔的轮船。往返 12TL，支付方式仅支持 belvan 卡，不可以使用现金。

城堡是 1643 年（当时属于奥斯曼帝国时代）库尔德领主苏莱曼·马赫穆迪下令修建的。城内有 365 个房间、2 个清真寺和 3 个公共浴室。最有趣的是刻在门上的浮雕，徽章两侧是被锁链拴住的狮子。除了可以观赏到美丽的城堡之外，从城堡上眺望的景色也十分漂亮。城堡下有库尔德人的村落，是保存有奥斯曼帝国时代的大桥。

从众多的出土文物中可以一窥当时的文明程度

恰武什泰佩城堡

Map p.367B

Çavuştepe Kalesi 恰武什泰佩 · 凯雷斯

位于前往霍莎普城堡的途中，距离凡城大约 20 公里处。公元前 760 年至公元前 730 年，由乌拉尔图国王萨尔杜尔二世下令修建。城堡由两部分组成，前面有寺院、藏宝库等，可以看到“神、伊鲁姆西尼”等楔形文字的记述。穿过回廊到达里面的城堡，这里有礼拜堂和宫殿等建筑。

高低落差不大但仍然气势磅礴的瀑布

穆拉迪耶瀑布

Map p.367B

Muradiye Şelalesi 穆拉迪耶 · 塞拉雷斯

位于凡城东北方向约 65 公里的穆拉迪耶村的郊外。瀑布落高度为 15~20 米，连绵的瀑布十分气势磅礴。你可以在瀑布周围看见愉快玩水的当地的小孩子。穿过吊桥后有餐馆，你可以在这里边吃饭、饮茶，边欣赏瀑布美景。

气势磅礴的穆拉迪耶瀑布

当地名菜

凡城的早餐
Van Kahvaltısı

凡城一种大量使用了干草芝士 Otlu Peynir、橄榄油、蜂蜜、menemen 等新鲜食材做成的早餐。特别是加入的一种叫作 kaymak 的奶油和蜂蜜之间调和得恰到好处，喜爱甜品的人一定对其欲罢不能。凡城有一条卡夫巴鲁特吉（意思是“早餐店”）大道 Kahvaltıcı Sok.，这条街上有很多早餐店。

■恰武什泰佩城堡

🚌 合乘巴士 7:00~19:00 每一小时一班车。交通费为 5TL

开 8:00~19:00（冬季 ~17:00）

休 无

费 免费

■穆拉迪耶瀑布

🚌 MR1 巴士 6:45、11:00、15:45 发车；8:30、13:00、17:00 返程。交通费为 7TL

从吊桥上也可以看到瀑布

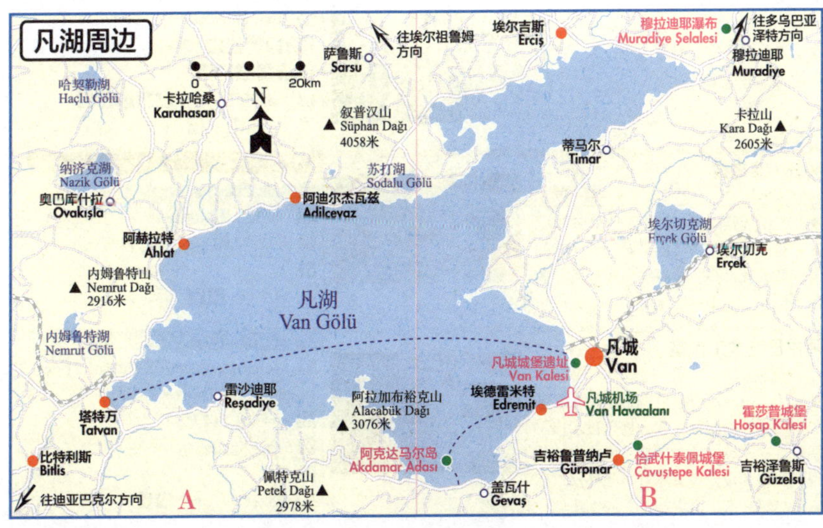

酒店&餐馆
Hotel & Restaurant

便宜一点的酒店位于集市至哈兹雷特·奥美鲁清真寺之间的小巷中，中级酒店位于旅游咨询处 ❶ 附近。最近一些高档酒店在凡湖的湖畔附近开业。共和国大道上有几家餐馆。

布裕克奥斯陆酒店
Büyük Asur Oteli

经济型 48 间

◆位于旅游咨询处 ❶ 的旁边。店主 Remiz 先生会说一口流利的英语，负责到恰武什泰佩、塔特万、卡鲁斯、多乌巴亚泽特等处的旅游团。欢迎住宿以外的客人参加。

Map p.365 上 B

住 Cumhuriyet Cad.，Turizm Sok. No.5
TEL (0432) 216 8792
URL www.buyukasur.com
单人 80TL
双人 140TL
US $ € TL　信用卡 A D J M V
全馆免费　EV 有

皇家贝克酒店
Royal Berk

中级 43 间

◆位于市中心的一家出行便利的三星酒店。外观虽然普通，但是客房面积大，装潢考究。整个房间自带迷你吧台、保险箱、吹风机、电视等设施。

Map p.365 上 A

住 İş Bankası Yanı, 6 Sok. No.5
TEL (0432) 215 0050　FAX (0432) 215 0051
URL royalberkhotel.com
单人 A/C 100TL
双人 A/C 150TL
US $ € TL　信用卡 A M V
全馆免费　EV 有

皇家米兰酒店
Royal Milano Hotel

高级 40 间

◆位于距离市中心稍北方向，距离合乘巴士乘车点较近。于 2014 年开业，是一家四星级酒店。酒店内配备有桑拿室、公共浴室等。客房面积大，工作人员态度友好。

Map p.365 上 A

住 Defterdarlık Sok. No.28
TEL (0432) 214 5550　FAX (0432) 214 5552
URL www.royalmilanohotel.com
单人 A/C 130TL
双人 A/C 200TL
US $ € TL　信用卡 M V
全馆免费　EV 有

埃利特国际酒店
Elite World Van

高级 230 间

◆凡城市中心最豪华的酒店，古典欧式风格的装修，以及完备的健身房、桑拿室、公共浴室、游泳池等设施。有的房间还配有浴缸。

Map p.365 下 B

住 K.Karabekir Cad. No.67
TEL (0432) 484 1111　FAX (0432) 214 9898
URL www.eliteworldvan.com.tr
单人 A/C 325TL
双人 A/C 375TL
US $ € TL　信用卡 A D J M V
全馆免费　EV 有

秀丘·菲乌兹
Sütçü Fevzi

地方菜早餐专卖店

◆1952 年创建的一家老字号早餐沙龙店，在当地为数不多的早餐沙龙店中知名度和人气最高。早餐套餐根据菜品数量不同在一人 10~40TL 不等，2 人份 50TL。

Map p.365 上 A

住 Kahvaltıcı Sok. No.9
TEL (0432) 216 6618
开 6:00~14:00
休 无
TL　信用卡 M V

阿尼巴艺术工作室
Arubani Art

饰品店

◆银制品工坊兼商店。在这里可以参观学习工匠的制作过程，从乌拉尔图王朝时代的遗址中出土的饰品风格设计到现代风格的设计应有尽有。此外这里还有凡城猫之家，可以和可爱的猫咪们一起合影。

Map p.365 下 A

住 Melen Cad., Van Kale Yolu Üzeri, Atatürk Kültür Parkı Karşısı
TEL (0432) 214 1234
开 9:00~20:00
休 无
US $ € TL　信用卡 M V

据传凡湖里有像尼斯湖怪兽一样的 UMA（未知动物），经常在报纸上看到有关目击者的报道。2012 年土耳其的萨法克报纸曾报道，有证人称凡湖里的怪物增加到了 3 只。

位于凡湖西岸的一座休闲城市

塔特万 *Tatvan*

长途区号 0434　人口 6 万 7035 人　海拔 1673 米

从塔特万眺望凡湖

从凡城绕行凡湖南侧约 150 公里，在其对岸就是隶属于比特利斯省的塔特万。据说城市的命名来源自 Taht-ı Van 这一城墙的名字。虽然塔特万是一个很小的城市，但是却是前往内姆鲁特湖、阿赫拉特、比特利斯等地方的观光据点。

塔特万 漫 步

塔特万的城市构造十分简单，只要记住一条主干道——共和国大道 Cumhuriyet Cad. 就可以。这条大道上的 PTT 周边就是市中心区，周边有酒店和餐馆等。ⓘ 位于 PTT 所在的交叉路口向西北的比特利斯方向（客运总站方向）约 2 公里处。

●客运总站　位于距离市中心往比特利斯方向约 3 公里处的位置，但开往凡城的长途汽车可以在 PTT 周边的巴士办公处上下车。开往多乌巴亚泽特方向的巴士不经过市区直接在凡湖西岸的道路旁停靠，游客需要特别注意。

●前往附近的交通方式　没有开往内姆鲁特湖的合乘巴士等交通工具。可以拜托酒店的前台帮忙包租出租车或者是安排一日游旅游团。

■塔特万的旅游咨询处 ⓘ
Map p.369
住 Kültür Merkezi Binası
TEL & FAX (0434) 827 6527
URL bitlis.ktb.gov.tr
开 8:00~12:00、13:00~17:00
休 周六 · 周日

塔特万的旅游咨询处 ⓘ

当地名菜

布里安烤肉 Büryan Kebabı

将嫩羊肉切成块状放在地下如同泥炉一般的大锅里熏制而成。这是比特利斯的一道名菜，但在塔特万也能够品尝到。从外观上可能看不出来一家餐馆是否提供布里安烤肉，要走进店里看看店内是否吊着小羊的肉块。

开往阿赫利特的合乘巴士

布里安烤肉原来是比特利斯的当地名菜，后传至塔特万和锡尔特。塔特万还有 Meltem Büryan Salonu 等名菜。

内姆鲁特湖是世界上为数不多的火山湖

■前往阿赫拉特的线路

🚌 从 PTT 旁边乘坐合乘巴士，8:00~19:00 内每 1 小时运行 1 班。所需时间约 40 分钟。交通费用 8TL。在阿赫拉特市区的博物馆前下车。

光怪陆离的阿赫拉特美景

■前往比特利斯的线路

🚌 从 PTT 北侧 300 米左右后向左转到达合乘巴士站，这里每天 7:00~23:00（冬季 ~21:00）发车，发车时间较频繁。所需时间约 30 分钟，交通费用 5TL。

比特利斯保留有很多古建筑

塔特万 近郊景点

绿宝石般的火山湖

内姆鲁特湖 Map p.367A

Nemrut Gölü 内姆鲁特 · 勾鲁

从塔特万开车约花费 1 小时。阿德亚曼近郊的内姆鲁特是一处非常有名的观光胜地，但在塔特万也有内姆鲁特山，海拔为 3050 米。而且这里还有内姆鲁特湖，位于东安纳托利亚火山带的最南端，是世界上为数不多的火山湖。内姆鲁特湖由 5 个火山湖组成，绿宝石般的湖面非常值得一看。在这里常常可以看到步行旅行和野餐的家庭。

墓碑林立，光怪陆离的景象

阿赫拉特 Map p.367A

Ahlat Mezarlar 阿赫拉特 · 梅扎拉尔

位于阿赫拉特近郊的凡湖湖畔是一片高度超过 2 米的墓碑群，一派光怪陆离的神秘景象。这里的墓碑大多都建于 17~18 世纪，最古老的墓碑建于 12 世纪的蒙古时代。墓碑的表面雕刻着几何图案，十分值得一看。墓碑群位于博物馆的里侧。

山谷间流淌着清流的城市

比特利斯 Map p.367A

Bitlis 比特利斯

位于塔特万西南方向约 25 公里。城市中央流淌着比特利斯河的清流，城市就建立在耸立起来的山谷间的斜坡上。从比特利斯城堡 Bitlis Kalesi 上可以俯瞰这座城市的美景，据说比特利斯城堡 Bitlis Kalesi 易守难攻，是亚历山大大帝的部下比特利斯下令修建的，这也是这座城市名字的由来。

酒店&餐馆

Hotel & Restaurant

塔特万是比特利斯省最大的城市，但是酒店数量不多。位于共和国大道及其周边有几家中级酒店。共和国大道上有几家餐馆。

丁奇酒店

Otel Dinç

中级 20 间

◆位于市中心的共和国大道东南方向、清真寺对面的道路。客房内有些狭窄，但是房间内配备有迷你吧台和平板电视等。从屋顶天台俯瞰下去的景色很美。

Map p.369

住 İşletme Cad. No.9

TEL（0434）827 5960　FAX（0434）827 8222

URL www.oteldinc.com

单人 110TL

双人 160TL

US $ € TL　信用卡 M V

全馆免费　EV 有

莫斯塔路酒店

Mostar Hotel

中级 49 间

◆位于市中心的正南方向的右侧、加油站里面的一家三星级酒店。餐馆、公共浴室、桑拿室等设备一应俱全。房客可以免费使用桑拿室和公共浴室。

Map p.369

住 Cumhuriyet Cad. No.332/1, Go Petrol Yanı

TEL（0434）827 9192　FAX（0434）827 9056

单人 140TL

双人 220TL

US $ € TL　信用卡 M V

全馆免费　EV 有

阿赫拉特正在致力于当地特产"樱桃"品牌化。土耳其其他地区的樱桃下市之后，阿赫拉特才迎来了真正的樱桃旺季。

阿勒山脚下的边境城市

多乌巴亚泽特 *Doğubayazıt*

长途区号 0472　人口 7 万 4316 人　海拔 1590 米

遥望雄伟的阿勒山

土耳其东端的城市多乌巴亚泽特位于以诺亚方舟而闻名的阿勒山（5137 米）山脚下，人口超过 7 万人，是一座充满活力的城市。向北约 50 公里是亚美尼亚共和国，向东约 35 公里可以到达伊朗。

从市中心可以遥望远方威严的阿勒山，位于市区外有一座著名的建筑，即库尔德人的王宫——伊沙克帕夏宫。此外，在周边的山区还可以看见沿袭古老习惯生活着的库尔德人。

■前往多乌巴亚泽特的线路

目前没有从卡尔斯出发的直通巴士。请先乘坐迷你巴士到达厄德尔再换乘。厄德尔去多乌巴亚泽特的合乘巴士站位于距离厄德尔 200 米左右的 Hotel Öz Grand Derya 旁。从埃尔祖鲁姆出发到阿勒 Ağrı 转乘的车次有很多。

当地名菜

阿布迪廓尔烤肉丸
Abdigöl Köfte

因为制作过程繁杂，因此卖这道菜的店不是很多，但阿布迪廓尔烤肉丸以其柔软的口感而比普通烤肉丸更受欢迎。其由来与伊斯哈克帕夏之父乔拉克·阿布迪·帕夏有关，留下了这样一则逸事：当时因生病而不爱吃肉的乔拉克·阿布迪·帕夏却十分愿意吃阿布迪廓尔烤肉丸。

位于多乌巴亚泽特西南方向约 7 公里方向有一座城堡。这座城堡的历史可以追溯至公元前，到了 14 世纪，借用当时奥斯曼帝国国王的名字改名为巴耶兹德城堡。这也是城市名字的由来。

伊斯马伊鲁·贝思库奇大道

前往伊斯哈克帕夏的合乘巴士

前往凡城的中型巴士

多乌巴亚泽特 漫 步

位于城市北边的购物中心

主要大道是伊斯马伊鲁、贝思库奇大道 İsmail Beşikçi Cad.。这条大道上有 PTT、酒店、小餐馆等。道路西端的清真寺是整座城市最热闹的地方。除了服装和食品等店铺还有很多路边摊。

前往城市中心地区

◆**从机场到市中心**　最近的是厄德尔机场。根据航班时间发车，机场巴士往返于机场和多乌巴亚泽特之间。到市中心的费用为 20TL。

◆**从客运总站到市中心**　客运总站位于城市西侧的干线道路沿路。去往市内的合乘巴士发车次数频繁，需要 10 分钟左右的时间，费用为 2TL。从市内到客运总站可乘坐车身有 Otogar 字样的合乘巴士。出租车大约需要花费 15TL。

●**合乘巴士**　前往厄德尔 Iğdır、阿勒以及与伊朗边境交接城市——库尔布拉克 Gürbulak 方向的合乘巴士不在同一站台上车，但都分布于阿勒大道上。前往凡城的中巴需要在郊外的客运总站坐车。

多乌巴亚泽特 主要景点

突然出现在眼前的王宫生活的梦境

伊沙克帕夏宫

Map p.373

İshak Paşa Sarayı 伊沙克·帕夏·沙拉伊

■**伊沙克帕夏宫**

🚌 位于市内东南部的合乘巴士站，夏季每 30 分钟 ~1 小时发一班车。满 6~7 人发车，冬季有时只往返一次。交通费用为 2TL。返程均是下坡，完全可以步行回程。单程需要 30 分钟 ~1 小时。

开 夏季 8:00~19:00
　冬季 8:30~17:00

休 周一

费 6TL

伊沙克帕夏宫建于多乌巴亚泽特东南侧约 5 公里的山腰上，1685 年，由当时统治这一片地区的伊沙克帕夏下令修建。宫殿的

保存状态较为完好的宫殿

Information

攀登阿勒山

阿勒山自 1990 年允许一般登山者入山，但是必须事先得到许可证或者参加旅游团。登山时期为 6 月中旬 ~9 月下旬。往返山顶通常需要 4 天 3 夜。只要在各旅游公司提交一张护照里的照片页复印件即可得到许可证。拿到许可证的时间最短只需 4 天，通常来说需要 10~20 天，请预先空出 1 个月的时间（山脚下的巡回游览免费）。参加旅游团的费用通常包括交通费、导游费、餐费以及许可证办理费，详细情况请与旅行社进一步确认。此外即使不登顶，只要进入阿勒山地区许可证必不可少。

■**阿尔敏·亚拉腊旅行社**
Armin Ararat Travel
📱 0541 976 0472
也可以通过 Instagram 联系。有狄亚丹温泉等近郊之旅线路。

阿勒山及其山脚下的村落

前往伊朗之前需要提前兑换货币。在国境附近有生抢硬夺并以极低的汇率跟你兑换现金的骗子，请一定多加小心，从伊朗进入土耳其境内时也一样，请多加注意。

修建花费了 99 年，直到 1784 年伊沙克帕夏的孙子穆罕默德时代才竣工。总占地面积共 7600 平方米，可以看到清真寺、公共浴室、伊沙克帕夏墓地以及牢狱等建筑，共有房间 366 间。从宫殿可以看到雄伟壮丽的景色。

眺望阿勒山的雄姿

多乌巴亚泽特 主要景点

皑皑白雪下雄伟的山峰

阿勒山

Map p.373

Ağrı Dağı 阿勒 · 达乌

海拔为 5137 米，是土耳其最高的山峰。《圣经》记载，诺亚方舟当时曾漂到了这座阿勒山。近年来陆续发现了“诺亚方舟的残骸”，成了热门话题。从山顶向东南方向看去是海拔为 3896 米的小阿勒山。

参观“诺亚方舟遗址”

诺亚方舟

Map p.373

Nuh'un Gemisi 努夫恩 · 盖弥思

传说诺亚方舟的遗址就在阿勒山脚下，就埋在距离多乌巴亚泽特 26 公里处的地方。确实这里有一处像方舟一样隆起的形状，由美国学者于 1985 年发现的，但在此后的科学调查中缺乏科学性证据。曾经为美国学者引路的人在它的旁边建了一座小博物馆。

突起的地形看上去像方舟的形状吗

陨石坠落后形成的大坑

梅特尔陨石坑

Map p.373

Meteor Çukuru 梅特尔 · 丘库卢

距离多乌巴亚泽特约 35 公里处、在伊朗边境审查所的附近。1920 年由于巨大的陨石坠落而形成的一个大坑，直径达 35 米，纵深 60 米，是世界第二大陨石坑，现在已填土埋到了 30 米深。

曾经是垃圾场

■诺亚方舟

去往与伊朗交界的歌贝布拉克途中有一个 Telçeker 村落，从这个村落走超过 5 公里以上的险峻山道就到达了诺亚方舟的所在地。乘坐出租车前往往返需花费 80TL。参观后返回至歌贝布拉克需花费 120TL。

诺亚方舟旁边的博物馆

■梅特尔陨石坑

位于与伊朗交界的歌贝布拉克的城市入口北侧 2 公里处。位于梅特尔陨石坑附近有一处军事设施，因此去往的途中有一个审查所，可能会扣下护照，外国人没有当地人带领也可以独自访问。乘坐出租车前往往返需花费 100TL。如果想顺路游览诺亚方舟的话需花费 120TL 左右。

Information

多乌巴亚泽特的旅游团

各处景点分布较为零散，很多地方还未开通公共交通。所以采用参加旅游团的方式游览多乌巴亚泽特比较方便。可以询问一下自己住宿的酒店。半日游的线路通常为：伊沙克帕夏宫→诺亚方舟→库尔德村。一日游的线路还会游览：陨石坑→狄亚丹温泉→阿勒山全景。同样的线路也可以包租出租车自由行。

前往凡城的巴士总是人员拥挤，常常在出发前 30 分钟就已经满员。特别是早上的班次，最好在前一天预约。

■狄亚丹温泉

🚌 前往狄亚丹的合乘巴士站位于市区北侧，每天8:00、10:30、12:30、14:30、16:30发车，返程的最晚时间是13:30。车费为10TL。乘坐出租车从狄亚丹到温泉往返需50TL。乘坐出租车从多乌巴亚泽特到狄亚丹温泉往返需200TL。

世界第7大最有功效的温泉水

狄亚丹温泉

Map p.373

Diyadin Kaplıcaları 狄亚丹 · 卡普鲁加拉尔

狄亚丹是位于多乌巴亚泽特西侧50公里处的一座城市。在其郊外有一处温度高达75℃的温泉，每1升富含1000毫克的矿物质。因此，当地人称狄亚丹温泉是“世界第7大最有功效的温泉”。

喷涌而出的温泉

酒店&餐馆

Hotel & Restaurant

酒店集中在伊斯马伊鲁 · 贝思库奇大道和布裕克 · 阿勒大道。由于电力供给量不足，时常出现电梯停止运转、淋浴水温不热的情况。狄亚丹也有温泉酒店。

开南酒店

Hotel Kenan

经济型 39 间

◆位于超市、SOK的楼上。原亚拉腊酒店的店主在2019年进行了全面装修后再次营业。

Map p.371A

住 Emniyet Cad. No.21　📱 0544 786 5433

Mail hotel_kenan@hotmail.com

15 US$

25 US$

US $ € TL　A D J M V

全馆免费　EV 有

大代尔亚酒店

Hotel Grand Derya

中级 60 间

◆位于PTT斜对面的小道里。客房风格简朴，设施有一些老朽化，但浴室还是非常干净的。有些房间可以看见亚拉腊山，可以事先向酒店提出要求。

Map p.371A

住 İsmail Beşikçi Cad. No.157

TEL (0472) 312 7531　FAX (0472) 312 7833

Mail poyraz04_1985@hotmail.com

A/C 90TL

A/C 180TL　TL

A M V　全馆免费　EV 有

努赫酒店

Hotel Nuh

中级 55 间

◆虽然是有些年头的酒店了，但有18间套房带厨房，很适合家庭入住。非房客也可以去楼顶的餐馆用餐。三分之一的房间都可以看见亚拉腊山。

Map p.371A · B

住 Büyük Ağrı Cad. No.55

TEL (0472) 312 7232　FAX (0472) 312 6910

URL www.nuhotel.com.tr

30 US $

50 US $　US $ € TL

M V　全馆免费　EV 有

特赫兰精品酒店

Tehran Boutique Hotel

中级 55 间

◆2015年全面装修过后重新开业。客房内的设施一切翻新，是市中心最高级的酒店。顶楼有吧台，可以一边喝着啤酒和红酒，一边欣赏市区的美景。

Map p.371A

住 Büyük Ağrı Cad. No.72

TEL (0472) 312 0195　FAX (0472) 312 5500

URL www.tehranboutiquehotel.com

A/C 29 €

A/C 44 €

US $ € TL　A D J M V

全馆免费　EV 有

耶尼 · 萨莱伊餐馆

Yeni Saray Lokanası

土耳其美食

◆只是一家为数不多提供多乌巴亚泽特当地名菜——阿布迪廊尔烤肉丸的小餐馆。一盘15TL，土耳其烤饼3TL。

Map p.371A

住 Güven Cad. No.19

📱 0542 517 4523

开 5:00~20:00

休 无　TL　不可

位于伊朗境内的马库周边有世界遗产亚美尼亚教堂和几处礼拜堂。从陆路入境无法取得签证，需要提前办理签证。

以带蜂巢的蜂蜜而闻名，开启探访阿尼考古遗址之旅的起点城市

卡尔斯 *Kars*

长途区号 0474　人口 7 万 8100 人　海拔 1750 米

位于高地上的卡尔斯城

卡尔斯位于多乌巴亚泽特的西北方向、与亚美尼亚边境接壤。19 世纪，奥斯曼帝国和俄罗斯帝国之间曾在卡尔斯附近发生过激烈的战争，一度成了俄罗斯的领土。

卡尔斯 漫 步

主要大道是法伊克贝伊大道 Faikbey Cad.，聚集了很多巴士公司办事处和酒店。城市的西北侧有塞尔柱王朝时期的卡尔斯城 Kars Kalesi。坚固的卡尔斯城曾在蒙古袭来以及和俄罗斯之间的战争中抵御了强大的军队，如今成了一处悠闲的场所。

前往城市中心地区

◆**从机场到市中心**　卡尔斯的机场和市中心之间有机场巴士往返，配合航班时间发车。

◆**从客运总站到市中心**　客运总站位于城市东北侧，可以乘坐免费巴士到位于法伊克贝伊大道的巴士公司办事处。客运总站没有市内公交。

卡尔斯 主要景点

不同的历史阶段，不同的历史作用

库恩贝特清真寺 Map p.376 下 A1

Kümbet Camii 库恩贝特清真寺

原是 10 世纪上半叶由巴格拉特王朝的阿巴斯国王下令修建的一座教堂。11 世纪后，卡尔斯开始接受塞尔柱王朝的统治，这座教堂开始发挥清真寺的作用。俄罗斯时代再次成为教堂，第一次世界大战之后被土耳其占领后常年作为博物馆而被使用。直到 1994 年，再次转变为清真寺。

世界遗产

阿尼考古遗址
Ani Arkeolojik Alanı
2016 年

■卡尔斯的旅游咨询处 ℹ
Map p.376 下 A2
住 Hakim Ali Rıza Arslan Sok. No.15
TEL（0474）212 2179
开 8:00~12:00 13:00~17:00
休 周六・周日

■卡尔斯城
Map p.376 下 A1
开 夏季 8:00~23:00
冬季 10:00~18:00
休 无
费 免费

■卡尔斯博物馆
Map p.376 下 B1
住 Cumhuriyet Cad. No.50
开 8:00~19:00（冬季 ~17:00）
休 无
费 免费

卡尔斯博物馆

■库恩贝特清真寺
内部禁止参观

拱桥上雕刻着十二使徒，是一处基督教教堂遗址

在卡尔斯常常能看见的羊肉汤 Bozbash 和伊朗、阿塞拜疆羊肉汤一脉相承，是当地一道独特的美食。将肉和鹰嘴豆捣碎之后加入有面包的汤中食用。

■前往阿尼考古遗址的线路

目前没有公共交通可到阿尼考古遗址，可包辆出租车前往。也有面向游客的迷你巴士。

开 8:00~19:00（冬季～日落）

休 无 费 10TL

不可

从各酒店 8:30 出发，13:30 左右返程。3 人一辆车总计 200TL。4 人以上每人 70TL，5 人以上每人 50TL。也有下午出发的班次，请于前一天晚上向酒店申请。也可以直接与司机杰立卢 · 埃鲁瑟泽鲁先生联系。

0532 226 3966

Mail celilani@hotmail.com

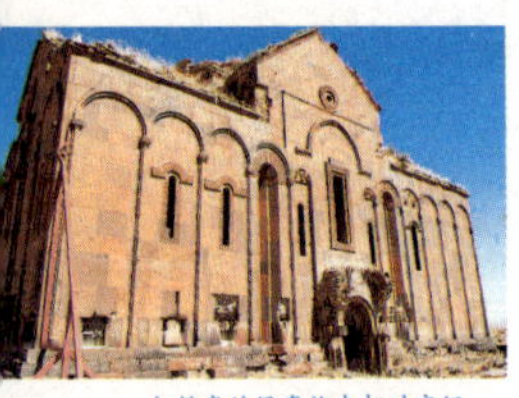

大教堂的保存状态相对完好

卡尔斯 近郊景点

坐拥 1001 座教堂的古都

阿尼考古遗址

Map p.376 上

Ani 阿尼

971 年，亚美尼亚的巴格拉特王朝国王阿什德三世将首都迁至阿尼，使阿尼城得到了迅速的发展。992 年，亚美尼亚教堂的大主教也迁至阿尼，这里又成了宗教中心城市。最鼎盛时期阿尼的人口超过了 10 万人，据说这里有 1001 座教堂。11 世纪以后逐渐衰落，现在已经成了废墟，但仍然还保留有几座教堂遗址。

亚美尼亚教堂遗址 阿尼的中心保留着 1001 年修建的大教堂。1064 年，阿尼被塞尔柱王朝占领后，这里一度被改建成清真寺，到了 13 世纪，再次作为教堂使用。现在我们所看到的外观正是这一时期修复的。原来位于天井的拱顶在 14 世纪的一场地震中损毁。

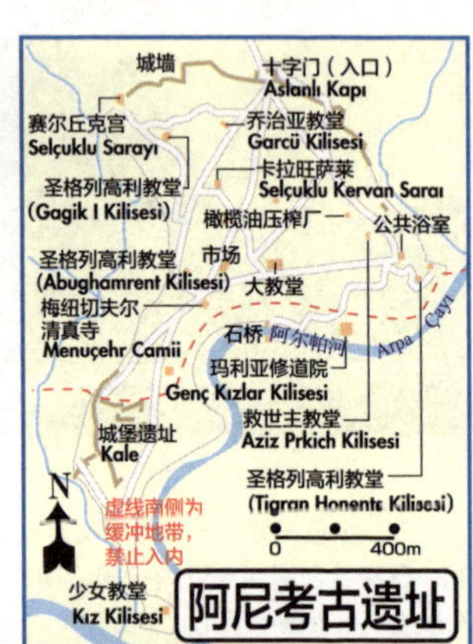

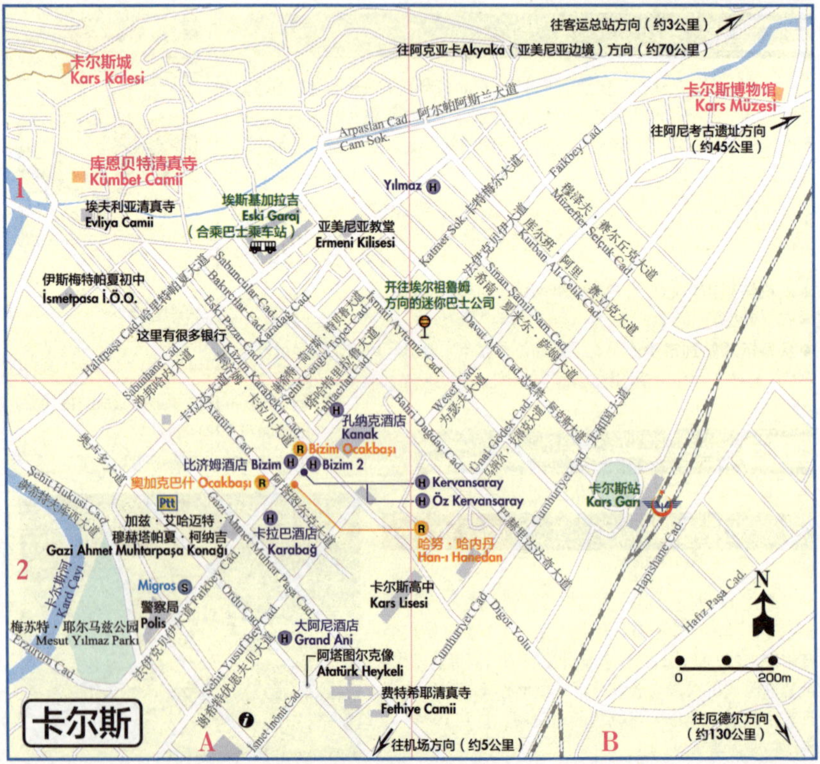

城墙
十字门（入口）
Aslanlı Kapı
赛尔丘克宫
Selçuklu Sarayı
乔治亚教堂
Garcü Kilisesi
卡拉旺萨莱
Selçuklu Kervan Sarayı
圣格列高利教堂
(Gagik I Kilisesi)
橄榄油压榨厂
公共浴室
圣格列高利教堂
(Abughamrent Kilisesi)
市场
大教堂
梅纽切夫尔清真寺
Menuçehr Camii
石桥
阿尔帕河
Arpa Çayı
玛利亚修道院
Genç Kızlar Kilisesi
城堡遗址
Kale
救世主教堂
Aziz Prkich Kilisesi
圣格列高利教堂
(Tigran Honents Kilisesi)
虚线南侧为缓冲地带，禁止入内
N
0
400m
少女教堂
Kız Kilisesi
阿尼考古遗址

往客运总站方向（约3公里）
往阿克亚卡Akyaka（亚美尼亚边境）方向（约70公里）
卡尔斯城
Kars Kalesi
卡尔斯博物馆
Kars Müzesi
往阿尼考古遗址方向（约45公里）
Arpaslan Cad. 阿尔帕阿斯兰大道
Cam Sok.
库恩贝特清真寺
Kümbet Camii
Yılmaz
埃夫利亚清真寺
Evliya Camii
埃斯基加拉吉
Eski Garaj
（合乘巴士乘车站）
亚美尼亚教堂
Ermeni Kilisesi
伊斯梅特帕夏初中
İsmetpaşa İ.Ö.O.
开往埃尔祖鲁姆方向的迷你巴士公司
这里有很多银行
Faikbey Cad.
Muzaffer Selçuk Cad.
Katmer Sok.
Kurban Ali Çelik Cad.
Sinan Şamil Sam Cad.
Davut Aksu Cad.
İsmail Aytemiz Cad.
Halitpaşa Cad. 哈里特帕夏大道
Sabuncular Cad.
Bakırcılar Cad.
Karadağ Cad.
Eski Pazar Cad.
Kâzım Karabekir Cad.
Şehit Cengiz Topel Cad.
Tahtacılar Cad.
Atatürk Cad.
Bahri Dağdaş Cad.
Wesef Cad.
Ünal Godek Cad.
Cumhuriyet Cad.
孔纳克酒店
Kanak
Bizim Ocakbaşı
比济姆酒店 Bizim
Bizim 2
奥加克巴什 Ocakbaşı
Kervansaray
Öz Kervansaray
PTT
加兹·艾哈迈特·穆赫塔帕夏·柯纳吉
Gazi Ahmet Muhtarpaşa Konağı
卡拉巴酒店
Karabağ
哈努·哈内丹
Han-ı Hanedan
卡尔斯站
Kars Garı
Gazi Ahmet Muhtar Paşa Cad.
Şehit Hukusi Cad.
卡尔斯河
Kars Çayı
Migros
警察局
Polis
梅苏特·耶尔马兹公园
Mesut Yılmaz Parkı
Erzurum Cad.
Faikbey Cad.
Ordu Cad.
Şehit Yusuf Bey Cad.
卡尔斯高中
Kars Lisesi
大阿尼酒店
Grand Ani
阿塔图尔克像
Atatürk Heykeli
费特希耶清真寺
Fethiye Camii
Hapishane Cad.
Hafız Paşa Cad.
Digor Yolu
İsmet İnönü Cad.
往机场方向（约5公里）
往厄德尔方向（约130公里）
N
0
200m
卡尔斯
1
2
A
B

卡尔斯的特产是芝士和蜂蜜。哈里特帕夏大道（Map p.376 下 A1）上有很多土特产店，每一家店都可以试吃。带蜂巢的蜂蜜很受欢迎，但是价格很高。

位于城市东端的一个小教堂是圣格列高利教堂。屋顶呈尖帽子形状，是一处典型的亚美尼亚教堂。建于1215年，阿尼处于格鲁吉亚统治时期。教堂内部留下了描绘基督生涯和圣格列高利生涯的浮雕。此外，位于城市西部也有一座同名的圣格列高利教堂，但是是于1040年阿尼处于独立状态下修建的。

有很多损毁严重的壁画亟待修复

酒店&餐馆
Hotel & Restaurant

酒店大多集中在法伊克贝伊大道。餐馆散落分布在卡济姆·卡拉贝大道 Kâzım Karabekir Cad. 和法伊克贝伊大道上。

比济姆酒店
Bizim Otel

经济型 35 间

◆所有客房均带电视。使用公共淋浴间和卫生间的房间共有16间，单人房 35TL，大床房或双人间 70TL。一层是餐馆，可以品尝到羊肉汤18TL等美食。

Map p.376 下 A2
- 住 Faikbey Cad. No.193
- TEL (0474) 212 2800
- 单人 A/C 40TL
- 双人 A/C 80TL
- US $ € TL　M V
- 全馆免费　EV 无

卡拉巴酒店
Karabağ Hotel

中档 50 间

◆位于城市市中心的一家老字号三星级酒店。客房都是崭新的，前台的工作人员会说英语。馆内还有餐馆和公共浴室等，设施较为齐全。

Map p.376 下 A2
- 住 Faikbey Cad. No.142
- TEL (0474) 212 9304　FAX (0474) 223 3089
- URL www.karabaghotel.com
- 单人 A/C 120TL
- 双人 A/C 200TL
- US $ € TL　M V
- 全馆免费　EV 有

大阿尼酒店
Grand Ani Hotel

高级 68 间

◆馆内设有游泳池、健身房、公共浴室和桑拿室等。客房内设施齐全，有电视、迷你吧台等。早餐提供卡尔斯特产的芝士。

Map p.376 下 A2
- 住 Ordu Cad. No.115
- TEL (0474) 223 7500　FAX (0474) 223 8783
- Mail reception@grandani.com
- 单人 A/C 160TL
- 双人 A/C 250TL
- US $ € TL　M V
- 全馆免费　EV 有

哈努·哈内丹
Han-ı Hanedan

地方菜菜品丰富

◆在这里可以吃到卡尔斯特产的各种芝士（5~10TL）、被称为卡尔斯馒头的Hangel（30TL）、羊肉汤等卡尔斯当地美食。此外，还有生牛肉片Carpaccio、墨西哥牛排等。

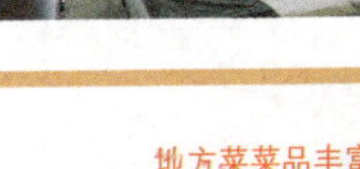

Map p.376 下 A2
- 住 Ortakapı Mah., Faikbey Cad. No.100
- TEL (0474) 223 9999
- URL www.hanihanedan.com
- 开 7:30~24:00
- 休 无
- US $ € TL　M V

奥加克巴什
Ocakbaşı

炉端烧比萨

◆在芝麻面包中加入夹心艾德烤肉（30TL）、羊肉烤串（26TL）和羊排肉（35TL）等美食十分受欢迎。各种口味的比萨17~25TL也很有人气，请一定品尝一下当地特产的芝士比萨。

Map p.376 下 A2
- 住 Atatürk Cad. No.276
- TEL & FAX (0474) 212 0056
- 开 7:00~22:00
- 休 无
- US $ € TL
- M V

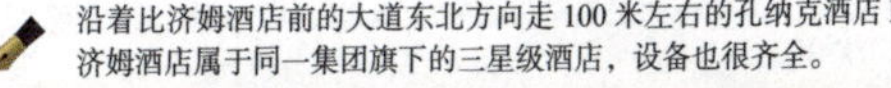

沿着比济姆酒店前的大道东北方向走100米左右的孔纳克酒店 Konak Otel（Map p.376 下 A2）是一家与比济姆酒店属于同一集团旗下的三星级酒店，设备也很齐全。

伊斯坦布尔
埃尔祖鲁姆
安卡拉

位于海拔 1853 米高的东部最大城市

埃尔祖鲁姆 *Erzurum*

长途区号 0442　人口 38 万 4399 人　海拔 1853 米

修复工程接近尾声的埃尔祖鲁姆城堡

埃尔祖鲁姆是安纳托利亚东部最大的城市，地处重要的位置，是前往土耳其东北部以及黑海地区的换乘地，市内保留了很多塞尔柱王朝的建筑。此外因为地处海拔 1853 米的高原地带，冬季降雪较多，十分寒冷，部分地区能达到零下 40℃。

Information

帕兰德肯滑雪场
Palandöken Kayak Merkezi

一家位于城市南部约 6 公里、海拔为 3000 米的滑雪场，拥有土耳其首屈一指的完备设施，共有 23 个跑道、11 个爬山电梯。12 月上旬至次年 4~5 月左右可以来这里享受滑雪的乐趣。周末遇到有积雪的情况下有公交车从市内直通滑雪场。出租车单程 50TL~。可在滑雪场租借滑雪设备。

埃尔祖鲁姆 漫步

埃尔祖鲁姆虽然是一座大城市，但是只需步行就可以逛完所有景点。历史性建筑主要集中在共和国大道 Cumhuriyet Cad.。免费巴士等可在西边的哈伍兹巴舍停靠。从这条大道向东步行 7 分钟到达与曼德列斯大道 Menderes Cad. 的交叉路口，这里有一座拉拉帕夏清真寺，从清真寺向北拐，沿着坡路下行，右侧地下是一个销售银制品和念珠的集市，叫作吕斯泰姆帕夏市场 Rüstempaşa Çarşısı。沿着共和国大道再向东行就能到达双尖塔。

前往城市中心地区

◆从机场到市中心　位于距离市内西北方向约 11 公里处。机场有开往市内火车站的市内公交，根据航班时间发车。4TL。

◆从客运总站到市中心　客运总站位于机场东部的干线道路交叉路口。客运总站与市中心之间有市内公交 K-4 往返两地。车费为 4TL。也可以乘坐当地主要巴士公司的免费巴士。

哈桑卡雷位于从埃尔祖鲁姆向多乌巴亚泽特方向前行 50 公里左右的地方，这里有温泉。附近的考普流考伊还有泥浴，夏天有很多游客拜访，十分热闹。

◆ **从火车站到市中心** 沿着站前的伊斯塔斯永道 İstasyon Cad. 上坡，坡上有一个叫作古尔库 · 卡普大道 Gürcü Kapi 的大型交叉路口，路口周边有很多酒店。

埃尔祖鲁姆 主要景点

埃尔祖鲁姆最著名的历史性建筑

雅库蒂耶神学院

Map p.379B

Yakutiye Medresesi 雅库蒂耶 · 梅德塞斯

1310 年，由伊尔汗王朝时代的将军霍贾 · 杰马勒丁 · 亚库特下令修建的神学院。尖塔上精细刻画着蓝色和砖红色的绳索图案，在阳光的照射下熠熠生辉，十分漂亮。原本四角都有一座尖塔，如今只剩下一座了。馆内改建成了民俗博物馆。

雅库蒂耶神学院

两座尖塔高高耸立

双尖塔

Map p.379B

Çifte Minare 双尖塔

正面入口高高耸立着两座尖塔，是鲁姆塞尔柱王朝时代的建筑。传说它是由凯库巴德二世的女儿霍达班德 · 汉德 · 哈图恩下令建造的，当时被称为“哈图尼耶神学院”。但是 1829 年，俄罗斯占领了这里，把当时内部的美丽浮雕和碑文带回了俄罗斯的圣彼得堡。

重新对外开放的双尖塔

Information

前往卡尔斯的巴士

位于市区南部的 Cengiz Turism 的购票处有前往卡尔斯的巴士，虽然离市中心很远，但是附近有 G-1 和 G-9 等市内公交。终点是位于卡尔斯市中心法伊克贝伊大道（Map p.376A2）的售票处。

■**埃尔祖鲁姆的旅游咨询处** ℹ

Map p.379B

住 Lalapaşa Camii Karşısı
TEL（0442）238 1507
开 8:00~17:00
休 无

■**雅库蒂耶神学院**

住 Cumhuriyet Cad.
TEL（0442）235 1964
开 8:00~19:00（冬季 ~17:00）
休 无
费 6TL

■**双尖塔**

开 10:00~17:00
休 无
费 免费

当地名菜

躺烤肉
Cağ Kebabı

躺烤肉是埃尔祖鲁姆的一道著名美食。将烤羊肉串置于水平方向放在柴火下烧烤。与使用牛肉和鸡肉烤制而成的烤肉串 donar kabab 不同，躺烤肉是将肉串夹在薄饼里之后再吃。原本躺烤肉是发源于托尔图姆 Tortum 的一道美食，托尔图姆 Tortum 附近奥尔图（→ p.380）以肉质上等而闻名，当地的躺烤肉也由此名声大振。

双尖塔的南侧是特布里兹卡比文化艺术市场，里面有一些手工艺品店和咖啡馆。特别是在这里可以买到伊朗大不里士市的手工艺品 Tebriz BB Temsilciliği，再现了古代两国交易的场景。

■前往奥尔图的线路

🚌 位于伊斯塔斯永大道 Migros 对面的奥尔图陶尔 Oltu Tur 迷你巴士 9:00~19:00 整点发车。最后的返程时间为 18:00。

所需时间：约 2 小时 30 分钟

车费：25TL

奥尔图陶尔的加工场景。手工艺人正在一点一点打磨

埃尔祖鲁姆 近郊景点

以石头加工而闻名的河边小镇

奥尔图

Map p.29C1

Oltu 奥尔图

奥尔图位于埃尔祖鲁姆的东北约 120 公里处，整个城市依水而建。从巴士下车后沿着干线道路前行，就来到了躺烤肉店林立的市中心。大体上价格都比埃尔祖鲁姆便宜。

此外，奥尔图最有名的是一种叫作奥尔图陶尔的黑色石头。其质地柔软，易于加工，常常制作成嵌入银丝的念珠或者首饰品等。这种手工艺品在埃尔祖鲁姆的吕斯泰姆帕夏市场 Rustempasa Carsisi 也可以看到，奥尔图的岸边有很多手工艺品店，还可以参观工坊。

巴士站位于巨大的奥尔图城耸立之处。据说是乌拉尔图时期的建筑

酒店&餐馆

Hotel & Restaurant

酒店集中在车站附近和卡济姆·卡拉贝大道上。高档酒店多位于滑雪场附近。酒店则散落分布在伊斯塔斯永大道和共和国大道上。

泊拉特

Otel Polat 中级 110 间

◆位于伊斯塔斯永大道上稍西南方向的一家三星级酒店。虽然不是一家新酒店，但是客房曾进行过装修。顶楼是早餐沙龙。

Map p.379A

住 Kâzım Karabekir Cad.

TEL (0442) 235 0363

URL www.otelpolat.com

S 95TL W 150TL

US $ € TL 💳 M V

全馆免费 EV 有

拉 弗

Rafo Otel 中级 28 间

◆在周边地区数得上是一家新精品酒店，客房内的装修每间各不相同。虽然酒店内没有餐馆，但是附近有很多小餐馆。

Map p.379B

住 Millet Bahçe Cad. No.25

TEL (0442) 235 0225

URL www.rafootel.com

S 140TL~

W 250TL~

US $ € TL 💳 A D M V

全馆免费 EV 有

考 奇

Koç Cağ Kebabının Mucidi 地方菜

◆在安卡拉等地设有分店，是一家历史悠久的老字号。店内贴着很多名人到访的照片。一份躺烤肉 8TL。店内还有一次吃完 30 份躺烤肉的大胃王纪录。

Map p.379A

住 Nazik Çarşı Cad. No.6, Kongre Bina Karışı

TEL (0442) 213 4547

URL www.koccagkebap.com

开 8:00~23:30

休 无 US $ € TL 💳 M V

盖尔高卢

Gelgör Cağ Kebabı Salonu 地方菜

◆于 1975 年创业的一家躺烤肉名店。受欢迎程度可与考奇店分庭抗礼。入口的墙上张贴着很多名人到访的照片。店内空间广阔，有很多家庭来这里吃饭，烤肉 1 份 10TL。

Map p.379A

住 Orhan şerifsoy Cad. No.14

TEL (0442) 213 5071

URL gelgorcagkebap.com.tr

开 9:00~24:00

休 无 US $ € TL 💳 M V

奥尔图最便宜的东西是用石头磨成的粉制作而成的仿制品。具体的可以问问当地人，他们会很乐意告诉你的。

特拉布宗的街景和黑海

绿茶的故乡

黑海沿岸

Karadeniz

特拉布宗的气候信息

月份	1月	2月	3月	4月	5月	6月	7月	8月	9月	10月	11月	12月
平均最高气温（℃）	10.9	10.9	12.2	15.6	19.1	23.5	26.2	26.7	23.9	20.1	16.4	13.2
平均最低气温（℃）	4.6	4.3	5.5	8.7	12.9	17.1	20	20.4	17.3	13.6	9.6	6.6
平均降水量（mm）	74.3	60.3	58.8	60.3	51.5	51.4	35.5	44.5	75	117.1	94.2	82.4
推荐旅行服装												

奥斯曼帝国时代保留下来的街道被列入世界文化遗产

萨夫兰博卢城 *Safranbolu*

长途区号 0370　人口 6 万 7042 人　海拔 503 米

萨夫兰博卢城
Safranbolu Şehri 1994 年

■萨夫兰博卢城的旅游咨处 ⓘ
Map p.385
住 Kazdağlı Meydanı
TEL & FAX（0370）712 3863
URL www.karabukkulturturizm.gov.tr
开 9:00~17:30
休 无

巴士的发车时间、到附近城镇的交通方式、民宿内部的公开信息等信息都可以在这里进行查询。

从老城区眺望萨夫兰博卢城

很久以前，萨夫兰博卢城生长着大片大片的番红花，因此，也有番红花城的称呼。距离黑海约 50 公里处的内陆群山峻岭，萨夫兰博卢城就在陡峭的山坡上建立了起来。萨夫兰博卢城保留了大量古代传统的民宿，土墙上一排排木质的窗户是当地传统的木质建筑，直到现在还在使用。1994 年，萨夫兰博卢城的传统街道被列入了世界文化遗产。

沿着石砖坡道可以细细探访萨夫兰博卢城的传统街道，你会发现这是一座宁静、悠闲的城镇。14~17 世纪是萨夫兰博卢城最繁荣的时期。这里曾是丝绸之路的中转驿站，也曾是一座以制作马鞍和皮革靴为主的商业城市。如今在这充满中世纪风格的城镇还能看见很多沿袭古法生产工艺的人们。

萨夫兰博卢城 漫步

●**三大城区**　萨夫兰博卢城由三大城区组成——位于高处的住宅区巴拉尔 Bağlar、位于东南部且开通了合乘巴士的库兰考伊 Kıranköy 以及传统住宅、旅游咨询处 ⓘ 等与旅游相关的部门所在地的被称为恰尔什 Çarşi 的老城区。

当地名菜

布克姆 Bükme

将包了绞肉碎的面团揉成薄饼状后再卷起来烤制而成，这就是当地的美食布克姆。不同的店会在上面涂上不同的酱汁，如黄油、蜂蜜等。口感清脆。

巴拉尔山间耸立着的尖塔

客运总站位于库兰考伊的南部

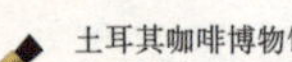

土耳其咖啡博物馆（开 9:00~22:00、休 无、费 5TL）详细介绍了土耳其的世界非物质文化遗产——咖啡。这里还展示了阿塔图尔克生前喝的最后一杯咖啡的复刻品。

●**老城区**　老城区的正中间是今吉公共浴室所在的恰尔什广场 Çarşı Meydanı。从广场沿着小巷向南行就可以看到叫作今吉汉的商队住宿地的白墙。卡伊马卡姆拉尔·埃伊 Kaymakamlar EVi 等很多公开的民宿内部就在这附近。恰尔什坐落在两座山谷之间谷底的斜坡上。从东南部的希德尔立克山丘 Hıdırlık Tepesi、西部的高地可以眺望整个城镇的全景。

老城区的中心——恰尔什广场

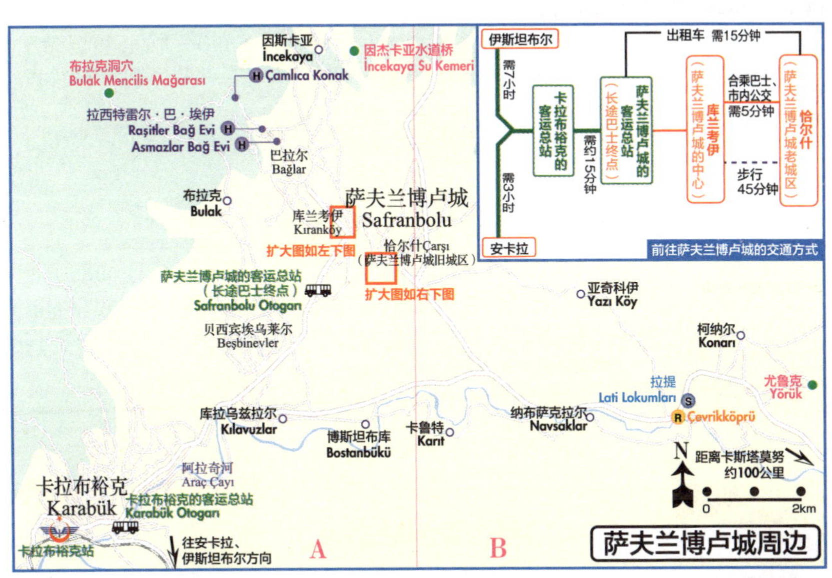

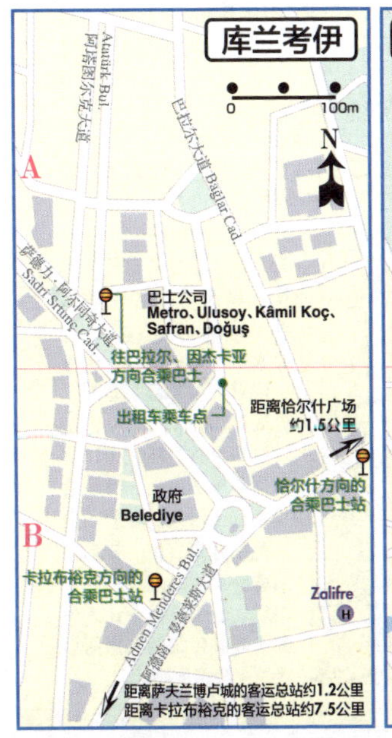

除了老城区，位于库兰考伊南侧也有很多传统住宅，最近几年古民居酒店的数量正在增多，如果在老城区没有找到住宿地的话可以去库兰考伊试试。

■货汇兑换

库兰考伊有好几处银行ATM。

■邮局 · 电话

Map p.385

恰尔什的PTT位于今吉公共浴室向东延伸的大道上。虽然并不醒目，但是与周围的建筑物氛围十分调和。

■巴图塔旅行社

Map p.385

TEL（0370）725 4533

URL www.batuta.com.tr

开 夏季 9:00~21:00

冬季 10:00~ 日落

休 无

● Club Car 旅游团

只要2个人就可以开团。

20处景点：需要约30分钟，25TL

30处景点：需要约1小时，45TL

50处景点：需要约1小时30分钟，55TL

●周边景点旅游团

包含约琉克村、布拉克洞穴、因杰卡亚水道桥、透明观景台、巴卡尔等景点。2人成团。每天11:00出发。

需要约4小时，一人75TL（包含门票）

◆从客运总站到市中心

●**萨夫兰博卢城的客运总站** 萨夫兰博卢城方向的巴士终点站位于距离萨夫兰博卢城西南方向约1公里处的客运总站。乘坐出租车从客运总站到恰尔什需花费20TL左右。也可以乘坐免费巴士先到库兰考伊广场附近再乘坐合乘巴士或公交到老城区的恰尔什。若没有免费巴士可以拜托客运总站前干线道路上的司机帮忙送到恰尔什。在库兰考伊换乘前往老城区恰尔什的合乘巴士。

◆周边交通

●**从库兰考伊到恰尔什** 从巴士公司集中的库兰考伊广场沿西南方向的大道前行，遇到T字路后向左（东）拐弯，恰尔什方向的合乘巴士站台就位于拐弯后不远处。到恰尔什需要约5分钟，车费1.50TL。乘坐市内公交车费相同。

步行去老城区的话可以从合乘巴士站沿标识下行，大约需要45分钟。乘坐出租车需要6~7TL。

当地发抵观光线路

如果想要参观萨夫兰博卢城老城区步行就可以完成，若还想游览周边的景点则需要拖团或者包租出租车。除了位于老城区的巴图塔旅游团 Batuta Turizum 之外，一些酒店也会安排旅游团。恰尔什广场附近可以找到旅行专用的出租车。

Information

萨夫兰博卢城的民宿

萨夫兰博卢城内自古保留下来的房屋大约建于100~200年前，其中大部分基本上是用木头和土墙建成的。据说墙壁是由马的饲料——麦秆、土以及鸡蛋混合制成的。冬暖夏凉，在严寒的冬天，室内甚至能感受到几天之前柴火的温暖。土耳其以前冬天和夏天是分开来住的，有沙发的房间露天摆放的是夏天居住的家，而沙发放在室内的则是冬天居住的家。仔细观察后会发现萨夫兰博卢城的房屋大多数是夏天居住的房屋，而近郊的约琉克则大多数是冬天居住的房屋。游客们可以留心观察这两处的不同。

以前的土耳其都是大家庭住在一起。因为一个家族都住在同一屋檐下，因此房屋面积很大，房间也很多供家长和子女居住。此外，1~2层的住宅十分常见，1层是玄关和马车车库，以及招待客人的大厅（Selamlık）。此外还有女性专用的大厅，但位置隐蔽，从外部看是看不见的。

如果游客住在由民宿改建而来的酒店，有时会找不到淋浴间的位置。但只要推开像衣柜一样的柜门就会发现淋浴间就藏在门后。这一设计会让人想到土耳其传统的洗浴间形式，十分别出心裁。

位于今吉汉南部的依兹特帕夏清真寺（Map p.383 右下 B）是伊斯坦布尔巴洛克式风格建筑的代表性建筑。据说是仿照奴鲁奥斯玛尼耶清真寺（Map p.60A2-B2）建成的。

萨夫兰博卢城 主要景点

萨夫兰博卢城观光的起点

萨夫兰博卢城历史博物馆 Map p.383 右下 A

Safranbolu Kent Tarihi Müzesi 萨夫兰博卢・肯特・塔利赫・缪仔苏伊

位于视野开阔的老城区西侧的丘陵上，城堡旧址也位于此地。番红花历史博物馆由旧政府大楼（Eski Hükümet Konağı）改装而来，是当时的卡斯塔莫努市长艾尼斯・帕夏 Enis Paşa 于 1907 年下令修建的。1976 年在火灾中损毁，此后长期处于一片废墟当中，2007 年才改建为博物馆再次开放。

1 层（入口）主要展示了与萨夫兰博卢城历史相关的壁板以及照片等。2 层展示了奥斯曼王朝时代的一些家具什物。地下层主要以当地的通商史和传统工艺为主题，通过模型再现了当地的锻造工坊和制鞋工坊的匠人们劳动的场景。博物馆的旁边展示了土耳其各地的钟塔模型。

■萨夫兰博卢城历史博物馆
TEL（0370）712 1314
开 9:00~18:00
休 周一
费 5TL

厚重的石砌建筑

萨夫兰博卢城的街景一览无余

希德尔立克山丘 Map p.383 右下 B

Hıdırlık Tepesi 希德尔立克・特佩苏伊

可一览老城区全貌

沿着山脚漫步，可以来到一处山顶上有公园的丘陵。这里视野开阔，可以看到萨夫兰博卢城全貌。建在丘陵之上的墓园是 1843 年建造的哈桑帕夏 Hasan Paşa 的一部分。

再向上的位置是一处墓地，从墓地南侧向下看去风景一样秀美。

■希德尔立克山丘
开 随时
休 无
费 8:00~24:00 入场为 1TL

部分民宿已开放内部参观，试着比较它们的区别吧

卡伊马卡姆拉尔・埃伊 Map p.383 右下 B

Kaymakamlar Evi 卡伊马卡姆拉尔・埃伊

萨夫兰博卢城已开放了部分民宿以供游客进行内部参观，这些民宿被称作 Gezi Evi。最初开放的是这一处民宿。据说是萨夫兰博卢城兵营营长哈吉・穆罕默德・埃芬迪 Haci Mehmet Efendı 于 19 世纪初期下令建造的。屋内展示着过去的生活用具、阁楼上的暖炉以及陈列橱柜、沙发等，由此可以一探土耳其过去的生活面貌。

■卡伊马卡姆拉尔・埃伊
TEL（0370）712 7885
开 9:00~18:00（冬季 ~17:30）
休 无 费 5TL

卡伊马卡姆拉尔・埃伊

萨夫兰博卢城 近郊景点

时间仿佛在这座小山村静止

尤鲁克 Map p.383 上 B

Yörük Köyü 尤鲁克・考尤

位于萨夫兰博卢城东南方向约 11 公里的一个小山村。尤鲁克在土耳其语中意思是游牧民，据说主要是土库曼斯坦族系中的卡拉克奇里 Karakeçili 民族在这里定居。这里保留下来了很多传统房屋，其中有几处已经对外开放。旺季时节，有些咖啡馆还会提供当时的传统美食。

■前往尤鲁克的线路

从萨夫兰博卢城前往邻村的柯纳吉 Konarı，在终点站下车步行约 2 公里。返程时可以另附费用请司机顺路送到尤鲁克，或者去尤鲁克人数较多的时候司机也会顺路送到尤鲁克。从尤鲁克出发可以沿着山脊未铺设道路的田间小道步行约 30 分钟到达柯纳奇。

🚗 往返路费 70TL~。加上游览因杰卡亚水道桥、尤鲁克村的路程需 200TL。

卡伊马卡姆拉尔・埃伊的中间庭院有咖啡馆、Kaymakamlar kahve evi（开 8:00~18:00），推荐这家店用炭火烘焙而成的土耳其咖啡（10TL）。店内还有萨夫兰茶（7TL）。

■苏帕希奥卢·埃伊
☐ 0536 479 1050
开 8:30~20:00（冬季 ~18:00）
休 无
费 2TL

苏帕希奥卢·埃伊 Sipahioğlu Evi

很多房间都可以参观，其中土耳其浴室以及受到别克塔什教派影响而特定 12 这个数字的各种装饰花纹十分值得一看。此外也别错过了天花板和墙壁上的装饰。有入口的地下室作为马棚使用。

苏帕希奥卢·埃伊

查马休尔哈内 Çamaşırhane

约琉克村的公共洗衣房。曾经每一个村落都有一个这样的公共洗衣房，位于中央的大石头作为洗衣板使用。

■因杰卡亚水道桥
🚌 从库兰考伊的十字路口乘坐巴拉尔方向的合乘巴士，跟司机说到因杰卡亚，司机会在最近的车站放你下车。游客可一边欣赏着 Tokatlı 溪谷的美景一边步行约 1 公里至村落。到水道桥还需走约 1 公里
🚗 从查尔什出发往返 60TL。加上游览布拉克洞穴、约琉克村的路程需 200TL。可以报团参加

桥下就是绿意盎然的溪谷，能否成功去到对岸呢？

因杰卡亚水道桥

Map p.383 上 A

İncekaya Su Kemeri 因杰卡亚·苏·凯美利

距离库兰考伊约 5 公里的溪谷上架着一座因杰卡亚水道桥。它建于罗马时代，蜿蜒曲折的部分是奥斯曼王朝时代（18 世纪），赛利姆三世的宰相——依兹特·穆罕默德·帕夏下令重新建造的。长 200 米，宽 1.6~3 米。桥上没有扶手，但是桥身完整，仍能通行。桥下是绿意盎然的 Tokatlı 溪谷 Tokatlı Deresi，这里还建设了完整的步行道供游客漫步欣赏。

桥身较窄，通行时请多加小心

■透明观景台
TEL（0370）725 1900
开 9:00~24:00 左右
（冬季 ~18:00 左右）
费 5.50TL

透明观景台 Kristal Teras

位于因杰卡亚水道桥附近的咖啡馆旁有一处于 2012 年建成的观景台。玻璃观景台在 80 米高的断崖向外延伸，一次可容纳 30 人观景。脚下是不断向外绵延的 Tokatlı Kanyonu 溪谷，适合远眺，而看向脚下则会令人发怵，胆战心惊。有恐高症的人一定要多加小心！

观景台下是绝佳的景色

■布拉克洞穴
🚗 乘坐出租车从查尔什出发，往返需 70TL。加上游览因杰卡亚水道桥需 200TL
☐ 0538 322 9881
开 夏季 9:30~19:00
冬季 9:30~17:00
（冬季有时会停止开放）
休 无
费 6.50TL
🚫 不可

土耳其为数不多的钟乳洞

布拉克洞穴

Map p.383 上 A

Bulak Mencilis Mağarası 布拉克·曼吉利斯·麻拉斯

布拉克洞穴的钟乳石

布拉克洞穴位于流淌经过布拉克村落的门吉里斯河的岩石山上，据说曾经是山贼的根据地。洞窟长约 6 公里，但能够参观的只有 400 米。洞穴内的温度常年保持在 12~14℃。虽然有扶手和台阶，但是参观时需要注意脚下，小心滑倒。前往洞穴入口的斜坡略微险峻，请小心。

酒店
Hotel

为了保护被列为世界遗产的街道，酒店在改装时也尽量避免了破坏古民宅的传统氛围。为此，有的酒店的淋浴间和厕所会非常狭窄。酒店在周末（周五·周六）和节假日常常会涨价。有的酒店只要打电话就可以到萨夫兰博卢城的客运总站迎接，预约的时候可以确认一下。

巴斯通及·科纳克
Bastoncu Konak 经济型 6 间

◆酒店的细心招待给客人一种如家般的温暖。客房风格简单，店主曾是专门制作拐杖的工匠，天花板等客房内的装饰都是他亲自打造的。1 层是一个手工艺品店。

今吉汉附近 Map p.383 右下 B
住 Kaymakamlar Müzesi Altı
TEL 0533 206 3725 FAX (0370)712 6910
URL bastoncuhediyelik.com
单人 80TL~
双人 130TL~
US $ € TL 信用卡 M V
全馆免费 EV 无

埃 非
Efe Guest House 经济型 7 间

◆只要和酒店联系，酒店会安排司机到客运总站迎接。到了酒店前台后请先换拖鞋再去顶楼。有些经济型客房使用的是公共淋浴间。酒店帮忙安排观光一日游，5 人即可成团。此外，老板娘还有另一家阿斯亚科纳克酒店 Asya Konak。

恰尔什 Map p.383 右下 A
住 Kayadibi Sok. No.8
TEL (0370) 725 2688
FAX (0370) 725 2137
单人 80TL
双人 140TL
US $ € JPY TL
信用卡 M V
全馆免费 EV 无

萨尔科纳克酒店
Sarı Konak Hotel 经济型 8 间

◆这是一家改建自历史性建筑的招待所，酒店维护得很好。城市的东部还有一家相同经营集团旗下的酒店——尤尔道斯·潘松，两家酒店的费用相同。店主也是一位出租车司机，可以帮忙带领参观周边景点以及位于黑海旁的港湾城市阿马西亚等。

恰尔什 Map p.383 右下 B
住 Mescit Sok. No.33
TEL (0370) 712 4535
DOM 10 €
单人 15 €
双人 25 €
US $ € TL
信用卡 A D J M V
全馆免费 EV 无

塞尔鲁·科纳克
Seyir Konak 中档 9 间

◆位于恰尔什广场到希德尔立克山丘的途中，酒店地处高地，视野开阔，可以在吃早餐的房间和观景台上一览萨夫兰博卢城的景色。有一条近道直通老城区，地理位置优越。店主也很热情好客，会仔细地回答房客的问题。

希德尔立克山丘附近 Map p.383 右下 A
住 Musalla Mah., Hıdırlık Arkası Sok. No.3
TEL (0370) 433 1712
URL seyirkonakotel.com
单人 33 € ~
双人 55 € ~
US $ € TL 信用卡 A D J M V
全馆免费 EV 无

今吉汉酒店
Cinci Han Hotel 中档 30 间

◆改建自 1645 年建的商队住宿地的一家酒店。内装虽然简单，并没有多少历史的痕迹，但是仍然保留了原建筑的复式套间以及房间布局。酒店配备供暖设施，非房客也可以花 1TL 的门票钱来参观商队住宿地。

今吉汉附近 Map p.383 右下 B
住 Eski Çarşı Çeşme Mah.
TEL (0370)712 0690 FAX (0370)712 0691
URL www.cincihan.com
单人 150TL
双人 300TL
TL 信用卡 A M V
全馆免费 EV 无

萨夫兰博卢城的阿拉斯塔集市十分有名，此外萨夫兰博卢城还作为一座“匠人之城”而名声在外。特别是皮革鞋十分有名，如果在萨夫兰博卢城滞留时间较长，还可以特别定制一双。

拉西特雷尔·巴·埃伊

Raşitler Bağ Evi 中档 4 间

◆位于巴拉尔的一家古民宿酒店，修复自 350 年前建造的房屋。据说整个建筑未使用一根钉子。可以安排接送服务（客运总站）。可通过电话或邮件预约，可以询问店家是否能够优惠。

巴拉尔 Map p.383 上 A

住 Bağlarbaşı Mah., Değirmenbaşı Sok. No.65

TEL（0370）725 1345 FAX（0370）725 1344

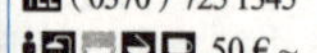

50 € ~

65 € ~

US $ € TL A M V

全馆免费 EV 无

高尔·埃伊

Gül Evi 中档 16 间

◆位于恰尔什广场到历史博物馆的上坡路的途中。是一家改建自有 200 年建筑历史的酒店。酒店共有 3 栋建筑，中间形成了一处庭院。最里侧的建筑物有自带浴缸的客房。客房内的日用品看起来非常高档，酒店内甚至还有洞窟风格的酒吧。

恰尔什 Map p.383 右下 A

住 Hükmet Sok. No.46

TEL（0370）725 4645

FAX（0370）712 5051

URL www.canbulat.com.tr

80 € ~

100 € ~

US $ € JPY TL A M V

全馆免费 EV 无

伊姆连·劳库姆·柯纳吉

İmren Lokum Konağı 中档 17 间

◆与伊姆连·劳库姆拉尔（→ p.389）同属一家经营集团。客房内有电视、吹风机、迷你吧台等，当然还提供著名的土耳其软糖。餐馆也备受好评，可以在这里品尝到萨夫兰博卢城的所有美食。

恰尔什广场 Map p.385

住 Koyyum Ali Sok. No.4

TEL（0370）725 2324 FAX（0370）712 2194

URL www.imrenkonak.com

A/C 175TL

A/C 290TL

US $ € TL A D M V

全馆免费 EV 无

餐馆&商店

Restaurant & Shop

阿拉斯塔集市以及恰尔什广场的附近有好几家小餐馆，库兰考伊地区的餐馆则集中在巴士公司办事处的附近。萨夫兰博卢城著名的美食有一种叫作布克姆的细长形烤的薄饼肉卷、在位于地下的石头窑洞中烤制而成的柯尤烤肉以及使用当地特产萨夫兰制成的甜点。萨夫兰茶——一种黄色的茶也十分有名。

柯尤烤肉

卡道奥鲁

Kadıoğlu Şehzade Sofrası 地方菜

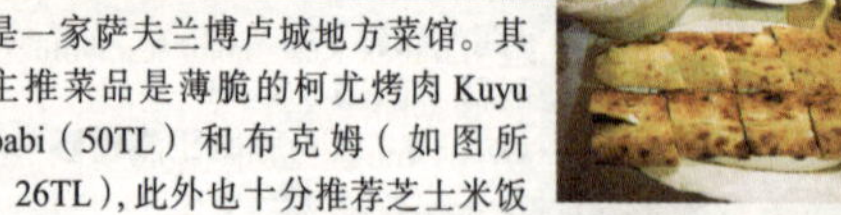

◆是一家萨夫兰博卢城地方菜馆。其中主推菜品是薄脆的柯尤烤肉 Kuyu Kebabi（50TL）和布克姆（如图所示，26TL），此外也十分推荐芝士米饭 Şehzade Pilav（15TL）。到了周末和旺季时中午常常人满为患。卡道奥鲁集团在当地有 9 家酒店和 2 个餐馆。

Map p.385

住 Çeşme Mah., Arasta Sok. No.8

TEL（0370）712 5091

FAX（0370）712 5657

URL www.kadioglusehzade.com

开 9:00~22:30

休 无

US $ € TL M V

卡赞·奥萨吉

Kazan Ocağı Ev Yemekleri 家常菜地方菜

◆曾被土耳其报纸选为“土耳其最好吃的家常菜 Top10”，此后常常被各种媒体报道，人气十足。在外国人中最受欢迎的是在大锅中烤制而成的奥尔曼烤肉 Orman Kebabi（如图所示，25TL）。

阿拉斯塔附近 Map p.383 右下 B

住 Kasaplar Sok. No.10

TEL（0370）712 5960

Mail safranboluevyemekleri@hotmail.com

开 8:00~21:00（冬季 18:00）

休 无

US $ € TL M V

萨夫兰博卢城·沙克西（Map p.383 右下 B）位于今吉汉向南延伸的大道上，是一家使用当地的苹果以及山楂在亚奇科伊制成的制醋专卖店。

赞杰夫伊尔
Zencefil Ev Yemekleri　家常菜地方菜

◆位于从今吉汉到卡伊马卡姆拉尔·埃伊的途中。是一家能品尝到萨夫兰博卢城家常菜和地方菜的餐馆。馒头（如图所示、20TL）以及面条的 yayim（9TL）、果仁蜜饼（2个 10TL）等是人气菜单。此外，还有英语菜单。

今吉汉附近　Map p.383 右下 B

住 Eski Çarşı, Cinci Hanı Arkası Sok. No.24
TEL（0370）712 5120
开 9:00~23:30（冬季 ~21:00）
休 无
TL
M V

埃特·道内鲁吉·伊斯迈伊尔
Et Dönerci İsmail　烤肉串

◆位于老城区中心——恰尔什广场的烤肉店。推荐给想简单吃点小吃的游客。可以外带。烤肉串（只有肉）20TL、汤 6TL。Pillau 6TL。

恰尔什广场　Map p.385

住 Eczacı Derman Hidayet, Çeşme Sok. No.7
0507 954 2546
开 9:00~21:00（冬季 ~18:00）
休 无　TL　不可

塔谢布
Taşev　土耳其美食

◆位于卡伊马卡姆拉尔·埃伊的上侧，视野开阔。萨夫兰博卢城的餐馆还会提供啤酒和红酒等，与其他地方相比，比较罕见。主食也很丰富，价格在 50~90TL。

今吉汉附近　Map p.383 右下 B

住 Baba Sultan Mah., Hıdırlık Yok. No.14
TEL（0370）725 5300
URL www.tasevsanatvesarapevi.com
开 10:00~22:00
休 周一
US $ € TL　M V

阿拉斯塔·卡夫贝伊 1661
Arasta Kahvesi 1661　土耳其咖啡

◆位于阿拉斯塔集市的咖啡馆是一家 1661 年的老字号店铺。放入炭火中制作而成的土耳其咖啡（10TL）是人间精品，总是有很多人来买。

阿拉斯塔附近　Map p.385

住 Çeşme Mah., Arasta Arkası Sok. No.3
TEL（0370）712 0023
开 6:00~24:00
休 无
US $ € TL　A D J M V

伊姆连·劳库姆拉尔
İmren Lokumları　土耳其软糖咖啡馆

◆位于恰尔什广场北侧的一家专门卖土耳其软糖的老字号，2 层的地方宽敞，有水池。还有崭新的走道和镜子等，如同一个小型的博物馆一样。旁边是萨夫兰·期切伊 Safran Çiçegi，是同一经营公司经营的美妆店。

恰尔什广场　Map p.385

住 Çesme Mah., Kazdağlı Meydanı No.2
TEL（0370）712 8281
URL www.imrenlokumlari.com
开 7:00~23:00
休 无
US $ € TL
M V

拉　提
Lati Lokumları　土耳其软糖

◆这里是工厂直销店，精选当地的自然食材，同时还设有大型巴士停车场所作为服务区使用。工厂外观采用玻璃材质，可以一边吃着美食一边参观整个制作工程。

切布里奇考普里奥　Map p.383 上 B

住 Karabük Kastamonu Karayolu 7km Çevrikköprü
TEL（0370）737 2020
开 8:00~22:00
休 无
US $ € TL　J M V

今吉公共浴室
Tarihî Cinci Hamami　面向当地居民的公共浴室

◆位于清真寺旁，是萨夫兰博卢城老城区地标性的建筑。是当地人和游客常去的公共浴室，但在这里几乎无法用英语沟通。入浴加按摩套餐 85TL。

恰尔什广场　Map p.385

住 Çarşı Meydanı
TEL（0370）712 2103
FAX（0370）712 2105
开 6:00~23:00（男性）
9:00~22:00（女性）
休 无　TL　不可

位于库兰考伊的土耳其软糖点 Safrantat 是一家工厂直销店。常被新闻报道，人气爆棚。可向工厂提出要求参观软糖制作过程。

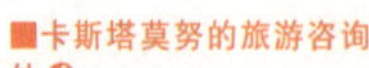

沿河而建的充满风情的城市

卡斯塔莫努 *Kastamonu*

长途区号 0366　人口 38 万 3373 人　海拔 775 米

■卡斯塔莫努的旅游咨询处 ⓘ

Map p.390

住 Sakarya Cad. No.3
TEL（0366）212 5809
URL kastamonu.ktb.gov.tr
开 9:00~18:00
休 周日 · 周一、10 月 ~ 次年 4 月（10 月 ~ 次年 4 月由政府大楼旁的旅游局对应）

从钟塔上眺望卡斯塔莫努的街景

卡斯塔莫努的历史悠久，据说可以追溯至赫梯时代，直到奥斯曼王朝时代才逐渐发展开来。卡斯塔莫努作为卡斯塔莫努省的省会发展至今，还保留了大量和萨夫兰博卢城风格相近的古民居，由此可以一窥当时王朝的历史面貌。

缪尼雷神学院的手工艺品市场

今天也仍在使用的纳斯鲁拉桥

卡斯塔莫努 漫 步

●纳斯鲁拉桥位于城市中心　卡斯塔莫努沿着南北贯通的卡拉乔马克河附近的山谷而建。市中心位于横跨在这条河上的纳斯鲁拉桥 Nasrullah Köprüsü 附近。纳斯鲁拉桥由当时的法官于 1501 年纳斯鲁拉下令修建的，是一座典型的奥斯曼王朝时期风格的桥。位于这座桥西北方向有一座纳斯鲁拉清真寺 Nasrullah Camii，也是由他下令修建的。附近还有好几处商队住宿地。

●政府大楼附近　位于桥东南侧的广场有市内迷你公交的站台。省政府 Valilik Binası 也是奥斯曼王朝时代遗留下来的古建筑，至今还残存着写有阿拉伯语文字的牌子。政府大楼里侧是一座钟塔 Saat Kulesi。

●古街道　建于拜占庭时代的卡斯塔莫努城墙墙脚的附近地区是一片和萨夫兰博卢城风格相近的古民居。特别是赛拉维大道 Saylav Sok. 和与之相连的萨姆卢奥尔 Samlıoğlu Sok. 附近充满传统风情，让人联想到遥远过去的卡斯塔莫努。

位于卡斯塔莫努西北方向的皮纳罗巴（Map p.27A1）是世界上大小首屈一指的乌尔巴尼洞窟，以高 1100 米、长 11 公里的巴拉溪谷、乌尔加瀑布等自然风景而闻名。

前往城市中心地区

◆**从客运总站到市中心** 客运总站位于距离市中心北侧约 5 公里处，可乘坐迷你巴士 2 · 3 号到市中心。

卡斯塔莫努 主要景点

耸立于广场，是卡斯塔莫努的象征

纳斯鲁拉清真寺

Map p.390

Nasrullah Camii 纳斯鲁拉清真寺

由曾在迪亚巴克尔、贝尔格莱德担任行政长官的纳斯鲁拉于 16 世纪下令修建。历经奥斯曼王朝初期至全盛期的过渡时期，是一处十分珍贵的历史建筑。

■纳斯鲁拉清真寺

开 随时
休 无
费 免费

清真寺是合成设施的核心部分

酒店&餐馆 Hotel & Restaurant

卡拉乔马克河沿岸有很多酒店，几乎都是中档的商务酒店。纳斯鲁拉清真寺附近有一些稍便宜的住宿。卡斯塔莫努是品尝地方菜的一大宝地，在这里品尝到正宗的 Kir Pidesi（土耳其比萨）以及美味不输于科尼亚的 Etli Ekmek。萨夫兰博卢城的名菜——柯尤烤肉 Kuyu Kebabi 原本发源于此。

缪特维利

Otel Mütevelli 中档 30 间

◆位于市中心，干净整洁，从迷你巴士乘车点穿过大道即可到达。客房视野很好。顶楼有餐馆，提供早餐。

Map p.390

住 Cumhuriyet Cad. No.46
TEL（0366）212 2020
URL www.mutevelli.com.tr
单 A/C 160TL
双 A/C 250TL US $ € TL
M V 全馆免费 EV 有

库桑鲁 · 汉酒店

Kurşunlu Han Hotel 中档 26 间

◆改建自 15 世纪中叶建造的商队住宿地，2008 年开业。所有房间自带迷你吧台、保险箱。酒店内餐厅偶尔会演奏古典音乐。

Map p.390

住 Aktarlar Çarsısı
TEL（0366）214 2737 FAX（0366）214 3782
URL www.kursunluhan.com
单 185TL 双 250TL
US $ € TL A M V
全馆免费 EV 无

乌鲁尔 · 科纳克纳尔

Uğurlu Konakları 中档 25 间

◆改建自 19 世纪 60 年代建造的传统房屋，在保留了原汁原味的传统风格的同时加入了现代元素，具有极高的实用性。从庭院上方可以眺望卡斯塔莫努城堡的风景。是整座城市唯一一家提供酒类的酒店。

Map p.390

住 Hisarardı Mah., Şeyh Şaban-ı Veli Cad. No.47-51
TEL（0366）212 8202 FAX（0366）212 1833
URL www.kastamonukonaklari.com
单 160TL 双 260TL
US $ € TL A M V
全馆免费 EV 无

缪尼雷 · 苏丹 · 索弗拉斯

Münire Sultan Sofrası 地方菜

◆位于现已成为手工艺品市场的缪尼雷神学院遗址的一角。除了有 Etli Ekmek（14TL）等卡斯塔莫努著名美食之外，店内还有小麦汤、Ecevit Çorbası（8TL）、鸡肉料理班多曼（如右图所示、22TL）等。

Map p.390

住 Nasrullah Camii Yanı
TEL（0366）214 9666
URL www.muniresultansofrasi.com
开 8:00~22:00
休 无
TL A M V

卡斯塔莫努被誉为“品尝地方菜的宝库”，其必不可少的土特产是一种叫作 Cekme Helva 的甜品，其中黄油夹心最受欢迎。Sepetçioğlu 和 Bülbüloğlu 是两大主要生产商。

900 Adımda 900 yıllık Tarih
只需漫步 900 步，纵观历史 900 年

托卡特 *Tokat*

长途区号 0356　人口 13 万 2437 人　海拔 679 米

■托卡特的旅游咨询处
Map p.393
住 Taşhan
TEL（0356）214 8252
URL tokat.ktb.gov.tr
开 8:00~12:00、13:00~17:00
休 节假日

Information

Yazma 和 Basma

说到托卡特的土特产或是传统工艺不得不说被称作 Yazma 和 Basma 的花纹染。首先先制作像图章一样的模型再进行印染。这种花纹染可应用小至手帕，大至西装布料、桌布等。亚兹玛就拉尔·哈努有很多花纹染专卖店铺，但截至 2019 年 5 月仍处于装修工程中，其附近也有很多专门店铺。

依山而建的托卡特街景

托卡特位于黑海与内陆的正中间位置，四周被茂密的森林所包围。据说托卡特的历史可以追溯至公元前 3000 年。过去叫作柯马纳，曾先后被赫梯、波斯、罗马、拜占庭、塞尔柱、奥斯曼王朝等国家统治。托卡特博物馆详细地为人们展示了托卡特如何受到各种文化的影响。漫步托卡特的街道，常常能遇见超过 100 年历史的建筑。

托卡特 漫步

城市南北由加济奥斯曼·帕夏大道和贝兹哈特大道贯通。市中心位于省政府附近。客运总站位于城市的北侧，市内公交可达省政府。公交采用刷卡形式，一次 2TL。

Information

绿水青山的城市尼克萨尔

位于托卡特近郊的城市尼克萨尔是由罗马国王提笔略 Tiberius 命名的，原本叫作“内奥卡埃萨雷亚（新的恺撒之城）”。后受到土耳其人的统治，沿袭之前“好城”这一寓意被重新命名为“尼克·西萨尔”，这就是尼克萨尔名字的由来。现在，尼克萨尔以水质优良而闻名。在尼克萨尔，有专门收集水再向全国运输的工厂。

由兰尔桥和阿拉斯塔清真寺

罗马时代的地理学家斯特拉波的《地理学》一书中曾记录到，从城堡上眺望的景色十分美丽。

■前往尼克萨尔的线路

从托卡特的客运总站前开往尼克萨尔方向的合乘巴士在 7:00~22:00 的时间段中每一小时发一班车。约需 1 小时，车费为 13TL。

从城堡上眺望到的街景

托卡特的宣传标语“900 Adımda 900 Yıllık Tarih（只需漫步 900 步，纵观历史 900 年）”的意思是：从市中心步行前行，沿途会看见很多不同时代建造的历史建筑。

托卡特 主要景点

曾经的商队住宿地如今土特产店林立

塔什汉 Map p.393

Taşhan 塔什汉

原本是建于1631年、有着100多间房间的大型商队住宿地，另一个名字是Voyvoda Han。此后曾作为精肉·果蔬市场使用，近年来经过修复后加入了一些介绍当地传统工艺的工坊以及制作Yazma和Basma的印染工坊等。

中间庭院是一个咖啡馆

■塔什汉
开 根据各店铺而定

在这里可以了解从古至今的托卡特历史

托卡特博物馆 Map p.393

Tokat Müzesi 托卡特·缪译斯

原来是建于奥斯曼王朝时代的市场Arastalı Bedesten，后改装为博物馆。除了展示了出土于托卡特近郊遗址的文物之外，还有住在当地的基督教徒们的圣像收集品、Yazma和Basma等托卡特的传统工艺品等，藏品内容多种多样。

■托卡特博物馆
住 Sulusokak Cad., Arastalı Bedesten
TEL (0356) 214 1509
开 夏季8:00~19:00
冬季8:00~17:00
休 周一
费 免费
摄 不可

■旋转舞教团
TEL (0356) 213 3083
开 8:00~18:00
休 周一
费 免费
摄 不可

使用人物模型的形式解说如何制作Basma

动作灵活的人物模型如假乱真

梅乌拉纳博物馆 Map p.393

Mevlevihane 梅乌拉纳博物馆

17世纪前半叶，由苏丹·阿合麦特三世的家臣苏伦·姆斯鲁·帕夏下令建造的一处、旋转舞教团的修道场。19世纪时改建，保留了浓厚的巴洛克元素，是一座奥斯曼王朝建筑，在建筑史上具有极高的历史价值。尤其是天花板和墙壁上的木雕装饰非常值得一看。

楼上是叫作仪式厅Semahane的大舞台，现在虽然没有了真实的舞者，取而代之的是按下按钮就会出现的等身大的人形木偶，此外还展示有手写的抄本等。

市立博物馆（开 8:30~10:00 13:00~19:00、休 周一）是一家2019年2月刚刚对外开放的博物馆，免费参观。馆内简单易懂为人们展示了托卡特过去生活的样子。

■巴利加洞穴

🚗 从托卡特出发单程 80TL，若在当地停留 3 小时往返需 350TL~。

🚌 乘坐公交前往最近的车站巴扎尔 Pazar 单程 6TL。

住 Ballıca Köyü

TEL（0356）261 4236

URL www.milliparklar.gov.tr

开 8:00~ 日落（夏季 ~20:00）

休 免费 费 12TL

被列入世界遗产待定名单土耳其首屈一指的钟乳洞

巴利加洞穴

Map p.28A1

Ballıca Mağarası 巴利加 · 玛格拉斯

距离托卡特西南方向约 26 公里和 1085 米的山陵上的钟乳石洞窟和石灰洞窟。约在 340 万年前形成，全长约 680 米。洞窟内有好几处可以坐的地方，因富含滤过的空气和丰富的氧气而成了哮喘病人的疗养场所。

酒店&餐馆
Hotel & Restaurant

酒店散落分布在塔什汉到省政府附近。但是没有大型酒店。餐馆大多集中在省政府周围，有很多托卡特烤肉的美食店。

恰尔什奥卢 · 塔万

Çavuşoğlu Tower 中档 89 间

Map p.393

◆位于市中心的一家最大规模的酒店。酒店附属餐馆 24 小时开放，酒店内还有游泳池、公共浴室、健身房以及桑拿房等。有 7 间套房附带按摩浴缸。

住 Gazi Osman Paşa Bul. No.172/A

TEL（0356）212 3570 FAX（0356）212 9960

URL www.cavusoglutowerhotel.com

单 A/C 160TL

双 A/C 240TL

US $ € TL 💳 A D J M V

全馆免费 EV 有

代代曼 · 托卡特

Dedeman Tokat 高档 143 间

Map p.393 外

◆2017 年开业的一家大型酒店。酒店内配备了健身房和 SPA 等设施，此外还有餐馆，是少数可以喝酒的酒店。酒店可以安排去巴利加洞穴的出租车观光线路。

住 Karşıyaka Mah., Orhangazi Cad. No.15/1

TEL（0356）228 6600

URL www.dedeman.com

单 A/C 35 €~65 €

双 A/C 39 €~69 €

US $ € TL 💳 A D J M V

全馆免费 EV 有

密斯烤肉

Mis Kebab Ocakbası 炉端烧烤肉

Map p.393

◆位于市中心的一家人气餐馆。店里最受欢迎的不是托卡特烤肉（55TL），而是一种用薄饼卷起来的叫作“贝伊蒂 · 萨尔玛”的美食（23TL）。此外，锡瓦斯考夫特肉饼（22TL）也备受好评。

住 Gazi Osman Paşa Bul., Hükümet Yanı

TEL（0356）212 1678

开 6:30~24:00

休 无

US $ € TL 💳 M V

皮尔汉

Pirhan 地方菜烤肉

Map p.393

◆一家开在具有 600 年以上历史的建筑里的餐馆。提供当地有名的托卡特烤肉、酸奶、面包等组合的套餐，55TL。其他还有菲林烤肉 Firin Kebab40TL 等各种地方美食。

住 Yarahmet Mah., Meydan Camii Karşısı No.1

TEL（0356）213 2525

开 24 小时 休 无

US $ € TL 💳 A M V

阿里帕夏公共浴室

Alipaşa Hamamı 面向当地居民的公共浴室

Map p.393

◆由当时的首席大臣阿里帕夏于 1572 年下令修建的一处复合式建筑。比阿里帕夏清真寺大，是当地的标志性建筑。屋顶每天都飘着阵阵轻烟。入浴 28TL，搓澡加按摩一共 12TL。

住 Alipaşa Hamam Sok.

TEL（0356）214 4453

开 男浴室 5:00~23:00

女浴室 9:00~18:00

休 无 TL 💳 不可

托卡特烤肉因使用了大量的番茄和茄子的夏季蔬菜，而大棚培育的番茄味道不如自然生长得好，因此很多餐馆只在夏天卖托卡特烤肉。

奥斯曼王朝的王子之城

阿马西亚 *Amasya*

长途区号 0358　人口 33 万 7508 人　海拔 392 米

沿耶希尔河而建的传统房屋和阿马西亚城

阿马西亚古称阿马塞亚，拥有 5000 多年的历史。城市中央流淌着耶希尔河，这里还可以看到耸立的岩石山脉、被凿开的岩洞墓穴、山坡上的民宅等美丽景观。而且还有很多具有悠久历史的建筑。

阿马西亚 漫 步

机场位于近郊的梅尔济丰 Merzifon，机场巴士往返于机场和市中心之间，根据航班时间发车。客运总站位于城市北侧，乘坐市内公交大约需要 15 分钟。市内公交可提前在购票处买票（2.75TL）。

阿塔图尔克雕像 Atatürk Anıtı 所在附近的广场是市中心。 主要街道是阿塔图尔克大道 Atatürk Cad.。沿着耶希尔河 Yeşil Irmak 可以看见大桥。过河在对岸的左侧是利用了古民宅改建而成的博物馆哈泽兰拉尔府邸 Hazeranlar Konağı，向上可以看到岩石山脉和岩洞墓穴。

博物馆 Müze 一层和二层分别是考古学和民族学主题，展示着赫梯

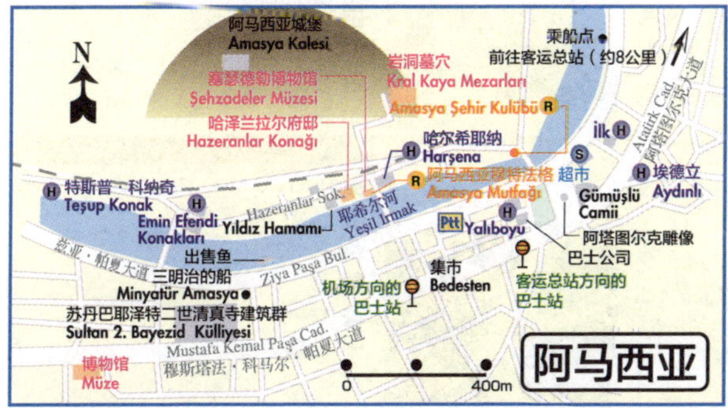

■岩洞墓穴

Map p.395

开 夏季 9:00~19:00
　冬季 9:00~17:00

休 无

费 5TL

沿着山脉纹路凿开的岩洞墓穴

读者投稿　在市内中途下车

从锡瓦斯出发的长途巴士经过阿马西亚酒店街的附近后到达客运总站。需要提前询问司机是否可以中途下车。

■塞瑟德勒博物馆

Map p.395

开 夏季 9:00~19:00
　冬季 8:00~17:00

休 无

费 5TL

■哈泽兰拉尔府邸

Map p.395

开 夏季 8:00~19:00
　冬季 8:00~17:00

休 无

费 6TL

利用传统建筑修建而成的博物馆

使用人形木偶再现当时的生活场景

阿马西亚还被称为王子之城 Şehzade Şehri。这是因为 14~16 世纪期间，曾经有很多奥斯曼王朝的王子到阿马西亚赴任。

■博物馆
Map p.395
TEL（0358）218 4513
开 8:00~19:00（冬季 ~17:00）
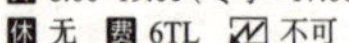
休 无 费 6TL 不可

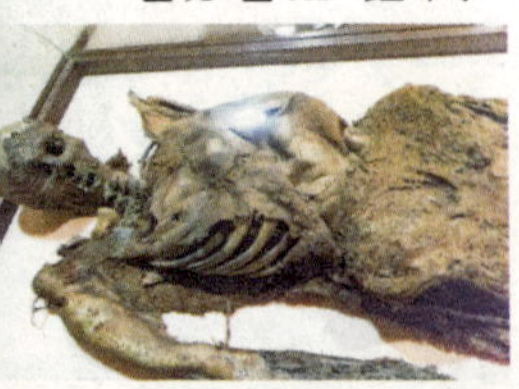
收藏于阿马西亚的博物馆的木乃伊很有名

时代、奥斯曼时代时期的文化遗产和有着美丽雕刻的木质门等。德安特佩出土的泰舒卜之神青铜像（公元前 15 世纪、赫梯时代）以及从费特希耶清真寺搬运而来的 13~14 世纪的木乃伊非常值得一看。

岩洞墓穴的入口位于穿过哈泽兰拉尔府邸前的铁道后沿着小路走不远处。沿着台阶而上可以看见观景台，从这里可以一览阿马西亚的城市风光。在东西延伸的城墙内侧可以看到很多岩洞墓穴，这些岩洞墓穴是公元前 3 世纪繁荣一时的本都王国的国王们的墓穴。

从岩洞墓穴旁可一览阿马西亚城市风光的咖啡馆

酒店&餐馆
Hotel & Restaurant

阿马西亚的酒店不是很多。哈泽兰拉尔府邸所在大道上有几家改装自传统房屋的很有当地风情的酒店。此外集市和河之间的地区有一些中档酒店。

在阿马西亚穆特法格 Amasya Mutfaği 餐馆可以品尝到一些地方菜，很受当地人欢迎。可以尝试一下一种叫作 Keskek 的焗烤料理。阿塔图尔克雕像所在的广场到河边的小路之间有很多小餐馆。

特斯普·科纳奇
Teşup Konak 中档 7 间

◆木材使用日本冷杉，床板以及浴室里的瓷砖均为定制，很有品位。馆内的照明柔和，能让人身心放松。

Map p.395
住 Yalıboyu Sok. No.10
TEL（0358）218 6200
URL www.tesupkonak.com
单人 A/C 140TL
双人 A/C 280TL
US $ € TL　信用卡 A D J M V
全馆免费　EV 无

埃德立
Aydınlı Hotel 中档 29 间

◆距离市中心附近，巴士可在酒店前停车。是一家近代商务酒店。客房干净整洁。

Map p.395
住 Mehmet Paşa Mah. No.8
TEL（0358）212 4322
URL www.aydinlihotel.com
单人 A/C 120TL
双人 A/C 170TL　US $ € TL
信用卡 M V　全馆免费　EV 有

哈尔希耶纳
Harşena Otel 中档 21 间

◆位于景观保护区一角。酒店分为主楼和配楼，从配楼可以俯瞰河岸。配楼的庭院有出售地方菜的咖啡馆，夏天的时候每天晚上还会进行音乐演奏。

Map p.395
住 H. Teyfik Hafız Sok. No.4
TEL（0358）218 3979　FAX（0358）218 3980
URL www.harsenaotel.com
单人 A/C 170TL
双人 A/C 250TL　US $ € TL
信用卡 M V　全馆免费　EV 无

阿马西亚穆特法格
Amasya Mutfaği 地方菜

◆位于塞瑟德勒博物馆旁的一家地方菜馆。小麦和豆子制成的 Keskek 粥（15TL）、秋葵和肉放在一起煮的 Etli Bamya（18TL）等极具当地特色的美食。从楼上可以一边眺望耶希尔河一边享用美食。

Map p.395
住 Hatuniye Mah., Hazeranlar Sok. No.3
TEL（0358）218 2223
开 9:00~22:00
休 无
TL
信用卡 M V

被历史性建筑点缀的黑海绿宝石

特拉布宗 *Trabzon*

长途区号 0462　人口 80 万 7903 人　海拔 33 米

Karadeniz
特拉布宗
伊斯坦布尔
安卡拉

建于悬崖峭壁之上的苏梅拉修道院

特拉布宗修建在紧邻着黑海海岸线的山脉斜坡上。沿海大楼林立，沿着斜坡向上走就到了市中心的商业街。街道上铺着石板，非常有自己的特色。这里全年气候湿润温暖、绿意盎然。

这座城市的历史可追溯至公元前 8 世纪的希腊殖民地时代。此后先后受到波斯帝国、罗马帝国、拜占庭帝国以及奥斯曼帝国等的统治。如今在一些建筑物上还能依稀看得出历史的痕迹。13 世纪时，这里曾是特拉比松帝国的中心，因此也保留了很多拜占庭时期的美术作品。

苏梅拉修道院位于近郊城市马奇卡 Macka，被伊斯兰势力打压的基督教徒曾经隐居在这座悬崖峭壁之上的修道院中。

附近也是一些茶叶的名产地

特拉布宗 漫　步

城市的中心是广场公园 Meydan Parkı。园内设有很多茶座，是当地人和游客们休息的场所。沿着公园南侧的道路向西是乌宗街 Uzun Sok.，这条街道上有很多的服务店和餐馆。与之并行的北向的马拉什大道 Maraş Cad. 上有很多银行，经过这些银行就是被叫作帕扎尔 Pazar 老商业区。

作为主街的乌宗街

■特拉布宗的旅游咨询处

Map p.399D1

住 Atatürk Alanı Meydan Parkı içi
TEL (0462) 326 4760
URL trabzon.ktb.gov.tr
开 5~8 月 8:00~24:00
9 月 ~ 次年 4 月
8:00~17:00
休 无

特拉布宗的邻市阿克恰阿巴德因为椭圆形的考夫特、阿克恰阿巴德 · 红豆考夫特饼而闻名。同时当地的一种叫作“霍龙”的黑海地方传统舞蹈也很有名。

特拉布宗机场

连通机场和广场公园之间的合乘巴士指示牌

客运总站的入口

广场公园南的合乘巴士上车点

前往城市中心地区

◆**从机场到市中心**　机场位于沿海干线道路往东约 6 公里。可以乘坐写有 Havaalanı Meydan 招牌的合乘巴士到中心的广场公园。车费 2.50TL。从广场公园向北方向的文化中心前有频发的前往机场方向的巴士。乘坐出租车单程花费 25~30TL。

◆**从客运总站到市中心**　虽然没有免费巴士服务，但是可在干线道路的另一侧乘坐前往中心公园的合乘巴士。车费为 2.50TL。从萨姆松出发的巴士可在位于帕扎尔北侧的合乘巴士上车点附近的巴士办事处上下车。

广场公园的南侧有频发从市内开往客运总站的合乘巴士。车身上印有 Meydan Garajlar 的标志。开往机场或者开往 Forum 的合乘巴士可在中途下车。乘坐出租车的费用为 20TL。

市内交通

◆**合乘巴士**

车辆上方写着目的地。主要开往客运总站、机场、圣索菲亚、博兹泰佩等。车费大约需要 2.50TL。前往乌宗湖、苏梅拉修道院的中途合乘巴士以及迷你巴士集中在乔姆雷克奇大道 Çömlekçi Cad. 上。

当地发抵观光线路

由埃杰旅行公司 Eyce Tours 组织前往苏梅拉修道院、乌宗湖附近的旅游团。

特拉布宗

0　500m
N
1
2
A
B
欧亚市场 Avrasya Pazarı
前往阿克恰阿巴德的合乘巴士、迷你巴士
2. Devlet Sahil Yolu
鱼市 Balık Hali
批发市场 Toptancı Hali
果蔬市场 Sebze Hali
Tarihi Kalkanoğlu Pilavı
塞克兹迪莱库利公共浴室 Sekiz Direkli Hamamı
Devlet Sahil Yolu
Kalkanoğlu Cad.
Bedesten Cad.
恰尔什清真寺 Çarşı Camii
第二海岸国道
海岸国道
Ahmet Sok.
Dokumacılar Sok.
Alaaddinoğlu Sok.
Camii Sok.
马拉什大道
Kuloğlu Sok.
Şenol Güneş Cad.
Islahane Cad.
Zafer Sok.
市政府 Belediye
扎纳斯帕夏·科纳库拉尔
特拉布宗高中 Trabzon Lisesi
商品展览会会场 Fuarı Merkezi
前往迈迪卡公园体育馆 Medical Park Stadyumu
因吉尔利清真寺 İncirli Camii
努姆内医院 Numune Hastanesi
特拉布宗省政府 Trabzon Valiliği
Faik Danaz Cad.
İnönü Cad.
伊诺努大道
奥尔塔希萨尔清真寺 Ortahisar Camii
传统生活展览馆 Kültür Müdürlüğü
俄罗斯领事馆
格鲁吉亚领事馆
Maraş Cad.
圣索菲亚清真寺 Ayasofya Camii
Tansaş
Trabzonspor Bul.
特拉布宗素珀尔大道
亚马兹·塞利姆大道
Kaş Sok.
Gençlik Cad.
Ceylan Sok.
Sönmez Sok.
希林哈顿清真寺 Şirin Hatun Camii
奥尔塔希萨尔 Ortahisar
扎菲尔清真寺 Zafer Camii
Pulathane Cad.
Hasan Saka Cad.
Çakır Sok.
Ziya Hurşitpaşa Cad.
Tayfun Sok.
Zübeyde Hanım Cad.
Ayasofya Cad.
Bülbül Sok.
Şifa Sok.
Prof. Osman Turan Cad.
特拉布宗·法迪布国立医院 Trabzon Fatih Devlet Hastanesi
Düzen Sok.
Şehit Albay Osman Ertosun Cad.
伊奇卡雷清真寺 İçkale Camii
新朱马清真寺 Yeni Cuma Camii
Akasya Sok.
Sağlık Sok.
Fatih Cad.
Yavuz Selim Bul.
厄尔多德清真寺 Erdoğdu Camii
Soğuksu Cad.
法梯夫清真寺 Fatih Camii
苏古西大道
Yeşil Cad.
Suat Oyman Cad.
Manisa Sok.
乔塞奥尔卢大道 Köseoğlu Cad.
前往阿塔图尔克·考斯库（约2.7公里）Atatürk Köşkü
Şehit Refik Cesur Cad.
Özlem Cad.
Cephanelik Cad.
Güler Sok.

特拉布宗机场分为国内线航站楼和国际线航站楼，两个航站楼之间稍有些距离。经由伊斯坦布尔的国际线航班到达特拉布宗机场时行李会寄到国际线航站楼，请多加注意。

特拉布宗 主要景点

岩壁上的美丽壁画

圣索菲亚清真寺

Map p.398A2

Ayasofya Camii 圣索菲亚清真寺

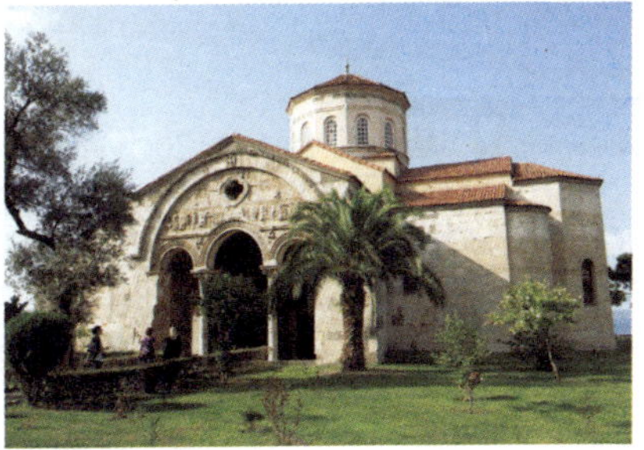

圣索菲亚的优雅倩影

位于距离市中心西侧约3公里，背靠黑海。这座清真寺建于5世纪，1238~1263年在曼努埃尔一世的命令下进行了修建。奥斯曼帝国以后曾作为清真寺使用。建筑中央是高高的穹顶，连接着前后左右的屋顶，呈内接十字形，是一处典型的拜占庭风格的建筑。内部的壁画被誉为是代表了拜占庭时期的美术杰作，刻画了最后的晚餐、圣母玛利亚等圣经中的场景。西侧耸立着一座高高的钟楼，于1427年修建完成。1960年以前曾作为清真寺使用，从1964年开始作为博物馆后对外开放。但是到了2013年6月，再次将其改建成了清真寺。

■埃杰旅游公司
Eyce Tours
Map p.399D1
可在巴士公司 Ulusoy 以及各酒店进行预约。
●苏梅拉修道院半日游
每天10:00出发（17:00返程）
费 50TL（不含门票费用）
●乌宗湖
每天10:00出发 费 50TL
●艾迪尔
每天9:00出发（17:00返程）
费 70TL（含导游带队的步行旅行可咨询）
●巴塔米（格鲁吉亚）
周日・周一7:00出发（23:00回到酒店）
费 100TL（不含门票费用）
含餐食120TL
住 Güzelhisar Cad.No.12
TEL （0462）326 7174
URL www.eycetours.com
开 7:30~20:00
休 无
入口位于阿努尔酒店的后方

■圣索菲亚清真寺
🚌 从广场公园乘坐合乘巴士前往
开 8:15~18:45（冬季~16:45）
休 无 费 免费

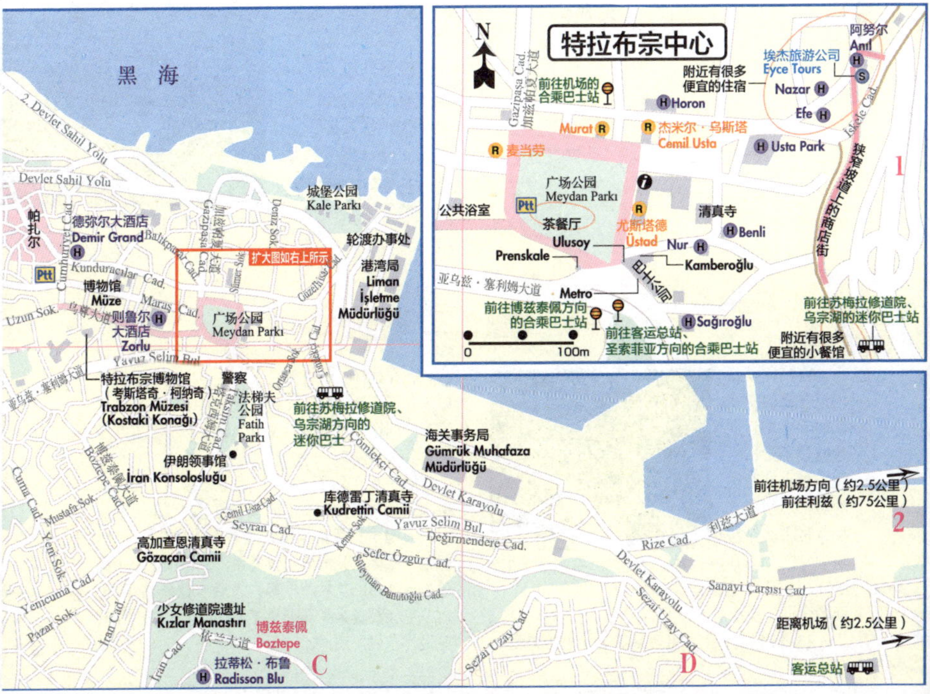

黑 海
2. Devlet Sahil Yolu
Devlet Sahil Yolu
帕扎尔
德弥尔大酒店
Demir Grand
Kunduracılar Cad.
Ptt
博物馆
Müze
Uzun Sok.
乌赞大道
则鲁尔大酒店
Zorlu
Maraş Cad.
Yavuz Selim Bul.
亚乌兹・塞利姆大道
城堡公园
Kale Parkı
轮渡办事处
港湾局
Liman İşletme Müdürlüğü
扩大图如右上所示
广场公园
Meydan Parkı
Gazipaşa Cad.
Güzelhisar Cad.
特拉布宗博物馆
（考斯塔奇・柯纳奇）
Trabzon Müzesi
(Kostaki Konağı)
警察
法梯夫公园
Fatih Parkı
前往苏梅拉修道院、乌宗湖方向的迷你巴士
伊朗领事馆
İran Konsolosluğu
海关事务局
Gümrük Muhafaza Müdürlüğü
Devlet Karayolu
库德雷丁清真寺
Kudrettin Camii
Yavuz Selim Bul.
Değirmendere Cad.
Seyran Cad.
Sefer Özgür Cad.
高加查恩清真寺
Gözaçan Camii
少女修道院遗址
Kızlar Manastırı
博兹泰佩
Boztepe
拉蒂松・布鲁
Radisson Blu
前往机场方向（约2.5公里）
前往利兹（约75公里）
利兹大道
Rize Cad.
Sanayi Çarşısı Cad.
距离机场（约2.5公里）
客运总站
Sezai Uzay Cad.
C
D
1
2
特拉布宗中心
N
Gazipaşa Cad.
加兹帕夏大道
前往机场的合乘巴士站
附近有很多便宜的住宿
Horon
埃杰旅游公司
Eyce Tours
阿努尔
Anıl
Nazar
Efe
Murat
麦当劳
杰米尔・乌斯塔
Cemil Usta
Usta Park
İskele Cad.
狭窄坡道上的商店街
广场公园
Meydan Parkı
公共浴室
Ptt
茶餐厅
Ulusoy
尤斯塔德
Üstad
清真寺
Benli
Nur
Prenskale
Kamberoğlu
巴士公司
亚乌兹・塞利姆大道
Metro
前往博兹泰佩方向的合乘巴士站
前往客运总站、圣索菲亚方向的合乘巴士站
Sağıroğlu
前往苏梅拉修道院、乌宗湖的迷你巴士站
附近有很多便宜的小餐馆
0
100m

特拉布宗队是土耳其足球联盟中的一支实力球队，它的主体育馆就是迈迪卡公园体育馆，位于沿海干线道路向阿克恰阿巴德方向的海岸边。2016年开业，是一处现代风格的体育馆。

奥尔塔希萨尔清真寺

■奥尔塔希萨尔

🚌 乘坐前往圣索菲亚的合乘巴士在中途下车

■博兹泰佩

🚌 在位于广场公园南侧的坡道上乘坐合乘巴士。车身上写有 Boztepe。

车费：2.50TL

■苏梅拉修道院

🚌 在巴士公司 Ulusoy 前的乘车处乘坐埃杰旅行公司的迷你巴士。可招呼上车。

特拉布宗 10:00 出发，17:00 返程

车费：50TL（往返）

🚌 从乔姆雷克奇大道上的迷你巴士乘车处发车的迷你巴士 11:00、12:00、14:30 发车，15:00、16:00 返程。夏天会增加班次。车费为 20TL。

开 9:00~19:00（冬季 ~16:00）

休 无

费 10TL

将坡道众多的特拉布宗团团围绕

奥尔塔希萨尔 Map p.398B2

Ortahisar 奥尔塔希萨尔

14 世纪，特拉比松国王阿莱西奥斯二世下令修建的一处城墙。虽然有稍许破损，但是很值得一看。此外还留下了大量有着鲜艳外墙的传统房屋，周围是设施完善的公园。

从山丘上可以看见特拉布宗红色的屋顶

博兹泰佩 Map p.399C2

Boztepe 博兹泰佩

从位于特布拉宗靠山一侧的一座山丘上可以一览黑海背景下的一排排红色屋顶。山丘上还设有咖啡馆，可以在这里悠闲地欣赏风景。

从博兹泰佩上可以看到港口

特拉布宗 近郊景点

岩壁上的美丽壁画

苏梅拉修道院 Map p.28B1

Sümera Manastırı 苏梅拉 · 曼纳斯特里

苏梅拉修道院是位于特拉布宗南侧约 4 公里处，建在悬崖峭壁之上的基督教修道院。这里人迹罕至，就连土耳其人都称之为“梦之地”。

修道院始建于拜占庭时代的 6 世纪，现在看到的建筑是 14 世纪建造的，共 6 层楼，72 个房间。位于里侧的洞穴内部以及外墙上留下了很多壁画，可惜的是上面也有很多涂鸦，但仔细找找也能发现 200 年以上的“有意义”的涂鸦。修道院所在的位置是海拔 1200 米、距离河水的垂直高度达 300 米处，正好处在悬崖峭壁的中间。从这里向外望去的风景十分壮观。

壁画和天井上的画很值得一看

Information

东罗马帝国之后的特拉比松帝国

特拉比松帝国是在第四次东征的十字军建立起的拉丁帝国占领了拜占庭帝国的君士坦丁堡之后，拜占庭帝国科穆宁王朝后裔于 1204 年建立起的帝国（现特拉比松）。

圣索菲亚清真寺里色彩鲜艳的壁画

13~15 世纪，安纳托利亚正处于群雄割据的状态，在这样一种背景之下，特拉比松帝国巧妙地生存了下来，特拉比松与黑海东岸的格鲁吉亚帝国共同作为正教堂国家双双联手，缔结了姻亲关系。

君士坦丁堡于 1453 年陷落之后，特拉比松帝国通过与南方拥有强大军事能力的白羊王朝联姻以及与卡拉曼诸侯国结盟来维持自己的独立。但是奥斯曼王朝的势力日益强大，特拉比松帝国最终于 1461 年灭亡。不久之后卡拉曼诸侯国、白羊王朝都进入了奥斯曼王朝的麾下，安纳托利亚最终完成了统一。

奥尔塔希萨尔清真寺是基于 914 年修建的教堂而建成的。是一座被奥斯曼帝国征服后改建而成的清真寺，清真寺旁还有尖塔。

著名的茶叶产地

里　泽

Rize 里泽

Map p.29C1

著名的红茶产地里泽距离特拉布宗东侧大约 80 公里处，人口约 34.8 万人。里泽开始生产茶叶始于 20 世纪 30 年代，在政府的扶持之下，生产茶叶的农家逐渐增多。此后黑海沿岸各地不断出现私营的红茶公司，过去的繁荣景象已不复存在。但是现在在里泽以及周边的奥夫 Of 附近还有很多的茶厂。

市中心的广场有一座清真寺（谢伊夫清真寺）。广场对面是 PTT、旅游咨询处 ⓘ 以及改造自古民居的民俗学博物馆 Etnografya Müzesi 等。

■里泽的旅游咨询处 ⓘ
Map p.401
住 Meydan PTT Yani
TEL（0464）213 0408
开 8:30~17:00　休 周日

■民俗学博物馆
Map p.401
开 8:00~17:00
休 周日　费 免费

■兹拉阿特茶餐厅
Map p.401
开 8:00~23:00

红茶研究所 Çay Enstitüsü 位于可以俯瞰里泽城市风光的高台之上，兹拉阿特茶餐厅就在红茶研究所旁边，在这里可以一边眺望茶田和黑海一边品茶。从广场旁的坡道上行 20 分钟左右，乘坐出租车单程约需 10TL。

从兹拉阿特茶餐厅向下望去的里泽美景

酒店
Hotel

广场公园附近有很多便宜的住宿，市政府北侧的一部分地区以及去往客运总站的干线道路上的酒店大部分都是提供卖淫服务的旅店。要多加注意晚上也经营酒吧的便宜酒店。

阿努尔
Anil Otel　　经济型 35 间

◆大厅外用玻璃材质打造，透光良好。是埃杰旅行公司旗下的酒店。位于酒店里侧的房间可以看见港口。早餐丰盛。

Map p.399D1
住 Güzelhisar Cad. No.12
TEL（0462）326 7282
FAX（0462）321 7284
A/C 80TL
A/C 140TL
US $ € TL　M V
全馆免费　EV 有

德弥尔大酒店
Demir Grand Hotel　　中档 54 间

◆位于城市中心稍靠西侧的位置，距离帕扎尔地区附近非常热闹的大道上，是一家三星级酒店。有海景房，也有自带温泉浴室和桑拿室的套间。

Map p.399C1
住 Cumhuriyet Cad. No.22
TEL（0462）326 2561
URL www.demirgrand.com
A/C 100TL
A/C 180TL　TL
M V　全馆免费　EV 有

拉蒂松 · 布鲁
Radisson Blu Hotel Trabzon　　高档 162 间

◆2018 年年末开业，位于可以眺望整个城市风光的博兹泰佩山丘上。靠近海的一侧附带阳台的房间非常热销。酒店内设施完善，有女性专用游泳池、桑拿室、公共浴室、SPA 室等。可帮忙接送到机场，单程 50TL。

Map p.399C2
住 Boztepe Çamlık Sok. No.2
TEL（0462）261 6666
URL www.radissonblu.com
A/C 65 €～
A/C 75 €～
海景房需另加 10 €。　US $ € TL
A D J M V　全馆免费　EV 有

位于特拉布宗西南方向约 60 公里处的高缪缪哈内的近郊有一处叫作 Karaca Mağarası 洞穴的巨大钟乳洞，4~10 月是旅游旺季。

扎纳斯帕夏 · 科纳库拉尔

Zağnospasa Konakları 高档 19 间

◆位于奥尔塔希萨尔所在的扎纳斯帕夏溪谷公园内的一处古民居风格的酒店。由三栋楼组成，同时酒店内还有餐厅。客房内都采用现代风格的装潢，有的房间还自带厨房。

Map p.398B1

住 Gülbaharhatun Mah., Semt Zağnos Dereiçi Sok. No.41

TEL (0462) 300 6300

URL www.zagnospasakonaklari.com

180~200TL

300TL US $ € TL

M V 全馆免费 EV 无

则鲁尔大酒店

Zorlu Grand Hotel 高档 160 间

◆是当地最高级的酒店，大厅内有喷水池，呈楼梯井设计，通风效果好，可让人忘记外界的喧嚣。各客房将大厅包围，室内装潢也显露出酒店的高级质感和品位。此外，还配备有公共浴室、桑拿室、健身房以及游泳池。

Map p.399C1

住 Kahramanmaraş Cad. No.9

TEL (0462) 326 8400 FAX (0462) 326 8458

80~300 €

100~350 €

US $ € TL A D J M V

全馆免费 EV 有

餐馆

Restaurant

特拉布宗是黑海沿岸东部最大的城市，有很多小餐馆。广场公园附近有很多以煮茄子、大豆为主的餐馆，每家店的味道都很好。但是，特拉布宗最有名的还是凤尾鱼，此外也推荐品尝一下烤鱼以及煎鱼。

杰米尔 · 乌斯塔

Cemil Usta 考夫特鱼料理

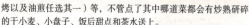

◆位于广场公园对面，是一家特拉布宗邻市的名菜——阿克恰阿巴德考夫特饼的人气餐馆。店内的名菜有考夫特（22TL）以及海鲜（露天烧烤、西式烧烤以及油煎任选其一）等，不管点了其中哪道菜都会有炒熟研碎的干小麦、小盘子、饭后甜点和茶水送上。

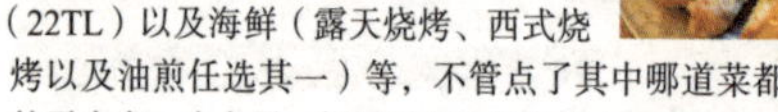

Map p.399D1

住 İskenderpaşa Mah., Atatürk Alanı No.6

TEL (0462) 321 6161

URL www.cemilusta.com

开 8:00~23:00

休 无

US $ € TL M V

尤斯塔德

Üstad Yemek ve Kebap Salonu 土耳其美食

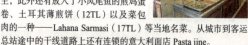

◆位于广场公园对面，主要以煮食为主，此外还有放入了小凤尾鱼的煎鸡蛋卷、土耳其薄煎饼（12TL）以及菜包肉的一种——Lahana Sarmasi（17TL）等当地名菜。从城市到客运总站途中的干线道路上还有连锁的意大利面店 Pasta iine。

Map p.399D1

住 Atatürk Alanı No.18/B

TEL (0462) 321 5406

URL www.ustadyemekkebap.com

开 24 小时

休 断食期间

TL M V

Information

跨越国境前往巴塔米

海滩边建起了高楼大厦等建筑

巴塔米是格鲁吉亚最大的港湾城市，从苏联时代开始就以休养胜地而著称。近年来在政府的主导之下，巴塔米不断得到开发，建立起了高楼大厦、赌场和夜总会等，成为了一所现代化休闲城市。此外还建起了再现威尼斯风格小镇的巴塔米广场。从土耳其到巴塔米交通较为单一，因此推荐以黑海沿岸为起点展开的旅途。

■前往巴塔米的线路

从特拉布宗到边境之城萨尔普 Sarp 的巴士有很多，但可以跨境的巴士很少，因此需要进行事前确认。从边境到巴塔米可以乘坐迷你巴士前往。（详情请见→p.416~417）

在当地的集市内有一家 1856 年创立的什锦饭专卖店 Tarihi Kalkanoğlu Pilavı（Map p.398-B1），很受当地人的欢迎。

山谷之间的如绿宝石一般的美丽湖泊

乌宗湖 *Uzungöl*

长途区号 0462　人口 1606 人　海拔 1090 米

被绿色包围的悠闲避暑地

从黑海沿岸的茶叶产地奥夫 Of 出发，沿着索拉可勒河 Solaklı Çayı 驱车向南前行。位于恰伊卡拉村再向前约 20 公里处。透过车窗可以看见绿意映衬下的溪流以及建在山坡上的一片片住宅。当开上一条极陡的坡道上时视野会突然开阔起来，映入眼帘的是一片美丽的湖泊。如牧歌般悠闲的风景在眼前铺陈开来，这就是土耳其首屈一指的避暑胜地——乌宗湖。

■特拉布宗出发的旅游团

●埃杰旅游公司

Eyce Tours

Map p.399D1

每天 10:00 发车。返程 16:00 发车。一人往返的价格为 50TL。中饭需自理。

可以租借自行车

气势磅礴的瀑布

乌宗湖　漫　步

乌宗湖位于哈尔迪增河 Haldizen Deresi 谷底，海拔是 1090 米。据说哈尔迪增河山坡上的岩石滚落到河里堵塞了河流，形成了这一片堰塞湖。湖畔坐落着一座美丽的白色清真寺，在湖中可以乘船游览。

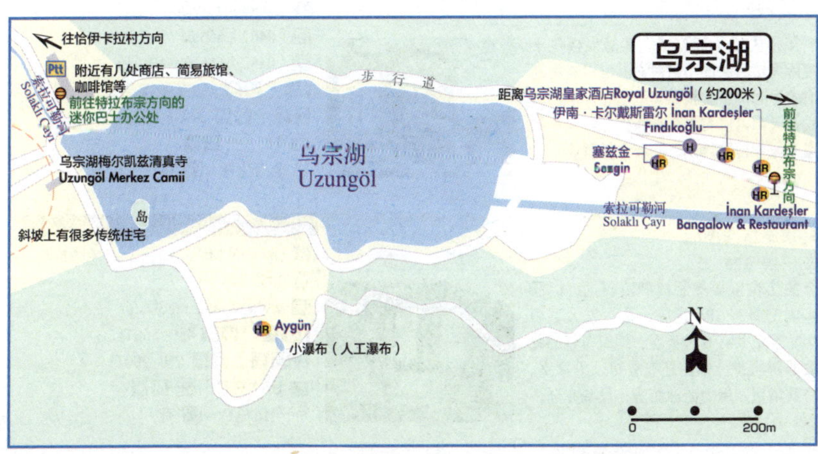

近年来，乌宗湖及其附近特别受阿拉伯人欢迎，因此市里能看见很多标有阿拉伯语的指示牌。

清真寺的西侧留有很多传统房屋，充满了悠闲的气氛

6~9 月是当地的旅游旺季，聚集了许多观光游客。是爱好大自然的人们喜爱的场所，人们可以在这里步行旅行，或者观察各种鸟类。此外到了 10 月下旬 ~11 月的红叶季节，此时漫山遍野被枫叶染红，非常漂亮。

● **东西是河流，中心是湖泊** 乌宗湖梅尔凯兹清真寺 Uzungöl Merkez Camii 附近是乌宗湖的入口。绕湖一周大约需要 30 分钟。沿着湖边道路向东侧行走时会发现湖泊的宽度在不断变窄，最后变成了河流。这条河流的北侧地区分布着一些餐馆和酒店。可乘坐迷你巴士在这条河流的西侧下车，迷你巴士的终点站是位于乌宗湖东侧简易旅馆林立的地区。清真寺的西侧斜坡上有很多传统房屋。穿过民宅步行大约 30 分钟就可以到达眺望湖泊的场所。

● **前往附近的夏季牧场（Yayla）** 步行旅行可选择到附近的夏季牧场。比如代米尔卡普 Demirkapı、谢卡尔苏 Şekersu 等夏季牧场。夏季有些酒店会组织前往夏季牧场的旅游团。

酒店&餐馆
Hotel & Restaurant

可从特拉布宗到乌宗湖一日游。如果想要步行旅游，或者充分享受这里的自然风景，至少需要 1~2 天的时间。冬季有些酒店还会歇业。

乌宗湖的特产是鳟鱼（Alabalik）。乌宗湖的鳟鱼养殖业十分繁盛，可以运往土耳其全国各地。酒店的价钱大致相等，1 人 9TL 左右。

伊南·卡尔戴斯雷尔
İnan Kardeşler 中档 42 间

Map p.403

◆这是一家乌宗湖有代表性的老字号酒店。很多国内外的登山爱好者经常拜访于此。餐馆里面是鳟鱼的养殖场，还可以看见养鱼塘。全年营业，附近还有同一集团的其他酒店。

住 Fatih Cad.No.18
TEL（0462）656 6260
FAX（0462）656 6066
URL www.inankardeslerotel.com
S 220~500TL
W 280~600TL
US $ € TL　A D J M V
全馆免费　EV 有

塞兹金
Sezgin Otel 中档 100 间

Map p.403

◆接待大楼小而整洁。客房大楼位于接待大楼后面的小路对面。可以看见湖泊的房间价格会稍微高一些。夏季的时候每天都可以看见一种叫作“霍龙”的黑海地方传统舞蹈。酒店全年营业。

住 Uzungöl, Çaykara
TEL（0462）656 6175
FAX（0462）656 6192
S 230~500TL
W 290~600TL
TL　M V
全馆免费　EV 有

乌宗湖皇家酒店
Royal Uzungöl 高档 57 间

Map p.403

◆酒店位置虽然距离湖泊较远，但酒店内配备有 SPA 设施，是一家大型酒店。客室共有 6 种类型，编织布料的花纹非常可爱。馆内还有餐馆、桑拿室、公共浴室、屋内游泳馆等，设备齐全。

住 Uzungöl Mah., Serçe Sok. No.91
0850 840 9161
URL www.royaluzungol.com
S A/C 450~500TL
W A/C 550~900TL
US $ € TL　M V
全馆免费　EV 有

登上位于湖泊西侧的传统房屋林立的斜坡后可以到达可以俯瞰湖泊风光的观景点。还可以感受一下徒步旅行的乐趣。

绿色牧草地包围中的高原下的温泉村

艾迪尔 *Ayder*

长途区号 0464　人口 200 人　海拔 1265 米

夏天的时候有很多人会在牧草地上悠闲地度日

从黑海沿岸城市帕扎尔 Pazar 沿着河边的山路行驶大约需要 1 小时到达艾迪尔。艾迪尔是一个海拔 1265 米的小山村。村中居住着高加索系的拉兹族 Laz 和海姆欣族 Hemsin 的游牧民。抬头望去是连绵的高山，从牧场传来一串串牛铃的清脆声音。艾迪尔是一处著名的温泉胜地，周围的高原和山脉也是徒步登山的好去处，每年 6~9 月是旅游旺季，会聚集很多游客，这里生活着 60 多种野生动物和 130 多种植物，是一处大自然的宝库。

艾迪尔　漫 步

从帕扎尔出发的合乘巴士终点是村子的中心广场。只有这附近才有商店。继续向上走可以看到在道路下面飘荡着温泉的轻烟。再向上走右侧可以看见比内卡塔什瀑布 Binektaş Şelalesi。

●**前往附近的夏季牧场（Yayla）**　艾迪尔村子位于谷底，因此看不到什么风景。在这里进行徒步旅行可以享受到美丽的大自然风景。但是这里

■**前往艾迪尔的线路**

直通巴士很少，但可以在帕扎尔 Pazar 换乘合乘巴士。乘坐前往霍帕 hopa 的巴士等在中途下车。从特拉布宗出发需要约 2 小时。或者从卡尔斯或者埃尔祖鲁姆乘坐前往里泽经过阿尔特温 Artvin 的巴士在中途下车。

●**从特拉布宗出发**

🚌 由埃杰旅游公司开展 1 日游线路。夏季时 9:00 出发

费用：70TL

●**从里泽出发**

🚌 5~9 月合乘巴士的发车时间为 9:30、11:00、14:00、18:00（冬季 10:30、14:00 发车）

所需时间：约 2 小时

费用：20TL

●**从帕扎尔出发**

🚌 在大道上的一家叫作 Bizim Market 的店铺前面乘坐合乘巴士。5:00~17:00 期间每一小时发一次车。从艾迪尔返程的车 7:00~18:00 发车，人满即发车。冬天下雪的时候有时会封锁道路。

所需时间：约 1 小时

费用 :14TL

■**艾迪尔温泉**

Map p.405

TEL（0464）657 2102~3

开 夏季 8:00~21:00

冬季 8:00~16:00

休 无

费 10TL

接待处有保险箱。可以免费租借短裤、泡温泉用腰布、洗澡巾等。租借家庭用浴室 1 小时 75TL。

轻烟袅袅的艾迪尔温泉

伴着欢迎的风笛不由自主地舞蹈起来的土耳其游客们

作为前往艾迪尔的起点——帕扎尔虽然有客运总站，但前往特拉布宗的巴士不在此停车。要想回到特拉布宗需要在海岸边的大道上招呼大巴上车。

可以体验到滑索运动

的气候变幻莫测，需要提前准备好雨具和防寒服。村内有登山导游。距离村子比较近的夏季牧场有胡塞尔夏季牧场 Huser Yaylası 以及埃乌索尔夏季牧场 Avusor Yaylası 等。在海拔 3000 米山脉下的弗尔特纳谷 Fırtına Vadisi 中还可以体验到划独木舟和滑伞等活动。

位于村子中心的这座温泉自古以来就有很多病人到访此地泡温泉治病。温泉的温度是 44℃左右，可以治疗痛风、风湿、关节炎以及心脏病等。除了大型泳池型的浴槽之外还可以租借到家庭浴室等。这里还有医院。

酒店&餐馆
Hotel & Restaurant

这里虽然有很多简易旅馆、酒店等，但是 7、8 月是繁忙期经常处于满员状态。很多酒店在夏天的时候只要凑齐人数就会举办前往夏季牧场的步行一日游活动。

广场和艾迪尔温泉的附近有好几家餐馆，很多酒店内都开有餐馆。艾迪尔的著名美食取材自河里捕捞的鱼以及黄油、芝士做成的 Mıhlama（土耳其奶酪火锅）。用黄油煎鱼十分美味。

塞　斯
Sis Otel　　中档 37 间

◆位于从村子中心下坡步行约 5 分钟的地方。建筑物采用木屋风格，房主精通附近的地理环境，可以安排登山导游。酒店内的餐馆有露天席位，可以看到很不错的风景。

Map p.405

住 Ayder Çamlıhemşin
TEL（0464）657 2030　FAX（0464）657 2186
URL www.sisotel.com
单人间 130~300TL
双人间 240TL~
US $ € TL　信用卡 A M V
全馆免费　EV 无

耶希尔巴迪
Yeşilvadi Otel　　中档 40 间

◆位于从广场下坡不远处，很有家庭氛围。可安排到附近的私密 1 日游。道路对面有土特产店（mur-men-ya），房客可以打折。

Map p.405

住 Ömer Aktuğ Cad. No.96
TEL（0464）657 2050　FAX（0464）657 2051
URL www.ayderyesilvadi.com
单人间 150~250TL
双人间 150~400TL
US $ € TL　信用卡 M V
全馆免费　EV 无

吉尔 · 高卢
GelGör Otel　　中档 24 间

◆从村子的中心向山坡沿坡道上行，步行需要 3 分钟左右。客房都很新，床垫质量很高，很舒服。1 层是餐馆，附近也有很多餐馆。

Map p.405

住 Ayder Çamlıhemşin
TEL（0464）657 2064　FAX（0464）657 2088
URL www.gelgorotel.com
单人间 120~250TL
双人间 200~400TL
US $ € TL　信用卡 A M V
全馆免费　EV 无

哈希莫尔
Otel Haşimoğlu　　中档 78 间

◆位于从广场上的桥旁下坡处。酒店近年进行了翻修工程。从大厅或者从阳台向外可以看到瀑布，视野非常开阔。温泉的上侧不远处有同属集团的餐馆 Ayder Sofrası。

Map p.405

住 Ayder Çamlıhemşin
TEL（0464）657 2037　FAX（0464）657 2038
URL www.hasimogluotel.com
单人间 250~400TL
双人间 350~600TL
US $ € TL　信用卡 A M V
全馆免费　EV 有

艾迪尔非常受欢迎的一大运动就是乘坐滑车从天空中划过的滑索运动。可以在 Ayder Sofrasi 餐馆前或是比内卡塔什瀑布前挑战滑索运动。

附近分布着乔治亚教堂

优素费利 *Yusufeli*

长途区号 0466　人口 6856 人　海拔 600 米

沿着萨尔巴尔河顺流之下，享受漂流之旅吧

优素费利位于卡奇卡尔山脉之间、艾迪尔的反方向。巴哈尔河 Barhal Nehri 流过城市的中心。距离格鲁吉亚边境很近，山谷之间分布着一些古教堂和修道院，有些巡礼者会跨越国境进行圣地巡礼。此外，这里也是可以享受漂流和徒步旅行等登山运动。这里不仅有静静地矗立着的教堂，还有美丽的大自然景观，让人流连忘返。

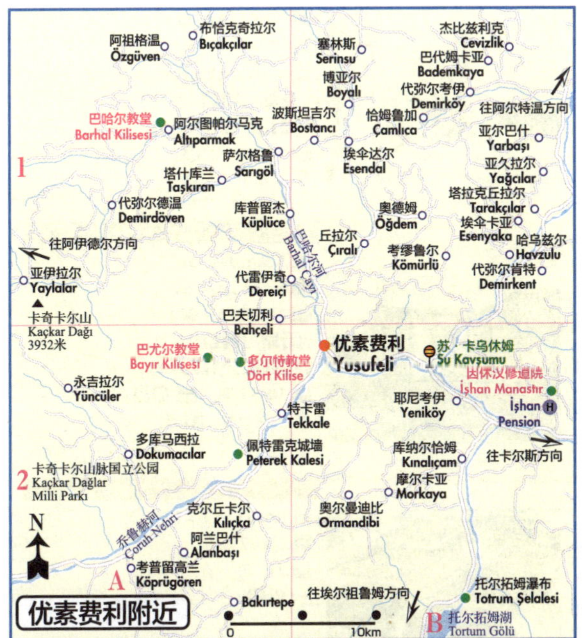

■优素费利的旅游咨询处

Map p.407 右

住 İsmetpasa Cad.

开 8:00~17:00

休 无

有些私营旅游咨询处也兼做土特产店。

■优素费利的旅游公司

Çoruh Outdoor Travel

Map p.407 右

TEL & FAX (0466) 811 3151

开 9:00~17:00

休 无

漂流活动在 5~9 月（根据大坝的放水时间安排，有时会终止漂流活动）。参加费 100TL（包含保险费用）。此外还有拜访教堂、放牧牧场的旅行线路。

■从优素费利到埃尔祖鲁姆、卡尔斯

优素费利和阿尔特温、埃尔祖鲁姆以外城市之间的交通非常不便，没有到卡尔斯的直通巴士等。但从阿尔特温出发去往埃尔祖鲁姆的巴士或者去往卡尔斯的巴士会经过距离优素费利到一休汉方向 9 公里处的 Su Kavşumu，所以可以先乘坐合乘巴士到 Su Kavşumu 再进行换乘。需要提前确认巴士的时刻表。

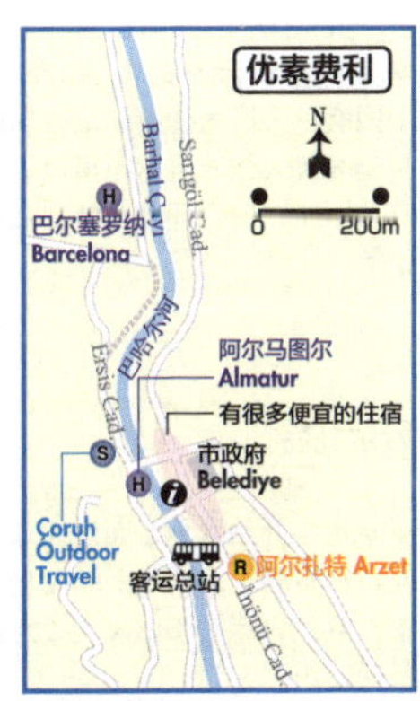

优素费利的名字来源自第一次世界大战前夜，和俄罗斯争夺领土的奥斯曼帝国以当时苏丹·梅夫梅特五世的儿子尤思弗的伊尔（=省）命名而来。

■通往各村的交通

大部分情况下只有一班车傍晚从优素费利出发，第二天早晨再从村子出发，因此最好是利用出租车。

险峻的山中分布着几处修道院

优素费利 漫 步

优素费利附近有好几个村子分布着一些很值得一看的教堂和修道院，比如泰卡雷村 Tekkale、阿尔特帕尔马克村 Altıparmak、一休汉村 İşhan 等。有些专门为巡礼者准备的简单住宿设施。其中一休汉修道院 İşhan Manastrı 建于 9 世纪前半叶的格鲁吉亚王国时代，直到 1983 年一直作为清真寺使用。五彩的穹顶加上十字架的壁画和外墙上美丽的浮雕等传递着中世纪建筑之美。

巴哈尔教堂

位于海拔 1100 米的山中的一休汉修道院

酒店&餐馆
Hotel & Restaurant

优素费利的市中心有很多便宜的住宿，城市北侧还分布好几处可以搭帐篷的设施。此外，在有教堂景点的村子和游客较多的夏季牧场有一些简易的住宿设施，傍晚可以乘坐合乘巴士到达。

阿尔马图尔
Otel Almatur 中档 26 间

Map p.407 右

◆2012 年开业的一家三星级酒店。位于河沿岸，距离市中心非常近。有公共浴室（费用另算，25TL）以及餐馆等设施。在同一价位的酒店中并不多见。

住 Ercis Cad.
TEL (0466) 811 4056
FAX (0466) 811 4057
URL www.almatur.com.tr
单人 A/C 125TL
双人 A/C 200TL
TL MV
全馆免费 EV 有

巴尔塞罗纳
Hotel Barcelona 中档 70 间

Map p.407 右

◆是当地最豪华的酒店。酒店中间有一个巨大的游泳池，周围都是客房大楼。虽然距离市中心有些距离，馆内还有餐馆和咖啡馆等。

住 Arıklı Mah. No.77
TEL (0466) 811 2627
FAX (0466) 811 3705
单人 A/C 150TL
双人 A/C 220TL
US $ € TL MV
全馆免费 EV 无

阿尔扎特
Arzet Lokantası 土耳其美食

Map p.407 右

◆从清早开始营业，无论什么时间段都挤满了人。主要以煮食为主，其中古维吉 Guvec、烤肉串备受好评。

住 İnönü Cad. No.19
开 9:00~21:00
TL
MV

7 月中旬到 8 月中旬，优素费利附近的夏季牧场每周都会举行牧场节，是欣赏到当地民俗舞蹈的好时机。

2019年4月正式投入使用的伊斯坦布尔机场大厅

安全舒适、愉快之旅的要点

旅行的准备与技巧

Yolculuğa Hazırlık

土耳其历史早知道

从史前时代到古文明时代，从希腊、罗马时代到伊斯兰各王朝……
让我们沿着各种文明留下的历史脚印，探寻土耳其这片悠久的土地吧！

史前时代~青铜器时代

（公元前9500~前2000年）

在新石器时代，人们开始在这片土地上定居，并开始农耕生活。科尼亚近郊的加泰土丘 ☞P.311 是安纳托利亚最古老的的原始共同体，是这个时代的代表性遗址。一般认为，人类开始定居、有农耕、出现组织就代表着将会促进宗教和文化的高度发展，但尚勒乌尔法近郊的哥贝克力石阵 ☞P.351 推翻了这一定论。哥贝克力石阵被认为是11500年前人类最古老的祭祀遗址，表明了尚未定居和开始农耕的人类祖先在处于狩猎采集生活的阶段就已经拥有了高度发展的宗教和组织。

公元前3000年左右，出现了铜和锡混铸的青铜器，并开始用于制作武器和工具。镶嵌有金和银的人像，从阿拉加霍裕克 ☞P.330 的帝王坟墓中出土的金质道具都揭示了这个时代技术的巨大进步。1873年，德国考古学家谢里曼发现的特洛伊考古遗址证实这个时代最鼎盛时期的代表。金手镯、项链等都标志着这个时代的卓越文化和艺术高度。

公元前2000年左右，亚述的商人开始移民到这里，主要目的是为了安纳托利亚的金矿和银矿。他们用带来的美索不达米亚的装饰品和衣服进行交换，贸易的中心地就是居尔泰佩，从这里出土的泥板书上记录了当时交易的情况。

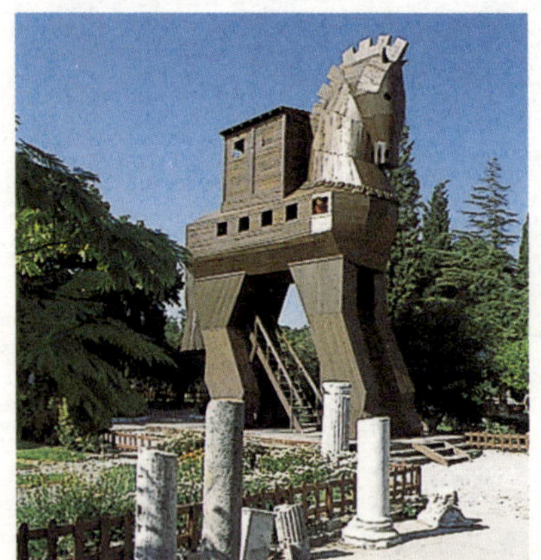

带有各种各样传说的特洛伊

赫梯文明

（公元前2000~前700年）

公元前2000年左右，出现了安纳托利亚最早的统一国家——古赫梯王国。赫梯族是跨越黑海来到此地的北方民族，是最早使用铁器的民族。定都博阿兹卡莱 ☞P.327，王国势力不断强大，公元前1400年左右壮大成为帝国。在公元前1285年的卡叠什战役中，赫梯帝国以强大的实力打败了拉美西斯二世统治下的埃及。但是这个民族最终还是受到谜一样的海上民族的攻击而灭亡。这个时代留下的具有代表性的遗址是位于博阿兹卡莱的哈图沙什遗址以及出土有亚泽勒卡亚神庙、斯芬克斯门等的阿拉加霍裕克等。

赫梯帝国土崩瓦解之后，其后代们在各地建立起了新国家，这就是新赫梯时期。主要的生活中心地是马拉蒂亚、卡尔卡莫斯等地。此外卡帕多吉亚也有该时代的遗址。

此外，在安卡拉的安纳托利亚文明博物馆 ☞P.319 可以看到很多赫梯时代的出土文物。

位于卡帕多西亚的阿尔卢鲁的新赫梯时期碑文

波斯帝国的征服

（公元前700~前334年）

公元前900年左右，以当时被称为图斯帕的凡城 ☞P.364 为首都，建立起了乌拉尔图帝国。乌拉尔图帝国趁着亚述内乱之际不断扩张领土，直到被美底亚王国（Media）所征服共延续了约3个世纪。现在在凡城还保留着乌拉尔图帝国的要塞和亚述楔形文字等文献。

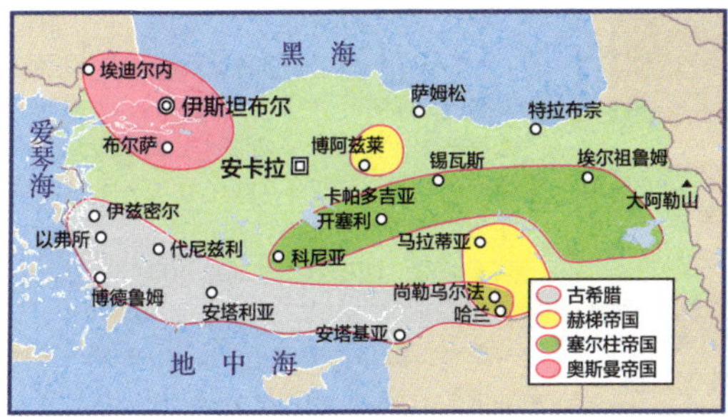

郭鲁帝奥恩博物馆的马赛克

在安纳托利亚，弗里吉亚人以郭鲁帝奥恩为首都建立起国家。郭鲁帝奥恩位于距离安卡拉西南侧约 100 公里处，希腊传说中的驴耳朵国王就是弗里吉亚的国王。在郭鲁帝奥恩遗址可以看到米达斯国王的坟墓，在埃斯基谢希尔附近的亚泽勒卡亚还能看见米达斯国王的纪念石碑。公元前 690 年，弗里吉亚被西米里人所灭。

同一时期，希腊人在爱情海地区开始了殖民化进程。米里迪斯（今米利都 ☞P.213）以弗所斯（今以弗所）等城市开始繁荣发展起来。在西安纳托利亚建立起了一个以萨第斯 ☞P.199 为首都的吕底亚王国。据说，这个王国铸造了世界上最古老的货币。公元前 546 年，波斯征服了吕底亚王国，并在安纳托利亚开始了强大的帝国统治。

古希腊·罗马帝国时代
（公元前334~395年）

拥有强大国力的波斯帝国对安纳托利亚的统治仅仅持续了 200 年，之后年轻的英雄亚历山大大帝成了这里新的统治者。他建立起跨越希腊、埃及、亚洲的大帝国，在他死后，他的将军们瓜分了他的帝国。其中，贝尔加马王国逐渐发展成为安纳托利亚的文化和经济中心。同一时期的罗马不断强大起来，征服了贝尔加马王国，并以此为契机统治了整个安纳托利亚地区。以弗所、今贝尔加马 ☞P.189、迪迪姆 ☞P.214、希蒂 ☞P.265 等地有罗马帝国时期的遗址，让人可追忆起昔日的繁荣景象。

拜占庭帝国时期
（395~1071年）

330 年，罗马帝国的君士坦丁大帝迁都至拜占庭，并将首都名字改为了君士坦丁堡（今伊斯坦布尔）。之后，君士坦丁堡就作为连接罗马（欧洲）和东方的节点而日益发展起来。395 年，罗马帝国分裂成东罗马帝国和西罗马帝国，安纳托利亚成为东罗马帝国的一部分。同时，帝国的罗马色彩逐渐消退，取而代之的是越来越浓厚的东方色彩。后来的史学家称之为拜占庭帝国，在查士丁尼大帝统治时期达到了鼎盛。8 世纪，伴随着伊斯兰军队的入侵逐渐衰退。1071 年，拜占庭帝国在曼齐刻尔特战役中败给了势力不断变强并开始威胁到周边地区的塞尔柱帝国，至此之后土耳其民族进入了安纳托利亚。

迪迪姆遗址

希蒂的阿波罗神庙

塞尔柱王朝时代

（1071~1243年）

塞尔柱王朝是兴起于中亚的信仰伊斯兰教的土耳其系王国，势力范围位于美索不达米亚地区。其旁支的罗姆苏丹国是由图格里勒·贝格的堂兄苏莱曼·宾·库塔尔姆休建立的，并在库尔休·阿尔斯兰一世时迁都科尼亚→p.307，13世纪前半期得到了较大发展。这里还保留有梅夫莱维教团的始祖拉勒丁·鲁米的坟墓。此外开塞利→p.302有清真寺、神学院、医院等功能集一身的复合式建筑物，埃尔祖鲁姆→p.378拥有很多的清真寺和神学院、锡瓦斯等地都可以看见塞尔柱王朝风格的景点。

奥斯曼王朝

（1299~1922年）

罗姆苏丹国末期遭受到蒙古军队的入侵，并在1243年的克塞山战役中战败，成为蒙古（伊尔汗国）的藩属国。因此，安纳托利亚各地的将军和有权势之人纷纷建立独立政权，形成了群雄割据的局面。

奥斯曼帝国于1299年建立。奥斯曼贝伊在与拜占庭的边境处不断强大起来，1326年进攻布尔萨→p.172并在此定都。1402年，帖木儿军队向中亚发起了猛烈进攻，奥斯曼帝国在安卡拉战役中战败，曾一度消亡，不久后再次复兴，1453年占领君士坦丁堡，消灭了拜占庭帝国。此后陆续打败了卡拉曼诸侯国、白羊王朝，将安纳托利亚和巴尔干半岛的大部分收归至自己的领土中。1517年，将领土扩展至埃及并一度延伸至北非。奥斯曼帝国在16世纪的苏莱曼大帝统治时期迎来了最鼎盛时期。其领土从东欧跨至北非、西亚等，其对维也纳的包围使欧洲基督教世界受到了巨大震动。

但是，19世纪末开始，埃及、希腊、保加利亚等纷纷独立，奥斯曼帝国在第一次世界大战中成为战败国。

奥斯曼帝国的主要景点多位于伊斯坦布尔。比如有蓝色清真寺、托普卡帕宫、多尔马巴赫切宫，等等，趣味无穷。

共和国时代

（1922年~）

奥斯曼帝国末期被称为“垂死挣扎的病人”，国内内战中，穆斯塔法·凯末尔·阿塔图尔克高举起革命的火把。他拯救了濒临被列强瓜分和殖民化的土耳其，并于1923年10月29日建立起土耳其共和国，并担任了第一任总统。凯末尔将首都迁至安卡拉，通过政教分离的政策和采用拉丁字母等一系列措施推动了土耳其的现代化。凯末尔也被称为“阿塔图尔克（土耳其之父）”，直到今天也受到了土耳其国民的敬爱。国父在各地访问时住过的房子大多数都保存完好，比如“国父之家”和博物馆等现存于全国主要的一些城市里。

巴尔干半岛上也保存有很多奥斯曼帝国的建筑。照片是著名的宰相锁库卢·穆罕默德帕夏建造的桥（现存于波黑的维舍格勒）

年表

B.C.	20C	伊奥尼亚文明开始
	15C	赫梯帝国全盛时期（~B.C.1180？）（首都哈图沙什）
	859	乌拉尔图帝国建立（~B.C.162）（首都凡城）
	8C～	古希腊文明发展
		利基亚文明兴盛
	550左右	波斯帝国征服小亚细亚
	492	波斯战争（~B.C.479）
	333	马其顿的亚历山大大帝征服小亚细亚
	312	塞琉古王朝建立（首都安提阿城）
	263	贝尔加马帝国建立（~B.C.133）（首都贝尔加马）
	69	科马基尼帝国（~A.D.72）（首都萨马萨特）
	64	罗马帝国消灭塞琉古王朝
A.D	3C	罗马帝国、军人皇帝时代
	330	君士坦丁大帝迁都君士坦丁堡
	395	罗马帝国分裂为东西两部分
	451	基督教的卡尔西顿公会议上，"单性说" 被定为异说
	527	查士丁尼大帝，领土范围扩展至最大（~565）
	610	希拉克略一世即位，攻打东罗马帝国、萨桑王朝
	636～639	阿拉伯军队进攻拜占庭帝国领土，叙利亚、埃及沦陷
	717	倭马亚王朝进攻君士坦丁堡失败
	726	罗马教皇利奥三世发布了禁止圣像崇拜的诏令，全国展开破坏圣像活动
	843	君士坦丁堡公会议结束了圣像破坏运动
	976～1025	巴西尔二世执政，拜占庭帝国达到全盛时期
	1054	东（君士坦丁堡）西（罗马）教会分裂
	1071	曼齐刻尔特战役中，塞尔柱帝国打败拜占庭军队
	1077	罗姆苏丹国建立（~1302）（首都科尼亚），塞尔柱王朝统治下的将军们在安纳托利亚各地纷纷独立
	1096	第一次十字军东征
	1204	第四次十字军东征。占领君士坦丁堡，建立拉丁帝国
		尼西亚帝国、特拉比松帝国建立
	1261	尼西亚帝国夺回君士坦丁堡
	1299	奥斯曼帝国建立（首都布尔萨→埃迪尔内→伊斯坦布尔）
	1453	君士坦丁堡沦陷，拜占庭帝国灭亡
	1517	征服埃及，马穆鲁克王朝灭亡
	1526	莫哈奇战役中将匈牙利收为国土
	17C上半叶	持续发生暗杀苏丹事件和叛乱，奥斯曼王朝陷入混乱
	1656	在科普鲁律时代，奥斯曼王朝领土达到了最大
	1699	签订《卡尔洛维茨和约》，失去了对匈牙利的统治
	1703	艾哈迈德三世即位，进入郁金香时期（~1730）
	1768	俄土战争（~1774），签订《库楚克-凯纳吉和约》
	1839	颁布御园敕令，坦齐马特运动开始
	1876	颁布《米德哈特宪法》，米德哈特帕夏任宰相（~1877）
	1908	青年土耳其党掀起革命，《米德哈特宪法》复活
	1914	第一次世界大战中奥斯曼帝国以同盟国身份参战
	1918～1922	第一次世界大战战败，发表独立宣言，获得民族解放战争胜利
	1923	穆斯塔法·凯末尔阿塔图尔克就任第一任总统
	1938	穆斯塔法·凯末尔阿塔图尔克去世
	1974	希腊军队在塞浦路斯共和国内掀起武装政变，以此为契机，土耳其军进攻塞浦路斯，并占领了塞浦路斯的北部地区
	2016	7月15日夜，一部分军队尝试掀起武装政变但最终以失败告终。
	2018	随着宪法的修订，土耳其从议员内阁制转变为总统实权制

位于贝尔加马遗址山顶上的神殿遗址

位于塞尔丘克的圣约翰教堂

开塞利的萨哈比耶神学院里还保留着很多罗姆苏丹国时期的建筑

和奥地利的战争的最前线——多瑙河。图片是多瑙河上的一座被称作直布罗陀的彼得罗瓦拉丁要塞（现位于塞尔维亚境内）

位于希腊的塞萨洛尼基的土耳其国父凯末尔出生的家

出入境手续

土耳其航空公司的航班

国家移民管理局护照办理指南

URL https://s.nia.gov.cn/mps/bszy/

国际学生证 ISIC 卡

URL https://www.isicchina.com/buy-isic-cards/

护照和签证

办理护照

护照是一个国家的公民出入本国国境和到国外旅行或居留时，由本国发给的一种证明该公民国籍和身份的合法证件。护照一词在英文中是口岸通行证的意思。也就是说，护照是公民旅行通过各国国际口岸的一种通行证明。所以，世界上一些国家通常也颁发代替护照的通行证件。根据规定，办理护照须要本人到就近的公安局出入境管理部门进行办理。

签证

2015 年年初，土耳其开始对赴土耳其旅游及短期商务考察的中国公民实施电子签证，方便快捷，只要进入土耳其共和国电子签证申请系统网站（www.evisa.gov.tr/en/）按要求填表申请，并支付 60 美元签证费即可获得电子签证（一次入境，停留期 30 天），需要注意的是申请人的护照有效期需在半年以上。

保险与国际学生证

一般来说，一个健康的人在旅途过程中常常会因为炎热或者昼夜温差、疲劳等各种原因感到身体不适。但是意外情况也偶有发生，比如在异国遭遇到事故或生病、抢劫等意外情况，因此为了自身的安全，推荐在开启土耳其之旅的同时购买一份境外旅游保险，让你玩得开心，玩得安心。

保险的种类

境外旅行保险是针对国民境外旅游、探亲访友、公干在境外面临的意外、医疗等风险联合推出的 24 小时全天候、综合性的紧急救援服务及意外、医疗、救援服务费用保险保障。目前，境外旅游意外险种类主要有五种：一是旅游意外伤害险，二是旅游人身意外伤害险，三是住宿游客旅游意外险，四是旅游意外救助保险，五是旅游紧急救援保险。

国际学生证

国际学生证是一张由联合国教科文组织所认可、由国际学生旅游联盟（ISTC）所发行的国际间公认的学生通用证件。但在土耳其只适用于少数景点，大多数景点均不适用（仅针对土耳其国内学生）。

直飞和转机

北京、上海、广州、成都、武汉、香港、中国台北等 7 个城市或地区均已开通直飞土耳其航班，由中国南方航空或土耳其航空直飞，单程飞行时间约需 10~12 小时不等。此外，2019 年 12 月 30 日已开通西安直飞土耳其伊斯坦布尔航线。转机的可选择俄罗斯航空和乌克兰航空，价格较为便宜。

从国内出境

值机和安检

带好身份证、手机等行李物品，提前 2 小时到达机场。到达机场后先在取票柜台用身份证换取登机牌。登机牌上会有登机时间、座位以及检票口，将行李进行托运后到达安检口进行安检，只要向工作人员示意护照和机票即可。安检结束后到达登机牌上的检票口，等待登机。

入境

土耳其的入境海关审查非常简单，无须填写入境卡，口头申报即可。如果旅客是经由霍乱等传染疾病所在地入境的，需要提供预防接种证明书。另外还值得注意的是，经由伊斯坦布尔机场转机换乘国内线的游客在到达各机场后请前往国际线航站楼领取自己的托运行李。

■飞机舱内禁止带入液体

乘坐从中国境内机场始发的国际、地区航班的旅客不得将 100 毫升以上的液体带入机舱内（除去值机后在免税店等店铺购买的液体商品）。超出规定容量的液体物品请提前放入托运箱内。化妆水以及奶粉等必需品可预先装入 100 毫升以下的透明容器中带入机舱内。

以下物品在入境时可免除关税	
烟草	200 支香烟、200 张卷烟纸和 200g 烟草
酒	5 瓶（每瓶 100 毫升）或 7 瓶（每瓶 70 毫升）酒或烈酒
香水	5 瓶香水（每瓶容量不超过 120 毫升）
食品	1.5 千克咖啡，1.5 千克即溶咖啡，500 克茶；1 千克巧克力和 1 千克糖果；详情请参照土耳其大使馆官网。

■土耳其外交部

URL www.mfa.gov.tr

■土耳其驻华大使馆

住 北京市三里屯东5街9号，100600

TEL 0086 10 6532 1715

FAX 0086 10 6532 5480

Mail embassy.beijing@mfa.gov.tr、turkemb.beijing@mfa.gov.tr

开 周一至周五 09:30~12:30、14:00~15:00

中国~伊斯坦布尔直飞航空公司

中国南方航空

URL http://www.csair.com/

中国四川航空

URL http://www.sichuanair.com/

土耳其航空

URL www.turkishairlines.com

土耳其航空的飞机餐由其飞机大厨提供

北京 → 伊斯坦布尔航线

运营方：中国南方航空，每周二、周四、周六；土耳其航空，每天。

上海 → 伊斯坦布尔航线

运营方：土耳其航空，每天。

广州 → 伊斯坦布尔航线

运营方：土耳其航空，每天。

香港 → 伊斯坦布尔航线

运营方：土耳其航空，每周一、周二、周四、周五、周六、周日。

成都 → 伊斯坦布尔航线

运营方：中国四川航空，每周二、周四、周六。

武汉 → 伊斯坦布尔航线

运营方：中国南方航空，每周一、周三、周五。

中国台北 → 伊斯坦布尔航线

运营方：土耳其航空，每天

土耳其邻近陆路国家的入境方式

■ 保加利亚

埃迪尔内～斯维伦格勒之间的卡普库雷 Kapikule 站是亚洲公路和欧洲公路交汇的交通要冲。连接伊斯坦布尔和索菲亚的火车"索菲亚特快"经过此站。连接伊斯坦布尔和布尔加斯的巴士经过位于克拉克拉雷利～马尔科·塔诺沃间的 Dereköy 站。

■ 希腊

土耳其与希腊的边境共有三处：位于埃迪尔内近郊的帕扎尔库莱 Pazakule、火车经过的乌宗柯普鲁 Uzunköprü、往返于伊斯坦布尔～雅典之间的巴士所经过的伊普萨拉 İpsala。

■ 格鲁吉亚

土耳其与格鲁吉亚的边境共有三处：萨尔普 Sarp、图尔库高兹 Türkgözü 和阿库塔什 Aktaş。

●萨尔普～巴塔米

萨尔普有很多跨边境的巴士，但路边盘查需要花费一定时间。推荐先乘坐从霍帕 Hopa 出发到萨尔普的合乘巴士（迷你巴士 5TL）到达边境，后步行穿越边境。格鲁吉亚边境处停靠着前往巴塔米的合乘巴士。

●卡尔斯～第比利斯

阿库塔什 aktas 边境盘问处于 2017 年开通，是巴库·第比利斯·卡尔斯（BTK）铁道边境。截止到 2019 年 6 月，仅作为运送货物的设备使用。2019 年年中，为了将其改为旅客车运行正在加紧进行设备的完善。

■ 亚美尼亚

土耳其和亚美尼亚的边境局势长时间以来一直都处于紧张状态，2009 年双方开始就和解谈判。但到目前为止边境通道尚未开放。

■ 伊朗

土耳其与格鲁吉亚的边境有多乌巴亚泽特近郊的库尔布拉克 Gürbulak、凡城和乌尔米耶之间的 Esendere 以及国际火车经过的 Kapıköy。

●库尔布拉克～巴扎尔甘

前往位于土耳其边境的库尔布拉克的合乘巴士在多乌巴亚泽特出发，人满即发车。傍晚乘车人数会减少。需要约 20 分钟，车费 8TL。

通过盘问处之后乘坐附近停靠的巴士和出租车前往距离边境附近的巴扎尔甘 Bazargan。步行约需 30 分钟。从巴扎尔甘乘坐出租车到马库后有前往德黑兰 Tehran、大不里士 Tabriz 等地的航班。

■ 伊拉克

和土耳其边境接壤的伊拉克北部的库尔德斯坦地区在伊拉克境内局势较为稳定，治安也比较好。多乌巴亚泽特等土耳其东南部的主要城市有巴士到埃尔比勒 Erbil 等主要城市。中国外交部提醒中国公民近期暂勿前往伊拉克。

■ 叙利亚

土耳其与叙利亚的基利斯 Kilis、努赛宾 Nusaybin 等多处交界，但目前前往叙利亚的巴士班次全面停运。中国外交部提醒中国公民近期暂勿前往叙利亚。

前往土耳其和周边城市的途径

国际航班线（高速轮船·轮渡）

国名	航班线	运营公司	具体内容
希腊	埃瓦勒克~莱斯沃斯岛 Ayvalık - Lesvos	Jalem Tur URL www.jalemtur.com	高速轮船：每天9:00发船 约需45分钟 费单程25€/往返30€ 轮渡：每天18:00发船 约需1小时30分钟 费单程20€/往返25€
		Turyol URL www.turyolonline.com	轮渡：每天9:00,14:00发船 约需1小时30分钟 费单程15€/往返25€ 高速轮船：每天18:00发船 约需1小时30分钟 费单程15€/往返25€
	切什梅~希俄斯岛 Çeşme - Chios (Khíos)	Ertürk Lines URL www.erturk.com.tr	高速轮船：每天9:00发船 费单程26€/往返30€ 轮渡：每天19:00发船 费单程20€/往返25€
	库萨达斯~萨摩斯岛 Kuşadası - Samos	Meander Travel URL www.meandertravel.com	轮渡：每天9:00发船 约需1小时15分钟 费单程36€/往返52€
	博德鲁姆~科斯岛 Bodrum - Kos	Bodrum Ferryboat URL www.bodrumferryboat.com	轮渡：9:30、16:30、18:30需30~45分钟 费单程17€/往返25€/当天往返20€
		Bodrum Express URL www.bodrumexpresslines.com	高速轮船：9:30、16:30需30~45分钟 费单程17€/往返25€/当天往返20€
	马尔马里斯~罗得岛 Marmaris - Ródos	Yeşil Marmaris URL www.yesilmarmaris.com	高速轮船：9:15、13:15、17:00发船 约需1小时 费单程40€（同当天往返）/往返70€
	费特希耶~罗得岛 Fethiye - Ródos	Tilos Travel URL www.tilostravel.com	轮渡：每天8:30发船 约需1小时30分钟 费单程40€/往返55€/当天往返45€
	卡什~梅斯岛 Kaş - Meis	Meis Express URL www.meisferibot.com	轮渡：每天10:00发船 约需20分钟 费用单程25€/往返30€ 可换乘罗得岛的轮渡

2019年夏天部分日程表。冬天班次会有所减少或者停运。所需时间为最少花费时间

伊斯坦布尔始发的国际巴士

国名	目的地	运营公司	具体内容
希腊	塞萨洛尼基 Selanik	Metro Europe、Derya Tur、Ulusoy等	客运总站发车时间：10:00、16:30、21:00、22:00等。需9~10小时 费230TL
保加利亚	索菲亚Sofya	Metro Europe等	客运总站发车时间：9:00、12:00、20:30、23:00 等。需 9~10 小时 费148TL
	布尔加兹Burgaz	Metro Europe等	客运总站发车时间：9:00、19:30 等。需约 7 小时 费150TL
罗马尼亚	布克雷斯Bükreş	Perla	埃姆尼埃特 · 加拉究发车时间：15:00 需约 11 小时 费200TL
北马其顿共和国	斯考皮耶Üsküp	Alpar Tur等	客运总站发车时间：19:00 等。需 13~16 小时 费40 €
	奥夫利德 Ohrid	Alpar Tur等	客运总站发车时间：19:00 等。需 17~20 小时 费40 €
波斯尼亚和黑塞哥维那	萨雷波斯纳 Saraybosna	Centro Trans Alpar Tur	客运总站发车时间：17:00 等。需 2 小时 30 分钟 费30 €

特拉布宗始发的国际巴士

国名	目的地	运营公司	具体内容
格鲁吉亚	第比利斯Tiflis	Metro等	10:00、16:30、21:00、22:00 等。需 9~10 小时 费230TL
	巴塔米Batum	Prenskale等	6:00~24:00 期间每 1 小时发车。需时间约 3 小时 费230TL
阿塞拜疆	巴库 Bakü	Star Ok	6:00 发车 需 21 小时 费200TL

每一条线路都经过萨尔普。出入境审查时需要先下车，步行跨过边境之后再乘坐同一辆巴士，注意别掉队。从特拉布宗和里泽出发的部分巴士的终点站是萨尔普，请提前确认。

国际列车

火车名/运行线路	运行时刻表	车费
伊斯坦布尔·索菲亚特快 İstanbul - Sofya Ekspresi	夏季：伊斯坦布尔 · 哈卡尔站 21:40 出发→索菲亚站翌日 8:33 到达 索菲亚站 21:30 出发→伊斯坦布尔 · 哈卡尔站翌日 7:40 到达 冬季：伊斯坦布尔 · 哈卡尔站 22:40 出发→索菲亚站翌日 8:43 到达 索菲亚站 21:00 出发→伊斯坦布尔 · 哈卡尔站翌日 6:49 到达	到索菲亚 1 等座 费27.72 € 2 等座 费18.48 €
凡城 ~ 德黑兰 Van Tahran treni	凡城站 21:00 出发（周二）→大不里士翌日 5:15 →德黑兰翌日 18:20 到达 德黑兰 9:30 出发（周一）→大不里士翌日 22:30 →凡城翌日 8:10 到达	到德黑兰 费165TL

土耳其 ~ 伊朗之间的跨国火车 从安卡拉 ~ 德黑兰之间有火车运营，出发前请查询好信息。
土耳其 ~ 卡夫卡兹各国 从卡尔斯出发，有经过乔治亚的第比利斯最终到达阿塞拜疆的巴库的客运，出发前请查询好信息。

※ 以上的信息随着时间推移，可能会发生改变，需在当地进行确认。

土耳其出境的注意事项

注意所携带的旅游纪念品

为了保护土耳其的文化财产，禁止将古代美术以及艺术品、古地毯等携带出国。在礼品店购物时一定不要忘记让商店出示所购买商品不是古董的证明，被盘问时可以向工作人员提交该证明。

出境手续

从伊斯坦布尔机场回国时，首先在机场航站楼的入口处进行行李检查，再在各航空公司柜台值机并对大件行李进行托运。结束一系列出境手续后就可以在登机口等待回国，在登机口处还需进行一次安全检查。

中国入境的注意事项

航班抵达后首先需要接受检验检疫检查，如患有发热、呕吐、黄疸、腹泻、急性皮疹、淋巴腺肿、艾滋病、性病、精神病、开放性肺结核的入境旅客请主动向检验检疫官员申报；来自黄热病流行区的旅客，请你主动向检验检疫官员出示有效的黄热病预防接种证书。接着接受边防检查，中国大陆居民凭有效护照证件入境（有效护照、旅行证、海员证、出入境通行证、回国证明等）即可。提取行李物品后还需要接受海关检查，如果你携带有向海关申报的物品，须填写《中华人民共和国海关进出境旅客行李物品申报单》，选择“申报通道”（又称“红色通道”）通关；如果没有，无须填写《申报单》，选择“无申报通道”（又称“绿色通道”）通关。

■《华盛顿公约》的进口限制

华盛顿公约是为了保护濒临灭绝的动植物而对野生物种的捕获进加以禁止或限制的公约，以指定动植物为原料生产的产品若无相关机构发行的进口许可证则不被允许进入国内。例如以珍稀动物为原材料的中药、鳄鱼、蜥蜴皮制成的皮革制品等。经中国国务院批准，中国于1980年12月25日加入了这个公约，并于1981年4月8日对中国正式生效。

■严禁购买假货

请绝对不要在旅游国家购买仿制有名品牌logo以及设计款式的假货，如游戏软件、音乐软件等。将这些东西带入境时不仅会被海关没收，情节严重者甚至会受到损害赔偿请求，绝对不是道歉就可以糊弄了事的，请一定慎重。

可带入境的免税范围	
烟草	①香烟400支
	②雪茄100支
	③烟丝500克
酒	12度以上酒精饮料限2瓶（1.5升以下）
香水	适量香水自用
其他	凡是属于旅客自用物品的，中华人民共和国常住居民旅客携带物品总值5000元人民币以内、非常住居民旅客携带总值2000元人民币以内的，海关予以免税放行

Information

关于土耳其周边国家的签证事宜

前往土耳其邻近国家需要签证。为了防止申请签证的各种麻烦最好是提前在中国做好签证申请。申请方法在各国驻华大使馆官网等进行确认。

伊朗

中国公民持外交、公务护照去伊朗免办签证，停留期为30天。中国公民持因私护照凭往返机票可在德黑兰、设拉子、大不里士、马什哈德等机场办理口岸签证（落地签），停留时间为14天，需提交一张照片和80欧元（或等值美元）签证费。还可办理延期，最长可延14天。

阿塞拜疆

根据中阿互免签证协议，中国公民持外交护照、公务护照和公务普通护照赴阿免办签证。持普通护照的中国公民入境阿塞拜疆可以在阿塞拜疆机场签证服务终端机上自助办理签证，或提前在阿驻华大使馆申办签证。一次入境签证一般有效期为30天；机场自助签证有效期为签证有效期为30天。

黎巴嫩

中国公民可在黎巴嫩驻华使馆申请赴黎签证，亦可在黎各入境口岸免费获得为期1个月的旅游签证（落地签）。落地签证最长可延期至3个月。

货币兑换

土耳其里拉（TL）

土耳其的货币是土耳其里拉 Türk Lirası，符号写作 TL、TRL，本书中以 TL 为准。辅币为库鲁 Kr（kuruş）。1TL=100Kr。纸币面额有 5TL、10TL、20TL、50TL、100TL、200TL，硬币面额有 1Kr（几乎不流通）、5Kr（几乎不流通）、10Kr、25Kr、50Kr、1TL。

数字下的标识表示土耳其货币“里拉”

怎样携带金钱

在土耳其使用起来比较方便的外币

可以在私人货币兑换处 döviz bürösü、酒店、一部分 PTT 兑换货币。此外，美元和欧元可在土耳其全境通用。

■土耳其共和国中央银行
URL www.tcmb.gov.tr

在观光地可以直接使用的货币

货币兑换的汇率不是很好的时候，观光地的酒店、餐馆和礼品店等以及大城市可以直接使用美元和欧元支付。但是为了防止盗窃和丢失，尽量少带现金以减小损失。

■银行的货币兑换时间

银行平时的营业时间是 8:30~12:00、13:30~17:00，但货币兑换时间原则上是到 15:00。一般来说银行在周六、周日休息，但是位于观光景点的银行在夏天时有时周末也会营业。营业窗口一般分为接待窗口和支出窗口。

境外专用充值卡

考虑到货币兑换的手续烦琐和不安全性，推荐使用境外专用充值卡。虽然需要手续费，但是大多数货币都要比国内的外汇兑换汇率要好，出发前预先充值好后在旅游国家的 ATM 取钱即可。

国际通用的信用卡

只要有可对应 Cirrus 和 Plus 的信用卡就可以在土耳其各个银行的 ATM 上提取现金。ATM24 小时都可以使用，包括小城市在内均可使用。屏幕上可以选择英文画面，使用起来很方便，在输入密码时要注意不要被周围的人看到。

■银行卡消费时需要注意汇率

银行卡消费不按当地货币而是人民币进行交易。虽然合法但是需要注意汇率是否有利于店铺。在签字时需要确认一下货币金额和汇率。如果店铺并不加以说明强行进行结算时建议回国后向银行卡公司进行咨询。

信用卡

中档以上的酒店、餐馆、大型巴士公司、超市以及商店等都可以使用信用卡结账。最好携带 2~3 张信用卡，以防有些终端设备无法使用。

带 IC 芯片的卡在购物时需要输入密码（英语是 PIN、土耳其语是 Şifre）。当然也可以进行兑现（有利息）。

兑换处的标志是“Döviz”

旅行预算

小餐馆结账处。当地的常客可赊账

土耳其的物价比较便宜，但最近的物价有所上涨。与当地人生活息息相关的食物、杂货以及公共交通等费用还比较便宜，但针对游客和有钱人的地方，如观光设施的入场费、高档酒店和观光客专用的餐馆、高级服装店等价格都非常贵。

首先来看一下伊斯坦布尔的情况。1 晚住宿的最低费用是多人间 96 元人民币左右。超一流的酒店住宿费在 1276~1915 元。简易旅馆或带淋浴的双人间一晚也需要 446~638 元。因此预算也会各不相同。普通的大众餐馆一盘菜的价格在 45~64 元。点了肉类主菜、沙拉和饮料价格大致在 96 元。酒店和餐馆属于西高东低型。伊斯坦布尔以及爱琴海一侧等地从欧洲来的观光游客较多，因此消费较高。东部以及东南部的消费比伊斯坦布尔低了约一半。乘坐长途汽车的交通费用大约在一晚 223 元。乘坐一天的费用约 319 元。再加上参加旅游团的费用以及购买纪念品的费用就可以大致做出预算来。

30岁女性的旅行费用支出

●第一天　伊斯坦布尔	
伊斯坦布尔机场～市内（机内巴士）	18TL
有轨电车	5TL
托普卡帕宫	60TL
哈雷姆	35TL
午餐（烤肉三明治）	10TL
地下宫殿	20TL
晚餐（考夫特肉饼）	35TL
酒店住宿费（带淋浴单间）	250TL
●第二天　伊斯坦布尔～萨夫兰博卢	
巴士费（伊斯坦布尔～萨夫兰博卢）	90TL
午餐费（在服务区就餐）	30TL
晚餐（在小餐馆品尝烤肉）	60TL
果汁	3TL
公共浴室费（洗澡＋搓背＋按摩）	85TL
酒店住宿费（带淋浴单间）	200TL
●第三天　萨夫兰博卢～卡帕多西亚	
巴士费（萨夫兰博卢～安卡拉）	45TL
巴士费（安卡拉～格雷梅）	70TL
厕所费（服务区）	2TL
午餐费（羊肉块铁板烧）	50TL
酒店住宿费（洞窟客房）	250TL
晚餐（陶壶烤肉）	80TL
●第四天　卡帕多西亚	
参加旅游团的费用（参观格雷梅露天博物馆等）	250TL
酒店住宿费（洞窟客房）	250TL
●第五天　卡帕多西亚～代尼兹利	
参加旅游团的费用（参观地下城市和厄赫拉热峡谷等）	250TL
晚餐（格雷梅的餐馆）	60TL
夜行巴士（内夫谢希尔～代尼兹利）	100TL
●第六天　代尼兹利～塞尔丘克	
市内巴士（代尼兹利～帕姆卡莱 x2）	8TL
帕姆卡莱门票	50TL
巴士（代尼兹利～塞尔丘克）	45TL
晚餐费	50TL
酒店住宿费	150TL
●第七天　塞尔丘克～以弗所	
早餐费	15TL
以弗所考古博物馆门票	15TL
以弗所遗址门票	60TL
午餐费	30TL
晚餐费（烤肉串～啤酒）	60TL
夜行巴士（塞尔丘克～伊斯坦布尔）	130TL
●第八天　伊斯坦布尔～回国	
集市上购买纪念品（盘子等）	250TL
机场巴士（市内～机场）	18TL

合计约 2532 元（3249TL）

※1TL=0.7796 元人民币（2020.11.9）

通信事宜

邮局和电话

土耳其的邮局标识是黄色的

在土耳其语中邮局叫作 Postane，也写作 PTT。是 Posta Telegraf Telefon İdaresi 的略称，即邮局兼电信和电话局的意思。

土耳其的邮局和电话局的标志是 PTT

■ PTT
URL www.ptt.gov.tr

部分 PTT 不受理小型包裹

并不是所有的 PTT 都可以向外国邮寄包裹，因此需要提前确认。PTT 里有小型包裹用的箱子。

■ TTM Kart
URL www.ttmkart.com
号码全国通用
TEL 0811 213 21 21

打电话使用电话卡

土耳其国内打电话可以使用电话卡。电话卡共有两种，除了可以将标有度数的一面插入电话机内（4TL）来使用，也可将写有 TTM Kart 的背面上的涂卡刮开得到密码，再拨打卡上的号码，输入密码和电话号码即可。

普通插卡式公用电话

网络相关信息

近年来，很多酒店都引入了无线 LAN，大多可以免费使用，可在餐

INFORMATION

在土耳其如何使用手机和网络

首先可以利用酒店里的网络服务（免费或者付费）、Wi-Fi（网络热点，免费）服务。土耳其的主要大酒店以及城市里都有 Wi-Fi 热点，需要提前确认是否有以及能否使用酒店的 Wi-Fi。但 Wi-Fi 的缺点是通信速度不稳定，有时会连接不上，而且使用范围十分有限，可以试试以下方法。

流量套餐或者电话卡

中国三大运营商均推出了国际漫游流量套餐，可去各运营商营业厅咨询。或者在土耳其购买电话卡，土耳其有三大运营商 Turkcell、AVEA、沃达丰 Vodafone。

租借随身 Wi-Fi

现在各大网络平台都可以租借到随身 Wi-Fi。在网上拍下租金付款，到机场柜台自取设备。旅游期间只需一台随身 Wi-Fi 可以供多台设备使用，十分方便。

当然，还可以在各大网络平台或者到了当地购买土耳其 SIM 卡，在当地，换上含有流量套餐的土耳其 SIM 卡即可使用。

随身 Wi-Fi 可在机场领取

■境外用随身 Wi-Fi

●国际 Wi-Fi

URL townwifi.com

■土耳其的手机通信公司

● Turkcell

URL www.turkcell.com.tr

● Vodafone

URL www.vodafone.com.tr

● TT mobil

URL www.ttmobil.com.tr

Turkcell 的门店

馆、咖啡馆以及长途巴士上使用。

无线 LAN 的使用方法

酒店和咖啡馆大多数可以使用无线 LAN。无线 LAN 在土耳其语中"Wi-Fi"或者"wireless"。Wi-Fi 密码可向大厅服务员询问。长途巴士的 Wi-Fi 密码有时是司机的手机号码。

境外用随身 Wi-Fi

如果旅途时间较短，可以选择租借笔记本电脑、平板以及手机都可以连接的境外用随身 Wi-Fi。不同的公司费用不同，但价格都较为便宜。可从网络平台申请，再在机场领取。

购买土耳其的 SIM 卡

如果所持手机是全球通款，基本上都可以使用预付式 SIM 卡。SIM 卡可在土耳其当地的手机店里购买。但是有时会遇到插了 SIM 卡也无法开通的情况。此外，如果需要在土耳其长期使用在境外购买的终端手机还需要到税务局进行登记。

Information

读懂土耳其交通网站的关键词

航空公司的主页常设置英文等外文界面，但大多数当地巴士公司只有土耳其语。但是只要知道几个单词就可以检索到正确的时刻表。下面列举了一些交通网站上常见的单词。

日期、星期相关用语		交通·巴士公司相关用语		屏幕操作相关用语	
Tarih	日期	Tarife (ler)	费用表、时刻表	Ana Sayfa	主页（最开始的界面）
Gün	日	Sefer (ler)	班次、班次数	İleri	向后（前往下一个界面）
Bugün	今天	Ücret	费用、车费	Devam	接下来(前往下一个界面)
Hafta	周	Fiyat	价格	Geri (Dön)	返回（前一界面）
Bayram	节日	Yolcu (Sayısı)	乘客（人数）	Ara	搜索（搜索键）
Ay	月	Kalkış (Yeri)	出发（地）	Sorugula	搜索（搜索键）
İtibaren	从~（开始日期）	Varış (Yeri)	目的（地）	Listele	显示（显示键）
Pazar, Pz	星期日	Hareket (Saati)	出发（时刻）	Göster	显示（显示键）
Pazartesi, Pts, Pzt	星期一	Nereden	从哪（出发地）	Giriş	进入（ENTER键）
Salı, Sa	星期二	Nereye	到哪（目的地）	Seçiniz	请选择
Çarşamba, Ça, Çrş	星期三	Güzelgah (lar)	目的地，运行城市	Online Bilet	在线购票预约
Perşembe, Pe, Per	星期四	Şehir (Şehri)	城市	Online İşlem	在线服务
Cuma, Cu	星期五	gidiş	去往（去程）	Rezervasyon	预约
Cumartesi, Cts, Cmt	星期六	dönüş	归途（归程）	Satın Al	购买
Her Gün	每天	tek yön	单程	İptal	取消
önceki	之前的	İletişim	联络方式	Koltuk	座位
sonraki	之后的（以后的）	Şube	分店	tıklayın (ız)	请点击

日历和节假日

日常使用的日历和伊斯兰的宗教节日

土耳其日常生活中使用的是和欧洲一样的公历，虽然普通的活动及节日使用的是公历，但是伊斯兰的宗教节日仍然使用的是伊斯兰历，每年都会提前 11~12 天左右。

砂糖节

伊斯兰历第 9 个月是断食月（土耳其语称 Ramazan），为了庆祝断食月的结束，土耳其人会吃三天的甜食，这就是砂糖节。

临近宰牲节，街道上都是将献给神灵的牲口

宰牲节

各家各户向神灵供奉牲口。伊斯兰历第 12 个月的第 10 天开始，延续 4 天。

斋月（断食节）

伊斯兰教徒虔诚信仰“五行”，即自白、礼拜、参拜、布施和断食。斋月即其中之一。在断食期间从日出到日落不得进食饮料、食物以及抽烟等。

开斋饭

日落后结束了一天的断食，全家人聚在一起吃的第一餐饭就叫作开斋饭（iftar），对于穆斯林来说是一年中最快乐的时光。

对于来到这里旅游的游客来说不必遵循当地传统进行断食，虽然普通的食堂和餐馆在斋月期间白天不营业，但是在土耳其游客也并不会受此困扰。不过有些地区禁止外国人当众吃东西。此外有些食堂即使营业，大多数也不会提供酒类。

时差和夏令时

土耳其的时间比中国时间晚 5 小时，中国的正午时分是土耳其的早上 5:00。

以前土耳其是实行过夏令时的国家，但从 2016 年秋天后开始，冬天也依旧使用夏令时，此时与中国的时差依旧相差 5 小时。

休息日和营业时间

政府办公机构 · 银行

政府办公机构原则上是周六周日休息，工作时间是 8:30~17:30，午餐时间休息。银行原则上是上午 8:30~12:00 和下午 13:30~17:00 上班，周六和周日休息。

博物馆

除了托普卡帕宫等少数景点之外，其他都是周一休息。很多景点冬天会缩短营业时间。商店大多数是周日休息。

身着民族服饰跳舞的孩子们

■国家的节日

1 月 1 日 新年
4 月 23 日 国家主权和儿童节
5 月 1 日 劳动和团结日
5 月 19 日 国父纪念日，青年和运动节
7 月 15 日 民主和民族团结日
8 月 30 日 胜利日
10 月 29 日 共和国日

■伊斯兰的宗教节日

时间多少会有些变化，要注意。

●砂糖节

2020 年：5 月 24~26 日
2021 年：5 月 13~15 日

●宰牲节

2020 年：7 月 31 日~8 月 4 日
2012 年：7 月 20~23 日

各个节日的前一天也是休息日。实际上包含节日在内一般需要休息 1 周左右。政府办公室、商店几乎都会关门。这一周时间内土耳其人也都放假，因此公共交通十分拥挤，飞机和巴士、酒店都要尽早预约。

■斋月 Ramazan

2020 年：4 月 24 日~5 月 23 日
2021 年：4 月 13 日~5 月 12 日

斋月期间，面包房会一直忙到日落

生活习惯

清真寺入口处放置有女性专用的头巾

土耳其式厕所内没有卫生纸，只摆放着接水用的水桶

伊斯兰教和政教分离

99% 的土耳其人口都信仰伊斯兰教。一说到伊斯兰教就会给人戒律森严的印象，但其实土耳其是一个政教分离的国家，随着部分地区的现代化发展，人们的生活已渐渐褪去了伊斯兰教的色彩。特别是在伊斯坦布尔和南部的海岸城市，这些地方的氛围已经非常欧化。

土耳其没有一定要佩戴头巾的规定，是否佩戴头巾是个人的自由

土耳其关于饮酒的规定在众多伊斯兰教国家中算是较为宽松了，允许酒铺和超市销售酒类饮料，此外还有很多小酒馆。但是，土耳其也有法律禁止小卖部在晚上 22:00 之后销售酒类饮料。

土耳其式的厕所使用方法

土耳其式的厕所为蹲坑式，客运总站等公共厕所需要付费才能使用，因为有专门的管理人员，因此内部很清洁。但是一些便宜的旅馆、大众餐馆、公共厕所等几乎都是土耳其式的厕所。有时厕所内不提供卫生纸，请记得随身携带纸巾。

典型的土耳其式厕所

首先站在蹲坑两边有像搓衣板一样的地方，面向门的方向蹲下。便器两边有水龙头，并放着一个小的水桶。如厕之后需要使用桶里的水用左手清洗臀部。水箱里的水可以用拉绳子、按按钮等方法排水。由于下水管很细，水流很小，因此卫生纸一定要扔在垃圾桶内。

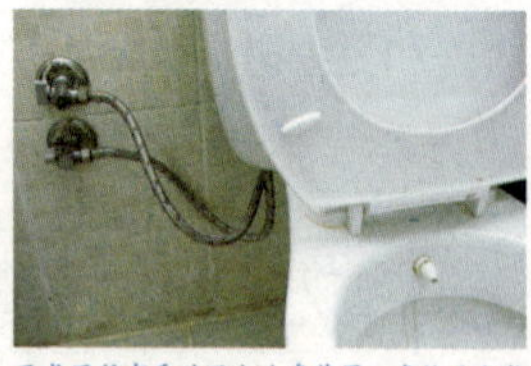
西式厕所有手动温水洗净装置，多位于水龙头附近的墙壁上

■乘坐电梯的方法

古建筑物里的电梯门往往需要手动开关闭。按下按钮后，等电梯到了听到咔嚓的响声再用手去拉电梯门。按下按钮后没有反应可以尝试拉一下电梯的门。出电梯门时需要内门和外门都有“咔嚓”一声才可以。

■楼层的土耳其叫法

地下一层是 Zemin katı，在电梯中表示为“z”。一层（中国的二层）是 Birinci kat，二层是 İkinci kat，三层是 Üçüncü kat。

电压和电器

土耳其的电压是 220V，无须变压器。插座几乎都是欧洲型的 C 型，有时也有 B、B3、SE 等型号，因此需要带转换插头。

拍照时的注意事项

乡下的女性一般不愿意入镜，因此在拍照的时候一定要征得对方的同意。不要拍摄做礼拜期间的清真寺内部。

国内交通

在土耳其国内旅游主要使用三种交通手段。最快的移动方式当然是飞机，最常用的交通方式是巴士，想要感受最独特的旅程的可以选择火车。此外想要去邻近的岛屿或者是马尔马拉海时轮渡是非常重要的交通工具。每一种交通方式都有自己不同的特点，如果时间允许的话可以都尝试一下。交通工具的选择是旅途愉快与否的基础。

节假日时，土耳其的“返乡大潮”

想提高效率可以选择飞机

土耳其的国土面积有 78.36 万平方公里，这片广阔的大地上遍布了土耳其航空 Tukish Airlines（代码为 TK，简称 THY）。除此之外土耳其还有其他几家航空公司。现在可以在网上进行预约。

此外，如果想从伊斯坦布尔直接前往土耳其东部的话乘坐巴士需要一整天的时间。因此，想要进行高效率的旅行选择飞机出行的方式最佳。

在幅员辽阔的土耳其境内可选择乘坐飞马航空的飞机出行

■主要的航空公司

●土耳其航空

URL www.turkishairlines.com

●飞马航空

URL www.flypgs.com

●奥努尔航空

URL www.onuair.com

●阿特拉斯捷星航空

URL www.atlasglb.com

●太阳快运航空

URL www.sunexpress.com

■主要的巴士预约网站

●内雷丹内雷耶

URL www.neredennereye.com

●奥比雷特

URL www.obilet.com

●比雷特奥尔

URL www.biletall.com

世界上首屈一指的巴士大国

土耳其有很多的巴士公司

土耳其的巴士几乎都是民营公司在运营。伊斯坦布尔的客运总站（长途汽车站）内就有数百家巴士公司。虽然政府对票价规定了基本费用，但是有竞争的线路常常会有价格大战的情况。

在哪里购买车票？

巴士的车票可以在客运总站的售票处购买（土耳其语为 Yazıhane），也可以前往市内的巴士公司票务办公室购买。办公室售票窗口的玻璃上会写明该公司的巴士所前往的目的地的地名。如果看到游客四处张望就会有巴士公司的工作人员上前询问你要去的目的地，然后把你带到该公司的售票窗口。长途巴士都是指定座位，夏天是旅游旺季，最好提前一天购买车票。

购票之后要仔细阅读

车票在土耳其语中叫作“比莱特”。购买比莱特之后首先要确认乘车处的号码（Peron No.）。坐上车之后或者巴士在发车之后，座位会因车长的调节而可能发生改变。除了家庭成员和情侣以外，一般来说都是女性和女性坐在一起，男性和男性坐在一起。而且女性一般会调到靠近司机的车前方。

巴士公司的办事处内有多家公司营业

长途汽车站和客运总站的区别 不同的城市称呼不同，一般有三种称呼，分别是：Otogar、Garaj 和 Terminal。最常用的是 Otogar。客运总站一般距离市中心较远，需要乘坐合乘巴士或迷你巴士前往，大约需要 10~30 分钟，更远的需要花费 1 小时。

客运总站设有行李寄存处 Emanet（付费），除此之外，还有大众餐馆、杂货店、网咖等。伊斯坦布尔或安卡拉等地的大型长途汽车站内的设施可与机场媲美。

位于安卡拉客运总站的行李寄存处

❶公司名称 ❷乘客名字及性别 ❸乘车点 ❹目的地❺座席号 ❻费用（合计） ❼出发时间

车内会提供饮料和小点心等

车内服务一流

车内除了司机还有负责照顾乘客的乘务员（男女都有），乘务员会在发车之后为乘客提供洗手液、纸巾等，以及茶水、速溶咖啡、可乐等饮料和小点心。但是有厕所的巴士数量不多，因此要注意，不要过度饮水。

车厢内全面禁烟，而且有的线路禁止使用手机。此外车内还禁止脱鞋。

大型巴士公司运营的巴士上还配备有触摸式液晶显示屏

座位

大部分巴士都是四列座位，现在由大型巴士公司运营的 2+1 列式巴士也在不断增加。虽然比四列式的巴士价格稍高，但是座位宽敞，邻座之间互不打扰，可以尽情放松自己，因此很受欢迎。1 列的座位叫作 Tekli Koltuk。

在服务区休息

乘坐长途汽车的时候往往间隔 3~5 小时会在服务区（Dinlenme Tesis）内停靠，让乘客在这里上厕所、休息、就餐或者是进行祷告。一般上厕所的时间是 15 分钟，就餐是 30 分钟（偶尔也有 15 分钟左右的）。快要发车的时候会有广播提醒（土耳其语），一定要记住自己所乘车的巴士公司名称以及自己将要前往的目的地，避免上错车。

很多服务区都有自助式餐厅

到达目的地之后

到达客运总站之后可以乘坐免费巴士前往市中心。伊斯坦布尔等大型客运总站几乎都提供免费巴士服务。不同城市的客运总站可能会有短程·中程巴士的乘客无法利用免费巴士服务的情况，但市中心到客运总站之间一定会有迷你巴士或者合乘巴士等公共交通，即使没有免费巴士也不用担心。但是深夜或者清晨到达时一般没有合乘巴士，需要乘坐出租车前往酒店。

客运总站和服务区都有付费式公共厕所

■搭载无线 LAN 的车辆正在普及

土耳其东部虽不常见，但搭载 Wi-Fi 的车辆正在飞速地增多。但是很多车辆搭载 Wi-Fi 都需要密码，可以向司机说“sifrenizi buraya yazar misiniz（如果有密码的话麻烦你帮我写下来告诉我）”。一般情况下，密码都是司机的手机号码。

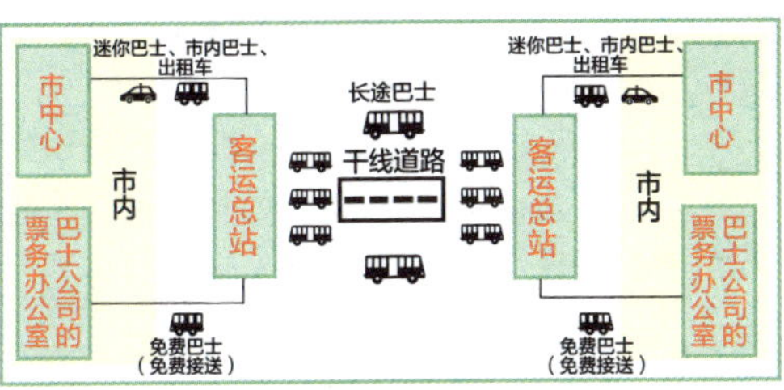

在客运总站其他地方下车

每个城市各有不同，但如果在中途下车的乘客有时会被放在客运总站以外的地方（主要是主干道沿线）。如果正好是深夜或者清晨的时候既没有合乘巴士也没有公交，也没有可以停留的地方。虽然可以去清晨营业的加油站寻求帮助，但

土耳其主要的巴士公司

巴士名称	所在城市	网址
大型巴士公司		
Metro Turizm	伊斯坦布尔	URL www.metroturizm.com.tr
Ulusoy	伊斯坦布尔	URL www.ulusoy.com.tr
Kâmil Koç	伊斯坦布尔、布尔萨	URL www.kamilkoc.com.tr
伊斯坦布尔近郊、安纳托利亚西部		
Uludağ	巴勒凯西尔、布尔萨	URL www.balikesiruludag.com.tr
Nilüfer	布尔萨	URL www.nilufer.com.tr
Efe Tur	伊兹米特	URL www.efetur.com.tr
Kütahyalılar	屈塔希亚	URL www.kutahyalilar.com.tr
İsmail Ayaz	埃斯基谢希尔	URL www.ismailayaz.com.tr
Buzlu	埃斯基谢希尔	URL www.buzlu.com.tr
爱琴海、地中海地区		
Çanakkale Truva	恰纳卡莱	URL www.truvaturizm.com
Anadolu Turizm	伊兹密尔、乌沙克	URL www.anadolu.com.tr
Pamukkale Turizm	代尼兹利	URL www.pamukkale.com.tr
İzmir Turizm	伊兹密尔	URL www.izmirturizm.com.tr
Aydın Turizm	艾登、库沙达瑟	URL aydinturizm.com.tr
Isparta Petrol	伊斯帕尔塔	URL www.ispartapetrol.com.tr
Antalya Toros	安塔利亚	URL www.antalyatorosseyahat.com
Alanyalılar	阿拉尼亚	URL alanyalilar.com.tr
Lüks Mersin	梅尔辛	URL www.luksmersin.com.tr
Mersin Seyahat	梅尔辛	URL www.mersinseyahat.com.tr
DK Köksallar	梅尔辛	URL www.dkkoksallar.com
HAS	安塔基亚	URL www.hasturizm.com.tr
Jet Turizm	安塔基亚	URL www.jetturizm.com.tr
Hatay Nur	安塔基亚	URL www.hataynurseyahat.com
Hatay Güney	安塔基亚	URL www.hatayguneytur.com
安纳托利亚中部		
Nevşehir Seyahat	内夫谢希尔	URL nevsehirseyahat.com.tr
Öncü Seyahat	内夫谢希尔	URL oncuseyahat.com
Aksaray Birlik	阿克萨赖	URL www.aksaraybirlik.com.tr
Kent Turizm	开塞利	URL www.kentturizm.com.tr
Süha	开塞利、内夫谢希尔	URL www.suhaturizm.com.tr
Kontur	科尼亚	URL www.kontur.com.tr
Özkaymak	科尼亚	URL www.ozkaymak.com.tr
Lüks Aksel	阿克谢希尔、科尼亚	URL luksakselseyahat.com
Metatur	约兹加特	URL www.metatur.com.tr
Sivas Huzur	锡瓦斯	URL huzurturizm.com.tr
Öz Sivas	锡瓦斯	URL www.ozsivas.com.tr
Divriği Nazar	迪夫里伊	URL www.divriginazar.com

是为了防患于未然，最好选择乘坐终点与自己要去的场所一致的巴士，或者选择在该城市有本部的巴士公司（参照下表）的车。

前往市中心

在客运总站的主干道上设有迷你巴士和合乘巴士的停车站。市中心在土耳其语中叫作塞希尔·梅尔克兹（Şehir Merkezi），但是各个城市的叫法各不相同。小城市和市镇一般把市镇中心叫作市场 Çarşı。深夜交通工具很少，最好是利用出租车前往市中心。

安纳托利亚东南部、东部		
巴士名称	所在城市	
Adıyaman Ünal	阿德亚曼	URL www.adiyamanunalturizm.com.tr
Gülaras	阿德亚曼	URL gularas.com.tr
Zafer	马拉蒂亚	URL www.zaferturizm.com.tr
Beydağı	马拉蒂亚	URL www.beydagi.com.tr
Kayısıkent	马拉蒂亚	URL www.malatyakayisikent.com.tr
Malatya Medine	马拉蒂亚	URL www.medineturizm.com.tr
Urfa Ceylan	尚勒乌尔法	URL www.urfaceylanturizm.com
Şanlıurfa Cesur	尚勒乌尔法	URL www.sanliurfacesurturizm.com.tr
Astor	尚勒乌尔法	URL www.urfaastor.com
Ben Turizm	加济安泰普	URL www.benturizm.com.tr
Çayrıağaoı	加济安泰普	URL www.cayiragasi.com.tr
Ak Turizm	卡赫拉曼马拉什	URL www.akturizm.com
Has Diyarbakır	迪亚巴克尔	URL www.hasdiyarbakir.com.tr
Öz Diyarbakır	迪亚巴克尔	URL www.ozdiyarbakir.com.tr
Yeni Diyarbakır	迪亚巴克尔	URL www.yenidiyarbakir.com.tr
Özlem Diyarbakvr	迪亚巴克尔	URL www.ozlemdiyarbakir.com.tr
Mardin Seyahat	马尔丁	URL www.mardinseyahat.com.tr
Cizre Nuh	吉兹雷	URL www.ozlemcizrenuh.com
Best Van	凡城	URL www.bestvantur.com
Van Gölü	凡城	URL www.vangoluturizm.com.tr
Yeni Van Seyahat	凡城	URL www.yenivanseyahat.com.tr
Bitlis Taç	比特利斯、凡城	URL www.bitlistac.com.tr
MEK Ağrı Dağı	阿勒、多乌巴亚泽特	URL www.mekagridagi.com
Dadaş	埃尔祖鲁姆	URL www.dadasturizm.com.tr
Esadaş	埃尔祖鲁姆	URL www.esadas.com
Doğu Kars	卡尔斯	URL www.ozdogukars.com
黑海地区		
Kastamonu Güven	卡斯塔莫努、卡拉比克	URL www.kastamonuguven.com.tr
Safran	萨夫兰博卢城、卡拉比克	URL www.safranturizm.com
Tokat Seyahat	托卡特	URL www.tokatseyahat.com.tr
Topçam	托卡特	URL topcam.com.tr
Tokat Yıldızı	托卡特	URL www.tokatyildizi.com.tr
Mis Amasya Tur	阿马西亚	URL www.misamasyatur.com.tr
Lüks Amasya İtimat	阿马西亚	URL www.luksamasyaitimat.com
Türkay Sinop	锡诺普	URL www.türkayturizm.com.tr
Sinop Birlik	锡诺普	URL sinopbirlik.com.tr
Kanberoğlu	特拉布宗	URL www.kanberoglu.com.tr
Süzer	特拉布宗	URL www.suzerseyahat.com.tr
Sahil Seyahat	里泽	URL www.sahilseyahat.com
Sahil Lüks Artvin	阿尔特温	URL www.luksartvin.com.tr

穿梭在土耳其大地上的 TCDD

土耳其国家铁路的基础是 19 世纪奥斯曼帝国时代由法国、德国、英国等西欧国家修建而成的。现在的土耳其国有铁路局（TCDD）和巴士相比，车次数量和所需时间上都不如巴士，已不能作为主流的交通方式，但优点是价格很便宜。

高速列车 YHT

从整体的便利性上来看，土耳其的铁路的发展已远远落后于巴士，但连接伊斯坦布尔、安卡拉和科尼亚三座城市的高速列车 YHT（Yüksek Hizli Treni）开通之后，所需时间要远短于巴士。不过有线路延伸至伊兹密尔和锡瓦斯。

停靠在安卡拉站的前往孔亚方向的 YHT

其他既有铁路

高速列车 YHT 车次较多，十分方便，一般的既有铁道线路 1 天只有 1~2 班。伊兹密尔～塞尔丘克之间的伊兹班 Izban 或者阿达纳～梅尔辛间的既有铁路较多。有的车站内的时刻表和费用表很久未更新，需要向车站工作人员确认列车出发和到达的时间。

阿达纳～梅尔辛间的列车

可利用的铁路巴士

欧洲铁路通票 Eurail Pass 可用于土耳其国有铁路全线。此外 Eurail Global Pass、Eurail Select Pass 以及还可用于希腊、保加利亚、罗马尼亚等地的 Balkan Flexi Pass 都可在土耳其境内使用。

别具特色的轮船之旅

围绕土耳其的海岸线全长达 7000 公里。特别是位于南侧的爱琴海、地中海的入海口是天然的良港，也是一处重要的观光场所。连接各个沿海城市的观光航线中，既有短时间就可以到达目的地的线路，又有花费几天时间的长途航海线路。

往来于恰纳卡莱的达达尼尔海峡的轮渡

马尔马拉海的轮船

连接伊斯坦布尔港口（耶尼卡帕 Yenikapi、艾米诺努 Eminonu）和近郊之间的轮船。有些线路比陆路更省时间，十分方便。

博斯普鲁斯海峡的轮船

伊斯坦布尔市内出发的博斯普鲁斯海峡的巡游船（→ p.134）很受观光游客的欢迎。每天有一趟船往返（夏天会增加班次）。

■ YHT 内可带入行李限制

可带入车内的行李大小为 65cm × 50cm × 35cm（三边周长为 150cm）1 个，或者 55cm × 40cm × 23cm 或三边长在 118cm 以内的行李 2 个，重量总计在 30kg 以内。超过规定的重量将追加费用。

■ YHT 的禁止事项

与既有铁道线路不同，车内禁止事项的规定较多。特别需要注意的有以下几点：

- **饮酒**（不可将啤酒和红酒带入车内）
- **吸烟**（车厢内全面禁烟）
- **有刺激性气味的食物**
- **脱鞋**（长途巴士同）
- **大声喧哗**

■主要的火车种类

●**急行列车**

由有开放式车厢的一等座 Birinci Mevki 和餐车（部分列车无）组成，大部分的急行列车都没有二等座席 Ikinci Mevki。

●**卧铺列车**

夜行列车有两种，一种是带卧铺的库谢特（简易卧铺）列车，另一种是只有座位的列车。卧铺列车价格稍高，但有 2 人间，房间内有冰箱和水池。白天的时候床铺还可以变成软座。卧铺列车有时会满员，请选择在早晨进行预约。只要有终端的车站就可以预约国内所有列车的班次。

●**普通列车**

大部分只有二等座，6 人间包房。有的列车有开放式车厢。

■伊斯坦布尔市内轮渡

URL www.sehirhatlari.com.tr

■伊斯坦布尔高速船

URL www.ido.com.tr

■布尔萨高速船

URL budo.burulas.com.tr

在一些游览胜地乘坐观光船巡岛是一个附加的娱乐项目

土耳其的出租车是黄色车身。司机几乎都不会讲英语

爱琴海 · 地中海的轮船

往来于希腊的小岛之间的轮船乘船时间很短暂，很适合短途旅游。此外从博德鲁姆、达特恰也有定期航线和巡游船等。但是其中大多数都会在冬季停运。

租赁汽车开启自由旅行

Avis、Hertz、Budget、Europcar 等大型租赁汽车公司都位于土耳其的主要几个城市里。小型车一天的租金约为 50 €～，大多数情况下必须要返回原租赁地还车。租车需要出示国际驾照和在中国经过公证的驾照的翻译件。这里的道路是右侧通行。到了偏远地区道路标志非常少，开车时要多加小心。伊斯坦布尔市内的堵车现象很严重，而且这里的道路有很多都是单行线，因此不适合新手司机。到郊外参观遗址时自驾游应该是最方便的。

市内交通工具

出租车

出租车上有计价器，根据距离和时间同时计价。截至 2019 年 6 月，起步价为 6TL。如果要去多个景点并且超过三个小时以上的需要跟司机交涉。因为在等待期间计时器是照常计费的，所以最好是包租出租车。在观光地参观包租半天的出租车大约需要 200TL，当然也要根据距离来判断。

合乘巴士、迷你巴士

合乘巴士是由巴士或者迷你巴士改装而成的出租车。一般可以乘坐 10~15 人，人满即发车。可以在中途想下车的地方下车，只要车上有空位中途也可以上车。迷你巴士型的合乘巴士有乘务员，除了售票之外还会报站。合乘巴士除了在市内运行之外还往来于近郊各地。但是车内很狭窄，连续乘坐 3 小时以上会很辛苦。

土耳其当地的便利的交通 App

Moovit

可以检索公共交通的移动线路。可用于土耳其国内主要的城市和地区。

iPhone

Android

İBB Yol Gösteren

由伊斯坦布尔市提供的地图 App。可用英语进行操作。App 内即时提供堵车信息。

iPhone

Android

BiTaksi

出租车打车 App。登录后用信用卡进行支付。可用英语进行操作。

iPhone

Android

住宿事宜

土耳其语中把酒店叫作Otel。招牌上写着“Otel~”或者“~Oteli（名词在前面时要加i）”。但是外国游客较集中的酒店一般用“Hotel”来表示。爱琴海、地中海以及卡帕多西亚、帕姆卡莱等地也有很多简易旅馆。土耳其语中的Pansiyon就是英语中的Pension。也有些地方也写作Pansyon、Pansion等。本书参照的是酒店的招牌或名片上的名称。

到了卡帕多西亚一定要体验的洞窟客房

多人间客房可以结识来自世界各地的小伙伴

想要住宿便宜的酒店可以选择提供多人间客房的酒店。一般一间客房内有4~8张床位，分为上下铺。有些酒店是男女分开住宿的。一晚最便宜大概64~127元。有个人使用的存衣柜，但还是要注意保管好个人财物。

可以结识来自世界各地小伙伴的多人间客房。但一定要注意保管好贵重物品和行李

选择便宜的单间客房

有单间客房的便宜酒店

伊斯坦布尔的单人间一晚需要254~445元，一些偏远地区最低也需要95~190元。另外使用公共淋浴间和卫生间的房间要更便宜。此外东部的一些旅馆连公共淋浴间也没有。此外有的旅馆有淋浴间，但是在这个价位的酒店设施参差不齐，注意多对比再决定。

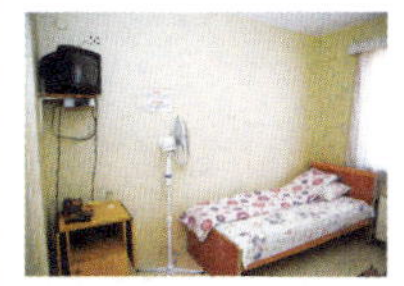
大多数客房都既便宜又干净

具有家庭气氛的旅馆

在乡下有一些规模比较小的旅馆。价格便宜而且充满了家庭气氛。与经营酒店者相比较，这种旅馆的店主待客态度不一，因此旅馆整体感觉也相差较大。如果是由家族经营的家庭旅馆一般和经营者的家是在一起的。这种旅馆住起来比较让人放心。

改建自古民居的萨夫兰博卢城的简易旅馆

中·高档酒店会提供完善的设施

中档酒店提供一定程度的设施

伊斯坦布尔一晚500元以上的酒店规模都比较大，而且客房内也会提供一定的设施。室内有电视、淋浴间和厕所。特别是在地方城市只需要190元就可以住到舒适的房子。这种级别的酒店早餐大多是自助餐。

游览胜地的中档酒店往往都自带游泳池

在豪华酒店享受苏丹的生活

高档酒店和度假型酒店的设施和中国没有什么区别。一般这种酒店的价格在200 €以上。淡季或者是通过旅行社预订酒店、上网预订酒店会更优惠。

高级精品旅馆的客房装潢考究

酒店的预约

高档酒店提供全套洗漱用品

土耳其的旅游旺季是夏天。旺季以及伊斯坦布尔等欧美休假日、土耳其的长期休假——斋月期间（→ p.423）必须要提前预约。特别是伊斯坦布尔和南部海岸地区，人员非常混杂。

夏天之后酒店会迎来淡季。中档酒店以上提前预约会有优惠，需要在网上调查一下。最好是在结账时间前往酒店找住处。

趁早寻找酒店

如果没有提前预约到达目的地，首先去寻找酒店吧。要想找一个好住宿就得趁着天亮多走几家酒店，要想多做点选择，可以先将行李寄存在客运总站和车站的行李寄存处，轻身出去找旅馆。

如何在旅途中避免麻烦

会提供热水吗?

越来越多的酒店开始提供热水壶和茶杯套组

水管里的水最好不要饮用。酒店里的水龙头上的蓝色表示热水，红色表示普通的水。此外，一些便宜的旅馆由于构造的问题一般要放很久才能有热水出来。最好是等 5~10 分钟，也许会有热水出来。中档以上的酒店只会提供洗发水、肥皂等洗浴用品。有些高档酒店会提供有按摩功效的 SPA 浴缸器却没有普通浴缸。

■便宜旅馆和简易旅馆的热水情况

①电热水器
（需要一定时间等热水）
②燃气热水器
（热水器下面连接着煤气管）
③太阳能热水器
（天气不好的时候没有热水）
④太阳能和煤气并用型
（常见于南部海岸地区）

住宿费中都包括什么?

有些酒店的热水淋浴是需要另外收费的，而且有的时候会发生长时间不出热水的情况，或者是中途变成了冷水。有些酒店的早餐是包含在住宿费中却还会另收费。冬季另外收取暖气费等。以上情况一定要事先确认清楚。

■斋月中的早餐

斋月中的早餐要在日出前就餐。一般观光地不会有斋月的问题，地方上的二星级酒店的早餐在 2:00~5:00 进行。

办理入住和结账

精品酒店的洗浴间

土耳其的酒店办理入住大多数是在中午。但是大部分的酒店时间多少超过一些是没有关系的。但是住在便宜的多人间旅馆，一定要在 10:00~11:00 之间结账。如果超时有可能多收一天的住宿费。入住前后都可以把行李寄存在酒店。

旅途中的麻烦

土耳其是一个治安情况较好的国家，凶杀事件并不多见，但近年来由于阿拉伯局势很不稳定，土耳其境内也受到了波及，请密切关注最新新闻。此外针对观光游客，最需要注意的是金钱纠纷。

在地毯商店购物时会碰到的麻烦

这几年在地方的观光地时常发生被骗案件，而且被骗的金额也很大。要注意的是一旦成交就不允许退换或者是退钱。

质量与价格不符

要想了解地毯的行情和价值是很困难的，只有到很多商店去看大量的地毯才能做一番比较。因此最好是在出国前对这方面进行了解。虽然价格不能作为参考，但是出口的地毯质量一般都很不错，可以帮助提高鉴别质量的能力。在刚开始旅游的时候一定要注意不要购买贵的东西。

此外也曾发生过女性在地毯商店这种封闭环境里遭受暴行等案件，一定要多加防范。

银行卡支付

在使用信用卡支付时一定要十分注意，要仔细确认有几个零、货币单位是土耳其里拉还是美元等。此外一定要当面使用信用卡，不要把卡随意交给店员。如果已经在票据上签了字但是未收到商品，之后想要停止付款是非常困难的。有时还会发生信用卡伪造事件，回国之后一定要再次确认。

“送货”有可能收不到

地毯和绒毯等办理送货需要一定的手续流程，对于没有时间的游客来说是十分麻烦的，因此最好是自己携带回国。

在酒店和餐馆发生的麻烦

酒店在揽客时会撒谎称酒店已无空房间，或者在酒店设施上欺骗顾客。参加旅游团前往观光地会被强行带到与旅行社有勾结的地毯商店进行消费。此外酒店内的物品被偷等事件也时有发生，因此一定要细心保管自己的行李。

另外，在酒吧和夜间俱乐部内时常发生纠纷。除了故意提高收费，大部分是被拉客的人（或者是刚搭讪成为朋友的人）欺骗。寻找酒店和餐馆的时候一定要做好事前信息收集以及提高自我判断的能力。

频发的盗窃手段

土耳其最常见的是利用安眠药的盗窃事件。即便是伊斯坦布尔以外的城市也时有发生，即使是土耳其本国人在火车车厢内也经常会遭遇这样的事件。犯罪者们将安眠药放入饮料中让受害者喝下，然后再抢夺他们的贵重物品。常见的手段有连续几天为你做导游，等你麻痹大意的时候实施犯罪；或者假装是游客（外国人）与你亲近，与服务员合伙在饮料中放入安眠药；再或者为巴士乘客全员分发小点心的时

安卡拉的土耳其国父陵前，卫兵正在进行换岗仪式

■ “敲竹杠”酒吧

在伊斯坦布尔经常发生这样的案件：被害者被自称是外国游客的男性搭讪并带到酒吧，结果被迫在酒吧消费高额的费用。这样的事件之前常发生在新市区，近年来苏丹阿赫迈特附近发生的频率正在不断增加。被带去的酒吧往往远离观光地区，如果不是对当地地况十分了解的游客很难摸清方位，即使报警也找不到酒吧地点（近年来也有通过手机或者照相机上的GPS定位功能找到被害地点的案例）。为了防止在异地遭受损失，一定要小心谨慎拒绝引诱。

候将其中一个放入了安眠药的小点心给你，等等。为了防止这样的事情发生，最好的方法就是不要吃别人送给你的东西，不喝已经打开瓶盖的饮料。当然，在观光地以外的地方或者对普通的土耳其人过分警戒是一件很不礼貌的事情。此时只有依靠自己的判断，确保自身的安全。

此外还有一种是伪装成警察进行盗窃。一些人伪装成警察要求开包检查，在检查的过程中趁人不备拿走贵重物品。有些人会掏出身份证在你面前晃一下让你放心。如果碰到穿便服的警察进行检查的话一定要确认他的名字和车牌号码，并且态度坚决地要求“到中国领事馆内解决”。

旅行中的疾病

土耳其的卫生状况并不恶劣，也没有因此而引起的疾病。但是有生吃蔬菜而生病的病例。

需要注意的地区

截至2019年9月，中国领事服务网发布公告，将暂勿前往土耳其东南部地区的安全提醒的有效期延至2020年12月31日。

当地时间10月9日，土耳其向叙利亚东北部地区发起“和平之泉”军事行动，目前战事仍在持续。鉴于安全形势严峻，驻土耳其使领馆再次提醒中国公民近期暂勿前往土耳其东南部地区，如遇紧急情况，请及时报警并与驻土耳其使领馆联系寻求协助。中国公民坚持前往土耳其东南部地区，可能将面临极高安全风险，并严重影响当事人获得协助的实效。因协助而产生的费用将由个人承担。

尤其需要注意的地区有：处于内战状态的叙利亚边境附近、局势动荡的伊拉克边境附近。目标在土耳其、伊拉克、伊朗和叙利亚交界处的库尔德人聚集区建立起独立国家的库尔德工人党曾与土耳其政府长期发生冲突。

2015年10月10日，土耳首都安卡拉火车站附近发生了两起自杀式爆炸恐怖事件，据土耳其卫生部通报，爆炸至少造成95人遇难；2016年6月28日，伊斯坦布尔机场发生自杀式爆炸袭击事件，导致45人死亡。因此在土耳其旅游期间尽量避免人群聚集处，特别是远离集会和游行等。

■偷换纸币

在土耳其乘坐出租车的时候偶尔会出现偷换纸币的情况。比如付给司机50里拉后，司机拿着一张5里拉的纸币说“你给的钱不够”。这种情况下可以用英语或者用对方能够听清楚的声音与司机确认纸币面额后再付钱。

■小偷

观光地有很多单独行动的小偷，但有时会多人包围行动，趁着你被一侧吸引注意力时偷取你包里的财物。

■伊斯坦布尔的外国人医院

●美国医院

Amerikan Hastanesi

Map.p.67C2

住 Güzelbahçe Sok. No.20 Nişantası

（0212）311 2000

URL www.americanhospitalistanbul.org

●德国医院

Alman Hastanesi

Map.p.65C3

住 Sıraselviler Cad. No.119

URL （0212）293 2150

Information

护照丢失时的手续

如果确定护照丢失，要尽快去当地的派出所或警察局报案挂失。所在国警方出具的护照丢失证明是办理旅行证的必备材料之一。报警的时候可以直接到警察局报案，也可以拨打当地的报警电话。拿到护照丢失证明后再到当地的我国大使馆/领事馆进行补办。

需要准备的材料有：

●事先填好的《中华人民共和国护照/旅行证/回国证明申请表》。

●当地警察部门出具的护照丢失证明原件和复印件（原件核查后退还本人，复印件由使馆留存）。

●2张近期正面免冠白底彩色小二寸证件照片。

●在土耳其合法停留的证明文件（签证、居留证、学生张、在读证明、工作单位证明中任一项）的原件及复印件（原件由工作人员查看后退还，复印件由使馆留存）。

●原中国护照资料页的复印件。

●经本人签字的丢失声明。

●其他可以证明你具有中国国籍的材料，如中国居民身份证或户口本复印件。

收集信息

大使馆 · 领事馆信息

■土耳其驻北京大使馆

住 北京朝阳区三里屯东 5 街 9 号 100600
TEL +86 10 6532 1715
FAX +86 10 6532 5480
Mail embassy.beijing@mfa.gov.tr
URL http://pekin.be.mfa.gov.tr/Mission

■中国驻土耳其大使馆

住 FERİT RECAİ ERTUĞRUL CAD. NO: 18 ORAN / ANKARA,Ankara, Turkey
TEL（总机）：0090-312-4900660 FAX（总机）：0090-312-4464248
Mail chinaemb_tr@mfa.gov.cn URL http://tr.chineseembassy.org/chn/

■中国驻伊斯坦布尔总领事馆

住 Ahi Çelebi Cad. Çoban Çeşme Sok. No:4, Tarabya, Sarıyer, İstanbul
TEL（0212）299 2634；（0212）262 2721 FAX（0212）299 2633
URL http://istanbul.china-consulate.org/chn/

中国驻土耳其大使馆微信公众平台、脸书和推特账户

中国驻土耳其大使馆微信（WeChat）、脸书(Facebook) 和推特（twitter）账户如下：

微信名称：中国驻土耳其大使馆，微信号：chin-aemb_tr。

脸书（facebook)

账户名：Chinese Embassy in Turkey。

推特（twitter)

账户名：China Embassy Turkey，账号：@ChinaEmb-Turkey。

Chinese Embassy in Turkey　chinaemb_tr

有用的网站

一般观光信息	
文化旅游局	URL https://www.ktb.gov.tr/
伊斯坦布尔省政府	URL english.istanbul.gov.tr

铁路、轮渡的相关网站	
土耳其国铁	URL www.tcdd.gov.tr
伊斯坦布尔市交通局	URL www.iett.gov.tr
伊斯坦布尔水上巴士	URL www.ido.com.tr

航空公司的相关网站	
土耳其航空	URL www.turkishairlines.com
奥努尔航空	URL www.onuair.com.tr
阿特拉斯捷星航空	URL www.atlasglb.com
太阳快运航空	URL www.sunexpress.com
飞马航空	URL www.flypgs.com

主要巴士公司相关网站	
Ulusoy	URL www.ulusoy.com.tr
KamiiKoc	URL www.kamilkoc.com.tr
HAS	URL www.hasturizm.com.tr
Metro	URL www.metroturizm.com.tr
Pamukkale	URL www.pamukkale.com.tr
Nilufer	URL www.nilufer.com.tr

旅行社 · 酒店相关网站	
携程网	URL www.ctrip.com
伊斯坦布尔酒店网	URL www.istanbulhotels.com
全球酒店网	URL www.hostelworld.com

娱乐信息、城镇信息	
伊斯坦布尔网	URL istanbul.com
Timeout 伊斯坦布尔	URL www.timeoutistanbul.com
Biletix（足球、演唱会票务）	URL www.biletix.com

其他网站	
PTT（邮局）	URL www.ptt.gov.tr
每日新闻	URL www.hurriyetdailynews.com

土耳其旅游用语

土耳其语中除了部分发音（→p.42）以外，其他均按照罗马字母发音，非常简单。在旅途期间可以尝试用简单的土耳其语进行交流。

问候语

你好　梅鲁哈巴　Merhaba.

你好（再见的时候也可使用）　伊伊 滚雷尔　İyi günler

早上好　究奈伊顿　Günaydın.

晚上好（夜晚再见的时候也可使用）　伊伊 阿库沙穆拉尔　İyi akşamlar.

晚安　伊伊 给杰雷尔　İyi geceler.

是　艾维特　Evet.　不是　哈尤尔　Hayır.

不是（轻松的语气）　约克　Yok.

你好吗？　纳素鲁孙　Nasılsın?

我很好　伊伊伊姆　İyiyim.

谢谢　特些克鲁 艾德利姆　Teşekkür ederim.

再见（明天见）　高尔休流兹　Görüşürüz.

对不起　库苏拉 巴库麻尤恩　Kusura Bakmayın.

麻烦你了　留特芬　Lütfen.

日常用语

OK　塔麻姆　Tamam.

OK 吗？　塔麻恩 姆　Tamam mı?

当然　塔比　Tabii.

真的吗？　吉迪 弥　Ciddi mi?

完美　缪肯 梅尔　Mükemmel.

等一等　比 达卡　Bir dakika.

请　布裕鲁恩　Buyurun.

走吧　哈迪 基德利姆　Hadi gidelim.

会讲英语吗？　英基利斯杰 比利约尔 姆孙　İngilizce biliyor musun?

我不会说土耳其语。　土鲁库切姆 约克　Türkçem yok.

自我介绍

你是哪里人？　内雷里斯尼兹　Nerelisiniz?

我是中国人。　本 钦利梅　Ben Çinliyim.

从中国哪里来的？　钦奴恩 内雷苏恩丹　Çin'nın neresinden?

你叫什么？　伊斯弥尼兹　İsminiz?

我的名字是○○。　伊斯弥姆　İsmim ○○ .

多大了？　卡其 亚休恩达斯努兹　Kaç yaşındasınız?

30 岁。　奥托斯 亚休恩达尤姆　Otuz yaşındayım.

（我）第一次来土耳其。　伊鲁克 蒂法 给鲁迪姆　Türkiye'ye i l k defa geldim.

见到你很高兴。　梅姆努恩 奥卢迪姆　Memnun oldum.

向人问话的时候

○○在哪？　内雷德　○○ nerede?

有○○吗？　巴鲁 姆　○○ var mı?

距离这里远（近）吗？　布拉丹 乌扎克（亚库恩）姆　Buradan uzak (yakın) mı?

是这个方向吗？（边指方向边问）　布 塔拉弗 姆　Bu taraf mı?

这里是哪里？　布拉斯 奈雷苏伊　Burası neresi?

向对方提出自己的需求时

我想要○○。　伊斯蒂约鲁姆　○○ istiyorum.

不要。　伊斯特弥约鲁姆　istemiyorum.

我想去○○。　埃(阿)吉托梅其 伊斯蒂约鲁姆　○○ e/a gitmek istiyorum.

购物用语

这个多少钱？　布 卡其 帕拉　Bu kaç para?

（用手指指着说）请给我一个这个。　布恩丹 比 塔内 伊斯蒂约鲁姆　Bundan bir tane istiyorum.

我随便看看。　萨德杰 巴库约鲁姆　Sadece bakıyorum.

可以试穿一下吗？　德内埃比利尔 弥伊姆　Deneyebilir miyim.

可以打折吗？　印迪利尔 亚巴尔 穆苏努兹　İndirim yapar mısınız?

请找我钱。 帕拉尤死 蒂尤 穆苏努兹 Paraüstü verir misiniz?

乘车时的用语

(这趟巴士或合乘巴士)前往〇〇吗?
丹 给切尔 弥 ?
〇〇 dan geçer mi?

这辆车到客运总站吗?
布 阿拉巴 奥拓咖鲁丹 给切尔 弥 ?
Bu araba otogardan geçer mi?

在几号乘车点出发?
汉 吉 佩罗恩丹 卡尔卡尔
Hangi perondan kalkar?

什么时候出发? 内 杂 曼 卡尔库约尔 Ne zaman kalkıyor?

我的行李找不到了。
巴嘎吉拉鲁姆 卡伊保尔道
Bagajlarım kayboldu.

如果到了〇〇请告诉我。
埃(阿)巴尔鲁恩加 索伊雷尔 弥苏伊尼兹
〇〇 e/a varınca söyler misiniz?

在观光地

这里几点关门? 萨特 卡恰 卡达尔 阿丘克 Saat kaça kadar açık?

可以进去吗? 伊切类 吉类比利尔 弥 伊 姆 İçere girebilir miyim?

这里可以拍照吗?
布 拉 达 雷苏伊姆 切克比利尔 弥 伊 姆
Burada resim çekebilir miyim?

这里禁止拍照。
布 拉 达 雷苏伊姆 切 克 梅 其 亚 萨 克
Burada resim çekmek yasak.

一起照张照片吧! 贝拉贝尔 切克利姆 Beraber çekelim.

酒店用语

有空房间吗? 保休 奥达努兹 巴尔 姆 Boş odanız var mı?

请给我一间单人间。
特克 克伊斯利克 奥达 伊苏蒂约鲁姆
Tek kişilik oda istiyorum.

住一晚多少钱? 各杰利伊 奈 卡达尔 Geceliği ne kadar?

请让我看一下房间。
奥达亚 巴卡比利尔 弥 伊 姆
Odaya bakabilir miyim?

住两晚。 伊克 滚 卡拉加乌姆 İki gün kalacağım.

需要一件安静的客房。
萨克伊恩 比尔 奥达 伊苏蒂约鲁姆
Sakin bir oda istiyorum.

没有热水。 斯加克 苏 丘库玛兹 Sıcak su çıkmaz.

房间里连不上 Wi-Fi。
奥达达 瓦伊夫伊 切库弥约尔
Odada Wi-Fi çekmiyor.

我想换客房。 奥达尤 蒂斯提尔梅克 伊斯蒂约鲁姆 Odayı değiştirmek istiyorum.

我想寄存一下行李。
巴嘎究拉尔姆 撒库拉尔 姆苏努兹
Bagajılarımı saklar mısınız?

请将我的护照还给我。
帕萨珀尔特姆 给利 阿拉比利尔 弥伊姆
Pasaportumu geri alabilir miyim?

请给我收据。 法特拉苏努 阿拉比利尔 弥伊姆 Faturasını alabilir miyim?

餐馆用语

(服务员)过来一下。 巴卡尔 姆孙 Bakar mısın!

请给我看一下菜单。
每 钮 埃 巴库马克 伊斯蒂约鲁姆
Menüye bakmak istiyorum.

有英语的菜单吗?
印吉利兹杰 每钮钮兹 巴尔 姆
İngilizce Menünüz var mı?

(用手指)我要这个。 布恩丹 伊斯蒂约鲁姆 Bundan istiyorum.

我的菜还没有来。 伊埃每伊弥兹 达哈 给尔美迪 Yemeğimiz daha gelmedi.

可以打包吗? 帕克特 亚帕尔 穆苏努兹 Paket yapar mısınız?

请结账。 和萨普 亚帕尔 穆苏努兹 Hesap yapar mısınız?

我没有点这个菜。 布努 素伊帕利休 埃特梅蒂姆 Bunu sipariş etmedim.

很好吃。 伊埃梅其雷利尼兹 号休玛 吉蒂 Yemekleriniz hoşuma gitti.

很好吃(对厨师说)。 埃利尼则 萨鲁克 Elinize sağlık.

麻烦将 Wi-Fi 的密码写给我。
瓦伊亚雷斯 斯夫雷尼兹 布拉亚 亚杂尔 姆斯努兹
Wireless şifrenizi buraya yazar mısınız.

遇到困难·紧急情况时

救命! 伊姆达特 İmdat!

出去! 德佛尔 Defol!

不要碰我! 道库恩玛 Dokunma!

快给警察打电话! 珀利塞 特雷佛内 Polise telefon et!

我的钱包被偷了。 究兹达努姆 恰尔恩度 Cuzdanım çalındı.

我不舒服。 拉哈斯兹鲁克 西塞蒂约鲁姆 Rahatsızlık hissediyorum.

拉肚子了。 伊斯哈尔 奥尔度姆 İshal Oldum.

发烧了。 阿特西姆 巴尔 Ateşim var.

这里疼。 布拉斯 阿乌鲁约尔 Burası ağrıyor.

请叫医生来。 道库特拉 伊夫蒂亚究姆 巴尔 Doktora ihtiyacım var.

项目策划：王欣艳　翟　铭
统　　筹：北京走遍全球文化传播有限公司　http://www.zbqq.com
责任编辑：王佳慧　林小燕
责任印制：冯冬青

图书在版编目（CIP）数据

土耳其和伊斯坦布尔 / 日本《走遍全球》编辑室编著；赵智悦，余茜译. -- 北京：中国旅游出版社，2021.1
（走遍全球）
ISBN 978-7-5032-6602-7

Ⅰ.①土…　Ⅱ.①日…②赵…③余…　Ⅲ.①旅游指南—土耳其　Ⅳ.①K937.49

中国版本图书馆CIP数据核字（2020）第222362号

北京市版权局著作权合同登记号　图字：01-2020-1082
审图号：GS（2020）3230号　本书插图系原文原图

书　　名：土耳其和伊斯坦布尔

作　　者：日本《走遍全球》编辑室编著；赵智悦，余茜译
出版发行：中国旅游出版社
（北京静安东里 6 号　邮编：100028）
http://www.cttp.net.cn　E-mail: cttp@mct.gov.cn
营销中心电话：010-57377108，010-57377109
读者服务部电话：010-57377151
制　　版：北京中文天地文化艺术有限公司
经　　销：全国各地新华书店
印　　刷：北京金吉士印刷有限责任公司
版　　次：2021年1月第1版　2021年1月第1次印刷
开　　本：889毫米×1194毫米　1/32
印　　张：14
印　　数：4000册
字　　数：636千
定　　价：148.00元
I S B N　978-7-5032-6602-7